激荡三十年

中国企业
1978－2008

十年典藏版·上

吴晓波 著

中信出版集团·北京

图书在版编目（CIP）数据

激荡三十年：中国企业：1978—2008：全2册 / 吴晓波著．--3版．-- 北京：中信出版社，2017.12（2025.7重印）
ISBN 978-7-5086-8264-8

I. ①激… II. ①吴… III. ①企业史－中国－1978-2008 IV. ①F279.297.3

中国版本图书馆CIP数据核字（2017）第255585号

激荡三十年：中国企业 1978—2008

著　　者：吴晓波
出版发行：中信出版集团股份有限公司
（北京市朝阳区东三环北路27号嘉铭中心　　邮编　100020）
承 印 者：北京盛通印刷股份有限公司

开　　本：880mm×1230mm　1/32　　印　　张：26.25　　字　　数：680千字
版　　次：2017年12月第3版　　印　　次：2025年7月第52次印刷
书　　号：ISBN 978-7-5086-8264-8
定　　价：116.00元（全2册）

总　序

“历史没有什么可以反对的”

1958 年秋，时任团中央书记的胡耀邦到河南检查工作。一日，他到南阳卧龙岗武侯祠游览，见殿门两旁悬挂着这样一副对联：“心在朝廷，原无论先主后主；名高天下，何必辨襄阳南阳。”胡耀邦念罢此联后，对陪同人员说：“让我来改一改！”说完，他高声吟诵：“心在人民，原无论大事小事；利归天下，何必争多得少得。”

历史在此刻穿越。两代治国者对朝廷与忠臣、国家与人民的关系进行了不同境界的解读。

中国是世界上文字记录最为完备的国家，也是人口最多、疆域最广、中央集权时间最长的国家之一，如何长治久安，如何保持各个利益集团的均势，是历代治国者日日苦思之事。两千余年来，几乎所有的政治和经济变革均因此而生，而最终形成的制度模型也独步天下。

在过去的十多年里，我将生命中最好的时间都投注于中国企业历史的梳理与创作。在 2004 年到 2008 年，我创作并出版《激荡三十年》上、下卷，随后在 2009 年出版《跌荡一百年》上、下卷，在 2011 年年底出版《浩荡两千年》，在 2013 年 8 月出版《历代经济变革得失》，由此，完成了从公元前 7 世纪“管仲变法”到本轮经济改革的整体叙述。

2017 年年底，我完成《激荡十年，水大鱼大》，又对刚刚过去的十年企业史进行了记录和不无偏见的解读，在这期间，中国成为全球第二大经济体，它的强大引起了普遍的惊叹和恐惧。

就在我进行着这一个漫长的写作过程之际，我们的国家一直处在重要的变革时刻，四十年的改革开放让它重新回到了世界舞台的中央，而同时，种种的社会矛盾又让每个阶层的人们都有莫名的焦虑感和“受伤感”。物质充足与精神空虚、经济繁华与贫富悬殊、社会重建与利益博弈，这是一个充满了无限希望和矛盾重重的国家，你无法“离开”，你必须直面。

如果把当代放入两千余年的历史之中进行考察，你会惊讶地发现，正在发生的一切，竟似曾相遇，每一次经济变法，每一个繁华盛世，每一回改朝换代，都可以进行前后的印证和逻辑推导。我们正穿行在一条“历史的三峡”中，它漫长而曲折，沿途风景壮美，险滩时时出现，过往的经验及教训都投影在我们的行动和抉择之中。

我试图从经济变革和企业变迁的角度对正在发生的历史给予一种解释。在这一过程中，我们将一再地追问这些命题——中国的工商文明为什么早慧而晚熟？商人阶层在社会进步中到底扮演了怎样的角色？中国的政商关系为何如此僵硬而对立？市场经济体制最终将以怎样的方式全面建成？

我的所有写作都是为了一一回答这些事关当代的问题。现在看来，它们有的已部分地找到了答案，有的则还在大雾中徘徊。费正清曾告诫他的学生说，“在中国的黄河上逆流行舟，你往往看到的是曲弯前行的船，而没有注意到那些在岸边拉纤的人们”。我记住了他的这句话，因此在我的著作中，有血肉、有悲喜的商业人物成了叙事的主角，在传统的中国史书上，他们从来都是被忽视和妖魔化的一群人。

即便走得再远，我对历史的所有好奇，也全部来自现今中国的困顿。因为我发现，中国的经济制度变革，若因循守旧，当然不行，而如果全盘照搬欧美，恐怕也难以成全，中国改革的全部难处和迷人之处，即在于此。所以，与历史修好，在过往的经验中寻找脉络，或许是解读和展望今日及未来中国的一条路径。能否在传统国情与普世规律之中探寻出一条中国式的现代化之路，实在是我们这代人的使命。

我不能保证所有的叙述都是历史“唯一的真相”。所谓的“历史”，其实都是基于事实的“二次建构”，书写者在价值观的支配之下，对事实进行逻辑性的铺陈和编织。我所能保证的是创作的诚意。20 世纪 60 年代的“受难者”顾准在自己的晚年笔记中写道：“我相信，人可以自己解决真善美的全部问题，哪一个问题的解决，也不需乞灵于上帝。”他因此进而说：“历史没有什么可以反对的。”既然如此，那么，我们就必须拒绝任何形式的先验论，必须承认一切社会或经济模式的演进，都是多种因素——包括必然和偶然——综合作用的产物。

对于一个国家而言，任何一段历史，都是那个时期的国民的共同抉择。

是为总序。

吴晓波

2017 年 12 月，杭州，大运河畔

题 记

当这个时代到来的时候，锐不可当。万物肆意生长，尘埃与曙光升腾，江河汇聚成川，无名山丘崛起为峰，天地一时，无比开阔。

——2006 年 1 月 29 日，中国春节。

写于 38 000 英尺高空，自华盛顿返回上海。

目录

第二部　1984—1992
被释放的精灵

前　言

我对历史的本质始终迷惑不解

说来新鲜，我苦于没有英雄可写，
尽管当今之世，英雄是迭出不穷，
年年有，月月有，报刊上连篇累牍，
而后才又发现，他算不得真英雄。

——拜伦：《唐璜》[①]，第一章第一节

一

1867 年 9 月 27 日，列夫·托尔斯泰在给妻子的信中这样写道："上帝赐予了我健康和宁静，我将以前人从没采用过的方式来描写博罗季诺会战。"当时他正在从事《伟大的劳动》一书的写作，这本书后来更名为传世不朽的《战争与和平》。2004 年 7 月的

① ［英］拜伦著，查良铮译，《唐璜》，北京：人民文学出版社，1998 年版。

某日晚上，我也是在一次与妻子邵冰冰的MSN对话中提出写作1978年到2008年中国企业史的想法的，当时我正在哈佛大学肯尼迪政府学院做短期访问学者。

那个白天的下午，我与哈佛商学院和肯尼迪政府学院的一些教授、学生在景致优雅的查尔斯河畔有一场座谈，主题是中国公司的成长之路。由于来自不同的国家和学术背景，我们的讨论以中国公司为主题，却又不时地穿梭在美国、日本乃至欧洲和印度等不同的国家和制度空间里，在对比中互为参照，在论证中相与辩驳。而在这样的沟通中，我深感中国企业研究的薄弱，我们不但缺乏完整的案例库和可采信的数据系统，而且还没有形成一个系统化的历史沿革描述，关于中国公司的所有判断与结论往往建立在一些感性的、个人观察的，甚至是灵感性的基础之上，这已经成为国际沟通的巨大障碍。于是，如何为零碎的中国当代企业史留下一些东西，成为一个忽然凸现出来的课题。

当这个念头突然萌生出来的时候，连我自己都被吓了一跳。在当时，摆在我面前的工作选择已有很多项，而这无疑是最为艰巨且庞杂的。对于我个人的能力而言，这其实又是一项勉为其难的工程，我没有经受过历史学专业的训练，也不是经济学科班出身，虽然多年从事传媒工作的经历让我有机会接触到大量的事实，并在某些时刻亲历现场，虽然我也曾出版过近10部财经类著作，可是，要完成一次跨度长达30年的宏大叙事毕竟是一次前所未有的挑战，我的学术基础、掌握历史的经验、创作的技巧和方法论，甚至我的时间和体力等，都面临空前的考验。

但是，毕竟要有人去完成这一项工作。在哈佛大学查尔斯河畔的那个阳光和熙的午后，它如同一个巨大而沉默的使命凌空而降，庞然无声地站立在我的面前，俯看着我。在那场夹杂着英语与汉语的讨论中，我知道自己已无处可逃，未来四年的劳累似乎是命中注定。“我认为现在是开始为这项工作做准备的时候了。”我在MSN上热切地这样写道，在这个时刻，我突然能十分真切地感受到100多年前托尔斯泰写信时的那份舍我其谁的使命感、另辟蹊径的自信和即将开始一段充实工作的满足。

二

尽管任何一段历史都有它不可替代的独特性，可是，1978—2008 年的中国，却是最不可能重复的。在一个拥有近 13 亿人口的大国里，僵化的计划经济体制日渐瓦解，一群小人物把中国变成了一个巨大的试验场，它在众目睽睽之下，以不可逆转的姿态向商业社会转轨。

在过去的 20 多年中，世景变迁的幅度之大往往让人恍若隔世。有很多事实在今天看来竟是如此的荒谬和不可思议，在 1983 年之前，政府明令不允许私人买汽车跑运输，一个今天已经消失的经济犯罪名词——“投机倒把”在当时是一项很严重的罪名。在江浙一带，你如果骑着自行车从这个村到另外一个村，而后座的筐里装了三只以上的鸡鸭，被发现的话，就算是投机倒把，要被抓去批斗，甚至坐牢。在温州地区，我们还找到了一份这样的材料，一位妇人因为投机倒把而被判处死刑。到 20 世纪 80 年代末，“买空卖空”还是一个恶劣名词，茅盾在小说《子夜》里生动描写过的那些商人给人们留下了太过深刻的印象。到 1992 年前后，商业银行对私营企业的贷款还规定不得超过 5 万元，否则就算是“违纪”。

整个 20 世纪 80 年代，在很多城市，到民营工厂上班是一件很丢脸的事情，而自己开一个小铺子做一点小生意，就会被蔑称为“个体户”，也就是一个“没有组织的人”，一个不受保护的体制外的流浪汉。这个社会印象一直要到“万元户”这个名词出现之后，才由蔑视变成暗暗地羡慕，再变成全社会的无度地称颂。20 年前的国营和集体企业都是一些可怕的庞然大物，很多大型国有工厂几乎具备一切社会功能，“除了火葬场，什么都有”。一个工作岗位是很珍贵的，是可以“世袭”的，父亲在退休之后可以马上指定一个自己的子女顶替，企业对于一个家庭来说，重要得像“一个更大的家庭”。现在已经是富豪的宗庆后当年就是在乡下“插队落户”，为了回到城里，他恳请在一家区校办工厂上班的母亲提前退休，把这个岗位让给了自己。宗庆后骑着三轮车到各个学校的门口卖练习簿和铅笔，筹足了一点钱后他创办了娃哈哈儿童保健品厂，现在它已是中国最大的饮料公司。

刚才，我提到了“一群小人物”，也许没有别的称谓更适合这一群改造历史的人。他们从来没有想到，自己将在历史上扮演一个如此重要的角色。一位温州小官吏曾慨然地对我说：“很多时候，改革是从违规开始的。”谁都听得出他这句话中所挥散着的清醒、无奈和决然，你可以反驳他，打击他，蔑视他，但你无法让他停止，因为，他几乎是在代替历史一字一句地讲出上述这句话。

从一开始，我就决定不用传统的教科书或历史书的方式来写作这部著作，我不想用冰冷的数字或模型淹没了人们在历史创造中的激情、喜悦、呐喊、苦恼和悲愤。其实，历史本来就应该是对人自身的描述，司马迁的《史记》在这方面是最好的借鉴，它应该是可以触摸的，是可以被感知的，它充满了血肉、运动和偶然性。

我想多写一点人的命运，我真的找到了一些很有趣的例子。

1978 年，高考恢复，上百万青年如过江之鲫般涌向刚刚打开大门的大学，华南理工大学的无线电专业便招进了几十个年龄相差超过 20 岁以上的学生，其中三位是李东生、陈伟荣、黄宏生。十多年后，他们三人分别创办了 TCL、康佳和创维，极盛之时，这三家公司的彩电产量之和占全国总产量的 40%。

也是 1978 年前后，从湖南和四川的监狱里先后走出了两个当地口音很重的男人，他们一个叫杨曦光，一个叫牟其中，他们入狱是因为他们分别写了一个同题的万言书《中国往何处去》而被打成反革命。在向来崇尚忧国论道的湖南和四川，他们是公认的“地下青年思想家”，是时刻准备用热血去唤醒迷乱中的祖国的大好男儿。这是两个如此相似的男子。杨曦光出狱后就参加了全国高考并一举登榜，三年后他成为中国社会科学院的研究生，再两年考入美国普林斯顿大学经济学博士研究生，他后来改名杨小凯，成为中国经济学界的代表人物，他用模型、数据和十分尖利的思想在理性层面上一次又一次地拷问年轻时提出过的那个问题，在2004年，皈依基督教的他离开人世。而牟其中则走上了另外一条更为惊心动魄的道路，他出狱后当即借了300元，创办了一家小小的贸易公司，随后的10年里他通过“罐头换飞机”等手法迅速暴富，竟成为最早的“中国首富”之一，他的政治热情从来没有丧失过，反而在首富的光环下越来越浓烈，终而他在年过50之际再度入狱，至今还在武汉的监狱中日日读报，有时还写出一两封让人感慨万千的信件来[①]。

这样的关于命运的故事将贯穿在整部企业史中。在我看来，企业史从根本上来讲就是企业家创造历史的过程。只有通过细节式的历史素描，才可能让时空还原到它应有的错综复杂和莫测之中，让人的智慧光芒和魅力，以及他的自私、愚昧和错误，被日后的人们认真地记录和阅读。在1978年到2008年的中国商业圈出没着这样的一个族群：他们出身草莽，不无野蛮，性情漂移，坚忍而勇于博取。他们的浅薄使得他们处理任何商业问题都能够用最简洁的办法直指核心，他们的冷酷使得他们能够拨去一切道德的含情脉脉而回到利益关系的基本面，他们的不畏天命使得他们能够百无禁忌地去冲破一切的规则与准绳，他们的贪婪使得他们敢于采用一切的手法和编造最美丽的谎言。

他们其实并不陌生。在任何一个商业国家的财富积累初期都曾经出现过这样的人群，而且必然会出现这些人。我相信，财富会改造一个人，如同繁荣会改变一个民族一样。在书稿整理的某一个夜晚我甚至突然生发了一个很怪异的感慨：我很庆幸能生活在这个充满了变化和激情的大时代，但是说实话，我希望它快点过去。

---

① 2016年9月27日，牟其中出狱。——编者注

三

过去20多年里，中国市场上存在着三股力量：国营企业、民营企业、外资企业。在我看来，一部中国企业历史，基本上是这三种力量此消彼长、相互博弈的过程，它们的利益切割以及所形成的产业、资本格局，最终构成了中国经济成长的所有表象。

在很大程度上，民营经济的萌芽是一场意外，或者说是预料中的意外事件。当市场的大闸被小心翼翼地打开的时候，自由的水流就开始渗透了进来，一切都变得无法逆转，那些自由的水流是那么的弱小，却又是那么的肆意，它随风而行，遇石则弯，集涓为流，轰然成势，它是善于妥协的力量，但任何妥协都必须依照它浩荡前行的规律，它是建设和破坏的集大成者，当一切旧秩序被溃然推倒的时候，新的天地却也呈现出混乱无度的面貌。20多年来，中国公司一直是在非规范化的市场氛围中成长起来的，数以百万计的民营企业在体制外壮大，在资源、市场、人才、政策、资金甚至地理区位都毫无优势的情况下实现了高速的成长，这种成长特征，决定了中国企业的草莽性和灰色性。

我将用相当多的篇幅记录著名跨国公司在中国的成长轨迹，它们是一股根本不可能被绕过的势力，在某种程度上，自它们进入中国市场的那一天起，它们便已经是中国企业，在将近30年的时间里，这些外国公司在中国的起伏得失本身又是一部很有借鉴价值的教案。在20世纪80年代初，最早进入中国的是以松下、索尼、东芝为代表的日本公司，松下幸之助是第一个访问中国的国际级企业家，而东芝在中央电视台的广告语"TOSHIBA，TOSHIBA，大家的东芝"让人至今难忘，这与当时日本公司在全球的强势是密不可分的。至今，在各项利益密集的领域，外资的力量及其经理人群体的智慧仍然深刻地影响着中国经济及政策的走向。

与此同时，我们必须清醒地看到，中国的商业变革是一场由国家亲自下场参与的公司博弈，在规律上存在着它的必然性与先天的不公平性。也许只有进行了全景式的解读后，我们才可能透过奇迹般的光芒，发现历史深处存在着的那些迷雾，譬如，国家在这次企业崛起运动中所扮演的角色是什么？为什么伟大的经济奇迹没有催生伟大的公司？中国企业的超越模式与其他超越型国家的差异在哪里？我们才可能在为经济增长率欣喜的同时，观察到另外一些同等重要却每每被忽视的命题，如社会公平的问题、环境保护的问题、对人的普遍尊重的问题。

在这种框架性结构之外，我还尝试论证，在商业史上，并不是发生的每一件事情都是必然的。如果当年联想的倪光南和柳传志没有反目成仇，联想有没有可能就走上另一条更具技术色彩的道路？如果张瑞敏和他的团队早早地成为海尔集团的资产控制者，也许他就不会让海尔的资本结构如此繁杂，海尔的成长轨迹或许会更透明和清晰一些？如果没有1997年亚洲金融风暴的突然出现，中国政府很可能着力去培育日韩式的财团型大公司，那么，中国公司的成长版图会不会全然改变？

如果你认为这些设问并没有太大的意义，你可能就无法体味到历史的内在戏剧性。

我还将在日后的写作中证明，在这个至今充满神怪气质的地方，以下描述已经被一再地证实：任何被视为奇迹的事物，往往都很难延续，因为它来自一个超越了常规的历程，身处其中的人们，因此而获得巨大利益的人们，每每不可能摆脱那些让他们终生难忘的际遇，他们相信那就是命运，他们总希望每次都能红运高照，每次都能侥幸胜出，最后，所有的光荣往往都枯萎在自己的光环中。

任何貌似理所当然的神话，往往都是不可信的，越是无懈可击，往往就越值得怀疑。我们从来相信，事物的发展是粗劣的，是有锋芒和缺陷的。当一个商业故事以无比圆滑和生动的姿态出现在你面前的时候，你首先必须怀疑，而所有的怀疑，最终都会被证明是正确的，或者至少是值得的。

中国企业界是一个迷信奇迹的商业圈，但是30年的时间已经足以让这个圈子里的人们开始重新思考超常规所带来的各种效应。真相如水底之漂，迟早会浮出水面。我甚至相信，在企业界是存在“报应”的。

四

企业史写作使我开始整体地思考中国企业的成长历程。这是一个抽丝剥茧的过程，这过去的30年是如此的辉煌，特别对于沉默了百年的中华民族，它承载了太多人的光荣与梦想，它几乎是一代人共同成长的全部记忆。当我感觉疲惫的时候，我常常用沃尔特·李普曼的一段话来勉励自己，这位美国传媒史上最伟大的记者在他的70岁生日宴会上说：“我们以由表及里、由近及远的探求为己任，我们去推敲、去归纳、去想象和推测内部正在发生什么事情，它的昨天意味着什么，明天又可能意味着什么。在这里，我们所做的只是每个主权公民应该做的事情，只不过其他人没有时间和兴趣来做罢了。这就是我们的职业，一个不简单的职业。我们有权为之感到自豪，我们有权为之感到高兴，因为这是我们的工作。”

李普曼说得多好——因为这是我们的工作。

我想我是快乐的。自从2004年的夏天决定这次写作后，我便一直沉浸在调查、整理和创作的忙碌中，它耗去了我生命中精力最旺盛、思维最活跃的一大块时间。一个人要让自己快乐其实是一件不难的事，你只要给自己一个较长时间的目标，然后按部就班地去接近它，实现它。结果如何，在某种意义上可能是不重要的，重要的是，在这个过程中，你会非常的单纯和满足。

每当月夜，我便孤身闯入历史的迷雾。我的书屋正对着京杭大运河，河水从我窗下流过，向西三公里拐过一个弯，就是运河的起点处——拱宸桥。这一线河水向北蜿蜒，在日升月落间横贯整个华北平原，最后进入北京城，到积水潭、鼓楼一带戛然而止，710年来，世事苍茫，却从来没能阻挡过它的无言流淌。20多年前，杭州段运河清澈可见游鱼，20多年来，楼宇日见林立，水体终而浑浊，现在，当地的政府突然又回过头来搞运河的治理，想要把它开发成夜游江南的一个景点去处。此刻，我正在写作这篇文字的时候，窗下正有运送物品的夜航船隆隆地驶过。据说过了今年，这些水泥船因为噪声太大影响两岸居民而不能在运河里夜行了。

我的思绪便常常在这种貌似相关实则相去万千的时空中游荡，法国人罗兰·巴特曾经说过一句很妙的话："我对不太可能发生的事，以及历史的本质始终迷惑不解。"写作当代史的快感和诡异，便全部在这里了。

第一部

1978—1983

没有规则的骚动

1978 中国，回来了

我流浪儿般地赤着双脚走来，
深感到途程上顽石棱角的坚硬，
再加上那一丛丛拦路的荆棘，
使我每一步都留下一道血痕。

——食指：《热爱生命》，1978年

1978年11月27日，中国科学院计算所34岁的工程技术员柳传志按时上班，走进办公室前他先到传达室拎了一把热水瓶，跟老保安开了几句玩笑，然后从写着自己名字的信格里取出了当日的《人民日报》，一般来说他整个上午都将在读报中度过。20多年后，他回忆说：

“记得1978年，我第一次在《人民日报》上看到一篇关于如何养牛的文章，让我激动不已。自打‘文化大革命’以来，报纸一登就全是革命，全是斗争，全是社论。在当时养鸡、种菜全被看成是资本主义尾巴，是要被割掉的，而《人民日报》竟然登载养牛的文章，气候真是要变了！”

从现在查阅的资料看，日后创办了赫赫有名的联想集团的柳传志可能有点记忆上的差失。因为在已经泛黄的1978年的《人民日报》中，并没有如何养牛的文章，而有一篇科学养猪的新闻。在这天报纸的第三版上，有一篇长篇报道是《群众创造了加快养猪事业的经验》，上面细致地介绍了广西和北京通县如何提高养猪效益的新办法，如“交售一头可自宰一头”“实行公有分养的新办法”等。柳传志看到的应该是这一篇新闻稿。

不过，是养牛还是养猪似乎并不重要，重要的是，举国之内，确有一批像柳传志这样的人“春江水暖鸭先知”，他们在这个寒意料峭的早冬，感觉到了季节和时代的变迁。

在中国现代史上，1978年是一个十分微妙和关键的年代。尽管在此前两年，执行极左政治路线的“四人帮”已经被打倒，但是党和国家最高领导层中的某些人提出“两个凡是”的政治主张，在政治和经济两大领域实行意识形态化的治理。刚刚复出的老一辈领导人邓小平则试图利用自己的影响力推进中国的命运变革。

1978年1月14日，南京大学教师胡福明突然收到了一封信，写信人是《光明日报》编辑王强华。此前半年，胡曾经写了一篇文章投寄该报，在很久没有收到回复后，他已经对此不存幻想。王的突然来信让他非常意外。胡福明回忆说：“王强华在来信中寄来一份清样，那是《实践是检验真理的标准》的清样。信我还都保存着，大概意思是说，这篇文章的意思你要讲什么我们是清楚的，我们是要用它的，希望快点修改一下寄来。就是提了一条建议，希望把道理讲得完整一点，不要使人产生马克思主义过时了的感觉。从此以后，我们的稿子来来往往了好几个来回，我把修改了的寄给他，他隔了几天把稿子修改了再寄给我。那么后来呢，又有一封来信不同了，调子又变化了，让我要写得更鲜明一点，要更有针对性、要更有批判力，跟前面的调子又变化了。”

5月11日，《光明日报》刊登题为《实践是检验真理的唯一标准》的特约评论员文章。[1]当日，新华社转发了这篇文章，第二天《人民日报》全文转载。这可以被视为当年度中国最重要的政治宣言。在文章结尾，作者勇敢地宣称："凡是有超越于实践并自奉为绝对的'禁区'的地方，就没有科学，就没有真正的马列主义、毛泽东思想，而只有蒙昧主义、唯心主义、文化专制主义。"文章的发表在当时沉闷窒息的中国社会引起了巨大反响，在思想较为保守的东北和上海等地，斥其"砍旗""违反中央精神和反对毛泽东思想"等讨伐之声隆隆四起。胡福明在看到报纸后，回家对妻子说："我已经有思想准备了，我准备要坐牢。"妻子说："我要么陪你一起坐牢，要么天天送饭到你出牢。"

5月19日，邓小平在接见文化部核心领导小组负责人时谈及此文，认为文章是符合马克思主义列宁主义的，后来他又在全军政治工作会议上再次以此文为题，严厉批评了教条主义，号召"打破精神枷锁，使我们的思想来一个大解放"，指出关于实践是检验真理唯一标准问题的讨论，是非常有必要的。

这场关于真理检验标准的大讨论影响了中国改革的整个进程。在思想基础上，它彻底摧毁了"两个凡是"的政治原则，倡导一种全新的实践主义理论。而在经济变革中，它试图建立一种全新的思想基础和商业伦理。直到30年后，我们仍然能够强烈地感受到这一思想对中国改革的影响。在之后的几年里，它与"以经济建设为中心"以及"稳定压倒一切"等政治格言一脉相通，分别从方法论、战略目标和成长边界三个方面进行了清晰的表述，从而构成了中国的改革文化和三大思想基石。可以说，日后中国企业及其他事业的发展，折冲百回，曲线前行，都以此为最根本的起点和边界。

这一年底，也就是柳传志读报后的20多天，具有历史转折意义的中国共产党第十一届三中全会在北京召开，在这次大会上，形成了以邓

---

① 胡福明，《实践是检验真理的唯一标准》，《光明日报》，1978年5月11日。

小平为核心的第二代中央领导集体。全会做出了将党的工作重点转移到社会主义现代化建设上来的决定。而就在全会召开前后，中共北京市委宣布“四·五”天安门运动[①]完全是革命行动。与此同时，中共中央为彭德怀、陶铸等在“文革”中蒙受冤屈的政治家平反并召开追悼会。此后两年中，全国300多万干部群众获得平反，55万“右派”得到改正，至此，“拨乱反正的历史任务”基本完成，中国的发展主轴自此全面转变。

在这一部企业史的前半段中，如果要有一个“主角”的话，那他就应该是邓小平。

客观地说，邓小平奠定了中国变革的思想基础，并在他掌控的时间里主导了整场变革的节奏。这个小个子的四川人有着惊人的坚忍和洞察一切的政治决断力。据与他亲近的人回忆，当面临重大决定时，他喜欢一个人坐在屋子里默默地抽熊猫牌香烟。当他做出某种决策后，却很少有人能够变更它。法国思想家、1927年诺贝尔文学奖获得者伯格森曾说：“说社会的进步是由于历史某个时期的社会思想条件自然而然发生的，这简直是无稽之谈。它实际只是在这个社会已经下定决心进行实验之后才一蹴而就的。这就是说，这个社会必须要自信，或无论怎样要允许自己受到震撼，而这种震撼始终是由某个人来赋予的。”邓小平无疑就是伯格森所谓的“某个人”。

1978年，是邓小平真正主导中国命运的元年。在该年3月召开的中国人民政治协商会议第五届全国委员会第一次会议上，他当选为政协主席。

在当上政协主席后，邓小平主持的第一个大会是随后召开的“全国科学大会”。在大会上，他出人意料地提出了“科学技术是生产力”“知识分子是工人阶级的一部分”的论断。

---

① 1976年1月8日，周恩来总理去世，4月5日清明节前后，北京民众集合到天安门广场，在人民英雄纪念碑前敬献花圈、花篮，张贴传单，朗诵诗词，抒发对周总理的悼念之情，此类聚会迅速在全国范围内蔓延。“四人帮”把持的中央政治局认定“这次是反革命性质的反扑”，予以了镇压。

在这个大会上，国家领导人承认，中国在许多方面落后于世界水平15~20年，同时提出了一个雄心勃勃的科学发展计划，确定了108个项目作为全国科技研究的攻关重点，而其目的是“到本世纪末赶上或超过世界水平”。

后来的历史证明，这一不切实的目标不可能实现。不过在当时它确乎让全中国为之一振，所有的人仿佛都听到了时代火车转换轨道的尖利声响。当年，共有6 000人参加了这次科学大会，其中仅有150多人在35岁以下。在大会的后排，坐着一位名叫任正非的33岁的青年人，他是解放军派来的代表，因为刚刚获得了全军技术成果一等奖而意外地得此殊荣，此刻他正在为父亲的平反以及自己能否入党而发愁，而他不会料到的是，再过10年他将漂泊到南方的深圳，以微不足道的两万元创办一家叫作华为的电子公司，然后，这家公司将以其严苛的军事化管理和犀利的低价战略迅速崛起，并让全世界的同行们深感头痛。

科学大会后，国家在科研和教育方面的改革速度明显加快了。4月，教育部决定恢复和增设55所高等院校，其中包括著名的暨南大学等。很快，恢复全国统一高考的消息传遍大江南北。

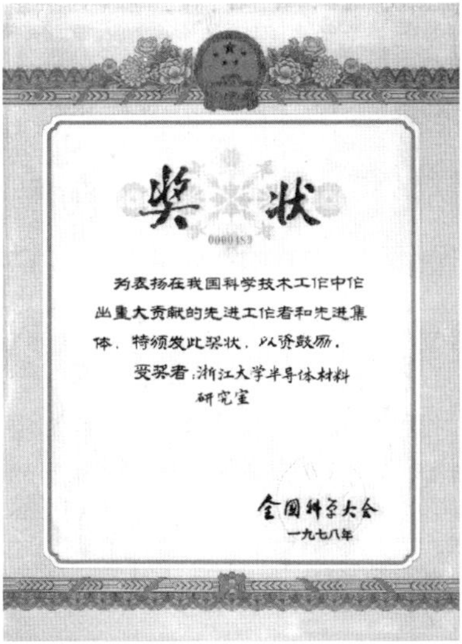

▲ 1978年科学大会奖状

事实上，高考制度在此前的1977年已经部分恢复，而全国性高考的正式举行则是在1978年。从这年起，高校招生恢复全国统一考试，由教育部组织命题，各省、自治区、直辖市组织考试、评卷和在当地招生院校的录取工作。文科考政治、语文、数学、历史、地理和外语；理科考政治、语

▲ 1978 年参加高考的学子

文、数学、物理、化学和外语。外语考试的语种为英、俄、日、法、德、西班牙、阿拉伯语，考试成绩暂不记入总分，作为录取的参考。没有学过上述语种的可以免试。报考外语院校或专业的，还须加试口语；外语笔试成绩记入总分，数学成绩作为参考。根据邓小平的批示，“在公布参加体检名单的同时，公布全体考生的各科考试成绩。公布的方法，由县（区）招生委员会通知考生所在单位分别转告本人”。公布考生成绩，是提高招生考试过程的公开、透明程度的重要举措，对于转变社会风气，杜绝“走后门”和徇私舞弊等不正之风，发挥了重大作用。

有数据显示，第一批报名参加高考的考生就多达 580 万，远远超过高校的招生计划。扩招成为全国上下一致的呼声。北京科技大学教育科学研究所所长毛祖桓回忆说：“扩招也是临时决定的，当时一开始就让各个学校报，每个学校能招多少人，就这样报了一下，这么定了分数线。那年考得好的学生还比较多，因为是多少届的人压在一起来考大学，所以最后，我记得当时是林乎加当北京市市长，北京就率先扩招，原来比如说 330 分、340 分才过线，后来就说 300 分以上都可以上大学，一下子就增加了至少是三分之一强、二分之一弱的样子，这个比例还是很大的。后来天津、上海等大城市跟进，造成了第二次扩招的态势。”

教育部公布的数据是，1978 年全国高考 610 万人报考，录取 40.2 万人。

翻阅这一年“全国高等学校统一招生语文试卷”，第一部分是给一段文字加上标点符号，而第一题就跟经济有关：

> 实现机械化要靠人的思想革命化有了革命化才有机械化机械化不是一口气吹出来的要经过一番艰苦奋战才能成功要把揭批四人帮的斗争进行到底要肃清他们的流毒促进人们的思想革命化一个软懒散的领导班子是挑不起这副重担的。

这是当时最主流的价值观：思想的解放和对左倾的、僵化教条主义的余毒肃清是经济进步最首要的前提。从这里，后来的人们可以发现，在1978年，追求经济成长是一个多么让人战战兢兢的事业。

龙门陡开，江鲫飞跃。积压了十多年的人才狂潮一旦喷涌，40多万人众里怎么可能没有龙虎之士。

在辽宁沈阳铁路局当工人的马蔚华考入吉林大学经济系国民经济管理专业，21年后他出任招商银行总行行长；杭州出生的张征宇考上了北京工业学院（后更名为北京理工大学），他一直读到博士毕业，1987年自创公司，后来做出第一代PDA掌上电脑“商务通”；北京176中学的青年老师段永基考上北京航空学院（后更名为北京航空航天大学）的研究生，6年后参与创办了四通公司，后来成为北京中关村的风云人物；在四川，刘永行三兄弟参加了1977年的高考，都过了分数线，但是因为“出身成分”不好而没有被录取，兄弟三个一怒之下办起了一个小小的养殖场，20年后他们成为当时的“中国首富”。

跟全国所有的大学一样，广州的华南工学院（1988年更名为华南理工大学）也迎来了恢复高考后的第一批学生，无线电班的教室里济济一堂，学生们都用好奇的眼光打量彼此。他们中间年纪最大的已经40岁，最小的只有18岁，其中，三个年纪相近的同学很要好，最小的陈伟荣，来自广东罗定县，还有两个比他大一岁多的黄宏生和李东生分别来自海南五指山和广东惠州。他们的同学后来回忆说：“黄宏生最老成，是全班的老大哥，在学校里没少照顾他的学弟们。陈伟荣是穿着露出大脚趾的解放鞋走进教室的，他是班长，在校的四年时间他几乎全部泡在了图书馆。李东生是班上的学习委员，他性格很内向，平时不太爱和其他同学玩，特别是见到女生还会脸红，因此一些女同学毕业时还不太叫得清他的名字。”这三个人，日后分别创办了康佳、创维和 TCL 三家彩电公司。极盛之时，这三家公司的彩电产量占到全国总产量的 40%。

当然，并不是所有的知识青年，都像段永基和李东生们那么幸运。

在湖南长沙，蹲了 10 年监狱的杨曦光回家了。他是在 1968 年 2 月，被作为重要“钦犯”而被捕入狱的，当年，21 岁的他因为写了洋洋万言的《中国往何处去》，而被极左的“文革”领导人康生三次点名，判刑 10 年。出狱之后，杨曦光报考中国社会科学院研究生，虽有几名专家看中他的才能，但终因“政审”不合格，未能录取。直到两年后，经他四处上告奔波，时任中央书记处总书记的胡耀邦对他的冤案亲自批示中央组织部，杨曦光的问题要由法院依法处理，他才恢复了“政治的清白”。此后，他用乳名“杨小凯”再考社科院研究生，并终于成为当代中国最有人文批判精神的经济学家。(有意思的是，另一个也因为写了《中国往何处去》的四川万县人牟其中要等到 1979 年 12 月 31 日才能出狱。他没有去考大学，却办起了一个销售部，以后的十多年里，他由“中国首富”而成“中国首骗”。2004 年，皈依基督教的杨小凯去世，牟其中则在 1999 年又被关进了监狱。)

在内蒙古，一个叫牛根生的青年遭遇父丧。他是一个苦孩子，出生一个月就从乡下被卖到了城里，据说仅值 50 元钱。他不知道自己姓什么，因为收养他的人是养牛的所以让他姓了牛，他的养父从抗美援朝结束后开始一共养了 28 年牛，他便是在牛群中长大的。那一年，养父去世了，牛根生抹干眼泪，接过牛鞭继续养牛。5 年后，牛根生到了一家“回民奶制品厂”当刷瓶工，在那里他一干就是 16 年，然后便创办了蒙牛集团，它后来成了中国最大的奶制品公司。

在温州，13岁的南存辉因贫穷而不得不辍学，他成了一个走街串巷的补鞋匠，对那段日子他一生记忆深刻，“补鞋稍不留神，锥子就会深深地扎入手指中，鲜血顿时涌出。只好用片破纸包上伤口，含泪继续为客人补好鞋。那阵子，我每天赚的钱都比同行多，我凭的就是自己的速度快，修得用功一点，质量可靠一点”。6年后，这位修鞋匠在一个破屋子里建起了作坊式的开关厂。20年后，他创办的正泰集团成为中国最大的私营公司之一。

在南方小镇深圳，一位叫王石的27岁文学青年正枕着一本已经被翻烂的《大卫·科波菲尔》睡在建筑工地的竹棚里。他在后来的自传中写道：

“1978年4月的深圳，怒放的木棉花已经凋谢了。路轨旁抛扔着死猪，绿头苍蝇嗡嗡起舞；空气中弥漫着牲畜粪便和腐尸的混合臭气。我正在深圳笋岗北站检疫消毒库现场指导给排水工程施工。内地各省市通过铁路出口到香港的鲜活商品运到深圳，集中到笋岗北站编组检疫，再启运过罗湖桥。运输途中发病或死亡的牲畜、变质的水果蔬菜要在这里检验清除。

“我之所以到深圳，是由于1977年我从兰州铁道学院毕业时，被分配到广州铁路局工程五段，担任给排水技术员，工资每月42元。工程五段主要负责北至广东与湖南交界的坪石，南至深圳罗湖桥头路段××公里的沿线土建工程项目。在这一管辖路段，经常几个工程项目同时展开，1978年我们接手了笋岗北站消毒库项目。那个时代，深圳还属边防禁区，不是随便什么人就能来的。

“施工空暇去了趟沙头角：一条弯曲的石板窄街，路中间一块界碑，冷冷清清的。界碑不能越过，中方一侧仅有的两间店铺里摆放着极普通的日用杂货。

“笋岗北站施工现场十分简陋。睡觉休息的临时宿舍搭建在铁路边。三十几号人挤住在竹席搭建的工棚里。双层铁架床，我选择住在上铺，挂上蚊帐，钻进去，编制工程进程表、决算表，看书，睡觉。广东蚊子专欺负外省人，被叮咬的部位红肿起疙瘩，痒疼难忍。挂蚊帐防蚊叮，还防苍蝇的困扰；晾衣裳的绳子或灯绳上随时被苍蝇占据，密密麻麻的，让你浑身起鸡皮疙瘩。

“工作之余，我总会捧着一本书，在晚饭后独自一个人关在房间里做读书笔记，直至凌晨；节假日则去上英语课。一次周末，广州友谊剧院听音乐会：香港小提琴演奏家刘元生先生与广州乐团联袂演奏《梁祝》小提琴协奏曲。我太喜欢这首爱情至上的协奏曲，所以演出结束后还跑到后台向演奏者祝贺，刘先生送我一盘个人演奏的《梁祝》协奏曲录音带。当时怎么也想不到，刘先生会成为我到深圳创建万科的生意伙伴、上市之后的大股东之一。

“……工程继续着。我盼望尽早结束工程，远离与香港一河之隔的深圳。”①

1978 年的中国企业是一幅怎样的景象？也许我们从外国人眼中能看得更真切一点。

1978 年 7 月 28 日的《华盛顿邮报》上，刊登了记者杰伊·马修斯发表的一篇中国工厂观察记。不知道通过怎样的程序，他被破天荒地允许参观桂林的一家国营工厂。从这一年的夏天开始，中国各地似乎放宽了海外记者采访考察中国企业的审批。因而，在各家国际媒体上，人们读到了多篇充满陌生感的目击记。在这篇题为《尽管宣布要对工厂进行改革，工作仍然松松垮垮》的报道中，马修斯写道：

“同中国大多数工厂的情况一样，桂林丝厂的工人看来并不是干劲十足的。就业保障、退休金保证以及其他一些好处促使中学毕业生拼命挤进工厂去工作。因此，许多人都挤进了本来就已经过多的工人行列。生产线上工人过多使工人长时间地闲着。当我走进一个车间的时候，有三名女工

---

① 王石著，《道路与梦想：我与万科（1983—1999）》，北京：中信出版社，2014 年版。

正在同旁边桌上的另外三名女工聊天。我一进去，她们就很快回到了自己的座位上，然后交叉着双手坐在那里，好奇地朝我张望。在我逗留的几分钟里，只有一个女工干了活，而没有一个女工说得清楚她们的生产定额是多少。

“中国工人把他们的工作看成是一种权利，而不是一种机会。工厂管理人员对于工人阶级中的成员不敢压制。在这种企业里，工人的身份是可以世袭的，当一名工人退休时，他或她可以送一个子女到这家工厂工作。桂林丝厂有 2 500 多名工人，从来没有解雇过一个人。

“这家工厂的革委会主任谢广之（音）告诉记者，去年，全厂 85% 以上的工人都增加了少量的工资，对很多人来说，是 10 到 20 年来第一次增加工资。由于几乎所有的工人都增加了工资，所以这次加工资没有起到明显的刺激作用。从今年开始，工厂开始对一些劳动好的工人给予少量的奖金，一季度的奖金不超过 1.75 美元。”

最后，马修斯断言，“这种松松垮垮的工作态度，仍然是妨碍这个世界上人口最多的国家实现现代化的一个主要障碍”。[①]

最具有戏剧性的企业考察出现在中国中部。一位日本记者在重庆炼钢厂发现了一台 140 多年前的机器。这家年产 30 万吨原钢的工厂，使用的机械设备全都是 20 世纪 50 年代之前的，其中，140 多年前英国制造的蒸汽式轧钢机竟然还在使用。那位记者不敢相信自己的眼睛，他指着机器上的出厂标板问厂长：“这是不是把年代搞错了？”厂长回答：“没有错，因为质量好，所以一直在用。”

在 1978 年 8 月 28 日的《日本经济新闻》上，该报驻北京记者冈田发表了一篇题为《中国的飞机老是停航》的观察记：

“中国正在发展国内的交通事业，但是民航依然不可靠。首先是时刻

① ［美］杰伊·马修斯，《尽管宣布要对工厂进行改革，工作仍然松松垮垮》，《华盛顿邮报》，1978 年 7 月 28 日。

表不可信，在一角钱一份的中国民航时刻表上，就混杂着‘幽灵班机’。例如，在时刻表第25页上写着每天有去哈尔滨的班机，早晨8点15分从北京起飞。但是，实际上星期四和星期日都没有班机。我到窗口问是什么理由。回答是：‘哎呀，这是什么原因呢？大概是从什么时候改了吧。’乘上飞机后又怎么样呢？无法保证能按时飞到目的地。这次从北京去哈尔滨，起飞就晚了一个小时，在沈阳停留又耽搁了四小时，好不容易到长春转机，又宣布‘因为哈尔滨在下雨，今天的班机取消’。只好在长春住了一夜，第二天竟还是‘今天停航’。到了哈尔滨，我才知道原因，原来哈尔滨机场没有水泥地面的跑道，飞机是在草原上咕噜咕噜地滑行。难怪一下雨，就必须得停航了。”

同样是在8月，一位名叫伊莱·布罗德的美国房屋建造商参观了北京、广州等5个城市，他对合众国际社记者谈到了对中国的观感，“我看到了一个令人印象深刻的不发达国家”，“中国人用黏土和稻草做砖，但也使用一部分预制混凝土板来建房。中国的住房是原始的，建成后的质量很粗糙，但非常讲实用。往往一个两居室的房子里要住四代人，从80岁的曾祖母到小孩”。同时，伊莱·布罗德也感觉到了刚刚开始发生的变化：“我所到之处，他们都在更换自来水管。一些新的工业区正开始建造，不过我没有看到什么控制污染的措施。”

《读卖新闻》驻香港记者松永二日也对中国企业的落后深为惊讶。这年6月，他参观了上海的一家集成电路工厂，他写道：“日本的集成电路工厂干净得一点灰尘也没有。相比之下，上海这家工厂简直像是马路工厂。工厂方面说，产品一多半不合格，卖不出去。”他还观察到，长期的政治斗争，学校停止招生，使得中国工厂的基础人才极度空乏。他举例说，上海内燃机研究所的31名技师，平均年龄是56岁。

在上海闵行的一间机电工厂中，松永看到了一条标语，“看谁先到达目标”。这家工厂开始对超额完成指标的工人实行奖励，每月的奖金分成三元、五元和七元三个等级。松永问了一个问题：“有没有送还奖金，仍然努力于社会主义建设的工人？”工厂负责人明确地回答：“没有。”

在经历了这样一些观察之后，松永预言中国即将开始一场新的经济革命。在10月3日的一篇述评中，他直截了当地宣称，“进入建国30年的中国今后的课题是，实行高速经济增长政策，把中国建成一个强大的经济大国”。而中国正在采取的办法则是，“在再度复职的邓小平的领导下，设法加强同外国——以西方发达的工业国家为中心——的经济关系，在国内则推行讲究能力和效率的路线”。

松永试图用事实来证明他的观察，“中国的领导人已经意识到，靠上海那家老工厂是不可能迅速实现现代化的，因此必须下决心引进外国的先进技术。近来，中国加强同外国的经济关系的活动令人目瞪口呆。到今年9月为止，中国派出党政领导人到31个国家访问，并且接待了15个国家的政府领导人。而它们绝大多数是以前的敌人——西欧发达国家。不言而喻，这种门户开放政策的目的在于引进先进技术”。

应该说松永的观察是很精准的。1978年，除了主要领导人频频出访之外，中国政府还做了一些动作，它们在当时似乎并没有引发联想，然而在后来的研究者眼中却绝非巧合。这一年的7月3日，中国政府停止对越南的援助，13日又宣布停止对阿尔巴尼亚的一切技术和经济援助，10月23日，《中日和平友好条约》正式生效，12月16日，中美发布建交联合公报。

一疏一近，貌似毫不相干，其实却不难看出内在的某种抉择：摆脱意识形态的纠缠，以经济发展为主轴，悄悄向发达国家靠拢的发展主导型战略已经开始发酵。

在这一年的天安门国庆典礼上，出现了一个名叫李嘉诚的香港商人。他穿着一件紧身的蓝色中山装，不无局促地站在一大堆也同样穿着中山装的中央干部身边，天安门广场是那么的大，让这个从小岛上来的潮汕人很是不习惯。从 11 岁离开内地，这是他 40 年来第一次回乡，在几年前，他还是一个被内地媒体批评的万恶的资本家，现在他已经成了被尊重的客人。他自己可能也没有想到，再过 20 年，他将在距离天安门一公里远的地方盖起一个庞大的、超现代的东方广场。他是受到邓小平的亲自邀请，来参加国庆观礼的。来之前，他给自己定了“八字戒律”——“少出风头，不谈政治”。

回到香港，李嘉诚当即决定，在家乡潮州市捐建 14 栋“群众公寓”，他在给家乡人的信中写道：“念及乡间民房缺乏之严重情况，颇为系怀。故有考虑对地方上该项计划予以适当的支持。”他要求家乡媒体不要对此做任何的宣传。有一个与此相关的细节是，两年后，“群众公寓”建成，搬进新房的人们将一副自撰的春联贴在了门上，曰：“翻身不忘共产党，幸福不忘李嘉诚。”此联很快被记者写成“内参”上报到中央，引起了一场不小的震动。李嘉诚不惹政治，却防不了政治来惹他。

在李嘉诚从香港来北京参加国庆典礼前的 4 个月，36 岁的荣智健随身携带着简单行装和单程通行证，远离家人，告别妻儿，从北京来到了香港。到码头来迎接他的，是他的两个堂兄弟，荣智谦、荣智鑫。显赫百年的荣家第四代终于在一个潮湿的夏天又聚在了一起。

无锡荣家，兴于清末民初，靠办印染工厂起家，是江浙沿海一带显赫的商贾大户，最鼎盛时，荣家几乎掌控了中国纺织产业的大半壁江山。1949 年之后，荣家一直是共产党的坚定拥护者，1953 年，党中央有计划地实验公私合营计划，在荣家第三代掌门人荣毅仁的积极倡导下，他所持股的广州第二纺织厂成为全国第一家递交公私合营申请书的私营工厂，起了全国性的示范和宣传作用，毛泽东因此赞许荣家为“民族资本家的首户”。三年后，全国公私合营计划临近收尾，在全国政协二届二次会议上，荣毅仁作为工商界报喜队代表，向毛泽东、刘少奇等报喜，这一天标志着“全国范围内基本上完成了对资本主义工商业的改造，进入了社会主义社会”。1957 年，41 岁的荣毅仁当上了上海市副市长，后来还曾兼任纺织部副部长。

“文革”期间，荣毅仁靠边站，没少吃苦头，他的食指被红卫兵打断，好几年一直在全国工商联机关食堂的锅炉房运煤和打扫工商联机关的所有厕所。他的儿子荣智健被流放到四川凉山的一个水电站当抬土工。“四人帮”下台后，邓小平复出，荣毅仁也随即翻身，在1978年2月召开的五届政协会议上，邓小平被选为全国政协主席，荣毅仁当选为副主席。

政治上尽管重焕光芒，而荣家资产在内地却已分文不存。此时已回到北京的荣智健无所事事，他对科研和政治均无兴趣，于是南下香港成了最好的一个抉择，在那里，一群解放前逃亡在外的荣家子弟尽管不复祖辈的荣耀，却也依然固守家业。行前，荣毅仁盘算良久，记得当年他父亲在香港开办了数家纺织厂，其中的股息和分红30多年一直未动，荣智健在父亲的授意下一一结算，竟得一笔不菲的资金，这成了他闯荡香江的资本。世家子弟毕竟不比寻常，其起点自当高人一筹。12月，他与两个堂兄弟合股的爱卡电子厂开业了，总股本100万元港币，三人各占1/3股份，一开始的业务是将香港的廉价电子表、收音机、电子钟等向内地贩卖，在当时，获准“内地贩卖权”几乎是一个难以想象的特权。三年后，这家背景深厚的小电子厂被美国的Fitelec公司以1 200万美元高价收购。荣家财技一试即灵，果然非同凡响。荣智健日后资产曾一度攀上“中国首富”的宝座，其渊源由来当是从这个夏天开始的。

与只身闯香港的儿子相比，当上全国政协副主席的荣毅仁鏖战内地。他提笔向邓小平建议：“从国外吸引资金，引进先进技术，似有必要设立国际信托投资公司，集中统一吸收国外投资，按照国家计划、投资人意愿，投入国家建设。”在荣毅仁的提案中，即将创办的公司名为中国国际信托投资公司，简称中信（CITIC）。此议当即得到邓小平的认可，其他领导人也颇为赞许。1979年，中信公司正式成立。在相当长一段时间里，它扮演了中国引进国际资本的中介角色。

在国内成功地掀起了“真理标准大讨论”的思想热浪之后，1978 年 10 月 22 日，邓小平出访日本。在此次访问中，走访日本公司是他出行的重要事项之一。这位早年曾经留学法国，在印刷厂当过工人的中国领导人已经有半个世纪没有走进过资本主义的工厂了。这一次，他显然不仅仅是为了参观，而是在举手投足间一次次地表达出自己的深意。

他先是参观了东京的新日铁公司和日产汽车公司。在日产的一个汽车厂里，他真正领略了“现代化”的生产线。在大阪考察时，他专程去了松下电器公司的茨木工厂，在那里，翘首等待他的是另一位亚洲传奇人物，松下公司创始人、被尊称为“日本经营之神”的 83 岁的松下幸之助。

随行的新华社记者在报道中描述道：日本朋友向邓副总理介绍了松下电器公司生产各种电视机的概况。从 1952 年生产第一台电视机以来，截至 1978 年 3 月，这家公司已经生产了 5 000 万台电视机。邓副总理走进生产车间，参观了电视机组装生产线、自动插件装置以及检查成品等生产工序。离开车间后，邓副总理被邀请来到一间展览室，日本朋友向邓副总理介绍了陈列在这里的双画面电视、高速传真机、汉字编排装置、录像机、录像唱片、立体声唱机以及微波炉等产品。邓副总理在讲话中说，在中国四个现代化的发展过程中，电子工业、电子仪表和自动化等都是必需的。《中日和平友好条约》的签订和生效，使两国的友好合作可以更加广阔地在多方面进行下去。邓副总理应主人的要求，在这家工厂的纪念册上题词——“中日友好前程似锦”。

邓小平对松下的此次考察，给 83 岁高龄的松下幸之助留下深刻的印象，这促使老人开始思考松下公司的中国攻略。在第二年，松下幸之助飞访中国，成为访问新中国的第一位国际级企业家，松下公司与中国政府签订了《技术协作第一号》协议，向上海灯泡厂提供黑白显像管成套设备，通过国际交流基金向北京大学、复旦大学赠送价值 1.2 亿日元的设备，松下公司的北京事务所随之开设。松下公司的率先进入中国，起到了巨大的示范效应，其他日本公司蜂涌而至，在其后的10年间，日本公司成为第一批中国市场的外来拓荒者。

前日本驻华大使中江要介在《邓小平让中国富起来》的回忆文章中，记录了邓小平访日的另一个细节：中江在陪同途中问邓小平对日本的什么感兴趣，邓小平说中国老百姓冬天使用煤球，时常发生一氧化碳中毒的事情，他想知道日本有没有不产生一氧化碳的煤球。

访日之后，邓小平旋访新加坡。李光耀在《经济腾飞路：李光耀回忆录（1965—2000）》一书中回忆了这段经历。李光耀对邓小平印象深刻，以至在书中写道："邓小平是我所见过的领导人当中给我印象最深刻的一位。尽管他只有五英尺高，却是人中之杰。虽已年届74岁，在面对不愉快的现实时，他随时准备改变自己的想法。"①

出乎李光耀意料的是，邓小平对新加坡的经济制度表示出浓厚的兴趣。他在回忆录中写道："邓小平离开几个星期后，有人把北京《人民日报》刊登的有关新加坡的文章拿给我看。报道的路线改变了，纷纷把新加坡形容为一个花园城市。说这里的绿化、公共住房和旅游业都值得考察研究。我们不再是'美帝国主义的走狗'。邓小平在第二年的一次演讲中说：'我到新加坡去考察他们怎么利用外资。新加坡从外国人所设的工厂中获益。第一，外国企业根据净利所交的35%税额归国家所有；第二，劳动收入都归工人；第三，外国投资带动了服务业。这些都是国家的收入。'他在1978年所看到的新加坡，为中国人要争取的最基本的成就提供了一个参考标准。"②

这些细节，在1978年的新闻报道中被淹没，人们只关注和称颂邓小平出访的种种政治意义，却没有发现他其实已经在为中国日后的经济制度改革汲取经验。邓小平是一个深思而慎行的人，当他提出某一个主张的时

①② ［新加坡］李光耀著，《经济腾飞路：李光耀回忆录（1965—2000）》，北京：外文出版社，2001年版。

候，便表明他已经对此深思熟虑。在年底的一次中央工作会议上，邓小平突然提出了一个新的理论："让一部分城市先富起来。"他当时一口气列举了十来个城市，第一个就是深圳。

当时在座做记录的经济学家于光远回忆说，邓小平提到的是"深圳"，而不是人们常说的"宝安"，还列举了为什么深圳可以先富起来的理由，可见邓小平注意深圳很久了，而且进行了深入的思考。1979 年 3 月，深圳经济特区成立。

1978 年年底，美国《时代周刊》将邓小平评为"年度人物"。这家在国际上影响重大的周刊用整整 48 页的系列文章介绍了年度人物邓小平和打开大门的中国，其开篇之作即《新中国的梦想家》（*Visions of a New China*）。

▲ 1978 年《时代周刊》年度人物邓小平

1978 年，中国最重大的经济事件并不发生在城市里，而是在一个偏僻、贫穷的小乡村。这在即将开始的 30 年里一点也不奇怪，因为日后更多改变中国、变革命运的事件都是没有预谋的，都是在很偏僻的地方、由一些很平凡的小人物所意外引爆的。

这年 11 月 24 日晚上，在安徽省凤阳县小岗生产队的一间破草屋里，18 个衣衫老旧、面色饥黄的农民，借助一盏昏暗的煤油灯，面对一张契约，一个个神情紧张地按下血红的指印，并人人发誓：宁愿坐牢杀头，也要分田到户搞包干。这份后来存于中国革命博物馆的大包干契约，被认为是中国农村改革的“第一枪”。

▲凤阳县小岗村村民及包产到户契约

在1978年以前，已经实行了20多年的人民公社制度把全国农民牢牢地拴在土地上，“大锅饭”的弊端毕现无疑，农业效率的低下到了让农民无法生存的地步。小岗村是远近闻名的“三靠村”——“吃粮靠返销，用钱靠救济，生产靠贷款”，每年秋收后几乎家家外出讨饭。1978年的安徽，从春季就出现了旱情，全省夏粮大减产。小岗村的农民在走投无路的情况下，被逼到了包产到户的这一条路上。包干制竟十分灵验，第二年小岗村就实现了大丰收，第一次向国家交了公粮，还了贷款。在当时的安徽省委书记万里的强力主持下，小岗村的大包干经验一夜之间在安徽全境遍地推广。此后，以“家庭联产承包责任制”命名的中国农村改革迅速蔓延全国，给中国农村带来了举世公认的变化。

包产到户的意义无疑是巨大的。它让中国农民摆脱了遏制劳动积极性的人民公社制度，从而解放了生产力，它的推广在根本上解决了中国的口粮产能问题。而在另一个方面，它让农民从土地的束缚中解放出来，在土地严重缺乏而观念较为领先的东南沿海地带，大量闲散人口开始逃离土地，他们很自然地转而进入工业制造领域寻找生存的机会，这群人的出现直接地诱发了乡镇企业的“意外崛起”。在某种意义上，中国民间公司的庞然生长，在逻辑根源上也可以从小岗村的那个冬夜开始追寻。

如果说小岗村的包干制是一场革命的话，那么，也是在1978年，距这里数百公里外的江苏省华西村则发生着另一场农村变革，与小岗村不同的是，它是从人民公社的肌体中变异过来的一种集体经济，它代表了另一类、在相当长的时间内受到政府认可，并也确实发展了生产力的民间公司模式。

华西村早在20世纪60年代就是“农业学大寨”的全国典型。吴仁宝在这个村里当了创纪录的48年的村党委书记，他既是一个农村基层政权的领导者，同时又是一个乡村公司的企业家，这双重的角色让他在很多时候游刃有余，也在另一些时候，遭遇终极难题。这种悲欣交集的命运将贯穿他整个的变革生涯。

当年，华西村成为全国闻名的“农业学大寨”样板大队，吴仁宝还因此当过所在的江阴县的县委书记，在江浙一带，华西村的地位和风光可比大寨，吴仁宝则赫然是“陈永贵式”的好干部。在1975年10月26日的《人民日报》上，新华社记者还曾用充满激情的笔触描写过华西村：“华西大队认真学大寨十一年，过去粮食亩产超一吨，今年可达2 400斤……吴仁宝同志向自己提出了五项要求……四是百分之八十的力量用于抓农业，百分之十的地方财力用于农业机械化，把各行各业纳入以农业为基础的轨道；五是继续抓好六十四个先进大队，同时帮助六个后进公社赶上去。除此之外，还要建立一万人的理论队伍，一万人的科学技术队伍。他还向全省代表讲了改土治水、作物品种布局、秋肥造田、平整土地的规划，他把自己的蓝图编成了一首诗：九十万人民心向党，七十万亩田成方，六万山地换新装，五业发展六畜旺，社员人人喜洋洋。”

这样的报道充斥了一大串看上去确凿的、闪闪发光的数据，它曾经引得81岁的文学家叶圣陶激动不已，这位江阴人据此写了一首很长的赞美诗，其中有“仁宝同志江阴众，英雄业绩维仔肩，更思举国数千县，孰不能如江阴焉”之句。而在事实上，吴仁宝在高调学大寨的同时，却又干着另一些“见不得人”的工作。早在1969年，他就抽调20人在村里偷偷办起了小五金厂。“当时可千万不能让外面知道，正是割资本主义尾巴的时候呢。”后来顶替吴仁宝担任华西村党委书记的他的第四个儿子吴协恩回忆说，“田里红旗飘飘、喇叭声声，检查的同志走了，我们转身也进了工厂。为什么冒险搞工业？因为种田实在挣不到钱。当时全村人拼死拼活，农业总产值24万元，而只用20个人办的小五金厂，三年后就达到了24万元的产值。”1978年，吴仁宝盘点过华西村的家底，共有固定资产100万元，银行存款100万元，另外还存有三年的口粮，这在全国的数千乡村中可谓富甲一时。在当时，一包烟的价格是0.2元，整个江阴县的工农业总产值也仅仅数亿元而已。

▲ 20世纪70年代初期，正在工厂干活的吴仁宝（右）和他的工友

就这样，吴仁宝用一种很特殊的方式改造着他的家乡。1978年12月8日，《人民日报》在头版头条的显赫位置再次报道了华西村，题目是《农民热爱这样的社会主义》，同时还配发了“本报评论员”文章《华西的经验说明了什么》，这是当年度这家“中国第一媒体”对全国乡村最高规格的报道。可是，在江苏省和江阴一带，华西村被嘲讽为“吹牛大队”，还有一些人给中央写内参，告发“华西村是个假典型”。在这样的风波中，

吴仁宝奇迹般地躲过了暗箭，他的“江阴县委书记”在一次举报后被摘掉了，可他在华西村搞的那些小工厂却一直在地下运转。这些不受保护、偷偷摸摸的五金作坊成为日后燎原中国的乡镇集体企业的胚胎。

我们把视野放得辽阔一点便不难发现，在当时的中国，吴仁宝其实并不孤独。在北方，天津静海县蔡公庄的大邱庄，一个叫禹作敏的村党支部书记也在村里偷偷办起了一家冷轧带钢厂。大邱庄是远近闻名的穷村，当地有“宁吃三年糠，有女不嫁大邱庄”的民谣，谁也不会料到10年后这里竟会成为富甲一时的“天下第一村”。而在素来有工业传统的江浙一带，一批小工业作坊——没有人做过确凿的统计，如果我们用“上千个”这个概念应该不会太偏离事实——已经星星点点地冒了出来。在浙江，钱塘江畔的萧山县，鲁冠球创办的农机厂已经悄悄度过了它10周年的纪念日。

在这里，我们必须提醒读者一个事实：中国民营公司的成长从一开始就有两个源头，一是华西式的乡村基层政权及其集体企业组织，二是鲁冠球工厂式的自主创业型企业。在日后很长的时间里，吴仁宝和鲁冠球是中国乡镇企业最耀眼的“双子星座”，但是他们的起点却相去甚远，前者始终依托在村级政府的肌体上，而后者的崛起则大半是个人创造。这种差异在一开始并不起眼，甚至在相当长的时期内，连他们自己都没有注意到这一点，“乡镇企业”一直是他们共用的一个概念，直到“企业产权”的归属成为一个问题时，他们的命运才开始向不同的方向飞奔，这自然是1990年之后的话题了。

萧山虽处鱼米之乡的江南，却是江沙冲击出来的小平原，人口众多而地力贫瘠，鲁冠球生来对种地毫无兴趣，他自小流浪乡里，先学打铁，后修自行车，25岁那年，他东借西凑4 000元，带着6个人办起了“宁围公社农机厂”，并自任厂长。宁围是他出生地所在，在他将近50年的职业生涯中，这位日后著名的“中国企业常青树”把公司办到了大洋彼岸，自己却从来没有离开过这块土地。

鲁冠球办厂，可以说真是从一穷二白起家。工厂没有地方买原材料，他蹬着一辆破自行车每天过江到杭州城里，走街串巷地收废旧钢材，有时候就蜷在一些国营大工厂的门外一整天，有厂里不要的废钢管、旧铁线扔出来，就宝贝一样地拣回去。生产什么，也是有上顿没下顿，一开始做了一千把犁刀，跑去向农机公司推销，一进门就被赶了出来，因为他没有“经销指标”。那是一个铁桶般的计划经济年代，生产什么，购买什么，销售什么，都要国家下达指标，指标之外的物品流通便属“非法”。精明的鲁冠球东钻西闯，好不容易找到了一条活下来的缝隙，那就是为周边公社的农具提供配套生产，如饲料机上的榔头、打板，拖拉机上的尾轮叉，柴油机上的油嘴，要什么做什么。

到 1978 年，雪球慢慢滚大，鲁冠球的工厂竟已有 400 号人，年产值 300 余万元，厂门口挂着“宁围农机厂”“宁围轴承厂”“宁围链条厂”“宁围失蜡铸钢厂”四块牌子，到这一年的秋天，他又挂上了“宁围万向节厂”。四周的农民恐怕没有几个弄得清楚失蜡铸钢、万向节到底是个什么东西。在后来人看来，从农作耕地到初级工业化之间，鲁冠球似乎已经在费力地搭建自己的企业基石。

让人尤为惊奇的是，只有初一文化水平、从来没有接触过任何企业管理知识的鲁冠球在很早就尝试着管理工厂的方法。在 1969 年建厂之际，他就实行了基本工资制，工人工资额固定，按月出勤结算发放。1971 年，他提出了计件（时）工资制，根据工人的劳动量来分配他们的收入。直到七八年后，少数觉醒的国营工厂才小心翼翼地开始试验这种分配制度。“做工厂不能有什么就做什么，到了一定的时候就要小而专、小而精。”鲁冠球后来说，他从 1978 年开始考虑一些问题。如果这是事实的话，他可能是当时 8 亿中国农民中仅有的几个开始思考这些问题的人。这一年，在一些企业已经开始悄悄恢复基本工资加奖金的制度，有的还开始尝试计件制。9 月，吴敬琏、周叔莲和汪海波发表长篇论文《建立和改进企业基金提成制度》，他们用经济学和政治学的混杂语言十分辛苦地论证，利润考核和提成制度是符合社会主义经济特征的，不是“资本主义的利润挂帅”，在结论上，他们很自然地将那些错误的观点归咎于林彪和“四人帮”：“他们把两件不相干的事情混在一起，用心险恶地要把我们的企业都变成坐吃山空的官僚衙门。”①

1978 年的冬天，北京的每一个清晨都给人寒冷的感觉。新华社记者在新闻稿中写道：灰白的太阳终于费力地钻出薄雾，把它那毫无热气的光线投射到这个巨大城市的每一个角落——拥挤的楼房、狭窄的棋盘式街道和蠕动的密集人群中。

如果说，邓小平在年末的访日颇有点“招商”意味的话，那么，欧美的企业主也明显嗅到了中国变革的气息。特别是早在 1972 年就与中国恢复了正常关系的超级大国美国，它那家最著名的公司——可口可乐公司很早就把它的临时办事机构设在了王府井街口的北京饭店里。当时在中国主管事务的是可口可乐亚太分部的一个叫亨达的美国中年人，接触过他的人都记得他有一头铁灰色的头发。12 月 17 日，中美双方发表《中美建交联合公报》，宣布“中美双方商定，自 1979 年 1 月 1 日起，建立大使级外交关系”。第二天，亨达与中国粮油集团签署了一份合同，获准向中国出售第一批瓶装可口可乐。根据当时的协议，可口可乐公司获准以补偿贸易的方式及其他支付办法，向中国主要城市和游览区提供可口可乐制罐及罐装设备，在

▲ 1979 年第一批到达中国的可口可乐

① 吴敬琏、周叔莲和汪海波，《建立和改进企业基金提成制度》，1978 年 9 月。

中国设立专厂装罐装瓶，并在中国市场销售。在罐装厂建立之前，从1979年起，由中粮公司采用寄售的方式先行销售可口可乐饮料。合同是在外贸部大院（与北京饭店斜斜相望，仅隔着一条长安街）签订的。外贸部部长李强在批复中加了一条："仅限于在涉外饭店、旅游商店出售。"尽管合作的姿态是审慎和小心翼翼的，但是可口可乐总部显然是非常满意的，因为几乎所有人都知道，水闸一经打开，就再也关不上了。

美国和可口可乐的速度让人嫉妒，似乎没有一个资本主义国家不对打开国门的中国感兴趣。当时的国际环境是，美国刚刚从越南战争中抽身，无力再干预其他地区事务；苏联也因为要插手阿富汗而无暇他顾，冷战局势处于低潮。在经济方面，西方国家刚刚从经济萧条中走出，空闲资金较多，急需扩大海外市场。4月，国务院主管经济的副总理谷牧率中国代表团出访欧洲各国，所到之处，官员和商人都表现了愿意同中国发展经济合作的强烈意向。在和法国总统德斯坦会谈时，法国驻华大使对谷牧说："听说你们要搞120个大项目，我们法国很愿意有所贡献，给我们10个行不行？"在联邦德国，巴符州州长说可以贷款50亿美元给中国，马上可以签字；北威州则表示100亿美元也问题不大。这些资讯都刺激着中国领导人对引进持积极态度，因而形成了加快扩大对外引进的思想。①

6月22日，邓小平在同余秋里、谷牧等人的谈话中指出，同国外做生意可以做大一点，搞它500亿，形势不可错过，胆子大一点，步子也可以大一点。不要老是议论，看准了就干，从煤矿、有色、石油、电站、电子、军工、交通运输一直到饲料加工厂，都可以尽快开工。②一个不太为人所知的事实是，根据邓小平的这段讲话，中央政府曾经策划过一个庞大的10年引资计划，计划引进600亿美元的外资，大大扩大工业、农业、

---

① 可参考的数据是，1978年，中国外汇储备仅有1.67亿美元，聊胜于无。

② 此段谈话引自李正华所撰文章：《准备改革开放的一次重要会议》，《国史研究参阅资料》，总214期。

科学技术和武器产品的生产，其中包括了120个大型项目，如矿山、钢铁联合企业和石油化工设备。哈佛大学的中国问题专家费正清日后评论说："该目标不切实际，一年左右就不得不大幅度降低。许多与国外签订的合同被迫取消或推迟，因为中国缺乏付款能力。"这里隐藏着一个事实，那就是，在改革开放的初年，邓小平曾经尝试用"巨额资本密集投入"的方式来迅速地拯救中国经济，这仍然是一种强有力的国家经济运动，与毛泽东发动群众搞经济的方式不同，邓小平这一次是试图借用资本主义的钱来造"中国大厦"。不过，他的这个浪漫蓝图很快就被证明是行不通的。在发现这一计划无法实现的第一时间，邓小平就迅速地改变了战略，他开始把重点放在上万家国有企业的改造上，期望通过对它们的放权改造激发出生产的积极性，与此同时，他还在地理位置比较偏远、国有经济实力不强的南方进行特区试验，用窗口效应来吸纳国外资本和技术。

领导人的这种急迫心态，一层层地很快传染到了各级经济干部那里。中国第一次引进外资的热潮在这一年的下半年突然掀起。彭敏在他主编的《当代中国的基本建设》[①]一书中披露，1978年，全年签订了78亿美元的外资引进协议，而其中有一半左右金额是12月20日到年底的短短10天里抢签的合同。

1978年8月，主管汽车行业的第一机械工业部（以下简称"一机部"）向美国的通用、福特，日本的丰田、日产，法国的雷诺、雪铁龙，德国的奔驰、大众等著名企业发出邀请电，希望它们能够来考察中国市场。很快，反馈回来了：繁忙的丰田公司以正在和台湾洽商30万辆汽车项目为由婉拒，傲慢的奔驰公司则说不可能转让技术，除此之外其他公司都表示了兴趣。

第一个来的是美国通用汽车公司。10月21日，通用派出由汤姆斯·墨菲

---

① 彭敏主编，《当代中国的基本建设》（上、下两册），北京：中国社会科学出版社，1989年版。

带队的大型访问团来洽谈轿车和重型汽车项目。后来出任副总理的李岚清接待了他们，在这次洽谈中，墨菲第一次提出了“合资”的概念。他说：“你们为什么只同我们谈技术引进，而不谈合资经营（joint venture）？”

李岚清后来对中央电视台记者回忆，尽管中方人员懂得一些英语，知道“joint”是“共同或共担”，“venture”是“风险”，连在一起似乎应当是“共担风险”，但对它的确切含义并不清楚。于是墨菲就让他手下的一位经理向中方人员详细介绍了“joint venture”的含义：就是双方共同投资，“合资经营”企业。这位经理还介绍了合资经营企业的好处，怎样搞合资经营，以及他们与南斯拉夫建立合资经营企业的经验等。

这位经理介绍以后，墨菲还补充说：“简单地说，合资经营就是把我们的钱包放在一起，合资共同办个企业，要赚一起赚，要赔一起赔，是一种互利的合作方式。若要再说得通俗一点，合资经营就好比‘结婚’，建立一个共同的‘家庭’。”

听了这番介绍后，李岚清感到新鲜有趣，会后，李岚清当即将谈判做成简报，上报给国务院和中央政治局，邓小平批示：合资经营也可以谈。①

有了邓公的批示，一机部与通用的谈判进度立即加快。第二年的3月，一机部组团赴美与通用进行合资经营的谈判。但意外的是，通用的董事会最后竟否决了董事长墨菲的这个合资提议，通用进入中国的步伐戛然而止。这家全球最大的汽车公司要在将近20年后的1997年才在上海打下它的第一根桩。而彼时，德国大众已经在中国赚得盆满钵满了，那一年大众汽车的年销量已经达到50万辆。

几乎就在通用汽车董事会对中国说“不”的同时，一批德国汽车专家考察上海，他们开始与上海的领导人谈大众汽车合资的项目，这个谈判一直谈了整整10年。中国方面在谈判中唯一的坚持是：大众汽车必须国产

---

① 根据李岚清接受中央电视台《改革开放二十年》纪录片采访时的回忆。

化。当时随大众公司来华的一行人中，有一位德国《明镜》周刊的记者，他在考察了手工作坊一般落后的中国厂房后，略带嘲讽地说："大众汽车将在一个孤岛上生产，并且这里几乎没有任何配件供应商。中国车间里的葫芦吊、长板凳、橡皮榔头，都是我爷爷辈的生产方式。"当时，几乎每一个到现场考察的德国人都不相信上海汽车制造业能在短期内改变如此落后的现状。他们发现，在中国找不出一家零部件生产企业能与桑塔纳汽车配套，甚至没有一条生产线不需要改造。能用上的，只有轮胎、收音机、喇叭、车外天线和小标牌，而即使把这些零碎的东西全部加起来也只能占到零部件总量的 2.7%。

尽管有抱怨和担忧，但是中国接纳世界和世界进入中国的热情却越点越热。

这一年，一切似乎都已经水到渠成：以邓小平为核心的领导层得到了管理国家的领导权；在随后的科学大会上确定了现代化建设的主旋律；在 5 月的"真理标准大讨论"中，启动了一场思想解放的运动，改革的思想取得了主导权；出访日本及一连串的外资谈判，让沉重的国门一点一点地打开；11 月，北京市委宣布 1976 年的"天安门事件"是一场革命行动，"文革"期间受到迫害的革命家和群众得到承诺将很快平反。就这样，变革每天都在发生，中国的未来走向似乎日渐清晰，在年底的 12 月 18 日到 22 日，中国当代史上最重要的会议之一——中国共产党十一届三中全会召开了。

这次会议的唯一议题是，"把全党工作重点转移到社会主义现代化建设上来"。与此相关，全会决定停止使用"以阶级斗争为纲"和"在无产阶级专政下继续革命"的口号，重新确立了党的组织路线，反对突出宣传个人，审查和解决了历史上的一大批冤假错案和一些重要领导人的功过是非问题。这无疑是一次十分具有象征意义的会议，它意味着从此开始，"政治生活"已不再成为中国老百姓的主要生存方式。中国重新回到了世界和平竞争的大舞台上，这个经历了百年激荡的东方国家将以经济发展的方式走向更远的明天。因而，尽管在两年前，执行极左路线的“四人帮”已经被打倒，但是直到两年后的这一天，中国才真正进入到了“改革开放”的年代。①

▲ 1978 年 12 月 24 日，宝钢在上海北郊打下第一根桩

在全会结束的两天后，一个具有象征意义的工程在上海开工了。12 月 24 日，日后成为中国钢铁业支柱的宝钢公司在上海北郊的一片海滩上打下了第一根桩，国务院批准国家计委、建委等部门报告，决定从日本引进成套设备，在上海宝山新建一个年产铁 650 万吨、钢 670 万吨的大型钢铁厂，总投资 214 亿元，其中外汇 48 亿美元，国内投资 70 亿人民币。媒体对宝钢的定位是——“我国第一个新型的、现代化的大型钢铁基地”，很显然，它代表了当年度中国政府经济发展和引进外资的最大举措，举国上下对之的期盼可见一斑。

① 事实上，直到十一届三中全会前，很多政府高层官员仍然对中央的态度不甚明了，后来担任过国家经委主任的袁宝华回忆说，1978 年 12 月初，他和政治家邓力群、经济学家马洪到日本访问，在记者招待会上，有记者问：“袁先生，中国允许不允许外国去投资建厂？”他左问邓力群，邓闭眼不答；右盼马洪，马紧嘴摇头。最后他硬着头皮说：“记者先生，你提的这个问题非常重要，我们要认真考虑。”第二日，转机回京，全会召开了。（中央电视台《改革开放二十年》解说词，作家出版社，1998 年版。）

1978 年实在是一个如此遥远而模糊的从前。那一年，美国颁布了《破产改革法》，在此之前，即便是这个全球最大的经济体在企业破产方面也没有形成系统性的法律阐述（中国将在 5 年后出现第一家破产企业）。那一年，伟大的微软公司才刚刚两岁，比尔·盖茨决定给自己发工资，他鼓足了勇气对合伙人说，“我今年的年薪绝对不能太低，它应该是 1.6 万美元”。那一年，福特汽车公司的传奇总裁艾柯卡被亨利·福特出于嫉妒开除了，时年 54 岁的他转而受聘于濒临破产边缘的克莱斯勒公司，6 年后他竟奇迹般地使其扭亏为盈，并将公司的年盈利提升至令人咋舌的 24 亿美元，他成了美国英雄，也成了中国企业家最早崇拜的偶像之一。那一年在美国芝加哥，世界上的第一个移动电话通信系统悄然开通了，很多人都不看好这项新技术，谁也没有想到这竟会是全球化信息时代的开端。

1978 年的中国与世界，彼此是那么的陌生，而它们各自面对的生活和话题又是那么的遥远。当美国家庭的电视普及率已经超过 70% 的时候，在一向“不苟言笑”的《人民日报》上，才第一次出现了与电视机有关的漫画。7 月，这家报纸上出现了第一个广告，从 10 月开始，还偶尔会刊登中央电视台的节目预报。政府呼吁人民要节俭办事，特别是看到废弃的水泥包装袋一定要把它回收利用起来。一个北京人到上海，发现当地的书店居然在“开架卖书”，他觉得十分新鲜，便给报社写信，希望在全国推广这种好办法。

“如果在 1978 年，我们就清楚地知道中国与世界的距离居然差那么远，我不知道我们是否还有追赶的勇气。”日后有人曾经这样小心翼翼地求证。

的确，你会发现，在一开始，中国与世界似乎生存在两个完全不相干的时空中，它们有完全不同的经济结构、思维方式、话语体系和发展脉络，要找出两者之间的相通点竟是那么的困难。但是渐渐地，你会发现它们开始出现奇妙的逼近，再逼近，许多年后，它们终于真正地融为一体，难分彼此。

1978 年 12 月 26 日，西方的圣诞节期间——中国大概要再过 15 年才开始有人将此当作节日，第一批 50 名赴美留学的访问学者在夜幕中乘飞机离开了北京，他们年龄最小的 32 岁，最大的 49 岁，学期为两年。国务院副总理方毅特别在临行前接见了他们，全国科协主席周培源及教育部副部长李琦亲自到机场把他们送上了飞机。

这是一个开始。据英国《观察家报》披露，中国已请求在下一年度向加拿大、英国、法国、德国和日本分别派出 500 名留学生，而美国则被希望接纳 5 000 人。《观察家报》说："这些年轻人不仅将充分地接触英语，而且要接触一切民主政体下的东西，从炸鱼条到带脏字眼儿的政治评论。他们不久就会认识到，雨果和狄更斯早就死了，他们一直被灌输的那个景象悲惨的英国可能需要重新画了。而这一切，对他们，以及对刚刚打开国门的中国又意味着什么？"

很显然，这是一个真正的开始。

【链接】

“1978年以前的中国格局可能是最糟糕的局面。”美国耶鲁大学金融学教授陈志武这样评论说，它在某种意义上是经济学界的一个共识。

1978年之前的中国是十分纯粹的计划经济成长模型。在1952年前后，中国对私人资本进行了一次彻底的清理，所有的私人企业在这段时期内收归国有。此后直到1978年，中国境内所有的企业都为国营或集体所有制企业。所有的物资生产和分配全由国家来调控，当时的年度计划会议要开几个月，担任过国家计划委员会经济综合司司长的朱之鑫回忆说：“那时候搞计划可以说像骡马大会，非常的厉害。你比如说一个煤矿，我采掘多少煤，需要多少坑木要报上来，坑木怎么办呢？我又要去林业部门看它有多少木材，采集这个可以分给煤炭行业多少，然后再到铁路部门跑运输，就这样做计划。”很显然，这是一整套非常严密的计划生态链，它在一个高度集中、全面封闭的体系内运行，全国的企业就像一个个车间，国务院总理相当于厂长，计划委员会则是一个调度室，计划点菜，财政拨款，银行数钱，看上去是那么的井井有条。但是，这种计划经济对效率的排斥和漠视却已经是一件不需要来论证的事情了。

整个国家的产业布局以重工业为绝对优先。在1953—1979年期间，重工业增长相比于轻工业增长的领先系数达到1.47，甚至在一段时期竟高达6.00。出于政治目标和国家生存战略的需要，军工产业被放到了最首要的地位上，钢铁、石油等重工业则与之配套，因此，重工业的产品并非像正常经济的运行体制那样流入国民经济的扩大再生产循环之中，这直接造成了轻工业及国民生活必需品生产的严重短缺。人们购买粮食、日用品等都需要凭限制性的票据供应。

此外，全国企业的布局也很不合理。为了免于在战争中处于被动地位，工业企业并没有被放置在处于经济地理优势的沿海地区，而是采取了放置内地也就是大后方的策略。由于重要的工业企业都被设置在交通成本高昂的山区，并不计经济合理性而分散在广泛的地区，从而丧失了规模优势，使得经济效率非常低下。

在金融体系上，1978年前的中国，只有一家银行，没有保险公司及其他任何金融性企业，国营企业存款和财政存款之和为1 089.9亿元，占银行存款总额的83.8%。国家是储蓄主体，也是投资主体，因而不需要金融中介。国有固定资产投资主要来自财政拨款，银行贷款主要作为流动资金。

1978年以前，中国是一个封闭自守的经济体，与世界经济体系基本“绝缘”。高度集中的经济列车在运行了20多年后，终于在20世纪70年代末陷入了空前的泥潭。从1958年到1978年，20年间中国城镇居民人均收入增长不到4元，农民则不到2.6元，全社会的物资全面紧缺，企业活力荡然无存。

1979

新的转机和闪闪的星斗[①]

我的时代在背后，
突然敲响大鼓。

——北岛：《岗位》，1979年

1979 年，一个在芝加哥大学研究制度经济学的

---

① 本章名取自北京诗人北岛发表在1979年3月《诗刊》上的一首诗歌《回答》，它用一种近乎决然、发泄的口吻喊出了一代人对陈旧体制的反抗。如德国哲学家尼采所说的，“上帝死了”，一个清新的，也即将混乱不堪的时代到来了。

“告诉你吧，世界 / 我——不——相——信！ / 纵使你脚下有一千名挑战者 / 那就把我算做第一千零一名。

我不相信天是蓝的 / 我不相信雷的回声 / 我不相信梦是假的 / 我不相信死无报应。

如果海洋注定要决堤 / 让所有的苦水注入我心中 / 如果陆地注定要上升 / 就让人类重新选择生存的峰顶。

新的转机和闪闪的星斗 / 正在缀满没有遮拦的天空 / 那是五千年的象形文字 / 那是未来人们凝视的眼睛。”

香港青年学者张五常[1]到广州游历。

他是一个很善于从细节里发现真理的人。在住的酒店里，他见到两个女工每天都在几百方尺大小的地上扫树叶，这似乎就是她们的全职工作；同时，修补墙上的一个小洞需要三个人——一个人拿着一盘灰泥，另一个人将灰泥往洞里涂，第三个人则在旁指着那个洞；早餐的供应只有一个小时，但在半小时之后，已经没有人工作，20 多个年轻的女服务员聚在餐厅的一角，任意闲聊。一位土木工程师声称他知道有关送中国学生到美国念书的手续，但他供给的资料却完全与事实不符；即使是广州的高级官员，对签证与护照的分别也不清楚；被委派来与香港商人进行商务谈判的人“无知透顶”，使一切洽商都白费力气；更有甚者，中国官员的职衔五花八门，外国人要凭干部的到场先后来辨别他们的官阶高低。

这位青年学者因而得出的结论是：“中国的现代化不管走哪一条路，都会遇上一个极大的障碍。以其他国家的标准来衡量，整个中国也找不到几个 45 岁以下，称得上是受过良好教育的人。结果就出现了一群散漫的劳动人口和无知的官员。在这方面所造成的障碍，会较一般人所说的外资外汇问题，远为严重。”[2]

1979 年 1 月，56 岁的香港商人霍英东开始与广东省政府接触，他提出要在广州盖一家五星级宾馆——白天鹅宾馆，他投资 1 350 万美元，由白天鹅宾馆再向银行贷款 3 631 万美元，合作期为 15 年（以后又延长 5 年），这是建国后第一家中外合资的高级酒店，也是第一家五星级酒店。后来当上了全国政协副主席的霍英东回忆说：“当时投资内地，就怕政策突变。那一年，首都机场出现了一幅体现少数民族节庆场面的壁画[3]，其中

① 张五常，香港经济学家，新制度经济学代表人物之一，毕业于美国加利福尼亚大学洛杉矶分校经济学系。他以《佃农理论》和《蜜蜂的神话》两篇文章享誉学界。

② 选自张五常写于 1981 年的文章——《中国会走向资本主义的道路吗？》。

③ 指北京新机场落成时的大型壁画《泼水节——生命赞歌》，作者为画家袁运生。

一个少女是裸体的，这在国内引起了很大一场争论。我每次到北京都要先看看这幅画还在不在，如果在，我的心就比较踏实。”

霍英东建酒店，首先面临的就是计划体制造成的物资短缺问题，“一个大宾馆，需要近10万种装修材料和用品，而当时内地几乎要什么没什么，连澡盆软塞都不生产，只好用热水瓶塞来替代。更要命的是，进口任何一点东西，都要去十来个部门盖一大串的红章”。后来，被折磨得“脱去人形”的霍英东终于想出了一个绝招，他先把开业请柬向北京、广东及港澳人士广为散发，将开业日子铁板钉钉地定死了，然后，他就拿着这份请柬到各个环节的主管部门去催办手续，这一招居然还生效了，工程进度大大加快。1983年2月，白天鹅宾馆正式开业，当日酒店拥进了一万多个市民。

跟霍英东相比，法国人皮尔·卡丹受到的欢迎程度似乎要更高一点，3月他来到了中国，他是第一位来到这里的国际级服装大师，这位兼具艺术家和商人双重气质的法国人率领12名服装模特在北京民族文化宫举办了一场服装表演会。

当日中国，涌动街头的还是一片“蓝色的海洋”，当时的流行服装是有着肥大的袖口、带着油渍的棉大衣。然而，细心的人不难发现，爱俏爱美的姑娘们已经披起粉红色纱巾或在灰蓝色罩衣下摆露出花布内袄。有一张美联社记者拍到的照片保留到今天：皮尔·卡丹穿着一件黑色大衣，双手插在上衣口袋里行走在北京的大街上，他的左前方一个拎着皱巴巴皮袋的老年农民转头好奇地张望这个长相奇异的洋人，他的帽子和对襟棉袄与皮尔·卡丹形成了鲜明的对比。

尽管很别扭，但是两个世界总算走到了一起。服装表演会的入场券被严格控制，只限于外贸界与服装界的官员与技术人员参与“内部观摩”。在北京民族文化宫临时搭起的一个“T”型台上，8名法国模特和4名日本模特的台风流畅自然，表现出一种随意性。穿梭往返的男女模特彼此眉目传情，勾肩搭背，表现出当时被中国人视为颇不庄重的亲密。

▲ 1983 年 3 月，皮尔·卡丹走在北京的大街上

在后台更衣处，还发生了一件有趣的事情，细心的中国人扯了一块大篷布，把房间一分为二，原因是模特有男有女，表演服装又贴身，男女混杂，诸多不便。但皮尔·卡丹固执地要把篷布撤掉："我们一直是男女模特在一个房间里换衣服，这没有什么不方便的。作为一个服装设计师，要像外科医生一样，了解我的模特的形体。对不起，请把篷布拿掉，这是工作。"中方的接待人员面面相觑，最后还是听从了大师的意见，但这个细节作为"纪律"绝对不能走漏风声。

作为一个浪漫的艺术大师，皮尔·卡丹对他在中国大陆掀起的冲击波非常满意——从这一年到 1994 年，这个法国服装师前后来了中国 20 次。在此后的 20 年里，他一直为那次表演会感到万分的庆幸。因为在很长的一段时间里，"皮尔·卡丹"是中国消费者心目中知名度第一的外国服装品牌，它一度还成为高档服装和奢侈消费的代名词。"先入为主"的品牌效应，在它身上得到了最极致的体现。

1979年对中国来说，是经济细胞的复苏之年，各种现代经济的元素开始被一一启动和复用。

中国政府成立了外汇管理总局，全面管理人民币和外汇的交易业务；3月，中国企业管理协会成立，中国中央电视台则组建了广告部，20年后它将成为中国最强势的广告播出商。5月1日，北京烤鸭店的和平门分店开张了，它的建筑面积有1.5万平方米，餐厅使用面积近4 000平方米，内设各种规格宴会厅40余间，全店可接待2 000多位宾客同时就餐，是全世界最大的烤鸭店。而最新鲜的是，这个店恢复了“全聚德烤鸭店”的金字招牌，开业于清同治三年（1864年）的全聚德是老北京最有名的烤鸭店，在“文化大革命”期间它跟全国所有的老字号一样都被当成“四旧”给废弃掉了，现在，它的复出很清晰地传达了一个信号：老字号们都可以复活了。

在上海，一些老工商人士和部分境外公民以民间集资方式创建了一家叫“上海市工商办爱国建设公司”的企业，它后来被认定为中国第一家民营企业。第一家广告公司也在这个有着百年商业传统的城市出现，在3月15日的《文汇报》上刊出了第一个外国品牌的广告，捷足先登的是瑞士的雷达牌手表，同一天，雷达表还在上海电视台播出了第一个电视广告，由于时间和操作上的原因，这条广告片甚至是用英文解说，只是配上了中文字幕，虽然当时中国懂英文的人并不多，但是在三天内，到黄浦区商场询问这个品牌手表的消费者超过了700人。

在广州等地则出现了一些服务公司，旅游业也开始起步，报纸上开始讨论宾馆是不是也可以进行企业化管理。国民经济开始向轻工业转型，国务院出台了鼓励轻工业发展的文件，在税收、招工等六个方面进行适度的倾斜。在上海，一个钢铁厂把自己的厂房转让给了上海服装公司，国营企业之间的这种产权转让在当时是一则很轰动的新闻。

关于保险业是否应该恢复的讨论也被提上了日程，让人不可思议的是，从1959年到1979年期间，中国国内所有的保险业务都停办了，企业和家庭被认为不需要这种“资本主义的剥削工具”。到 1980 年，中国人民保险公司恢复成立，随后进入了长达 6 年的独家垄断时期，1986 年才发放了第二张保险执照，要再过 6 年，外资保险公司才被允许进入。保险业的梯次开放进度，几乎是中国所有垄断型行业的缩影。

在国际上，已经有人在思考中国经济的崛起对世界到底意味着什么。

就在《时代周刊》《新闻周刊》还在为中国打开国门而大呼小叫的时候，一向严谨而不事声张的《经济学人》却已经在思考更深层面的事情了，它提出一个很有前瞻性的问题：中国的崛起会不会对现有的国际市场构成致命的冲击？要知道，这个问题在 20 年后才真正成为一个“问题”。从现有的资料看，《经济学人》是第一家提出这个疑问的媒体，就凭这一点，它称得上是真正的预言家。

在 1979 年 3 月 3 日发表的《中国有多少可以出口？》一文中，《经济学人》分析说：“作为一个与美国和苏联类似的大陆型国家，中国的长期出口增长率可能维持在 4%~5%，足够使中国在 1990 年前后成为中等规模的贸易国。中国拥有的是土地、能源、劳动力，而现在所缺少的是市场经济的经验和意识。”

《经济学人》大胆地预言，尽管从眼前看，中国需要大量的进口，这将刺激工业发达国家的生产，但是长远而言，“洪水猛兽般的中国出口品会成为必然”。

作者在文章中说：

“中国的出口增长可能更快吗？在原油方面，抑制扩张的最重要因素是供给，但他们在一段时间内可能还相当强势。利润取决于加工出口。目前南韩的人均出口额是中国内地的 25 倍，而中国的香港和台湾地区是大陆的 100 倍。中国在一些简单制造业领域已经开始市场化，比如纺织、鞋类、珠宝、玩具和旅行用具等。电子业和轻型机械工业不久就会跟上来。

“中国缺乏市场常识的障碍之一是，对市场需要怎样的产品、设计和质量规范缺乏经验。一个方法是从其他国家的经验中照搬，事实上中国已经开始这样做，它称之为‘三来一补’。

“中国提供土地、能源、劳动力以及原材料，而国外提供设备、原始技术、管理和市场经验（比如有海外华人已经在中国内地建立了工厂，一年向中国香港出口 200 辆巴士车）。最终，最大的出口区是中国台湾。

“另一个大的障碍是贸易保护主义。美国人已经试图在同中国就纺织品问题进行‘市场秩序安排’谈判。不过，中国处于极具议价能力的位置。它马上就会成为新的利润空间极大的供应商，同时还有新的、极具吸引力的市场。在不久的将来，洪水猛兽般的中国出口品会成为必然。中国大陆到 1990 年将翻 4 倍的出口额才比今天日本年出口额的 1/3 多一点（相当于今天韩国、中国台湾出口额总和的两倍多）。10 年的高速增长，加上其所需要的原材料和原油，意味着中国将开始被视作同今天英国地位相当的中等贸易国家。西方应该努力忍受这一现实。”

这是当年度西方国家对中国经济复苏最具有远见的报道。

忙碌的邓小平在全世界寻找振兴中国企业的榜样。1 月，他按原先的安排出访美国。邓小平结束访美后，2 月 7 日抵达东京，同老朋友大平正芳在日本首相官邸会谈。

去美国访问，邓小平最重要的任务是政治性的。在佐治亚州的州长官邸，他与 16 位前来拜访他的州长共进晚宴。邓小平不厌其烦地介绍中国走向开放的政治和经济政策，希望中美正常外交关系得到美国人民的认同。而到日本去，他则带有更多的学习的意味。

在这里，我们也许可以简短地回顾一下 1979 年的世界。不夸张地说，那是一个不太平的年份。4 月，巴基斯坦总统布托被处死；乌干达独裁者阿明被推翻并流亡国外。5 月，美国发生 244 人死亡的大空难。8 月，霍梅尼统治伊朗，为了报复美国支持伊朗旧国王，霍梅尼宣布石油禁运，油价从每桶 15 美元上涨至 35 美元，因此引起第二次石油危机[①]。9 月，菲律宾总统马科斯因腐败和散布谣言罪被逮捕。10 月，韩国总统朴正熙被射杀。11 月，波利维亚发生政变。12 月，苏联出兵阿富汗，联合国宣布对伊朗实行经济制裁。这些事件让 20 世纪 70 年代的最后一年充满了神经质般的紧张。

跟这些动荡的政治事件相比，在商业领域，全世界的话题却只有一个，那就是日本的崛起。这个“二战”的战败国以其倔强的国民性和现实的公司成长战略实现了一个不可思议的经济奇迹。1945 年，盟军总司令道格拉斯 · 麦克阿瑟将军从菲律宾来到日本，他拒绝去皇宫会见裕仁天皇，而是要求后者到美国大使馆向他致意，他叼着烟斗对《芝加哥论坛报》的记者说：“日本已经沦为第四流的国家，再也不可能东山再起、成为世界强国了。”1955 年，中国的国民收入占世界的 6.5%，而日本只有 2.5%，到 1960 年，日本已经与中国并驾齐驱。日本复兴的象征性事件发生于 1970 年 3 月，当时，世界博览会在大阪举办，日本政府史无前例地拿出 20 亿美元举办这场空前的商品交易会，全球 77 个国家蜂拥而至，未来学派创始人之一赫尔曼 · 康恩首次在 25 年前麦克阿瑟发表过言论的《芝加哥论坛报》上预言：“日本已经进入世界经济强国的行列，21 世纪将是日本的世纪。”在整个 70 年代，日本是全球经济增长最快的国家。1979 年 7 月，哈佛大学教授傅高义（Ezra F. Vogel）出版了他的成名之作《日本，世界第一》，这本书让全世界在整个 80 年代继续谈论日本。在国际市场上，日本产品——从家电、手表、照相机、汽车到半导体——几乎是风靡一时，举世无敌。而日本公司的管理经验成为全球企业家和政治家争相学习的榜样，后来创办了著名的甲骨文公司的美国人拉里 · 埃里森常常提起他在 1979 年聆听日本企业家演讲时所听到的一句话，那位日本人说：“在

① 第一次石油危机是 1973 年中东战争，欧佩克（OPEC）成员国为制裁西方，联手削减石油出口量，石油价格从每桶 3 美元上涨到每桶 12 美元。

日本，我们认为低于100%的市场份额是不够的。我们相信只有我成功还不行，其他人必须失败。我们必须击败我们的竞争者。”[①] 在新加坡，高傲的李光耀总理要求政府、企业和学校都要学习日式管理，引入日本企业管理制度。譬如由政府举办日本式管理研讨会，延聘日本知名企业高阶主管到新加坡现身说法，大学管理教授们都要参加，做笔记，并作为教材的一部分。

在刚刚苏醒的中国，邓小平也把日本当作第一个学习的对象。时任外交部亚洲司日本处副处长的王效贤回忆说：“小平这次到日本除了互换条约的批准书以外，他最重要的任务是要向日本去学习。我记得他在松下电器公司对松下幸之助老先生说，要搞四个现代化，没有电子工业不行，所以我要看你的工厂，而且希望你能够把日本的电子工业动员起来共同到中国去投资建厂，我们要向你们学习。”

几个月后的6月29日，松下幸之助[②]应邓小平的邀请访问中国，邓小平在接见他时又多次请教加强企业管理和电子工业发展方面的问题。他在

---

① 领导了战后日本经济重建的吉田茂首相在《激荡的百年史》中宣称：“日本是一个充满冒险精神的民族，日本人的目光绝不狭隘，不会只局限于日本这个范围。”与此类似，日本企业家也同样有着“天下独尊、舍我其谁”的霸气，这种气质对建立于新教传统和欧洲骑士精神之上的欧美商业伦理造成了巨大的冲击，而缺乏协作性和共赢意识的全球竞争理念，是不是日后造成日本公司十分孤立并陷入十余年成长低迷的肇因，至今还未有共识。

② 1989年辞世的松下幸之助是中国企业家的第一个商业偶像。他从自行车店学徒开始，数十年成就一个商业帝国，这样的传奇很能够激励同样出身卑微的中国企业家。另外，松下提出了很多最基本的经营理念，譬如注重质量、培养人才、建立销售网络、为顾客提供服务等，他们都成为中国企业家的第一本教科书。海尔的张瑞敏回忆说：“80年代初国内能找到的只是松下幸之助的那些大厚书，所以一开始在质量管理办法上，我借鉴的都是松下的东西。”华为的任正非在松下电工参观时看到，“不论是办公室，还是会议室，或是通道的墙上，随处都能看到一幅张贴画，画上是一艘即将撞上冰山的巨轮，下面写着：‘能挽救这条船的，唯有你。’其危机意识可见一斑”。任因而写了一篇《北国之春》：“在华为公司，我们的冬天意识是否那么强烈？是否传递到了基层？是否人人行动起来了？”

▲ 1979年6月29日，邓小平接见访华的松下幸之助

交谈中表示，中国需要真正地引进一些先进技术来带动提高，需要更多地向日本请教，中国的现代化只跟在别人后面走是不行的。

邓小平的这种谦逊姿态，无疑直接诱发了日本公司投资中国的热情。在中国的第一轮引资开放中，日本公司表现的扩张心最强，它们纷纷捷足先登，这也使得日本商品在中国风靡了整个80年代。在1979年，各种关于日本公司的合作、合资新闻层出不穷：上海金星电视机厂从日立公司引进彩色电视机生产线；长虹从松下公司引进了黑白电视机生产线；天津市计算机中心从富士通引进第一台电子计算机富士通F160；三洋公司在北京设立“三洋电机贸易株式会社北京办事处”。索尼公司创始人之一盛田昭夫还访问了中国[①]，在接受《读卖新闻》采访时他认为，任何面向中国的产品都应该要“简单、实用、便宜”。这是日本企业家第一次对他们的中国市场策略提出意见。

① 几乎同时，索尼公司发明了世界上第一台便携式音乐系统——TPS-L2型“随身听”（Walkman），它成为20世纪最受欢迎的电子商品之一，日本工程师从此展现出他们强大的技术开发能力。

与日本人相比，美国公司的动作就要慢一点。除了可口可乐，运通公司、伊士曼公司也在北京设立了代表处，IBM 决定回到这个它已经离开了 70 多年的东方国家。这年秋天，一辆装载着“庞然大物”的重型卡车缓缓驶入沈阳鼓风机厂，车上令工人们异常好奇的“大家伙”，正是来自 IBM 的 System/360 高端服务器。除了上述公司，诸如摩托罗拉这样的大企业要等到 1987 年才转过脸来看到中国。而欧洲公司则在忙着抵挡日货浪潮，根本无力顾及东方。面对日本的经济挑战，美国总统卡特在 1979 年提出“要采取独自的政策提高国家的竞争力，振奋企业精神”，并第一次将知识产权战略提升到国家战略的层面。从此，利用长期积累的科技成果，巩固和加强知识产权优势，成为美国保持经济霸主地位的国家战略，其成效将在 10 年后开始全面呈现出来。

1979 年，富有戏剧性的是，这一年，中国最著名的企业家是一个名叫乔光朴的虚构人物。

天津作家蒋子龙的中篇小说《乔厂长上任记》发表于 1979 年 7 月号的《人民文学》。这是一个平白无奇，却暗含玄意的小说名，它似乎预兆着某一种开始，某一股新力量的出现，某一个新时代的赫然登场。在后来的很多年里，人们都习惯用“乔厂长”来形容那些搞改革的人。

乔厂长的故事好像来自生活本身。有一家重型电机厂已经有两年半没有完成生产任务了，一个叫乔光朴的人打破沉寂毛遂自荐，他还当众立下了军令状，“不完成国家计划请求撤销党内外一切职务”。这个军令状现在听起来很有点莫名其妙，可是在当时却是对一个人最严重的惩罚。

乔厂长到任后，他的副手是厂里原来的造反派头头，在“文革”时曾经批斗过乔——将改革的对立面进行“政治符号化”这又是当时最流行的手法，于是他们的矛盾从一开始就出现了。这个工厂的情况当然非常的糟糕，工人没有积极性，干部之间矛盾重重，乔厂长不久就开始“放火”，他将全厂 9 000 多名职工推上了大考核、大评议的比赛场，留下精兵强将，把考核不合格的，组成服务大队替代农民工搞基建和运输。乔厂长还亲自出差去“搞外交”，去解决原材料、燃料和各关系户的协作问题。他的这些举措自然得罪了很多人，于是告状的、造反的、抹黑的事情连连发生，乔厂长却表现得十分勇敢，他大声嚷道：“我不怕这一套，我当一天厂长，就得这么干！”

这显然是一部不可能流传太久的小说，它与时代扣得太紧，太有“改革样板戏”的特征。但是，它在当时却真是轰动一时。人们从乔厂长身上看到了一个敢于对企业负责任、敢于挑担子、敢于得罪人的企业领导者，看到了“假装工作”、沉乱如泥的局面被一下子打破后可能出现的新景象。“一定要改了，不改真的不行了”，这是无数人读完《乔厂长上任记》后的感慨，它曾经那么直接地激发了一代人改变自己命运的激情。

在现实生活中，最像乔厂长的人是首都钢铁公司的周冠五。

我们甚至可以说，周冠五看上去比乔厂长更像一个改革小说中的人物。他军人出身，由贵溪军分区的一个副参谋长转而筹建首钢（一开始叫石景山钢铁厂），大半辈子都扑在这个工厂里，1979 年，在年近 60 之际却赶上一场宏大的变革。他仪表堂堂，声音洪亮，爱梳一个光亮的大背头，个性坚毅张扬，好做惊人事。有一年，首钢厂庆要在厂大门口塑一只钢鹰——这是当年中国企业的一个共同爱好，在厂门口塑一只展翅飞翔的鹰，这个爱好将一直持续到 90 年代中期。周冠五问：“北京市目前塑的鹰最大个的是多少？”答：“两米。”又问：“全国呢？”答：“6 米。”周说：“那好吧，我们来个 12 米的。”这个 12 米的超级大鹰一直蹲在首钢的东大门。

在上一年的十一届三中全会上，中央认为：“现在我国经济管理体制的一个严重缺点是权力过于集中，应该有领导地大胆下放，让地方和工农业企业在国家统一计划的指导下有更多的经营管理自主权。”正是基于这一共识，扩大企业自主权成为国有企业改革的始发站，在此后的将近 20 年时间里，这一直是国有企业试图挣扎着焕发活力的改革主线。

1979 年 5 月，国务院宣布，首都钢铁公司、天津自行车厂、上海柴油机厂等 8 家大型国企率先扩大企业自主权的试验。7 月，扩大国营工业企业经营管理自主权、实行利润留成、开征固定资产税、提高折旧率和改进折旧费使用办法、实行流动资金全额信贷等 5 个文件一并发布，首钢等企业的改革举措成为举国关注的焦点。历史让周冠五在将近 60 岁之际一下子站到了时代的镁光灯下。

周冠五是那种舞台越大越亢奋的人，成为“试点”后，他迅速地提出了一个让人耳目一新的管理法——“三个百分百”：每个职工都必须百分之百地执行规章制度；出现违规违制，都要百分之百地登记上报；不管是否造成损失，对违制者要百分之百地扣除当月全部奖金。这个管理法在当时纪律涣散、动力全无的中国企业界确乎让人眼睛一亮，也很有震撼力。[①] 首钢的生产秩序迅速恢复，工人的积极性被激发出来，于是产能年年上涨，改革似乎一夜成功。改革后的头三年，首钢利润净额年均增长 45%，上缴国家利润年均增长 34%，而到 1989 年，首钢实现利润年均增长依然保持 13.5%，是当时全球钢铁公司年均利润增长率的 2.4 倍。首钢的业绩足以让全国产生幻觉，以为国有企业的痼疾在于内部管理无序和自主权不足，只要解决好这两个问题，它们是完全可以在产权不变革的前提下完成改造的，这种幻觉将一直持续到 1997 年。

回过来再说周冠五的改革。自主权的下放，意味着首钢与上级管理部门的职权关系的调整，周冠五不再是一个管理 20 万人，却只有权力签字改造一个厕所的厂长，他要掌控自己的命运。这里便直接触及国有企业管理者与资产所有者的权力调整，这是中国企业变革的重要命题之一。事实上，从改革的第一天起，这种权力调整便是在一种暧昧的、纠缠不清的情

---

① 一个可以参考的例子是，1984 年，张瑞敏被委派去领导后来成为中国最著名企业的海尔公司，他出台的第一条厂规是，在厂区内不准随地大小便。

景下持续着的，博弈在既得利益集团内尖锐地进行着，在产权没有清晰的前提下，它将缠绵永续，无始无终。首钢无非是首例而已。

在自主权落实后，周冠五一直在做的事情便是设法理清企业与国家的关系。首先，他提出了承包制，“包死基数，确保上缴，超包全留，歉收自负”，这16个字堂堂正正，掷地有声，日后成为国有企业改革的标准阐述。在1979年前后，它的先进性毋庸置疑，但是它所无法解决的难题却也是那么明显，那就在最后四个字——“歉收自负”，当企业真正出现“歉收”的时候，它的体制和功能是否真的能够“自负”？这个问题在商品短缺的年代不会出现，它如同一处险恶的伏笔埋在国企改革的前路上，不动声色却无比致命。

在1979年之后的若干年，周冠五式的改革用一句话来说，就是不断地与国家讨价还价。在一个商品极端短缺的年代，在一个垄断性的重工行业，在需求日渐旺盛而企业内部机制渐渐改变的情况下，首钢的效益快速增长几乎是一种必然。于是，首钢越来越有钱，周冠五的声音越来越大，而有关部门对它的利润索取便也越来越大，首钢的上缴利润承包基数一开始为5%，后来上升到6.2%，再又上升到7%。双方矛盾在1986年终于激化，这年12月，北京市财政局下达通知，要求首钢补缴1.089 9亿元的利润。周冠五拒不执行，财政局于是通过银行强行扣掉首钢账上的2 500万元资金。此时已是全国改革人物的周冠五当即给国务院和邓小平写信，信内称：“如果让我们缴出1亿元，正在施工的技术改造工程、住宅和福利设施工程只能立即停下来，职工按原包干和挂钩办法已拿到的工资奖金一部分要退回来，而且12月份职工的工资也无法支付。”其行文至此，已颇有要挟之意。一个月后，邓小平的批示下来了：首钢的承包办法一切不变。

这一段公案，在很多报告文学中被描述成周冠五与反对承包制的旧势力之间的较量，而从另外一个角度来看，却是国有资本集团内部两个不同利益群体的一次拉锯和争斗。这样的争斗在几乎所有的国有企业中都将出现。[①]

首钢与主管部门的矛盾是一个日渐扩大化的普遍现象。当企业自主权落实，本来被压抑着的生产积极性在短时间内就会被激发出来，产量便很快增长，但在这时，计划体制与企业内在冲动的矛盾就开始尖锐。比首钢改革更早的四川省第一批列入试点的重庆钢铁厂的厂长王宇光也有同样的经历：1979 年前后，产量很快上去，新生产出来的钢材没两个月就堆满了工厂的仓库，可是国家物资储备部门下给重钢的收购指标已经用光了，而另一方面，想要钢材但没有计划指标的单位却在重钢门口排成了长队。一个厂门内外，里面因为胀死要停产，外面大声要货却不能给，厂长王宇光一咬牙，开门出货，重钢的钢材顿时一泄而出。计划部门很快察觉到重钢的“违规行为”，1980 年，国家计委、国家经委联合下文，认定“钢材自销违反国家有关规定，必须被坚决制止”。重钢的快活日子只过了几个月就戛然而止，王宇光吓出一身冷汗，“好在我们是试点企业，否则我就倒霉了”。

以首钢等 8 家试点企业为首，以“放权”为主题的国有企业改革在 1979 年正式拉开序幕。[②]

到 1979 年年底，全国的试点企业达到 4 200 家。我们即将看到，在未来的 30 年里，中国庞大的国有企业集团是如何被松绑、被打散、被扶持、被偏袒以及被肢解的，它们因规模的不同、行业的不同，以及际遇的

① 我们似乎可以用“周冠五模式”来描述国有企业当家人的命运轨迹：起而传奇，中则辉煌，晚年落寞。周冠五当了 10 多年的中国改革典型，其风光荣耀一时无二。1995 年，周冠五之子、首钢国际公司总经理周北方卷入北京市前市长陈希同案，以涉嫌经济犯罪被捕，后来被判处无期徒刑，周冠五退休。此后，首钢的改革效应日渐减退。

② 海内外学者普遍将中国国有企业改革进程划分为三个阶段。第一阶段（1978—1993 年）：以放权让利为主线，探索国有企业改革目标模式阶段。第二阶段（1993—2001 年）：明确国有企业改革的目标，尝试探索建立现代企业制度阶段。第三阶段（2001 年以后）：改革国有资产管理新体制，建立健全现代产权制度，股份制成为公有制的主要实现形式阶段。

不同而有着迥异的命运轨迹，而贯穿始终的则是，作为这一部分资产的拥有者——中央及各级政府——如何竭尽全力地试图保全它们、壮大它们。从改革开始的第一天起，利益的博弈就开始了。先是被下放了权力的国有企业与管制了它们多年的政府之间的博弈，然后是这些企业背靠政府的政策支撑与“意外”兴起的民营公司的博弈，再到后来，跨国公司也进来“搅局”、“抢食”，于是，利益的格局变得越来越错综复杂。30 年的中国的企业变革，看上去千头万绪，杂乱无章，国家政策貌似东摇西摆，效率低下，但是严格来说，其改革的利益诉求、战略目标则是非常的清晰，而且从第一天起就没有摇摆过。

国有企业改革的核心命题是什么？ 30 年后，几乎所有学过经济学的人听到这个问题，都会很顺口地背诵出诺贝尔经济学奖获得者科斯在 1959 年写过的那句斩钉截铁的话：“清楚界定的产权是市场交易的前提。”因而，国企改革的核心是产权制度改革。可是，从 1978 年开始的中国国有企业变革在很久以后才意识到这条规律，或者说才逐渐将改革的主轴扳转到这个方向上。在相当长的一段时间里，从决策者、学术界、企业界到普通的公众，大家都认为，国有企业的效率低下是可以靠“内部改造”来解决的。

当北方的周冠五们为了企业自主权在抗争的时候，在南方，另一群人则试图无中生有，创造一个新的经济王国。在邓小平的直接干预下，在高层被讨论了一段时间的“经济特区”悄然走向现实。一个叫袁庚的人走到了前台。

在中国百年企业史中，天字第一号大企业名叫“招商局”，它是清末重臣李鸿章于 1872 年奏请清廷创办的，李亲任招商局的第一任董事长，它跟江南制造局、纺织新局是清政府当年最大的三家国有企业，在晚清的洋务运动中，招商局的地位一时无二，李鸿章曾在《复刘仲良方伯》一信中得意地对人言：“招商局实为开办洋务四十年来，最得手文字。”[1] 民国及

---

① 李鸿章，《复刘仲良方伯》，同治十二年（1873 年）十一月十三日，《李鸿章全集·朋僚函稿》卷十三。

新中国后，招商局虽然职能多重变幻，已不复当日显赫，但是这个招牌却不可思议地保存了下来。到 1979 年，招商局的第二十九任董事长叫袁庚。

招商局当时在编制上隶属交通部，担任交通部外事局副局长的袁庚兼管着这个历史名声很大、现实权力很小的机构。袁庚身材魁梧、方脸大眼，一派军人气质。他早年随军南下，曾当过东江纵队的情报科长，在 1944 年盟军登陆中国东南沿海时提供过重要情报，后来参加了解放珠江三角洲的战役。1949 年，当上了炮兵团长的袁庚率部解放了深圳，50 年代初他随陈赓入越担任胡志明的抗法军事顾问，1955 年出任中国驻雅加达总领事，“文化大革命”期间以“国际间谍罪”被关入北京秦城监狱达 7 年之久。“四人帮”被打倒后，袁庚重回人间。他到招商局不久，即提交了一份大胆的报告。

这份题为《关于充分利用香港招商局问题的请示》，是 1978 年 10 月 9 日以交通部的名义上报中共中央、国务院的，报告第一次提出了“适应国际市场的特点，走出门去搞调查，做买卖”的对外开放建议。数日后，袁庚正式提出了在深圳蛇口筹建蛇口工业开发区的构想，他提出：“选定在临近香港的宝安蛇口公社境内建立工业区。这样既能利用国内较廉价的土地和劳动力，又便于利用国际的资金、先进技术和原料，把两者现有的有利条件充分利用并结合起来。”12 月 18 日，也就是党的十一届三中全会在北京正式开幕的同时，交通部和广东省同意了袁庚的构想。1979 年 1 月 31 日，上午 10 时，袁庚飞赴北京，在中南海当面向中央领导汇报。袁庚提出要给招商局一块工业用地，“当时我把所有的地图都带去了，说了招商局成立 106 年到现在几乎什么都没有，现在我希望国家能给我一块地方”。中央领导用笔在地图上一画，就把包括现在的宝安区到华侨城的七八十平方公里的地方都划了进去，说：“袁庚，这个都给你。”袁庚吓了一跳，说：“我怎么敢要这么多。”于是，中央领导用红铅笔在地图上轻轻一勾，笑着对袁庚说：“那就给你这个半岛吧。”

这个半岛，便是日后的蛇口工业区。所谓“蛇口”，顾名思义便是半岛的一个延伸处。袁庚回忆说："办工业区之前，这里是海上偷渡香港的口子，经常有外逃人员被淹死后的浮尸漂上沙滩，这些荒野陈尸大多数是农村的年轻劳动力。"蛇口工业区的出现，从空想到行动，前后仅三个月，这一决策过程之简捷和快速，在当时的官僚体系内实属罕见。袁庚以一个副局级中层干部的身份直接推进中国第一个开发区的建立，也算得上是际遇奇妙。

蛇口工业区仅方圆 2.14 平方公里，袁庚却在这个螺蛳壳里做出了一个大道场。工业区一经批复，他的第一项工程就是移山填海兴建码头，招商局花了近一年时间建成 600 米的码头泊位，可停靠 5 000 吨以下的货船。这样，蛇口顿时具备起港运的功能，工业区与香港互通航班客轮，解决了货运交通的瓶颈。

袁庚办工业区，一没有被纳入国家计划，二没有财政拨款，但他争得了两个权力：一是可以自主审批 500 万美元以下的工业项目，二是被允许向外资银行举债。于是，他遍走香港，向港商和银行借贷，前后两年，招商局借进 15 亿元，这笔钱被用来平整土地、建设工业基础设施和生活设施，袁庚同时大大简化招商程序，外商到蛇口办公司，从土地、协议到招工，往往个把月便全部搞定。蛇口很快成为中国最开放的"工业区"，企业和人才纷涌而入，两年多时间，蛇口的企业已超过百家，一片海涂沙滩顿时热闹非常。在 1979 年的中国，蛇口和袁庚的出现，让铁幕般的计划经济被捅开了一个再也补不回去的大洞。在蛇口开发区筹建半年后，深圳特区开始建立。

现在，我们把目光放得更宽广一点。如果说，国有企业的效率低下是一个存在已久的老难题的话，那么，一个更让人胆战心惊的挑战在这年春天逼近到了眼前。

1979 年 2 月，760 万上山下乡的知青大军如潮水般地返回到他们当年出发的城市，一些小型的骚乱在各地此起彼伏，就业问题顿时成为中国第一个亟待解决的燃眉之急。10 年前，由毛泽东发动的知青下乡运动风起云涌，中学生走出校门，打起背包到农村接受贫下中农的再教育，而今还是这些被称作“知青”的人群，经过整整 10 年上山下乡运动的洗礼，如同一群从梦中突然醒来的游走者，集体地逃回到城市来。数据显示，除了 700 多万人，尚有 300 万人还将在未来两年内陆续返城。他们要吃饭，他们要工作，他们要生存，这是一个精力旺盛、自认为被耽误青春、什么事都干得出来，却又没有什么事情可以让他们干的庞大族群。美国的《新闻周刊》在《邓小平能救中国吗？》一文中提问：“我们看到了一个被唤醒的中国，但中国面对很多问题，‘文革’破坏的生产秩序和工作环境，大量返城知青等。邓小平的问题是，如何在不变动中国的社会主义制度的情况下，拯救这一切。”

邓小平在第一时间做出决定。在上一年 12 月召开的十一届三中全会上，通过了两个农业文件，宣布解禁农村工商业，家庭副业和农村集贸市场得到认可。就在知青集体返城的当月，中共中央、国务院又迅速批转了第一个有关发展个体经济的报告：“各地可根据市场需要，在取得有关业务主管部门同意后，批准一些有正式户口的闲散劳动力从事修理、服务和手工业者个体劳动。”全国的第一张个体户执照据说发给了温州的小贩章华妹。到这一年年底，全国批准开业的个体工商户约 10 万户。

面对汹涌的就业压力，最明智的做法莫过于“开闸放水”。中国经济民营化的必然性，在此刻毕露无遗，顺之则存，逆之则亡。

在法律和政策意义上，中国民营公司的合法性，是在此时被确定下来了。在两年后，它将遇到第一个考验，而它要构成一个完整的法律保护还要断断续续地进行 20 年。但是，新的故事真的开始了，尽管开始得不情不愿，磕磕绊绊。

在安徽芜湖，一个目不识丁、自称是“傻子”的小商贩给全中国的理论家出了一道天大的难题。

42岁的年广久在当地是一个微不足道的小人物，他是个文盲，7岁开始在街巷捡烟头挣钱，9岁做学徒经商，十几岁接过父亲的水果摊开始持家。1963年他因"投机倒把罪"[①]被判处有期徒刑一年，出狱后为了维持生活，年广久炒起了瓜子。他不知从哪里偷学了一门手艺，炒出来的瓜子竟非常好吃，一磕三瓣，清香满口，慢慢地出了名。这一年，他想给自己的瓜子起一个名字，想来想去突然想到，他的父亲被街坊称为"傻子"，他自小也被叫成"小傻子"，于是索性叫个"傻子瓜子"得了。

"傻子瓜子"的牌子一挂出，没想到因为特别竟引来一片叫好声，他的生意越来越兴旺，一天的瓜子可以卖出两三千斤，他便请来一些无业青年当帮手，这些人一个个多起来，到秋天，别人帮他一点数，居然有了12个，这下子捅出一个大娄子了。

年广久生意好，本来就让四周的人眼红，现在他请的雇工居然有了12个，有人马上联想到马克思在《资本论》中做出的那个著名论断："雇工到了8个就不是普通的个体经济，而是资本主义经济，是剥削。"[②]于是，"安徽出了一个叫年广久的资本家""年广久是剥削分子"的流言顿时传遍安徽。这场争论好像没有在当时的公开报纸上出现过，但是，在政府官员中却流传甚广："安徽有个年广久，炒瓜子雇用了12个人，算不算剥削？"这成了一道十分敏感的命题流转在全国各地，争论，辩护，讨伐，一场带有浓烈的意识形态特征的大辩论开始了。

很显然，在当时正统的政治经济学话语体系中，年广久的剥削性质是毋庸置疑的。马克思在《资本论》第一卷第三篇第九章《剩余价值率和剩

---

① 投机倒把，指"以买空卖空，囤积居奇，套购转卖等欺诈手段谋取暴利"。在计划经济年代，它被广泛运用于对个人经济交易行为的限制，因其定义边界含糊，所以有"投机倒把是个筐，什么罪都往里装"的说法。1987年9月，国务院发布《投机倒把行政处罚暂行条例》。1997年，《刑法》修订案中删除经济犯罪中的"投机倒把罪"。

② 马克思著，中共中央马克思恩格斯列宁斯大林著作编译局编译，《资本论》（第一卷），北京：人民出版社，2004年版。

余价值量》中，曾经明确地划分了“小业主”与“资本家”的界线，按他的计算，在当时（19世纪中叶），雇工8人以下，自己也和工人一样直接参加生产过程的，是“介于资本家和工人之间的中间人物，成了小业主”，而超过8人，则开始“占有工人的剩余价值”，是为资本家。在几乎所有的社会主义理论中，“七下八上”是一条铁定的界线。如今，年广久的瓜子工厂居然雇工12人，其性质几乎不言自明。

傻子是资本家，说了谁也不信，但用理论一套却还真是。在鲜活的现实面前，“经典”终于显出它的苍白和尴尬来。如果年广久的傻子瓜子应该被清除的话，那么，“家庭副业”怎么能够发展得起来？难道所有的工厂人数都必须控制在7个人之下？“傻子”出的这道难题，让全中国的理论家们争辩得面红耳赤。

事实上，在当时中国，年广久绝非孤例。对于刚刚开业的10万工商户来说，雇工数量是否应该限制，到底能不能超过8个，已经从一个抽象的理论问题直接衍变成了实际难题。在广东高要县，一个叫陈志雄的农民承包了105亩鱼塘，雇长工一人，临时工400个工日，当年获纯利一万多元，这在当地引起一阵激辩。在广州，一个叫高德良的个体户，下海创办“周生记太爷鸡”，做了不到半年就雇了6个帮工，被社会上指责是剥削，他很不服气，写了一封长信上书中央领导人，反映放开雇工等问题。1979年年底，任仲夷到广东任省委书记，发现广东的个体户相当多，雇工十几个、二十几个，甚至几百个的都有。这个问题到底怎么办？他也很苦恼，当时就要广东社科界“好好研究”。

这场大辩论要一直持续到1982年，年广久的瓜子工厂已经雇工105人，日产瓜子9 000公斤，赚的钱据说也过100万元了，关于“个体户到底雇几个人算是剥削”的争论却是尘埃未定。这时候，邓小平出来讲话了。在中共中央政治局的一次讨论会上，邓小平建议对私营企业采取“看一看”的方针，他当时便举到了年广久的例子。

年广久因邓公一言而名留中国改革史。而在对待民间企业的政策上，这仅仅是第一道撕开的小口子，一道很小很小的，却决定了中国企业命运的小口子。在政策上，真正去掉对雇工数量的限制，还要等到 1987 年，在那一年的中央“5 号文件”中，私营企业的雇工人数才被彻底放开。

这一年，写出了《日本，世界第一》的美国人傅高义跑到了广东，他发现，一大批的小工厂正在这里悄悄地、大面积地兴起，它们的创办人竟绝大多数是当年的偷渡客，而他们办工厂的形式被当地人称为是“三来一补”。

所谓“三来一补”，指的是工厂的产品样式、原料和设备均由境外运来，生产出来的产品再以补偿贸易的方式出口，内地劳工和政府收取一定的加工费。全国第一家“三来一补”工厂是 1978 年 8 月创办于顺德县的大进制衣厂，第一年港商支付的加工费是 80 万港币。这种形式在珠江三角洲一带迅速蔓延开来。它依靠港商解决了原料、技术和市场渠道问题，成为南方工业兴起的主要模式。①

而有意思的是，这些创办工厂的港商大多数是当年的偷渡客。据傅高义的记录：“东莞官员估计，与香港签订的合同中，约有 50% 是与原来的东莞居民签订的。很显然，广州的省政府与它下属的县级政府在对待偷渡客的问题上产生了微妙的差异。”这一年，广东省的报纸上充斥着打击偷渡客的各类新闻，12 月，省政府还通过了一个《关于处理偷渡外逃的规定》，对偷渡未遂者的处罚相当严厉，而同时，在珠江三角洲的一些县市，地方官员则开始欢迎早年的偷渡客回乡办工厂。特别是在东莞、中山等县，大量的“三来一补”项目都是当年的逃港者回来办的。一位东莞干部对前来采访的傅高义说：“10 年前我的主要职责就是防止偷渡和拘扣偷渡犯，过去我们把他们当作坏人，但现在我们认为他们富有冒险精神，才能

---

① 就在大进制衣厂创办后的三个月，东南亚最大的毛纺制造商——香港永新企业有限公司的曹光彪在珠海创办了香洲毛纺厂，香港媒体在报道中第一次使用了“来料加工”和“补偿贸易”的新概念。

出众，与那些留下来的老实农民不一样。”[1]

为了提高政府的效率，也是在这一年，东莞县政府设立了一个叫作“对外加工装配办公室”的机构，宣称“一个窗口对外，一个图章办事”，港商在这里签一个合同，顶多个把小时，这在当时中国几乎是不可想象的事情。这个全国独一无二的机构一共设了10年，东莞的工厂数目年年猛增，从1978年到1991年，东莞引进外来资金17亿美元，为全国县级城市之冠。

在70年代的最后一个年份，中国人开始从革命的狂热中醒来，贫穷如一根芒刺穿透刚刚复活的肌肤，让人感觉疼痛。在南方的福建，一个叫舒婷的女诗人以更委婉的手法写出了人们对摆脱贫困的渴望：我是贫穷／我是悲哀／我是你祖祖辈辈／痛苦的希望呵／是“飞天”袖间／千百年来未落到地面的花朵／——祖国呵！[2]

《经济学人》在年终报道中统计说：“在经过了20年的匮乏后，北京的各项指数开始疯长。1979年，中国制造了3.34亿条麻布口袋，8.5亿个

① 1963年，傅高义正式开始他对当代中国的研究历程。当时，傅高义未能获准进入中国内地，只能在香港通过收集广东的各种官方报纸、与从内地到香港的人们交谈等方式收集素材，1969年撰写《共产主义下的广州：一个省会的规划与政治(1949–1968)》。1987年，傅高义受广东省经济委员会官员的邀请，开始第二本中国研究的著作《先行一步：改革中的广东》的实地调研。

② 摘自舒婷创作于1980年的《祖国啊，我亲爱的祖国》。全诗内容为：“我是你河边上破旧的老水车，数百年来纺着疲惫的歌；是你额上熏黑的矿灯，照在你历史的隧洞里蜗行摸索；我是干瘪的稻穗；是失修的路基；是淤滩上的驳船/把纤绳深深/勒进你的肩膊；——祖国啊！　我是贫困，我是悲哀。我是你祖祖辈辈痛苦的希望呵，是“飞天”袖间/千百年来未落在地面的花朵；——祖国啊！　我是你簇新的理想，刚从神话的蛛网里挣脱；我是你雪被下古莲的胚芽；我是你挂着眼泪的笑涡；我是新刷出的雪白的起跑线；是绯红的黎明/正在喷薄；——祖国啊！　我是你的十亿分之一，是你九百六十万平方的总和；你以伤痕累累的乳房/喂养了/迷惘的我、深思的我、沸腾的我；那就从我的血肉之躯上/去取得/你的富饶、你的荣光、你的自由；——祖国啊，我亲爱的祖国！”

白炽灯泡，18.6 万辆摩托车，130 万台的电视机产量更是比 1978 年增长了 157%。根据国家统计局的数据，中国的通货膨胀率达到 5.8%，因此中国政府承认一些人的实际收入事实上下降了，但是国有企业的工人和干部的收入平均增长达到了 7.6%。”一位叫 H · 詹森的欧洲人回到了上海，35 年前他在这个远东最大的殖民城市度过了童年，他的父亲是丹麦化学工程师，母亲是俄国人，如今他看到的上海是一个处处遗留着殖民地痕迹的城市。“在毛泽东发起‘文化大革命’的上海，已经没有一张毛泽东画像，没有一个人提及政治。他们更感兴趣的是，商品、进口、美国人是否真的人人都有轿车。”

一个物质化的年代到来了。

1979 年 12 月 31 日，方脸瘦高的四川万县人牟其中被释放出狱，四年前他因为写了一篇《中国往何处去》的长文而被打成反革命，据说最初已经内定为死刑，后来案子一拖再拖才没有真的判下来。这年下半年，四川开始清理“文革”的冤假错案，牟其中等人被宣布无罪释放。他没有回到县玻璃厂继续当他的烧炉工人，而是在出狱一个月后，向人借了 300 元钱，成立了一个“万县市江北贸易信托服务部”。这时候，他已经是将近 40 岁的人了，19 岁那年，他曾经填过一阕《虞美人》，词曰：“九人踏雾入山来，重登太白岩。一层断瓦一层草，不似当年风光一般好。垣颓柱斜庙已败，何须再徘徊。愿去瑶池取玉柱，莫道大好河山无人顾。”

好一个“莫道大好河山无人顾”，写得如此好词的牟某人终非池中物，他的一腔少年意气在政治理想上空掷二十载，现在却要一股脑儿地宣泄到商业大海中了。“牟其中的年代”果然很快就要到来了。

邓小平一共三次提到过这个安徽“傻子”。第一次是1982年，他让年广久一言成名。第二次是1987年。到1992年南方谈话期间，邓小平第三次提及年广久，可见这个“傻子”在邓公心目中的象征意义之大。

在被邓小平点名后，年广久的命运发生了戏剧性的变化，这个只会写五个字（分别是“年广久”和“同乙”）的小贩被誉为“中国第一商贩”。在随后的十多年里，每逢改革风云变幻，他的际遇便会随之跌宕摇摆。

1986年春节前，傻子瓜子公司在全国率先搞起有奖销售，并以一辆上海牌轿车作为头等奖，三个月实现利润100万元，但好景不长，中央下文停止一切有奖销售活动，年广久阵脚大乱，公司血本无归。1989年年底，私营经济再度成为灰色名词，芜湖市突然对年广久的经济问题立案侦查，罪状是他在与芜湖郊区政府联营期间“贪污、挪用公款”。年广久是一个文盲，看不懂按会计制度制作的规范的账本，于是企业里的财务自是一本糊涂账。他说：我只要知道进腰包多少钱，出腰包多少钱就行了。这个案件一直拖了两年，1991年5月，芜湖市中院判决，年广久的经济问题不成立，却因犯有流氓罪，被判处有期徒刑三年，缓期三年。据年广久自己说，在法庭调查中，法官问他：你是否以解决工作为名，奸污过10名女工？他回答：不是10个，是12个。他后来对记者说：你给我凑足大满贯，我不如给你凑一打。1992年，邓小平在南方一点他的名，一个月后他就被宣布无罪释放。

年广久结婚四次。1987年，50岁的他同一个20出头的年轻女大学生第四次成亲，演出了一幕惊世骇俗的情感剧。在当时，他的婚姻成为人们鄙视暴发户的一个公证。年广久有了钱后，很希望邻里乡亲社会公众另眼看他。他想通过仗义疏财换取社会对他的尊重。在儿子上中学时，经班主任介绍，他准备给学校捐一笔奖学金，当学校就此进行讨论时，许多老师提出异议：给优秀学生颁发“傻子”奖学金，这不是往学校脸上抹黑吗？

年广久一直习惯于家庭作坊式的劳作，一直到50多岁，他都打着赤膊亲自上阵，在烧得通红的大铁锅前炒瓜子。当市场一大，他就忙不过来。瓜子不够卖时，他就到其他作坊收购，装入自己的包装袋，结果因为质量参差不齐而品牌大损。他的长子年金宝这样评价他的著名父亲：他当时之所以出名，是靠新闻炒起来的，十一届三中全会以后，全国都在找典型，碰巧让他撞上了。他个性天不怕、地不怕，得罪了很多人。作为"傻子"品牌的拥有者，他很不注意自己的言行，给品牌造成不少负面影响。

1998年，中国改革开放20周年之际，《南风窗》记者多方寻访，总算在芜湖市再次找到61岁的年广久，他们用下列文字描述这位当年的"中国第一商贩"：他有些蓬乱的头发明显留着仓促起床的痕迹，一身藏蓝色的西装也不见平整挺括，被烟熏得发黄的手上留着长长的指甲，一枚硕大的金戒指在干瘦的手指上显得分外惹眼，消瘦的脸上透着市井生意人特有的精明。

年广久对自己的评价是：大错不犯，小错不断。而许多跟他有过往来的人则说他：小事精刁，大事糊涂。

年广久说他一生只感谢一个人，那就是邓小平。

这自然是他应该感谢的。①

① 冯平、袁泉，《中国商贩年广久》，《南风窗》，1999年第6期。

在蛇口，袁庚并不忌讳人家叫他“老板”，这种对资本家的称谓用在他的身上似乎挺恰当的。在前后15年时间里，他像老板一样掌控着蛇口的一切，他一手缔造了它，他像父亲一样地塑造着它身上的每一个器官，从规章制度到种在坡上的树，他一心想让自己的这个“儿子”与众不同、前程远大。在某一时刻，他好像还真的成功了。尽管在离开的时候，他没有带走任何东西，但是在灵魂上，他始终是蛇口的主人。

袁庚是中国企业史上某一群体的标本人物。

你很难分清楚，他是一个官员还是一个企业家，他的官衔是蛇口开发区管委会书记，是这个地区的最高行政长官，拥有着公共资源的支配权和政策的制定及执行权，特别是在蛇口这样的“试验区”，他几乎向中央讨到了可以下放的所有权柄。而同时，他又是一家国有控股公司的董事长，招商局在1979年只有不到一亿元的资产，而到他离开时已经是一家资产总值超过200亿元的超级公司。这一部分的资产增值，一方面可以被看成是改革和发展的结果，而在另一方面也无疑是垄断前提下的制度性产物——招商局拥有蛇口开发区的土地开发权。你很难用公平或不公平、合理或不合理来解读它，在某种意义上，它俨然就是历史本身。

老一辈的经济学家宦乡曾经说：“袁庚之所以搞出个蛇口，就是因为他对中国的计划经济一窍不通、一无所知。”此言被传媒和袁庚本人一再引用，颇有“炫耀”之义。但是，在史家看来却未必是事实。蛇口的试验，绝非“无知者无畏”式的变革，文化学者余英时在《戊戌政变今读》中说：“80年代出现了两股改革力量：一股是执行改革开放政策的党政干部，他们的处境和思路，很像清末自强派，是所谓‘体制内’的改革者；另一股则来自知识分子，特别是青年学生。”[1] 袁庚是前一类人的代表。炮

① 余英时，《戊戌政变今读》，《二十一世纪》，1998年2月号，总第45期。

兵团长出身的袁庚绝非不懂政治的“一介武夫”，他应该是80年代初期中国共产党内制度变革派的标志人物，从他创建蛇口工业区的第一天起，他就将之当成了社会改革的试验场，正如他自己后来说的。

一开始，蛇口就无比大胆地进行了干部体制、民主选举、舆论监督等方面的制度变革，蛇口被人热切关注在很大程度上因此而来。1980年3月28日，蛇口在中国第一个正式实行了干部、职员公开自由招聘制，率先打破了新中国31年的干部调配制。1983年2月9日，经来蛇口视察的胡耀邦总书记同意，蛇口开始试行群众直接选举干部、考评干部。1983年4月24日，蛇口第一届管委会15名干部，经民意推选产生候选人，再经2 000多人直接选举产生。从此，调入蛇口的各级干部，其原职务级别只记入档案，在蛇口实际工作待遇上一律无效，能当什么，拿多少工资，全靠民意选举。1986年，蛇口实行民主选举，有15%的人对袁庚投不信任票，有5名董事当场落选。蛇口实行干部一年一聘，每年民意考评不过半数者即要下岗，干部终身制、任命制在蛇口被彻底废除。

袁庚将蛇口搞成了当时中国最醒目的试验场，他把自己的职业生命全数押上，了无退却之意。有文献记录，当时的广东省委书记任仲夷曾几次动员袁庚担任深圳市市长，均被他坚决回绝。早已过了60岁退休界限的袁庚显然想在蛇口完成他所有的理想。

袁庚很善于以经济的高速成长来博取中央的支持，在这方面他可谓深谙中国为官之道。1982年，他让人做了一块很大的标语板，树在工业区管委会的门口，上面写着：“时间就是金钱，效率就是生命。”这句标语在一开始引起了广泛的争议，1984年，邓小平视察蛇口，袁庚在陪同汇报时十分“狡猾”地将了邓公一军，他用自问自答的语气说：“不知道这个口号犯不犯忌？我们冒的风险也不知道是否正确？我们不要求小平同志当场表态，只要求允许我们继续实践试验。”据说，袁庚一言至此，邓小平和在场的人都笑了起来。此后，这一标语风靡全国，成为当时最著名的改革经典语录。

美国律法大师罗尔斯曾经说，建立在个人开明基础上的威权体制，如同“沙上之高楼”，一旦那个威权人物退位或影响力消退，它所具备的进步性便自然而然地消失了。袁庚和他的蛇口，正应验了这一论断。1992年，已经75岁高龄的袁庚交出了他管理了15年的蛇口，此后，蛇口迅速地褪去了它的先锋颜色，仅仅三五年后，便变得“无声无息”。1998年4月8日，《深圳商报》发表报道《蛇口怎么了》，文内历数了蛇口的种种衰退：房地产——不但表现出结构性需求实现障碍的矛盾，而且市场竞争愈演愈烈；石化业务——业务空间正在缩小；港运业务——蛇口港优势渐失，设备利用率和泊位利用率都不高，生产力过剩；投资服务业——不但新的招商引资难度大，而且区内部分生产企业外迁；商业贸易——全港业务大幅度萎缩，去年几乎全部呈亏损状态；制造业——门类多，规模小，科技含量低，没有过硬的拳头产品。而这些衰退的原因则是：在发展方向上，缺乏中长期战略，缺乏基本的行业发展目标；在企业管理上，简单粗放，没有形成现代化的管理机制，缺乏科学的计划考核机制、有效的监督控制机制、合理分配的激励机制；在精神状态上，失去了进取心，缺乏竞争意识……

此文轰动一时，虽言辞过于归纳武断，却也点出事实之部分。进入2000年之后，蛇口已全然沦为一般性的开发区，而招商局在“维新派”李鸿章创办107年之后，意外地又一次承担了中国商业进步的试验者角色，在英雄般的序幕后，再次因体制羁绊而中途退出前台。2004年6月，蛇口开发区被广东省政府正式下文撤销，袁庚苦心设计的所有制度一夜烟飞。

袁庚在晚年曾经有过一个喟叹。他说，他犯过一个历史性错误，让蛇口错过了另一种也许更有效率的成长模式。

他指的“错过”是，1981年，以香港首富李嘉诚、巨贾霍英东为首的13位香港企业家来蛇口参观，他们提出能否入股共同开发这块土地？当时，袁庚不假思索地一拱手说：“谢谢诸公，我投放资金下去，还担心收不回来。不敢连累各位。”就这样“耍滑头”地婉拒了。

晚年袁庚的遗憾似乎是，如果当初允许李、霍的入股，蛇口将被彻底地资本化，或许会获得更大的经济活力。

这是一个十分具有寓意性的推演。它似乎表明，在20世纪80年代初期，最具改革精神的中国官员坚信，只要充分放权和锐意改革，自己是完全有能力搞好国有企业和振兴一方经济的。而到90年代末期，他们已经隐约感觉到，这种体制内的突围已经遭遇“极限”，或许唯有借助更为强大和自由的外来资本的“混血”，才可能构成进一步的推动。蛇口生而太早，因而不可能同时肩负两个时代的命题。

袁庚应该是在他离休前便意识到了他的那个“错误”。于是，他在任内的最后一项重要决定便是，排除众议让蛇口的三个下属公司走出体制外，实行股份化。这三个公司，一家是招商银行（它的前身是蛇口工业区内部结算中心），它后来居上，一跃成为中国第一高效率银行（在世界也排名第七）；一家是平安保险公司，它成为中国最具活力的保险机构，它的当家人是袁庚早年的行政科长马明哲，斯人后来竟成为“中国首富”；还有一家是南山（港口）开发公司。“如果把整个蛇口都如此放出体制外，今日蛇口又将如何？”这是晚年袁庚常常与人聊起的话题。

事实上，每一个强大的个人，当他面对顽固的制度性障碍的时候，依然会表现得那么软弱无力。当袁庚被派遣到蛇口的时候，他的领导者是希望靠他这个“强壮而精明”的武士“杀出一条血路来”。他确实完成了这个任务，而麻烦的是，他居然还想顺便完成另一项更重大的任务，在这个新开拓的土地上构筑与原来全然不同的制度，这显然已经超出了他的“使命”。于是，最后的落寞便已经命中注定。

袁庚1917年生于深圳——早年叫宝安，1949年，当上炮兵团长的他率部解放了贫穷的家乡,30年后，他用自己的方式再一次在经济上“解放”了这块土地。他的晚年一直居住在蛇口的海滨公寓内，窗外一眼可望到香港元朗，他的手边常放一本相册，里面全部是当年与邓小平等国家领导人的合影。日暮时分，一一翻过，竟恍如前尘隔世。

1980 告别浪漫的年代

我无法反抗墙，
只有反抗的愿望。

我首先必须反抗的是：
我对墙的妥协，
和对这个世界的不安全感。

——舒婷：《墙》，1980年

20 世纪 80 年代的第一个春天，大江南北风调雨顺，举国都有一种抑制不住的喜悦。24 岁的北京诗人顾城在《星星》诗刊上发表了他的成名作《一代人》，全诗很短，只有区区的两行，却如原子弹一样地引爆了整整一代人积压已久的情感：“黑夜给了我黑色的眼睛／我却用它寻找光明。”这是一种难以言说的情绪倾诉，个人意识的苏醒在这两行诗歌里毫不隐藏地显露出来。所有的人似乎都开始意识到，这将是一个不平静的开始。

为了让全国人民过好80年代的第一个春节，商业部在1月18日专门下发通知，要求各大城市敞开供应猪肉。在上一年，全国的生猪存栏新增800万头，每头生猪的平均毛重增加了12公斤，通知要求各地最好是"就地收购、就地屠宰、就地销售"。又过了几天，国务院下达文件，允许"鸡蛋可以季节性差价"，这意味着国家已经在尝试着用价格杠杆来协调市场，这样的通知和文件还将不厌其烦地下发十来年，没有人觉得很突兀，国家始终像一个大保姆，细心地照管着人民的衣食住行。

这年春天，最重大的政治事件是中共中央为前国家主席刘少奇平反了。在2月23日召开的中共十一届五中全会上，65岁的胡耀邦被推选为中共中央总书记，一批较年轻的干部被推上了重要领导岗位，其中包括前两年在安徽、四川强力推行联产承包责任制的万里等人。14年前被打成"叛徒、内奸、工贼"的刘少奇正式恢复了政治声誉，一大批因之而生的冤案一并平反。踌躇满志的邓小平在会上讲话说，在解决了政治路线和思想路线之后，今后的工作要着重研究经济体制改革。

邓小平显然想把全国人民的注意力都集中到经济体制的改革上去。到上一年年底，全国进行扩大自主权试点的国营企业已经有4 200个，1980年又发展到6 600个，约占全国预算内工业企业数的16%左右，产值和利润分别占60%和70%左右。在中央和各地政府眼中的重点国营企业基本上都已经装进了"试点"的大箩筐里。为了推进这项事关重大的改革，1月22日，国务院根据首钢等试点企业的经验，发布《国营工业企业利润留成试行办法》，允许扩大企业自主权的试点企业把原定的全额利润留成，改成"基数利润留成加增长利润留成"，但是，工业企业必须完成了产量、质量、利润、供货合同4项计划指标后，才能按核定和规定的留成比例，提取全部利润留成资金。到了2月，国家经委又发出通知，要求试点企业必须保证"国家多收、企业多留、职工多得"，这当然是一个听上去很美好，但执行起来很困难的要求。种种迹象表明，管制在一步步地松动，但中央希望一切都在计划的掌控中有序地进行。各地，新的变革新闻正层出不穷：年初，中国人民保险公司复出，国内保险业务被允许恢复；4月10日，中国民航北京管理局与香港中国航空食品公司合资，以558万元注册资本，创建“北京航空食品公司”，港人伍淑清担任港方常务理事。国家工商局为其颁发了中外合资企业001号营业执照，这便是中国政府第一家正式批准成立的中外合资企业。当时，北京航空食品公司的日配餐量只有640份，20年后，这个数字将上升到2.5万份。

跟这家小公司的中外合资相比起来，在南方，一个正开始艰难启动的计划听上去要庞大得多。

这个日后影响了中国开放走向的计划，便是在南方设立“经济特区”。

“特区”这个经济名词是中国人的一个新发明。据《深圳的斯芬克思之谜》一书记录，它的发明人也是邓小平。在上一年的4月，他与广东省委第一书记、省长习仲勋商讨开放事宜，提出在深圳建立一个新的开放区域，全力引进外来资本，实行特殊的经济政策，并且建议这个开放区域就叫“特区”。①

在邓小平提出“特区”这个概念的时候，袁庚已经奔赴南方去启动他的蛇口工业区了。“特区”一词既出，心领神会的习仲勋马上加快了开放的速度。很快，到7月15日，一个《中共中央、国务院批转广东省委、福建省委关于对外经济活动实行特殊政策和灵活措施的两个报告》就形成了，报告明确提出：“在深圳、珠海和汕头试办出口特区。特区内允许华侨、港澳商人直接投资办厂，也允许某些外国厂商投资设厂，或同他们兴办合营企业和旅游事业……三个特区建设也要有步骤地进行，先重点抓好深圳市的建设。”

深圳特区的创办思路渐渐明确下来，它被明确定义为“经济特区”。

---

① 陈秉安、胡戈、梁兆松著，《深圳的斯芬克思之谜》，深圳：海天出版社，1991年版。

国家拿出3 000万元贷款，专供开发深圳经济特区——这个数字的微不足道与日后开发浦东相比，真不可同日而语，由此可见，特区在当时纯属试验性质，中央政府对之并不抱战略性期望。深圳由一个县级城市一跃而升格为正地级市。这回，特区的手笔还是要比袁庚的蛇口大很多。深圳市的总面积2 020平方公里，划为经济特区的总面积有327.5平方公里，东西长50余公里，南北平均宽度为6公里多。从飞机上鸟瞰特区全貌，仿佛是条狭长的海带漂浮在山脚下、大海边。其中可规划开发的有110平方公里。

面积大则大矣，却还是只有3 000万元的贷款——这点钱还不够搞2平方公里的三通一平。开发者百思之下唯有一计可施，那就是出租土地，用地金来换现金。这个想法，在当时国内可谓“大逆不道”。反对者的理由很简单：共产党的国土怎么可以出租给资本家？当时一位叫骆锦星的房地产局干部翻遍马列原著，终于在厚厚的《列宁全集》中查出列宁引用恩格斯的一段话来：“……住宅、工厂等等，至少是在过渡时期未必会毫无代价地交给个人或协作社使用。同样，消灭土地私有制并不要求消灭地租，而是要求把地租——虽然是用改变过的形式——转交给社会。”[①] 骆锦星查到这段话后一阵狂喜，当晚就奔去敲市委书记张勋甫的家门。据说，当时的深圳干部人人会背这段语录，有考察和质问者远道前来，他们就流利地背诵给那些人听。

深圳的第一块土地出租协议，便签订于1980年的1月1日。第一个吃螃蟹的香港商人名叫刘天竹，跟他谈生意的就是那个在《列宁全集》中找到了恩格斯原话的骆锦星。据骆日后回忆，当时的谈判对话是这样的，刘说：“只要划出一块合适的地皮就行。由我组织设计，出钱盖房，在香港出售，赚得的钱中方得大头，我得小头。”骆说：“东湖公园附近，可以

---

① 列宁著，中共中央马克思、恩格斯、列宁、斯大林著作编译局编译，《列宁全集》第三十一卷，北京：人民出版社，第68页。

划出一块地方来，如何？”刘说：“那好，所得利润，你拿七，我拿三。”骆摇摇头：“你拿得太多了。”刘笑道：“你拿八，我拿二，如何？”骆说：“我拿八点五，余下的是你的！”刘说：“我们初次打交道，往后要做的事还很多，这次就依你的！”这样的对话果然已经是在谈生意了。

刘天竹开发的这个楼盘叫“东湖丽苑”，第一期共有108套新房，他把房子的图纸设计出来后就开始在香港叫卖，仅三天，108套还在图纸上的房子就一售而空了。

“东湖丽苑”的一炮成功，让深圳人大大开窍，他们很快拿出新方案，提出了收取土地使用费的思路，每平方米收土地使用费4 500港币，这个地价仅相当于河对岸的香港的1/11。深圳用收进的数亿元钱削掉土丘、填平沟壑，开通公路，通电、通水、通邮政。从1980年至1985年的5年里，深圳实际利用外资12.8亿元，累计完成基建投资76.3亿元，建成了一大批新的能源、交通、通信等基础设施工程，初步形成了9个工业区，香港和国外商人纷纷涌进特区办厂、开公司。南风自此一路北上，开放之势再不可挡。

一个国家或一个人，最大的苦闷是，苦闷被压抑在心中而不得宣泄。在1980年，随着体制的松动和各种新事物的涌现，人们开始表达自己的情感，国家也在某种程度上默许这样的举动。在广东，戴厚英的小说《人啊，人》[①]引起轰动，这位后来被入室盗窃的小偷杀害在家中的女作家第一次用充满悲悯的笔调描写普通人的生活；表现爱情的《庐山恋》和《天云山传奇》更是让青年人像疯了一样地拥进电影院，女主角张瑜的每一套花衣服都引起姑娘们极大的好奇；刚刚复刊的《大众电影》杂志大胆地发表了一张英国电影《水晶鞋与玫瑰花》的剧照，照片是一对青年恋人激情接吻的镜头。

---

① 《人啊，人》是戴厚英的第二部长篇小说，花城出版社于1980年11月首次出版。

5月，发行量超过200万册的《中国青年》发表了一封署名为“普通女工潘晓”的长信《人生的路啊，怎么越走越窄……》。潘晓在信中说：“时代在前进，可我触不到它有力的翅膀；也有人说，世上有一种宽广的、伟大的事业，可我不知道它在哪里。人生的路，怎么越走越窄……真的，我偷偷地去看过天主教堂的礼拜，我曾冒出过削发为尼的念头，甚至，我想到过去死……心里真是乱极了，矛盾极了。”

文章引起巨大的共鸣，同时也招致激烈攻击。于是，就人生道路问题，全中国展开了一场规模庞大的讨论，潘晓的名字轰动一时。大讨论一直持续到来年3月，致使《中国青年》达到它的最高发行量——369万册，仅是读者给杂志社和潘晓的来信，就超过6万封。①

这样的讨论，对一个封闭日久的社会无疑带有很大的颠覆性，它让人们开始怀疑现有生存状态的意义和价值，对未来的生活产生前所未有的憧憬和谋划，日后创办了中国最大的饮料公司之一的广东乐百氏集团创始人何伯权回忆说，当时是中山县小榄镇团委干部的他与一位女孩在一起热烈地讨论这个话题，正是“潘晓来信”让他重新审视和规划自己的人生，那个女孩后来成了他的妻子。

从潘晓现象大讨论中，人们体会到，开放与变革已经渐渐成为这个国家的主旋律，它的衍变路径将十分曲折，但是前行的方向却似乎已不可逆

① 大约一年后，人们才知道潘晓是纺织女工黄晓菊和北京经济学院学生潘祎的合名。黄晓菊只有初中文凭，在写出那封轰动一时的“潘晓来信”后，她从纺织厂调进了出版社，随后又凭借自学考进一家科研所。但是，当科研所发现黄晓菊竟是潘晓后，便解聘了她。此时，曾是潘晓崇拜者的丈夫也提出离婚。黄晓菊无奈之下，成了北京最早的一批服装摊主。80年代后期，她又南下独闯深圳淘金，后来成为拥有五家店铺的小老板。而潘祎是一个身高一米九的大男孩，因潘晓出名后，他办了退学手续，开始四处流浪，他住过火车站候车室、自制窝棚、大楼过道、立交桥底，在流浪乞讨两年后，他得到一份装卸工工作，每天扛上百个100多斤的大包，栖身在仓库。1984年，潘祎拿了货场的一块焊锡，被以“盗窃罪”判处三年半徒刑。出狱后，潘祎生活无着，四处跳槽，一度还在一家人才网站当过“职业咨询”栏目的主持。

转。到 8 月，一个被隐瞒了大半年的重大企业事故突然遭到处理，这无疑又成为当年最引人注目的新闻事件。

这个企业事故是发生于上一年 11 月 24 日的渤海 2 号钻井船翻沉事故。在那次恶性事件中，因为管理和指挥上的不当（当时的用词是“官僚主义”），造成 72 名石油工人的死亡。公布的材料显示，渤海 2 号钻井船从国外购买后，在 7 年时间里，很多技术资料和操作规程都没有被翻译过来，工人对科学操作根本没有概念，而上级则动不动搞“大会战”或“打擂比武”，“用过去搞政治运动中的某些不适当办法来搞生产建设”。在翻船事件发生后，各个管理层面又互相推诿以致延误了抢救时间，让 70 多个工人被活活冻死在海上。国务院以一种超乎寻常的高调来处理“渤海 2 号事件”，全国几乎所有的媒体都对此进行了声讨式的报道。石油部长被免职，主管石油的副总理、50 年代大庆会战的功臣康世恩被公开处以记大过处分。在石油部的公开检讨中甚至还披露，“自 1975 年以来，海洋局曾经发生各类大小事故 1 042 起，其中重大事故 33 起，但是我们一直没有严肃对待”。

对“渤海 2 号事件”的高调处理，在当时是一个非同寻常的举动，它似乎在预告，过去那种动员式、政治运动式的经济工作方式已不适用。从长远看，这次“舆论大攻击”象征性地终结了“文革”时代的那些充满浪漫主义气息的经济发展理念，“人有多大胆、地有多大产”“石油工人吼一吼，地球也要抖三抖”的口号渐渐淡出主流媒体，人们开始用科学和管理的思路来领导和治理自己的企业，当然，这仅仅是观念转变的开始，它还将经历十分漫长的过程，对于企业经营来说，知道科学与管理的重要性是一个问题，而什么是科学，如何掌握科学则是另一些更重要的问题。

在中国企业史上，渤海 2 号不是最严重的一起事故，但在当时却被“举国讨之”。除了国家要用严格的管理手段之外，更有媒体人和文化人的顺势跟进，新华社记者杨继绳在发给全国媒体采用的新闻通稿《渤海 2 号翻沉真相》中写道：“在我们国家里就有这样一种不合理的制度：了解情况的人无权做决定，做决定的人又不了解情况。”[①] 而温和的女诗人舒婷则写作了传诵一时的《风暴过去之后》：“最后我衷心地希望／未来的诗人们／不再有这种无力的愤怒／当七十二双／长满海藻和红珊瑚的眼睛／紧紧盯住你的笔。”很显然，在1980年，“渤海2号事件”已经由一起企业事故演变成一场冲击观念和人文反思的事件。

跨国公司进入中国的步伐在悄悄地加快。1979年年底，第一批3 000箱瓶装可口可乐由香港发往北京，发货方是香港五丰行。在经过了试探性的销售之后，美国方面进而提出向中粮公司赠送一条每分钟生产300瓶可口可乐的瓶装线，并达成了一项为期10年、授权中粮公司独家使用可口可乐商标，在中国大陆生产、销售产品的协议。

一个戏剧性的情节是，最初，中粮很希望第一条生产线设在上海正广和汽水厂，这是一家创办于1864年的老牌工厂。谁知道，这项提议竟遭到了上海方面坚决而强烈的抵制。有关报刊发表文章和群众来信，指责中粮此举是卖国主义、洋奴哲学，引进可口可乐就是引进了腐朽没落的资产阶级生活方式，就是打击民族工业。中粮公司只好转而退居北京丰台。由这条生产线上下来的可口可乐主要供应旅游饭店，但很快这一市场就饱和了。经国家商业部批准，1982年年初，剩余的可口可乐开始在北京市场进行内销。

那些日后将彻底扭转中国公司命运的变化仍然在体制外艰难地萌芽。对于1980年的鲁冠球来说，这一年他获得的最大胜利是他第一次挤进了“计划”内的序列。这个事情在现在看来，可以算得上是一场“意外”。

年初，鲁冠球做了一个决定，他把挂在厂门口的七八块厂牌都一一

① 杨继绳，《渤海2号翻沉真相》，写于1980年12月，发表于《新观察》1981年第一期。

撤了下来，最后只剩下一块“萧山万向节厂”。他是那种直觉很好的人——这几乎是所有草创企业家的共同天赋，在跌打滚爬了十来年之后，他决心今后只把精力投放到一个产品中，那就是汽车的易耗零配件“万向节”上。他自己兴冲冲地背着产品去参加行业交易会，结果被人轰了出来，因为除了国营工厂，别的企业都“一律不得入内”。鲁冠球当然不会就此甘心，他在会场门口偷偷地摆摊销售，他带去的万向节以低于国营工厂20%的价格出售因而受到欢迎，他像土拨鼠一样地悄悄扩大着自己的地盘。为了让制造出来的产品真正占领市场，鲁冠球表现出超乎常人的决心，这年夏天，安徽芜湖的一家客户寄来退货信，说是发给他们的万向节有部分出现了裂纹。鲁冠球当即组织30个人去全国各地的客户处盘查清货，结果竟背回来三万多套万向节。鲁冠球把全厂工人全部召集起来，然后自己第一个铁着脸背起装满废品的草包，朝宁围镇上的废品回收站走。这三万多套万向节被当作六分钱一斤的废铁全部卖掉，工厂因此损失43万元。这在当年几乎是一个天文数字。

鲁冠球的这次近乎传奇的行动，让他领导的乡镇企业开始具备起大工业的气质。[①] 当年，中国汽车工业总公司要确定三家万向节的定点生产工厂，在全国56家万向节生产厂中，萧山万向节厂是唯一的“集体所有制乡镇企业”，它原本连参与评选的机会都没有，但是鲁冠球四处运作，硬是让北京的专家评审组把它列入了参评的对象，最后竟通过了审定，成为三家定点工厂之一。这次定点的确定对于鲁冠球来说是决定性的。它让这家“身份低微”的企业开始被主流工厂认可。万向节是一个并不很大的行业，鲁冠球的胜利似乎预示着一种可能性，那就是体制外的民营企业有机

---

① 乡镇企业是一个中国式的企业名词。世界银行对乡镇企业（TVE）的定义是：被认为具有独特产权形式的企业，既不是国有制也不是私有制，而是地方政府和居民所有，其激励机制与私营企业相似，剩余仅在有限的阶层（稳定的社区及其政府、企业管理者）中分配，企业的自由参与、竞争、硬预算约束、地方政府恰当的财政积极性，这些特点造成了乡镇企业较高的发展速度和营运效率。

会凭着机制的灵活和技术上的优势在某些冷门的行业获得成功。“计划”看上去是那么的严密，却可能被灵活的“小家伙们”一举突破，这个道理将在日后一再地应验。①

▲鲁冠球

跟竭力撕开“计划”口子的鲁冠球一样，在浙江南部的温州和广东潮汕、广东珠江三角洲一带，越来越多的乡土工厂展现出它们超乎寻常的活力。一位美国《新闻周刊》的记者去福建石狮和广东南海采访，他在发回去的报道中说：“石狮的小商品贸易和南海民间的小五金、小化工、小塑料、小纺织、小冶炼、小加工，像野草一般满世界疯长。”

浙江的温州地处偏远，多年不通火车，交通极其不便，耕地更是稀少，人均只有两分多一点，因而这里的农民百年来有离开土地和外出求生的冲动。1979 年之后，这里的乐清、苍南一带突发走私狂潮，一艘一艘的走私渔船把境外的服装、小家电、小五金等偷运进来，在一些偏僻的小码头形成走私交易市场。当地政府法不责众，只好睁一只眼闭一只眼。于是，这些走私货便成了“文革”后第一代稍成规模的商品集贸市场的重要来源之一，那些前来采购包括走私货在内的大胆商贩和背着这些商品出走

① 在 1979 年 7 月国务院公布的《关于发展社队企业若干问题的规定（试行草案）》中有一条：“城市工业根据生产发展的需要，参照社队可能承担的能力，可以有计划地把部分产品和零部件扩散给社队企业生产。”鲁冠球得以参评中选，是拜这一条规定所赐。

兜售的温州人则成了改革初期的第一代商人。资料显示，到 1980 年前后，温州的个体工商户已经超过 3 000 个，在交易活跃的一些集镇，如乐清的柳市等地相继出现了一些专业的制造作坊，那些较有规模者在当地被冠以“大王”的称号，如电器大王胡金林、螺丝大王刘大源、矿灯大王程步青、线圈大王郑祥青等。这些人的资产在当时都已过 10 万元，生产的产品质量大抵可以与国营工厂有一拼。与鲁冠球不同的是，这些“大王”和他们的企业从一开始就是私人性质，除了温州和珠三角的少数地区，在当时国内几乎是不可想象的事情。

因走私而完成灰色的原始积累，是当年东南沿海乡土经济萌芽的重要推动因素，这一点始终未被学界注意到。1980 年前后，全国走私最猖獗的地方，一是浙南温州、台州地区，二是广东的潮汕地区，它们也因而成为当时商品经济起步最快、民营经济最活跃的区域。新华社记者魏运亨曾这样描述福建沿海的走私景象：当时每天停泊和游弋于东沙岛海域的港台走私船达几十艘，前往交换私货的大陆走私船则多达上百艘。电子表和尼龙布料涨潮般涌进内地，黄金和银元则退潮般滚滚外流。成千上万的群众如

▲ 20 世纪 80 年代初的温州市场

痴如狂，沿海城乡形成了好几个远近闻名的私货集散市场。

就在珠江三角洲和温州等地的“地下工厂”如杂草般纷生的时候，在中心城市或次中心城市，具有个体色彩的经济活动还显得那么的小心翼翼和寥若晨星。长期的计划经济，让人们已经习惯在一种格式化的、有纪律和有组织的环境中生活，一旦要他脱离那种惯性，往往需要极其巨大的外力或勇气。这也就是为什么在改革开放的初期，那些从事个体商业活动的人绝大多数来自社会底层，他们是失业者、返城人员、有刑事前科的人和低文化程度者，这些人被排挤在“温暖”的、有“保障”的体制之外，在无可奈何之际，被迫走上了经商和创业的道路。在乌鲁木齐，走投无路的16岁辍学少年唐万新跟随大哥唐万里办起了一家照相洗印店，谁也没有料到20多年后他会从这个偏远边城出发，打造出一个市值高达1 200亿元的德隆帝国。在北京，一个叫刘桂仙的中年妇人则意外地领走了全城的第一张个体餐馆执照。

▲北京第一家私人饭店悦宾餐馆的主人刘桂仙

刘桂仙是幼儿园的一个勤杂工，家里有5个孩子，因为实在生计维艰，便动起了开小饭铺的念头，她的餐馆开在东城区翠花胡同，取名悦宾餐馆。现在已经没有资料可以显示，为什么北京市会选中这个没有背景的妇女来开第一家个体餐馆。开业的第一天，区工商局局长专门跑来告诫刘桂仙：“这可是上面批的第一家个体饭馆，你要好好开，千万别给政府抹了黑！”刘桂仙开店实在不容易，在当时，几乎所有的食品——粮食、油、鱼、肉、禽、蛋全都是凭票供应的，为了帮她弄到豆腐票、猪肉票和粮票等，东城区动员了工商局、粮食局、饮食服务公司等部门，为悦宾餐馆特别开“小灶”。只有这样，刘桂仙的小餐馆才不至于关门大吉。因为是京城第一家个体餐店，每天都有很多外国记者来拍照采访，而提的问题都大体一律：“这饭馆是你自己开的还是政府要你开的？”“你担心自己将来挨批斗吗？”“你挣了钱会不会被别人拿走？”

事实上，这些问题刘桂仙自己也很想找一个人问问清楚。第二年的大年三十，两个大人物来到了悦宾餐馆，陈慕华和姚依林两位副总理亲自来给她拜年。也就是从这时开始，一个新的身份名词开始在城市里流行：个体户。它指的是像刘桂仙这样的没有国家保障、自主创办小店小铺的人，它听上去似乎百味杂陈，有蔑视、有同情，也有小小的对“自由身”的暗慕。

作为全北京的第一家个体餐馆，刘桂仙的事业从来就没有走出过翠花胡同。30 年后，人们依然可以在那条狭长而日渐衰旧的胡同里找到那家小小的、只放得下七八张八仙桌的餐馆。

1980 年的中国离世界还是有点遥远。

4 月 14 日的英国《卫报》刊登了一幅来自中国的新闻照片，那是上海的一家照相馆的橱窗，里面挂了一件西装；贴着一个牌子，牌子上面写着“这里出租西服”。这张照片似乎透露出一种机智的隐喻。而《新闻周刊》发表的另一幅新闻照片则有别样的意味：一个西方女游客在故宫参观，而走廊上则站满了参观她的中国游客。这实在是一种彼此陌生的好奇。

这一年，全国每人平均消费粮食 428 斤，比 1952 年增长 8.2%，猪肉 22.3 斤，同比增长 88.6%。全国共卖出了 1.69 亿双皮鞋，大概地说，也就是平均每 10 个人中有一个穿上了皮鞋。因为人口增长超过了房屋的建筑，全国每人居住面积为 3.9 平方米，比 1952 年还减少了 0.6 平方米。为了控制人口的持续增长，国务院组建了计划生育领导小组，第一次明确地提出“一对夫妇最好只生一个孩子”，很快这成为一条被长期严格执行的基本国

▲ 1980 年，在故宫的中国游人不看国宝，不看大殿，久久围观外国游客

策。从这年的 11 月 1 日起，电视机终于被允许“敞开供应”，在此之前它是一个需要得到配额和批准才能购买的商品。到年底，全国人均用于购买日用商品的零售额为 42.2 元，其中，购买“四大件”——自行车、手表、缝纫机和电视机的比例由 1952 年的 0.5% 提高到 24.5%，在当年，姑娘嫁人对男方最高的要求就是备齐了这“四大件”。

在国际上，日本经济还是一枝独秀。按国内生产总值来计算，在 20 世纪 60 年代中日两国基本相当，而到 1980 年，日本已经是中国的 4 倍。1980 年年底，日本通产省宣布，该国的汽车产量首次突破 1 000 万辆大关，达 1 104 万辆，占世界汽车总产量的 30% 以上，一举击败美国成为“世界第一”。汽车是工业文明和现代国家竞争的标志性商品，为此，美国 NBC 电视台在黄金档时间播出了一个名为《日本能，我们为什么不能？》的电视专题片，时间长达两个小时，其主题是比较美国与日本的工业。NBC 节目主持人说道：十来年前，日本人以制造伪劣产品昭著于世，“日本制造”一词成为取笑劣质产品的口头禅。但时至今日，“日本制造”已经是品质优秀的代名词，美国的年轻人现在以开日本的小跑车为荣。在当时的西方传媒界还流传着这样的一个故事：某日，一位彬彬有礼的日本人以学习英语为名，跑到一个美国家庭里居住。奇怪的是，他每天都在做笔记，美国人居家生活的各种细节，包括吃什么食物、看什么电视节目等，全在记录之列。三个月后，日本人走了。此后不久，丰田公司就推出了针对美国家庭需求而设计的价廉物美的旅行车，大受欢迎。该车的设计在每一个细节上都考虑了美国人的需要。更让美国人憋气的是，丰田公司还在报上刊登了他们对美国家庭的研究报告，并向那户人家致歉，同时表示感谢。

为了应对日本人的挑战，美国公司只好尝试着学习。被日本的复印机公司打得抬不起头来的施乐公司开始推行“标杆管理”，就是把生产经营的每一个环节都拆解出来，一一地与最强悍的竞争对手日本富士公司进行比较，从而找到改进的关键点。施乐的这项工程坚持了10年，终于在复印机领域击退了富士的进攻。

同样面临巨大压力的美国通用电气公司要换CEO了，临退休的雷金纳德·琼斯力排众议选中了杰克·韦尔奇。当时韦尔奇并不在继任候选人名单之列，因为他太年轻、太急躁，而且有点口吃。20年后全世界都相信这是一个多么伟大的选择。

这年的11月4日，好莱坞演员出身的罗纳德·里根当选美国第40任总统。他一上任就面临石油危机、美苏关系紧张、日本经济的崛起等挑战，谁也没有想到他后来会成为美国历史上最成功的总统之一。

12月8日，英国披头士乐队的偶像人物约翰·列侬在自家门口被崇拜者刺杀。这个从利物浦小酒吧里闯出来的颓废青年是摇滚史上最受欢迎的歌手，他和他的音乐一度被媒体认为是“青少年闹事起哄的原因”，而他的传奇人生在很多年后仍然被人津津乐道。如果要在中国找一个与他有点关联的人物的话，那么可以关注一下北京城的一个叫崔健的中学毕业生，当时他正待业在家，他最大的理想是考进北京歌舞团当一个小号手。在6年后他写出了颇有“列侬气质”的《一无所有》，因而成为日后中国最著名的摇滚歌手。列侬的去世似乎预示着富有浪漫气质的嬉皮士年代结束了，一个新的商业奢华周期如期而至。

全球商业界，还有一个值得记取的事件是，记者出身的美国未来学家阿尔文·托夫勒出版了轰动一时的《第三次浪潮》[①]，他将前工业社会、工业社会及后工业社会进行了重新的定义，指出它们创造财富的重要手段分别是土地、资本和信息。托夫勒发现，在美国和欧洲一些国家，现代服务业的就业人口已经超过工业劳动人口，成为新的领导型产业，他由此提出了以新技术革命为前提的“第三次浪潮”，这个观点极大地影响了人们的思考。此书于两年后引入中国，在非公开的范围里“内部发行”。

在约翰·列侬被刺杀的两周后，在北京的中国科学院的一个仓库门口，46 岁的陈春先站在寒风中，与一个个骑着自行车前来的人热情地打招呼，来的人共有 14 个，每个人都相貌文弱，语调温和。他们都是中科院物理所、电子所和力学所的研究人员，这次他们都是被老陈“忽悠”来的。在这一天，他们将一起开办一件“大事情”。

这个“大事情”的首倡人就是陈春先。他是中科院出名的科学才子，他早年留学苏联，因成绩优异曾经受到过斯大林的接见。他的学科专项是十分前沿的核聚变，他建立了国内第一个托卡马克装置，并在合肥创建了中国的核聚变基地。1978 年，中科院评聘第一批教授级研究员，全院只有 10 个名额，他和著名数学家陈景润一起上榜。在过去的两年里，他作为中国最重量级的科学家之一三次访问美国，而这三次考察却彻底地改变了他的人生。

陈春先去了著名的硅谷和波士顿 128 号公路，他深深为那两个地方高科技公司的繁荣而心动不已。报国心切的陈春先直觉地认为，中国也应该有自己的硅谷，让那些沉睡在实验室里的科技成果可以转化成有市场价值的商品。回国后，他多次在各种场合发言呼吁。在他的方案中，甚至已经

---

① 1983 年 3 月，《第三次浪潮》中文版由北京的生活·读书·新知三联书店引进出版。

圈定了“中国硅谷”的地点，那就是他工作所在的中关村。

中关村是北京城北面的一个小村庄的名字。1949年以前，这里是一个有70户住家、276口人的自然小村，周边的坟地占了土地的30%多。1952年，中国科学院定址于此，再一年，燕京大学与北京大学合并，又在这个小村的北部形成了一个教研院区。日后，中关村一带先后建起了中科院的几个重点研究所和大面积的员工宿舍，成为科研人员聚集度很高的一个区域。在陈春先的心目中，“这里的人才密度绝不比旧金山和波士顿地区低，素质也并不差，我总觉得有很大的潜力没有挖出来”。

陈春先已经为他的这个设想激动了很久，第三次考察回国后，他终于决定从自己做起，来催生出中国的硅谷。在他的奔波下，北京科协成了他的支持者，这个力量弱小的协会借给了陈春先200元钱，并帮助他开设了一个公司账户。于是，在年关将近之际，陈春先在中关村的一个仓库办起了国内第一个民营科技实体——北京等离子体学会先进技术发展服务部。

陈春先的举措在中科院内部引起了不小的震动，但是在社会上，这是一个十分不起眼的事件。没有一个媒体对此进行报道，陈春先也不知道自己到底能走多远。这位中科院里思想最活跃的中年人彻底放弃了自己的科学家生涯，他将开始一段平庸而坎坷的企业家经历，日后他整天为业务而奔忙，甚至还曾经因为债务纠纷而被人两次绑架。他是一个失意的公司经营者。

▲中关村先驱陈春先素描像

可是，就是这个陈春先却以一人之力撬动了中国高科技产业。他为服务部所设定的经营原则后来成为中国民营高科技公司创办的共同规律，那就是：科技人员走出研究院所，遵循科技转化规律、市场经济规律，不要国家拨款，不占国家编制，自筹资金、自负盈亏、自主经营、依法自主决策。在他被怀疑、辱骂和嘲笑的身后，一家又一家科技公司在中关村出生了。三年后，在没有国家任何投资的前提下，中关村赫然成为中国最著名的“电子一条街”，到 1992 年，这里的民营科技公司达到 5 180 家。

1980 年的北京之冬十分寒冷，整个 12 月共下了 5 场鹅毛大雪，有报道说，这年冬天的降雪量是近 20 年来最大的一次。陈春先的服务部在开业的两个月后终于接到了第一单生意，海淀区一个街道小厂的厂长问上门兜售业务的核聚变科学家陈春先：“你能帮我们解决一下电源上的问题吗？”陈春先愣了一下，然后说：“当然能，你可以给多少钱？”[①]

① 与陈春先动议“中国硅谷”并在中关村创业的同时，台湾地区创建新竹科技园，试图打造“中国台湾硅谷”，为此，台湾当局成立了科技园管理局，制订科技园规划，设计发展框架，在资金筹集、人才训练、环境优化等方面出台了一系列优惠措施，并为入园创业者提供“一站式”快捷高效服务。据首任管理局局长何宜慈博士称，到 1984 年，新竹科技园已创办了 70 余家高科技企业，产值 100 亿元台币，一个东方“硅谷”的雏形初露端倪，到 2000 年，方圆 6 平方公里的新竹科技园，吸纳了 300 多家高科技企业落户，2000 年总销售额达 9 300 多亿新台币。新竹科技园成为台湾高科技产业的孵化器。几乎同时起步的中关村与新竹科技园，两者命运相异，颇可对照研究。

2004年8月9日，陈春先去世，两天前，他刚刚过了70岁的生日。即便是中关村的人，也没有几个还记得他的名字了。

1980年10月，中国最顶尖的核聚变专家、46岁的中国科学院物理所研究员陈春先从美国考察回来，这已经是他两年里第三次访问美国了，这几次出国让他印象最深的倒还不是美国同行的学术进步，而是那个国家在技术产业化上的扩散能力。他每次都会去两个地方，一是西部的硅谷，还有就是东部的波士顿“128号公路”，走在那两条房屋低矮、丛木葱绿的狭长地带，他突然萌生了一股从来没有过的激情。陈春先是当时国内最有前途的新生代科学家，在1978年，中科院评聘了改革开放后的第一批教授级研究员，一共只有10人，陈春先与后来成为“时代偶像”的数学家陈景润一起在榜。而此次的硅谷之旅却彻底地改变了他的人生。

回国后，他向上级写报告提出，中国应该建设自己的“硅谷”，他写道：“美国高速度发展的原因在于技术转化为产品特别快，科学家和工程师有一种强烈的创业精神，总是急于把自己的发明、专有技术和知识变成产品，自己去借钱，合股开工厂。”陈春先的脑子里也已经有了“中国硅谷”的具体地点，那就是中科院、北京大学等聚集所在的中关村。他认为：“我们在中关村工作了20多年，这里的人才密度绝不比旧金山和波士顿地区低，素质也并不差，我总觉得有很大的潜力没有挖出来。”

如果仅仅是这样写写报告、讲讲话，倒也罢了，陈春先却是想真的把自己当成试验品全部地投进去。在回国后的两个月里，他狂热地四处呼吁，向各个部门写报告提建议，终于在回国的两个月后，北京市科协认可了他的这个想法，同意借给他200元钱，在银行开一个账户。12月23日，在美国硅谷传奇的鼓舞下，陈春先在中关村一个仓库的一角办起了国内第一个民营科技实体——北京等离子体学会先进技术发展服务部。跟陈春先一起跳进商海的还有中科院物理所、电子所、力学所的14个科研人员。日后，中关村成为中国最重要的科研产品集散地，陈春先无疑是先驱人物。

中关村要真正热闹起来，还要等三到四年。在陈春先办服务部的当时，却引起中科院内外很大的震动，几乎所有的人都认为他不务正业。这时，出身巴蜀的陈春先表现出川人特有的倔强，他骑着自行车四处去跑业务，这位研究艰深的核聚变技术的科学家不得不为15个人的生存做“稻粱谋”。在创业的第一年，他的服务部有了两万多元的收入，这在当时不算是一个小数目，陈春先因而给大家每人每月发了15元的津贴。这件事在清贫的中科院里顿时掀起轩然大波，告状的人愤愤地说，陈春先搞歪门邪道，居然自己给自己长了两级工资。到1983年，陈春先签订了27个合同，与海淀区的四个集体所有制的小工厂建立了技术协作的关系，还帮助海淀区创建了海淀新技术实验厂和三个技术服务机构。渐渐地，在中关村一带出现了零星的技术小公司。在媒体的报道下，陈春先的实践引起了上层的关注，当时主管经济工作的胡启立、方毅都做了批示，对他大为褒扬。在这些举措的触动下，海淀区放宽了中关村办公司的政策，1984年，四通、信通、科海及日后非常著名的联想公司相继诞生，“中关村电子一条街”初具规模。

陈春先的研究方向是高深的核聚变，他参与创建了中国第一个核聚变基地，在中科院物理所建立了国内第一个托卡马克装置。而在中关村，他的这些专业几乎都派不上用场。从1980年以后，陈春先基本上放弃了学术研究。他把服务部改组成华夏硅谷公司，只要有生意上门他都乐此不疲地去谈判。他的公司做过的最大一笔业务是帮助一家美国公司做数据录入，他为此聘用了100多个大学生，1 000个字符挣0.4元，如果顺利，一年可以得到30万美元的收入，但是这个业务后来也半途流产了。

陈春先显然不是一个优秀的经营者，在他的首倡下，中关村日渐规模膨胀，而他的公司却始终萎靡不大，与联想、方正、同方等后起之秀不可同日而语。十多年来，他多次卷入经济纠纷，甚至还先后两次遭人绑架。

他对人感慨说："思想活跃也好，能悟出潜在的增值地方也罢，都不等于能够办好公司。相反，办好公司的企业家大都是搞营销、搞金融，有很强管理能力的人，而不是真正的科学家。我不是一个成功的企业家，这一点没有什么好回避的。"

陈春先晚年成为一个"历史人物"，平日无人记挂，到了某些纪念日则有媒体上门采访一二。很多人以为，他当年若一直在实验室工作，将成一个伟大的科学家。而他自己则说了下述的一段话："我觉得每一代人只能做他当时认为最重要的事。人活着总要做点事，做了这件，也许就要放弃那一件。我做事从不后悔，即使做了较为愚蠢的事，也不后悔，因为时间总是在往前走的。"

陈春先是一个倔强的四川成都人。他很应该被人长久地纪念。

互联网上有一个专门的陈春先纪念网站 http：//www.chenchunxian.com/。① 除了几个知情人，那是一个几乎被彻底遗忘的网站。

① 该网站由于长期无人照料，已于2008年关闭。——编者注

1981 笼子与鸟

中国可能选择的道路，各种事件必须流经的渠道，
比我们能够轻易想象到的更窄。

——费正清：《美国与中国》[①]，1981年

谁也没有想到，改革的局势会在年初就急转直下。

查尔斯·艾布拉姆斯是第一个感受到这股寒流的美国商人。就在上一年的《财富》杂志，他还被描述为“去中国淘金的新美国梦的成功代表者”。这位时年57岁的纽约不动产交易商在中国成立了一家贸易公司，在拜访了中国40余次后，他得出结论说，中国就像一个巨大的公司。他得到了中国很多官员的热情接待，他从他们那里得到了数家国有企业的白皮书，甚至包括一些价值上千万的初步订单合同。因为这些合同，他还成功地从纽约的股市上募集了

---

① ［美］费正清著，孙瑞芹、陈泽宪译,《美国与中国》，北京：商务印书馆，1971年版。

2 500 万美元的资金。

可是在第二年的《财富》上，艾布拉姆斯则更成了另一则坏消息中的倒霉蛋。报道称，“北京最近大规模暂停了很多主要产业的合同，这一行为挫伤了很多中国公司，也让很多试图在这里赚钱并开始动作的美国公司蒙受损失”。而艾布拉姆斯就是其中的首当其冲者，他拿到的很多订单合同一夜之间变成废纸。

三年前成为中国第一家改革试点企业的首钢是国营企业中最早受到冲击的企业之一。在过去的两年多时间里，首钢的利润净额平均每年增长 45.32%，上缴利润和税金平均每年增长 27.91%，企业呈现出兴旺的迹象。然而，麻烦事很快出现了。4 月，国家经委、财政部、物资总局、冶金部等 8 个单位联合发出通知，对全国钢铁实行严格限产，首钢的减产任务是 36 万吨，占上一年度总产钢量的 9%。厂长周冠五不得不下令将投产不久的二号高炉停产。

憋气的事情还不止这一件，就在限产任务下达的同时，北京市副市长张彭又赶到首钢，他带来了市里的指令：由于政府财政紧张，作为北京市工业企业的“带头兵”，首钢今年的上缴利润要力保达到 2.7 亿元，比上年增长 9.3%。周冠五拿着纸和笔算给市长听：“把首钢的全部家底都抖出来，满打满算利润最多 2.65 亿元，都缴上去了，企业留成一分没有，职工的福利更飞到天上去了。”可是，张彭也很坦白地说：“今年市里日子过不下去，就是要给你们加加压。”

日子突然会过不下去，这是很多人没有想到的。

经过将近三年的改革，中国在政治上完成了一次“洗礼”，改革成为舞台上的主流，通过对“四人帮”的公开审判更是让全民对左倾思想深恶痛绝[①]。在农村，起灶于安徽凤阳的联产承包责任制开始大面积普及，农民

① 1980 年 11 月，最高人民法院特别法庭对“四人帮”集团的 10 名主犯进行了终审判决，此次审判通过电视向全国进行了转播。

的生产积极性被极大地调动起来；在城市，国有企业的改革试点面越扩越广，在零售商业领域出现了零星的个体经济。按当时很多观察家的话说，“是建国以来少有的很好的经济形势”。而与此相伴，中央财政却出现了严重的困难。最显著的标志是 1979 年、1980 年两年连续出现巨额财政赤字，据《中国经济年鉴（1981)》披露的数据，1979 年赤字 170 余亿元，1980 年 120 余亿元。到 1980 年物价稳不住了，商品价格上涨 6%，其中城市上涨 8.1%，农村上涨 4.4%。

究其原因，财政危机在很大程度上是变革过程中所带来的。为了改善工人和农民的生活水平，在过去的三年里，中央出台了一系列的政策，包括职工提薪、奖金发放、安置就业、政策退赔、农产品提价以及扩大企业和地方财权等，使财政支出大幅增加。与此同时，经济的复苏势必带动基础建设的复兴，各地的基建规模不断扩大，渐渐到了预算无法控制的地步。而国有企业的放权让利改革一方面让中央财政的收入少了一大块，另一方面，这一改革的总体成效又实在让人不能满意。1980 年年底，胡耀邦敦派中央办公厅专门组织了一个调查组对四川、安徽、浙江的扩大企业自

▲先富起来的农民买回价值 520 元的 12 英寸黑白电视机，引来邻居们的羡慕

主权试点进行调查，拿出来的调查报告《经济体制改革的开端——四川、安徽、浙江扩大企业自主权试点调查报告》称：试点改革情况不容乐观，一方面，放权仍然有限，在企业留利、原材料供应、劳动管理体制、工资制度、计划外生产等方面企业权力还很小，对搞活企业的作用有限。另一方面，集中管理的价格体制和不合理比价，使各工业部门利润水平相差悬殊，最为典型的是，成本利润率石油行业比煤炭行业高出 100 倍，造成苦乐不均、不公平竞争和相互攀比。调查组还发现，在没有预算硬约束的制度下，试点企业出现“截留税利，乱摊成本，滥发奖金和补贴”等行为，放权让利改革效应递减。财政分级管理使地方利益强化，“少数地区已经开始出现‘割据’的苗头，不但上下争利，而且阻碍经济的横向联系”。在城乡之间、地区之间争夺原料、重复建设、盲目生产、以小挤大、以落后挤先进的混乱现象也有所发展。对外经济交往中也出现了多头对外、自相竞争、“肥水落入他人田”的现象。针对这一现状，邓小平及时提出了警示。①

在这样的情形下，中国改革开放后的第一次宏观调控在 1978 年后的第三个年头开始了。

邓小平的思路非常清晰：一保中央财政，采取紧急刹车的措施，全面压缩计划外投资，借用地方财政存款、向企业和地方政府发行国库券、暂时冻结企业存在银行的自有资金、紧缩银行贷款。1981 年的基建投资比上年减少 126 亿元，积累率回落到 28.3%，让全年赤字控制在 35 亿元以内。这些措施直接造成的结果就是各地的投资热度大减，与国外谈判的项目

① 粗放式经营以及技术上的差距使得国营企业的经济效率十分低落。1980 年，印度生产 100 万美元的产值只要耗费中国的 40% 的能源，巴西则为中国的 25%，而其他发展中国家，如埃及和韩国两国生产 100 万美元的产值其能源消耗也只有中国的一半，南斯拉夫为中国的 35%。这种能源消耗性的发展模式，是中国企业成长的十分明显的特征。

一一搁浅，于是出现了本章开头《财富》所描写的那些景象。其二则是力保国有企业。

关于如何力保国有企业，发生了争议。在国有企业试点效应递减这个问题上，当时经济界出现了两种应对的声音。以当时参与改革总体规划的经济学家薛暮桥为代表的推进派认为，放权让利改革有局限性，主张把改革的重点放到“物价管理体制改革”和“流通渠道的改革”方面去，逐步取消行政定价制度，建立商品市场和金融市场。他在16年后出版的回忆录中说，如果当初按他的思路推进，中国经济改革将少走很多弯路。而另一种意见则认为，国有企业的改革“必须加强集中统一”，“最后的落脚点是中央集中统一”，有人因而提出了“笼子与鸟”的理论，大意是说，企业是一只鸟，不能老是绑着它的翅膀，要让它自由地飞，但是，国有经济体系则是一个大笼子，鸟再怎么飞，也不应该飞出这个笼子。这些论述最终说服了中央决策层，“笼子与鸟”理论统治了未来整个80年代的企业改革思路，国有企业的改革成为一场“笼子里的变革”。

由这一理论出发，来看待1981年的局势，其结论便非常容易得出了：国有企业的变革必须在稳定和中央的控制下循序渐进，怎么改可以“摸着石头过河”[①]，走一步看一步。而当务之急，是整治那些不听指挥、无法控制的“笼子外的鸟”，正是它们扰乱了整个经济局势。

中央的这一判断，是很能够得到国有企业们的呼应的。很快，在各地的媒体和内部报告上出现了大量的声音，都是控诉那些计划外的小工厂如何与规范的国营企业争夺原材料，如何扰乱市场秩序，如何让国有企业蒙受巨大损失的。总而言之，试点企业搞不好，都是笼子外的野鸟们惹的祸。

---

① “摸着石头过河”是中国企业变革最生动的表述之一，它最早出现在1981年10月国务院批转的《关于实行工业生产经济责任制若干问题的意见》中，《意见》称“实行经济责任制，目前还处在探索阶段，要摸着石头过河”。

对形势的判断及由此而产生的方向性决策，直接造成改革政策上的大拐弯。

事实上，在1981年年初之前，政策的方向还是朝着鼓励个体经济的路线上推进的。

在1980年6月召开的全国劳动就业工作会议上，中央仍然提出“鼓励和扶持个体经济适当发展，不同经济形式可同台竞争，一切守法个体劳动者都应受社会尊重”。在9月的省市区第一书记座谈会上，还提出允许“要求从事个体经营的农村手工业者、小商贩在与生产队签订合同后，持证外出劳动和经营”。10月，国务院发布《关于开展和保护社会主义竞争的暂行规定》，提出“允许和提倡各种经济形式之间、各个企业之间发挥所长，开展竞争”。但是到1981年，口径出现了大转变。

1981年1月，国务院两次发出紧急文件“打击投机倒把”，先是在7日发文《加强市场管理、打击投机倒把和走私活动的指示》，规定“个人（包括私人合伙）未经工商行政管理部门批准，不准贩卖工业品”、“农村社队集体，可以贩运本社队和附近社队完成国家收购任务和履行议购合同后多余的、国家不收购的二、三类农副产品。不准贩卖一类农产品”、“不允许私人购买汽车、拖拉机、机动船等大型运输工具从事贩运”。继而，在30日，国务院又发文《关于调整农村社队企业工商税收负担的若干规定》，明确指出“为限制同大中型先进企业争原料，将社队企业在开办初期免征工商税和工商所得税二至三年的规定，改为根据不同情况区别对待……凡同大的先进企业争原料，盈利较多的社队企业，不论是新办或原有企业，一律照章征收工商所得税”。这两个文件口气严厉，措施细密，并都被要求在各大媒体的头版头条进行刊登报道。一时间，“打击投机倒把”成为当年度最重要的经济运动。

国务院的这两个严厉的文件（它们要到1986年7月才被国务院正式废止），如果从政策面来解读却并非是“空穴来风”，为此就必须再次提及

1979 年 7 月国务院公布的《关于发展社队企业若干问题的规定（试行草案)》。通过这种文件上的比对，我们可以看出，在 80 年代初期，中央层对民营企业，特别是对萌芽于农村的乡镇企业的角色与作用的定位。

从总体上来看，《关于发展社队企业若干问题的规定（试行草案)》是鼓励社队企业的创办和发展的，规定还提出了很具体的指导方向。然而在章程的细节上，却可以清晰地看出计划经济的痕迹，从发展的战略思想上更可以看出，中央发展社队企业主要还是为了解决农村问题。在这个规定的第二章“发展方针”中，便明确规定：社队企业必须坚持社会主义方向，积极生产社会所需要的产品，主要为农业生产服务，为人民生活服务，也要为大工业、为出口服务。发展社队企业必须因地制宜，根据当地资源条件和社会需要，由小到大，由低级到高级。不搞“无米之炊”，不搞生产能力过剩的加工业，不与先进的大工业企业争原料和动力，不破坏国家资源。

在上述条文中，“主要为农业生产服务”指定了社队企业的产业方向和产品方向，而“不与先进的大工业企业争原料和动力”则限定了社队企业成长的半径。因而，当经过将近两年的发展，社队企业突然在笼子外蓬勃成长，并开始在某些领域与笼子内的国营企业争夺市场和原材料的时候，规定中的这些限定条款便被启动了。

“1981 年的日子很难过。”很多年后，萧山的鲁冠球回忆说，钢材提价 1.3 倍，煤提价 5 倍，成本持续上涨，而与此同时，原先签订的一些订货合同都被中止了，理由只有一个，“根据上级的规定，我们不能再进乡镇企业的产品”。鲁冠球想到大学里去要一个大学生，当时全厂数百人只有一个高中生，更不要说工程师了。大学分配办的人像见到了外星人一样地看着他：“你是不是来错地方了？”

在天津大邱庄，正把一家冷轧带钢厂办得红红火火的禹作敏也遭到了来自上面的压力，他的钢厂摆明了是在与国营企业争夺原材料，而生产出来的钢则又扰乱了钢材的计划市场，是此次运动第一个要打击的。很快，

▲大批返城知青，摆摊卖大碗茶。1981 年，北京故宫午门前一瞥

县里派来了清查组。于是，戏剧性的一幕出现了，首先是强悍的禹作敏对清查组十分抗拒。清查组成员对他说“你没做亏心事，不怕鬼敲门”，十分具备语言天赋的禹作敏当即反驳说：“尽管没做亏心事，但是鬼老在你门前敲，日子能好过吗？”在他的带头下，大邱庄村民对清查组的态度可想而知，每天都有老头子拎着棍子来质问清查组：“我们刚过了几天好日子，你们就来了，我们挨饿的时候你们怎么不来？”还有小伙子也来“轰炸”：“我们打光棍多年，刚找上对象，你们一来就散了，这媳妇要是找不上你们得负责！”清查组陷入了不堪其扰的“人民战争”，最后在大邱庄实在住不下去了，只好搬到乡里去。

这样的斗争与角力，在各地此起彼伏地进行着。对于像鲁冠球和禹作敏这些从乡土里冒出来的工厂，政府的态度已经十分清晰：请你们继续在当地发展，为方圆十几公里的农民提供必需的劳动农具，并解决农村闲置人口的就业问题，除此之外，千万不要到城里——或者说笼子里来抢食。为了让本来就被返城知青搞得就业压力很大的城市不受农村人口的“骚扰”，12 月 30 日，国务院更是下达通知，“严格控制农村劳动力进城做工，控制农业人口转为非农业人口”。

这一系列的措施，在客观上造成了两个事实，一方面，它有效地控制了宏观经济的方向，避免了因过热而可能出现的种种动荡和不安定，另一方面，它也使刚刚萌芽的乡镇企业遭受到了第一次寒流，几乎所有在1980年前后创办的企业在1981年度的经济指标都是下滑或停滞的。

对宏观经济的调整，不仅仅是经济政策上的变化，更涉及意识形态上的争论。原本就对宽松政策颇不以为然的人们找到了攻击的武器。而他们攻击的第一个目标物，就是刚刚在南部方兴未艾的特区。

广东省委第一书记任仲夷是压力最大的一位。年初，中央召开工作会议，通知全国各省区首脑必须全部到席，会议的中心议题是讨论国民经济的调整，会议期间，有人散发一封由4个青年人写给中央领导的关于经济调整的来信。信中提出了“缓改革，抑需求，重调整，舍发展”12字方针，其言辞凿凿，句句都向特区飞去。性情刚直的任仲夷面对这一挑战当然无从躲避，他在会上发言：

“信的出发点是好的，但药方下得不对。什么叫‘缓改革’？这正是由于过去思想保守，不肯和不敢进行改革，改革的步子太慢，才在经济上出现了许多的问题。‘抑需求’？社会的需求、人民群众对物质、文化需求的不断增长是必然的和正常的，只能逐步地积极地去解决，逐步地去满足，特别在当时情况下，不应当再强调抑制群众的需求。对绝大多数群众来说，他们的生活已经够苦的了，对他们的需求，不能再去抑制了。调整是必要的，但‘舍发展’就不对了。中央对广东实行特殊政策、灵活措施，办特区，就是希望广东先走一步，发展得快一点。如果按照‘12字方针’办，特别是要‘缓改革’‘舍发展’，广东怎么能先行一步呢？”

任仲夷的这番话，与会议的基调并不吻合，有的甚至背道而驰。很多年后任仲夷对前来访谈这段历史的记者说：“广东杀开一条血路，要承受巨大的压力。当时广东改革开放既要探索，又要面对一些不解甚至指责。广东省委坚定不移地廓清错误认识，坚持对外开放。”他回粤之后，只是在调整上做了一些“文章”，特区和与此相关的开放政策均未有大的变动。

跟任仲夷相比，刚刚在福建主政不久的项南处境还要微妙。年过花甲的项南于 1980 年秋天被派到福建任省委书记，他带给福建的礼物是，中央把厦门列为第一批对外开放的沿海城市。项南行事向来霹雳，给多年萎靡的福建吹进一股新风，在对外开放上，项南的动作不比任仲夷小，他主政不久便向中央要特殊政策：在目前条件下，福建对华侨和外国资本的吸引力不如广东，更不如香港、澳门。因此，福建应该采取比广东、港澳更加优惠、更具有吸引力的政策。具体说，有“三个要干”，即：外商和我们双方都有利的，我们要干；外商有利，我方无利也无害的，我们要干；外商有利，我方吃点小亏，但能解决我们的就业等问题的，我们也要干。请国务院在原则上予以认可。1981 年 6 月，福建同日本日立公司合资兴办的福建日立电视机有限公司正式开始生产，这是当年度唯一在中国开工的中外合资公司。在投产前，国内舆论已是一片紧缩，关于这家公司该不该建设的讨论从福建一直吵到了北京，有人将之定性为“殖民地性质的厂子”。福建省政府一度已经决定让这家公司暂时“停一下”，看一看政治风向后再说，唯有项南独排众议，坚持“该上就上”。日本《读卖新闻》在两年后回顾此事时说，“项南用他的官帽为福建日立公司的投产剪彩”。

在发展民营经济问题上，项南也比同时代的官员要开明很多，他是少数在 1981 年就看到了乡镇企业广阔前途的官员之一。他说：“福建 2 500 万人究竟怎么才能很快富起来？农业、工业都不能很快见效，那么出路何在呢？出路就在发展社队企业上，大搞多种经营。社队企业是我们希望之所在。”当种种刹车声四起的时候，项南又在各种场合公开表态：“社队企业究竟是上还是下？我说是上，要坚决地上，勇敢地上，要排除一切阻力往前冲！”“要把乡镇企业看得比亲儿子还要亲！”

正是在项南以及任仲夷等人的顽强坚持下，在此次宏观调控中，特区和华南经济没有受到致命的冲击，终而使这些省份成为日后民营经济最活跃的地区之一。

1981年，几乎没有什么新开工项目的报道。即便是那几个前两年动工的大项目也在这时遭到了前所未见的质疑。《纽约时报》刊登了一篇《上海真的需要钢铁吗？》的报道，文章称："最近中国《人民日报》上发表文章批评了由于计划和管理决策的不当，造成了刚刚在武汉建成的钢铁厂产量下跌了25%。不过文章最主要的内容是批评即将在上海动工的、将建成年产量600万吨的钢铁厂计划。该计划是1978年中国政府最野心勃勃的计划之一。中国钢铁部门的一位官员代表透露，这些批评使得该项目很难顺利推行。"另外，据德国的媒体披露，中方还中止了向德国购买轧钢厂的价值10亿马克的合同。

对宝钢项目的争议，最终因邓小平的一锤定音而虚惊一场。

这一年，唯一称得上"大手笔"的要算是荣毅仁在1978年创办的中信公司，这位"中国第一红色资本家"、全国政协副主席总算挖到了第一个"大金矿"。

在过去的两年多里，60多岁的荣毅仁每天领着70多岁的董事李文杰一起接见各路外宾。从1979年到1981年，全公司共接待外商6 000多人次，他还请来了前美国国务卿基辛格当中信的顾问，然而使尽浑身解数，中信谈成的项目却只有不足挂齿的三四个。一日，荣毅仁与出身世商的中信董事王兼士聊天，突然想到"借地方上的项目发行债券来集资"的点子。当过十多年纺织部副部长的荣毅仁记起，江苏有家仪征化纤工程，原来是国家22个重点工程的大项目，设计能力为年产化纤原料50万吨，相当于全国化纤的总产量，总投资10亿元，因资金不足正准备下马，中信正可以接手过来。荣毅仁想到了举债集资的办法，他向国务院提议，通过向国外发行债券来救活仪征工程。"新中国向来有一个引以自豪的记录，那就是既无内债，又无外债。荣老要向外国人借钱，首先在意识形态上过不去。"《荣氏父子》的作者陈冠任记录了当时的争议，很多人跑去向国务院告中信的状。"社会主义向资本主义借钱，这搞的是哪门子的经济？中信到底想要干什么？”[①]

如果要在政治层面上讨论，荣毅仁肯定是占不到任何便宜的，何况当时的整个气候一点也不利于他的这个动议。好在人脉深厚的他很快谋求到了主要领导者的支持，国务院同意中信在日本发行100亿元的私募债券。

荣毅仁在半年多时间里马不停蹄地完成了所有的前期工作，毫不夸张地说，他个人的信用和政治身份成了此次募资最重要的担保。在1982年1月，中信债券发行成功，日本30家金融机构认购了这个期限为12年、年利率为8.7%的债券。三年后，仪征化纤第一期工程建成投产。中信的做法被称为是“仪征模式”，而经此一役，荣毅仁和中信终于找到了感觉。“资本回来了。”荣毅仁后来对美国记者一言以蔽之。

在对外发行债券的同时，中信公司大胆地开拓租赁业务。1981年，中信与北京机电公司、日本一家公司共同筹建租赁公司，为北京市的“北京”和“首都”两家出租汽车公司从日本租赁汽车各200辆，中信公司帮助出租车公司解决外汇问题，汽车公司则付人民币。尽管这一计划初提出时被一些人指责为变相进口，但在不到两年时间，两家出租公司所租赁来的汽车就赚回了所付的全部资金。自此以后，租赁业务在中信大张其帜，甚至发展成为其一大重要的业务系统。该系统包括：中国国际租赁有限公司，与外资合作经营的中国东方租赁有限公司，中信实业银行的租赁部等。

1981年，中国报纸上出现频率最高的两个词是“三产”和“停薪留职”。

所谓“三产”，就是国营企业在主业受阻后，开展的自救式商业行动，譬如，把原来的工厂围墙敲掉，租给个体户开店，或者把闲置的卡车组织起来，搞一个运输公司，再或者，厂长们利用各自的门道，去搞一些贸易

① 陈冠任著，《荣氏父子》，北京：东方出版社，2005年2月版。

性生意。

对“三产”的积极提倡，从日后的实践来看，无疑是一个后遗症很大的权宜之计。它不可能解决国有企业已有的效率低下难题，反而倒像是把最需要解决的困难（比如提高企业的劳动效率、增强产品的市场竞争力等）放到一边，国营企业因此逐渐失去它们在各自行业中的领先优势。

▲ 国营餐馆难抵私有餐饮业的竞争，生意清冷

通过“三产”和“停薪留职”所带来的人员分流固然可以让迫在眉睫的冗员难题得到暂时的缓解，但是从根本上造成了国有企业内部的人心涣散，没有人愿意再老老实实地专注于自己的工作岗位，企业的核心能力被轻易地放置在一边。所有的人在 8 小时内都懒懒散散，下班之后却如鱼入水，十分活跃。如一位经济学家所观察到的：“工作单位”的工人一般都缺乏进取心，懒惰怠慢，要睡三小时的午觉。但在家里，这些人却会忙于养鸡或制造家具或其他工艺，以留作自用或出售给朋友和亲友。[①]

① 出自张五常写于 1981 年的《中国会走向资本主义的道路吗？》。

从年份上来说，1981 年对中国来说的确不能算是一个很好的年份。无论是改革还是开放，都不像两年前人们想象的那么简单：只要打开国门，就是一片坦途。被寄予厚望的国有企业改革首战即遇胶着，中央财政吃紧，思想再度混乱，而老天似乎也不肯照顾，从年初开始中原地带就爆发旱涝，7 月四川发大水，数千人死亡，50 万人无家可归。美国《时代周刊》在《洪水和饥荒》一文中披露“北京第一次向国际社会求助”。文章说：“中国这个世界上人口最多的国家正在遭受自 1976 年唐山大地震以来最严重的自然灾害，洪涝和干旱。主要受灾地区包括河北、山西、山东等。中国政府 31 年来第一次呼吁国际社会的援助。同时，中国和联合国官员都在努力控制事件严重性的披露。”[①] 而《经济学人》在一语双关的标题“中国这个瓷器店中的公牛”（Chinese Bullina China Shop）下也写道：“外汇储备吃紧，国内通货膨胀严重，石油产量瓶颈、出口下降，对稀有能源资源的严重依赖使中国经济发生了严重问题，大量的投资削减损害了很多重大项目和国外供应商，其中包括上海宝钢、南京石化、北京石化等。”

相对来说，《财富》似乎要乐观一点。在秋天，《财富》记者约翰·鲁西走进华北平原，用眼睛向世界报道他看到的事实：“一个金秋的早晨，我们一行开着丰田车，行驶在河南郑州的白杨树大道上。河南是中国中部的一个省，40 年前我曾来到这里短暂工作，那时的河南，时而干旱，时而洪涝，到处灾民。今天的河南已经发生了很大的变化，其中最令人吃惊的是其觉醒的企业意识。舆论对自由企业的倾斜已经使这种势头不可逆转，这将有助于中国在各个方面同西方公司进行合作，并进而促使中国成为更为活跃的贸易伙伴。”用鲁西的话说，“尽管很缓慢，但是中国真的在朝好的方向变化着”。

透过这些外国人的观察，我们似乎可以触摸到 1981 年中国的紧张脉

① 3 月，国际货币基金组织承诺予以中国 4.5 亿美元融资。这是中国第一次向国际组织贷款。

搏。全世界都在盯着这个刚刚苏醒的东方巨人，猜测它会不会在稍遇挫折后便又昏睡过去。

随着日本和亚洲的崛起，全球公司版图开始重写。1970 年名列世界 500 强的公司到 1981 年已有 1/3 消失。新上台的美国总统里根抛弃了凯恩斯主义，决定用更为市场化的手段和宽松的财政管制来激活低迷的美国经济。那些不可一世的大公司也开始艰难地转型，新一代、更具竞争和创新精神的企业家走到了前台。通用电气公司新上任的 CEO 杰克 · 韦尔奇前去洛杉矶边上的一个小城市拜访当世最知名的管理学家彼得 · 德鲁克，求教应该如何整合上千家下属公司，德鲁克教了他一个小招式："你手下的公司有没有价值，你只要看有没有人愿意花钱来买它就是。"回去后，韦尔奇就提出了"第一第二"战略：通用旗下各公司如果不能成为行业第一或第二，就将被清除出局。在英特尔公司，总裁格鲁夫开始构筑高度组织化和整体化的公司架构，他甚至提出了"唯有偏执狂才能生存"的理念。

在新技术层面上，1981 年是一个令人兴奋的年份。8 月 13 日，IBM 公司向世界展示了第一台 PC5150 电脑，并创建了行业标准，这一天意味着世界进入了个人电脑时代，IBM 将统治这个市场直到 1994 年。

这一年，中国的青少年忽然得到一种新玩具——魔方。这是一个立方体的塑料玩具，6 个面有 6 种颜色，每个面都由 9 个小正方体组成，看谁能用最短的时间，把 6 个面调成相同的颜色。在课堂、家庭和马路上，你到处可以看到为此绞尽脑汁的人们。在某种意义上，此时的中国经济也很像是一个魔方：出路明明是有的，但是，现实就是有点乱，让人理不出一个头绪。

由于整个政策面的收紧，1981 年也自然成了外资进入中国的低潮年。只有一些零星的合资报道见诸报端。可口可乐在广州开设了它的第二个瓶装厂。而在老对手进入中国两年后，百事可乐也来到了中国。当时百事可

▲ 去深圳、去广州，是当年青年的创业梦想

乐在中国的商务代表李文富骑着一辆自行车跨过罗湖桥到了深圳，与深圳经济特区联系合资事宜。谈判几乎没费什么劲，双方一拍即合，百事公司出资 60%，深圳方面出资 40%，在深圳兴建了百事可乐灌装厂。一年之后，这个占地 1.3 万多平方米的工厂就正式投产了。当时的雇员只有 110 人。

德国西门子也想要试水中国，不过做法显然要谨慎很多，它没有在中国贸然开分公司或投资建厂，而是以非正式的办事处的形式悄悄开展业务。时年 33 岁的贝殷思从香港被派到了北京，后来出任西门子中国区总裁的他幽默地说："之前我在香港曾经拿望远镜看过北京，但是从来没来过，也不知道北京什么样子。"因为公司尚未在中国注册，所以贝殷思不能直接做生意，也不能去工厂直接见客户。每天早上，他就去北京动物园附近、二里沟的谈判大厦，那里面有一个柜台，柜台里有很多信封给各个不同的公司。如果有西门子的信封，他就把它打开，里面就有各种不同商品的需求，要西门子提供报价，然后他就把这些信息转给西门子的香港公司，由他们提供具体的报价和商品目录，接下来，贝殷思才能继续谈判。这些谈判主要都是在二里沟进行，谈判对象是中国的机械进出口公司和一些军区医院，需要设备的工厂其实都不了解如何跟贝殷思打交道。贝殷思的业务做得很不错，第一年就谈成了大约 5 000 万马克的生意，三年后，西门子的全球总裁卡斯克博士来到了北京，从那时开始，西门子才算是真正地进入了中国。

在芝加哥大学，一位长期观察中国问题的学者发表了一篇论文，题目是《中国会走向资本主义的道路吗？》[①]。他认为："中国最后必会走上近乎私有企业制度的道路。邓小平显然是为了现代化的所需而坚持大开中国的门户——引进科技知识、外汇和资金。从国外逐渐吸纳的知识将有助于降低一般有关经济制度的资讯费用……今日在中国掌权的务实派显然相信，只要有足够的资金及技术，之前的一切经济失误都是可以克服过来的。"

他进而大胆地写道："我推测中国假以时日将会采纳一种近似私有产权的产权结构……我可以推断，在未来，劳工、生产工具、机器、建筑物，甚至土地，将会有若干程度的私有使用权及转让权。"这位学者在论文的注脚中还说：即使将来中国容许资源的转让及私有使用权，中国可能也永远不会以"资本主义"或"私有产权"等名词来形容其经济制度。十多年后人们发现，他说对了一半，到 2000 年前后"私有产权"成为一个被公开运用的名词。[②]

这些声音很大胆，他因此在日后的中国名声大噪。不过在 1981 年，他显得很孤单，紧缩的空气依然弥漫在整个国家上空，报纸每天在连篇累牍地报道各地整治"投机倒把"的新闻，很多人都隐隐预感到了，更严厉的打击可能即将开始了。

---

① 该文作者为张五常。

② 出自张五常写于 1981 年的《中国会走向资本主义的道路吗？》。

中国改革开放初期，颇有一些地方大员领风气之先，锐意改革无畏进取。在农村联产承包责任制上，有安徽万里，当时有“要吃米，找万里”的民间歌谣。而在对外开放上，则有广东任仲夷和福建项南。

任仲夷、项南均是在花甲之后才被委以地方要任的，他们的前后任期均不过5年，却在粤闽两地烙下最深刻的印记。

任仲夷66岁从辽宁调职到广东省任第一书记，不久即被人封了个绰号——“任你胡来”。据记载，“私营经济”一词便是任仲夷第一个公开提出的，他到广东后发现，当地的个体户已相当多，雇工上百人的都有，他便要求广东社科界着手研究“这算不算剥削”，当时一个叫郑炎潮的研究生即把自己的论文《社会主义初级阶段的私营经济》寄给他，任仲夷很兴奋，认为论文为决策提供了重要依据，他批示说：个体经济蓬勃发展是不可阻挡的趋势，只能扶持不能压制，得为它正名，就叫“私营经济”，让它发展壮大。任仲夷办深圳特区和蛇口工业区，给袁庚等人很大的政府权限，任之自由成长。有官员批评说“特区除了国旗是红色的以外，已经没有社会主义的味道了”。某省一位官员在参观完深圳后回家伏床痛哭，说：“辛辛苦苦几十年，一夜回到解放前。”在紧缩空气浓烈的1982年，中共中央书记处研究室还编写了一份《旧中国租界的由来》的材料，并附上了一位当时中央领导人的批示：“此件发全国各省市。对于经济特区，要警惕这类问题。”任仲夷当时如履薄冰，他日后坦承：“若非邓公支持，我早就过不了关。”

项南经历与任仲夷相似。他出身于革命世家。父亲项与年是闽西最早的中共党员，母亲坐牢，叔叔被杀，中共元老习仲勋赞誉是“满门忠烈”。他早年在团中央工作，1958年就被打成“反革命”，直到21年后的1979年5月，中共中央才批准撤销《关于项南错误的决议》及原处分的决定。1981年，他南下主政福建。据说他坐火车赴任，随行只带一位秘书，以至接驾的福建干部无所适从。项南到福建，大行变革之道，先是全面推广“包产到户”，解放农村生产力，继而向邓小平建言，扩大厦门特区范围，他还承担责任，拍板向科威特借来低息贷款兴建厦门国际机场。他是最早看到乡镇企业战略意义的高层官员，并公开宣称：“要把乡镇企业看得比亲儿子还要亲！”在 1984 年，他更是积极鼓动国有企业厂长呼吁放权，一手策划了福建厂长的《松绑公开信》。他为政亲民，去贫困山区调查，十几日连日奔波竟“形同丐民”。1981 年到任不久，《福建日报》公布了两个经济犯罪案件，他专门起草了一个社论，从头到尾只有 134 个字：“有些案件为什么长期处理不下去？今天本报又公布了两个重要案件。坏人受到揭露处理，这很好。有些问题群众看得很清楚，干部也有很多议论，问题的性质已经非常明白，但是就是处理不下去，而且长期处理不下去。为什么？一是自己屁股有屎；二是派性作怪；三是软弱无能。你这个单位的问题长期处理不下去，算哪一条，不妨想一想。”此文一出，连《基督教科学箴言报》也注意到了，称福建出了一个“清新的官员”。

“任项”风格，对华南经济的复苏和开放起了决定性的作用，因而后世有“任、项二人以一己之力推动粤、闽发展”的公论。而令人扼腕的是，两人结局却均不太妙。

任仲夷在广东干了 5 年，年年风雨飘摇，还多次向中央写检讨书，1985 年，他退居二线。

项南却没能“平安着陆”。1986 年，受他一手扶持的闽南晋江地区爆发“假药案”，受此波及，他被中央罢职，成为改革开放后第一位因经济事件受免职处分的封疆大员。

1997 年 11 月，项南去世。有人为他写传记，书名曰《敬畏人民》[1]。

2005 年 11 月，任仲夷去世。

---

① 胡少安著，《敬畏人民——项南传》，香港：香港天地图书有限公司，2004 年版。

1982 春天并不浪漫

风太大了，风，
在我身后，
一片灰砂，
染黄了雪白的云层。

我播下了心，
它会萌芽吗？
会，完全可能。

——顾城：《我耕耘》，1982年

从年初开始，胡金林就预感到要大祸临头了。

乐清县“打击投机倒把工作组”是1月进驻柳市镇的，胡金林第一个被叫去谈话。“你大致说一下你是怎么做生意的？有没有老实缴税呀？”组长是他熟人的熟人，所以讯问起来的口气好像并不太严重。胡金林说自己做生意是怎么辛苦、怎么合法、怎么受客户欢迎。

30 岁出头的他是柳市镇上第一批做电器元件生意的，先是做量具、标准件的小生意，后来开了一间“向阳五金电器门市部”，除了销售还做一些简单的加工制作。他的电器原料都是通过各种法子从国营企业流出来的，生产出来的产品也是卖给上海、宁波一带的国营企业，到 1981 年，他的营业额已有 120 万元，是远近有名的老板了。当时，柳市镇的小电器行业已渐渐成规模，大大小小的电器作坊有 300 家左右，胡金林是最出名的一个，因而被称为“电机大王”。

被约谈的第二天清早，胡金林主动找到工作组，他带去一皮袋的现钞，有 6 万元，算是补缴了 17 个月的税款。他以为这样总可以过关了吧。过了春节，柳市的空气好像还是很凝重，大街上开始挂横幅，“严厉打击经济领域的犯罪行为”，已经有三四年没有响过的大喇叭又轰轰地叫了起来，每天都有口吻很强硬的社论之类的在播出。胡金林看看苗头还是不对，索性把门市部的卷闸门一拉了事，不做生意了，他带上新婚不久的妻子去全国各地旅游散心。

两周后回柳市，朋友们再见到他都很吃惊：“我们还以为你不会回来了。”胡金林这才明白，事情看来不会那么快就结束了。税务部门把一张白纸红章的文件贴在他的门市部水泥柱上，通知他今后的营业税要上调，从前些年的 0.35% 连补带罚增加到 6%，如果有问题不上报，被查出后再追罚两倍。又过了一个月，镇上突然派人来找他，话只冷冷地说了一句：“你从现在开始不得外出，必须随叫随到，等候处理。”从各种渠道传来的消息都证明，工作组已经开始在整理他的材料。

胡金林的日子变得动荡不安，每天他都在四处打听上面的动静。到了 7 月，柳市镇上一些有名的工商户都被叫到工作组去过了，有几个进去就没有再出来。胡金林知道，暴风雨要来了，一日黄昏，一个镇干部骑着自行车路过他家门口，突然停下来小声地对他说：“不行啦，要下大雨啦！”然后就迅速地骑走。胡金林转身往屋里奔，从抽屉里拽出早就准备好的 500 斤粮票、2 000 元现金和各种证件，连妻子也没有告别一声就仓皇地逃出了柳市镇。

当夜12点，警车呼啸着停在他家门口。扑了一个空。

两个月后，胡金林遭到公安部的全国通缉，罪名是“投机倒把”、“严重扰乱经济秩序”。与他同时遭此命运的还有7个柳市工商户，分别是“线圈大王”郑祥青、“目录大王”叶建华、“螺丝大王”刘大源、“矿灯大王”程步青、“合同大王”李方平、“电器大王”郑元忠和“旧货大王”王迈仟。此7人加上胡金林，合称“八大王”，是为轰动全国的“八大王事件”。自上一年开始整治经济秩序以来，针对一地一个团伙的定点式打击，这是第一起。这8人从生意规模上看，都可谓微不足道，胡金林、郑元忠算是其中做得最大的，年营业额不过百万元而已，刘大源、程步青等人不过是开了一个螺丝和矿灯门市部，而叶建华、王迈仟、李方平等更无非是帮上述几个人做一点产品目录和二手电器倒卖。这些人之所以会被列为重大经济犯罪分子、全国重点打击对象，一是其标本性和群体性，二则是因为温州的缘故。在当年，温州的个体工商企业已超过10万，约占全国总数的1/10，而奔波各地的经销员更多达30万人，已蔚然成为一支让各地国营企业头痛不已的“蝗虫部队”。正是在这样的背景下，对“八大王”的高调处理，便很有超出经济上的意味了。

在日后的两年多时间里，“八大王事件”一直如一块乌云般笼罩在温州和浙江上空。温州市工业在1980年的增速为31.5%，到1982年却下滑为-1.7%，其后三年一直徘徊不前。

而被当成全国重大典型的“八大王”的命运也各有乖舛。最早被逮住的是22岁的程步青，乐清县专门召开公审大会，他被五花大绑押上台，接受群众的批斗和唾骂，然后宣布判刑4年。在全国公安的协力严办下，叶建华、郑祥青、李方平和王迈仟相继落网被判刑。郑元忠潜逃在外，后被看守所收容，在里面关押了186天。胡金林从上海、北京流窜到东北，甚至在当年土匪猖獗、著名小说《林海雪原》中的座山雕老巢——夹皮沟躲了很长一段时间，直到两年后的1985年1月15日，他以为风头已过悄悄溜回柳市，当夜就被警察捕获。第二天，乐清县广播站报道：“全国经济要犯、八大王之首胡金林抓获归案。”胡金林在监狱里被关在重刑犯单间里，他已彻底绝望，做好了判重刑乃至被枪毙的准备，谁知道66天后，4个公安人员来到他的面前，宣布他被无罪释放。唯一逃脱惩罚的是“螺丝大王”刘大源，在整整三年里，他像老鼠一样地四处躲藏，有时候身无分文只好到垃圾箱里翻拣东西吃，等他再次回到柳市，人枯形瘦，相熟亲朋竟有大半不敢相认。

“八大王事件”是1982年经济整肃运动的冰山一角。1月11日和4月13日，国务院两次下发严厉文件，“对严重破坏经济的罪犯，不管是什么人，不管他属于哪个单位，不论他的职务高低，都要铁面无私，执法如山，不允许有丝毫例外，更不允许任何人袒护、说情、包庇。如有违反，一律要追究责任”。到这一年年底，全国立案各种经济犯罪16.4万件，结案8.6万件，判刑3万人，追缴款项3.2亿元。

对柳市“八大王”的高调讨伐，令全国民营企业噤若寒蝉，再也不敢公然与国营企业抢原料和“扰乱市场秩序”了。与此同时，另一个发生在武汉的案件则展现出另一个领域里的争抢，那就是民营力量已经把手伸向国营企业内部的科技人员，开始与国营企业争抢技术和人才，这当然也是不被容忍的。

1982年的春节，武汉工程师韩庆生是在监狱中度过的，他入狱的罪名是“技术投机倒把罪”。

前一年，国营一八一厂的韩庆生和另外三个工程师为武汉的一家乡镇企业九峰农机厂设计了两套生产污水净化器的图纸，还编写了两万多字的产品技术说明，这家农机厂本来已经濒临倒闭，却因为韩庆生们的帮助而起死回生，当年就实现了五万元的利润。农机厂的厂长黄从良很感谢这些工程师，到年底发给4个人每人600元。就是这600元把韩庆生送进了监狱，一八一厂的有关领导知晓此事后当即向公安局告发，韩庆生被判有罪，罪名就是利用国家技术牟取私利，是为“技术投机倒把罪”，一审判决入狱300天，用韩庆生的话说，“相当于两块钱坐一天牢”。

在当时中国，向民营企业偷偷输送技术的绝不只有一个韩庆生，当时国内科技人员号称有800万名，其中1/3闲置无事。新兴的乡镇企业则人才短缺，急需科技人员，于是，便有很多国营企业的工程师在周末被乡镇企业主接走，偷偷地到这些工厂帮忙进行科研。当时有个专用名词来称呼这群人，叫作“星期日工程师”，也就是星期一到星期六为国营企业工作，到了星期日就被接到城外的乡镇企业，为那里的工厂提供技术帮助。韩庆生正是这个人群中不起眼的一个。因为他是全国第一个因此被判刑的技术人员而广受关注，成为当年度的一起标志性事件。

据当时报纸记载，3月2日，韩庆生和他的律师杨霞第一次出庭辩护，参加旁听的就有300多人，大部分是与韩庆生类似的知识分子。法庭辩护整整进行了一天，公诉人说一段，辩护人说一段，一共辩了10轮，这在当时的司法界已是罕见的透明，当杨霞发言时，因辩辞动人几次被听众鼓掌打断。当年8月，武汉市武昌区法院宣判韩庆生无罪，公诉人再向上级中院申诉，12月，中级人民法院改判韩庆生罪名成立。当日，韩庆生的家人带着申诉状坐火车去北京上访。

事件至此，韩庆生案引起举国关注。当时在知识分子和科技人员中影响很大的北京《光明日报》专门为此开展了讨论，读者信件像雪片一样飞进报社。由于当时法律的不健全，在此案的处理上基本没有是非可言，唯执法者和当政者的考量为依据。韩案被报纸公开讨论，一时舆论鼎沸，全国的科技人员大多对法院判决不以为然，中央领导人亲自过问案件进展，事件在此后突然峰回路转——这样的戏剧性情节在此后的企业史中将一再发生——1983年2月3日晚上10点，武汉市市长带着判决书和退还的600元来到韩庆生家中道歉。

韩庆生事件的喜剧性落幕，并不意味着类似事件已成定论。在今后的若干年内，国营机构里的科技人员能否外出兼职依然是一个纠缠不清的话题，1985年前后，上海太平洋被单厂一个叫郑鸿坚的助理工程师还因为业余兼职而被判刑、关进大牢。直到1988年1月18日，国务院专门下达了文件，称“允许科技干部兼职”，至此，这个争论才总算尘埃落定，而事实上，在那时，民营企业聘用科技人员已是一个十分普遍和自然的现象。一个十分可笑和耐人寻味的事情是，在关于科技人员能否出卖技术的讨论中，从来没有人认真地从职务专利的法律角度来讨论这个事情，尽管国家在1980年就成立了专利局，通过了《专利法》。①

“八大王事件”和“韩庆生事件”均在当年轰动一时，以后来者的角度来解读：国家是在动用政府机器对体制外的资本力量进行遏制，这样的制度性遏制将在今后的20年时间里持续发生，这不是某一个人的决策行为，而是整个中国企业变革的逻辑使然。从中国改革的第一个年份起，依资产身份的不同来制定不同的政策便成为一个不容置疑的战略，在很多时候，它甚至成了一种改革价值观。在1981年，当国营企业改革推进乏力，而刚刚萌芽的民营力量开始形成一股经济力量的时候，对前者的保护和对后者的遏制便成了一种本能性的政策反应。

必须指出的是，经济整肃让民营经济遭遇第一次寒流，大大地延缓了它的成长势头，特别是先发的浙南和珠江三角洲地区承受巨大的冲击和压力。很多年后，有记者问任仲夷：“主政广东工作期间有无失误？”任坦言：“人哪能没失误，1982年差点过不了关。”

“过不了关”的原因，从表面上看，是华南地区走私蔚然成风。当时广东不少县市的走私出现了“渔民不打渔、工人不做工、农民不种地、学生不上学”，一窝蜂地在公路沿线、街头巷尾兜售走私货的现象。很难有确切的数据证明这些走私到底涉及多大的商品流通量和交易金额，不过，它确实是很多人原始积累的方式。通过这种非法、不无血腥的“公众走私

① 《专利法》的正式实施是从1985年4月1日开始的。

运动”，华南（包括广东东部的潮汕地区和浙江南部沿海的温州、台州地区）率先取得了企业发展的资金和产品流，不少后来创办了工厂的企业家在当时都有“逃港”和走私的经历。针对这一现状，1982 年 1 月，中央发出紧急通知，要求严打走私贩私活动。2 月，中央书记处召开广东、福建两省座谈会，专题研究打击走私贩私、贪污受贿问题。胡耀邦总书记主持会议，会议气氛极其严肃，对走私的研究很快转变成对开放的批判，会上有人说：“这场斗争是资产阶级又一次向我们的猖狂进攻。”有人说：“广东这样发展下去不出三个月就得垮台。”还有人说：“宁可让经济上受损失，也要把这场斗争进行到底！”

主政广东的任仲夷在压力下被迫写了平生的第一张检讨书，然而，他仍然提出“排污不排外”，已经推行的开放政策不能收回。他的一时坚持，守住了特区开放的阵地。不久后，广东出台新的地方法规，把开放持续推进。深圳开始向香港和澳门商人发放多次出入境的证件，免除了进出关的麻烦，同时允许外资工厂拥有聘用和解雇工人的权力。特区的土地租赁也走向制度化，每平方米的工业用地年租金为 10~30 元，商业用地的年租金为 70~300 元，平均比香港低了 90% 左右。《南华早报》在社论中说，“这是让所有香港商人梦寐以求的”。而美国的《商业周刊》则评论，“广东省的政策表明，自 1949 年以来，外国人第一次被允许在中国长期租用土地、自定工资和解雇工人”。似乎是为了呼应任仲夷的开放决心，这年 10 月，蛇口开发区主任袁庚让手下做了一块很大的标语板，树在工业区管委会的门口，上面写着，“时间就是金钱，效率就是生命”。这句标语在一开始引起了广泛的争议，但很快它成为中国改革的一个经典。

新政策的出台及任、袁等地方官员的开明，使得香港商人成为第一批投资内地的外来资本群体。《经济学人》在一篇观察稿中写道：“在深圳投资的客商十有八九是从内地移居香港或者澳门的中国人，它们比西方投资者更容易适应中国模糊的法律。考虑到香港的前景，他们中的许多人把在这块地方投资当作赌博……然而这些华人投资者仍旧小心谨慎。深圳将近

70% 的外资投资都集中在办公楼、宾馆以及其他旅游设施上，仅仅只有 7.3% 是投资于工业项目。”

与香港商人的踊跃相比，欧美企业则要谨慎得多。《纽约时报》记者的观察是：“迄今为止，美国和欧洲的大投资商还在回避这些经济特区。工人未受过训练，不按期交货，不按期启运，管理人员和技术人员缺乏，在合法权利问题上变化无常，在中国国内市场的销路有限等，使欧美的大投资商不敢贸然行事。”到这一年底，深圳最大的工业投资项目是百事可乐的工厂，总投资额为 550 万美元。

如果说南方的特区开放步履维艰的话，那么，全国范围的国有企业改革则更是乏善可陈。原本以为，只要把在农村改革中一试就灵的“承包制”拿到企业改革中来就可以了，谁知道，后者的复杂程度远远大于以个体生产为主的农村经济，中国企业变革开始陷入经济学家高尚全所总结出的“一统就死，一死就叫，一叫就放，一放就乱，一乱就统”的轮回中。1982 年 1 月，中共中央做出《关于国营工业企业进行全面整顿的决定》，提出用两三年时间，对所有国营工业企业进行整顿。内容有五项：整顿和完善经济责任制；整顿和加强劳动纪律；整顿财经纪律；整顿劳动组织；整顿和建设领导班子。列入第一批整顿的企业共 9 150 个，其中大中型骨干企业 1 834 个。国家统计局在年终报告中承认，本

▲ 1982 年的《经济学人》杂志上，反映当时在中国办一个企业需要办理很多审批手续的漫画

年度的生产、建设和流通领域中经济效益差的状况没有明显改善，固定资产投资增加过多，战线过长，存在着计划外项目挤计划内项目的现象。在国家计划建成投产的80个大中型项目中，有33个没有建成，计划建成投产的80个单项工程中，有24个没有建成。其中，唯一的亮点是上海郊区的宝钢终于在重重争论中“飘出了第一缕淡淡的青烟”。

事实上，围绕宝钢的种种风波和争议从1980年就开始了。这一年的8月22日，新华社罕见地播发了一条新闻稿，严厉批评宝钢下属的一个“电力分指挥部”违反财经纪律，擅自动用外汇，进口属于高级消费品的小轿车和旅行车各4辆。在其后的一些评论中，宝钢被影射是“浪费与赤字经济”的典型，在“一切经济都是政治”的舆论环境中，几乎所有的人都从中嗅到了某种不寻常的意味。伦敦的《经济学人》杂志在这个月的“中国评论”中透露说：“中国钢铁工业的副总负责人在上海告诉日本钢铁公司的经理，外界的批评已经让工程很难再向前推进。许多人认为，中国拥有大量的廉价非熟练劳动力，在这种情况下，建造只需要少量熟练工人的资本密集型工业工程是疯狂的。”9月，在第五届人大第三次会议上，一些全国人大代表就宝钢的问题向冶金工业部提出质询，问题包括“这项

▲ 1982年上海石化总厂涤纶厂短丝车间生产线

工程究竟要花多少投资，工厂建成后能出多少产品，建设这么一个厂在经济上是否合算，工厂的选址是否恰当，工程的质量如何”等，冶金工业部部长唐克对此进行了一一回答，他承认宝钢建设中有几点教训，如“冶金部对量力而行的原则考虑不够；上马仓促，没有进行详细的可行性研究，没有请各方面的专家进行论证，准备工作有许多欠缺的地方；如果有比较充裕的准备时间，可再节约一些外汇。在资金使用上也存在一些浪费现象，买了一些不该买的东西”。新华社对这一质询进行了公开的报道，很显然，有人希望通过让事态公开化的方式迫使这个项目流产或被推延。

1981 年 8 月，在宏观经济日趋紧缩的大背景下，中方决定中止向日本公司购买成套设备的 4 个合同，并为此支付了相当于合同总金额 11% 左右的补偿费。到第二年的 3 月，宝钢向德国公司购买设备的巨额协议也被要求推迟三年“交货”，这些举措在国际舆论中溅起轩然大波，它被视为中国经济“紧急刹车”的重要标志事件。在邓小平的支持下，宝钢的建设终于没有“喊停”，到 1982 年 8 月，第一批两座巨型熔炉正式宣告投产，这个时间比原定计划延迟了大约 10 个月。它们将年产钢铁 300 万吨，占当时全国钢铁产能的 1/10。媒体报道：“一个现代化钢铁联合企业的雏形已经呈现在人们的眼前。首尾长达一公里的初轧厂，翠绿色的钢结构厂房已经大部分完工，两台有四层楼高的初轧机，像一对孪生兄弟般挺拔地站在坚实的地基上。远处发电厂两百米高的大烟囱里，正飘着淡淡的青烟。”

紧缩的空气让所有在中国投资的外资公司也同样感受到了压力。

一马当先的日本企业继续在中国开疆拓土。三洋公司已经一口气开出了 5 家工厂，传奇企业家井植熏亲赴中国考察，它生产的彩电、录音机、洗衣机和冰箱将很快铺遍中国的各大商场；本田公司与中国最大的摩托车工厂——重庆的嘉陵机器制造厂签订了合作生产五万辆摩托车的合同；三菱汽车与北京卡车制造厂的谈判也在顺利进行中。不过，种种迹象表明，中国政府在大力欢迎这些电器公司的同时，也对它们即将带来的产业冲击产生了忧虑。《日本经济新闻》在5月发表的《中国以耐用消费品为中心，加强贸易保护》一文指出，由于日本耐用消费品大量涌入中国，造成了中国国内企业的压力，大量商品积压，工厂发展艰难，因此“保护民族工业”的呼声已经响起，中国政府将开展一系列针对性的贸易保护措施。这家报纸还列举了10种可能受到保护的耐用消费品，包括汽车、电视机、手表、自行车、照相机、电冰箱、洗衣机等。

似乎是为了印证日本报纸的观点，8月17日，国务院发出《关于加强对广东、福建两省进口商品管理和制止私货内流的暂行规定》，规定汽车、电视机、电冰箱等17种经批准的进口商品只准在省内销售，不准销往外市。不过，这样的规定由于其操作性的缺乏，事实上很难被严格地贯彻下去。

跟决心在中国市场上大有收获的日本企业一样，已经在中国开设工厂的可口可乐开始了它漫长而愉快的征服中国消费者的旅程。似乎在起初，中国人并不喜欢那类似止咳糖浆的味道。此时，可口可乐公司又让人们见识了什么叫商品促销。每当周末，可口可乐的职员就举着标有可口可乐商

▲天津国营无线电厂的“北京牌”彩色电视机装配线

标的彩色气球，在北京的各大商场推销，五角钱买一瓶可乐，送一个气球或一双带包装的筷子，一时间人潮如涌。日后搞营销研究的人认为，这是中国现代市场上第一次卖场促销活动。

这种促销活动引起了很大的震动，北京的一些报纸杂志立刻发表文章，抨击可口可乐。称这种做法“侵入中国，引进了资本主义经营方式”；一家日报还在内参上登出文章——《“可口”未必“可乐”》，文章列举了可口可乐进入中国的数条罪状。很快，上面来了指令：可口可乐被严格地限制在外国人圈子中销售，“不准卖给中国人一瓶”。

这个禁令执行了将近一年，让美国人很是沮丧，后来，经过中国合作方的再三争取，它才又获准恢复内销。不过也有让美国人暗喜不已的现象，在南方的广州，一些追求时髦的小青年把铁罐包装上的“可口可乐”商标剪下来，贴在自行车的前把手或后轮护皮上，俨然是一辆“可口可乐牌自行车”。很显然，来自西方的文化输入比商品还要早一步。

在其他方面，尽管紧缩的空气让人担忧，但还是有越来越多的公司来到中国。吸引它们的原因几乎都是相同的：便宜的劳动力、广袤的消费市场。

1982 年 3 月，北美最大的运动鞋公司 Nike 急急忙忙地在福建开出第四个工厂，那时候，它被翻译成“乃基”，生产出的所有运动鞋全部出口海外，直到几年后，当它开始内销中国市场的时候，才改名为“耐克”。

让人记忆深刻的是，乃基鞋的生产线全部是从临近的韩国和中国台湾工厂拆运过来的“二手货”，产业梯级转移的特征从一开始就非常明显。香港《大公报》的报道说：“乃基之所以转入中国内地生产，主要的原因就是那里的劳动力比韩国和中国台湾便宜得多。”到年底，乃基开在天津和上海的三家工厂将生产 150 万双运动鞋，公司董事长菲尔·奈特希望，到 1985 年，中国区的产量能够占到乃基鞋总产量的 29%，即 1 800 万双。中国成为一个“全球工厂”的命运似乎在很早就被定义下来了。

瑞典的 Ericsson 公司与北京电信部门的通信设备合作谈判也有了成

果，它将在北京安装 7 500 门程控电话，在此之前，中国所有电话都是陈旧的拨号式的，这个合同价值 700 万港币。跟 Nike 一样，它当时被翻译成技术色彩很浓的“易利讯公司”，直到后来它开始销售手机时才改成更有亲和力的“爱立信”。当时中国的电话普及率只有 0.43%，全国 10 亿人口，仅 200 万部电话——也就是说每 500 人有一部电话，而北京和上海就集中了 40 万部，另外，全国只有 12 座城市能够打国际长途电话。4 月访问香港的公司董事长欧廷深对记者说：“每当我一想到这些数字，就会激动得睡不着觉。”

当然，并不是一切合作都会像童话那样的美妙，在商业活动中，文化和观念上的冲突从来就没有停歇过。法国雷米·马丹公司在天津成立了中外合资的王朝葡萄酒厂。法方经理对前来访问的《华盛顿邮报》记者抱怨说：“我们不得不告诉他们的第一件事情是，请不要在酒厂里随地吐痰。”而中方则觉得法国人实在太挑剔：“他们不习惯在中国工作，一停电，就大发脾气。”在项目谈判之初，法方承诺大量收购当地葡萄，然而，当农民喜滋滋地把葡萄挑到厂门口的时候，有一半以上遭到了拒绝。愤怒的农民把葡萄全部倒在酒厂门口，酒厂的中方合作者当然也十分不满，“如果葡萄含糖量不到 18%，他们就不买，我们从未听说过这种事情”。最后解决的办法是，法国人公布了收购的标准和条件，并大幅提高合格葡萄的收购价格。

除了投资与合作，日后将愈演愈烈的贸易摩擦已经初露端倪。到年底，中国的纺织品出口增幅迅猛，在北美、日本市场，中国大陆货已经超过了之前一直领先的台湾货。在当年的出口贸易中，纺织品占到出口总值的 32%，中美开始就纺织品贸易展开拉锯战式的谈判。同时，对于其他商品的制裁也开始了，11 月，美国国际贸易委员会裁定，中国的蘑菇罐头损害了美国的蘑菇业，这是从公开媒体上看到的第一例针对中国商品的反倾销案。

11 月 24 日，关税及贸易总协定部长级会议在日内瓦召开，在这次常规性年会上，来了一位特殊的客人——中国外经贸部派了一个司长前来观摩。法新社当即敏感地意识到，“中国试图成为这个国际贸易组织的一员，他此次前来的目的显然是想了解加入该组织的程序问题”。关贸总协定组织成立于第二次世界大战后的1946年，是布雷顿森林协定中的一部分，它与同时成立的国际货币基金组织和世界银行被认为是全球最重要的三大国际经济组织。中国要加入该组织，将获得最惠国的待遇，但首先必须承诺开放国内市场。在此后相当长的时间里，能否及何时加入该组织，成为中国融入全球经济大家庭的最重要的标志性事件。

1982年，物质生活的改善似乎超出了人们原先那点卑微的奢望。城市商场里出现越来越多的家用电器，三年前才开始在中国制造的洗衣机到年底已经达到200万台的产量，电视机总量达到1 000万台，电冰箱的需求量也呈井喷式的成长。在几年前，新婚家庭的三大件是“自行车、缝纫机、手表”，而现在已经变成了“新三大件”：电视机、洗衣机和电冰箱。对家电的需求直接引爆了其后长达十多年的中国家电热，由于这些产品的技术要求并不高，使得那些先觉醒起来的企业——包括国营公司中的弱小者及民营企业——寻找到了发展的缝隙，一些日后将风光一时的家电公司都将在这两年内一一登台亮相。

不过在这一年，中国最紧俏而奇异的商品，还不是松下电视、东芝冰箱或可口可乐，而是吉林省长春市的君子兰。

已经无法考据，这种造型高挑、气味淡雅的观赏植物为什么会一夜之间身价百倍，而这股疯狂的“君子兰风”为什么又会发生在向来商品意识淡薄的东三省。

长春人向来有栽种君子兰的风俗，但从来没有人把它看得很金贵。疯狂是从街巷中的小道消息先开始的，在此前的一年，一些“有人靠君子兰发财了”的传闻已经隐约弥漫在长春的大街小巷，据说，一个商贩养的君子兰被什么外商看中，出价一万美元买走；据说，一位港商要用一辆“世界上公认的超豪华高级皇冠轿车”来换一盆名叫“凤冠”的君子兰，结果被主人郭凤仪——一家花卉公司的经理给当场拒绝了；据说，一个老头养了几株珍贵的君子兰品种，死活不让人看，但是某夜被人偷走，结果气得立马断气；据说，有个人从沈阳长途开车来到长春偷花，得手后连夜返回，最后在仓皇逃窜中车翻人亡……这样的故事每天都在翻新、在制造、在发酵，每一个都有名有姓，有鼻子有眼。与此同时，长春当地的媒体也推波助澜，连篇累牍地发表文章说君子兰好，品格高雅，花中君子，放在家里能够清新家中的空气，养人容颜，有益健康，等等。就这样，原本几元钱一盆的花卉一日一日地扶摇直上，几百元，几千元，上万元，而当时，一般工人的工资仅三四十元左右，如果养出一盆君子兰，倒手卖出成百上千元，无疑是发了大财。于是，在炒卖预期的推动下，君子兰疯了。

到 1982 年，满城疯魔君子兰，这株秀气小巧的植物成为长春人生活的唯一主题。它的价格一涨再涨，倒手赚钱者大有人在。年初，市面上出现了 5 万元一盆的君子兰，很快，10 万元的也出现了，到 9 月，在城里最热闹的红旗街花市上，最贵的一盆叫价竟达 15 万元！这几乎是所有长春人一辈子都没有看到过的金钱数字。就这样，一种除了观赏别无他用的植物在开放之初的东北无比诡异地诱发了一场经济泡沫。

这个泡沫还将持续两年，1983 年，长春市政府做出了《有关君子兰交易的若干规定》。为一种花草的买卖专门以政府名义做出规定，举国这是第一例。《规定》要求：“卖花要限价，一株成龄君子兰不得超过 500 元，小苗不得超过 5 元。同时还规定，除了按交易额征收 8% 的营业税之外，一次交易额超过 5 000 元以上的，税率要加成，超过万元以上的，还要加倍。”这份规定不但没有起到抑制作用，反倒像是往烈火中浇了一盆油，君子兰价格再被催涨。1984 年 10 月，长春市人民代表大会正式通过决议，把君子兰定为“市花”，号召全体市民：“家家户户养君子兰，至少要栽三株到五株，不种君子兰，愧为长春人！”至此，疯狂到达顶峰却也迅速转入疲态。由于投机过于剧烈，引发种种社会动荡，尤其可怕的是，很多企业单位动用公款投资君子兰，成为疯狂背后最强劲的动力。终于在下一年的6月1日，长春市政府迫于各方压力发布了《关于君子兰市场管理的补充规定》，明文规定，“机关、企业和事业单位不得用公款买君子兰；在职职工和共产党员，不得从事君子兰的倒买倒卖活动，对于屡教不改的要给予纪律处分，直至开除公职和党籍”。此规定一出，君子兰风戛然而止，花价一落千丈，再无波澜，只留下一地捧着花盆的市民欲哭无泪。

长春君子兰事件在当年并非孤例。1982年前后，江浙一带也曾爆发过五针松（一种观赏型松树盆景）的炒卖事件，其疯魔状况也毫不逊色。这些现象颇似17世纪荷兰发生的郁金香事件。① 它可以被看作贫穷日久的底层民众对财富渴求的一次妖魔式释放。“潘多拉的盒子”真的被打开了。

客观地说，1982年宏观经济的紧缩，并没有造成意识形态上的全面回流，它所表现出的种种粗暴是一个习惯于用行政手段和思路解决经济波动问题的政府，在面对新环境时缺乏市场经济管理能力的体现。在中央决策层，改革依然是主流的力量，一些重大的变革在继续推进中。

这一年的一月，在邓小平和胡耀邦等人的力主下，国务院宣布精简机构，这是新中国成立后该机构规模最大的一次缩减，在国际上引起了广泛的好评。用日本《东京新闻》的评论说“官越大，减的越多”，其中，副总理减少了八成，部长级减少了七成，司局级减少了五成，其余减少了1/3，部委从52个减少到41个。外电乐观地认为，“国务院做出了一个新典范，如果全国各省市起而仿效，中国的机构臃肿之症将可以治好一半”。在3月8日，国务院宣布增加一个经济体制改革委员会，这个机构成为中国体制改革的探索者，它的权力将日渐增大，一度握有股票上市等审批权，直到1998年3月被撤销前，它一直是最显赫和位高权重的经济主管

① 1630年前后，荷兰发生郁金香的疯狂炒卖，其风席卷整个欧洲。最疯狂的时候，郁金香的价格一月之内可翻100倍，一支郁金香可换4吨小麦、4头牛或12只羊。这是商业史上有记录的第一次泡沫事件。

机构。

9月，中国共产党第十二次代表大会开幕，会上最重要的政治议题是，确定了“建设有中国特色的社会主义”的国家战略。邓小平在中共十二大的开幕式上致辞，第一次提出“把马克思主义的普遍真理同我国的具体实际结合起来，走自己的路，建设有中国特色的社会主义，这就是我们总结长期历史经验得出来的基本结论”，换句话说是，中国已下决心放弃高度集中的“苏联计划经济模式”，开始以“计划经济为主、市场调节为辅”的经济体制改革。[①]

与这一战略相关的是，会上被选为中共中央总书记的胡耀邦明确提出了经济发展的目标，“到本世纪末，力争使全国工农业总产值翻两番”。与1978年全国科学大会上提出的那个浪漫蓝图相比，这个目标明显要务实和可执行得多，它在相当长的时期里激励着这个国家里的每一个人，它让全民看到了一个依稀可见的希望。日后发展的事实是，到1995年，全国GDP提前5年比1980年翻了两番。

这一年的秋天，一个叫梁伯强的青年从香港又潜回到了老家——广东省中山县的小榄镇。两年前的一个深夜，18岁的他和三个好朋友从中山小林农场的八一大堤跃入冰冷的海水，冒着生命危险偷渡到了对岸的澳门。这两年里，他在香港和澳门四处打工，先在码头扛大包的牛仔裤，后在家具工厂描摹山水花鸟和古代仕女，他住在满是偷渡客、娼妓和毒贩的工棚里，整日提心吊胆。听家乡来的人说，现在国内做生意机会多起来了，于是，他把辛苦攒下的3万港币绑在腰上，又悄悄回到了小榄镇。没有一家国营单位愿意接受他，原来工作过的工厂一度同意接纳他，但条件是要他在全厂职工面前悔过自新，并要挂上“叛国投敌”的牌子，念自己的检讨

---

① 关于经济体制的目标模式，经历了五次转变：1949—1977年为计划经济；1978—1983年，提出了“计划经济为主、市场调节为辅”的改革思想；1984—1987年，提出了“有计划的商品经济”理论；1987—1992年，提出了“计划与市场相结合的社会主义商品经济”理论；1992年以后，正式提出社会主义市场经济理论。

书。梁伯强有点失望了，他只好选择去菜市场当菜贩子。那时候，由晓光作词、施光南作曲的《在希望的田野上》非常流行："我们的家乡，在希望的田野上，炊烟在新建的住房上飘荡，小河在美丽的村庄旁流淌。一片冬麦，一片高粱，十里荷塘，十里果香。"梁伯强每天就哼着这首欢快的歌曲在焦急地等待自己的机遇。不久后，他将用扛大包和描家具攒下的3万元钱办起自己的工厂——这在3年前是根本不可能的事情，20年后他成为中国的"指甲钳大王"，产品占据全国60%的份额。

在当时的中山小榄，乃至中国沿海各地，到处游荡着"梁伯强"，他们是中国田野上无数朵渴望致富的漫漫野花。尽管受到遏制，体制外力量还在上升的通道里，到1982年年底，全国工商户已达101万家，与1979年底的10万户相比，整整增长了10倍。春天真的已经到了，尽管没有歌曲里唱的那么浪漫。

历史中的人物，大体可以分为两类，一类是大人物，一类是小人物，大人物决定了历史的走向，小人物体现了历史的真实。温州“八大王”当然该归入小人物，他们被举国通缉的时候，没有一个人的资产超过50万元，在事件之后，他们也大多平凡无奇，重回芸芸众生。

原本以为要被杀头的胡金林，心惊胆战地进牢又懵懵懂懂地被放了出来。获得自由身不久，他就筹划办一个轧钢厂。“温州没有轧钢厂，乐清更没有，现在基本建设急需钢材，我要办一个轧钢厂！”说这段话的时候，他早已忘记了三年前他正是因为与国营企业争夺原材料才遭到打击的，商人从来是经济动物，要他们眼睁睁地看着商业机会从手指缝中溜走而无动于衷，似乎比杀他们的头还难。那个只有4.5亩地的私人轧钢厂办到1988年就难以为继，胡金林远走上海、深圳做生意，最远的地方到过新疆的柴达木盆地，他说：“报纸上说，西部开发是21世纪的曙光，我马上想到可以去撞撞运气。”在撞了一鼻子灰回来后，胡金林重拾旧业，开始生产和经销“交流接触器”，这时候柳市的低压电器已赫然成势，胡金林在这里早已算不上什么“大王”了。

“线圈大王”郑祥青当年被抓进去就有点黑色幽默。某日，“打击经济犯罪工作组”车过柳市，看见一幢三层楼高的小白楼颇为醒目，组员们就在车上议论：“这户人家不搞资本主义，能有钱盖这样的楼吗？”第二天，楼主郑祥青就成了重点清查对象，工作组抄家时在院子里发现一大堆废弃的电机线圈，他就被指控为“生产伪劣线圈牟取暴利”，“线圈大王”的名号由此圈定。郑祥青被关押半年后放回，将近七八年不敢出门做任何生意。后来他迷上了刚刚时兴起来的电脑，在柳市镇上开过一个小小的电脑培训班。

唯一没有被逮住的“螺丝大王”刘大源倒一直在做螺丝生意。他开在镇上最热闹的前市街的“大源螺丝店”在很多年后成了记者前来拍照的改革样板。他最自豪的事情是："80年代，我店里的螺丝可是最全的，那时，上海标准件公司都才只有两万多种，我有四万多种呢！"后来，国营的上海标准件公司真的被刘大源们冲垮了。

"目录大王"叶建华原本是个拍照个体户，某日，胡金林找到他，请他给自己的电机产品拍一个产品目录，叶受此启发，便专门给柳市镇上的企业拍目录。他很有点推销头脑，在目录册上他都会标上产品的名称和基本数据，还分别标明了"国家价"和"柳市价"，那些对电器一窍不通的经销员跑到各地，一拿出这个目录册就一目了然了。他做这个生意，竟名列"八大王"之一而被判刑关了一年半。出狱后，叶建华再不敢干这生意，于是开照相馆、开广告公司、开汽车修理厂，"目录大王"终成前尘旧事。

年纪最轻却坐牢时间最长的是"矿灯大王"程步青，他被公审判刑后，举家在柳市已无法立足，其父母兄妹被迫流离他乡。程步青出狱后，便去了上海做生意，后不知所终。"合同大王"李方平跟程的遭遇很相近，他被关了四个月后放回，从此远走上海，后来侨居加拿大。"旧货大王"王迈仟，在1995年病死于肝癌，时年50岁。

"八大王"中，日后稍有成就的是"电器大王"郑元忠。他被全国通缉后亡命天涯，在1983年9月终于被公安捕获，第二年的3月无罪释放。出狱后，他重操旧业，办了一家开关厂。20世纪90年代初，不惑之年的郑元忠又到温州大学读国际贸易专业，成了温州大学年纪最大的学生。毕业后，他突然转做服装行业，创办"庄吉"服装有限公司，并请动香港明星吕良伟做品牌代言，这家公司后来成为温州服饰业中较成规模的一家。日后评选"温州改革风云人物"，郑元忠便总是以"八大王"的代表而名列其中。

"八大王事件"在1982年前后举国知名，臭不可闻，一度压得温州民营企业抬不起头。1984年，时任温州市委书记的袁芳烈深感，"八大王案不翻，温州经济搞活无望"。他组织联合调查组，对全部案卷进行复查，得出结论是，“除了一些轻微的偷漏税外，‘八大王’的所作所为符合中央精神”。

沧海横流，历史从来浩荡向前。“八大王”身份渺小，命运如蚁，举重若轻的“符合中央精神”六个字似乎已算是还了他们一个公道。[1]

---

① 谁是“八大王”，日后有多个版本。《经济观察报》首席记者仲伟志提供过另外一份名录：“螺丝大王”刘大源、“电器大王”胡金林、“矿灯大王”程步青、“目录大王”叶建华、“翻砂大王”吴师濂、“线圈大王”郑祥青、“胶木大王”陈银松、“旧货大王”王迈仟。

1983 步鑫生年

万里长城永不倒，
千里黄河水滔滔，
江山秀丽，叠彩峰岭，
问我国家哪像染病？

——香港电视剧《霍元甲》主题歌，1983年

1月3日，全中国的第一家超级市场在北京市海淀区开业，它只有200平方米，一次挤进100个顾客就会转不过身，它只出售蔬菜和肉食两种商品，而且比不远处的菜市场贵5%~40%。绝大多数的北京人好奇地进来转一圈，马上就吐着舌头逃出去了，购买者几乎都是外国人，他们抱怨包装袋上只有价格而没有商品名称和质量，所以常常会把鸡肉当成猪肉买走。

也是在1月，一家开办于伦敦的“亚洲与中东投资有限公司”设立了一笔总额为1 000万美元的“中国投资资本基金”。据《亚洲华尔街日报》的报道称，这是第一笔专为中国设立的投资基金，它将被平均分成100份，投入到“有发展潜力的、新建的或现有的中型工业企业中”。这条新闻被《参考消息》转载，不过好像没有引起任何人的注意。在当时，“投资基金”实在是一个太陌生而遥远的名词。

改革开放5年来，一切似乎没有按预定中的进行，在农村一试就灵的“承包制”在企业改革中成效不彰，在计划管理体制中运行多年的行政部门和国营企业似乎都不习惯用市场的方式来改变自己，跨国资本对中国的投资兴趣好像也不如想象中的那么大，倒是南方的香港同胞表现得非常积极，不过从总量上来说，实在难以让打过淮海战役、指挥过百万雄师过长江的邓公感到解渴。体制外力量的纷涌而起，是意料外的事情，但到底它能长多大、会把中国引向何方，却还要边走边看。

过去的两年多里，年广久和陈志雄们雇用8人以上帮工算不算违法的争论一直没有停下来过，马克思的经典论述谁也不敢违背，但现实却好像膨胀的气球眼看着要爆炸，邓小平显然也注意到了这个问题，在双方争辩不下的时候，大家都希望他能给个明确的说法。在一份关于如何处置私营业主超出规定多请帮工的请示报告上，邓小平用潦草的笔迹写下了自己的意见：“放两年再看。”根据他的这个指示，中共中央当即对此提出了三不原则：“不宜提倡，不要公开宣传，也不要急于取缔。”再过两年，此事又被递交上来，邓小平的意见还是“再看看”。再看了两年，直到1987年的中共中央“5号文件”中，对雇工数量的限制才被去掉了，“三不原则”改成了16字方针：“允许存在，加强管理，兴利抑弊，逐步引导。”而在那时，私营业主雇用大量劳动力的现象已经比比皆是，在舆论上也已经没有任何的争议了。

从这个细节就可以看出邓小平领导这场艰巨变革的战略思路：摸着石头往前走，不争论，也不做政策上的明确界定，让最终发生的事实来定义前行的方向。这种改革思维使中国变成了一个巨大的经济试验场和冒险乐园，所有的激情和野心都被无限地激发出来，从社会底层喷发出来的火浆终于让大地熊熊燃烧，只要有利于经济的发展和财富的累积，一切都似乎百无禁忌，中国社会的道德底线和法制底线一次次地受到挑战和冲击，公共价值观念变得越来越世俗化和物质化。

在1983年的1月，所有的这一切都刚刚开始。12日，邓小平在一次谈话中指出，要允许一部分人先富起来。在今后的很多年里，他一再地提到“要让一部分人先富起来”，这成为他最著名的改革格言之一。它也跟“摸着石头过河”“不管白猫、黑猫，抓住老鼠就是好猫”[①]等名言一起构成了邓式变革的思想基础。

那部分先富起来的人，很多是体制外的小人物。10多年后，他们将成为这个国家的财富阶层，不过在那一年，他们还在贫贱中胆怯地摸索。

刚过了春节，四川新津县农业局刚刚分配进来的大学生陈育新突然提出辞职，更让人不可思议的是，他要求到农村去做专业户。这在小县城里掀起了轩然大波。

陈育新原名叫刘永美，他有两个哥哥刘永言、刘永行，和一个弟弟刘永好，刘家四兄弟在新津是出了名的有出息，他们当时都在不错的工厂和机关单位里上班。老三突然要辞职，还是去当农民，这让所有人百思不得其解，县委书记钟广林打算亲自找这位全县第一个辞职的干部谈一次话。陈育新的态度很坚决，钟也不好太反对，最后语重心长地要求他：“小陈呀，你去了农村，广阔天地，要好好发挥你学到的知识，起码带富10个农户，10个。”

陈育新的心思只有刘家四兄弟自己知道。这四个血气方刚、在当地颇有见识的青年人早已不耐烦在暮气沉沉的事业机关里老此终生了，他们合

① 根据《邓小平文选》(第一卷)1962年7月7日共青团三届七中全会的讲话《怎样恢复农业生产》，原文为：“刘伯承同志经常讲一句四川话：‘黄猫、黑猫，只要捉住老鼠，就是好猫。’这是说的打仗。”后来在民间逐渐流传为“不管白猫，黑猫，抓住老鼠就是好猫”，本书保留了民间流传的说法。——编者注

计好了，要办一家电子工厂。他们连第一个产品——双声道音响也研制出来了，偷偷拿到县里的商场门口一放，居然音效还不错。当时，在城市里根本不允许私人办企业，唯一的可能是到农村去办社队企业。于是，商量的结果是，对无线电最精通的老三先辞职，到郊区的古家村办一个社队企业，其他三兄弟再分头辞职加入。当时，连工厂的名字都想好了，他们很崇拜大发明家爱迪生，他的公司叫作GE，刘家兄弟的工厂就叫“新异”。

陈育新背着铺盖进了古家村，几周后，拿着村里同意开办新异电子厂的报告到县里去审批，居然被一口拒绝。原因是：“你们没有资金，没有工程师，瞎胡闹什么！”

办电子厂的路就这样莫名地被堵死了。陈育新号啕大哭，重病一场。但日子还要过下去，四兄弟再合计，决定只能在农村生意里找出路了。当时，农田已经分包到户，农民生活渐渐好起来，养殖业开始露出发展的苗头。刘家兄弟觉得搞一个良种场一定不错。

就这样，日后将成为中国首富的刘家兄弟办起了平生第一个实业：育新良种场。那已经是1983年的秋天了，刘永言卖掉了家里唯一的一块手表，刘永行卖掉了自行车，四兄弟一共凑了1 000多元钱，陈育新把自己家的房子改做了孵化室，他和妻子搬到了临近一个幼儿园的小单间里。一个充满传奇和曲折的家族创业史就这样简陋地开始了。一年后，一个叫尹志国的人骗走了2 000只小鸡，差点让良种场破产。幸好在这时，刘永言看到了一条新闻，朝鲜的国家领导人金日成送给中国一批鹌鹑，报上说它是“会下金蛋的鸟”。他很是心动，听说附近的灌县有鹌鹑卖，便急急地赶去买回50只大鹌鹑和200个种蛋。因为他把钱都花光了，最后是扛着一大笼子鹌鹑和种蛋走了几十里路才回到新津的。

说鹌鹑会下“金蛋”，是因为它的产蛋率高，一只雌鹌鹑几乎每天都可以下一个蛋。刘家兄弟一计算，平均下一个蛋的饲料成本大约是两到三分钱，而当时一个蛋可以卖五到六分钱，利润差不多有一倍那么高。而且，鹌鹑小，不占地方，容易大规模养殖。于是，他们把良种场的重点转到了鹌鹑的养殖上，四兄弟在农技和无线电上各有擅长，搞起事业又是一样的搏命，他们的良种场当然比别人要好不少。为了提高产蛋率，陈育新和刘永好琢磨出了电孵技术，刘永行则每天背着鹌鹑蛋去新津附近的县镇兜售，因为每天走的路很多，使得他幼小时受过伤的左腿旧伤重发，最终落下了微瘸的后遗症。很快，他们在鹌鹑养殖上赚到了钱。到年底，刘家买了一台14英寸的彩电，让四乡邻里羡慕不已。

▲刘家兄弟创办的鹌鹑场。后立者为刘永好

在新津，养鹌鹑渐成风尚，数年后，这里成了全国最大的鹌鹑养殖基地，养殖户竟超过10万人，刘家兄弟也掘到了他们的“第一桶金”。便在这时，他们又敏捷地转到了另一个行业中。在鹌鹑养殖中，他们试验出了一个饲料配方，随着养殖户的日渐增多，饲料成了最紧缺的商品，刘家兄弟当即开出了一个饲料工厂，它被起名为“希望”，后来成为中国最大的饲料集团。当时，整个成都地区，只有一家国营饲料工厂，在体制上根本不是刘家兄弟的对手，由鹌鹑饲料进而生产需求量更大的猪饲料，到1987年前后，刘家兄弟已经悄悄聚起了上千万元的资本。他们可能是改革开放后，第一个靠产业发展完成千万级资本积累的家族。据《希望永行：成为首富的短路径》一书，刘永好说：“如果我们一直待在机关里，到今天最多是科级干部，如果我们一直做鹌鹑，到今天可能是衣食无忧的小老板，如果我们后来不做猪饲料，也可能是几个中等工厂的中老板。”[①]

当刘家兄弟不亦乐乎地养鹌鹑的时候，在同省的万县，已经出狱三年

① 郑作时著，《希望永行：成为首富的短路径》，北京：中信出版社，2007年版。

多的牟其中又被抓进了监狱，这次他犯的是“投机倒把”罪。

牟其中办的中德江北贸易服务部这些年一直没有起色，只能做一些小本的藤椅生意。这年初，他发现一种由上海工厂生产的“555”牌座钟在市场上很好销，大凡结婚的青年都会添置一个。他当即找到重庆一家半停产的军工企业，请他们仿制一万个“555”牌座钟，每个25元。然后他赶到上海，把仿制钟以32元的价格卖给一家贸易公司。这样一倒手，他赚了足足7万元。这在当时，无疑是一笔很大的生意，对牟其中来说，更大的意义在于他看到了跨区域流通的巨大空间，原本就对实业制造和经营管理毫无兴趣的他从此疯狂地迷恋上了空手腾挪的“智慧产业”，开始他充满传奇和荒诞气质的“首富生涯”。

不过在这一次，他还要经受一次磨炼。他的倒卖新闻在万县当地一时广为流传。9月，万县工商局以投机倒把罪名将牟其中及7名员工收押，当时的《万县日报》如此报道这一事件：万县市个体经营户“中德商店”，打着百货、五金零售的招牌，采取各种非法手段，内外勾结，大量套购国家统购统销物资，买空卖空，投机倒把，牟取暴利。

郁闷之极的牟其中将在一个潮湿污浊的牢房里被关足整整一年，这期间他唯一做的事情是写了一份情深意切的《入党申请书》。到下一年的9月，他才被不了了之地释放出来。

几乎就在牟其中因投机倒把罪被再次投进监狱的同时，在南方的深圳，那个喜欢拿《大卫·科波菲尔》当枕头的王石也正在干同样的事情，不过他却没有遭到同样的厄运。

在当了几年工人和政府公务员之后，不安分的王石终于下决心去深圳实现自己的梦想。一日，他在蛇口街头闲逛，望见路北一侧耸立着几个高大的白铁皮金属罐，那是刚刚进来办饲料厂的泰国正大集团的玉米储藏仓。这些玉米产自美国、泰国和中国东北，经香港再转运到深圳。王石愣愣地闯进了正大的饲料厂，找到一个管事的问：“你们为什么不直接从东北进玉米，而要从香港转呢？”回答是：“我们也想呀。但是，中国的运输要指标，我们是一家外国公司，根本不知道该找谁要车皮，这件事我们解决不了。”

王石一拍胸脯：“我解决运输工具，铁路、海运都没有问题，我拉来的玉米你们要吗？”

就这样，他通过关系找到了广东省海运局，双方一拍即合。王石当起了玉米中间商。从 1983 年 4 月到 12 月，短短不到一年的时候，他赚了 300 多万。然后，他拿着这 300 多万的玉米款成立了以主营进口专业视频器材的“现代科教仪器展销中心”，而这便是日后中国最著名的房地产公司万科的前身。很多年后，当王石遇上四川希望的刘永好时戏称：如果当时不是我转行，这“饲料大王”的名分可就是我的了。

被抓进去的牟其中和发玉米财的王石，在当时有一个共同的、贬大于褒的民间称谓，叫“倒爷”。

在 80 年代初，随着经济的日渐恢复和民众购买能力的复苏，物资（包括消费品和生产原料）全面短缺。与此同时，控制在国家手中的流通渠道则仍然低效而僵化，这在农村市场上直接诱发了沿海农村小商品及专业市场的发育，而在城市市场，则形成了一个介于合法与非法之间的地下流通势力，这些被称为“倒爷”的人，有的具有超强的商品嗅觉和运作能力，有的则有可依靠的裙带背景，他们在国家统购统销的流通体制外建立了一个庞大而繁杂的物流网络，从中牟取差价利益。在今后的几年内，“倒爷”之风将愈演愈烈，绵延长达十余年，他们利用关系滋生腐败、倒卖批文、一夜暴富及对流通秩序的肆意破坏在公众心目中形成了极其恶劣的形象，以致到了人人切齿、个个喊打的地步。然而在客观上，这些“倒爷”如蚂蚁啃堤，最终把僵硬的计划流通体系摧毁得遍体鳞伤，从而以一种十分灰色而非法的方式协助重建了中国的市场流通和资源配置。他们是经济转轨期里必然出现的经济寄生物。

在 1983 年前后，中国的第一批“倒爷”出现在北京和深圳。前者是政策资源和权钱交易的中心，后者则有一个宽松的商业氛围和对外开放

▲商业“入侵”中国城乡的每一个角落

的窗口效应。这时的深圳，已经渐渐显露出改革先行的凹地优势，出乎任仲夷、袁庚等人预料的是，这个“窗口”并未如设计中的那样吸引巨额的外资投入，相反，倒是成为“卖全国、买全国”的“大基地”，一些内陆省份的政府纷纷到这里开设贸易公司，以此为“窗口”，利用深圳的优惠政策，进行货物的倒卖流通。香港亚洲研究中心的陈文鸿博士在一项研究中发现，当初袁庚等人提出的四个深圳发展目标，到1983年都已经渐渐偏离：“产品以出口为主”，实际进口大于出口4.84亿美元；“引进以先进技术为主”，但引进的主要是中国香港、日本的被淘汰不用的设备；“投资以外资为主”，实际上外资只占投资的30%，而且绝大部分是港资；“结构以工业为主”，当年深圳工业生产总值为7.2亿元，而社会零售商品总额为12.5亿元，做生意赚的钱比工业多得多。一本描写深圳早期崛起的作品《深圳的斯芬克思之谜》中记录说：“贷款发财的热情高得惊人，贷了款挂出招牌成立这公司那公司，深圳街头每天炮竹响个不断，得不到控制的贷款如脱缰野马，已超出深圳存款余额20多亿元，弄得只好到中央和其他省市、自治区去借资金……”①

① 陈秉安、胡戈、梁兆松著，《深圳的斯芬克思之谜》，深圳：海天出版社，1991年版。

这一状况在日后的几年内并没有改变，在外国人看来，深圳的投资条件并非像原先承诺的那么好，美国《财富》4月号上便刊登了一篇观察稿，抱怨："深圳的治理，机构重叠，缺乏商业经验。一位投资者说，在许多国家只要一个电话就能解决的问题，在深圳需要很长时间和官方讨论。这里仍然是中国。"但是，在内陆和其他省份看来，深圳的政策环境已经好到不能再好了，越来越多人像王石一样跑到这里来找机会，越来越多的商品和资金向这里流动。在1979年，深圳最主要的银行深圳建设银行，存款只有381万元，到1983年，它已经有了7.19亿元。在深圳建设的前10年中，国有资产增长到250亿元，来自银行的贷款就有180亿元，而其中的绝大部分是从内陆地区以各种正规或灰色的方式融通过来的。在这个意义上，深圳的奇迹不是靠吸引外资而产生的，而是全国人民"倒"出来的。广东学者何博传在《山坳上的中国：问题、困境、痛苦的选择》①一书中曾经描写过一个"倒卖"的实例：一些上海人跑到深圳买了一把折叠伞，发现竟是从上海运去香港，又转回深圳的。上海人很高兴，说是比在上海买少花了几块钱，深圳人也高兴，说赚了几块钱；香港百货公司也高兴，同样说赚了几块钱，真不知谁见鬼了！②

面对流通环节的活跃和"混乱"现象，中央政府陷入两难境地。

---

① 何博传著，《山坳上的中国：问题、困境、痛苦的选择》，贵阳：贵州人民出版社，1989年版。

② 流通领域的异常活跃及自由主义倾向，是80年代中前期财富分配和积累的最主要手段。在那时，民营资本还非常弱小，无力大规模生产商品，外资公司则进入迟疑，所以绝大多数的社会商品仍然是由国营工厂生产和制造出来的。但是，这些企业却深受体制之困，不能在采购、定价和销售上有自主权，这便给了"倒爷"们以及形形色色的贸易公司以最大的生存空间。

检讨整个80年代的国营企业改革，我们发现，在推动企业改革的重点上出现了战略性偏差：国有资本的拥有者把重点放在了内部管理制度的变革上，而事实上，当时最大的变化则发生在商品流通的环节。

一方面，“倒爷”和形形色色的民间贸易公司扰乱了商品流通的计划体系，造成乱涨价和通货膨胀。所以，在这一年里，北京为此一再下文，7月，国务院和中纪委联合下发紧急通知，严厉要求“坚决制止乱涨价、乱摊派两股歪风”。10月，这两个机构又下发通知，要求“坚决制止农业生产资料供应中的违法乱纪活动”。这两个通知在客观上取得的效果是，对于有背景的“倒爷”来说，虽有威慑却根本无法禁止，对于那些“老实听话”的国营企业来说，使得它们不敢自作主张，龟缩到计划体制的框框内。新创刊的《经济参考》便在7月22日的头版头条刊登了一篇耐人寻味的新闻：上海第五钢铁厂向镇江冶炼厂采购一批钼铁，后者要求价格比国家定价高28%，并称如果五厂不能接受，自有其他钢厂愿意按这个价格要货。五厂没有办法只好按此采购，而自己在销售钢材的时候也被迫“涨价”。被指“乱涨价”的镇江厂也自有难处，如果按国家定价，则必亏无疑，因此涨价也是迫不得已。这一新闻透露出来的信息是，刚性的计划定价已经在日渐市场化的环境中陷入结构性困局。

另一方面，松动价格管制、开放部分商品的定价权已成为大势所趋。在此之前，全中国所有的商品，从大型机械到针头线脑，都是由国家计划定价的，任何企业不得有一点的自主权。这种状况显然无法维持，因此，国家不得不开始逐步放开了小商品的价格，在1982年9月和1983年9月，国务院先后两次放开了共510种小商品的价格，同时还允许同类产品有5%~15%的“质量差价”，那些被授予金质、银质奖的优质产品还有另外更大的定价空间，其中，金质奖产品加价不超过15%，银质奖不超过10%，优质产品不超过5%。

小商品价格的放开与松动，为货物的流通和民营企业的崛起带来了可能性。在以后的描述中，你将看到，中国第一代民营企业的出现与小商品的流通与制造密切相关，正是在这些不起眼的、为大中型国营企业不屑一顾的领域里，精灵般活跃的民间资本完成了自己的原始积累。

现在，我们就要把目光转移到浙江中部和南部的一些穷乡僻壤。日后的人们很难想象，为什么在那些不通铁路、没有工厂、资源匮乏、知识素质也不高的地方，会孕生出中国商品的集散地。

在 1980 年之前，很少有人知道义乌这个小县城，它地处浙中盆地，三面环山，狭窄的街巷，低矮的木屋，全县 28 万劳动力，剩余劳力达 15 万人，人均年收入 88 元。近百年来，义乌最出名的是“敲糖换毛”，这里生产红糖，同时土地贫瘠，为了提高粮食产量，地方有鸡毛肥田的习惯，俗称“塞毛”，为了收集鸡毛，农民们便于冬春农闲季节肩挑糖货担，手摇拨浪鼓，走村串乡“敲糖换毛”。为了多点收益，糖担里每每会放一些妇女所需的针线脂粉、笄网木梳。这群“敲糖帮”大概有万把人，百年未绝，成了浙中一带“天生”的农家商贩。

▲ 1983 年发行的国库券

1978 年前后，在义乌县城东部的廿三里乡、福田乡出现了自发的乡间集市，10 多副货担在那里设摊，出售各色针头线脑、自制的鸡毛掸子、板刷等。又过两年，这些货郎进了县城稠城镇，一副担子摆下来，附近马上冒出两三副，然后更多。小摊位蜿蜒而行，吆喝声渐成声浪，不久就发展到了两百多摊。当地县政府不知道如何管理和处置这些“敲糖帮”，于是便发出《小百货敲糖换取鸡毛什肥临时许可证》，算是默许了这些商贩的存在。

到 1982 年年底，全县的《临时许可证》不知不觉已经发出了 7 000 份，稠城镇上的商贩也超过了 300 摊，所交易的商品大大超出了“鸡毛什肥”的规定范畴。有人便开始给省里写信，惊报“义乌出现了资本主义的小温床”。彼时担任县委书记的谢高华面临巨大压力。

谢高华是个瘦削矮小的中年人，1.65 米不到，顶多 90 来斤，走在马路上，像是一朵棉花在飘。但是，就是这朵“棉花”却做出了他一生中最倔强的决定，1982 年 11 月，他宣布正式开放“稠城镇小商品市场”，并宣布“四个允许”：允许农民经商，允许从事长途贩运，允许开放城乡市场，允许多渠道竞争。四条之中，“允许从事长途贩运”明显与中央文件相背离，其余三条也无法律依据可循。谢高华把小商品市场的第一张营业执照发给了一个叫冯爱晴的农村妇女，她后来成了全国新闻人物。1983 年 7 月，义乌县政府投资 58 万元，建造起一个占地 220 亩的摊棚式市场，场内全部是水泥地面，钢架玻璃瓦，这是当时中国最先进的专业市场。

胆大包天的谢高华在义乌挖出的这个“政策凹地”，迅速地产生了积聚效应。到年底，有个叫朱恒兴的有心人做了一个统计，义乌的市场摊户增加到 1 050 个，日均交易人数为 6 000 人，其中六成以上是外地人，以温州和台州为主，上市商品多达 3 000 多种，本地产工业品约占 1/3，其余大多来自省内乡镇企业及江苏、广东一带的产品，而销往地多为长江以北及云贵等省份。很明显，一个跨越省界、辐射全国的市场网在当时已显雏形。与此同时，商品物流也带动了义乌家庭工厂的发展，很多商贩在市场里摆摊，在家里搞家庭工厂，所谓“前店后厂”的模式油然而生。

“货多价廉款式新”，义乌的名声以令人难以置信的速度在中国农村传播，这里很快出现了来自天南地北的商贩。1984 年年底，上海《文汇报》记者沈吉庆听熟人说，在浙江有个叫义乌的地方，一种新颖小商品或新技术只要在国内的城市商场一出现，没过多久，人们就可以在那里的市场上找到。他便饶有兴致地赶到了义乌，后来他写出一篇《小山沟里的大市场》，这是义乌第一次被媒体发现。沈吉庆看到，在小商品市场周围活跃着上万名商贩和 2 000 多家家庭工厂，而义乌人的技术都是商贩们从全国各地带来的，塑料加工是从广州学来的，针织工艺是从绍兴、嘉兴引进的，童鞋制作是从温州移植来的。他还讲了一个很生动的故事：年初，有位商贩听说在城市里太阳帽的生意非常好，就特地赶到杭州去买一顶回来，钻研了三天，就仿制出了一模一样的太阳帽，价格还比城里的低了一半。半年后，义乌市场上加工经营太阳帽的商户就达到3 000家，成了全国最大的太阳帽产销中心。

义乌的发展模式[①]，几乎是80年代中国民营经济成长的标本：一个专业市场的出现，构筑出一张辐射农村及中小城镇的商品网络，在物流需求的诱发下，周边冒出数以千计的家庭工厂，最终形成“前店后厂”、“双轮驱动”的初级产业格局。在中国改革的前10多年，任何产业基础、政策扶持、人文素养乃至地理区位等方面的客观条件，都无法与当地的改革创新意识相匹敌，往往，一地观念的解放与否是它有没有可能发展起来的唯一条件。那些工业基础雄厚、地理位置优越的城市地区，如东北、华北及上海等地，由于计划经济色彩浓厚，政府管治能力健全，民众对体制的依赖度较高，民营资本难有萌芽的机会，倒是天偏地远、国有经济薄弱的边穷地区，如珠江三角洲、闽南和浙江中南部一带，却意外地具备了自谋生路的勇气和可能。

义乌小商品市场里，来自温州的商贩是最主要的一群。事实上，在义乌崛起之前，温州的专业市场已经发育到了相当的程度。

跟义乌相比，温州是一个更具传奇色彩的地名。在中国当代改革史上，温州可被视为“圣地”。这里诞生了第一批工商个体户、第一批专业市场、第一批私人公司，这里也因而承受了巨大的政治和意识形态上的压力，每一次观念交锋之际，这里都成为千夫所指的众矢之的。在上一年开

① 义乌日后成为全球最大的小商品市场，到2006年，该地年交易小商品超300亿美元，4万余商位、日客流量20万人次，6 000余家中外名企总经销、总代理，8 000余外商常驻义乌。

始的治理整顿中，温州已经成了被重点关注的对象，“八大王事件”的发生并非偶然。整治一度让纷乱热闹的温州经济突然降温，不过潜伏在民间的水流却从未断绝过。

在1983年前后，温州的家庭工业有10余万户，从业人员40万人，常年有10万人奔波于全国各地，推销产品和采购原料，后来有人用“四千精神”来形容这“10万购销大军”的艰辛：历经千辛万苦，说尽千言万语，跑遍千山万水，想尽千方百计。在这些购销员的四海奔忙和穿针引线下，乐清、苍南等县日渐形成了400多个商品交易的集散地，其中一些稍具规模的便被好事者通称为“温州十大专业市场”，这些市场的交易商品均为日用小商品和生产性原料，如纽扣、塑料编织袋、塑胶鞋、低压电器、皮革、铝塑标识，等等。

而最让人惊奇的是，这些市场偏偏都不在交通的要道和城镇中心，全数在交通十分不便捷的山谷或水湾乡村，前往交易的耗时费力都很大。譬如，乐清的桥头纽扣市场，兴起在一个距离杭温国道约3.5公里的山窝窝里，自1979年出现直到20年后日渐衰落，它都没有搬离原址或离国道稍稍近一点。

苍南宜山的再生纺织品市场更是交通不便，新华社记者胡宏伟记录了他当年去宜山采访时的“行路图”：早晨从县城灵溪出发，坐着中巴车在乡间路上颠簸了差不多两个小时后，眼前淌着一条不知名的小河。登船，两岸山峦十分清丽，没有顶棚、狭长得像条龙舟的小船在弯弯的河道拐过来又拐过去。上岸，只见成串的农民“的士”（这是一种小型的柴油三卡，限定载客6人，实际常常达10多人，有的干脆蜘蛛般半个人吊在车外）极热切地揽客，嘭嘭作响的柴油发动机让你心跳得别扭。又是一条小河，又是一段对生意人来说无暇顾及的风光之旅。下午，当你觉得似乎有点饿过了头的时候，宜山镇也就到了。宜山当时已有纺织机上万台，从业人员6.7万，4个专业乡，58个专业村，7个专业市场，每年流进该地的腈纶边角料达1.7万吨，有人计算过，按一节车皮载重20吨计，共需850个车皮。[1]

如此巨量的原料，再加上每年上千万件的再生腈纶衣裤，由这个极不便捷的地方贩进运出，而经营者却不思迁移，这种现象让后人读来非常费解。一位叫张仁寿的温州研究者曾用“边区效应”来解读：“温州十大市场大多坐落在水陆交通都不是很便利的地方，唯一合理的解释只能是，在那些地方，‘左’的思潮相对薄弱，计划经济的束缚相对较弱，否则，这些市场很可能在兴旺之前就遭取缔。中国改革的经验证明，对旧体制的最初突破，往往发生在旧体制最疏于防范的地方。”此论可谓点中要害。由此可佐证当时温州商人的处境之凶险，改革先行者的狡黠与酸楚大抵都在这里了。[2]

到这一年底，温州的专业市场经验受到中央高层的关注。在11月29日的全国农村工作会议上，副总理万里对宜山的再生纺织业大加赞赏，建议与会者都可以去参观参观。他的讲话传回到温州，当地官员立即开会，大小喇叭广为传播，总算让一年前因“八大王事件”形成的阴霾稍稍散去些许。

发生在流通领域的这些变革，在当时的中国大地上寥若晨星，尽管无比活跃，却还并没有显现出它对计划体制的革命性冲击。商品供应的短缺特征，使得决策者仍然认为，国营企业的病症主要出在内部管理的僵硬和

---

① 胡宏伟、吴晓波著，《温州悬念》，杭州：浙江人民出版社，2002年1月版。

② 与温州形成对比的是，中国最大的商业城市上海。它是计划经济色彩最浓、政府管控最严的城市，直到20世纪90年代初，当地的私营企业仍然成长乏力。据1992年1月18日的《中华工商时报》报道，在1991年，上海市财办仍下发287号文件，明确规定上海私营企业的产品“一律不得进入南京路、淮海路的大店名店”，该市2 195家私营企业无一户获准与外国公司合资，理由是“上海尚无先例”。上海的银行规定，“对私营企业一律不贷款”，信用社也只能以有价证券做抵押，或要有实力的国营企业担保才能贷款，但数额在3 000元以下。

低效率上。所以，全部的注意力和政策制定便集中在这些方面。

当时的国营企业聚集了中国几乎所有的资产和精锐人才，它是中国渐进式改革的主角，在某种意义上，它的成长形态和改革路径决定了中国改革的性质和命运。在当时全球范围内，所有社会主义国家都面临国营事业的改革难题，匈牙利经济学家亚诺什·科尔内在两年前出版了《短缺经济学》[①]，他对国营企业的运行模式及特征进行了理论上的解剖，针对普遍存在于社会主义国家的企业效率低下及商品短缺现象，科尔内指出其根源不在于“政策的失误”，而在于使企业预算约束软化的社会经济关系和制度条件。这是一个非常致命的判断，其言下之意便是，必须改变现有的社会制度条件才可能让国营企业的活力获得焕发，而不仅仅是寄希望于中央政策的调整或企业内部管理的变革。这个思想在东欧和苏联获得了强烈的反响，并最终成为那些国家选择激进的“休克式疗法”的理论依据。在中国，科尔内的理论也早早地传了进来，他的结论显然无法获得认同，不过，他的非均衡理论及分析方法却极大地启蒙了中国的经济学者。

第一轮国营企业改革的现状表明，如果没有利益分配上的明确界定，即便企业的生产积极性被暂时地释放了出来，它与上级行政主管部门的矛盾也不会得到缓解，而且可能愈演愈烈，首钢与北京市财政局之间的那场纠纷事件在全国各地正不断地上演。同时，由于缺乏预算的约束力，企业的投资冲动会盲目膨胀，在过去的几年里，基础建设和计划外的项目之所以会越来越大，到了难以控制的地步，就是因为没有人需要对投资的后果负责，先把蛋糕做大，分了再说，至于如何收摊子，那是“国家的事情”。于是，为了解决这个症结，中央政府决定从税制改革下手。

6 月，国务院批转了财政部《关于国营企业利改税试行办法》，同意把执行多年的利润上缴方式，改成有比例的纳税制。有盈利的国营大中

① 《短缺经济学》（上卷、下卷）中文版于 1986 年 6 月由经济科学出版社首次引进出版。

型企业均根据实现的利润，按55%的税率缴纳所得税。企业的留利部分，再根据不同情况分别采取递增包干上缴、固定比例上缴、缴纳调节税、定额包干上缴等办法，上缴国家财政。国营小型企业则试行八级超额累进税制，缴纳所得税后，由企业自负盈亏。

“利改税”是国营企业向现代公司治理制度改革的第一个重要举措。它把企业从“父爱式”的大包大揽中解放了出来，尽管这个“解放”才刚刚开始，而且“父亲”的所得仍然是“大头”。从日后的执行情况看，“利改税”在客观上调动了企业的积极性，部分地缓解了企业与主管部门的紧张关系，不过，潜藏的问题仍然很多，包括税种过于单一，难以发挥税收调节经济的杠杆作用；税后利润的分配仍然比较复杂，且具有任意性等。更重要的是，它没有涉及企业一旦出现风险和亏损时，责任如何界定。国营经济还是一个“大锅饭”，“利改税”只是部分地解决了企业与主管部门抢饭吃的问题。

▲ 1983年4月1日，第一辆上海桑塔纳轿车组装成功

在税制改革的同时，中央政府也小心翼翼地开始做一些其他方面的调整和开放尝试。

首先是，根据企业的规模“把好果子收上来，把烂果子扔下去”，从这一年起，凡是中央投资兴建的大中型企业收入，都归中央财政，中央与地方共同投资兴建的大中型企业收入，按比例分配。中小企业，特别是县办工业企业的亏损，由原来中央负担80%，地方财政负担20%，改为中央与地方各负担一半。这种收入划分和“亏损下放”，在主观上当然是中央政府“卸包袱”的做法，不过在客观上，倒为日后很多濒临亏损的中小国营企业的创新与改革意外地预留了空间。

其次，在对外开放方面也日渐放松尺度。那几年来，中国政府在外资引进方面一直令人失望。《亚洲华尔街日报》透露的数据是，在1980年和1981年，中国分别兴建了20个合资企业，而1982年则只有8个。6月的《经济学人》不留情面地批评了中国的外资引进工作，它在题为《中外合资企业的官样文章》的文章中写道：“中国的合资企业法很失败。自从这项法规1979年出台以来，中国官方批准了105家合资企业，引进外资约2亿美元。去年，只有不到10项新交易签署，大多数合资企业都停留在照相室等小规模项目上，对现代化进程没有太大帮助。”这样的批评声让人无话可说，正如它所提供的数据，2亿美元的引资成绩离三年前制定的“五年内吸引100亿美元”的目标实在相去很远。

9月，久唤不出的《中外合资经营企业法实施条例》终于出台，它对外资公司在中国的合资及经营活动进行了明确的规定，这个开明而积极的姿态受到了国际社会的欢迎。美国的3M公司应该是最早感受到这种变化的外资公司之一，它的代表到中国来谈判，希望建立一个全资的生产绝缘体的制造工厂，他提出了一个“三不原则”：不搞合资，不转让技术，产品不出口。这在一年前，在中国是根本行不通的。然而，这一次，进行谈判的上海投资信托公司却没有马上拒绝，中方委婉地提出，可否先搞一个试验项目，等到中央政府允许外国公司搞单一所有制的公司时，就把股权全部转让出来。

很显然，国家希望让改革的步子迈得更快一点。自两年前开始的治理整顿，固然起到了遏制经济过热的效果，但是也挫伤了各地改革的积极性。到1983年秋天之后，如何振奋全国人心，唤起改革的热情，让舆论的重心再次回到发展的主轴上成为主政者最大的课题。在这样的大背景下，浙江北部小县城里的一个裁缝出身的厂长走到了时代的镁光灯下。

11 月 16 日，浙江海盐县衬衫总厂厂长步鑫生一早去上班，他打开报纸，突然满脸通红，眼皮乱跳——在头版头条的位置上，他赫然看到了自己的名字。这篇题为《一个有独创精神的厂长——步鑫生》的长篇通讯当日登在了所有中国党报的头版。在没有任何心理准备的情况下，步鑫生成为当年度最耀眼的企业英雄。

夏天，一个叫童宝根的新华社浙江分社记者曾经前来海盐县武原镇采访，步鑫生小心翼翼地接待了他。童记者在厂里转了两天，还找了一些人座谈。在海盐县里，步鑫生是一个不太讨上级喜欢的人，他从三年前当上厂长后，就开始在厂里按自己的想法搞改革，一些不太勤快的工人被他克扣工资，甚至还开除了两个人。他在厂里搞奖金制度，打破"铁饭碗"和"大锅饭"，提出"上不封顶，下不保底"，这很是让一些老工人不满意，时不时的总是有一些告状信写到县里和省里，让他日子很不好过。不过，由于他管理抓得紧，工厂效益不错，生产出的衬衫品种和花样也比较多，所以在上海、杭州一些城市还很受欢迎。童记者离开后，再没有回音，他也没有挂在心上。

童宝根回到杭州，觉得步鑫生这个人很有趣，于是写了一篇《一个有独创精神的厂长——步鑫生》，他对这篇报道心里也没有底，就先试着发了内参——这是新华社一个很独特的新闻产品，它不用于公开发表，而是供中央领导人"内部参考"。谁也没有想到，11 月 6 日，总书记胡耀邦会从成堆的"内参"中挑出这篇报道，写下了一段批示，认为步鑫生的经验可以使广大企业领导干部从中受到教益。十日后，新华社便将童宝根的通讯向全国报纸发了"通稿"，胡耀邦的批示以"编者按"的方式同时发出。

让人感兴趣的是，童宝根的通讯和"编者按"并没有让步鑫生一下子成为全国典型。也许是一些人对"编者按"的背景不了解，在 12 月的《浙江工人报》上发表了一篇针锋相对的新闻稿《我们需要什么样的独创精神》，指责步鑫生专断独行，开除了厂工会主席，发行量上百万的上海《报刊文摘》转载了这篇报道，就这样，步鑫生从一开始就成了一个有争议的企业家。很快，一个联合调查组进驻了海盐。调查的结果是，步鑫生是一个有缺点和弱点的改革家，他很像苏联卫国战争时期的一个红军将领夏伯阳，此人脾气暴烈，小错不断，但骁勇善战，以他的事迹拍成的电影《夏伯阳》在中国放映后一直很受中国观众的喜欢。胡耀邦又在这个调查报告上写了批示，认为应当抓住这个活榜样，来推动经济建设和整党工作。步鑫生争议一槌定音，1984 年 2 月，新华社播发了浙江省委支持步鑫生改革创新精神的报道，并且配发了“中共中央整党工作指导委员会办公室”的上千字长篇按语。

步鑫生被选中为典型，有很偶然的戏剧性因素，却也似乎有必然性。当时国内，通过强有力的行政力量，经济过热现象已被控制，治理整顿接近尾声，在邓小平等人看来，重新启动发展的列车，恢复人们的改革热情又成了当务之急，而在国有大型企业中确乎已经找不出有说服力的“学习榜样”，相对而言，受调控影响较小的中小国营或集体企业倒是有一些亮点，特别是那些与日用消费品市场联系比较紧密的企业，其效益并没有受到太大的影响。就这样，企业规模不大的衬衫厂及其有小缺点的经营者便“意料之外、情理之中”地脱颖而出了。在新华社两次大篇幅报道，尤其是“中共中央整党工作指导委员会办公室”的按语出现后，全国各主要新闻单位“闻风而动”，“步鑫生热”平地而起，仅新华社一家在一个多月里就刊发了 27 篇报道，共计字数 3.4 万字，各路参观团、考察团涌进小小的海盐县城，中央各机关、各省市纷纷邀请步鑫生去做报告，他被全国政协选为“特邀委员”，他用过的裁布剪刀被收入中国历史博物馆。

在一些新闻记者的帮助下，步鑫生很快发明了一些朗朗上口的“改革顺口溜”：分配原则是“日算月结，实超实奖，实欠实赔，奖优罚劣”，生产方针是“人无我有，人有我创，人赶我转”，管理思想是“生产上要紧，管理上要严”，经营思路是“靠牌子吃饭能传代、靠关系吃饭要垮台”“谁砸我的牌子，我就砸谁的饭碗”“治厂不严、不逼，办不出立足坚稳的企业。不管、不紧，到头来，工厂倒闭，大家都受害”。这些朴素而容易传诵的改革格言迅速传遍全国，成为许多企业挂在厂内的标语口号和企业精神。步鑫生的这些观念对于无数白手起步的民营企业主来说算得上是一堂最最生动的启蒙课，日后，很多在那个时期创业的企业家都回忆说，正是步鑫生的这些话让他们第一次接受了市场化商业文化的洗礼。

“步鑫生神话”渐渐生成，他成了一个管理专家、经营大师。美联社记者在1984年5月20日的一篇新闻中生动地描述说：“他的工人威胁要杀他，他的妻子由于过度担忧终于病倒而住进精神病院。但是，浙江海盐衬衫总厂厂长步鑫生先生，顶住了压力，成为中国改革浪潮中的一名佼佼者。这位52岁的裁缝的儿子，在昨天会见西方记者时，讲述了他同‘吃大锅饭’的平均主义战斗的经过。”这样的形象无疑是高大、勇敢和受人拥戴的，是那个时代所一再期待和呼唤的，至于它是不是步鑫生的真实面目则似乎是不重要的。

萧山的鲁冠球日后还清晰地记得他去海盐参观的情形：通往海盐武原镇的沙石路上车水马龙，挤满了前去“参观学习”的人们，当时的步厂长炙手可热，据称，连厅局级干部要见一下他都很难，我们的面包车还没进厂门，就被门卫拦下了：“步厂长今天很忙，下次吧。”好说歹说，最后他同意我们的车子绕厂区开一圈，这样也算是学习过了。在厂区里，我碰到两位熟悉的《浙江日报》记者，在他们的引见下，步厂长终于同意见我们一面。他是一个说话很生动的人，很会做比喻。他说了15分钟，我们就退了出去，后面又有一拨人进来了。

“步鑫生热”在1983年年底到1984年年初的出现，让国内沉闷多时的改革氛围为之一振。中央的政策也从“调整、改革、整顿、提高”的八字方针悄然变成了“改革、开拓、创新”的新提法。在对步鑫生的学习运动中，扩大企业自主权、推行厂长负责制、打破“铁饭碗”和“大锅饭”等被搁置起来的改革理念再次成了主旋律。

1983年，如果我们把此时的中国放到全球的背景下来观察，将会发现，尽管已经进入到了改革的第六个年头，但是我们离世界的中心舞台还是那么的遥远。

日本仍然是全球经济的主角。这一年，后来写出了《第五项修炼》的管理学家彼得·圣吉去福特汽车公司调研，他惊奇地发现，尽管日本公司蚕食了福特在美国的很大一块市场份额，但是福特的管理人员仍然坚持地认为他们被击败的主要原因还是“日本的劳动力太便宜了”。而在圣吉看来，日本汽车最大的创新是“精益生产”和“零库存”。戴维·加文发表在9月号《哈佛商业评论》上的论文《处于危险中的质量》更是证实了这个判断，他在论文中披露了一个让人很吃惊的数据：根据他对所有美国和日本空调生产商的研究，日本公司的平均装配线差错率比美国公司低70倍，最差日本公司的故障率也要比最优的美国制造商故障率的一半还要低；在旷工率方面，美国公司平均为3.1%，而日本公司则为零。很显然，这些年日本的崛起不是偶然的原因，他们在制造线上的严谨和苛刻得到了回报。从戴维·加文及很多经济学者的调研来看，美国要在质量、现场管理和成本上战胜日本人几乎是不可能的事情——最多也就打一个平手。这是一个让人近乎绝望的结论。美国的企业家还将在这种绝望中沉浸多年，直到7年后他们才在信息产业重新找回自信和优势。

在华人经济中，中国台湾的企业开始发生令人羡慕的转型。王永庆在他的台塑工厂尝试电脑化作业，因而大大地提高了生产效率，台湾的电子代工产业开始萌芽。一个叫郭台铭的中专生在前一年创办“鸿海精密工业股份有限公司”，他决定重新“定义”电子产业，在日后的回忆录中他说：“当全世界的电子业者都把电脑业称为新技术行业的时候，我则认为它的规模制造能力将体现在模具技术上。”就是靠着成熟的模具技术，鸿海迅速切入连接器领域，22年后，鸿海成为全球最大的电脑配件生产商，全世界每五台电脑就有一台在使用鸿海的产品，郭台铭也因此成为台湾首富。

唯一一个在全球商业界让人刮目相看的中国人，是一个名叫王安的华裔企业家。他在这一年成为全美的商业英雄。1949 年，王安发明了世界上的第一片“存储磁芯”，几年后，他创办王安实验室（Wang Labortories），从此替代 IBM 公司成为计算机领域的领跑者，到 1983 年，王安公司的营业额猛增至 15 亿美元，位居全美电脑公司第七位。在《福布斯》杂志的富人排行榜上，他的个人财富达到 20 亿美元，为全球第五富翁及华人首富。很多年后，比尔·盖茨说：“如果王安能完成他的第二次战略转折的话，世界上可能没有今日的微软公司，我可能就在某个地方成了一位数学家，或一位律师。”王安是第一位全球意义上的华人企业家，但是，他又是一个老派的东方人，他不相信华尔街和美国公司制度，他说：“我不主张开放投资，因为我是公司的创始人，我要保持我对公司的完全控制权，使我的子女能有机会证明他们有没有经营公司的能力。”[①] 同时，他对苹果公司在 PC 机上的努力不屑一顾，他认为搞个人电脑是“闻所未闻的荒唐事”。两年后，他就为这段话付出了代价，IBM 和苹果公司的个人电脑开始风靡，王安公司在 1985 年陷入亏损，他出版了一本名为《教训》的自传，直到 1990 年他去世时，王安公司已经不值一提。

1983 年便是这样的一个年份：计划经济的闸门已经被撬开，民间的力量如涌出地面的小涓流正四处漫游，致富的渴望日渐成为全民共同的理想。让人稍稍有点不安的是，尽管几乎所有的人都已经清楚地明白改革是唯一出路，但是没有一个人知道未来的中国和我们的生活将变成一副怎样的模样。

5 月，中国最好的话剧团北京人艺将阿瑟·米勒创作于 1949 年的《推销员之死》搬上舞台，这是“文化大革命”后第一部在中国上演的外国戏剧。由英若诚扮演的主人公威利·洛曼每天都要带着两只特大号的样品箱开车去四处推销。他已经 50 多岁，筋疲力尽，仍为贷款所迫，不能休息。

---

① 王安著，《教训》，北京：生活·读书·新知三联书店，1986 年版。

黄金时代已经过去，他所面对的，是失业、压力和一败涂地的人生。最终，洛曼在落寞中结束了自己的生命。

对 1983 年的中国观众来说，或许能够感受阿瑟·米勒所带来的艺术享受，却无法真正切身地体会人物的内心挣扎。若干年后，当商业的幽灵渗透到中国社会的每一个细胞的时候，人们才可能真正体会到威利·洛曼式的悲凉。

将1983年比作“步鑫生年”，似乎不为过。自1978年以来的30年中，步鑫生所“享受”的宣传待遇无出其右，其铺天盖地之势，有人将之与当年对焦裕禄和雷锋的宣传相比。不过三人最大的差别是，对焦、雷两人的学习运动都是在其去世之后发动的，所以他们已不会犯错误，而步鑫生则不同。

在80年代初的政治生活氛围中，当一个人被中央指定为典型之后，他就很容易被“偶像化”。本来就桀骜不驯、缺乏政治训练的步鑫生在这样的热浪中很快迷失了自己，他像英雄一样地被邀请到全国各地做巡回演讲，在鲜花和掌声中，他开始说一些连自己也听不太懂的话，他向军队讲军事改革，向文艺界讲文艺改革，向经济学家讲中国的改革大势。那本来就是一个刚刚从意识形态的僵硬体制中苏醒过来的国家，人们习惯于上级给自己提供一个学习的典型，而他往往是无所不知、无所不能、人格与智慧均趋完美的“高大全”，步鑫生不幸陷入了这样的偶像陷阱之中。

既然是“神话”，所有的上级部门当然希望它持续放出光芒，不断地提供经验让全国人民学习。衬衫厂原本以款式和花样取胜，而这种优势很难被稳固下来，于是，在领导和专家们的谋划下，一个“步鑫生服装生产托拉斯”的创意油然而生，裁缝出身的“步典型”当然对“托拉斯”一词闻所未闻，好在有领导们的推波助澜。很快，在专家们的建议下，步鑫生提出新上一个西装厂和一个印染厂，使面料、衬衫、西装、领带实现“一条龙”生产。他的设想立刻得到了上级部门的热烈支持，在当时，对步鑫生的支持就是对改革的支持，没人敢怠慢。他的项目没有经过可行性论证就得到了批准，并且从一开始的年产8万套增加到30万套的规模——应该说，耀眼的典型光环确实让步鑫生获得了一个别人根本不敢奢望的发展机遇。不过，他显然并不懂得如何掌握。在日后的一次访谈中，他对人说：“当时我有一个错觉，既然是党中央把我树为了典型，肯定是不会让我倒掉的，有什么事情是办不成的呢？”

这种想法让步鑫生在后来的两年多时间里，渐行渐远。有一次，他去外地做报告，一个建筑承包商要求承建西装车间，他爽然承诺。当厂里的助手对此人资质提出疑问时，他火冒三丈：“是你说了算，还是我说了算？”谁知这个承包商真是个骗子，车间盖到第二层就出了质量问题，不得不炸掉重建。又一次，上海郊区的一家领带厂聘请步鑫生当顾问，他慷慨应允买进13万条领带，为这个厂解决“困难”。而这时，他的工厂里也正积压着十多万条领带，一年多后，他无力付款只好赖账。对方把海盐衬衫厂告到法院，最后用一辆运货的大卡车抵债了事。

海盐衬衫总厂到1985年就难以为继，西装厂项目久拖未成，原本就缺乏决断力和沟通能力的步鑫生束手无策，而上级领导似乎也找不出好的治厂良策。改革典型与市场化的裂缝越来越大。到1987年，工厂亏损444万元，这对于一些县级小厂来说，已经是一个天文数字。步鑫生被送到浙江大学去学习企业管理，省里还免去了工厂的一切税赋。步伐已乱的步鑫生此时表现得毫无章法，在西装厂的项目未有了断的情况下，他突然又提出要建一个牛仔布厂，对外加工的服装每套成本7元多，他只收加工费3元多。他听说X光复印很流行，便又兴办了一个复印社，结果效益全无。到山穷水尽之际，他又出了一个奇招，宣称武原镇上的居民谁出1 000元，就可以进厂当工人，结果还真凑起了一笔数额不小的钱，可是生产出来的西装却销路糟糕，只好就地削价叫卖，结果镇上的“喝茶老爹、打渔翁和杀猪郎”都穿上了步氏西装。到1987年11月，海盐衬衫总厂负债1 014.48万元，亏损268.84万元，而这个厂的资产总额仅1 007.03万元。资不抵债，实际上已经破产。1988年1月，浙江省一个调查组在职工中做民意测验，96%的职工认为步鑫生不能胜任，1月15日，他被免去厂长职务。

这自然再成轰动新闻。统一配发的新闻消息稿的标题很长——《粗暴专横、讳疾忌医。步鑫生被免职。债台高筑的海盐衬衫总厂正招聘经营者》，记者严厉地写道："步鑫生在成绩、荣誉面前不能自持，骄傲自满、粗暴专横，特别是不重视学习党的方针政策，现代化管理知识贫乏，导致企业管理紊乱，亏损严重，资不抵债……步鑫生讳疾忌医、至今仍不觉悟，辜负了党和人民的期望。"[①]

那个把步鑫生推向全中国的新华社记者童宝根又发表了《步鑫生沉浮录》，对之进行多方面的解剖。有意思的是，一向与新华社步调一致的《人民日报》此次唱起反调，它发表了《一人沉浮，千夫评说》[②]的文章，对步鑫生的被免职及相关报道提出责难。很快，这场笔墨官司演变成人们对"改革典型"的反思，步鑫生的沉浮让人清晰地看到，过去那种树典型的政治化做法根本不适应市场化的要求，它不仅使"典型"自身陷入疯魔，也让当政者非常尴尬。自此之后，宣传部门对企业家典型的宣传便显得小心翼翼起来，这倒可以算是"步鑫生神话"的一个始料未及的遗产。

免职后的步鑫生，如敝屣被弃。他出走浙江，到北京办厂三月，不成，再北漂辽宁盘锦，后来，甚至还去过俄罗斯。很快，他被人淡忘。1990 年 7 月，曾去衬衫厂参观过、后来与步颇有交情的鲁冠球得知步鑫生心力交瘁，旧病复发，正一人孤居北京，便派人北上，并写去一张便条："事已到此，病有医治，事有人为，老天会怜惜，不必多虑。望你有时间南行一趟。"9 月，怀揣一叠医院发票的步鑫生到萧山，他对年幼 10 岁的鲁戚然道："咱们是靠办厂子吃饭的，离了这一点，真的一钱不值。"鲁冠球后来说，这句话如刀削斧凿，深深刻在了他的潜意识中。此后两年多，鲁冠球按月给步鑫生寄去 500 元的生活费，直到他四处漂泊，失去音讯。

1993 年，年过 60 岁的步鑫生被一个名叫张斌的 26 岁青年人邀到秦皇岛创办以他名字命名的步鑫生制衣公司，此时的"步鑫生"已成一个时

---

① 值得一提的是《粗暴专横、讳疾忌医。步鑫生被免职。债台高筑的海盐衬衫总厂正招聘经营者》的作者正是当年写出《一个有独创精神的厂长——步鑫生》通讯稿的新华社记者童宝根。

② 高海浩，《一人沉浮，千夫评说》，《人民日报》，1988 年 1 月 27 日。

而唤起人们某种追忆的历史名词。步鑫生最后一次出现在公开场合，是1998年11月，他以步鑫生集团有限公司总裁的身份，去马来西亚的吉隆坡参加了亚太经济合作会议的工商界高峰会。据说他为自己的集团设计了一个经营口号“有私奉献，好高务实”。

1999年，步鑫生和“海盐衬衫厂的兴衰”被编成一个1 300字的案例出现在当年度“清华大学MBA考前辅导班管理模拟试题”上，三年后，这所大学的一位管理学教授说：“步鑫生的那个管理案例，我们快要淘汰了。毕竟，离现在太远了。最近几年，我们的案例库更新很快。”

“最后的神话”光芒褪尽，凝成一枚虽不甘心却终被淡忘的“改革化石”。

第二部

1984—1992

被释放的精灵

1984 公司元年

“我们都下海吧。”

——民间说法，1984

在科学史、艺术史和商业史上，当一个流派或国家正处于鼎盛的上升期时，便会在某一年份集束式地诞生一批伟大的人物或公司。这个现象很难用十分理性的逻辑来推导，它大概就是历史内在的戏剧性吧。

在美国企业史上，这个伟大年份是1886年。这一年，纽约的图书推销员大卫·麦可尼在推销《莎士比亚选集》时惊喜地发现，他随书赠送的香水备受顾客的青睐，于是他用莎士比亚故乡一条河流的名字“Avon”（雅芳）为名，创建了雅芳香水公司；这一年，“可口可乐”诞生于亚特兰大，它的第一瓶形状“怪异”的产品被推向市场；这一年，大名鼎鼎的乔治·伊斯曼研制出第一架自动照相机，并给它取名“柯达”；全球大宗邮购与零售业的始祖西尔斯·罗巴克也在这一年创立，直到 1992 年前，它一直身居全球零售业霸主地位。花旗集团在这一年诞生，它后来成为全球最大的银行机构；强生公司也在这一年成立，它一开始制造医药诊断产品，后来才生产出畅销全球的润肤露、香波和邦迪创可贴。如果再加上卡尔·奔驰在德国发明出世界公认的第一辆汽车，那么，在 1886 年出现的这些公司名字，竟可以勾勒出其后 100 年的世界公司成长线。

在中国企业史上，这个伟大的年份便是 1984 年。日后很多驰骋一时的公司均诞生在这一年，后来，人们将之称为中国现代公司的元年。

1984 年的特殊气质，在元旦刚过不久就散发了出来。除了出国，一直坐镇北京的邓小平突然决定到南方看看。此刻的国内，由高密度宣传步鑫生改革而煽动起来的改革热情已日益高涨，但是，举国四望，有哪个地区的改革是过去几年里最有成效，也最值得大书特书的呢？邓小平把目光放到了预先没有列入中央规划、后来也没有得到中央财政特别扶持，而此刻正饱受争议之苦的深圳特区身上。

邓小平一生有过两次著名的南下，一次是 1984 年，一次是 1992 年，它们对中国经济的风向变动都起到了决定作用，“邓小平南巡”这个说法从来没有在正式的公文中出现过，但是它却在民间和媒体上被广为采用，它寄托了人们对邓公的尊重和期望。

据后来的研究者发现，邓小平的这次南下事先并没有明确的目的，也没有带着政策宣示的责任，但是它所逼发出来的改革热情却出乎所有人的预料。在此前的一年多时间里，对深圳的各种非议、指责正沸沸扬扬，北方一家党报发表了一篇题为《旧中国租界的由来》[①] 的长文，影射深圳特区

---

① 1982 年上半年，国内某家颇有影响的报纸，以醒目的标题，公开刊登了《旧中国租界的由来》一文。这篇文章从旧中国租界的形成谈起，借古讽今，其寓意是显而易见的。按照文章作者的观点，租界的设立，完全是帝国主义利用当时封建官僚的愚昧无知、腐朽透顶而使用欺诈的手段逐步形成的。

是新的“租界”，其后又有文章提醒，要警惕中国出现新买办和李鸿章式的人物。很多来深圳参观的老干部视特区为异端，惊呼“深圳除了五星红旗还在，社会主义已经看不见了”，“特区姓‘资’不姓‘社’了”。

1月24日，邓小平抵达深圳，特区的党委书记梁湘指着挂在墙上的深圳地图，介绍了特区开发建设的情况，称1983年的工农业总产值比上一年翻了一番，比办特区前的1979年增长了10倍。备受压力的梁湘很想得到邓小平明确的支持态度，便说：“办特区是您老人家倡议的，是党中央的决策，深圳人民早就盼望您来看看，好让您放心，希望得到您的指示和支持。”但邓小平没有发表意见。

其后数日，邓小平马不停蹄遍走特区，一路上他不讲话，不表态，参观时也很沉默，不露声色。到蛇口工业区时，袁庚汇报说，他们提出“时间就是金钱，效率就是生命”作为整个工业区的口号。机灵的袁庚用自问自答的语气说：“不知道这个口号犯不犯忌？我们冒的风险也不知道是否正确？我们不要求小平同志当场表态，只要求允许我们继续实践试验。”此言一出，全场大笑。邓小平在深圳的表现，可谓意味深长，他用行动表

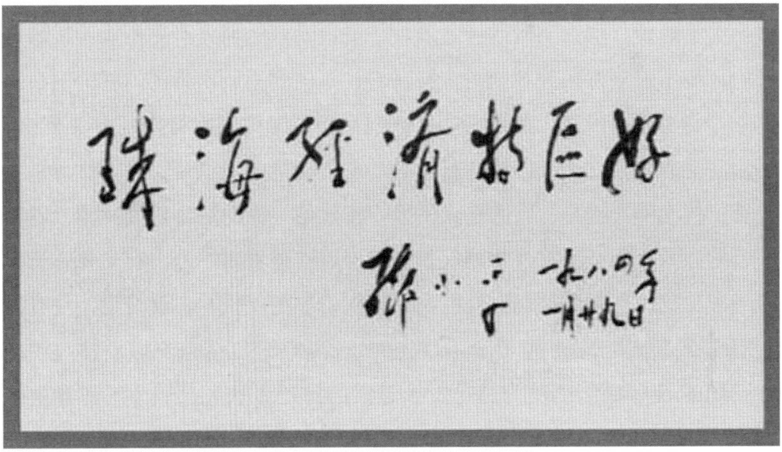

▲ 邓小平为珠海特区题词

明了自己支持的态度，却又在言辞上留下空白。27日，他离开深圳前往另一个特区珠海，在这里他一反在深圳时的沉默态度，写下“珠海经济特区好”的题词，算是给特区经济下了结论。2月1日，已经回到广州的邓小平，在广东省和深圳特区领导的再三暗示和恳请下，写下“深圳的发展和经验证明，我们建立经济特区的政策是正确的”，并在最后的落款上，特意把时间写为“1984年1月26日”，表明还在深圳时已经有这个评价。

邓小平的南方视察举措，以新闻的方式传播全国，关于特区的争论至此告一段落。在他离开广东后的第二个月，中共中央做出重大决定，宣布“向外国投资者开放14个沿海城市和海南岛”。中国的对外开放由点及面，最终形成了沿海全境开放的格局。

1月24日，正在欢快地倒卖玉米的王石骑着自行车途经深圳国贸大厦，突然看到很多警车、警察和聚集的人群，一打听，原来是邓小平到大厦顶层俯瞰特区全貌，公安局正在清理现场。他在后来回忆说：“我好像感到干大事情的时候到了。”

5月，“深圳现代科教仪器展销中心”成立，这便是万科的前身，王石当上了经理。根据当时的特区政策，进口特区的国外产品不能销售到特区外，但不限制特区外客户把在特区内购买的商品运出特区。展销中心的业务与倒卖玉米没有大的区别：先收内地需货企业货款的25%作为定金，然后向港商订货，按同样比例付款给港商，待货到深圳后，买方付清余款提货。买卖的关键是，收的是人民币，支付给港商的是港币或美元，展销中心的利润就来自获取外币的能力。要开这样的展销中心，首先要有进口许可证，其次要联系到具有外汇出口创汇份额的单位，也就是说，没有一定的政府背景和公关能力是开不成这种公司的。

王石日后举例说明公司是怎么赚钱的：这年秋天，一个叫王春堂的北京人来深圳，宣称手头有3 000万美元的出口外汇留成，换汇比率为1美元兑换人民币3.7元。所谓“外汇留成”并非现金，而是一种“配额指标”，它应该属于某个大型国营外贸公司，最终以非常灰色的方式转移到了有官家后台的“倒爷”手上。当时的市场汇价是1美元兑换4.2元人民币，王石向王春堂预定了1 000万美元的“外汇留成”，然后他从中国银行“顺利”贷到2 000万元人民币，凑足3 700万元汇给王春堂。一倒手，展销中心赚到兑换差价500万元。

这样的换汇倒卖看来比倒卖玉米还要痛快，在当时的深圳与北京之间，早已形成了这样一条资源输送的地下通道，源源不断的国家配额和公共利益以各种形式被贩卖到南方，它们游离在法律的边缘地带，促成了某些个人和公司的暴富。王石的展销中心在这种游戏中扮演的是终端洗钱的角色，他从北京调来外汇指标，联系好进货和出货的港商与国内企业，通过货物的进口销售把汇率差价“清洗”成流通差价。

让人惊奇的是，尽管这种换汇游戏十分活跃，但是国家法律却始终视而不见，没有对此进行必要的界定与规范，甚至在行为性质上都含混不清，留下极大的斡旋和模糊空间。根据王石的回忆，在1984年前后，全国各地政府掀起一个办公设施改造的热浪，大量的进口设备都是从深圳流入的，许多公司在这次进口热中赚得盆满钵满，其中一些贸易公司还租用军队货机空运北京，以运输交货速度的优势形成竞争之势。1985年年初，王石卷入一起4 000万美元的调汇案中，此案的业务方式与上述过程丝毫不差，只因利益分配不均，受到中央部门的关注，便成了全国几大逃汇案之一。由于涉及军方公司，中纪委和军纪委分别派出两个调查组南下调查。根据当时的法律，何

▲深圳现代科教仪器展销中心成立会上的王石

谓“逃汇”几乎没有条文上的清晰解释，展销中心参与的倒汇业务均有正规手续，从银行汇款到进口批文一应俱全，最后调查组无法确定这种行为是否违法，只好把重点放在这些调汇合同过程中有无行贿受贿行为。按王石日后的回忆，“随着时间推移，案件淡化了”。

我们必须说，这时候的王石和他的公司还不是人们日后所熟知的那家房地产公司，它还在悄悄地聚集自己的原始积累，不管它是白色的还是灰色的。

在山东青岛，35 岁的张瑞敏被派到一家濒临倒闭的电器厂当厂长。他是所谓的“老三届”，中学毕业之后就进入工厂当工人，后来又调进青岛市家电公司工作。他当时对管理根本就没什么认识，在他的印象中，“所有干的事都可能是假的”，“上级假装给工人发工资，工人假装工作”。有一年，他还在工厂当工人，全国开始轰轰烈烈地搞一个“推广华罗庚的优选法”运动，工人那时对“推广”感到很新鲜，有的也想在实践中搞一些，但它并不是一个可以立竿见影的东西。由于当时上级要求“必须马上出成果”，结果贯彻没几天就开始统计“成果”了，后来还组成了一个锣鼓队到车间里去宣传有多少多少项成果。当时工人就感到像演戏、开玩笑一样。

对这种形式主义已经深恶痛绝的张瑞敏，当然不喜欢自己管理的工厂还在这条老路子上继续走下去。他去的这家“青岛日用电器厂”是一个年份久远的烂摊子，它早年是一个手工业生产合作社，后来过渡成集体性质的合作工厂。在很多年里，它生产过电动机、电葫芦、民用吹风机、小台扇等，最近几年则开始生产一种名为“白鹤”的洗衣机，由于外观粗糙，质量低劣，一直打不开销路，工厂的资产与债务相抵还亏空 147 万元。在张瑞敏上任前，一年之内已经换了三个厂长，当时他是家电公司的副经理，如果他再不去，就没人去了。很多年后，他回忆说：“欢迎我的是 53 张请调报告，上班 8 点钟来，9 点钟就走人，10 点钟时随便在大院里扔一个手榴弹也炸不死人。到厂里就只有一条烂泥路，下雨必须要用绳子把鞋绑起来，不然就被烂泥拖走了。”[1]

为了整治工厂，张瑞敏上任后就制定了13条规章制度，其中第一条是“不准在车间随地大小便”。后人读到这里，大概都会笑到喷饭，但是在当时却是一件很严肃的事情，在很多国营工厂里，随地大小便是一个不被禁止并司空见惯的行为。张瑞敏的制度贴出半年多后，随地大便的人没有了，但是小便的却还没能马上杜绝。其他制度包括“不准迟到、早退”、“不准在工作时间喝酒”、“车间内不准吸烟”和“不准哄抢工厂物资”。为了执行最后一条，张瑞敏有一天把车间门窗全都大开着，布置人在周围观察有没有人再来拿东西，没料到第二天上午就有一个人大摇大摆地扛走一箱原料，中午张瑞敏就贴出布告开除此人。这件事情后，全厂工人才相信，这回新厂长好像是动真格的了。[2]

张瑞敏上任后的第一个决策就是，退出洗衣机市场转而生产电冰箱。他是12月初报到的，当月工厂的牌子就被更换为“青岛电冰箱总厂”。他在家电公司当副经理的时候，曾经被派到德国去考察，当地一家冰箱公司利勃海尔（Liebherr）有意愿向中国输出制造技术和设备合同，张瑞敏抓住这件事不放，向青岛市和北京的轻工部再三要求，终于被允许引进利勃海尔的技术，成为轻工部确定的最后一个定点生产厂。转产和引进技术的决定对这家资不抵债的小工厂的意义将很快显现出来，它后来一次次更名，最后定名为“海尔”，都可以从这里找到衍变的痕迹。

张瑞敏作为伟大企业家的魅力将在下一年散发出来，某日，有个朋友到张瑞敏那里买台冰箱，但挑了很多台都存在着这样那样的毛病。朋友走后，张瑞敏把库房里的400多台冰箱全部检查了一遍，结果发现有76台

---

① 胡泳著，《张瑞敏谈管理》，杭州：浙江人民出版社，2007年版。

② 有意思的是，直到很多年后，对员工进行最基本的行为规范仍然是中国新兴公司的任务之一。2005年年底，当时国内最大的网络游戏公司盛大网络开展内部行为整顿，创始人陈天桥在《论“新文化运动”》中规定员工“不得在白墙上弹烟灰，不得用公司打印纸打印与工作无关的文件，不得蹭加班饭”。

冰箱都不同程度地存在问题。面对这种情况，有人提议把这些冰箱以低价格处理给职工。把残次品低价格处理是很多生产厂家都采用的“好办法”，都认为这样既有益职工又有利企业。但张瑞敏不这么认为。他一声令下，76 台冰箱被砸成了废铁。当时，一台冰箱的价格是 800 多元，相当于一个职工两年的工资，很多职工砸冰箱时都心疼得流下了眼泪。“张瑞敏砸冰箱”成为这家日后中国最大的家电公司的第一个传奇，它跟几年前鲁冠球把 40 多万元的次品当废品卖掉的故事如出一辙，表明了出现于商品短缺时期的第一代企业家的自我蜕变正是从质量意识的觉醒开始的。

1984 年的中关村开始初显繁荣景象。在上一年，新创刊的《经济日报》对陈春先进行了连续的报道，他被塑造成一个勇敢的“弄潮儿”，他的实践证明走出实验室的科技人员将大有作为。于是，在这种声音的鼓动下，一批批的科技人员跳进了商品经济的大海。在此前的一年，科海、京海等公司已经相继出现，而到第二年，四通、信通和联想等公司又先后建立。

▲ 1984 年，“中关村电子一条街”景象

冬天，柳传志决定告别每天读报的清闲如水的生活。他出身书香门第，外祖父当过军阀孙传芳的财政部长，父亲是共产党最早的金融家之一。这一年，柳传志刚好40岁，对于这位外表文雅内心却十分躁动的上海人来说，他深深知道“四十不惑”对一个中国男人意味着什么。少年柳传志的理想是当一名空军飞行员，在中学毕业后，他充满信心地报考空校却最终落选，这成为他人生中的第一次挫败。后来，他考进西安一所军事电子工程学院，读的学科是雷达。毕业后，他辗转半个中国，甚至在广东一个农场种过水稻，在1970年，他被分配到了中国科学院计算所。

计算所是当时最权威的计算机研究专业机构，中国发射的原子弹和人造卫星所需要的计算机均由这个研究所参与研制。在这个拥有1 500名研究人员的科研机构里，柳传志一直默默无闻，跟他的很多同事相比，他缺少科学家的天赋和沉静心。他的职务是磁记录技术工程师，事实上他对此毫无兴趣。当年进入该所，完全是为了找到一个机会携妻牵女回到父母身边。在这个计算所工作的14年里，他始终对科学研究提不起兴趣来，倒是对中国每天正在发生的一切充满了兴趣，他常常和几个要好的同事躲在一个空房子里讨论林彪的坠机事件、“四人帮”的猖獗、毛泽东为什么要选择华国锋当接班人等，跟沉闷的计算机相比，这些政治话题才能让他满脸通红，激动不已。

1984年的中国科学院正处在膨胀和转型的边缘，在过去的几年里，各种名目的研究所层出不穷，已达到123个之多，而所开展的各项研究却似乎离国际水平越来越远。计算所举全所之力，花了8年时间研制的大型计算机“757工程”宣告完成了，并获得中科院“重大科技成果一等奖”，但是它拥有的每秒千万次的运算速度与国际水准相比已令人汗颜，而其以军事为目标的研究思路更是得不到市场的响应。它从诞生的第一天起就成了“弃儿”。“757工程”的尴尬命运让计算所走到了原有发展路径的尽头，来自军事部门的研究计划停止后，再也没有任何资金从上面拨下来了，何去何从的问号摆在这家吃惯了行政拨款的清高的科研所面前。于是在这一

▲创业时的柳传志

年，所长，也是中国第一代自己培养的计算机专家曾茂朝带头组建了信通计算机公司，另外一位所领导、科技处处长王树和，则发起成立了新技术发展公司，一直郁郁不得志的柳传志被选中担任主管日常经营工作的副经理。在计算所里，他的学术才能从来没有显现出来，但是他的管理才干却得到了同事们的认可，对于经营工作，中国的科技人员从来缺乏自信和热情，柳传志却正好相反。在上任前，中科院副院长周光召找柳传志谈话，问他对公司有什么打算，他信誓旦旦地说："将来我们要成为一家年产值200万元的大公司。"

柳传志的这家公司诞生在一间20平方米、分成里外间的小平房里，这里原来是计算所的传达室。很多年后，在中国，它常常与惠普的那个著名的斯坦福车库被相提并论。柳传志后来回忆说："它的位置在计算所西大门的东边，房子是砖头砌起来的，外面是深灰色的，里面被隔成两间，水泥地面，石灰墙壁，房子里没有写字台也没有电脑。外屋有两个长条凳，沿墙角一字排开，里屋有两张三屉桌，桌子条凳都不用花钱买，是人家不要的破东西。"[①] 全公司有11个人，全数超过了40岁，唯一的技术专家是另一个副经理张祖祥。

当柳传志下海的时候，中关村已经有40家科技企业，并在北京城里拥有了"电子一条街"的名声。

在当时的中关村，最出名的是陈春先，而最知名的公司是"两通两

① 凌志军著，《联想风云》，北京：中信出版社，2005年1月版。

海”，信通、四通、京海、科海，它们的创办人无一例外都是中科院的科研人员。在知识分子成堆的中关村，这是一群个性张扬的另类，京海的创建人王洪德是计算所的工程师，在给中科院的报告中，他毅然决然地写道：“无论什么方式，调走，聘请走，辞职走，开除走，只要能出去，都行。”而创办了四通公司的万润南，则到处张扬自己是“民办企业”和“无上级主管”。跟这些创业者相比，那时还默默无闻的柳传志则显得要低调得多，善于借力和妥协的个性让他比其他的人都要走得远。从一开始，柳传志就没有完全割断公司与计算所之间的“母子关系”，他不但不想那么做，甚至在很多时候更希望强化这种若即若离的血缘关系。当时，公司的启动资金是计算所拨给的20万元，联想的资产性质是“国有企业”，王树和、柳传志等人的任命都要获得中国科学院的批准，公司的员工可以在计算所内继续享有在专业技术职务和工资方面晋级的权利，公司可以无偿使用计算所的研究成果，甚至可以使用所内的办公室、电话及所有资源。在将近10年的时间里，公司从银行贷款，全部以中科院计算所为“合同的申请借款单位”，又以中科院开发局为“担保单位”，这自然解决了早期的资金来源问题。在充分享受了国有资源的同时，柳传志则在财务、人事和经营决策方面，享有相当的自主权。这是一种十分混杂的状态，似乎没有人想把它理清楚，只有当联想日后逐渐

▲日后中国最大的电脑公司——联想，创办于此

壮大之后，它的资产归属才变得敏感了起来。从本质上来说，这是一个脐带连着母体的新婴儿。

在公司创办的头几个月里，柳传志并没有显现出他后来那种运筹帷幄的领导才能，背靠着中国最权威的计算机研究机构，他却找不到一个可运作的项目，每天他骑着自行车在北京城里像无头苍蝇一样地乱闯。他先是在计算所的大门旁边摆摊兜售电子表和旱冰鞋，然后又批发过运动裤衩和电冰箱。如果说三年前陈春先办起中关村第一家公司时，还心怀打造"中国硅谷"的理想，那么，此时的柳传志满脑子在想的却是如何赚钱养活公司里的十几号人。有一回，他听说江西有个女人手上有大批的彩电，只要购进一倒手每台可以赚上 1 000 元，便急忙派人汇款过去，谁知道那竟是一个骗局，计算所拨给他的 20 万元开办费，一下子就被骗走了 14 万元。跟 20 多年前报考空校落榜相比，柳传志这一次的挫败感更为切肤，要知道那时候，计算所的高级教授月工资不到 200 元，柳传志的工资则只有 105 元。

柳传志早期的"倒爷"生涯就这样黯然地落幕了。公司真正赚到的第一笔"大钱"，来自每天被柳传志们抱怨和不满的中国科学院。1985 年年初，中科院购买了 500 台 IBM 计算机，其中的验收、维修和培训业务交给了公司，从而带来 70 万元的服务费。也正是通过这个业务，柳传志跟刚刚成立的 IBM 公司中国代表处搭上了线，成为后者在中国的主要代理公司，为 IBM 做销售代理成为日后联想公司最重要的利润来源，这一渊源可以一直延续到 20 年后联想以 16 亿美元收购 IBM 的 PC 事业部。

对柳传志来说，另一个最重要的成果是，他说服了中科院出名的计算机专家倪光南加盟他的公司，担任总工程师的职务，这是在 1985 年的春天。倪光南是中国汉字信息处理的开路者，跟热情外向的柳传志不同，他性情专注，不修边幅，拥有科学家的天赋。《联想为什么》[①] 的作者陈惠湘描述说，柳在和人聊天的时候总是海阔天空，而倪则喜欢用技术性很强的

---

① 陈惠湘著，《联想为什么》，北京：北京大学出版社，1997 年版。

难题来考问对方。20 世纪 80 年代以来，个人计算机的市场已经日渐苏醒，IBM 的计算机如潮水一样涌了进来，一台比 286 型还要低档的“PC/XT”机型进入中国的口岸价就达两万元，而到中关村一倒手就要四万元，而这些昂贵的计算机又无法识别汉字和中文操作系统，于是，开发适合中国市场的“汉字系统”便成了当务之急的科研项目。① 当时，国内已经有很多人在从事这一研发，包括后来到深圳搞得风生水起的史玉柱等人。这些“汉字系统”（它又被形象地通称为“汉卡”）的原理和运作过程大同小异，而倪光南的与众不同之处是，他发明了“联想功能”，倪氏汉卡利用中国文字中词组和同音字的特性，建立起自己的汉字识别体系，与其他汉卡技术相比，它把两字词组的重复率降低 50%，三字词组降低 98%，四字以上的词组几乎没有重复，这对于计算机的汉字输入技术来说，无疑是一个划时代的进步。②1985 年年初，倪光南已经完成了这项技术的所有研究，并将之命名为“联想式汉字系统”。柳传志也正是听说了这个消息，才迫不及待地找上了倪光南。在当时，中科院的另一家名声更大的公司信通也瞄上了倪光南，不过，最终还是被柳传志捷足先登了。柳说服倪的理由只有一条：“我保证把你的一切研究成果都变成产品。”对于一位充满济世情怀的中国科学家来说，这大概是最直指内心的诱惑了。

倪光南的加盟彻底改变了公司的航向，他的联想 I 型汉卡当年就销售了 300 万元，“联想”最终还成了这家公司的新的名称。需要留存的一个事实是，倪光南的研究成果从实质上来说是属于中科院的，它被柳传志以零的价格转移到了自己的公司中。

---

① 早期中关村的著名企业，崛起和受人关注都与计算机的汉字处理技术及产品有关，其中联想是联想汉卡，北大方正是激光照排，四通是汉字打印机。

② 中文输入系统的开发是华人公司在电脑领域的一个突破口，在 1978 年，施正荣创办的台湾宏碁就开发出“仓颉输入法”，推出了第一部自制产品“天龙中文电脑”，获得台湾产品设计最高荣誉奖。1982 年，宏碁推出全世界第一台中英文个人电脑“小教授二号”。

尽管很多年后，王石的万科、张瑞敏的海尔与柳传志的联想如日中天，成为中国最著名的“标杆型企业”，不过在1984年，中国最值得称道的公司还不是它们，而是一家诞生于广东三水县的饮料工厂。

3月，三水县酒厂厂长李经纬突然把眼光瞄准了8月即将在美国洛杉矶举办的第23届奥运会。他得到信息，国家体委将在6月开会决定中国代表团的指定饮料是什么。而此刻，他手上有一种还没有投放市场，甚至连包装罐和商标都没有确定下来的新饮料。

▲一手缔造了健力宝神话的李经纬画像

李经纬这年45岁，他幼年丧父，少年亡母，打小在孤儿院里长大，成年后他当上了三水县体委的副主任，1973年，受人排挤被发配到县里的酒厂当厂长。那是一个只有几口米酒缸的作坊工厂，李经纬去后苦心经营，竟被他开发出一条啤酒生产线，生产出的强力啤酒在当地渐渐站住了脚跟。1983年，李经纬去广州出差，在街边买了一瓶易拉罐装的可口可乐，这是他平生第一次喝到这种饮料，也就是在这时，他突然萌发了做饮料的念头。那时，随着可口可乐在中心城市的日渐风靡，一些小型的饮料工厂已经在各地冒了出来，有些甚至直接冠上了“可乐”的名号，出现在四川成都的天府可乐是第一个国产可乐饮料，随后河南出现了少林可乐，杭州出现了西湖可乐，资料显示，当时国内的各类饮料工厂已经超过2 000家。体委干部出身的李经纬很“天才”地想到了运动饮料。一个偶然的机会，他听说广东体育科学研究所的研究员欧阳孝研发出一种“能让运动员迅速恢复体力，而普通人也能喝”的饮料，便找上门去要求合作。在欧阳孝的主持下，一种橙黄色的饮料水被开发了出来，它有一个很拗口的名称——“促超量恢复合剂运动饮料”，实际上，它是一种含碱电解质饮料。

当年的三水酒厂，一年利润不过几万元，李经纬敢于把目光直接盯向奥运会，实在是胆识过人。4 月，亚洲足联将在广州开一个会议，李经纬想把饮料带到这个会上去，这样就有机会接触到国家体委的人。而这时，连饮料的品牌叫什么，商标是怎样的，到底采用何种包装，都还没有一个影子。那时的厂里已经有一个叫“肆江”的品牌，但是李经纬却不满意，他苦思冥想出了一个新的名字——“健力宝”，听上去朗朗上口，还很有“保健”的暗示。为了设计商标，参与产品开发的陈新金医生自告奋勇，请自己喜爱书法的哥哥将“健力宝”三个字写在一张宣纸上，李经纬又请县里的广告公司设计出一个由中国书法与英文字母相结合的商标图形，这个新商标在 1984 年的中国商品中如石破天惊：“J”字顶头的点像个球体，是球类运动的象征，下半部由三条曲线并列组成，像三条跑道，是田径运动的象征。从整体来看，那个字的形状又如一个做着屈体收腹姿态的体操或跳水运动员。整个商标体现了健力宝与体育运动的血脉关系。它在当时陈旧、雷同的中国商品中简直算得上是鹤立鸡群。

李经纬另一个大胆的举措是提出用易拉罐包装健力宝，在当时的消费者眼中，易拉罐无疑是高档饮料的代名词，那时国内尚无一家易拉罐生产企业，三水酒厂更不可能有这样的罐装线，李经纬四处奔波，最后竟说动深圳的百事可乐公司同意为他生产代工。就这样，在一番手忙脚乱之后，200 箱光鲜亮丽的健力宝准时出现在了亚足联的广州会议上，引起了一阵惊叫。6 月，健力宝毫无争议地成为中国奥运代表团的首选饮料，跟所有的参评饮料相比，它是唯一的罐装品，品牌形象与体育运动天然有关，而且口感、色泽和质量均无可挑剔。

8 月，洛杉矶奥运会开幕，它是有史以来规模最大的奥运会，也是第一次由民间举办并产生了盈利的奥运会。中国代表团在此次运动会上凭借许海峰的射击实现了金牌“零的突破”，最终夺得 15 枚金牌，金牌数仅次于美国、罗马尼亚、联邦德国，位居第四。奥运会上的成功，极大地激发了全民的热情和民族自豪感，而作为中国代表团的首选饮料，健力宝也获得了不可想象的关注。

在8月7日的女排决赛上，已经成为民族英雄的中国女排姑娘以勇不可当之势，直落三局，击败东道主美国队，实现了“三连冠”的鸿鹄伟业，这在当年度是一件举国沸腾的盛事。在11日的《东京新闻》上，记者发表了一篇花边新闻稿《靠“魔水”快速进击？》，他好奇地发现女排运动员在比赛中一直在喝一种他从没有看到过的饮料——事实上，健力宝在当时除了供给中国代表团，连在国内市场上也几乎没有任何的销量，于是便猜测“中国运动员取得了15块奥运金牌，可能是喝了具有某种神奇功效的新型运动饮品（健力宝）的缘故”。很显然，这是一篇信手写出的、没有经过任何采访与核实的新闻稿。中国运动员成绩大幅度提升在国际上引起过很多的猜测，这无非是其中还算友好和调侃的一种。没有想到，一位随团采访的《羊城晚报》记者看到了这篇新闻，他将之妙手改写成“中国魔水”风靡洛杉矶，当这条“出国转内销式”的新闻在晚报上刊出后，居然被迅速广泛转载，“中国魔水”与“东方魔女”（对中国女排的昵称）交相辉映，在早已沸腾的奥运热上再添一份充满了神秘气息的骄傲，它实在非常吻合一个刚刚回到国际舞台的东方民族的心理满足。健力宝一夜而为天下知。

李经纬就这样交上了好运。1984年，健力宝的年销售额为345万元，第二年就飞蹿到1 650万元，再一年达到1.3亿元，此后15年间，它一直是“民族饮料第一品牌”。在最紧俏的时候，三水县到处是全国各地前来拉货的大卡车，一车皮健力宝的批条就被炒到了两万元。健力宝的崛起，意味着中国饮料市场的春天到来。同时，受其刺激，在珠江三角洲一带相继冒出无数大大小小的饮料工厂和食品、保健品工厂，“珠江水”和“广东粮”北伐内陆的时代开始了。

不夸张地说，1984年是属于珠江三角洲的。邓小平的南方视察以及深圳等地的示范效应，在这一年终于发酵。无数胸怀野心的青年人如孔雀东南飞，纷纷奔赴此地。

浙江大学数学系毕业生史玉柱，在安徽省统计局的办公室里编写了第一个统计系统软件，他发誓要做中国的IBM，不久后，他将南下深圳书写一段高亢而悲壮的生涯；同样也是浙江大学毕业的段永平愤然离开分配单位北京电子管厂，他发誓自己以后再也不会在国营工厂里上班，因为那里“人人都觉得能干，却什么都不干”，他也将坐着火车到珠江三角洲去了；赵新先，军医大学的教授带着自己的“三九胃泰”在深圳笔架山下开始新的事业；在惠州，从华南理工大学毕业的李东生在一个简陋的农机仓库开辟自己的工厂，他与香港人合作生产录音磁带，这便是日后赫赫有名的家电公司TCL。

在广东顺德的容桂镇，只有小学四年级学历的潘宁以零件代模具，用汽水瓶做试验品，凭借手锤、手锉等简陋工具、万能表等简单测试仪器，在十分简陋的条件下打造出了中国第一台双门电冰箱，那一天雷雨交加，他独自一人冲进大雨中号啕大哭。10月，珠江冰箱厂成立，冰箱的品牌是“容声”，潘宁出任厂长，这便是在后来统治了中国家电业十几年的科龙公司的前身。潘宁造冰箱，在技术上靠的是北京雪花冰箱厂的支援，在资金上则是由镇政府出了9万元的试制费，所以，这家工厂成了“乡镇集体企业”，这一产权归属最终决定了科龙和潘宁的悲情命运。①②

---

① 1984年3月2日，国务院正式发出通知，将社队企业改称为“乡镇企业”，作为一个新的、独立的企业形态，乡镇企业第一次浮出了水面。据有关资料显示，当年中国的乡镇企业实际已发展到165万家，拥有劳动力3 848万人。

② 两个补充细节：潘宁到北京当时最著名的西单商场推销冰箱，一位科员问：“容声是咋回事？是啥级别的？”潘宁说：“我们是乡镇企业。”那位科员当即下逐客令。1986年，潘宁请香港影视明星汪明荃代言冰箱广告，因为汪是全国人大代表，广告要播出需请示上级，报告打上去，如石沉大海，所以在很长一段时间里，这则广告只能在地方电视台播出，上不了中央电视台。

在1984年诞生的这些公司，在今后将相继散发出它们的光芒，不过在那时，它们还非常的幼小，并没有引起人们的关注。它们都没有太多资源，创业者看上去与常人无异，分散在一些偏僻的地区和角落，它们所从事的产业大多与人们的日常需求相关，这也是企业能够迅速成长的前提。跟那些拥有大量设备、技术、人才和资本的老牌国营企业相比，它们在任何一个方面都微不足道，唯一有的，只是自由。

当时，这些公司在性质上也算是“国有”或“集体所有”，不过由于新创办——如联想、万科等，或濒临破产——如海尔、健力宝，所以并不在政府部门的关注对象之列，相应地便也拥有了一定的自主权。而正是这点可怜的自主权让它们显得与众不同，在一切都需要“计划”的时代，它们是少数能够掌握自己命运的人。

如果说，张瑞敏、柳传志们的困难是找不到项目和方向，而那些手拥资源的老牌国营企业却为不得自由而苦恼。这几乎是一种宿命，在体制逐渐市场化的过程中，那些老企业将被消耗得精疲力竭，它们的优势和积累日渐老化、消失，最终被时代所淘汰。年初，邓小平在南方的行动让举国上下感觉到了进一步扩大改革的决心，很快，在各个领域，突破性事件频频发生，停滞了两年多的变革列车再次快速启动。3月24日，福建国有骨干企业55位厂长的呼吁书《请给我们松绑》在《福建日报》全文刊登，这成为当年度最具轰动性的企业事件。

事情的经过是这样的：3月23日，福建省的55位厂长、经理齐聚福州，参加“福建省厂长经理研究会”的成立大会，会议期间，厂长经理们的抱怨之声不断，“现行体制的条条框框捆住了我们手脚，企业只有压力，没有动力，更谈不上活力”，于是在黄文麟等人的带头下，厂长们以“请给我们松绑”为题联名向省委书记项南、省长胡平写了一封信。

这是一份言辞恳切、表述谨慎的公开信，厂长们在信中写道：“我们认为放权不能只限于上层部门之间的权力转移，更重要的是要把权力落实到基层企业。为此，我们怀揣冒昧，大胆地向你们伸手要权。我们知道目前体制要大改还不可能，但给我们松绑，给点必要的权力是可以做到的。”55位厂长、经理具体要求“松绑”的权力被分成五点，主要有三条：一是人事权，企业干部管理除工厂正职由上级任命，副职由厂长提名、上级考核任命，其余干部通通由企业自行任免，上面不得干预。干部制度破除“终身制”和“铁交椅”，实行职务浮动，真正做到能上能下，能“干”能“工”。二是财权，企业提取的奖励基金由企业自己支配使用，有关部门不得干涉。奖金随着税利增减而浮动，不封顶，不保底。企业内部可根据自己的实际情况，实行诸如浮动工资、浮动升级、职务补贴、岗位补贴等多种形式的工资制度和奖惩办法。三是企业自营权，在完成国家计划指标的情况下，企业自己组织原材料所增产的产品，允许企业自销和开展协作，价格允许“高进高出”，“低来低去”。

日后披露的史料显示，这封“公开信”并不完全是厂长们的自发行为，信件的主要起草人黄文麟当时是福建省经济委员会的副主任，也就是主管该省企业改革的主要官员之一。在某种意义上，“公开信”其实是福建官员借厂长经理之口，唱出的一台“松绑双簧戏”。事实上，自“松绑信”后的20多年间，中国企业家再也没有以集体的、有组织的方式开展过权益争取的行动。

黄文麟的这个异乎寻常的戏剧性行动，在当时显然得到了省委书记项南的默许和鼓励。黄将公开信在会议当日就直送到了项南的办公桌上，后者一收到信，立即批转给了《福建日报》，还提笔替报社写好了“编者按”。第二天，公开信便在日报的头版头条刊出。当日，福建省委组织部就拿着报纸组织研究，决定在企业人事任免、干部制度改革、厂长权力等三方面，给企业“松绑放权”，其他的主管部门也纷纷下文，表态“不当新‘婆婆’，坚决搞改革，支持‘松绑放权’”。一周后，北京的《人民日报》在第二版头条显著位置，报道了55位厂长、经理呼吁“松绑放权”的消息，还配发了相关的“编者按”，对福建省有关部门重视呼吁大加赞赏。

至此，全国报纸纷纷转载、评论，“松绑”新闻演变成了一场全国性的事件。在企业史上，它是中国企业家第一次就经营者的自主权向资本方——政府部门提出公开的呼吁，它之所以会滚雷般地引发全国性的轰动，实在是因为这种声音已经被压抑得太久太久了。尽管它的产生其实带有很强的政府操作的色彩，不过在实际的效果上确实对全国的企业改革起到了强力催化的效应。“公开信”带有强烈的时代气息，它第一次明确提出了“实行厂长（经理）负责制”的议题，呼吁通过扩大权力调动企业经营者的积极性。这一呼声很快成为一种共识。5 月 10 日，国务院顺势颁发《关于进一步扩大国营工业企业自主权的暂行规定》，不久后又做出《关于城市经济体制改革的若干决定》，直到两年后，国务院发文全面推行《厂长经理责任制》，明确规定全民所有制工业企业的厂长（经理）是一厂之长，是企业法人代表，对企业负有全面责任，处于中心地位，起中心作用。

▲“松绑”呼吁信发表后，全国主要媒体的强烈反响

“松绑新闻”是国营企业改革史上的一个标志性事件，“公开信”发表的 3 月 24 日还一度被命名为“中国企业家活动日”。此后，国营企业家们还将为自主权的全面落实抗争十多年。2004 年，在“松绑公开信”发表 20 年之际，有记者追访当年的 55 个企业，结果发现，其中 1/3 破产，1/3 被民营或外资公司兼并，还有 1/3 处境艰难。公开信的参与者之一、福州阀门总厂的原厂长陈一正对来访者说：“我常常问自己，当时要的权用好了吗？”

随着宏观调控的松动，外资进入中国的热情又被点燃了。松下幸之助又一次来到了中国，这时候的他已经是一个头带光环的传奇人物了，在整个 20 世纪 80 年代，他的管理思想一直受到顶礼膜拜。而松下来中国，并非仅仅是为了传播他的思想，更多的是为了推销他的那些刚刚从日本工厂淘汰下来的彩电生产线设备。这一年，青岛的海信、四川的长虹和广东的康佳相继引进了松下的彩电生产线，到 1985 年前后，中国一共引进了 105 条日本的彩电生产线，日本企业成为第一批在中国赚到钱的跨国企业，而那些引进了生产线的中国企业也迅速崛起。在一个消费日渐苏醒的国家，生产的能力和设备的先进性往往是最强大的竞争力。

1983 年，在上海，第一家进入中国的跨国汽车公司结出了硕果，德国大众的桑塔纳汽车组装成功。1984 年，上海大众汽车公司宣布奠基，德国总理科尔和中国总理李鹏都出席了盛大的奠基仪式。而在同一年，中国第一辆自己设计和生产的汽车品牌——“红旗牌”轿车悄悄停产了，这款轿车当时是在周恩来总理的亲自主持下研发出来的，它的出现曾经极大地激发了中国人的民族自豪感，被认为是中国走向工业现代化的“里程碑”。在 1984 年，我们无法从当年的报纸上找到这一条新闻，因为它实在带有太强的、意味深长的寓意性，没有人希望放大其中的任何含义。

一些新的合资公司也纷纷成立了。在北京，新创办的四通与日本三井株式会社达成协议，开发中文文字处理机，这款被定名为“四通 2400”的打字机在随后几年内将风靡全国；在南京，南汽与意大利的依维柯签约，开始生产该品牌的汽车；在上海，邮电部门与阿尔卡特集团联合创办了上海贝尔电话设备公司，这是中国第一个研制生产程控电话交换机的中外合资企业。

1984 年，是一个充满着暗示和悬念的年份。早在 1949 年，英国著名政治讽刺作家乔治·奥威尔（George Orwell）创作了一部虚幻预言小说，书名为《1984》。小说中的主人公温斯顿·史密斯在虚幻中的 1984 年生活在一个叫欧什尼亚的极权专制国家。

当 1984 年真的到来的时候，世界并没有像奥威尔描写的那么恐怖。相反，市场的力量似乎占据上风，里根－撒切尔主义大行其道。在全球商业世界里，也跟剧烈变化中的中国一样，正进入一个重新洗牌的年份。一些传统意义上的大公司或被分拆，或陷入困境，而新的产业正萌芽待放，新的公司英雄已呼之欲出。

当年度世界最轰动的企业新闻，是 AT&T（美国电话电报公司）被分拆。这家由电话发明人亚历山大·贝尔创立的公司曾经是“美国的象征”，它一度是世界上最大的企业，在 20 世纪 80 年代初，公司的总资产达到 1 500 亿美元，年销售收入 700 亿美元，约占美国国民生产总值的 2%，到 1984 年，公司雇员总数达到 100 万人，股东逾 300 万。长期的垄断经营，使这家伟大的公司变成泥足巨人。当时，日本生产的松下电话机售价仅 20 美元，而 AT&T 的电话机制造成本就要 20 美元，维修费用更高达 60 美元。从 1 月 1 日起，贝尔公司分布在全美各地的 22 家子公司被分拆重组为 7 家独立运营的公司。这是一项具有标志意义的事件，它一举打破了美国电信业的长期垄断，也为 AT&T 公司这个巨人松了绑。从长远看，它彻底激活了电子业务的成长，为互联网技术的突破提供了广阔的市场空间。我们之所以要在一部中国企业史中，以一定的篇幅来描述这段历史，是因为它对今后中国国营企业，特别是那些垄断性公司的改革提供了借鉴。在随后的篇幅中，我们也将描写这些公司的渐进式改造。当我们评估其得失时，AT&T 无疑是一个很值得参照的案例。

与 AT&T 被分拆几乎同等重大的事件是，这一年的 1 月 24 日，苹果电脑公司发布了麦金托什（Macintosh）家用电脑，这一天后来被《时代周刊》杂志评价为个人电脑大众化普及的第一日。在此前的 1976 年，苹果就推出了首台个人电脑，而 IBM 公司并未给予重视，觉得那不过是电脑业余爱好者的玩意儿。但在 1981 年夏天 IBM 突然以 IBM PC 重拳出击，并以其备受企业信赖的品牌推动 PC 市场迅速成长。而此刻，苹果推出充满个性的麦金托什电脑，并投入了巨额广告，它真正激活了全球的家庭电脑市场。富有创意的苹果总裁史蒂夫·乔布斯用一则充满暗示的电视广告描述了这个时代的到来：一排排面无表情，机器人似的光头男子走进一个阴森森的大厅，坐在那里接受一个从巨大屏幕上映出的“大哥”模样的人的训话。这时一个手握三尺铁锤，身材健美的女子冲进了大厅，她在一片惊愕的目光中把“大哥”训话的屏幕砸得粉碎。这时云开雾散，光芒四射，一个庄严的声音伴随着屏幕上映出的文字：“1984 年 1 月 24 日，苹果电脑将推出麦金托什，你会明白为什么 1984 年不会是小说中的 1984 年。”

在得州大学奥斯汀分校，19 岁的一年级医学系学生迈克尔·戴尔看到了乔布斯的这则令人印象深刻的电脑广告，这直接刺激了他的创业欲望，在过去的一年多时间里，他常常逃课，躲在寝室里痴迷地组装电脑。乔布斯的广告让他确信，电脑这一工具将极大地改变人们工作的方式，而且成本将逐渐降低。他决定马上开办自己的戴尔电脑公司，他对闻讯坐飞机前来劝阻的父母说：“我想跟 IBM 竞争。”戴尔的竞争办法当然不是去另外建一个 IBM——他只有 1 000 美元的创业资金，这位天才的商人将用一个简单的问题来开展事业，那就是：“如何改进购买电脑的过程？”他的答案是：把电脑直接销售到使用者手上，去除零售商的利润抽取环节，把这些省下来的钱返还给消费者。把 19 岁的戴尔与 40 岁的柳传志做一个对比，是一件有趣的事情，他们在开创事业的第一天都遇到了 IBM，前者的思路是通过直销的方式全面颠覆已有的电脑销售模式，后者则成了电脑巨人在中国的一个渠道代理商。

在西雅图，已经创业 9 年、在软件产业奠定了自己地位的微软公司年轻总裁比尔·盖茨也看到了乔布斯的广告，他兴奋地对《流行科学》的记者说：“如果乔布斯无法取得成功，市场将被 PC 占据。不过我们对苹果机非常狂热，如果它可以达到生产目标，我们预计 1984 年半数的微软零售收入将和麦金托什相关。”[1] 也就在此后不久，他为自己的公司设定了那个著名而伟大的理想：“让每一张办公桌，每一个家庭都摆上电脑。”

受到感召的不仅仅有戴尔和盖茨，在旧金山，一对名叫桑迪和伦纳德的夫妻用 5 美元注册了思科系统公司，他们正在研究一种叫路由器的新产品，这个白色的小盒子可以让多台电脑互相通信和共享信息，正是这个革命性的产品让日后的互联网浪潮成为可能。

戴尔和思科的出现，基本上代表了日后新技术公司的两种成长路径：独一无二的商业渠道模式，或高度垄断的核心技术优势。由此我们可以看到，中国公司与美国公司之间的距离，并不在于创始资本的大小，而在于各自对产业成长的视野和理解的差距。

1984 年，是一个骚动而热烈的年份。“我们都下海吧”，所有的年轻或不太年轻的人们都在用这样的话语互相试探和鼓励。新中国成立后共有三次下海经商浪潮，这是第一次，其后两次发生在 1987 年和 1993 年。经过将近 6 年的酝酿和鼓动，“全民经商热”终于降临，当时在北方便流传着这样的顺口溜——“十亿人民九亿倒，还有一亿在寻找”。根据《中国青年报》做的一份调查，当年最受欢迎的职业排序前三名依次是：出租车司机、个体户、厨师，而最后的三个选项分别是科学家、医生、教师。“修大脑的不如剃头的”“搞导弹的不如卖茶叶蛋的”，是当时社会的流传语。

在这一年的最后，还是让我们用那个即将成为中国第一个“首富”的四川人来结尾。

8 月，牟其中第二次出狱了，这次他被关了 11 个月，罪名仍然是“莫须有”。他是 8 月 31 日被放出来的，9 月 18 日，他就匆匆召开了中德复业恳谈会，10 月 5 日，将中德商店升格为中德贸易公司，很快又升级为中德实业开发总公司。数年后，他的公司再度更名为南德，而他将 1984 年作

---

① 这段话被发表在《流行科学》1984 年 3 月刊上。

为公司的创始年。

在自己的新办公室里，他挂了一幅《好猫图》，三只活泼、灵巧的小猫姿态各异地聚在一起，它暗喻着“不管白猫、黑猫，抓住老鼠就是好猫”，上端横幅写着“走自己的路，建设中国式的社会主义”。这很像一个政治理想，而不是商业上的理念。在这一年的最后一个季度里，他一直在忙不停地注册公司，他办了一个“中德企业管理夜校”，想把它办成一个培养商海巨子、企业家的摇篮；他组建“小三峡旅游开发股份有限公司”，想要成立董事会，并发行股票；他还注册了中德服装工业公司、中德竹编工艺厂、中德造船厂、中德霓虹灯装潢美术公司、商品房建筑公司。座钟倒卖的成功让他自视为商业上的天才，仿佛天下生意均靠他神指一点便会金山成堆，善于天马行空而惰于落实执行的商业性格在这个时候已经毕现无疑了。

到年底，他的每一个项目都半途夭折，不了了之，不过这并没有让他产生挫折感，他只是觉得万县这个弹丸之地实在太小了。第二年的开春，他将要去重庆，去北京，去一个更辽阔的天地，那里才能为打造他的商业帝国，舒展梦想的翅膀。

1985 无度的狂欢

跟着感觉走，
紧抓住梦的手，
脚步越来越轻越来越快活。

——苏芮：《跟着感觉走》，1985年

从 1984 年 6 月起，孤悬海外、百年寂寥的海南岛突然成了一块骚动的热土，全中国嗅觉敏感的商人都夹着钱包往那里赶，一场百年一遇的金钱狂欢正在那里上演，大戏将持续半年，最终以悲剧落幕。

海南岛那时还隶属于广东省，1984 年 1 月，邓小平南方视察之后，中央即决定开放沿海 14 座城市，比邻香港和深圳的海南理所当然地成为开放的重点区域。当时的海南行政区党委书记、公署主任雷宇“激动得夜不能寐”。他后来回忆说，当时他算过一个细账：“海南岛要发展，必须要有原始积累，靠什么呢？靠中央？很重要，但不够。靠外援？不可能。

有一快捷的办法是自己‘草船借箭’。”[①]

雷宇的“借箭计”，便是把中央给的特殊政策转化成真金白银。早在1983年4月，中共中央国务院曾经批转过一个文件，《加快海南岛开发建设问题讨论纪要》，其中指出：“海南行政区可以根据需要，批准进口工农业生产资料，用于生产建设；可以使用地方留成外汇，进口若干海南市场短缺的消费品（包括国家控制进出口的商品）。”不过，这个《纪要》又明文规定“上列进出口物资和商品只限于海南行政区内使用和销售，不得向行政区外转销”。雷宇的“借箭计”则把后面的这段文字给轻描淡写地“忽略”了。事实上，在当时的深圳，靠进口国家控制商品来赚钱的公司比比皆是。[②]

为了又快又多地利用政策，完成原始积累，雷宇和他的部属们很自然地想到了汽车，跟进口一些小家电、办公设备等相比，它无疑是利润最丰厚、也是内陆市场最欢迎的一个重量级商品。当时雷宇的算盘是，“进口1.3万辆转卖到内地，赚两个亿就行了”。

出乎他意料的是，闸门一开，事态迅速地变得不可收拾。1984年的海南，是一个官贫民穷的偏远之地，当时全岛的财政收入只有2.856亿元，用雷宇的话说，“连开工资都不够，当时的公社改成乡和镇要挂牌子，有的公社连挂牌子的钱都没有，征兵写标语买宣传纸的钱都没有，这是真的”。[③]而如今，弄到一张批文，倒卖一辆汽车就可以赚个上万元，这对

① 朱建国，《今日雷宇》，《南风窗》，1999年7月。

② 雷宇日后抗辩说，1984年7月，国家工商局市场司一位副司长在全国一个会议上，宣布广东、福建两省进口汽车可以销往省外。然而，这仅是个人说法，并无文件依据。

③ 朱建国，《雷宇“失踪”之迷——重评“海南汽车事件”》，http://zhujianguo.blogchina.com/466536.html。

于海南人来说，无疑是在家门口挖到了一口大油井。[1]一时间，全岛陷入疯魔，人人争跑批文，个个倒卖汽车，连雷宇日后都无奈地承认："连幼儿园都来搞汽车批文，因为批文可以变钱，跑到外省卖批文，外地没有批文，海南岛可以有批文啊，他转手之间把这些批文给别人，那不就赚钱了吗？"

这年夏天，海南岛几乎人人都在谈论汽车。随便到哪间茶楼、饭馆、旅馆、商店、机关、工厂、学校、报社，直至幼儿园、托儿所，听得人头昏脑涨的一个词，就是"汽车"。日后有一篇报告文学描写过一个细节："这天早上，一位在机关扫地倒茶的阿婶，扳着手指，给在门口收邮件报纸的阿伯算账，进口一辆12座的日本面包车，只需四五千美元；进口一辆日本超豪华皇冠只需5 700美元。以美元和人民币牌价比率1 ∶ 2.8计算，打了关税，还是有100%，甚至200%的惊人利润。两个人越算越欢喜，因为他们刚刚搞到了一张进口汽车批文。"

在1984年上半年，海南的进口汽车才2 000多辆，到7月，区政府一下子批准了1.3万辆汽车进口，比上半年的月平均数高出36倍。黑市外汇变得公开化了，价格疯狂飙升，美元和人民币的比率成了1 ∶ 4.4，甚至到了1 ∶ 6。人们带着大包小包的人民币，涌到珠江三角洲换港币。深圳、北京等地的一些人也从海南的政策中嗅到了金矿的气味。当时其他地方进口家用电器、汽车、摩托车及零配件等，都要直接由国务院审批，但海南岛却拥有自己进口的特权，谁都判断得出其中的利益空间，于是，"到海南去倒汽车"成了那时最诱人的商机。

一场史无前例的汽车大狂潮，在这个贫穷的孤岛上正式启动了。区直属的94个单位，有88个着了魔似地卷入了汽车狂潮中。在党政机关的影

---

① 雷宇曾描述1982年前后的华南乡村："当时海南根本没有任何商品意识，海南人拿鸡蛋、水果到村头巷尾、榕树底下来卖，人是躲在别的地方，不敢去收钱，等你拿了东西将钞票压在他的筐底下，人走了他才敢收起来，他觉得要人家的钱不好意思，但没有钱又不行。"谁也没有料到，仅仅数年，铜钱滚至，淳朴尽失。

响下，全岛各行各业都气粗胆壮地做起汽车买卖。仅半年，全岛便出现了872家公司，个个直奔汽车而去。

那是一个酷热难当的夏天，汽车像潮水般涌进海南岛，全部停在海口市内外，密密层层，一望无际，在阳光下五彩缤纷，闪闪发亮，形成了一个蔚为壮观的场景。工商局积极为来自全国各地的买家办理“罚款放行”手续，只消罚款四五千元，盖上一枚公章，这辆汽车就可以堂而皇之地装船出岛了。在这中间，贪污、行贿、受贿、套汇，所有作奸犯科的活动均在阳光下公然进行。事后清查，在短短半年里，海南一共签了8.9万辆汽车进口的放行批文，对外订货7万多辆，已经开出信用证5万多辆。进口用汇总额高达3亿美元。

9月，海南大量进口汽车引起中央关注，国务院派人前来调查，海南行政区政府的上报材料与实际情况大有出入：“第一，海南进口的所有汽车，都是在岛内销售的（所有汽车发票上都盖着‘只限岛内使用’和‘不许出岛’的字样，这是事实）。第二，目前已经到货的车，不足1.5万辆（这也是事实，但上报材料没有提及已经发货，正朝着海南破浪而来的那几万辆汽车）。第三，海南对进口物资的管理，十分严格，一律不准出岛，违者要受处分。”就在行政区政府上报这份材料的同时，成千上万的日本汽车，正在海口市的港口源源不断地卸下。从9月25日至10月10日，海南至少又批准了8 900多辆汽车进口。11月25日，雷宇在一份致国务院特区办的电报中仍称：“到目前为止，海南岛进口的汽车全部都是在岛内销售的。”

汽车并不是钻石，成千上万地进口、出岛，却让全天下的人都视若无物，这未免太过猖狂。到年底，国务院特区办已经不再相信海南的报告。12月，雷宇被召到广州，省政府明确命令他停止汽车进口。至此，狂潮才戛然消歇。1985年年初，由中纪委、中央军委、最高人民法院、最高人民检察院、国家审计署、海关总署、国务院特区办，以及省委、省府等机构102人组成的庞大调查组，进驻海南。1985年7月31日，新华社播发通电《严肃处理海南岛大量进口和倒卖汽车等物资的严重违法乱纪》，称：

“中共海南区党委、海南区政府的一些主要领导干部在1984年1月1日至1985年3月5日的一年多时间里，采取炒卖外汇和滥借贷款等错误做法，先后批准进口8.9万多辆汽车，已到货7.9万多辆，还有电视机、录像机、摩托车等大量物资，并进行倒卖。这是我国实行对外开放以来的一个重大事件。海南行政区党委和某些负责人违背中央关于开发海南的方针，从局部利益出发，钻政策的空子，滥用中央给予的自主权。这一严重违法乱纪行为，冲击了国家计划，干扰了市场秩序，破坏了外汇管理条例和信贷政策，败坏了党风和社会风气，不仅给国家造成很大的损害，也给海南的开发建设增加了困难，延缓了海南岛开发建设的进程。”

不久后公布的调查数据显示，在一年时间里，海南非法高价从全国21个省市及中央15个单位炒买外汇5.7亿美元，各公司用于进口的贷款累计42.1亿元，比1984年海南工农业总产值还多10亿元。除了汽车之外，还进口了286万台电视机、25.2万台录像机。

雷宇被撤职，后转任广东一个农业县的副书记。行政区委常委、组织部长林桃森于一年后被以“投机倒把”罪判处无期徒刑。一直过了很多年，人们仍然可以在大江南北的道路上看到一些挂着“粤字”牌照的高档走私车，它们都是当年海南案的遗物。

在中国改革史和企业史上，“海南汽车倒卖事件”带有很强的“寓言性”，一个地区为了发展经济，令制度的许多欠缺渐渐跟不上经济发展的需求，中国改革的渐进特征日益明显，开始进入漫长的灰色地带。

根据何博传在《山坳上的中国：问题、困境、痛苦的选择》中披露的数据，1985年中国进口汽车等于1950—1979年进口汽车的总数。[①] 海南事件后，利用政策空子，倒卖走私进口汽车的现象一直没有被真正制止，

---

① 何博传著，《山坳上的中国：问题、困境、痛苦的选择》，贵阳：贵州人民出版社，1989年版。

其后续余波一直延续到2000年的厦门远华赖昌星走私案。从1983年到1987年，各地政府动用外汇大量进口汽车，数额高达160亿美元，相当于当时两个美国克莱斯勒汽车公司的固定资产净值。

其他商品的进口倒卖也同样没有停止过。1988年1月到9月，通过海关进口的录像机为2万台左右，而实际流入国内的在33万台以上。新华社记者去北京最大的两家国营商场调查，其销售的录像机绝大多数是从广东贩来的走私货，有的已是二手货甚至三手货。再以彩色相纸为例，1989年上半年，五个特区就引进4 000万美元，占全国消费量的1/3，其中80%以上通过灰色渠道流入内地。1988年，根据海关统计的全国进口消费品价值为13亿美元，新华社日后的评论是："任何一个有判断力的读者到市场上转一圈都会回来说：不对头，再翻一番也不止。"1995年，通过外贸正常渠道进来的进口彩电为54.9万台，而市场实际的销售量为500万台。

放在年度观察的角度来看，疯狂的海南汽车事件并不是一个孤立的事例，相反，在当时的全国各地，一个与之相比毫不逊色的设备引进热正如火如荼地进行着。

从上一年开始，大量的生产线便开始陆续涌了进来。中国沿海无疑正在成为国际产业转移的下游地带，对于跨国公司和中国来说，这似乎都是一种明智的选择。成百上千条彩电线、冰箱线、洗衣机线和录像机线正日以继夜地抓紧安装，很快，中国家电业的"战国年代"就要到来了。速度成了最重要的指标，在天津，曾创下22天引进一条德国摩托车生产线的纪录，它被当成是先进的事迹广为传播。

正如英国的《金融时报》在1985年2月27日的一篇报道中所评论的："在全中国，即使是很小的工厂，也在寻找外国合资者，以帮助它们实现企业现代化。中国人现在比5年前要有组织得多，消息也灵通得多。"而10月的美国《新闻周刊》在《中国人搜寻有用的旧设备》一文中，更是生

▲广东一家引进国外良种奶牛和先进设备的奶牛厂

动地描述说："一批工程师、技术员和包装工来到了法国的工业城市瓦尔蒙，他们夜以继日地工作，把已经破产的博克内克特冰箱厂的设备尽数拆去，5 000吨设备装上了轮船、飞机和火车，启程运往天津，在那里的一家工厂里它们将被重新组装成一条每天生产2 000台新冰箱的生产线。类似的情况比比皆是。在整个欧洲，中国的代表团手中拿着想要物品的清单，到处搜寻二手的工厂设备，这已经是一种趋势。对欧洲的公司来说，这些设备如果不卖，要么被毁掉要么闲置不用，中国是一个极有吸引力的贸易伙伴——因为它总是付现金。"华裔经济学家黄亚生后来的研究表明，"大量的日本投资方使用了二手机器，日本企业不能使用这些机器在其国内赢利了"。一位长期在中国工作的联合国高级顾问威廉·韩丁在一本名为《大逆转：中国的私有化1979—1989》的书中披露说："1985年前后，知情人士说很多不良贸易正在进行着。如果一个外国公司不能使政府接受合同购买它们的产品，它们可以下到省市级的单位完成未果的交易。就这样它们卖给了中国大量劣质设备和过时技术。由于对高技术的狂热，任何称为高技术的东西都能卖得很好，即使它根本没有任何技术含量或者中国本来就有了更好的技术。"[①]

① ［美］威廉·韩丁著，《大逆转：中国的私有化1979—1989》，纽约：每月评论出版社，1990年出版。

发生在全国各地的设备引进热潮，对后来的中国公司发展产生了巨大的影响力。它让很多设备陈旧、缺乏产品竞争力的老企业迅速复活，得以用最快的速度进入正在爆炸中的消费品市场，我们将看到，那些日后驰骋一时的明星公司都是当年生产线引进的积极者。根据《经济日报》的报道，这一年在北京市场上受欢迎的冰箱品牌有广州的万宝、苏州的香雪海、嘉兴的益友、天津的冰峰；洗衣机则有上海的水仙、广州的五羊、大连的波浪、杭州的金鱼、武汉的荷花、长春的君子兰、宝鸡的双鸥。它们是中国家电业的第一批名牌产品，无一例外的是，它们都是最早引进了国外生产线的国营企业。

与此同时，没有规划和秩序的引进热也造成了极大的浪费和行业管制上的失控。

其问题之一，是贪大求洋，不符合国情。武汉一家轧钢厂引进上千万美元的设备，因动力问题无法解决长期闲置；四川花 8 亿元从日本引进了一整套维尼龙生产设备，建成后发现天然气供应无法解决，就算把重庆钢厂的天然气全部移过去也不够维持一半设备的开工；大庆化肥厂引进一条美国生产线，将原有职工 1 520 人精简到 315 人，其后管理问题层出不穷，技工素质无法保证专业协作，两年后不得不“改回去”。

其二，盲目引进，利用率低下。根据《光明日报》的报道，1987 年，武汉市对引进工作进行普查，发现全市 87 家企业共有 911 台设备，价值 5 100 万元，长时间空置，有的连包装箱都没有打开。1987 年 12 月 15 日的美国《商业周刊》估计，中国工厂的闲置设备价值约 200 亿元，其中相当部分为两年前的引进设备。

其三，成套设备偏多，技术性引进少。根据当时学者的统计，在引进热中，成套设备占 80%，单项设备占 17%，而被当作目标之首的技术引进则只占 3%。很多设备引进后，其生产所需的零部件和设备维护等仍然全部依赖外国公司。

其四，重复引进，缺乏规划。1985 年前后，上海共引进 12 条彩电生产线，两年后，只有 7 条在运转，其余的全都闲置报废。此类现象，在各行业和地区比比皆是。当年 5 月 17 日的《经济参考报》便在头版头条刊出中国汽车工业公司的一份调查结果，《汽车工业盲目布点重复引进情况严重》，根据这家行业管理公司的测算，到 1990 年全国的汽车年销量在 90 万辆左右，而从目前的引进情况看，届时的全国年产量将达到 200 万辆，此外还存在盲目引进散件组装整车、同一技术多家引进、引进项目纷繁重复、互不协作配套等现象，有的地区为了便于自行批准上项目，还采取了化整为零的办法，使一些大项目分批上马，导致了引进失控的局面。

在引进热中，泥石俱下的事情常常发生。青海省通过香港的一家贸易公司，从意大利和联邦德国引进了一套混凝土输送泵，结果发现竟是 30 年前的旧设备，整套设备除了标牌是新的之外，其他部件都已磨损不堪。8 月的上海《文汇报》便刊登了一则让人啼笑皆非的新闻，在题为《"洋豆腐"为何无人问津》报道中，记者写道：6 月下旬，闸北豆制品厂花 160 万元从日本引进了一套盒装豆腐生产线，原本希望它能丰富豆腐品种，增加市场供应量，谁知道，流水线安装一个多月后，烦恼接踵而来。首先是豆腐成本太高，菜市场一袋豆腐只卖一毛钱，他们的成本就要四毛；其次是保质有问题，用传统工艺做的豆腐变质后大不了发酸、起孔，这种日本豆腐一变质就成一包水；再者是流水线备件太昂贵，出一个小事故，单是给日本打个电报，至少也要 20 元钱。记者最后无奈地说，看来这次是交了一笔昂贵的学费。

从 1985 年到 1987 年，全国各地共引进 115 条彩电生产线、73 条冰箱生产线、15 条复印机生产线、35 条铝型材加工生产线、22 条集成电路生产线、6 条浮法玻璃生产线，仅广东一省，便引进 21 条西装生产线、18 条饮料灌装线、22 条食品面包生产线、12 条家具生产线。其中最典型的引进案例是，9 个省市一起向意大利梅洛尼公司引进了 9 条同一型号的"阿里斯顿"电冰箱生产线，每条生产线的价格均为 3 000 万元，年生产能力 30 万台。一时间，中国先后产生了合肥美菱、牡丹江北冰洋、南京伯乐、上海远东、景德镇华意、重庆五洲、宝鸡长岭、兰州长风和中意冰箱“阿里斯顿九兄弟”。在其后的家电抢购热中，这些企业都风光一时，成为当地的利税大户，极盛时，“九兄弟”的产量占到全国冰箱总产量的1/3。而10年后，8家凋零，仅美菱一枝尚存。

1985年的引进热在日后遭到了批评。大规模的引进热浪，使得外汇消耗巨大，到年底，全国的贸易逆差达到创纪录的137.8亿美元，相当于出口总额的52%。不过客观地说，这次失控的引进热对中国轻工产业的更新换代及消费品市场的启动，产生了巨大的效应。这个时候的中国公司，就好像一个青春期的少年冲进一片正在疯长中的草地，你听得到他的骨骼与青草一起向上生长的声音，过度的精力和热情挥霍似乎是不可避免的。

在大量引进的同时，根据《商业周刊》的观察，中国在这一年还开始尝试着对外投资。11月的报道披露：“中国开始向海外投资。第一站是香港，其投资达60亿美元，占在香港的外来投资的第三位。中国国际信托投资公司和两家美国企业在华盛顿州购买了一片价值3 500万~4 000万美元的森林，用于获取建造中国房屋的木料。这是中国在美国的第一笔直接投资。”

不过在开始，对外投资好像并不太顺利，《新闻周刊》举了两个在港投资失败的例子：“两家北京背景的公司——中国银行和中国资源公司花了2 280万美元购买了Conic公司34.8%的股份。之后，中方向董事局派遣了官员。数月后，Conic的股票停牌，因为该公司的主席把他价值1 000万美元的股票都卖给了中方，并且在他个人的控制下从Conic贷款了2 780万美元。另外一件事情是一家中资公司起先宣布花1.2亿美元购买8栋在建的公寓楼，但是随后又宣布放弃。这一行为导致了股市的下跌，公司失去了信用。”

这些新闻，在很多年后读来一点都不让人觉得新鲜，不过在1985年前后，世界还是观察到了一个封闭良久的社会主义国家尝试着参与国际资本游戏的努力，尽管这种努力显得有点笨拙。

几乎就在海南汽车案被中央点名制止的同时，国内还爆发了另一起重大的经济事件，在广东毗邻的福建省出现了晋江假药案，它直接导致了省委书记项南的黯然落马。

晋江制造假药的乡镇企业共有57家，其中45家集中在陈埭镇，而这个镇正是省委书记项南扶植起来的典型，它是福建第一个工农业产值超过一亿元的乡镇，被誉为“福建一枝花”。从1980年开始，当地的食品工厂开始兴起，为了追求暴利，渐渐地便转向了药品生产，当地的私营业主通过各级医药公司打进“公费医疗”这个特定的消费渠道。它们用低劣的银耳加上白糖，制成“降压冲剂”“理肺冲剂”“益肝灵冲剂”等假药，牟取不当利润。新华社记者在后来的报道中称：“假药厂大部分是农民集资合办的，他们没有制药技术人员，没有质量监测机构，也没有任何现代意义上的制药设备，使用的全部是简陋的炉灶、铁锅、竹器等原始工具，厂房则多为农村的旧民居，苍蝇乱飞，垃圾成堆，包装桌上积满灰尘。这类药厂是怎么取得合法地位的呢？手续倒是很简单，只要到村、镇挂个户头，村镇抽取产品销售额的1%~2%，就可以得到银行账号和公章了。”

成本低廉的假药通过高额回扣的方式冲进公费医疗体系，自然带来令人称羡的企业效益，而当地政府为了经济发展又听之任之。到1985年年初，晋江假药已成汹涌之势，连镇工商所也办起了保健饮料厂，生产销售假药。为了以更安全和合法的身份生产假药，晋江人还想出了联营工厂的方法，它们与厦门、陕西的一些濒临困境的国营工厂合作，以办分厂或合股的名义伪造批文，生产假药。当欲望之门被打开之后，如果没有法律的制约，富有想象力的邪恶便会像野草一样肆意地疯长。

1985年6月16日，《人民日报》发表了一篇爆炸性的新闻报道《触目惊心的福建晋江假药案》，对晋江制售假药的情况和原因进行了披露，称当地假药工厂生产100多种假药，总数10万多箱，销售额3 500多万元，参与制售假药者1 000多人，此外还伪造卫生行政部门的药品审批文号105个，私自印刷税务发票。此后，有关部门持续清查，媒体持续跟进曝光，举国一时鼎沸，晋江成为“假药”和“骗子”的同义词，以致后来很长一段时间，当地人外出经商只说自己是泉州人，而不敢提“晋江”两字。在这场打假风暴中，项南受到牵累，辞职下台。

从晋江假药案开始，在广袤的中国农村，有意识、有组织、大规模地制造假劣产品，在今后20年的时间里仍将持续地蔓延，从来没有根绝。它成为很多地方摆脱贫困的捷径，成为地方政府振兴当地经济的绝招，在晋江假药工厂中，相当一部分的创办人和经营者是当地的乡镇干部，这个特征在今后也将一再地呈现。中国基层社会那种流传千年的淳朴的商业道德，从这时开始正在可怕地逐步沦失。[①]

晋江假药案和海南汽车走私案，让1985年的中国充满了诡异的气息。一方面，经济开放和企业改革日渐成为全民的共识，新的变革正在各个领域得到鼓励和尝试，珠三角、苏南和温州等地的民间资本正呈方兴未艾之势。加快投资、加快发展再度成为国家的主题，宏观经济在沉寂数年后再度出现趋热的迹象。另一方面，全民性的物质欲望被猛然地激发出来，摆脱贫困成为至高无上的公共理想，在这个目标之下，对制度和道德的漠视受到默许，这同时也给那些保守的势力提供了攻击的机会。

从宏观的角度来看，1985年的中国经济再趋过热。这与当时中央的货币政策有关，在上一年10月计划1985年信贷规模时，国务院公布以当年年底数字为下一年的借款基数。于是，各专业银行为争信贷基数而

---

① 发生在中国乡村的制造假劣事件，一个共同的特征是区域性作案，也就是某一个乡村的农民集体参与到制假造劣的活动中，所有的人都清楚地知道，他们的做法将产生怎样的后果，将会给社会和消费者带来怎样的伤害，但是，出于利益上的需要，每个人都将最起码的道德制约抛诸脑后，某些基层政府甚至成为这种集体犯案的保护伞和牟利共犯。曾有记者问一位造假乡村的干部：“你们知道这种行为是犯法和不道德的吗？”那个干练的乡长指着身后一幢幢正在建造中的农民新房，坚定地说：“我觉得，天底下最大的道德，就是让我贫困的家乡富裕起来。”

突击放款，结果国家信贷基金猛增，银行日夜印钞票，后来宣布多印了80亿元，要知道，在1983年，全国的货币投放总量才只有90.66亿元。

企业的不断创建与消费需求的增多，使得生产资料的短缺现象越来越严重。需要指出的是，中国从改革开放的第一天起，就一直处在一种资源缺短的状态中，这是30年来唯一没有改变过的状态。而对这种状态的政策对应，便可以看出这场改革的成长轨迹和内在的逻辑性。跟那些无缝不钻的民营公司相比，国营企业争夺生产资料的主动性和能力显然要弱得多，于是，国务院的智囊们便创造性地想出了一个“价格双轨制”的办法来。1985年年初，国家宣布取消对企业计划外自销产品价格的限制，宣告生产资料的“价格双轨制”正式形成。①

双轨制的意思是，一种生产资料存在两种价格，一种是国家掌控的“计划内价格”，一种是市场化的“计划外价格”，后者的成本要远远大于前者。这种扭曲的价格体制，其目的便是为了保护国营企业在原材料采购上的优势。同时，国家还可以根据市场的需求量来不断地调整计划内商品

---

① 从公开的资料看，1985年5月初，经济学家宦乡在一个题为“中国面对未来”的研讨会上，首次提出“我国新经济体制可能是一种双轨制”。他认为，“在今后相当长的时间内会出现集权经济体制与分权经济体制并存的时期”。这一思想得到了决策层的欣赏，也成为“双轨制”的理论基础。

对于“价格双轨制”的历史评价，经济学界存在争议。有的人认为“双轨制”使得国家机会主义制度化，并造成了大面积的贪污腐化。而张五常则认为这是一个“成功”的做法，理由是反问式的：如果不实行双轨制，就只有两种选择：一是继续计划单轨；一是按照休克疗法直接进入市场单轨。前者没有效率已是确凿的事实；但是后者却会造成很大混乱，而且事实上引起了很多困难。原因首先在于，市场开放以后，原有经济格局并不能马上改变，大量的国有企业仍然存在垄断，那么垄断者会利用其特权抬高价格，造成市场混乱；其次，市场一开放，原来经济当中的很多经济链条就会断开，使经济增长剧烈下滑。相比之下，双轨制一方面保留了计划价格，同时放开了一部分市场。虽然确实滋生了很多贪污的机会，但是这种制度让非国有经济得到了投资发展的机会，得到了出售产品的机会。

与计划外商品的销售比重，比如在1985年前后，钢材的计划内与计划外比重为78∶22，煤炭为92∶8，石油为83∶17，水泥为64∶36，食品类为73∶27，服装类为59∶41，耐用消费品为48∶52。从这些比重中可以看到，国家对原材料的控制力度远远大于对日用消费商品的控制。“双轨制”带有鲜明的计划经济特征，它在抑制价格暴涨、通货膨胀方面起到了一定的作用，却也在相当长的时间内，成为困扰民营企业成长的根本性难题。

江苏著名的乡镇企业无锡红豆集团的周耀庭回忆说：“红豆发展起来，国家从来没有给过一公斤的柴油，一公斤的棉纱，从来没有任何计划内的原料。1985年、1986年前后，纺织企业原料极其紧张，不少工厂都断餐了，我们企业做外贸没有棉纱，想到无锡市的部门去争取一些。回答当然是没有，因为你们是乡镇企业，不可能给一公斤棉纱。我讲，国营企业是老大哥，我们乡镇企业是小弟弟，小弟弟向老大哥学习，能不能让纺织公司给我们一点儿棉纱？部门的干部回答我说：你乡镇企业是小弟弟吗？称不上的。”

这段对话让周耀庭铭骨难忘，20年后，在接受中央电视台《改革开放二十年》专题采访时，他对着镜头说：“国营企业是老大哥，乡镇企业不是小弟弟，乡镇企业是私生子。那个时候，我们乡镇企业得到的是私生子的待遇。”

“私生子”的说法，难听了一点，但却是一个明摆着的事实。为了严格执行双轨制，保护体制内的国营企业，3月，国务院还发出一个严厉的禁令：重要生产资料和紧俏耐用消费品的批发业务，只能由国营单位经营，不准套购就地转手加价倒卖，不准倒卖计划供应票证，不准任意提价，不准以任何形式索取额外收入，对投机倒把者，要坚决制止严厉打击。

如此明确而峻厉的禁令，能吓着一些胆小的，却丝毫不能遏制那些背景强硬的冒险者，相反，倒使冒险的利润空间变得越来越大。后来发生的现实便是，“价格双轨制”直接滋养了“倒爷经济”的繁荣，那些有政府背景和资源的人或公司，按国家计划价格将紧俏生产资料买进，又按照市场价格将之卖出，赚取差价。《经济日报》曾报道这样一个实例：国营的内蒙古赤峰金属材料公司从一家铝锌矿以每吨 3 714 元的计划内价格购得 500 吨铝锭，然后以每吨 6 500 元的价格就地倒卖给广东公司，后者再将之倒卖三次，价格提高到每吨 7 000 元，最后仍由金属材料公司买回，调拨给国营的赤峰电线厂。铝锭原地不动，从中倒腾的倒爷们赚个了大饱，国营的矿厂、金属材料公司和电线厂无一例外地都成了买单人。

正是由于倒爷们的猖獗和“法眼通天”，使得各种国家统配物资以各种形式，通过各种渠道流向市场，国家指令性计划彻底失去了严肃性。在执行“价格双轨制”的年份里，国家统配物资从来没有完成向国家供货的合同，那些规规矩矩、遵守国家调控计划的国营企业反倒成为最大的受害者。在这个意义上，得益于这种畸形价格制度的“倒爷”阶层是压垮计划经济的最后一根稻草。

据估算，双轨制给中国经济带来的直接损失每年至少在 11 000 亿元以上，占 GDP 的 9%，与不少年份的中国经济增长速度基本持平。据学者胡和立的研究报告显示，仅在 1988 年，全国控制商品的价差总额就超过 1 500 亿元，加上银行贷款的利差和进口所用牌价外汇的汇差，三项合计价差达 3 500 亿元以上，约占当年国民收入的 30%，其中 70% 左右流入私人的腰包。①

尽管享受到了“价格双轨制”的保护，国营企业仍然在体制内挣扎，这真是一个从经营活动到心态观念都备受煎熬的过程。

那些在计划经济下形成的“正统观念”正受到来自市场的严峻挑战，所有的人都觉得不习惯。多年以来，宣传系统一直在宣导“工人是工厂的

① 胡和立，《1988 年我国租金价值的估算》，《经济体制比较》，1989 年 05 期。

主人翁”以及“企业是党领导下的工人组织”，而刚刚开始推行的厂长责任制则让这些不容挑战的理念面临尴尬。11 月的《工人日报》刊登了一篇报道，题为《一个锐意改革的厂长之苦恼》：一年前，岩石到“名盈实亏”的长春卷烟厂任厂长，他管理严格，经营得法，当年就实现利润 1 200 万元，成为全省的盈利冠军，然而他严苛的工作方式却遭到习惯于温情管理和平均主义的工人们的抵抗，数十份投诉岩石“多拿奖金”和“任人唯亲”的告状信发到各个上级部门，前后 7 个调查组进厂调查。报纸为岩石辩护说，他的工资只比普通工人高两级，大概每月多十多元钱，而他任用干部都是经过上级部门审核批准过的。①

几乎与此同时，《人民日报》则刊登了一篇来自另一个国营工厂的长篇报道《厂长哥哥》。在这家位于内蒙古的东胜中药厂里，记者李仁臣问工人：“你在心里是怎样评价你们厂长呢？”工人动情地说：“他是我们的厂长哥哥。”这家工厂的厂长张明瑞待工人如手足，是一个大好人式的厂长，他的理想就是让这家工厂变成一个互亲互爱的大家庭。他的名言是“老辈人我敬如父母，平辈人我亲如兄妹，晚辈人我爱如子女”，“他也训过工人，但很快就扪心自责，主动请被训的人原谅自己的过错”。

很显然，在严苛的岩石与仁慈的张明瑞之间，全社会的观念都如钟摆般地剧烈摇摆，商业内在的冷血特征已经越来越清晰地呈现出它的本色，只不过所有的人都不习惯，甚至不愿意承认。

另一个剪理不清的观念是，在一个国营企业里，到底是厂长说了算，还是党委书记说了算。在改革之前，这根本不是一个问题，书记是工厂毋庸置疑的领导者。但是在新的治理结构中，厂长成为企业经营的第一责任人，他是否应该继续接受书记的领导？这个问题涉及政治敏感，有关的争论一直在遮遮掩掩中进行了十多年，从“党委领导下的厂长负责制”，到

① 刘凤翔、高欣、杨凤仪，《一个锐意改革的厂长之苦恼》，《工人日报》，1985 年 11 月 25 日。

“书记、厂长双核心制”，再到厂长全面负责制，拖泥带水，纠缠不清，一直要到1998年前后，随着《公司法》的出台，现代企业制度开始被普遍地接受，这个问题才不了了之。[①]

8月3日，沈阳的三家国营企业收到了《破产警戒通告》，这是新中国成立以来的第一例。沈阳市政府将之办成了一个盛大的新闻发布会，沈阳第三农机厂、五金铸造厂和防爆器械厂被选中做了试点，市政府特意做了三个黄色封皮的《破产警戒通告》——取意于足球比赛的黄牌警告，交到三个颤抖抖的厂长手上。一年后的同一天，防爆器械厂成了第一个牺牲者，它从即日起被宣告破产倒闭。美国《时代周刊》就此撰文评论：“一个在西方并不罕见的现象，成千上万的工人被警告说他们的公司陷入了困境，他们的工作也将保不住。这种现象不是在底特律或里昂或曼彻斯特，而是在中国东北部的沈阳。”日本记者在报道中称：“沈阳发生了超过8级的改革地震，中国的‘铁饭碗’真的要被打碎了！”4个月后，中国的《企业破产法》草案在北京人大会议上正式通过试行。

对于绝大多数的国营企业厂长来说，如何加强企业管理，提高生产效率，是一个亟待破解的难题。

一个名叫艾柯卡的美国企业家替代松下幸之助成为新的偶像。他原来是福特汽车公司的总裁，在为福特卖命20多年后，因为个性与董事长亨利·福特不合而被扫地出门，那时他已经54岁。心有不甘的艾柯卡转而投靠正处危机之中的克莱斯勒公司任总经理，用三年时间就使其扭亏为盈，再用三年将公司的年盈利提升至24亿美元，他成为全美最炙手可热的“扭亏之神”，《时代周刊》恭维他是“说一句话，全美国都洗耳恭听”的人。这一年，他的《艾柯卡自传》出版，在北美销售150万册，这本书在第一

① 1985年前后，一位中央领导人曾经用“大事不糊涂，小事不纠缠”来界定书记在企业中的职责，这种说法固然生动，但在具体的工作中却根本无法执行。

时间被翻译到了中国，迅速得到正饱受亏损煎熬的国营企业家们的追捧，人们从他的经验中看到了努力的希望，也从他的描述中饥渴地学习着基本的企业管理知识。[①] 长虹电器的倪润峰回忆说："那时候，书店里根本没有什么管理书籍，我的这点管理知识都是从艾柯卡的书中读出来的。他刚到克莱斯勒时，看到的是秩序混乱、纪律松散、无人调度、各自为政，产品毫无竞争力。我当时就想，这跟长虹是多么的相似。"[②]

在河北石家庄，一位叫张兴让的厂长发明了"满负荷工作法"，因而被树为典型红极一时。张兴让是石家庄第一塑料厂的厂长，他发现，尽管工人们天天按时上下班，但每天真正的劳动时间却很少，有些工作是一台设备几班人马，你干一会儿我再干一会儿，而且无效劳动很多。再扣除吃喝拉撒、聊天等时间，每人每天只有2小时40分钟在工作。于是，张兴让想出了一个改革的方案，他对企业内部人、财、物等要素进行了重新组合，把原来的粗放经营变成了集约经营，这种办法首先对企业各项工作提出奋斗目标，然后由低到高分步实施，层层落实，与个人报酬挂钩，形成体系。总的考核指标是人均效率、人均效益和企业资金利税率。具体实施上，他把质量、供销经营、设备运转、物资使用、能源利用、资金周转、费用降低、每人工作量和工时利用9项要素综合考虑，因是借用设备运转满负荷的概念，故称为"满负荷工作法"。[③]

他的尝试看来是有成效的，改革前，厂里有三台大锅炉，锅炉师傅，加上替班、拉煤、出渣、维修、置水等工作的职工，总共竟有70多人，占了全厂职工的1/6。而按照张兴让"满负荷"的标准，这三台锅炉只要

---

① [美]艾柯卡、诺瓦克著，周谦、叶进译，《艾柯卡自传》，河北科学技术出版社，1986年版。

② 参见晓健编制，《中国企业家20年偶像变迁路》，《新快报》，2004年12月10日。

③ "满负荷工作法"的核心是"人尽其力、物尽其用、时尽其效"，即充分挖掘人的潜力，原材料与设备、劳动时间达到充分利用。1986年，张兴让以推行"满负荷工作法"而闻名全国，并因此获得了全国首届经济改革人才奖金杯奖。

18个人就够了。

张兴让在1985年开始推行他的工作法，两年后，他的做法引起了中央的高度重视，被认为“是一大发明”，并在全国上万家企业中大力推广，张兴让成为与南方的步鑫生齐名的著名企业家。

在武汉，一个更富戏剧性的人物出现了，这是一个名叫格里希的德国人，在上一年的11月，64岁的他被聘用为武汉柴油机厂的厂长，这是新中国成立后第一位外籍的国营企业厂长。格里希是一个退休的发动机工程师，为了让这个外国人顺利工作，武汉市党委还专门成立一个由常委带队的九人工作组，他被看成是“新时代的白求恩”。

▲格里希厂长

格里希面对的是一个纪律涣散、管理混乱、领导层毫无责任感的国营老企业，他要求工人遵守8小时工作制，长期迟到和旷工的可能被开除，他每天带着放大镜、小锤子和吸铁笔下到车间里，现场处理管理上的难题，此外，他还把一个从来不到生产一线的总工程师调离到其他的岗位。他的这些做法被新闻记者总结为“洋厂长的三斧头”。一位中央领导在看到这篇新闻后批示说：“我们自己的厂长大概大多数还没有这么做。有的不是没有条件这么做，而是抓不住，有的是不愿和不敢这样做，当然也有因为身体、技能等条件实在不行，想这样做做不了。”格里希的做法被当成是最先进和新奇的管理奇招在媒体上迅速走红。

这位普通的退休工程师在中国成为一个传奇人物，他在这家工厂担任了三年厂长，让它的面貌发生了很大的变化。在这期间，他5次受到国务院副总理的接见请教，他还被联邦德国政府授予“十字勋章”。当他离开中国的时候，他写了一封信给中国政府，其中归纳了十多条国营企业的弊病并提出建议，包括“政府不应该像慈父护侍爱子那样对待企业；治理生产过程中的惊人浪费，提倡过节俭日子；加强对青年的就业前培训；中央成立设备调剂中心，把某些企业闲置的设备有偿调拨给缺少设备的企业”，等等。

在现代工厂管理的理论上，张厂长的“满负荷工作法”或格里希的“三斧头”，显然都不算是什么发明，不过在当时积重难返的国营企业中，这已经是最先进和最有效率意识的改革了。他们的实践最终都没有能够拯救中国的国营企业，这都是一些“围墙内的变革”，无法改变这些企业在竞争能力和产权自主性上的天然缺陷。张兴让的改革让他的工厂一度起死回生，成为国营企业改革的一个“标本”，但是在日益白热化的市场竞争中，这种没有涉及产权根本的改革显然不能让企业获得真正的活力。张兴让和他的工厂在1992年之后便再度陷入困境，2000年元旦，精疲力竭的张兴让与1 090名工人一起被宣布全体下岗，企业不复存在。格里希后来多次到中国，每次都受到政府官员的热情款待，不过他对自己曾倾注全部心血的武汉柴油机厂的日后命运并不真正了解，1993年，企业出现亏损，1998年全面停产。他最后一次访问武汉是2000年6月，当时已年届80高龄。在生命的最后几年中，他的中国朋友们始终不敢告诉他武汉柴油机厂的真相，怕他在心理上接受不了这一现实。2003年4月17日，格里希在德国家中逝世。两年后的这一天，武汉市政府在闹市中心的汉正街工业区广场中央，树起了一座2.78米高的铜像——上面刻写着“威尔纳·格里希”。他将长久地站在那里，像一个没落而偶尔被人提及的神话。

张兴让和格里希最终都没有能够拯救各自的企业，不过，他们所尝试和传播的管理新理念，在那个时期倒成为全国众多民营业主的免费教材。很多人在日后回忆说，他们对企业管理和经营的基础认知，都是从这些轰轰烈烈的、带有强烈启蒙色彩的改革运动中得来的。

1985年，中国人压抑了很久的民族自豪感正日益膨胀。5月19日晚上，第13届世界杯足球赛亚洲东区第2大组A组比赛，在北京工人体育场举行，国家足球队以1：2输给中国香港足球队，因此被淘汰出局，失去了小组出线的机会。比赛结束后，现场观众情绪失控，许多人向队员投掷汽水瓶，任意毁坏车辆，围殴司机，打伤维持秩序的警察，拦截外国人乘坐的汽车，并恣意辱骂他们。北京警方当场抓获120多名肇事者。其中的38人，因在比赛中和比赛后行为恶劣过火，被拘留12天或15天，另有7人触犯了刑法，其中5人被依法逮捕并判刑。这是新中国历史上的第一次球迷闹事，它在当年被定性为"五·一九足球事件"。7月，有媒体报道美国激流探险队将漂流长江，为了赶在美国人前成为世界上第一个漂流长江的人，西南交通大学电教室职工尧茂书自长江源头，漂流了1 270公里，24日在金沙江段不幸触礁身亡。他的死亡让举国民众欷歔万分，自又搅拌出另一份的悲壮与自怜。到11月，还是那群意志坚定的女排姑娘让大家好好地出了一口气，在日本举办的第四届世界杯女子排球赛上，中国女排以七战七捷的成绩，蝉联世界杯冠军，并成为世界排球史上第一支连续4次夺得世界大赛冠军的女队。

就在民族情绪高涨的同时，到气派而又高薪的外国公司谋职以及出国留学正成为最时髦的选择。

秋天，刚刚获自学高考英语专科文凭的北京椿树医院护士吴士宏好奇地站在长城饭店的玻璃转门外，足足用了5分钟的时间来观察别人怎么从容地步入这扇神奇的大门。她辞职来应聘IBM公司的办公勤务。在面试的时候，主考官问她："你会不会打字？"从来没有摸过打字机的吴士宏条件反射般地说："会！"

离开考场后，她飞也似地跑了出去，找亲友借了170元买回一台打字机，没日没夜地敲打了一个星期，双手疲乏得连吃饭都拿不住筷子了。1997年，吴士宏因销售业绩出色被任命为IBM中国销售渠道总经理，成为一个有传奇色彩的职场女强人。

越来越多的青年削尖脑门儿往国门外面跑。到年底，出国留学生的总人数已达到3.8万人，其中自费留学生7 000人。在十来年后，这些人又大多回到了中国，开始创办自己的公司，中国未来的新技术和IT产业将由他们担负支柱。这一年，浙江农家子弟吴鹰进入美国新泽西州理工学院攻读硕士学位，10年后，他创办UT斯达康公司，靠一种叫“小灵通”的电信产品闻名一时。出身于陕西西安的张朝阳考取李政道奖学金，他赴美国留学，10年后回国仿照杨致远的雅虎网站创办了中国第一家门户网站搜狐。

一个叫唐骏的人，讲述了当时他出国留学的戏剧性故事：21岁的工人子弟唐骏非常想出国，尽管他考上了北京邮电大学的研究生，但北邮的出国名额已经用完。于是，他给北京的每个高校打电话，询问有没有剩余的出国名额。在打到北京广播学院的时候，他们说他们的出国名额没有用完。撂下电话，唐骏马上骑着自行车赶了过去，拿着考研的成绩单，要求转入北京广播学院读研究生。广院的老师说：“你可想好了，我们这是二流院校，你就算转过来，也不一定出得了国。尽管我们有名额，但是你错过了时间，出国要由教育部决定。”唐骏没有犹豫，直接把档案转了过去。为了让教育部给他出国的名额，唐骏想了个办法：他打听到教育部主管此事的是李司长，于是他在教育部的门口站了整整4天。早上7点不到就到教育部门口去，见到李司长，唐骏说：“李司长您早！”中午他出来吃饭，唐骏说：“李司长您出来吃饭？”他吃完饭，唐骏又说：“您吃好饭了？”再到下班的时候，唐骏再说：“您下班了？”如此四天。第一天，李司长觉得这人很奇怪；第二天，李司长关注这个青年，怕他有什么偏激行为；第三天，他又觉得这个小孩子看上去很可怜；第四天，李司长忍不住好奇，终于开口问他到底有什么事。唐骏如实说了。第六天，李司长告诉唐骏：你可以出国了。

就这样，1985年唐骏到了日本。他第一次乘坐新干线，当时在新干线上售卖食品的列车员，在进入每一节车厢之后都会向乘客鞠躬，然后开始服务，在离开一节车厢的时候，也会再次鞠躬。当唐骏穿过一节无人的车厢的时候，他发现推着货车的列车员在向空无一人的车厢鞠躬。“这就是日本人 100% 的做事方式，秩序与细节，谨慎而努力，这是日本民族的精神。”很多年后，唐骏说这是他出国上的第一堂课。他后来又去了美国，1994 年前后，卡拉 OK 开始在美国和日本流行，唐骏设计了一个卡拉 OK 机子上可以排名计数的软件，马上被一家美国投资商看中，用 8 万美元购买了专利。而在其后短短几年内，这个软件被用到了 1 亿多台 VCD/DVD 机上。“如果我当时采用微软的使用权方式收费，一台机子收取 2~3 美元，我就可以有 2 亿 ~3 亿美元的收入。”2002 年，唐骏成为微软公司的中国区总裁，两年后他跳槽到刚刚兴起的游戏公司上海盛大出任总裁，并帮助这家创办不到三年的公司在纳斯达克上市。[①]

---

① 汤维维，《唐骏：创业不需要激情》，《商学院》，2005 年 09 期。

从被降职的那一天起，雷宇就成了改革的“英雄”，在很多时候，他常常被与海南籍的明朝清官海瑞相提并论。1996年，当他61岁的时候，从广西壮族自治区副主席的职位上主动退下来，并声称回家侍奉九旬老母亲，由此再成新闻人物，一时颇受社会舆论的同情。

海南汽车倒卖事件在客观上，让封闭落后的海南一跃而成为开放的前沿，一向羞于商品交易的海南人如同经历了一场刻骨的金钱教育。80年代后期兴起的“海南热”与此大有关系。1996年，一位叫朱健国的财经记者在海南采访4个月，他发现：“无论到什么单位采访，一提起海南今日的巨变之由，人们首先说，这真是多亏了雷宇啊！”

一个耐人寻味的现象是，雷宇之所以如此大胆，与当时很多人急于求变的心态是分不开的。据他后来回忆，20世纪80年代初，主政当局对各地的突破性举措颇有鼓励，他到海南到任之际，曾有中央领导说，中央和广东省对海南岛要无为而治，最起码三年内一不要打棍子，二不要给“绳子”。邓小平南方视察后，更有领导鼓励说，你在海南岛工作，胆子大一点，怎么快你就怎么搞。

汽车事件被公开处理后，北京的措辞固然看上去雷霆万钧，但是在依法处理上却可谓“高举轻放”，雷宇被谪贬为广东花县县委副书记，三年后，复用为广州市副市长，后又调任广西壮族自治区副主席。在官方的文件中，从来没有对海南事件有过任何的平反举措，不过，在2004年2月，海南省高级人民法院却做出了一个异乎寻常的判决，在一份编号为“（2004）琼刑再终字第2号”的判决书中，法院撤销了广东省高级人民法院的一个刑事判决，宣告原中共海南行政区委常委、组织部长林桃森无罪。林是“海南事件”中唯一被严判的高级官员，当年以“投机倒把”罪被判处无期徒刑，并于1996年去世。中共海南省政法委书记钟文、省高院院长曾浩荣等人到林家慰问，同时向家属道歉。

从个人品德而言，雷宇是共和国难得的能吏和清官，他为人刚正不阿，敢于抗上直言，行事霹雳，思路清晰，官声之佳，有众口为证。他在任职期间，努力于肃清“文革”后遗症，将岛上的所有“右派”都平反了。他有亲自处理人民来信的习惯，三年里，亲手批复了5 000多封写给他的人民来信，除了让秘书剪开信封口，每一封都是他自己亲自展读，亲自批复。在“汽车事件”的事后清查中发现，雷宇个人在热潮中从未倒过一辆汽车，没有受贿一分钱。也正因此，他在其后十几年，一直受人敬重和同情，在民间流传为一个侠客式的清官。

社会舆论对雷宇的评价，最生动地体现出中国改革过程中的观念紊乱和制度悖论，在相当长的一段时间里，对官员和企业家们的经济行为的法律判断一直非常迷乱，甚至带有很大的随意性和阶段性。

雷宇晚年定居广州，1999年，有记者登门采访时看到，午饭之后，他与99岁的老母亲一起参禅入定，宛若老僧。

1986 一无所有的力量

可你却总是笑我，一无所有。

——崔健：《一无所有》，1986年

3月26日，曾经担任过国务院副总理的山西大寨人陈永贵在酣睡中去世。30多年前，陈永贵带领一群穷棒子披星戴月，将一条700米长的黄土山沟，凿成一片能长庄稼的梯田，毛泽东向全国号召“农业学大寨”，陈永贵成为中国农民的偶像。他进京担任国务院副总理后，依然扎着白羊肚手巾，不改农民本色。重病期间，他每日将医生开的药吃一半留一半，积少成多，存了小半个抽屉，嘱儿子奉还国家。

陈的去世，没有引起很大的关注。人们似乎已经开始淡忘这位战天斗地、全国最著名的“永贵大叔”了。因为，在这一年，所有人心目中的“农民英雄”已经是另外一种形象。

乡镇企业厂长、农民企业家——他们的称谓中总带着点泥土的味道，事实上，他们看上去也是土拉巴几的，整个好像刚刚从农田里插完秧出来。他们无论穿什么牌子的西装总是不合身，很少有人会正确地打领带，他们最喜欢的服饰品牌是法国的皮尔·卡丹和香港的金利来，它们的标识都做得很大，老远就能清晰地看出来。他们的普通话都糟糕透了，还特喜欢把自己的照片登在企业介绍册和广告上，而形象都是一律的可笑：坐在偌大的办公桌前，右手在打电话，左手还按在另一台电话上，眼睛呆板地望着前方。德国《明镜周刊》在这一年的报道中说："在中国，农民胆大而鲁莽……从而给企业带来活力。"《亚洲华尔街日报》的评论则说，"很多农民企业家几乎没有任何商业方面的经验"，在7月9日的一篇新闻中，记者说他们"不知道如何管理一家工厂，不知道如何做财务报表，也不知道怎样才能生产出质量合格的产品"。但是，这家报纸惊诧的是，他们的事业正欣欣向荣地成长起来，就好像作家余华在很多年后的一部小说《兄弟》中写到的，"他们像野草一样被脚步踩了又踩，被车轮辗了又辗，可是仍然生机勃勃地成长起来了"。①

1986年前后，乡镇企业的崛起已经成为一个不争的事实。

在两年前的3月2日，国务院正式发出通知，将社队企业改称为"乡镇企业"。作为一个新的、独立的企业形态，乡镇企业第一次浮出了水面，据有关资料显示，当年中国的乡镇企业实际已发展到165万家，拥有劳动力3 848万人。而到两年后的1986年年底，乡镇企业的总数已经发展到1 515万家，劳动力近8 000万，向国家缴纳税金170亿元，实现总产值3 300亿元，占全国总值的20%，"五分天下有其一"的格局悄然出现。②

---

① 余华著，《兄弟》，上海：上海文艺出版社，2006年3月版。

② 在看待乡镇企业成长的问题上，邓小平有过一个十分诚恳的评价，他称之为"意料之外的异军突起"，1987年6月12日，他在接见朝鲜代表团时指出，乡镇企业的发展是农村改革中中央完全没有预料到的最大的收获，突然冒出来搞多种行业，搞商品经济，搞各种小型企业，异军突起。乡镇企业每年都是百分之二十几的增长率，持续了几年。这说明中央制定的搞活政策是对头的，这个政策取得了非常好的效果。

这一年的《人民日报》在3月和4月连续刊登两篇长篇报道，《史来贺风赋》和《乡土奇葩——记农民企业家鲁冠球》。

史来贺是共产党一直倡导的那种吃苦在前、享乐在后，全心全意为人民服务的圣徒式的乡村干部。1985年，史来贺和村党支部其他成员经过反复考察，决定引进一项高科技生物工程，建设一座全国最大的生产肌苷的制药厂——华星药厂。“这高、精、尖项目，咱‘泥腿子’能搞成？”有人担心，“别打不到狐狸惹一身骚”。史来贺的回答是：“事在人为，路在人走，业在人创。人家能干成的东西，咱们为啥干不成？”

1986年5月20日，刘庄人自己设计、安装的华星药厂正式投产。自此后，刘庄的经济迅速发展，很快成为“中原首富村”。

根据报道，几十年来，刘庄没有发生过刑事案件，没有出现过党员违纪。从计划生育、婚丧嫁娶到养老抚幼，刘庄的干部、群众自觉遵守社会主义道德风尚。村里14个姓氏、300多户、1 600多口人，没有宗族矛盾及派别之争，没有封建迷信、赌博、打架斗殴、婚丧事大操大办等不良现象。

2004年春天，史来贺在平静中去世。国内媒体的标准报道用词是“共产党员的楷模”。

刘庄和史来贺的存在，证明在中国的某些乡村，如果有一个无私而威权的领导者，他同时具备两种能力：其一，是极其善于利用一些优势和概念，为自己营造一个宽松而受扶持的执政氛围；其二，他有相当的市场敏感性，往往就能办起一家乃至若干家非常赚钱的工厂。

这位强人是以一种建立在人格魅力基础上的威权风格，在统治或者说管理着他的这个村庄。

所有的村民在他的统治下，获得了生活上的根本改善（有意思的是，这些村庄在过去往往是一个非常穷困的讨饭村），而在人格上彻底地依附于这位强人。

这个村庄，你很难说它是一个什么组织，在行政概念上它是国家最基础的行政单位，而在经济概念上它则是一个严密的营利组织，有些乡村甚至拥有一家上市公司，那些强人通常既是乡村的行政长官，同时又是公司的董事长，这种两权合一的模式似乎没有遭到任何人的质疑，而且看上去是唯一可行的方式。更耐人寻味的是，强人的家族在这个乡村往往是最有权势的一族，他们的子女在强人在世的时候便已经是乡村管理的核心人物，而当这些强人老去或死去的时候，他们往往把自己的权柄传给了自己的子女。

在过去的 30 年中，这类著名的中国村庄有河南的刘庄和南街村，天津的大邱庄，江苏的华西村，浙江的横店。它们作为一种很独特的人文标本和社区企业形态，很多年来一直散发出一种神秘而难解的魅力。

鲁冠球是一个看上去跟史来贺很相似，但本质上却完全不同的农民企业家——这个称呼始自鲁冠球，后来成为媒体上的一个通称。

早在几年前，善于经营的鲁冠球就是浙江当地一个小有名气的厂长，他很早就让自己的工厂走上了专业化的道路，专心于汽车万向节的制造，在 1984 年他还花 8 000 元向浙江大学“买”进了一位大学生，在当时，大学生进乡镇企业工作是一件不可思议的事情。《乡土奇葩——记农民企业家鲁冠球》的发表，让他真正成了一名全国性的新闻人物。

鲁冠球被视为“共同富裕的典型”。在这篇报道中，记者除了对鲁冠球的经营能力大加褒扬之外，更津津乐道的是，鲁冠球是一个无私的共产党员，是共同致富的带头人。记者借用鲁冠球的嘴巴说：“这把火（指通过创办企业摆脱贫困）要烧到围墙外面去，让全乡人民逐步富裕起来。”[①] 记者还列举了很多事例，如鲁冠球把自己应得的 25 万元承包收入全部“捐”给了企业——事实上这后来成为万向集团产权改革的最大伏笔，当时，鲁冠球在接受法新社记者的采访时说：“如果我的收入与工人的收入悬殊太大，就会出现紧张关系，而我希望工人努力工作，如果他们看到我

① 林楠，《乡土奇葩——记农民企业家鲁冠球》，《人民日报》，1986 年 4 月 10 日。

比他们拿的多得多，他们就会失去自己是工厂主人翁的感情，而这对于事业是不利的。”[①] 他还参与建设了乡里的中学教学大楼、农贸市场和饲料加工厂，他把乡里尚未安排的108名复员军人都招进厂里，全乡每十个人就有一个在他的工厂里工作。因为万向节厂的发达，所在乡还修起了四条贯穿全乡的大马路，有一半的家庭住上了“小洋楼”。很显然，这样的描述是极其蛊惑人的，它传达出的信息和展示的景象是，政府鼓励有能力的人创办企业，同时希望他们除了自己富裕之外，还应当承担起让周围的人都富裕起来的责任与义务。在某种意义上，政府甚至天真地认为，当年他们交付给国营企业的那些社会责任这次可以由乡镇企业来承担了，乡镇企业兴起之后，他们理应承担起相关乡村的所有社会功能，包括就业、社会设施配套、社会公共服务，等等。

这篇报道所体现的这种想法，是当时政府和社会的一个主流思想。自1978年后，农村联产承包责任制的成功，把数以亿计的农民从耕田中解放了出来，剩余劳力的出路成为一个“危险的资源”。对此，海内外学者的看法有很大差异，哈佛大学国际发展研究所所长帕金斯在《中国的农村发展》一书中建议说：“唯一现实的解决办法是允许农民，尤其是最贫困地区的农民进入城市，他们也许不一定非要到上海或北京去，但他们必须到某个地方的城市里去。”而在国内的研究者看来，大量的农民进城显然会造成不可控制的后果，况且，在城市里，国营企业的衰落和改革还“挤”出大量的下岗失业人口。于是，如何让农村剩余劳动力“离土不离乡”，成为一个十分迫切而现实的课题[②]，在这个意义上，乡镇企业的意外兴起无

---

① 《务实精神与理想主义造就了一个“八五年新闻人物”》，法国新闻社，1986年5月9日。

② 在这一年前后，出现了第一次农民进城寻找工作的高潮，北京、上海等大城市备受压力，社会秩序出现紊乱，据北京铁路公安分局北京站公安段的“神眼”刑侦队长李学刚说，1986年、1987年是他的“丰收年”，“有时候一天就能抓到6名罪犯，都是从农村来的”。

疑让政府找到了最好的解决方案。

鲁冠球被选为“共同富裕的典型”进行热烈的报道和称颂，便是在这样的情形下发生的。事实正是，在今后的很多年里，地方政府都坚定地持有这样的观点，而同时，几乎所有的乡镇企业经营者为了获得政府的支持和资源，也全部信誓旦旦地承诺他们将承担起这些职责和功能，因而，地方政府把大量的资源都低成本甚至无偿地输送给了那些乡镇企业。

这种趋势在1992年之后变得加速起来，那些善于利用和占有政府资源的乡镇企业迅速壮大，并以各种千奇百怪的方式完成了产权的清晰化，10多年后，鲁冠球和他的万向集团便成为中国最大的私人公司之一。

这是那些靠创办乡镇企业暴富起来的企业家们的“致富潜规则”——他们充分利用了各级政府的急切和天真心理，以创造公共财富和承担社会职能为理由和承诺，获得了低成本的政策扶持，与城市里的国营企业相比，他们有着体制上的宽松性，同时土地成本和劳动力成本的低廉让他们具备更强的竞争力——客观地说，这些乡镇企业确实活跃了一方经济，提供了大量的就业机会，带动当地民众走上了工业化的道路。

在三十年的中国企业史上，这看上去是一种很矛盾的状态：在金融和产业政策上，体制外蓬勃成长起来的民营公司一直遇到极大的困难，它一直试图将所有的改革成果装进国营资本这个大箩筐里，而与此同时，它却又“侥幸”地希望那些民营企业——特别是发起于农村的乡镇企业能够承担起改造农村、共同富裕的公共责任，为此，那些开明的地方政府在很多方面对之进行了扶持。从结果上来说，这是一种利益交错、此消彼长的过程：国营公司尽管被投注了大量的公共资源和政策，却因其体制的天然缺陷而进一步萎缩；乡镇企业一边遭遇政策压迫，另一边却在地方政府那里获得了支持，而当这些企业已经足够强大的时候，它们却又纷纷转型成了私营化的公司，政府原先所期望的“共同富裕”和“由乡镇企业承担农村社会服务体系”的目标却不可避免地大打折扣。

当史来贺、鲁冠球们作为一股新的势力崛起于田野的时候，这同时预示着中国企业成长的新主流已经展现出它的风采。2月，中国最知名的社会学家、76岁的费孝通悄悄来到了偏远的温州。50年前，这位自幼体弱的燕京大学毕业生回家乡吴江养病，他进行了20多次的田野调研，写出了《江村经济》，这本小册子后来成为中国社会学研究的巅峰之作。

他对温州感兴趣，是因为看到了一篇报道。在上一年的5月12日，上海《解放日报》的头版发表了题为《乡镇工业看苏南，家庭工业看浙南，温州33万人从事家庭工业》的报道，附发的评论首次提出了一个新的名词——“温州模式”。也是从此开始，集体经济的苏南模式与私人经济的温州模式，成为中国民营公司的两大成长模型。一直对家乡——苏南农村颇为熟悉的费孝通对传说中的“温州模式”发生了浓厚的兴趣。

▲雨中的苏南商贸市场

“汽车驶进金华以南地区，只见公路两旁不时出现一块块木牌，上书‘货运温州’‘货运山东’等字样，这是我在江苏未曾见过的新鲜事。”费孝通在后来的文章中写下了他对温州的第一个印象，那条国道线是当时国内最繁忙也是最危险的公路，翻车死人事件每天都在发生。跟集体企业为主力的苏南相比，温州的基层政府要寒酸得多，没有高档接待室，也没有暖气设备，费孝通一行在乡镇政府的接待室里听介绍，四周窗子的玻璃是残缺不全的，冷风丝丝吹进，他虽然穿着呢大衣，可清鼻涕仍不由自主地淌下来，双脚也冻得难受，有点坐不住。不过，在温州看到的景象还是让这个睿智的老人很兴奋。在当时国内，对温州的批判和讨伐之声不绝于耳，“八大王事件”的余波仍在荡漾。而开明的费孝通则认为，“用割的办法是不能奏效的，割了还会长出来”。他撰写的长篇调研报告《温州行》在10月的《望》杂志刊出，产生了很大的影响，这位老人后来又三赴温州，每次都写下长文。

《人民日报》记者孟晓云也在这时到了温州，她写了新闻报道《市场篇》。在新闻的一开篇，她就用了一个颇有寓意的场景：“傍晚，过了6点，国营商店关了门，个体户便活跃起来。”

乡镇企业最让人惊奇的地方是，它们是怎么从几乎空白的状态中突然发展起来的。在那些农村，没有工业化的基础，没有原材料，没有技术，没有熟练的工人，甚至连销售的渠道也没有。这些一无所有的农民是怎么占有市场，并击败装备精良（至少有设备、有工人，还受到国家政策上的支持）的国营企业的？唯一可能的答案便是，它们所有的生产要素都是从国营企业那里“借”来的，它们的很多设备是国营企业淘汰下来的，它们的技术是城市里的工程师在周末偷偷下乡传授的，它们的工人有不少在国营企业里受过最基础的培训，而它们的市场往往是国营企业不屑做的。这就是“创世纪”的状态，乡镇企业唯一可倚重的是，那些农民创业者比城里的厂长们更热爱他们的企业，他们认为这是自己的“事业”。这种态势到1986年已经发展得非常清晰，跟鲁冠球们的方兴未艾相比，国营企业在市场上的竞争乏力，已经日渐成为一个很难逆转的事实。

在这一年的报纸新闻上，出现最为频繁的字眼是“联营”。那些城市外的“泥腿子”们冲进了城里，他们以极低的价格买走了国营工厂里闲置的机器设备，它们被搬进粗粗建成、还没有粉刷过的厂房里，日以继夜地隆隆作响——与此相似的是，那些能够得到国家贷款支持的国营工厂正在大量购买先进的外国设备。越来越多的工程师接受农民厂长们的私下聘用，一到周末就坐上停在家门口的小汽车卷着图纸到乡下去上班了，而更受欢迎的方式是，乡镇企业与国营企业达成联营的协议，这样就可以用少量的资金获得后者的技术援助，以及使用那些培植了很多年的知名品牌。在江浙一带流传着一个关于“星期日工程师”的故事。1986 年，浙江省萧山县一个叫徐传化的农民创办了一家生产液体皂的化工厂，他请了杭州国营大厂里的一个专业技术人员，后者经常在液体皂加工的最后一道程序时让徐家父子走开，独自从自己的口袋里拿出一包白色粉末倒入未凝结的液体皂中，完成徐家父子在几口大缸里的液体皂生产过程。在支付了几年技术服务费后，徐传化决定花 2 000 元钱买下那个神秘配方。在付了钱后，技术员告诉他，那包白色粉末其实就是盐。传化集团后来成为中国最大的印染助剂生产企业之一。

3 月 28 日的《经济参考报》报道称，广西玉林县一家自行车厂与上海自行车三厂联营，生产当时国内知名度最高的“凤凰”牌自行车。除了玉林的那个工厂之外，“凤凰”这个品牌还被同时卖给了浙江绍兴一带的乡镇企业。4 月的一篇报道则称，江苏无锡地区的数百家乡镇企业以联营的方式获得了生机，国营企业帮助它们培训技术工人、调试设备和进行产品研发、协助筹措外汇、提供品牌支援。

在河北、山东等很多地方出现了“经济联合体”，国营企业把自己的一些业务以承包或联营的方式转包给乡镇企业，以此形成联盟的格局。这种在前些年还属于禁止的行为突然受到了鼓励，它被认为是一种双赢的策略，通过联营，国营企业得以降低成本，甚至通过品牌的有偿使用直接获得利益。而对乡镇企业来说，则得到了市场的准入，以及人才、品牌、技术等方面的援助。尤其重要的是，联营的方式还绕开了国家政策上的很多管制，联营厂可以得到国家的战略物资，进入原先被禁止的行业，甚至以国营企业的身份对外开展各种业务。

联营被看成是国营企业获得活力的一个新药方，在这一年，政府对联营的热衷让人吃惊。辽宁省委书记全树仁在报纸上提出要“破思想阻力，促横向联合”，他批评某些国营企业“热衷于自成体系，在联营中存戒心，留后手；缺乏战略眼光，把联合当成权宜之计；争当龙头，不甘做配角；怕自己的权和利联小了”。这种声音对联营的大规模尝试起到了强劲的推进作用。在很多地方，联营企业的多少成为衡量企业改革是否有进展的一个政治性指标。

事后表明，这种支援和联营，是沿海一带乡镇企业获得迅猛发展的重要原因之一，国营企业在联营中所获得的效应最终被证明只是暂时有效的，而灵活的民间企业则从这个体量庞大而体制僵硬的“大笨象”身上汲取了无尽的“血液”。数年之后，联营的乡镇企业迅速壮大，而被掏得资源一空的国营企业则更加羸弱不堪，于是，将很快出现“儿子吃掉老子”的现象。

日后成为全国炊具用品龙头企业的苏泊尔公司便是其中一个很典型的例子。沈阳双喜压力锅厂在1964年生产出中国第一口压力锅，一直是国内最大的专业工厂。1986年前后，浙江省玉环县一个叫苏增福的农机厂厂长北上找到双喜厂，用尽关系、费尽口舌，终于成为双喜的联营企业之一。苏增福回忆说：“当时很难，但正是双喜厂给了我们机遇。做配件挣了点钱，几年后，我们开始做压力锅。”他生产的压力锅以双喜牌的名义销售，很快，销量大大超过沈阳厂。到1993年，母厂一年就要从苏增福手中赚走500万元的品牌使用费，居然已超过它自身的产销利润。“子比母大”的结果是，双方日渐反目成仇，苏增福决定甩掉双喜，自创“苏泊尔”，到1999年，它已抢走双喜的大部分市场份额，市场占有率超过48%，苏增福笑言：“我这跑龙套的一不小心跑出了个名角儿。”[①]

---

① 孟怀虎，《从夹缝中突围而出——访苏泊尔集团董事长苏增福》，《中华工商时报》，2003年3月18日。

苏泊尔与双喜的此起彼伏，是很多联营公司共同的命运轨迹。从零部件配套，到整机委托生产，再到品牌租用，最后被当作用过的“药渣”一样废弃在一边，国营企业在联营中由主动而变被动，步步后退，渐落下风，最终让出整个市场，从经营战略上，倒很像是“饮鸩止渴”。

乡镇企业在与国营企业的交手中，几乎每战必胜，不过这并不意味着它们的成长一帆风顺，相反，由于没有国家政策的任何扶持，它们将历经无穷的磨难。

费孝通走马温州，他当时的政治身份是全国政协副主席，自然被当地的干部们簇拥而行，看到的均为蓬勃的表层现象。其实，就在他行走温州的同时，一个名为“抬会”的地下金融游戏正狂热地在这片被金钱激活的土地上演出着。

“抬会”是浙江南部对民间融资活动的一种称呼。80 年代初期，温州民间企业已经十分发达，对金融的需求迫在眉睫。1984 年 9 月，在一家国营医院当收发室工人的方培林在苍南钱库镇办起了新中国的第一家私人银行——“方兴钱庄”。根据方培林后来的回忆，为了寻找政策上的依据，他四处翻寻中央文件，结果在当时中共中央（84）一号文件中发现了一句话：“鼓励农民集资兴办各种事业，尤其是兴办开发性事业……”方理所当然地认为：“集资如果合法的话，那么与股息性质相同的利息私人也可以拿了。”钱庄是在 9 月 29 日开张的，方培林在门上贴出一张比银行更为优惠也更为灵活的存贷表：长期存款月息 1.2%，三个月以上结算；临时存款月息 1%，随时存取；贷出款项月息 2%，视情况而定。他的钱庄开到第二天，当地的农业银行就上门查封，方培林只好把招牌摘下来，日后他自嘲地说：“新中国的第一家私营钱庄其实只见过一天的阳光。”

钱庄被查封，从此，温州的民间金融只好被迫转入地下。根据当时的金融政策，国内银行均不得对私人企业发放任何性质的贷款，私人业主无法从合法的渠道获得资金支持，又不可开办民间钱庄，资金短缺成了一个十分尖锐的难题。在这样的情形下，方培林的钱庄业务其实一直没有停止过，它得到当地镇政府的默许，可以在本地区内大胆地从事金融服务，而在另一方面，却始终得不到上级银行的认可，在法律上处于非法状态。方培林为了获取正式的身份，后来还多次向上级政府发出请求。1986 年，中国人民银行温州分行试探性地给总行写了一份报告，11 月 7 日，由当时行长刘鸿儒签字的电传回复：对于私人钱庄，请按国务院银行管理暂行条例规定办，不能发给《经营金融业务许可证》。

这种模棱两可的状态，是中国改革的一个很独特的现象。民间力量的崛起，使得原有的体制越来越无法适应，然而政策上的改变却迟迟不至，于是，对现行法律的违背与穿越变成改革者不得不为之的冒险行为。跟方培林的钱庄相似，一种被称为“抬会”或“排会”的信贷交易活动便悄悄地在温州各乡村开展了起来。它最初出现在几个人之间，每人都出一笔钱，形成一个互助性的“会”，用钱的人付给其他人高于银行的利息。资料显示，在 1984 年前后的温州，以这种方式进行流通的民间资金已超过了三亿元，成为当地私人企业发展最重要的资金动力。当时几乎所有的业主都从“抬会”中借贷或出贷过资金。曾经因为替美国海军陆战队制造军徽而闻名一时的金乡徽章厂厂长陈加枢回忆说：“当时工厂要发展全靠地下渠道，最多一次可借到 1 000 万元。”

由于缺乏法律的保护与规范，“抬会”的运作纯靠乡亲间的个人信用保证，在平常时刻并无太大风险，然而到了经济快速成长和资金供求失衡的时候，就会引发意外的事件。1986 年，国内经济趋热，资金渴求陡然增大，常规的信贷效益无法满足越来越大的借贷需求，马上有人想到了高息融资，先是小心尝试，再是大胆扩展，很快，一种新的近乎疯狂的金钱游戏开幕了。

当时温州抬会的规矩是这样的：一个会员入会交 1.16 万元，从第二个月开始，会主每月付给会员 9 000 元，连续 12 个月，计 10.8 万元；从第十三个月起，会员再付给会主 3 000 元，连续付 88 个月，计 26.4 万元，会主仍然每月付出 9 000 元。如此循环滚动，一个会期为 100 个月。明眼人一看就明白，最大的风险在第一年，会主要把 1.16 万元变成 10.8 万元。有人计算过，一个 1.16 万元的会员要维持下去，到第六个月必须发展 22 个会员，到第十二个月，要发展 691 个会员，到第十八个月，就要发展 20 883 个会员。

诱人的投资，高额的回报，让抬会的会主们成了乡亲眼中的财神，一个“不可能的游戏”在侥幸、狂热和从众心态的集体驱使下，如火如荼地燃烧了起来。苍南一个叫叶三凤的妇女每月可净收入 120 万元，在乐清，共有大大小小的抬会 1 346 个，最大的抬会发展了 12 122 人，从 1985 年到 1987 年年初，温州九县两区有 30 万人卷入其中，会款发生额达 12 亿元之巨。根本不可能实现的效益比，自然造成抬会以呈几何级数的增速发展新会员作为其得以支撑下去的唯一手段。在当时，最疯狂的会员发展方式是所谓的“短会”：入会交 1.2 万元，第二个月就还给会员 9 000 元，第三个月再还 9 000 元，本息两清。会主虽然要亏损 6 000 元，但可以此来引诱更多的人入会。在抬会极盛时，当地官员几乎全数卷入其中，有些地方还出现了官会，此会专为官员而设，入会不必交款，而是先领款，三个月后再少量返回。这种会分 10 万元、5 万元和 1 万元三种，视干部大小而定。

这个疯狂的游戏在政府完全失效管理的情形下进行了一年多。到 1986 年春夏，资金链出现断裂的迹象，各地相继爆出会主潜逃的消息，很快，形势急转直下，极度的亢奋即刻转为极度的恐慌，抬会体系瞬间雪崩。整个秋天，温州地区陷入空前的混乱，成千上万的讨债者疯了似地冲向会主的家。苍南几十个讨债者拿着炸药包赶到会主家，逼迫他交出钱来，否则同归于尽；平阳两位会主被讨债者抓住，吊绑在柱子上，用竹签钉入会主手指，用铁钳焊烧胸肉，折磨三天三夜导致受刑人死亡；上百所小学被迫停课，原因是学生常常在路上被讨债的当作人质抓走。短短三个月中，温州全市有 63 人自杀，200 人潜逃，近 1 000 人被非法关押，8 万多户家庭破产。政府在这时候才如梦方醒，他们开始抓捕和通缉那些知名的会主，以杀一儆百的方式来平息民愤，李启峰、郑乐芬等人最后以投机倒把的罪名被判处死刑。

抬会风波以十分血腥而狰狞的方式留存了中国现代改革史上的一个片断。它表明，当一项公共需求无法通过合法的方式获得满足的时候，哪怕是最理智的人群也可能做出最疯狂的集体举动。其后十多年的事实是，温州人在民间金融上的试验一直没有停止过，就在1986年的11月1日，一个叫杨嘉兴的人集资31.8万元，创办了全国最早的“股份合作制信用社”——鹿城城市信用社，鹿城是温州市城区的另一个称呼。6天后，一个叫苏方中的家具厂厂长创办了由他私人独资控股的城市信用社，他用自己的家具商标来命名这个新生儿——东风信用社。由于缺乏法律上的明文支持，这些民间金融机构的命运如偷生私生的产物，日日危如卵累，时时面临被取缔和制裁的可能。

在1986年，温州抬会虽然轰动一时，不过其涉及面并未超出浙南地区。在今后，因金融管控政策的含糊与摇摆性，在北京、南京等地还将爆发更为惊人的融资风波。2000年年初，国务院再次进行金融秩序的整顿和清理，浙南和广东地区的民间信用社和农村合作基金会一一遭遇整治，或被取缔，或被强行并入国营的农村信用联社，广东共有2 000多家民间金融机构被关停并转，当年2月，苏方中被警方通缉拘捕，罪名是涉嫌非法接受公众存款罪及诈骗罪。

在1986年的第一期《时代周刊》上，邓小平再次成为封面人物，他继1978年之后第二次被评为“年度人物”。在上一年的10月，《时代周刊》派出一个采访团对中国进行了5天的采访，其中对邓小平本人进行了一个多小时的采访，它以“中国的第二次革命”为题，用几乎半本杂志的庞大篇幅对发展中的中国进行全方位扫描。

周刊高级撰稿人乔治·丘奇写道：“仅仅隔几年重访中国的外国人简

直不敢相信他们访问的是同一个国家，丰富多彩的食品自由市场，农村如雨后春笋般盖起来的整洁小屋和充满生机的乡村工业，这些都是他们以及他们的东道主所没有见到过的。”在这篇报道中，邓小平被认定是“一位彻底的务实主义者，向来不太注重名称，他最著名的一句话是一个朴实的比喻：不管白猫、黑猫，抓住老鼠就是好猫”。周刊承认，中国已经解决了粮食问题，农民以承包制的方式被解放了出来，通过创办特区和优惠政策，越来越多的外资公司也正在源源不断地进入中国，城市改革和国营企业的改革已经被提到了议事日程上。

▲ 1986 年，《时代周刊》封面上刊登的邓小平照片

11 月，纽约证交所主席约翰·范尔森访华，他赠给邓小平一枚精美的证章——纽约证交所所徽。作为回赠，邓小平选中的礼物是新中国公开发行的第一张股票——一张编号 05743 面值 50 元的上海飞乐股票。邓小平告诉他，这只股票的资本金是 165 万元，发行了 3.3 万股，他是唯一的外国股东。范尔森高兴地说：“我很荣幸成为社会主义企业的第一个美国股东。”这张飞乐股票后来一直被收藏在纽约证券交易所的陈列室里。在此前的一年，中国的第一家股票交易市场，即上海静安证券业务部，已于 1985 年 12 月 31 日正式开张了，当时仅允许现货交易。事实上，在更早的时候，深圳、北京和上海的一些企业已经尝试着向公众出售股票了，广东的幸福音响、北京的天桥百货和上海的飞乐音响相继发售了自己的股票。这当然只是一些实验性的举措，资本市场的真正活跃还要再等若干年。

▲邓小平向范尔森赠送飞乐股票

1986年，可以被纪念的事情很多，美国自由女神像建成100周年，德国人发明汽车100周年，全世界各地都进行了不同形式的庆祝。

1月28日，美国太空飞船“挑战者”号升空，这是人类第一次用电视直播飞船升空现场，数亿人无比吃惊地目睹了“挑战者”号的意外爆炸，美国总统在随后的演讲中坚定地说：“在冒险扩大人类活动领域的过程中，这类痛苦事件在所难免，可是未来不属于怯懦者，未来属于勇者。”三个月后，苏联的核电站发生泄漏事件。

在商业史上，还有一个重大的事件必须被记录。面对咄咄逼人的日本公司，美国人除了在高科技产业上寻找对策之外，还在货币政策上发起了凌厉的反击，他们联合西方七国财政部长，强行要求日元升值，这个行动从1985年开始，第一次宣布美元对日元贬值25%，在1986年年初的几个月里又让日元升值40%，到1988年，升值达86%，最终形成了“超级日元”泡沫。骄傲自满的日本人不明就里，因货币的升值而雀跃不已，在未来的数年内，日本政府和公司大量购买美国国债和房地产，收购美国公司。从这一年起到1992年，日本人认购了一半以上的美国国债，还购买了价值720亿美元的美国房地产。正当他们雄心勃勃地炫示要“购买整个美国”的同时，泡沫日渐生大，危机如幽灵般地蹑足而至。

传奇的管理学家彼得·德鲁克发表《变化了的世界经济》，他预言：经济的内在结构已经发生了根本性转变，这一转变给发展中国家追赶发达国家增加了巨大的，甚至是难以克服的困难。他指出，第一，知识和资本正在加速取代体力劳动者，发展中国家所依赖的一个主要优势——劳动力丰富和价格便宜将会逐步丧失；第二，工业生产从基本上属于劳动密集型转向一开始就是知识密集型，譬如在半导体芯片和药品制造中，劳动力的成本分别只占到 12% 和少于 10%；第三，信息和知识为基础的产业，正在取代以物质为基础的产业，成为现代经济增长的中心，这就要求一国的国民普遍具有很高的知识水平。

德鲁克的这些论断在 1986 年的中国还几乎没有人听到，或者说，即便在耳边大声朗诵也不会引起任何的关注。中国的企业距离这位管理大师的话还很远很远。

1986 年，中国首次宣布允许私人拥有汽车（有趣的是，也是在这一年，苏联宣布出租车可以由私人来经营，这两个社会主义国家几乎在同时开始了市场化的试验，尽管后来它们选择了两种不同的模式），但那时的私家车很少是用来消费的，购买者多是用来跑运输或当出租车使用。11 月，上海第一辆“Z”字私人自备车牌照代码 0001 号诞生，随后，私家车开始在深圳、广州等沿海城市及长春、重庆等拥有轿车生产厂的城市涌现。

人们开始把更多的心思花在怎么赚钱上，一些新奇的行业出现了。用信件来往是当时人们最重要的交流方式，而这一年，很多人收到信件时会发现贴在上面的邮票不翼而飞了。在重庆、上海等城市，倒卖和炒作邮票正成为一门新兴的生意。在很多城市邮政局的门外面，形成了一个邮票交易的集市，一张 1980 年发行的 8 分钱猴票，可以叫卖到 25 元，短短 6 年增值 300 多倍，这些邮票的炒作者很快将成为另一种票券——股票的主力军。

值得一提的是，一些日后将风云一时的人物也在这一年开始了他们的商业生涯。杨元庆从上海交通大学毕业了，他没有等学校给他分配单位，就跑进了中关村，那里已经出现了 100 多家开发性公司，《人民日报》将之描述成“电子一条街”和“中国的硅谷”，杨元庆加入了柳传志的“部队”，后者正热火朝天地推销倪光南发明的中文电脑。荣智健加入中信泰富，此时的中信已经成为一家正部级的大公司，它被特许赋予自主审批进口项目的权力，这在当时几乎就是一种无上的特权。在乌鲁木齐，一位名叫唐万新的大学肄业生用仅有的400元钱创办了“朋友”彩印店。

尽管做万元户和经商下海已经成为一件很值得炫耀的事情，尽管比基尼和奔驰也相继在这一年进入了中国，但是1986年还是一个属于诗人和歌者的年代。

一种叫“朦胧诗”的新诗体受到大学生们的热爱，一直处于地下状态的诗人北岛、舒婷、顾城等走到了前台，他们的诗歌被集结在一起出版，由北京大学教授谢冕选编的这本诗集风靡全国大学。尼采和存在主义思潮进入到了大学校园，“上帝死了”，“偶像的黄昏”，神经质的尼采正迎合了人们对所有凝固思想的反叛，一切坚硬的东西都开始烟消云散。年轻人不再向往“安全而令人窒息的国营企业”，外资公司以及刚刚兴起的民营公司成为他们新的选择。在中关村，出没着越来越多的大学生，他们当时典型的装扮是：一身百元西装，一个兜装支票，一个兜装发票，腰上别个BP机。后来创办了中国最大的新闻门户网站新浪的王志东，当时还在北大无线电系读书，他没等毕业就跑到中关村去打工了，很多年后他回忆说，我们白天在街上兜售盗版软件和二手电脑，晚上就去阴冷的地下室里听诗歌朗诵会。

春天，北京爱和管弦乐团的专业小号演奏员崔健创作出他的成名作《一无所有》，5月9日，在北京举行的“国际和平年百名歌星演唱会”上，当他穿了一件颇像大清帝国时期的长褂子，身背一把破吉他，两裤脚一高一低地蹦上北京工人体育馆的舞台时，台下观众还不明白发生了什么事情。音乐响起处，崔健唱道：“我曾经问个不休，你何时跟我走，可你却总是笑我一无所有。我要给你我的追求，还有我的自由，可你却总是笑我一无所有。脚下的地在走，身边的水在流，可你却总是笑我一无所有。为何你总笑个没够，为何我总要追求，难道在你面前我永远是一无所有……”

这是一个直指心灵的声音，它沙哑而高亢，愤怒而温情，在5月的京城之夜，它的每一个音符从远处奔袭而来，直接穿过所有年轻人的肌肤，跟血液融合在一起，然后温暖无比地爆炸。

这个世界上，除了若干个心碎的家人，很少还有人记得曾经有过一个叫郑乐芬的温州妇人。1991 年，她以投机倒把罪被执行枪决。

郑乐芬是 1986 年温州抬会事件的主角之一，在那次台风式的金钱游戏中，有 30 万人卷入其中，8 万多户家庭负债累累，倾家荡产，当政府决心整治此事件的时候，郑乐芬被选中，成为罪大恶极的首犯。

郑乐芬是永嘉的一个家庭妇女，丈夫蔡胜南是县汽车客运站的职工。据熟悉的人回忆，郑长得圆脸胖身，为人热情大方，她没有读过几年书，结婚后就在家里做点针头线脑的小生意。永嘉是私人企业十分活跃的地方，早年十分出名的桥头纽扣市场就出在此县。当抬会风暴刮起的时候，头脑灵活、人缘颇佳的郑乐芬很自然地成了当地的一个小会主。后来发现，温州抬会的会主八成以上是由像郑乐芬这样的文化程度不高甚至是文盲的农村妇女担当的。郑后来在供词中描述当时的情景说："钱收进来，先在墙两头放着，不出两时辰，两头的钱就连在一起，一上午整面墙堆满了，到了晚上一间房子已全部堆满钱，脚都插不进，只有封门派民兵举刺刀看门，人们仍不肯散去，喊着要入会，把大叠的钱扔进来，民兵用刺刀让他们后退。"

郑乐芬所主持的抬会规模，在当时属于中等，她共发展了 427 人入会，收入会款 6 200 万元，支付会员会款 6 010 万元，收支差额为 189.6 万元，郑乐芬用这笔钱盖起了一幢三层楼的砖房，还拿出一些借给了邻里朋友。

抬会的链条在 1986 年春出现断裂崩盘的迹象，恐慌如瘟疫般地在各个乡镇飞散开来。3 月 23 日，郑乐芬夫妻潜逃，4 月 30 日，蔡在上海向公安机关投案自首，7 月 16 日，郑在江苏金坛县被公安机关捕获。

事后对郑氏抬会进行账目清查，在对所有款项和资产进行追缴、变卖之后，会款实际损失 49.7 万元。1989 年 11 月 23 日，温州市中级人民法院以投机倒把罪判决被告人郑乐芬死刑，剥夺政治权利终身，判决被告人蔡胜南无期徒刑，剥夺政治权利终身。

对郑案的判决在当时的法律界就引起了争议。有律师认为，抬会本身是一个骗局，郑氏主观上是以非法占有会员的钱财为目的，应定性为诈骗罪，以此论刑，郑氏罪不当死。

而法院则认为，被告之罪重点是侵犯了国家金融管理制度，应定投机倒把罪，根据情节，可处极刑。法院提供的证据表明，郑乐芬并没有诈骗钱财的行为，她与会员订立合约，签名盖章，双方对抬会的经营方式都是明知的和认同的。郑对会员收款、清点、记账、付款，均按约定的事件和数额办理。抬会崩盘后，当事人均认为，他们跟郑乐芬的交易属于你情我愿，没有骗取钱财的动机。

自20世纪80年代中后期起，沿海各地的民间金融活动从来就没有停止过，国家一方面对此种行为严厉禁止，另一方面却又对加大私人企业的金融服务束手无策。温州抬会和郑乐芬事件正是这种时代背景下发生的悲剧。尽管在民间和法律界备受同情，郑乐芬的生命还是被强行终止了，1991年9月18日，最高人民法院核准浙江省高级人民法院的刑事裁定，维持以投机倒把罪判决郑氏死刑，立即执行。

《英国简史》的作者伍德沃德曾经写道："历史涉及的只是一个民族生活的极小部分，人民的大部分生活和艰辛创业，过去和未来都不会有文字记载。"[①] 他还引用《便西拉智训》中的一段名句说："有的人湮没无闻，他们死去，无人知晓，仿佛他们从未来过这个世界一样。"

郑乐芬就是一个这样的人，她是中国企业史上最最微不足道的小人物，她是一个死刑罪犯，死时只有38岁，且没有留下一张照片。

① ［英］伍德沃德著，王世训译，《英国简史》，上海：上海外语教育出版社，1990年版。

中国有90多万个村庄，每个村庄都有一个村支部书记，吴仁宝可能是任职最长也是最著名的一个。他28岁起担任江苏省江阴市华西村书记，直到48年后才宣布退休，然后把这个职位又传给了自己的第四个儿子。

在他的治理下，华西村从20世纪60年代开始就成为“全国典型”。他刚上任时，这个苏南小乡村负债2.5万元，而退休的时候，已拥有固定资产30亿元，村办企业58家，全村2 000多名村民人均年收入6 000美元，每户均“分配”到了一辆小轿车，还有一栋400平方米以上的别墅。

尽管吴仁宝只读过几天私塾，但他被周围的人公认为是一个“农民政治家”。他能通过读报和看电视新闻，把准政治的脉搏，在48年时间里，华西村几乎是每个历史时期的中国农村典型：从“农业学大寨”先进典型，到科学种田典型、乡镇企业典型、扶贫先进典型、精神文明建设典型……在他退休前，中央提倡“三个代表”，吴仁宝当即组织创作出三个剧本，歌颂“三个代表”。

▲ 2005年，吴仁宝父子登上了美国《时代周刊》封面

吴仁宝坦诚，1958年“浮夸风”时他虚报过产量，60年代，华西村是“全国学大寨”的“一面红旗”，而同时，吴仁宝却开始抽调20个人在村里偷偷办起了小五金厂。“当时可千万不能让外面知道，正是割资本主义尾巴的时候呢。”他儿子回忆说，“田里红旗飘飘、喇叭声声，检查的同志走了，我们转身也进了工厂。”

为什么冒险搞工业？因为种田挣不到钱。当时全村人拼死拼活，农业总产值24万元，而只用20个人办的小五金厂，三年后就达到了24万元的产值。吴仁宝这么干，当然要冒风险，他曾经当上过江阴县的县委书记和江苏省委委员，但是却在一次选举中意外落马，他回到村里，继续当他的村支书。

1978年，“文革”过后，改革开放前夕，华西村盘点家底，共有固定资产100万元，银行存款100万元，另外还存有三年的口粮，而在当时，一包烟的价格是0.2元，整个江阴县的工农业总产值也仅仅数亿元。当时，全国各地都在搞“分田到户、土地承包”的改革，吴仁宝外出考察一圈回来后，却拒绝把村里的田分给个人，他说，按华西村的情况再怎么分田调动积极性也没法致富，他决定马上创办一个打农药用的喷雾器厂，1984年，光这一个厂，净赚200万元。

华西村真正完成原始积累，应该在1992年。当时，邓小平南方谈话在报纸和电视上发表了，吴仁宝当天晚上就把村里的干部召集起来，会议开到凌晨两点，他判断全国经济要大发展，于是下令动员一切资金，囤积三个月的原材料。吴仁宝此前一直坚持“既无外债，也无内债”，这次却破天荒地向外借款1 000万元用于周转。华西村究竟动用了多少资金，如何筹措，最后又赚了多少钱，一直是个谜。吴协东后来只透露了一个数据：“村里当时购进的铝锭每吨6 000多元，三个月后就涨到了每吨1.8万多元。”

华西村完成的另一个动作，就是以村办之企业，染指历来由国家垄断的烟草制造业。吴仁宝利用他的影响力，特批出一种以“华西村”命名的香烟，由淮阴卷烟厂生产、华西村宝昌化纤公司总经销，再由江阴市烟草专卖局专卖。在1995年前后，仅此一项，华西村不需投入一分钱，从中可分享大约2 000万元的纯利润。1999年，华西村股票上市，这是中国第一个在资本市场上融资的村庄，华西村发行3 500万股，共筹资2.9亿元。2002年，吴仁宝投入12亿元，在河北唐山兴建年产量120万吨的“北钢”。

“政治优势要为经济建设服务，”吴仁宝从来不讳言他的政治经济学，“这一点华西村从来没有动摇过。”

在很长一段时间，华西村与天津的大邱庄并称“北大南华”，它们的发展模式都非常相似，有一个强权而有政治智慧的领导者，以经营企业的思路来治理乡村，依靠发展重工业迅速致富。所不同的是，北方的禹作敏发达后骄横一时，与地方政府关系恶劣，而吴仁宝则要圆润得多，江阴的地方官员说："吴仁宝在官场上很少树敌，即使是镇里的领导到华西去，吴仁宝也从不因其官小而轻慢，这点他和禹作敏完全不同。"

吴仁宝还组建了一个"特色艺术团"，专门用来招待各方来参观的领导。当过副团长的计丽静曾经说起这样一个细节：剧团备有一个特别节目《三杯美酒敬亲人》，一般团里接到通知演这个节目，肯定是有大领导来。这个节目的创意，是在表演进行中斟上三杯，突然下到台前敬酒，猝不及防之下，领导往往一愣，随即开怀大笑，这是一个宾主尽欢的时刻。

吴仁宝共有四子一女，四个儿子分别名为协东、协德、协平、协恩，据说是分别寓意纪念毛泽东、朱德、邓小平、周恩来。早年，吴仁宝曾经为他的子女们指定职业说："大儿子协东做木匠，二儿子协德做泥瓦匠，女儿学裁缝。"理由是，"有这几门手艺，家里可以自己盖房子、缝衣服，吃穿住都不愁"。但他万万没有想到，自己居然能把一个穷村庄搞成那么大的一个产业，而且有机会传给自己的孩子们。星转斗移，当他退休的时候，华西集团内部的分工是这样的：协东主管建筑装潢公司，协德主政钢铁产业，女儿凤英身为服装公司总经理，协平打理旅游服务公司，四儿子协恩则径直接了他的班。如果从经营控制权的角度来看，集体性质的华西村已经成了吴氏一门的家族企业。

2005年，吴仁宝退休后，有记者采访他的家，曾经细致地描写道："楼下共三间房，楼上卧室，没什么家具，也没法放家具，因为所有的房间墙壁上，都挂满几排照片，全部是前来视察的各级领导与吴仁宝的合影。每天傍晚6时过后，76岁的吴仁宝归家，吃一碗只放油盐的清汤挂面，夹一块只蘸些酱油的白豆腐，再剥两只茶叶蛋，只吃蛋白不吃蛋黄。"①

① 张立，《华西村换帅背后》，《南方周末》，2003年8月7日。

1987 企业家年代

你就像那冬天里的一把火，
熊熊火焰温暖了我。

——费翔：《冬天里的一把火》，1987年

河北石家庄造纸厂厂长马胜利在工厂的门口挂出了一块铜制的标牌，上面铭刻了5个大字——“厂长马胜利”。这在那时的国营企业是一件不可思议的事情，不过因为他是“马胜利”，所以没有人觉得有什么不适当的。马胜利是当时中国最著名的厂长。

马胜利在两年前因承包而出名。1984年，石家庄造纸厂跟当地的很多老牌国营企业一样难以为继，800多人的工厂已经连续三年亏损，年初上级下达了实现17万元的利润指标，上任不久的厂长却迟迟不敢承诺下来。马胜利是厂里的业务科长，3月28日，他在厂门口贴出了一张“大字报”《向新领导班子表决心》，提出由他来承包造纸厂，年底上缴利润70万元，工人工资翻番，“达不到目标，甘愿受法律制裁”。这个戏剧性的大胆举动轰动了石家庄，半个月后，市长王葆华组织了160人的“答辩会”，在听了马胜利的承包演讲后，王当场做主让他承包造纸厂。

业务科长出身的马胜利主要在产品结构和销售激励上下了功夫。造纸厂生产的是家庭用的卫生纸，马胜利根据市场需求，把原来的一种“大卷子”规格变成了6种不同的规格，颜色也由一种变成三种，还研制出“带香味儿的香水纸巾”。为了鼓励业务员开拓市场，马胜利设立了“开辟新客户有奖”，规定，开辟一个大客户，奖励10元，招揽一个小客户，奖励5元。这些措施让死水一潭的工厂顿时有了活力。承包第一个月，造纸厂就实现利润21万元，比最初整年的指标17万元还多，第一年承包期满，马胜利完成了140万元的利润。经新闻报道宣传，“马承包”立即闻名全国。在当时，4年前曾被树为“改革典型”的步鑫生已日薄西山，步履艰难的国营企业改革太需要出现一个新的“一包就灵”的传奇，马胜利的适时出现无疑满足了这个需求，他的试验让人们看到了企业承包的魅力，一时间，“学习马胜利”成为全国性的热潮。他的改革思路被总结成“三十六计”和“七十二变”，承包制成为国营企业摆脱困境的灵丹妙药。

1985年7月26日，全国的报纸都刊登了新华社的长篇通讯，题目是《时刻想着国家和人民利益的好厂长马胜利》。跟步鑫生一样，马胜利很快成为炙手可热的新闻人物，他四处演讲，出版图书，获得各种荣誉，河北、山东等一些省份还由省政府发起了“向马胜利同志学习”的运动。与步相比，马胜利无疑更具备现代企业家的素质，他的工厂连续几年盈利增长，1985年实现利润280万元，1986年为320万元。1987年，如日中天的马胜利向社会宣布了一个让人兴奋的决定：他将创办“中国马胜利造纸企业集团”，从现在开始，在全国20个省市陆续承包100家造纸企业。

他的这个动议成为当年度最具爆炸性的公司新闻。这实在是一个让人振奋的庞大构想，它极大地展现出新一代改革者的宏伟气魄，以及承包制即将散发出的魔力，而且对于很多苟延残喘的地方造纸厂来说，能够通归到马胜利的旌旗之下，无疑是起死回生的最佳生机。马胜利的动议传出后，来自全国各地的要求马去承包、投标的电报如雪片般飞来。第一个前来报名的企业是山东的菏泽造纸厂，马胜利的承包组到那里的时候，菏泽地区 10 个县市的上千名市长、书记和骨干企业厂长济济一堂，聆听马胜利布道式的承包报告。马宣布，承包基数为 37 万元，增盈 10 万元以内，马胜利与菏泽厂以二八分成，增盈 10 万元以上，双方以三七分成，承包三年，使利润翻三番。马胜利的演讲被一阵又一阵热烈的掌声淹没、打断，在人们充满敬意的仰望的目光中，站在光环中的马胜利仿佛是一位能够点石成金的神仙，记者戈红在报道《"马承包"新传》中描述说："马胜利做报告从来不拿稿子，不照本宣科，他谈笑风生，话语幽默而又风趣，会场内外鸦雀无声，听得人们如痴如醉，长达三个小时的报告，竟无一人走动，有人憋着尿也不去厕所。"

这样的景象在以后的大半年里一再地重现。马胜利马不停蹄地奔波全国，他每到一地，都成为当地的头条新闻，他的承包成为一场颇具仪式感的改革演出，从政府到企业，从媒体到工人，人人都急切地渴望改变现在的艰难状况，马胜利似乎成了一根神奇的救命稻草。一次次地演讲，一个个地承包，一场场地签约，到 1989 年年初，归到他旗下的企业已达数十家，它们都是一些规模不大、效益亏损的中小造纸厂，马胜利在没有做任何调研和评估的情况下将之统统收入帐下。有一次去贵州省，新华社记者充满敬意地记录了他旋风般的"工作效率"：26 日晚上到贵阳；27 日全天给贵州省企业干部做报告；28 日到贵阳造纸厂洽谈承包事项，并看厂；29 日签署承包合同，承诺第二年实现利润 100 万元，三年还完贷款，产值增加两倍，马就任贵阳市造纸厂厂长，使这个厂成为他拟议的集中的第六个企业。《贵州晚报》的一篇头版评论对此赞叹说："这旋风般的节奏，本身就是一曲改革的颂歌，不是么？倘若换上别的某些同志，不知要研究多少天乃至一年半载呢！然而马胜利同志却在 48 小时之内做出了决策，这不能不给我们以有力的冲击。"

没有人去深思这种旋风式承包的可行性以及所蕴含的经营风险，没有严谨的实地调研，充满随意性的承包基数，没有资源整合，没有管理、人才和技术输出，没有集团化经营的战略构想，马胜利的承包是一种“归大堆”式的简单归并，在一些时候，他的承包甚至带着一种莫名的理想主义色彩。《杭州日报》在报道马胜利前来浙江考察的新闻时写道：“马胜利所考察的绝大多数是亏损企业，他对这些企业的处境十分同情和关心，他说，改革应该体现社会主义优越性，越是困难，越是亏损，越是日子难过的企业，我们越要帮助和支持。”无疑，这样的言论让人充满幻想，临安县一家亏损的造纸厂厂长三上杭州求见马胜利，他还在厂内挂起了“坚决要求马胜利厂长承包我厂”的标语。马胜利的豪情还激发出了很多人的改革热情，他到杭州承包企业时，当地一位厂长在报纸上发表了一首打油诗：“杭州城头插白旗，河北来了马胜利，自古钱塘多英杰，决战一番才服气。”

从 1987 年 11 月到第二年 1 月，马胜利“晓行夜不宿”(他在自传《风雨马胜利》[①] 中的用词)，在不到两个月的时间里对 27 家造纸厂进行了承包。1988 年 1 月 19 日，“中国马胜利造纸企业集团”在锣鼓喧天中成立，北京的轻工部部长和河北省省长一起参加了成立大会。此前四天，《人民日报》刊登了海盐衬衫总厂厂长步鑫生被免职的新闻，“典型人物”的新旧更代让人眩目。

然而，令人始料未及的是，马氏神话的破灭竟比前人的衰落还要快速。仅四个月后，浙江媒体报道他承包浙江浦江造纸厂“失利”；7 月，贵州报道“马胜利承包后的贵阳造纸厂处境困难”；8 月，烟台蓬莱造纸厂因亏损与马胜利中止合同；9 月，《人民日报》发表评论《由马胜利失利想到的》，首次将“马胜利失利”与“步鑫生沉浮”相提并论。可怕的多米诺骨牌效应发生了，到年底，马胜利宣布停止吸收新企业，今后不再跨省经

① 马胜利、高梦龄著，《风雨马胜利》，上海：东方出版中心，2000 年版。

营，此时，已有16家造纸厂先后退出了集团。

在企业史上，马胜利被称为“企业承包第一人”，他不是第一个尝试承包制的厂长，却是最早因承包受到举国瞩目的人。到1987年前后，承包制成为拯救国营企业的灵丹妙药。这年8月，国家经委、中共中央组织部、全国总工会联合召开全面推行厂长负责制工作会议。会议提出，全国所有的大中型工业企业1987年内要普遍实行厂长负责制，把厂长负责制作为企业的根本制度，加快改革的步伐。根据公布的数据，截至1987年6月底，全民所有制工业企业中实行厂长负责制的占同类企业总数的63.9%。这项改革已经从试点进入了全面实行的新阶段。

马胜利的承包旋风和集团化梦想，便是在这样的宏观背景下出现的，这是那个时期国营企业经营者最富想象力的实验，它试图通过承包，也就是市场化的手段，以一人之力拯救百家亏损企业。尽管马胜利的石家庄造纸厂是一个不到千人的中等规模国营企业，然而它所展现出来的改革成果和雄心却让所有人为之一振。马胜利所收购的造纸厂有一半是地方集体企业，有的还是乡镇企业，国营企业在改革运动中的主导角色更是让决策层颇有欣慰感。就在他马不停蹄地奔波全国期间，媒体记者一路跟踪，政府官员翘首以待，经济学家运用各种理论阐述其改革意义和推广价值，然而，这个庞大计划的迅速崩盘却让所有的人产生了巨大的失望。

后来的评论者认为，马胜利的失利，对那种“一改就灵”、“一包就活”的改革理念是一次意外而重大的打击。

除了马胜利，这一年最让人难忘的企业家还有那个因“东方魔水”而一夜成名的李经纬。

11月，在广州举办的全国第六届运动会上，第一次出现了中国企业与跨国企业同场竞争的场面。广东省这时候已经展现出它在对外开放中的领跑者风采，大量外资企业和新型民间公司如雨后春笋般地出现，在过去的7年里，广东直接利用外资43亿美元，占到全国总额的66%，一共引进设备 50 万台（套），生产线 700 条，外贸出口占全国总出口的 1/7。六运会的举办，成为广东企业在全国民众面前展露手脚的最佳时机。

两年多前在洛杉矶奥运会上一鸣惊人的健力宝公司此时风头正健，为了得到“六运会指定饮料”的名号，当时已是全国最大饮料企业的健力宝与可口可乐展开了竞争，后者愿意出资 100 万元，而李经纬则一口气把价码抬高到 250 万元，并外加赠送价值 10 万元的饮料，结果当然是健力宝如愿以偿，而可口可乐只得到了“可乐型”饮料的指定权。这个细节被当时的媒体记者津津乐道了很久。赛会期间，在新建成的广州天河体育中心，大到墙壁，小至痰盂、垃圾桶，都铺天盖地地印上了健力宝的广告。最夸张的景象出现在闭幕式上，在当日会场的入口处，两百多名工作人员均被要求穿上清一色印有健力宝标志的运动服装，他们还向所有入场的 8 万名观众每人赠饮一瓶健力宝饮料，放眼环形运动场，星星点点全部是健力宝的饮料罐，简直成了一个橙红色的海洋。

在六运会上，各家企业的广告大战已经开打。英美烟草用 100 万元和 300 万支香烟，换取了比赛参观券的背面广告，富士胶卷向 1 200 名记者提供一件上面印有广告的“太空背心”，工作证和记者证被“美国宝丽莱公司赞助”占去了，大会车辆通行证上则印了“麦氏咖啡”和“施乐复印机”。

跟跨国公司和李经纬的财大气粗相比，另外一些广东饮料厂则动足了其他脑筋。举重决赛日，放鹅仔出身的广东运动员何灼强两破世界纪录，在实况转播的录像镜头前，何突然拿出一罐“亚洲汽水”，大叫——“亚洲汽水支持了我！”这个露骨而绝妙的广告行为通过中央电视台被传送到了全国观众的眼前。在当时，这一点也没有引起人们的反感，反而，从公众到媒体均对亚洲汽水厂的这个“策划”赞颂不已。

健力宝的成功，极大地激发了人们的想象力，一群极富野心的创业家纷涌进入了饮料食品领域。1987 年，几乎同时，在广东和浙江，诞生了两家保健品厂，它们将在以后的10年里一起统治中国的保健品市场。

8月，36岁的怀汉新在东莞县黄江镇办起了黄江保健品厂，之前他当过广州市体委的司机，李经纬的传奇故事让他陡然萌生了创业的冲动。怀汉新的岳父在广东省体育医院工作，不久前，他为广东体工大队研制出了一种将鸡和蛇的提取液进行混合、用于治疗厌食和失眠的滋补液，在试用之后效果很是不错。怀汉新便带着这个配方和5万元，跑到黄江镇办起了一个小工厂。

就在产品还没有量产成功的时候，怀汉新就学上了李经纬当初的招数。1988年1月，国家体委在广州召开第24届奥运会中国代表团专用运动饮料营养补剂评选会议，怀汉新带着他的尚未面市的“生物健”四处公关，评选结果颁布，生物健口服液一举荣获奥运会中国代表团专用运动补剂和中国运动营养金奖。便是带着这样的光环，怀汉新开始了他征服中国市场的旅程。为了让自己的企业更具有现代气质，怀汉新在获奖后，将厂名、商品名和商标都统一为“太阳神”，他还聘请广告公司设计出了中国第一套“企业形象识别系统”（CI），太阳神在形象和包装上给人耳目一新的感觉，它一出现就从众多平庸而简陋的国产品牌中脱颖而出。

正当怀汉新在广东跃然而出，在杭州的一个狭小、潮湿的街巷里，47岁的宗庆后办起了娃哈哈儿童食品厂。他是一个地道的杭州人，长相平和，不擅言辞，是一个让人很难一眼记住的人。他早年被下放农村，在舟山海岛上晒过盐，在绍兴茶场里烧过窑。1979年，为了让儿子能够回到城里，在一家校办工厂[①]当工人的母亲提前退休，把“岗位指标”让了出来。顶替回杭的宗庆后在杭州城区里推销课本和卖雪糕，烈日炎炎中，他常常一个人骑着三轮车在小学门口贩卖各种小商品。1985年前后，他开始替一家保健品厂代销花粉口服液，由此他看到了保健品市场的潜力。一个偶然

① 当时很多学校都办有自己的“第三产业”，从纺织厂、印刷厂、电视机厂到书店、渔场，1990年前后，全国有68万家校办工厂，年产值85亿元。

的机会，已经当上了校办工厂经营部经理的他获悉浙江医科大学有一位教授研制出一种儿童营养液，他上门拜访，终获配方。这是一种以桂圆肉、红枣、山楂、莲子等为原料提取而成的口服液，宗庆后为它设计了一句朗朗上口的广告词：喝了娃哈哈，吃饭就是香。

怀汉新和宗庆后的事业都开始得异常顺利。那是一个商品短缺而需求日渐旺盛的年代，只要产品质量过得去、包装稍有特色、营销手段稍具创新，便可以迅速得到市场的青睐。宗庆后日后回忆说，当时打全国市场，跑到一个城市，先是跟当地的报社、电视台见面，签下广告投放合同，然后就拿着这个合同去拜访当地的糖酒食品公司，请他们吃货、铺货、卖货，再然后就是昏天黑地的广告轰炸，不出一个月，一个城市就“打下来了”。如果糖酒公司对产品没有兴趣，我们就躲在一个小旅馆里，翻开当地的黄页电话簿，给当地的商场、百货店、区经销公司一家一家地打电话，就问一个问题：你们这里有娃哈哈营养液卖吗？第三天，糖酒公司的人就开始满世界找娃哈哈了。

这几乎是当时所有成功公司的共同经验，它将在后来的十多年里非常有效。到1990年，娃哈哈的销售额将近1亿元，而太阳神则达到2.4亿元，占有全国保健品市场份额的63%，创下令人称奇的纪录。

9月，10年前参加过全国科学大会的那个任正非此时正在深圳，他创办了一家叫华为的“民间科技公司”，而事实上，他对自己的未来依然一无所知。在这之前，他的生命可以用灰色来形容。

他出生在一个有7个兄妹的大家庭，父亲是一个曾经在国民党工厂里任过职的“异己分子”，所以生活一直压抑而贫穷。任正非回忆说：“我经常看到妈妈一到月底就到处向人借三五块钱度饥荒，而且常常走了几家都未必借到。直到高中毕业我还没有穿过衬衣，我家当时是两三个人合用一条被盖，而且破旧的被单下面铺的是稻草。”高中三年，任正非的理想就是吃一个白面馒头。大学毕业后，他进入基建工程兵部队，因为技术突出，受到重用，但是由于父亲的历史问题，他一直没有受到嘉奖，也没有办法入党。1982 年，中国大裁军，工程兵部队成建制取消，任正非退伍到了南方，在一家电子公司当副经理，在一次生意中他不小心被骗，丢了饭碗。1987 年，他已经 43 岁了，患上了严重的糖尿病，心脏也不太好，但是仍然一事无成。秋天，为了糊口养家，他和五个朋友一起合股组建了华为公司，注册资本为 2.1 万元，业务为代理进口香港康力公司的模拟交换机。

跟那个年代的所有创业者一样，任正非有着一个十分卑微的开始。十多年的荒芜岁月，让一代人不再风华正茂，他们被岁月嘲弄，被苦难打磨，在底层社会的滚打历练和理想幻灭，让他们对生活有着近乎残酷的清醒，他们具备起了“狼”一样的素质，如果命运给了一次翻身的机遇，他们会把所有一切都用上，豪情一搏。任正非是个沉默寡言的人，平时不修边幅，无任何业余习好，他是电话通信方面的专家，在为香港公司做代理的同时，他开始悄悄研制自己的数字交换机。今后的四年仍将是艰难而平淡的，到 1991 年，华为公司还只有 20 多个职员，任正非常常为了贷款四处奔波。他后来说：“很多年来我天天思考的都是失败，对成功视而不见，也没有什么荣誉感、自豪感，而是危机感，也许是这样才存活了下来。”直到 1992 年，他研制的大型数字程控交换机面世，命运才开始对他露出第一缕迟到的微笑。

在任正非办公司后不久，11 月 26 日，他所在的深圳市政府划出一块面积为 8 588 平方米的土地，进行 50 年使用年限的有偿出让拍卖。这是新中国第一次将土地作为商品来交易。媒体记载，有 44 家企业举牌竞投，拍卖从 200 万元起叫，一共叫了 20 多轮，17 分钟后，深圳经济特区房地产公司以 525 万元中标。深圳的这个尝试受到广泛的关注，中共中央政治局委员、国家体改委主任李铁映飞赴深圳，观看了这个拍卖过程。一个月后，广东省人大通过《深圳经济特区土地管理条例》，规定土地使用权可以有偿出让、转让。又过了4个月，北京通过《宪法修正草案》，把禁止出租土地的“出租”两字删去，规定“土地的使用权可以照法律的规定转让”。

当时正在深圳欢快地倒卖批文和外汇指标的王石显然注意到了这个发生在身边的新闻。他意识到，自己公司的那种发展方式走到了一个瓶颈，必须要去寻找新的产业，而土地制度松动后的房地产业将可能是一个很有前途的事业。也就是在这时，这位日后中国房地产业的标志性人物开始涉足地产业。

在很多时候，“准确的预见”对于企业家来说是一种莫名的天赋。就好像王石在土地拍卖中窥见了房地产业的曙光，在北京，柳传志在喧嚣中看到了个人计算机的方向。

在中关村，一些早起的“鸟儿”们似乎活得都还不错。那些有远见的公司都把自己的未来押在了即将兴起的计算机行业上，所不同的是它们选择了不同的产品，因而拥有了不同的命运。当时中关村知名度最高的是万润南的四通公司，它在成立三周年的庆典上，隆重地向客人们展示了它的新产品——MS-2401打字机，万润南高声说：“我们不能再错失电脑时代。”而在他看来，电子打字机将是中国电脑市场的主流选择，而“四通打字机在中国文化史上是一个创举”。

而公司规模比四通万润南要小很多的联想柳传志则不这么看。这时候的联想每年销售6 000多套汉卡和代理销售1 000多台IBM微机，营业收入有7 000多万元，公司员工过百，它还在国内各地培育起1 000多个经销商，形成了一张不小的销售网络。而此时，国内汉卡公司日渐增多，各种版本和系统层出不穷，联想开始陷入价格苦战。便是在这时，柳传志敏感地意识到，“未来中国的计算机市场一定是个人计算机的天下，公司早晚会走上这条路”。在这个判断上，柳传志和他的同伴们发生了激烈的争吵，公司内部的科学家们都认为，已经有点基础的联想应该依托计算所的科研实力，投入大型计算机的研发，承担起提高中国计算机研究水平的“历史责任”。而柳传志则坚持，“联想未来的方向，不是我们定出来的，而是人家需要什么。因而，市场需求的导向是联想成长的前提”。日后的事实证明，现实的柳传志是正确的，正是他的那个判断让联想成为中关村最伟大的公司。

在这一年，柳传志做出的另一个重要决定是，离开IBM——与这个蓝色巨人的分分合合，将是柳传志职业生涯的一条主线。当时，最早进入微机市场的IBM正处巅峰时刻，它的股价在8月20日超过170美元，创下公司的历史纪录，世界上所有的电脑公司都打出“与IBM兼容”的口号，并以此为荣。也许是烦透了同行们的“搭车”，IBM决定独吞整个市场，它强势推出新的“P/S”系列微机，此款机器完全基于自己的操作系统和自制芯片，其他用户的软件系统均无法兼容，IBM试图通过这种垄断性的策略，独霸微机市场。这个封闭战略是IBM在20世纪80年代犯下的最严重的失误，它直接导致众多生产兼容机的公司乘虚而入，已经奄奄一息的英特尔公司当即宣布开放系统平台，SUN和微软等后起之秀随即崛起，PC工业的横向垄断遭到粉碎式的打击，开始走到了纵向分工产业的时代。

作为IBM在中国的最大代理商，柳传志可能是第一个意识到这个错误的中国商人，IBM的策略让所有汉字输入系统——包括联想汉卡无法在它的机器上运作。秋天，柳传志南下深圳，带回一款名叫AST的兼容机，他宣布中断与IBM的合作，转而代理销售AST。一个巨人的

▲联想汉字微机系统

错误，将催生出另外的一群巨人，IBM 在 1987 年犯下的错误让英特尔和微软成就大业，在中国，联想把 AST 推销成最成功的微机产品，三年后，柳传志顺势推出了自己的联想微机。

就在可口可乐跟健力宝在广东六运会上正面“交火”的时候，另外一些跨国公司也开始进入中国。尽管很多人都已经嗅出了中国市场的广阔前景，但是，它们中的不少还将为自己的固执和不熟悉付出学费。

这一年，法国最大的食品公司达能来到了中国，日后它将以“产业购并者”的形象出现在中国的饮料食品领域。8 月，达能与广州市牛奶公司合资，投入 569.5 万美元组建广州达能酸乳酪有限公司，生产和销售“达能”牌鲜乳制品。它是中国市场上第一个生产酸奶的企业，但是，一出手就惨遭失败。达能酸奶属活菌发酵，有较高的营养价值，但是它的成本较高，每瓶零售价要 3 元多，不是当时的普通消费者能够接受的，更要命的是，活菌酸奶在销售中需要保持冷藏。它的一位销售经理跑到中国最繁华的商业街——上海南京路，从东头跑到西头，整条南京路上所有的食品商店只有一家有冰柜，这位经理后来说，达能酸奶的惨淡命运从这个细节就已经注定了。

联合利华和雀巢在这一年相继来到中国，前者选择了上海，后者则令人困惑地在黑龙江的偏远小城双城开出了工厂。当时的双城没有一条像样的路，电话是手摇机，与外界通话很困难，在银行开个账户需要等三个星期。雀巢从欧洲派来一支专家队伍，建立起一套鼓励奶农积极性的牛奶采集网络和收购制度，而且还向当地农户教授照顾奶牛的技术和采奶技术，它看上去是一个有耐心的公司。中国液体奶的市场要到 15 年后才进入成熟期，而那时，率先获得成功的是内蒙古的两家中国公司，伊利和蒙牛。

跟达能和雀巢相比，也是这一年到来的摩托罗拉似乎要务实一点。摩托罗拉是全球无线电通信的龙头企业，它能够拿到中国来生产和销售的产品很多，但是它却选中了不起眼的寻呼机。无线电寻呼机又叫作 BP 机，它专门用来接收由无线电寻呼系统发来的信息。上海在1983年开通了第一个模拟寻呼系统，几年后，用寻呼机来充当联络通信工具，成为中国青年和商人最时髦的装备，漫步在当时的中国城市街头，随处可听到一阵阵“哔、哔、哔”的响声。摩托罗拉开在天津的第一个工厂就以寻呼机为主业，由此切入，它很快成为在中国市场上第一批赚钱，也是品牌知名度最高的跨国公司。寻呼机行业要到1996年才被日渐普及的手机淘汰，而到那时，摩托罗拉已成为中国最大的无线通信产品制造商之一。

11月12日，肯德基在中国的第一家餐厅在北京前门繁华地带正式开业。它任命了一个在中国出生、在美国求学，又在肯德基工作多年的职员出任中国公司总经理，从一开始就实施了全面融入中国饮食文化的聪明策略。它进入的时间比另一家美国快餐巨头麦当劳早三年。而这三年的先入优势，麦当劳后来花了近20年也没有追上。

▲ 开在北京前门大街的第一家肯德基快餐店

1987年，彼得·德鲁克出版了他著名的《创新与企业家精神》[①]一书。在这本划时代的著作中，他第一次将创新（innovation）和企业家精神

① 该书中文版2000年由海南出版社引进出版。——编者注

（entrepreneurship）视为企业成长的基因，并系统性地阐述了如何将创新导入企业经营运作的可行性方案。同时，德鲁克极具远见地指出，美国已经进入了一个“企业家经济”的时代。他充满激情地写道：企业和企业家正成为美国经济成长的动力之源，“企业家经济”的出现，是美国经济和社会历史中最有意义、最富希望的事情，在不远的未来，日本、欧洲，包括所有正在进行经济革新的现代国家都将无一例外地接踵而至。

在中国，这年第一次出现了“企业家”这个名词——它第一次出现在《辞海》上的时间是1989年，之前，他们都被称为厂长或经理。

在年初，美国《幸福》杂志评选全球50位最引人注目的企业家，中信公司的荣毅仁榜上有名，跟他并列的有日本住友银行的小松康、美国通用电气的杰克·韦尔奇和韩国大宇汽车的金宇中等，这是社会主义中国的公司经营者首次进入国际性的企业家排行榜。杂志甚至还评论说：“70岁的荣毅仁是复活的资本家，他正领导着邓小平制定的海外投资工作。”

▲ 1987年前后的荣毅仁

4月，国家科委主任、国务委员宋健在四川考察时专程去了新津刘家四兄弟的鹌鹑场，他们那时候已经声名远播，所生产的鹌鹑松花蛋销路颇好。宋健去的时候，四兄弟筹资20万元刚刚创办了“希望”科技研究所，宋健临别题词，把他们的研究所名称巧妙地嵌了进去：“中国的经济振兴寄希望于社会主义企业家。”就在8月的那次全面推行厂长负责制工作会议上，国家经委宣布将评选首届“中国优秀企业家”，评选方式是由各地政府推荐，在下一年初正式宣布。在这一年的企业故事中，我们日渐感受到越来越多的商业气质，无论是失败的马胜利还是与可口可乐正面交手的李经纬，亦或与 IBM 分手的柳传志等，他们开始真正地、运用商业的手段和规律来经营一家企业。经过将近 10 年的曲折发展，中国的消费市场逐渐放大，从民间崛起的力量开始展现他们的能力，这也为现代企业的出现创造了最好的土壤。

从宏观经济的角度来看，在历经了几年的高速发展后，中国经济又走到了一个十字路口。10 月，《人民日报》的三位青年记者祝华新、曹焕荣和罗荣兴发表了长篇政治观察文章《中国改革的历史方位——时代的挑战与中青年理论工作者的思考（上）》，这是中国记者第一次站在全球化的角度对中国的改革进行带有理性色彩的思考。①

在 140 年前的 1847 年，马克思和恩格斯发布了《共产党宣言》，在 70 年前的 1917 年，阿芙乐尔巡洋舰的炮声引发了苏联革命，而在 1987 年，社会主义阵营已经发生了巨大的变化。戈尔巴乔夫正在苏联领导一场前途未卜的变革，他的《改革与新思维》在这一年出版，这本书在第一时间被翻译引进到了中国，他警告说："拖延改革就会在最近时期造成国内局势的加剧，直截了当地说，这种局势包藏着发生严重的社会经济和政治危机的威胁。"也是在这一年，美国耶鲁大学教授保罗·肯尼迪出版了《大国的兴衰》，他在对过去 500 年的大国兴衰史进行考察后预言："大国兴衰的进程仍未停止，各大国力量增长和技术进程的速度各有不同，这将使全球经济力量对比发生变化。"② 肯尼迪没有预见到两年后柏林墙的倒塌，也没有预言三年后苏联的解体，不过他所提出的命题却让全世界的政治家们悚然自醒。

正是在这种充满着动荡、求变的氛围中，中国的观察家显得非常的焦急，在《中国改革的历史方位——时代的挑战与中青年理论工作者的思考

---

① 《人民日报》于 1987 年 10 月 6 日刊登了《中国改革的历史方位——时代的挑战与中青年理论工作者的思考（上）》，接着，7 日又刊登了它的下篇《改革阵痛中的觉悟——时代的挑战与中青年理论工作者的思考（下）》。

② 该书中文版于 2006 年由国际文化出版公司引进出版。

(上)》一文中，三位青年记者急切地呼喊，“中华睡醒的巨龙该惊起了”、“加快改革！我们的时间已经不多了”。他们同时观察到，中国社会正从温饱型向小康型转轨，人均 GDP 进入 400~1 000 美元的区间，而这正是一个社会不稳定期，当时 32 岁的复旦大学副教授王沪宁称之为“发展中国家的政治不稳态”。在这期间，民众的改革期望上升，消费欲望膨胀，而社会体制则相对落后，国家的宏观治理能力跟不上迅速衍变的产业形势。

当时的现状确实正是，全民性的心态失衡已经暴露无遗。人们对自己的生活和工作普遍不满，每个人都在打听赚钱的门道和机会，在沿海一带，搞“第二职业”成为一个新的时尚，广东人称之为“炒更大军”，据当地的一份调查称，国家职工从事“炒更”的已达 27%。新加坡《联合早报》记者在中国采访时发现，无论是公务员还是国营企业的职员，大家都热衷于用公家的设备赚取外快，没有人对本职工作感兴趣，报道说：“眼下在中国受益的有两种人，勤奋聪明善于钻营的人，和贪污枉法的奸诈小人。”

抱怨和牢骚到处都是，一些顺口溜在民间广为流传，其主要的情绪是对那些靠搞流通率先富裕起来的人们的不屑和不满，如“手术刀不如剃头刀，造导弹不如卖茶叶蛋”“老大（工人）靠了边，老二（农民）分了田，老九（知识分子）上了天，不三不四赚了钱”“工人乐，农民笑，知识分子光着屁股坐花轿”。

很显然，在一个转型时代，所有的价值观都亟待重建。人们似乎仍然对那些率先富起来的人们抱有朴素的幻想。媒体也很想找到一些例子，来说明这些富起来的人是有“良心”的。当年的《广州日报》便报道了一则这样的新闻：当地有一位制鞋的个体户叫何炳，据说他的总资产已经超过了 20 万元，却依然十分节俭，家里连一台冰箱也舍不得买。有一家国营鞋厂亏损多年，请他去解救，他带了 6 个人去干了一个多月，为鞋厂设计了五六种新样式，使鞋厂走出了困境，何炳却一分钱也不肯收，连带去的 6 个人的工资也是他支付的。何炳的“事迹”上了报纸，被人津津乐道。

这个例子似乎想告诉人们，这些富起来的人是不会走得太远的，他是会回过身来帮助落后的人和陷入困境的国营企业的。

《人民日报》的三位记者提醒说："改革是一项特别复杂的社会系统工程，不可能在事先设计得天衣无缝的情况下进行，改革过程中不同利益群体的摩擦和碰撞是不可避免的。"这样的声音在当时听来非常的刺耳，绝大多数的人们仍然沉浸在对改革的膜拜中，他们还没有完全意识到这场经济变革对中国社会可能造成的制度冲击、观念颠覆和阶层分野。

石家庄造纸厂门口那块“厂长马胜利”的铜字招牌是在1994年被勒令拆除的，又一年，58岁的马胜利提前退休，造纸厂因资不抵债，向石家庄中级法院申请破产。

马胜利一直认为，他的退休是一场“阴谋”的产物。自从1989年《人民日报》刊登了评论《从马胜利失利想到的》之后，他就跟一些媒体和政府关系紧张，他终日为自己辩护，占用大量精力和时间。此外，先后加入造纸企业集团的有36家企业，其中2/3为亏损企业，此起彼伏的冲突、纠纷也让他精疲力竭。随着“造纸托拉斯”梦想的土崩瓦解，马胜利走到了尽头，1995年10月，石家庄第一轻工业局领导找他谈话，称“你如果辞职，我们接受，如果不辞职，那就免职”，谈话共5分钟。

马胜利退休后孤独之极，躲在家中三个月没有下楼，因为觉得没脸见人，他认为上级部门将他这位功勋级的厂长如此轻易地打发，实在不可思议。他每月领130元退休养老金，跟老妻和两个女儿挤在两间破旧狭小的平房里。几个月后，他在石家庄市火车站北边的清真街上，租赁房子开出“马胜利包子铺”，帮手是他的妹子、女儿和老伴。当时的马胜利闻名全国，不少人借买包子的机会去看望他，两个包子卖一元钱，一些好心人经常放下100元，什么也不拿就走了，据他日后说：“最多的时候，一个月能卖3 000多元！但我确实放不下造纸。”

就在办包子铺的同时，他的一位旧部下召集了几十名下岗职工搭起了一个造纸厂，让马胜利承包，厂子的名字就叫“马胜利纸业有限公司”，马胜利给新公司的产品起了两个很古怪的品牌名，卫生纸的品牌是“援旺”，餐巾纸的品牌是“六月雪”，前者与“冤枉”谐音，后者则有“窦娥沉冤，六月下雪”之意，其满腔悲愤，溢于言表。工商局不让注册，马胜利却照用不误，他笑说：“这种名字，除了我用，没有人会仿冒的。”

这家新公司一直萎靡不振，几年徘徊后便渐渐消失了。此后他还去满城、徐水、石家庄等地先后承包了四家工厂，但都起色不大，相继不了了之。马胜利当年名重一时，可以说是“天下无人不识君”，他的一举一动都招惹媒体关注，外人及他自己的期望都很高，在这种情形下，要从头开始东山再起，却比寻常人都还要艰难。

马胜利的时代一转眼就过去了，而他本人却还在幻想的轨道上继续前行。2003年冬天，杭州青春宝集团的冯根生突发奇想，把1987年当选“首届中国优秀企业家”的幸存者全部邀请到杭州西湖相聚，马胜利也应邀前往。当聚会的大屏幕上出现马胜利当年奔波全国的照片时，现场的他不禁老泪纵横。“这是我第一次流泪！”他伤感地对旁边的年轻记者说。

在这次会后，同为首届优秀企业家的青岛双星集团总裁汪海邀请马胜利加盟双星，他竟一口答应，于是在随后几个月里又爆出“马胜利重出江湖”的新闻，此时的他已经65岁，雄心虽在奈何天，新闻在余波荡漾中又没有了下落。

马胜利提前退休后，曾闭门写出自传《风雨马胜利》，他评价自己说：“我生来爱出个头，干点事，所以一生就好像是走钢丝一样，遇到的困难和风波很多，酸甜苦辣，大起大落，困难总是一个接着一个。”①

马胜利是回族人，外貌平易随和，内心宁折不屈。如果他当年不在厂门口贴那张“大字报”，也许一直就是一个悠闲的销售科长，如果他没有动念头去承包100家造纸厂，也许他会在光荣中安然地退休。

在中国企业史上，马胜利被称为“企业承包第一人”，他曾在1986年和1988年两次获得全国“五一劳动奖章”，全中国只有他一人两次获此荣誉。

---

① 马胜利、高梦龄著，《风雨马胜利》，上海：东方出版中心，2000年版。

1988 资本的苏醒

摆个小摊，胜过县官；
喇叭一响，不做省长。

——北方民谚，1988年

1988 年 12 月 6 日，24 岁的国务院机关事务管理局财务司副科长王文京和他的伙伴苏启强一起来到位于中关村的北京海淀区工商局，他们今天是来领公司执照的。那时的中关村，创业氛围已经非常好，不久前，它刚刚被确定为中国高科技发展的试验区，每天都有热血青年赶来开办自己的企业。

在企业登记处，办事员热情地问他：“你想注册成国有性质的还是集体性质的？”王文京说：“我想办自己的企业。”办事员说：“那你走错门了。”在当时要注册高新技术企业，除了国有和集体，没有别的选择，有不少人为了图便利，便顺便挂靠一些国营或集体企业，日后引发的很多产权纠纷便因此而生。

被拒绝的王文京不甘心，他转身走进了旁边的个体科。两个小时后，他领到了一本个体工商户的执照。

好不容易丢掉令人羡慕的公务员“铁饭碗”，却只能当一个个体工商户，这对于王文京来说，好像有点屈辱。不过，在他看来，让自己的企业有一个清晰的产权似乎更重要。

王文京当时不太清楚的是，就当他在海淀区领个体执照的同时，北京市的第一批私营企业已经开始注册，不过，政府选择了东城区作为试点。第一批 8 家私营企业从全市 12 万个个体户中被挑选出来，其中，“冰糖葫芦大王”魏希望雇有 26 名员工，雇员中包括一位教授和两位工程师；50 岁的郑宝铃，注册资金 78 万元，是北京市首家私营涉外饭店的女老板；最年轻的私营企业老板，是一位 20 岁的姑娘，她招收的工人都是残疾人，从事装潢设计。王文京创办的用友软件公司在 1990 年登记成了私营企业。2001 年，已经是国内最大财务软件企业的用友被核准上市，因间接持有总股本 55.2%，王文京名下的资产一度高达 50 亿元。他没有像很多同一代的企业家那样受到产权归属的困扰，其原因便在于 12 年前的那次企业登记，他去领了一本“身份低贱”的执照。

1988 年可以被看成是这样的一个年份：在此之前，中国民间公司的出现和发展是无意识的，它们更多的是为了让自己免于饥饿，而在此之后，对资产的追求成了新的主题。那些先觉者开始把目光放得更远，他们思考企业的归属与命运。日后的事实将证明，这些先觉者最终因为超前的远见得到了回报，而那些回避或没有思及这一问题的创业者将付出惨重的代价。

产权意识的苏醒，意味着从计划体制中成长起来的第一代中国企业家开始了资本人格上的独立，在某种意义上，这是一个标志性的事件。尽管在事实上，它只体现在若干个先觉的企业家身上，不过，其本质上的意义却是十分的鲜明。

如果说，王文京的资本意识的觉醒是天生的话，那么，另外一些已经走在创业路上的企业家们则开始认识到产权的重要性。对他们而言，一切都不可能重头再起，但他们开始考虑采取一些隐晦或曲折的方式，为日后的产权清晰留下腾挪的空间。他们可能是那个年代堪称天才的企业家，当然，这是一个很冒险的行动。

1988 年 1 月的一个下午，正在九龙街头匆匆行走的香港商人吕谭平接到北京联想总经理柳传志打来的一个电话："吕先生，你考虑一下，咱们两家可以合作办一个公司，将饼做大。"吕谭平是一个电脑代理商，他的香港导远电脑有限公司在业界名不见经传，三年前，他跟联想开始做一些代理生意。

柳传志决定去香港办一家贸易公司，他觉得这是联想业务发展的必要一步。他选中替代 IBM 微机的 AST 微机便是由一家香港电脑公司生产的，新创办的香港联想公司将代理北京联想的所有进口业务，在某种意义上，它既是一个代理中间商，又是一个重要的利益变压器。柳传志选中了两家合作者，一家是中国技术转让有限公司，选中它的公开原因是"这家公司的背景就是能大量贷款，在借钱方面有根儿"，而当时不为人知的是，这家公司的董事长是柳传志的父亲柳谷书，另一家就是吕谭平的香港导远公司。根据协定，北京联想、中技转和导远各出资 30 万港币，均分股份，总经理由吕谭平出任，公司所需要的流动资金由中技转解决。一年后，香港联想代理的微机营业额达到 2 亿元，利润将近 2 000 万

▲ 1988 年 6 月 23 日，香港联想成立仪式上的柳传志

元，投资者的当年回报率超过 20 倍。

吕谭平的好运还没有到头。1993 年，柳谷书退休离任，中技转公司随即退出香港联想，香港联想宣布增资扩股，大股东之一的吕谭平宣称自己没有钱，于是，柳传志又借 552.58 万美元给他，使其股权从 33.3% 增加到 43.3%。1995 年，柳传志与倪光南关系极端恶化，吕谭平便成为其中最具争议性的一个因素。1996 年，柳传志将吕从香港联想劝退，后者以当时市值将所有股份兑换成现金，因而成为第一个因联想而成为亿万富翁的自然人。

在中国企业史上，吕谭平式人物的出现，既不是意外，更非偶然。当企业发展到一定规模的时候，任何经营者都会不由自主地考虑自己与企业的关系。1988 年的柳传志显然已经开始直面这个问题。联想是中科院计算所的全资国有企业，柳传志尚没有变动资本性质的胆量和方式，不过在新办子公司的时候，他想到了引进私人合资者的办法。在后来的十多年里，这一直是很多国有企业在悄悄尝试的办法：通过引进私人投资者的方式，组建一个产权清晰的子公司，以此形成一个新的资本操作平台，来推动乃至完成母公司的资本改造。在这个过程中，任何公开的或灰色的资本组合都可能出现，而吕谭平式人物便成了这个游戏中非常微妙而关键的自然人。对联想而言，它的资本蝶变才刚刚开始，一些新的故事将在日后以更戏剧性的方式展开。①

另一个资本觉醒者，我们将说到鲁冠球。在杭州郊区的一片稻田边上，这个日后中国最大家族企业的当家人坐在工厂的三楼办公室里，开始

---

① 跟曲线操作、只做不说的柳传志相比，中关村里另一个名声更大的企业家，四通公司的万润南则把自己逼上了公众舆论的聚焦中心，当时有人对四通的所有制性质提出疑问，他在《经济日报》上撰文称："四通在没有国家投资、没要人员编制、没要特殊政策的前提下发展起来，四通的财产既不是国家所有，也不是任何私人所有，它属于四通企业所有，任何个人无权分割。因此，四通是一种真正的公有制。"他的言论引起一场激烈而对立的讨论。1989 年 6 月，万润南出逃国外，四通自此日渐式微。

琢磨自己、政府与工厂的关系。

这时候的鲁冠球非昔日可比，他已是一个闻名全国的企业家。1985年，美国的《商业周刊》就以《中国新时代的英雄》为题报道了鲁冠球和他的万向节厂，这是鲁冠球第一次出现在海外新闻媒体上。1986年的那篇《乡土奇葩》更是让他成为中国乡镇企业的一个榜样人物。在这一年由当时发行量高达600万册的《半月谈》评选出来的“全国十大新闻人物”中，他高票入选，对他的介绍是：鲁冠球，杭州万向节厂厂长，他把一个乡镇小厂办成了能与发达国家相匹敌的企业，生产的万向节打入了美国市场。他被誉为“从田野走向世界”的企业家。1987年，他当选中共十三大代表，在会议期间，作为唯一的企业界代表出席中外记者招待会，接受采访。

跟其他改革典型不同的是，面对鲜花、荣誉，这个修车匠出身的中年人从来没有头脑发热过。他拒绝把工厂的总部搬进杭州城，也没对汽车配件以外的行业发生太大的兴趣。在工作之余，他把很多时间花在读书和学习上，在大学教授的辅导下，他提出了“企业利益共同体”的新概念，在一篇发表在《求是》上的文章中，他直言：“国营企业的整体素质比乡镇企业高，技术力量比乡镇企业强，为什么有些国营企业经济效益反而低于乡镇企业？我认为，主要是因为相当一部分国营企业在推行承包责任制的实践中，并没有真正解决两权分离的问题，在分配形式上没有彻底打破‘大锅饭’，还没有确立职工在企业中的主人翁地位。而乡镇企业在这些方面有明显的优势。”在这年10月8日在北京召开的全国经济体制改革理论研讨会上，鲁冠球发言：“承包应该是全权承包，应该将自主权充分地交给企业，如果没有人事权、投资权，企业就无法到市场上去竞争，无法打入国际市场。”

鲁冠球已经看到了承包制的局限性，它无法从根本上解决职工及经营者对资产的终极要求。他所经营的万向节厂在资产关系上属于他所在的宁围乡政府，尽管他以强势的作风拥有绝对的领导权，但是，谁也不能保证在某一天，乡政府以一纸公文就让他卷铺盖走人——这样的故事将在后来的10多年里一再地上演。于是，从“企业利益共同体”这个概念出发，鲁冠球进而提出了“花钱买不管”。他将万向节厂的净资产评估为1 500万元，然后与镇政府谈判，提出将其中的750万元归乡政府，其余归“厂集体”所有，乡政府的利益以基数定额、逐年递增的上缴利润来体现。

鲁冠球幸运的是，他在自己声誉的顶峰期完成了这次界定——有异曲同工之妙的是，5年后，柳传志在联想跌入最低谷的时候完成了同样性质的一次界定。尤其高明的是，这个产权设计外部边界清晰，内部边界模糊，鲁冠球没有为自己争取个人股份，他聪明地绕开了最敏感的地带，却为日后的渐变留下无限的可能性。通过这次产权界定，鲁冠球获得了对企业的绝对控制权，却又没有丧失“集体企业”的性质，如他日后所说的：万向的产权架构有自己的特点，越往上越模糊。我们的产权是企业所有，是企业的员工“全员”所有，这样我们就能享受一些优惠政策。什么都明晰了，水至清则无鱼；每个人都有隐私，企业也有自己的“隐私”。

在1988年前后的中国企业界，王文京、柳传志和鲁冠球只是极少数的资本先觉者，绝大多数的厂长经理们仍然在承包制的大圈圈里绕来绕去。在上一年初，国家经委与北京、天津的16位国营企业厂长搞过一个“直接对话”，《经济参考报》在头版头条对此进行了报道，经委副主任袁宝华在对话中明确指出，厂长们要在所有权与经营权的两权分离上下功夫，但不要在改变所有制上做文章。具体来说，可以选择少数有条件的大中型国营企业进行股份制试点，但不能损伤国家利益，小型国营企业可以试行租赁、承包经营试点，但这一部分企业必须是微利的、亏损的和濒临破产的，一定要有所控制。袁的讲话代表了当时决策层的主流思想，在相当长的时间里，推行两权分离的承包责任制一直是企业改革的主题。

4月2日，首届全国优秀企业家评选揭晓，20位企业家荣获由国家经委授予的这个荣誉称号，他们清一色是当时各省因为承包制而出名的厂长经理。这是他们第一次被称为“企业家”[1]。据入选的青岛第九橡胶厂厂长汪海回忆，当时能不能用这个称呼，社会上还进行过一次激烈的争论。4 月 21 日，在中共中央的议事中心——北京中南海的怀仁堂，举行了对这些企业家的颁奖仪式，当时中央的主要领导人都一起兴致勃勃地参加。据《人民日报》的报道，在集体照相的时候，中央主要领导人问身边的马胜利：“马承包，你包了多少？”答：“36 个。”问：“包字是不是那么灵？”答：“包和不包大不一样，包了就是有效果。”问：“你不是还有36计吗？”笑答：“是。”中央领导最后诙谐地连声说：“包为上策，包为上策。”

就在中央领导连声说“包为上策”的时候，他不知道眼前的马胜利其实是在强颜欢笑。一个月后，从浙江就传出马胜利承包浦江造纸厂“失利”的新闻，承包百家造纸厂的计划很快便陷入了泥潭。在农村一包就灵的承包制，一旦运用到企业上，其先天的缺陷从一开始就呈现了出来。首先，厂长们对企业的承包责任状，全部是包盈不包亏的，最多也就拿出家里的几万元钱来象征性地做抵押——1983 年，鲁冠球承包万向节厂的时候，就是用自留地里价值两万元的苗木来做抵押的。承包制使得经营者以盲目地、极限性地扩大生产为己任，那两年出现大量产品积压和通货膨胀现象，与此颇有关系。其次，是经营者与工人出现紧张关系，承包制造成一大批厂长一夜致富，而普通工人从中获得的利益却很少，他们更多地被要求“奉献”和加班加点，日本式的严格的工厂管理正被广泛地采用，张兴让式的满负荷工作法被当作经验在全国推广，工人开始质疑改革的目的性，报纸上开始讨论，承包者与工人的关系到底跟“掌柜”与“伙计”有什么区别。最后，承包制无法解决经营者与政府的矛盾关系，作为企业的

---

① “企业家”一词在过去的几年里曾经是一个“贬义词”。北京大学教授张维迎曾回忆说，在 1984 年，他写了一篇题为《时代需要具有创新精神的企业家》的文章，决定采用此文的《读书》杂志编辑跟他商榷：“企业家”要不要改成“实业家”？企业家的“冒险精神”要不要改成“探险精神”或“创新精神”？张维迎回忆道：“因为在当时的情况下，这两个词都是贬义的，在中国人的词典里面都是有负面意思的。”

主管和产权所有者，政府对之的直接指挥仍然非常严重，经营者的权利随时可能被轻易地剥夺。《南华早报》在8月份的一篇报道中，列举了承包制未能收到预期效果的四大原因：国家与企业的承包合同导致后者不顾后果地使用固定资产；在承包制的借口下，国家干脆放手不管那些本来应由国家补贴的机构，如医院、学校、研究所等都一下子涌进了承包的潮流；关系人经济代替了公开招标制，很多承包合同缺乏公正性；承包制无法解决国家既是资产拥有者又是宏观管理者的双重矛盾，这构成了利益冲突和不公平竞争的巨大可能性。在1988年，这些问题并未普遍地爆发出来，不过在一些先发的地区，如华东和华南地区，已经暴露得非常明显。到年底，第一个著名的牺牲者终于在广东出现了。

这个牺牲者名叫邓韶深（又名邓绍深）。1983年，邓承包广州市二轻机修厂，当时那是一个只有100人的亏损小厂，他从日本松下引进了国内第一条冰箱生产线，开始生产万宝牌冰箱。由于起步最早，邓韶深的工厂迅速崛起，万宝冰箱一度达到全国冰箱40%的市场占有率，成为全国最大的家电制造企业。到1988年，万宝冰箱产能规模超过100万台，年总产值10多亿元，名列中国电子电器100强之首，全国所有企业综合实力排名的第41位。而此时，张瑞敏的青岛海尔才达到20万台的规模。

万宝在产权上属于广州市二轻系统，是一家集体所有制的企业，在参照行政体系的级别序列中，邓韶深是一个小小的“副处级干部”。在快速成长后，邓韶深希望在资本上对企业进行改造。于是，在他的四处奔波下，1988年年初，国家体改委将之列为全国企业股份制改革的四大试点集团之一，中央有关部门开始直接参与万宝的发展战略与产权改革事宜。矛盾就在这种变革中悄然萌芽。

在万宝冰箱形势大好的情况下，广州市二轻系统先就把一大堆“烂苹果”一股脑地往邓韶深身上推。万宝组建集团，先后吃下24家亏损的中小工厂，这些久转不动的企业日日消耗万宝的利润和邓韶深的精力。

与此同时，企业内部的争斗日渐激烈，上级指派下来的党委书记与邓韶深不和，两人对企业的发展战略各持己见，前者无条件听令主管部门的指挥，而邓则有自己的一盘棋。他后来也承认，“当时万宝的很多规划及具体的经营决策，直接来自中央办公厅和国家体改委，这给地方政府的感觉就是邓韶深已经尾大不掉”。

尾大于体，总归有掉的一天。

从表面上看，万宝的悲剧是因产销失衡而造成的。从 6 月开始，全国通货膨胀加速，广东跟国内所有地方一样出现抢购潮，在万宝厂门口等冰箱的车队从生产车间一直排到了厂门外很远的马路上。上级部门找到邓韶深，命令他尽快拿出三万台冰箱投放广州市场，以平抑日日见涨的家电物价。邓韶深一方面下令车间三班轮产，日夜加班制造，同时又从其他地方紧急调拨冰箱，以解广州之急。没有料到，到 1989 年年初，因为物价闯关失败，国家实施宏观调控，家电商品顿时陷入滞销。邓韶深向上级紧急报告，称仓库已经爆棚，流动资金严重积压，万宝需要停产整顿、检修设备和消化库存。而上面则严斥他“影响领导决策”，要求万宝继续生产，“以备万一”。就这样，数亿元资金积压，现金链迅速断裂。

▲万宝冰箱车间，摄于 1985 年。当年产量突破 20 万台，为全国第一

当上面也发现情况有点不妙的时候，他们又认定这是邓韶深销售不力造成的。在党委书记的决策下，企业改变原来的销售方式，由之前的销售公司统一经营，改为集团内部的冰箱制造厂“分级销售”，于是，销售体系和批零价格大乱。各地的经销商乘机大量吃货却不付款，万宝在短短时间内出现将近 8 亿元的呆坏账。1989 年秋天，心灰意冷的邓韶深不辞而别，远赴加拿大闭门不回。就这样，中国改革开放后出现的第一个家电巨子——万宝电器一蹶不振。

万宝的陨落，看上去是经营不善所致，而其内在的矛盾纠葛无一不与体制有关。承包制所能激发的创造力在企业崛起之后就迅速地消退了，当邓韶深想在产权清晰化的道路上继续有所动作的时候，他选择了一个非常冒险的方式——跳过现有的产权所有人，以改革试点为名，谋求更高行政部门的支持，他刚刚迈出第一步，就立即遭遇致命的狙击。在这一部中国企业史上，邓式命运并非孤例。

邓韶深不辞而别，在当年被定性为“出逃”。广州市一位市长曾提出要通知国际刑警组织通缉邓韶深，但因为要花费 20 万美元，最后不了了之。新华社记者顾万明曾经撰写长文对此案进行报道，从他披露的材料看，对邓韶深的指控都是一些猜测性的，如：万宝先后引进三条冰箱生产线，耗资 6 000 万元，公司员工对此怀疑说：“按国外惯例买方至少有 5%~10% 的佣金，邓韶深为何不拿回来交公司呢？”此外，还传言邓与新加坡的一位袁老板关系不同寻常、有不正当的男女关系等。

然而，富有戏剧性的是，这位声誉扫地的“出逃贪污犯”在 5 年后，又堂而皇之地回到了国内，他改名为邓米高，在广东一带再次创业。他先是在从化县开办一家空调厂，三年后，因一笔 3 000 万元的货款被骗，邓米高倾家荡产。工厂清盘后，已经年届 60 岁的他受聘到惠州的乐华空调公司出任总经理，又两年，因与董事会“磨合不了”，再转到威力电器公司，负责空调项目的产销。2002 年，邓米高在威力公司任上接受记者采访，谈及万宝当年事，已是满额皱纹的邓称：“那时说我出逃卷走几千万资金，后来审计结果出来了，我是清白的。”他说这句话的时候，那家曾睨视天下的万宝电器已沦落成不值一提的二流工厂。

邓韶深“出逃”，在华南企业界引起过一阵不小的骚动，很多人都认定他是东窗事败，卷款潜逃，几乎没有人从体制的角度思考这起事件。十年后，跟他同一代的企业家，如健力宝的李经纬和科龙的潘宁，都无一例外地落入了同样的命运陷阱。

在当时的南方，跟身败名裂、倒霉透顶的邓韶深相比，深圳的王石要幸运得多。

王石的万科在1984年组建后，就与它的母公司——深圳特区发展总公司（以下简称“深特发”）摩擦不断。在1985年，母公司想要从万科账上调走800万美元，王石抵死不从，自此在万科的控制权上，双方就一直明争暗斗。1986年前后，深圳市政府要在国营公司系统推行股份制试点，当时国营企业的日子还比较好过，很多人认为搞股份制设置董事会，又增加一个“婆婆”，所以没有企业响应。只有王石自告奋勇，他意识到，“万科正处在十字路口，股份制改造是一个让万科能独立自主经营的机会”。而深特发对此则断然拒绝，时任董事长对王石说：“你就是孙悟空也跳不出我如来佛的手心。”王石对人感慨地说：“万科不是孙悟空，却感到一只无形的手掌摊在下面，随时可能收拢。”

角力从此开始。王石通过朋友介绍，结识了深圳市政府领导的秘书们，市委书记兼市长李灏不定期约见王石，用王石的话说，“这种安排完全避开上级主管公司、政府有关部门，属于市委书记的秘密渠道，有点地下工作的味道。”到1988年，万科的股份制试点被提到议事日程上，当深特发得悉市政府准备下文同意万科股改方案时，派了一个请愿小组到市府办公厅，强烈要求撤回股改文件，理由是“政府越权干涉企业内部的正常管理”。办公厅只好暂停同意万科股改文件。

倔强的王石只好铤而走险，直接向李灏告状。他记录当时景象：市委书记的办公室很小，李灏坐在办公桌后面，手握一支毛笔，边听汇报边练习书法。听王石倒完苦水，他把笔一搁，一字一顿地说："改革是非常不容易的事，你们年轻人不要急躁，要沉住气，困难越大，就越是要注意方法和策略。"

在李灏的暗中支持下，万科的股改方案在被搁置一个月后终获通过。12月，万科发行股票2 800万股，每股一元，当时万科的净资产仅为1 324万元。王石亲自带队上街推销股票，他在深圳的闹市区摆摊设点，走街串巷，对居民区进行地毯式搜索，有几次甚至跑到菜市场里和大白菜摆在一起叫卖。他还请工商局帮忙，由个体协会出面邀请个体户开会，王石在会上反复宣传股票发行的意义和股票的投资价值，台下的人听得不耐烦了，便站起来大声说，"不用讲这么多了，该摊多少我们就捐多少吧。"①

一年多后深圳股市开张，万科以0002号正式上市。商业作家王安在《股爷，您上座》一书中感慨说："第一个吃螃蟹的人，要么死去，要么免费。"②

事实是，倒霉的万宝"死去"，幸运的万科"免费"。

王石与深特发的抗争还将继续12年，一直到2000年8月10日，在王石的妙手运作下，深特发同意将所持万科股份转让给中国华润总公司，这场"母子斗"才算告一段落。在第二天上午8点，王石在网上发帖写道："在第十六个年头，万科总算彻底脱离深特发。本来一肚子的牢骚，在脱离的昨天却瞬时消失全无。回想风风雨雨，面对深特发大厦，默念着：再见了，老东家。"

从1984年起，到1988年前后，全国各地像万科这样发行股票和债

① 根据《王石这个人》作者周桦的采访，当时主动要求购买万科股票的只有两家企业，一是中创集团，二是刚刚组建不久的华为公司，任正非一下子买了30万股，还掏钱请万科的推销员吃了一顿晚饭。

② 王安著，《股爷，您上座》，北京：华艺出版社，2000年版。

券的企业并不在少数，《经济参考报》的报道称“全国已经有6 000家企业实行了股份制”，它们的初衷与日后的资本市场并没有太大的关系，主要是为了解决企业资金短缺的难题。关于哪只股票是“新中国第一股”，一直存在争议，其中参与竞争的有：1980年12月成都工业展销信托公司发行的股票；1983年深圳宝安联合投资公司发行的股金证；1984年9月，北京天桥百货股份有限公司发行的定期三年股票；1984年11月，上海飞乐音响公司发行的股票。因为邓小平将一张飞乐股票赠送给了纽约证券交易所总裁约翰·范尔森，所以，它的认可度最高。飞乐股票实行的是“保本保息，自愿认购，自由退股”的原则，股票分为集体股和个人股，股息率分别相当于企业一年定期存款和一年期储蓄存款的利率，与真正意义上的股票还有一定的差距。当时，大型国营企业从银行贷款能够获得优先，集体企业要困难一点，乡镇企业则没有可能，于是，首先获准发行债券的都是一些经营困难的、没有办法从银行贷款的国营企业，以及与政府关系比较密切、发展情况较好的集体及乡镇企业。这些债券的发行金额都不大，上海有1 548家中小企业发行了债券，总金额只有2.4亿元，向社会公开发行的只有飞乐和延中两家，金额也只有500万元。这两家企业在上海均为名不见经传的小型公司，前者是一家股本只有50万元的制造低档音响的小工厂，后者则更加微不足道。在那几年，上海的就业压力很大，很多街道便组织返城待业青年、家庭妇女以及残疾人创办了服务社区的小食品店、电器维修店及理发店等，延中实业股份有限公司便是静安区政府为了管理这些“里弄生产组”而组成的一个管理机构，它的注册股本也只有50万元。谁也没有想到，正因为早走了几年，它们后来竟名声大噪，宛若上海公司的标杆。

在普通的市民中，股票、债券也完全是新玩意儿，敢于下水一试的人没有几个。1986年，上海工商银行开设了全国第一个股票柜台，当日卖出延中和飞乐股票1 700股，后来每天交易维持在30股左右，近乎于“死市”；1988年，深圳发展银行和万科先后在深圳上市交易，也是日日无人问津，像两条懒洋洋的热带鱼。美国《旧金山观察家》记者法兰辛·布雷维提说："吹嘘得很厉害的上海股票市场实际上是一个不确切的错误名词。大约有 140 家本地企业已发行了股票，然而只有两家企业被中国人民银行批准上市出售。"

很显然，如果没有一个规范化的资本市场，那些发行了股票和债券的企业无非是向一群陌生人借到了一笔钱而已。

1988 年 8 月，36 岁的华尔街马基罗斯律师事务所合伙律师高西庆和纽约证券交易所交易员王波明相约从纽约回到北京。没有人请他们回来，对国家建设的热情是唯一的动力，他们回国的目标是：筹建中国的股票交易所。两人约定，回国后干 5 年，如果干不成事，一个去修自行车，一个去卖包子。

他们很快在国内找到了同道。在那个夏天，这群 30 多岁、精力旺盛的青年人常常聚在国家体改委宏观司女处长李青原的家里热烈地讨论。李家在北京城西的灵镜胡同，院子里有一棵柿子树，大家常常在树下争吵建立证券交易所的细节。柿子树的叶子很茂盛，到了盛夏就会开出一朵朵的小花，接着结出星星般的青果子。高西庆开玩笑说，以后交易所起来了，这棵树就和美国那棵树一样有名了。美国的那棵树在曼哈顿，1792 年，纽约 24 个股票经纪人聚在一棵梧桐树下决定成立一个新的股票市场，至今纽交所楼前还立着一块铜牌："这个买卖证券的中心市场，1792 年为每日聚集在附近一棵梧桐树下的商人所建。"

高西庆们写出了一份《中国证券市场创办与管理的设想》，这是第一份系统阐述中国股票市场的建设性文本。11 月 9 日，国务院副总理姚依林和中央顾问委员会常委兼中央财经领导小组秘书长张劲夫一起在中南海听取了这群青年人的汇报。张透露说，今年的中国改革到了一个关口，出现了通货膨胀、经济过热和抢购风，农业、工业和商业，都面临一系列的困难。中央决定，花三年时间搞治理整顿，怎么改，可以归纳为四个方面的改革，两个是宏观调控方面的，一个是企业制度，到底该怎么看股份制，以及该不该推广股份制，还有一个就是建立资本市场这件事。

在这次汇报会上，中央领导首先关心的还不是如何建资本市场，而是该不该建。国家经济委员会副主任吕东提出的问题便是："公有制为基础的企业与私有制为基础的企业，股票上市有何区别？"另一些领导则关心："公有制企业上市后，它的所有制性质会不会改变？"在当时，"姓'资'还是姓'社'"是所有经济改革要回答的第一个是非题。为了回答，或者说"绕开"这个问题，高西庆们想出一个"集体股份制"的新名词。[①]

这次汇报会，是中国筹建证券交易所的第一次正式会议，其间中央决策层与专家们得出的结论是，中国搞证券交易所，"一是条件不成熟，二是非搞不可"。

就在北京的高西庆和王波明为资本市场的筹建忙得不可开交的同时，在上海，另外一些人则已经卷起袖子干了起来。

年中，上海先后组建了三家证券公司，分别是中国人民银行上海分行（后来转给工商银行上海分行）的申银、交通银行的海通和股份制的万国。前两者受体制内管束较多，而股份制的万国则天然地显出它的优势，其总经理名叫管金生，他后来有"证券教父"的名号。

管金生出生在江西一个小山村的贫寒之家，1983 年在比利时布鲁塞尔大学获商业管理和法学两个硕士学位。毕业归国后，在很长时间里他无所事事，被派到上海党校的一个"振兴上海研究班"里去"深造"。等

---

① 在当时，还出现过一份激进的国营企业改制方案，起草人是曾担任国家计委预测中心总工程师、时任中国人民银行体制改革办公室主任的宫著铭。他在题为《中期改革综合纲要》的报告中认为，企业改革要前行，必须明确财产所有权，必须有人负担企业的亏损而不是完全由国家和社会来负担。宫著铭设计的方案是，将现有的国有企业和大部分集体企业向有限公司过渡，按"工者有其股"的原则，向企业内的所有职工无偿发股票，从而将绝大部分国营企业改造成股份制的集体所有制企业，国家只是一个"裁判"和"秩序维护员"，不再是一个主要的所有者和经营者。

到万国证券创办之际，41岁的管金生总算被挖掘了出来，出任这家拥有3 500万元股本金的证券公司总经理。

万国创办，管金生第一眼瞄上的是国库券。中国从1981年开始发行国债，按国际惯例称为国库券，在相当长一段时期里，由于缺乏流通性，所以很不受欢迎，国务院为此专门组建了国库券推销委员会，由财政部牵头，国务院秘书长出任主任，人民银行、国家计委、中宣部、军委总后勤部、全国总工会、共青团中央和全国妇联等一起参与，阵容空前强大。即便这样，推销国库券还是每年的头痛事——对那时的基层官员来说，天下有两大“难事”，一是搞计划生育，二是推销国库券。不少地方政府以党性为号召，要求所有党员和公务员必须购买，有的政府和企业索性在工资中强行摊派发放。到后来，很自然地出现了国库券地下交易，一些人以五折、六折的低价收购国库券，还有的企业用国库券变相降价，来推销积压产品。由于各地的收购价格不同，便形成了一个有利可图的“黑市”。这些行为虽属违法，但却日渐蔓延，已成无法遏制之势。到1988年3月，财政部被迫做出《开放国库券转让市场试点实施方案》，允许国库券上市流通交易。4月，上海、深圳、武汉等7城市率先试点开放，6月又开放了54个城市。

管金生是第一个从国库券流通中嗅出商机的机构券商。当时，全国银行并无联网，所以各地的国库券价格相差很大，万国只有10多个人，管金生率众倾巢而出，跑遍了全国250个大中小城市和偏远乡村，到处收购国库券。有一次，他亲自到福州去采购，一出手就吃进200万元的国库券，这些从无数散户手中收来的券额都是5元、10元的，足足塞满了几个大麻袋，他租了一辆汽车直送上海，装不下的两个大旅行袋，他一手拎一个坐飞机回去。在机场安检入口，他好说歹说硬是没有让安检人员打开旅行袋检查，到上海的时候，袋子的底部已经撑破了，他连拉带抱地总算出了机场。到1989年，万国的营业额做到了3亿元，成为当时国内最大的证券公司，其中绝大部分的业务来自国库券的倒卖套利。

如果说，双硕士出身的管金生是一个商业高手的话，那么，上海城里一个姓杨的仓库管理员则算得上是“天才”了。

1988 年 4 月，上海铁合金厂的仓库管理员杨怀定一气之下辞职了。春节前后，厂里仓库丢了一吨多铜材，因为杨怀定的妻子承包的电线厂所用原料是铜材，所以他成了重点怀疑对象。很快案子破了，跟杨怀定没有关系，不过，受了一肚子气的他却决定不干了。

杨怀定订了 26 份报纸，那时还没有互联网，所有的信息都悄悄地藏在一行行枯燥的官样文字里。他在报纸上看到，从 4 月开始，中央相继开放了 7 个城市的国库券转让业务。他的眼皮狠狠地跳了一下。

在此前，国库券的黑市交易早就已经不是什么新闻了，但是，在政策管制上还是违法的。半年前的 1987 年 10 月，上海还出过一则新闻，公安人员在工商银行上海分行静安营业部门口当场抓住了一家棉纺厂的青年工人赵德荣，当时他正以 100∶71 的价格倒卖国库券，公安人员缴获人民币 1 800 元和国库券 2 000 元，还从他家里查出国库券 2.6 万元。不过如何处罚赵德荣却成了问题，公安部门认定倒卖国库券属于投机倒把行为，而管投机倒把的工商局说，这种黑市交易都是在银行的交易柜台门口进行的，银行不来找我们，我们也不好管，银行则说，我们只管门内，门外的事情我们管不了。赵德荣最后被没收“赃款”，教育了一番就释放出来了。

跟“触霉头”的小赵相比，半年后的杨怀定就要幸运得多了。他在看到报上的新闻后，第二天就凑了 10 万元直奔安徽合肥。他的算盘是，当时各地的国库券价格都不同，只要有价差就能赚到钱。果然，他在合肥银行的门口吃进 10 万元国库券，然后倒给上海的银行，前后三天获利 2 000 元。杨怀定收进的国库券上有合肥银行的标志封条，他怕上海银行看破其中的诀窍，进行银行间互相调剂，便很有心机地撕掉封条，把编号弄乱，让迟钝的银行摸不到他赚钱的法门。

在随后的一个月里，杨怀定日夜兼程，把上海之外的其他 6 个开放城市跑了一个遍，当时上海银行国库券日成交额约 70 万元，他一人就占去

1/7。就这样，一条匆匆出台的中央政策成全了一个仓库管理员的致富梦。杨怀定是中国第一个靠资本市场发财的普通人，他后来以“杨百万”闻名早年的中国股市。

早在 1988 年的秋天，杨怀定就已经结识了年长他 3 岁的管金生，对国库券异地套利的共同嗅觉让他们成为上海滩上的“亲密知己”。杨怀定在 2002 年写的自述《做个百万富翁》中，讲到过当年的一个细节：

1989 年元旦刚过，管金生告诉杨怀定，他去中国人民银行上海分行金管处串门，看到处长张宁桌子上压着一份文件，内容是 1988 年国库券准备在不久后上市。如果谁知道这个消息，黑市价 75 元买进，一上市可能就是 100 元，暴利 25 元，这是个发大财的机会。于是，杨百万成了万国证券的授权代表，拿了一台万国的点钞机，在海宁路 1028 号自己的办公室内大张旗鼓地收购，短短时间内竟买走了上海市面上一半 1988 年的国库券。管、杨的狂收行动引起了金管处的注意，张宁在某日赶到万国突击检查，管金生想出了个绝招，把所有的国库券从地下室的金库转移到自己的办公室里，从地上一直堆到天花板。张宁来检查，一无所获而归，万国证券躲过一劫。数月后，1988 年国库券上市，价格为 104 元，作为当时国内最大的两只“国库券鼹鼠”，管金生的万国证券和杨怀定完成了惊险而丰厚的原始积累。①

暗潮涌动的资本故事，暂且告一段落。这是一个新的利益游戏的开始，前景并未完全清晰，规则还在混沌之中。在很多年后，当人们回忆起 1988 年的时候，会更多地谈论当年惊骇一时的“物价闯关”和席卷全国的“抢购风”。

1988 年的宏观经济再趋紧绷，三年多的高速成长让中国列车再次驶入经济周期的敏感地带。随着轻工产业的发展加快，企业数目剧增，物资

① 杨怀定著，《做个百万富翁》，上海：上海人民出版社，2002 年版。

供应的紧张更趋激烈，而推行了四年的物价双轨制在此时终于释放出它所有的负面效应。早在上一年的4月，国务院系统各部委组成了一个生产资料价格监督检查组，分为28个小组到各地实地调研，在9月向国务院的报告中，它论定“生产资料乱涨价乱收费相当严重，部分地方和领域已到了无法无天的地步”。其后一段时间，尽管中央三令五申，但是仍然无法阻止越来越多的政府机构和国营机构投身到物资的倒卖中，人们利用手中或大或小的权力，从双轨制中牟取利益。《日本经济新闻》报道了一个很夸张的案例，在南京，1 000吨钢材原地不动被炒卖了129次，价格上涨近三倍，参与这一事件的有江苏、广东、安徽和湖北的83个部门，主要当事者是拥有专营权的南京物资交易中心等物资流通部门。

这一年的前5个月，北京新增公司700家，上海猛增3 000家，由中央国家机关系统开办的各类公司达2万家，其中很多是专门从事物资倒卖的“皮包公司”。民间开始流传民谚：“十亿人民九亿倒，还有一亿在寻找。”7月，国家工商局排出95起倒卖生产资料的要案大案，其中58起是物资主管部门搞的，“它们利用权力将国家定价的生产资料平价调出，而后投入市场，转手高价卖出”。《经济日报》提出了“官倒祸国论”，它论定，“生产资料价格飞涨，国家三令五申禁止乱涨价却收效甚微，造成这种局面的，主要是那些政企不分，官商不分的公司”。利用价格管制而牟取私利的现象一直没有杜绝。2005年，汉口火车站站长刘志祥被判刑，他把持“计划配票权”，把大量紧俏车票指令分配给自己的合作者，然后加收“手续费”再投放市场，“一般是座位票最低加5元，春运期间加30元”。刘靠倒票及受贿，9年非法得4 745万元。北京大学的经济学家周其仁在分析此案时说：“价格管制是天下最事与愿违的政策。”[①]

跟尘埃飞扬的中国经济同时的是，国际环境正在朝自由市场主义的方向快速地转型。在这一年，英国经济学家、1974年诺贝尔经济学奖得

① 周其仁，《价格管制是天下最事与愿违的政策》，《经济观察报》，2006年5月22日。

主哈耶克的《致命的自负》[①]出版，在这部影响巨大的著作中，他认为对高度计划经济的追求是理性主义者的一次“致命的自负”，他系统地论证了计划经济的局限性，在题为《社会主义是个错误吗？》的导论中，哈耶克写道：“未经设计的情况下生成的秩序，能够大大超越人们自觉追求的计划。”这部作品为西方资本主义世界及时地提供了理论上的武器。

在这一年，1976年诺贝尔经济学奖得主米尔顿·弗里德曼访问中国，受到了中央领导人的接见。弗里德曼是当时国际最知名的价格理论和货币理论大师，在会谈中，一向坚持自由市场的他极力主张中央政府应该放开价格管制，他认为中国的改革到了“最后的时刻”，香港《信报》引用他的观点说，“不应该把放开价格与通货膨胀混为一体，如果放开价格，仅是部分商品会涨价，在最初几天，人们可能会感到痛苦，但很快会发现价格并不一定会轮番上涨”。在四川考察时，弗里德曼对四川省长说：“如果你想把老鼠的尾巴砍断的话，不要慢慢地一截截地砍，一下砍掉就行了，长痛不如短痛。”省长请教说：“教授先生，你知道我们中国的老鼠是不同的，它们有很多不同的尾巴互相纠缠在一起，您先砍哪一根？”弗里德曼耸耸肩，没有回答。事后，一位经济学家发表文章说：“我是有答案的，但我当时没有说，我的答案是，把所有的尾巴都一同砍掉。”2001年4月，这位经济学家在中山大学演讲时承认：“弗里德曼一向主张放开价格管制，1988年我们向中国的领导人推荐这一点，结果一团糟。”

跟弗里德曼等人一样，想把“中国老鼠”的尾巴一次性砍掉的，还有当时中央的一些高层领导。他们显然意识到，当前物价的不正常波动是计划体制和价格双轨制所造成的，要摆脱体制怪兽的缠绕，就要用非常的霹雳手段，让物价迅速地进入到市场调节的轨道之中。价格大师弗里德曼的建议给了中央领导层理论上的依据，而中国经济体制改革研究所对基层

① 该书中文版于2000年由中国社会科学出版社引进出版。

企业职工进行的一次抽样调查则让中央信心倍增，那次调查的结果表明，75.3% 的人赞成“只要改革能改好，我们生活水平暂时低一点也行”。于是，中央决定放开管制，取消物价双轨制，进行“物价闯关”。

闯关行动是 3 月份从最大的工业城市上海开始的，当月，上海调整 280 个种类商品的零售价，这些商品大都属于小商品或日常生活必需品，涨价幅度在 20%~30% 之间。4 月，国务院推出主要副食品零售价格变动给职工适当补贴的方案。5 月 19 日，新华社发表通电：“中国的物价改革是一个大胆行动，要冒一定的风险，但是中央有信心把这件事办好……”

这一调价政策的出台，迅速波及全国。从 5 月开始，全国中心城市的猪肉和其他肉食价格以 70% 左右的幅度上涨，其他小商品迅速跟进。出乎弗里德曼和邓小平意料的是，“物价闯关”很快就呈现全面失控的可怕趋势，各地物价如脱缰的野马，撒蹄乱窜。当时，全国居民的存款为 3 000 亿元（1992 年为 1 万亿元，2005 年为 14 万亿元），并不是一个很大的数字，但是由于公众的看涨恐慌心理，却造成全国性的抢购风，这似乎应了凯恩斯的那句名言，“社会心理决定了人类永久的经济问题”。根据当时的报纸报道：“人们像昏了头一样，见东西就买，既抢购保值商品，也抢购基本消费品，连滞销的也不放过，电视机有图像就抱，电风扇能转就买，电冰箱有冷气就要。”不同寻常的是，民众的抢购已经与实际的供求脱节，以电扇为例，当时全国有 200 多家电扇厂，年产量达 3 400 万台，成为世界最大的生产国，从两年前开始，国内产销就出现供大于求的状况，电扇积压非常严重，但是在抢购风中，国内仓库里的所有电扇均被一抢而空。在贵州、云南等偏僻省份，人们甚至为了抢购毛线而在大街上大打出手。物价上涨让全国各个阶层的人都大呼“吃不消”。一些大学的教师因为物价飞涨，无法维持生计，公开在校园里摆摊卖起了馄饨、面包、鸡蛋和冰棍。新华社在当年发表的一篇通讯中，不寻常地引用一位“部长级干部”的话说，他家的保姆不敢去买菜，一花就是 10 元钱一张的大票子，看着眼晕。

抢购风诱发通货膨胀的同时，还造成了生产物资的空前紧张。5月，上海市所有电厂存煤不足两天，数十万家企业奄奄一息，到任上海市长不久的朱镕基不得不做出一个保证上海煤炭供应的决定。

8月28日，上海抢购狂潮进入最高潮，市政府不得不采取紧急措施，实行凭票供应食盐和火柴，铝锅只能以旧换新或凭结婚证和户口证申请购买。9月26日的美国《商业周刊》以《中国改革路上的弯路》为题报道说："今天，中国的改革正在失控。为了应对危机，物价改革在上个月被冻结。突如其来的政策转向给中外投资者带来了一段前景不明的困惑期。中国目前正在进入紧急控制状态，澳大利亚使馆的一位经济学家说：我们正在见证一场旨在恢复消费者信心的地毯式运动……"

▲由于通货膨胀，上海市民疯狂抢购金银手饰等硬通货

国家物价局的《中国物价年鉴》记载："1988年是我国自1950年以来物价上涨幅度最大、通货膨胀明显加剧的一年。在国家计算零售物价指数的383种商品中，动价面达95%以上，全年零售物价总指数比去年上升18.5%，这个上升幅度又是在持续三年物价累计上涨23.7%的基础之上。"

"物价闯关"被认为是1978年改革以来最大的一次经济失控，它在10月就宣告失利，中央开始调整政策，再次提出"宏观调控，治理整顿"的方针。此次失利，表现为商品抢购和物价飞涨，它对于宏观经济所产生的影响虽然是负面的，但并没有招致毁灭性的生产崩溃，然而它对全国民众的改革热情则是一次重大的挫败，在通货膨胀中利益受到损害的民众对"价格双轨制"下大发横财的"官倒"更为痛恨，并由此产生了"改革造成社会不公"的印象。

由于受到闯关失利的影响，1988年的中国企业乏善可陈。以打破"铁饭碗"而著名的步鑫生在这时已日薄西山，而河北马胜利承包100家造纸厂的计划虎头蛇尾，到年中就出现了危险的信号。中国政府和民众都从未见识过的经济危机正在可怕地发生。

4月，中国知名度最高的运动员、26岁的"体操王子"李宁在获得了第106枚金牌之后宣布退役，他放弃了进大学、当教练、当官员的机会，南下广东，出任李经纬的健力宝集团总经理特别助理，两年后，他创办广东李宁体育用品有限公司，并亲任总经理，再过10年，"李宁牌"运动服跟耐克和阿迪达斯在中国市场上平分秋色，坐拥中国体育用品半壁江山。

8月，全球最大的日化公司美国宝洁与广州肥皂厂、香港李嘉诚的和记黄埔公司合资成立广州宝洁有限公司。它在前几年一直坚持在中国独资办厂，却始终得不到准许。在很长一段时间里，生产日用消费品的跨国大公司要在中国办厂，都必须与当地的同行国营企业合作，比如，可口可乐和百事可乐的各地工厂都与中粮集团旗下的地方工厂合资，而宝洁和联合利华则被要求与地方的日化工厂合资。当月的美国《商业周刊》发表评论说："自从邓小平1978年打开国门以来，美国公司一直试图打入巨大的中国消费市场。但中国政府却在打另外的主意。他们希望外国人将投资放在出口产品和高科技项目上，那些想把产品卖给十亿中国人的公司一直面临着无数的障碍。比如可口可乐和肯德基都被牌照限制着，只有很少的企业从合资公司中真正获益。但现在情况正在发生变化，那些在美国家喻户晓的企业正和中国伙伴做成新的交易。除了宝洁将在中国开始洗涤和个人护理用品的业务之外，其他的新来者还包括博士伦、强生、纳贝斯克等。不久中国的消费者就可以买到中国生产的纳贝斯克饼干和邦迪创可贴了……”

9 月，国内最长（871 米）、采用计算机控制、日产能力 200 辆的轿车总装线在上海大众公司落成。自从 1983 年组装成功第一辆桑塔纳轿车之后，德国与中国专家一直在致力于汽车的国产化。年初，上海市政府对上海大众董事长陆吉安下了死命令：“今年国产化率要完成 25%，明年 50%，不能少，否则你就引咎辞职。”到年底，桑塔纳的国产化率从 12.6% 提高到了 30.6%，这组统计数字被看作是当年最具光彩，也最有战略意义的成果。

12 月 15 日，北京大学研制出新一代电子出版系统。在这一天举行的“北大华光电子出版系统技术汇报会”上，来自首都及各省的报社、印刷行业的 300 多位代表观看了这个系统的表演。一段 1 000 字的横排文章，版面编辑想把它变成直排的形式，一位技术娴熟的拼版师傅至少需要十几分钟的时间，才能用手把一个个铅字扭过来。现在，只需轻击几下键钮，不消一分钟光景就能实现。这项技术的发明人是北大教授王选，他因此被誉为“当代毕昇”，他创办于中关村的方正集团成为中国最大的电子照排系统供应商。

1988年4月，当第一批“全国优秀企业家”评选出来的时候，中国社会对企业家这个称谓还十分的陌生。此前一年，彼得·德鲁克发表《创新与企业家精神》，他对企业家的定义是，“企业家是那些愿意把变革视为机遇，并努力开拓的人”。从这个定义出发，这20位入选者都当之无愧。他们是当时承包制改革中涌现出来的杰出者，他们领导的企业在之前都死气沉沉，而在改革后则焕然一新。

2003年11月，在首届全国优秀企业家评出后的第15年，幸运者在杭州聚会。人们发现，这20人到此时是“病的病，死的死，逃的逃，抓的抓，退的退”，仍在企业家岗位上工作的，只有杭州青春宝的冯根生、青岛双星的汪海以及烟台港务局的朱毅三位。

年过70的冯根生仍然在岗，是因为他在1993年把国营企业青春宝药业有限公司的控股权卖给了泰国正大集团，当时媒体的报道是“换上洋

▲ 2003年，首届优秀企业家们聚会杭州的合影

衣，买个机制”，据称正大对冯的承诺是，“可以干到不愿意干了为止”。

20人中最年轻的朱毅则还没有到退休的年龄。烟台港务局在1998年后就陷入低迷，2003年，拥有8 000名员工、20多个子公司的港务局只有100万元利润。朱毅拒绝接受媒体的采访，他的部下说：“已经过去十多年，大家的境遇和心态都不一样了，朱局长现在不想再说什么。”

汪海则是一个“异数”。志愿军出身的他个性张扬决断，像一只碰不得的老虎，在他的经略下，双星成为全国最大的旅游鞋制造商。1989年宏观调控，根据上级规定，国营企业和所有政府机构一样，请客只能四菜一汤。汪海就用大盆盛菜，每个盆里有四个菜碟，纪委为此前来叱问，他说，“你们也没有规定盛菜的时候不准用盆盛”。汪海还在双星给自己封了一个职务——“终身总裁”，这当然不符合国资委的管理条例，但是他要这么干，也没有人敢改变。2005年，汪海请北京一家资产评估所评估双星和他个人的无形资产价值，结果，企业评到了492亿元，他个人评到321亿元。不过，他对此不太满意，在他看来，个人的无形资产应该比企业的还要高，他对电视专访节目《财富中国》的主持人说：“我觉得这个有点不太符合现实。为什么这么说呢？应该是有企业家才有了这个企业的发展，也就是说，有了汪海才有了双星。”

20人中，有三位后来成了官员，级别最高的是第二汽车制造厂的厂长陈清泰，他任过国家经贸委副主任、国务院发展研究中心副主任，属副部级官员。山西潞安矿务局局长尚海涛在1995年被调任煤炭部总工程师，之前，他尝试在企业实行股份制，并试图在香港上市，但都一一搁浅落空，对他来说，升迁是一种无奈，他对记者抱怨说：“我不愿做官。做官受约束更多，不如做企业实在。那时候，两种因素促使我同意上来。其一，我在企业，什么事也干不了。我想干事不能干。我感到在企业再没有用处，在那待也没太大意思。其二，当时非要提拔我，你去这儿吧，你去那儿吧，非要我去不行。不去也得去，说到这一步了。我并不想出来当官，想当官我早出来了。”

这一群人里，最臭名昭著的是武汉的于志安，他于1995年出走菲律宾，曾经轰动一时。于志安12岁从军，16岁入党，先后就读中南政法学院法律系和武汉大学哲学系。1981年，他出任亏损大户——武汉汽轮发电机厂厂长，当年使企业扭亏，在他的领导下，武汉汽轮发电机厂迅速壮大成为辐射全国20多个省、市，横跨10大行业、拥有国内外200多家单位的大型跨国集团——长江动力集团，1991年，企业跻身“中国500强企业”。于志安是国内最早提出国营企业产权改造的企业家之一，也被认为是20人中最有战略观的一个，早在1988年，他就提出企业产权这一敏感问题，认为企业可以不属于国家，而当时，几乎所有的国营企业厂长还在小心翼翼地讨论所有权该如何与经营权分离。1993年，即将到退休年限的于志安在菲律宾以个人名义注册50万美元，成立长动集团菲律宾公司，并承接了一座水电站的修复营运工作，两年后，他赴菲不返。在之后的大量报道中可以发现，在后期，于志安与当地政府主管部门的关系已经非常紧张，他以敢于顶撞“婆婆”和省市领导而闻名湖北企业界，长江动力集团归口武汉市机械局行业管理，但于志安“根本不买账，连一份财务报表都不送给机械局，长动也就由此变成了一家‘无上级主管’的企业”，每年当武汉市有关职能部门派人前往长动做例行检查时，于志安经常派厂保卫人员将他们拒之门外。1995年前后，在中国知名企业家中，有红塔集团的褚时健和于志安同时在59岁退休年限前出事落马，出走菲律宾的于志安被列入“外逃贪官名录”。据报道，“后经中方努力，流失出去的65万美元的国有资产被追回”。

入选全国首届优秀企业家的20人，没有一个最后完成了企业产权的清晰化改造，到2006年，一半企业陷入困境或已经消失。其中不少人的晚景让人欷歔。当年知名度最高的是河北的马胜利，1995年他被免职后，每月只能领到130元的退休金，不得不去开包子铺以维持家用。湖南的邹凤楼在退休后一度面临生活危机，每月只领500元，还不能解决医药费，当地媒体曾公开讨论“邹凤楼现象”，他的退休金因此被特批涨到900元。

2003年11月的西湖聚会，可能是他们最后一次集体亮相。当时的状况是这样的。

冯根生：1934年生，时任杭州第二中药厂厂长，后任正大青春宝集团有限公司董事长。

邹凤楼：1931年生，时任湖南醴陵国光瓷器厂厂长，1989年被免职。

尚海涛：1940年生，时任山西潞安矿务局局长，“不情愿”地升任煤炭部总工程师，后退休在家。

李华忠：1935年生，时任鞍山钢铁公司经理，后在家照顾老伴，他称自己为幸福地“还债”。

陈祥兴：1938年生，时任南京无线电厂厂长，后来为一家咨询顾问公司工作。

孟祥海：1931年生，时任佳木斯造纸厂厂长，后为广东东莞一家私营造纸厂打工。

汪海：1941年生，时任青岛双星集团公司董事长，现任双星集团“终身总裁”兼党委书记。

马胜利：1938年生，时任石家庄造纸厂厂长，1998年组建马胜利纸品有限公司，后赋闲在家。

朱毅：1944年生，时任烟台港务局局长，2003年仍在任。

杨其华：1930年生，时任广州铁路（集团）公司董事长，1996年被推举为粤海铁路通道有限公司董事长。

周冠五：1918年生，时任首都钢铁公司总经理，后遭撤职，赋闲在家。

齐心荣：1940年生，时任上海澎浦机器厂厂长，1997年突发脑溢血成植物人。

殷国茂：1932年生，时任成都无缝钢管厂厂长，1996年企业严重亏损，被免职。

徐有泮：1933年生，时任沈阳电缆厂厂长，1995年接受沈阳物业投资发展股份有限公司的聘请。

霍荣华：1941年生，时任吉林化学工业公司总经理，病逝。

应治邦：1934年生，时任西北国棉五厂厂长，1997年以玩忽职守罪被判有期徒刑一年，缓刑两年，后隐居深圳。

于志安：1932年生，时任武汉长江动力公司总经理，后出逃在外。

黄春萼：1940年生，时任大连石化公司总经理，后升任中国石油化工总公司副总经理、国家有色金属工业局副局长。

邢起富：1935年生，时任天津飞鸽集团总经理，1996年退休后被推举为天津自行车协会会长。

陈清泰：时任中国第二汽车制造厂总厂厂长，后来担任国务院发展研究中心党组书记、副主任。

1989 “倒春寒”

我有一所房子，

面朝大海，春暖花开

——海子：《面朝大海，春暖花开》，1989年

北大诗人海子，把 25 岁的头颅放在冰冷而漫长的铁轨上。这是 1989 年 3 月 26 日的深夜，中国最具才华的诗人在山海关卧轨自杀。两个月前，他刚刚写下了诗歌《面朝大海，春暖花开》，它日后将常常被人传诵：

“从明天起，做一个幸福的人／喂马，劈柴，周游世界／从明天起，关心粮食和蔬菜／我有一所房子，面朝大海，春暖花开／从明天起，和每一个亲人通信／告诉他们我的幸福／那幸福的闪电告诉我的／我将告诉每一个人／给每一条河每一座山取一个温暖的名字／陌生人，我也为你祝福／愿你有一个灿烂的前程／愿你有情人终成眷属／愿你在尘世获得幸福／我只愿面朝大海，春暖花开。”

这是一首幸福而清淡的诗歌，谁也没有想到它的主人会在两个月后选择自杀。这个世界，人心与世事一样难料。

我们先来看看 1989 年的全球局势。

在政治上，这是一个动荡变幻的年份。横亘在东西方世界的铁幕正在倒塌中，戈尔巴乔夫在苏联发动的改革冲击了计划体制的理念，瓦文萨的团结工会在波兰如火如荼。日裔美国教授弗朗西斯·福山在这年夏季的第十六期《国家利益》杂志上发表了《历史的终结？》一文，认为西方国家实行的自由民主制度也许构成了“历史的终结”。这一观点很快成为西方社会的主流思想，也深刻地影响了全球各国的思想家对这个时代的整体思考。在这种国际时事和思想背景下观察这一年发生在中国的一切，也许会有更真切而客观的结论。

在经济上，日本的经济扩张走到了巅峰时刻。9 月 10 日，一则令人震惊的消息在纽约和东京同时宣布，日本索尼公司以 34 亿美元收购美国哥伦比亚影片公司。10 月 30 日，又一个新闻轰动全球，日本三菱房地产公司以 8.46 亿美元收购美国洛克菲勒公司 51% 的股份，其中，位于纽约曼哈顿中心、一向被视为“美国的象征”的洛克菲勒广场归属三菱旗下，此外，还有 5 家日本房地产公司以 3 亿美元买下了得克萨斯州休斯敦市的 4 幢综合大楼。当月的《新闻周刊》封面刊登了被收购的哥伦比亚影片公司的标志——站在基座上、手持火炬的女士，并让她穿上了日本和服，头发梳成日本的发型，一条标语上写道：“日本入侵好莱坞。”几乎就在同时，日本右翼政治家石原慎太郎和索尼公司创始人盛田昭夫合著出版了轰动一时的政论书籍《日本可以说不》[①]，全书洋溢着不可一世的信心。日本经济从 20 世纪 70 年代开始复兴，在过去的 18 年里，国民生产总值增长了 450%，民族自信心更是空前膨胀。

---

① 该书中文版于 1990 年由军事科学出版社引进出版。——编者注

在当时，全世界没有一个人会预想到，1990 年 9 月，东京股票交易所的市值将在 4 天内下挫 48%，股市惨况远远超过 1987 年华尔街的“黑色星期一”，再过三年，日本地产泡沫彻底破灭。

耶鲁大学的汉学家史景迁在考察中国历史时曾经得出结论：“我们所考察的历史在其演进的过程中充满了崩溃和重构、革命和进化、征服和发展的循环交替。”[①] 在某种意义上，1989 年，便是这种“循环交替”中一个比较敏感而动荡的一环。

从元旦开始，全国上下就弥漫着阴郁的紧张空气，1 月 1 日，一向严谨而慎言的《人民日报》在《元旦献词》里非同寻常地写道：“我们遇到了前所未有的严重问题。最突出的就是经济生活中明显的通货膨胀、物价上涨幅度过大，党政机关和社会上的某些消极腐败现象也使人触目惊心。”尽管中央政府开始采取强硬的宏观紧缩政策，过热的经济开始降温，然而因通货膨胀和闯关失利而造成的社会心态失衡并没有很快地消退。

2 月，刚刚过了春节，百万民工“进城潮”就弄得各地政府手忙脚乱。从上年底开始的治理整顿，迫使很多建设项目下马，约有 500 万农民建筑工返乡，而此时在乡村，整顿也使得大量乡镇企业倒闭萧条，民工们只好再次拥回城市里找工作。春节后，从河南、四川、湖北等人口大省出发的数百万民工就把全国的铁路、车站挤得客流爆满，各大中城市的就业和治安面临巨大压力。3 月 9 日，国务院办公厅发出“紧急通知”，要求“严格控制民工盲目进城”。

在整个年度里，经济发展的速度降到了 1978 年以来的最低点，尤其是刚刚萌芽不久的私营经济停滞不前甚至倒退。据《中华人民共和国经济史》记载，1989 年下半年，全国个体户注册数减少 300 万户，私营企业从 20 万家下降到 9.06 万家，减少一半多，这个数字要到 1991 年才略有回升。

---

① 史景迁著，黄纯艳译，《追寻现代中国——1600—1912 年的中国历史》，上海：上海远东出版社，2005 年版，第 4 页。

经济局势的动荡，加上苏联和东欧地区的政局持续“恶化”，使意识形态的争论变得非常敏感，一些人士担心私营企业的膨胀发展最终将造成社会主义中国的“变色”，那些针对改革政策的质疑从四面八方射来。《人民日报》评论员马立诚在《交锋》一书中记录说：“那些密集的连珠炮似的批评文章满天飞。这是‘文化大革命’结束之后十分罕见的现象。”①

便是在这种思潮的影响下，自 1981 年以来规模和力度最大的、针对私营企业的整顿运动开始了。

整治首先是从对私营企业的偷漏税打击开始的。民营经济发达的江苏省从 5 月开始重点普查私营企业的税收，得出的结论是“当前个体户偷漏税情况非常严重，占到企业总数的 80%”，到 6 月 20 日，全省就补缴税金 5 170 万元，私营经济活跃的武进等县市通过“民主评议”，私营企业的补缴税收比上年增长一倍多。从 8 月开始，国家税务局下发《整顿城乡个体工商户税收秩序的通告》，提出“加强个体税收刻不容缓，个体工商税收要有突破性进展”，要求工商户在 20 天内自查并如实报告，各工商和税收部门则全面出击清查，重点是“个体工商户中的大户、名为集体实为个体的承包户和个体经营中的重点行业”。一个全国性的打击偷漏税行动开始了。

整治的第二步，是开始清理整顿国营体系外的新兴企业。它们被认为是与国营企业争夺原材料、造成通货膨胀和市场失控的罪魁祸首。新兴的家电业成为整治的重点，其中，增长最快的冰箱业则是重中之重。当时，随着家庭消费的复苏，冰箱成为最受欢迎的紧俏商品，而国内全部的冰箱企业都是装配型工厂，也就是直接从国外进口压缩机，然后进行组装销售，技术含量普遍不高，因而造成冰箱厂林立的局面。早在 1985 年，国家为了保护国营企业，便由国家计委、经委和轻工部联合签发“红头文

---

① 马立诚、凌志军著，《交锋——当代中国三次思想解放实录》，北京：今日中国出版社，1998 年版。

件”，在国内20个省市选中了42个厂家作为“定点”冰箱生产企业，其选择的依据是“兼顾各条条块块间的平衡”，其中绝大多数当然是国营企业。定点厂的好处是：国家供应进口压缩机等零配件，贷款、销售及广告宣传等也有优先，那些没有“上榜”的企业则被宣告要停产停业。在过去的三年多时间里，尽管各部门对非定点企业大加压制清理，按规定它们不得进口一台压缩机、得不到一吨钢材，甚至不能得到检测报告、不得在媒体上做广告，但是，这些企业还是通过各种渠道——也就是拜各路“倒爷”之赐——搞到了国产或进口的原材料。非定点的冰箱厂非但没有减少，反而是越建越多，其中最密集的“重灾区”，是民营企业发展最快的浙江省杭州市，居然有66家大大小小的冰箱工厂，其中一些非定点企业已经达到年产10万台的规模，比很多定点企业都要庞大而先进——与之相映成趣的是，根据报道，一些国营企业在得到定点资质的4年后，都没有装配出一条生产线，连厂房也没有封顶。

这种状况无疑让政府既尴尬又棘手，于是在各部门的协作配合下，更大力度的整顿开始了。其主要的手法有两种，一种是直接宣布它们为“劣质产品”，然后强行停产关厂；另一种是以违反中央文件为由，要求其停止生产，市政府甚至发文，严令各工商局在某月某日后，不得再给非定点的冰箱工厂发放执照。靠着这样的多管齐下，杭州的冰箱工厂一下子锐减了44家，但还是有20多家顽强地活了下来，当北京的报纸记者前去采访之时，那些胆战心惊的幸存者大倒苦水：“我们都是经过合法登记注册的，凭什么用一纸文件就剥夺了我们生产和做广告的权利？”“仅仅凭几封投诉信就宣布我们为劣质产品，用这样的舆论手段来打击我们，太不公平。”“定点的可以吃皇粮，非定点的连活下去的权利都没有，这不是新的铁饭碗吗？”

这些质疑听上去十分凄凉而不无道理，当记者以此询问轻工部家电局时，一位叫周晓秋的干部回应说：“杭州的非定点厂利用国家控制其他省份的机会所造成的真空，迅速发展，获取高额利润，给消费者和国家造成了损失，这是一种短期行为，国家实行定点是站在更高的高度上考虑问题，从长远看对杭州有好处。”到年底，又有将近10家工厂被勒令关门大吉。

在严厉的税收和行业整顿之外，另一个措施就是对流通环节开始清理。当时，全国已经出现了数千个专业市场，它们成为城乡消费品的集散地，也成为乡镇企业倾销和采购的枢纽，于是对之的整顿便成“蛇打三寸”之举。8月，上海市连续4天突击检查北京东路的“五金一条街”，理由是“近年来，外省市不少个体户假借当地国营、集体企业的名义到这里经销生产资料”，4天没收非法所得209万元，还处罚了5家“庇护个体户搞非法经营的国营、集体企业”。这种对专业市场的整治很快蔓延全国，在后来的一年多时间里持续进行。

9月25日，“傻子”年广久终没能逃脱第二次牢狱之灾，这个大字不识、账本都看不明白的文盲，因贪污、挪用公款罪被捕入狱，“傻子瓜子”公司关门歇业。两年前，这个全国闻名的“傻子”跟芜湖郊区政府联营办了一个瓜子厂，他看不懂按会计制度制作的规范账目，于是企业里的财务自然是一本糊涂账，他抗辩说：“我知道进来多少钱，出去多少钱就行了。”

他的案子拖了两年，最终认定他虽然账目不清，却并不构成贪污和挪用之罪，不过，法院最终还是以流氓罪判处他有期徒刑两年。有意思的是，到了1992年，邓小平在南方视察的一次谈话中，突然又说起了这个“傻子”，一个多月后，年广久就被无罪释放回家。

作为早期改革的标本人物，年广久在1989年的遭遇并非偶然事件。这一年，中国的企业改革陷入了“倒春寒”。

来自政治和经济上的双重压力，使很多私营老板产生了极大的恐慌心，当时距离“文革”还不太远，人们仍然对十多年前的极左年代记忆深刻。10月16日的《经济日报》在头版头条承认：“近一段时期，一些地方的个体工商户申请停业或自行歇业，成了社会的一个热点话题。”新津刘家兄弟之一的刘永行回忆说，那一年大环境很紧张，没有人愿意来私营企业工作，希望集团几乎招不到一个人。浙江省萧山县那个花 2 000 元买回一勺盐的化工厂厂长徐传化则想把自己的工厂关掉，镇长怕失去这个纳税大户，便在年底给他申报了一个县劳模，这才最终让他安下心来。

为了避免遭到更大的冲击，一些人主动地把工厂交给了“集体”。王廷江是山东临沂市沈泉庄的一个私人白瓷厂厂长，9 月，他突然宣布把千辛万苦积攒下来的家业——价值 420 万元的白瓷厂和 180 万元的资金无偿捐献给村集体，同时，他递交了一份入党申请书。在捐献财产的两个月后，他当上了村委会主任，接着又当选全国劳动模范和第十届全国人大代表。跟王廷江很相似的还有江苏宜兴一位 27 岁的电缆厂厂长蒋锡培，他也把自己投资 180 万元的工厂所有权送给了集体，由此获得了“集体所有制”企业的“红帽子”。在这一年，把工厂捐掉的还有后来靠造汽车出名的李书福，他当时在台州建了一家名叫“北极花”的冰箱厂，这当然是一个没有出生证的非定点厂，就在杭州对非定点冰箱厂一片喊打声中，他慌忙把工厂捐给当地乡政府，然后带上一笔钱去深圳一所大学读书去了。

▲杂乱的水果交易市场——1989 年，重庆

王廷江后来的经历是：他无私捐产后，立即成为全国知名人物，山东省政府还展开了一个“向王廷江同志学习”的活动，他创办的企业也由此

获得了当地政府更大力度的贷款和政策支持。到了1996年年底，沈泉庄的村办企业发展到20家，村民人均收入达到6 000元，一跃成为沂蒙山区的首富村。2005年，王廷江领导的华盛江泉集团总资产将近70亿元，他拥有对这家企业的绝对调配权。王廷江的一些亲属开始成为亿万富翁。在当年度《新财富》杂志推出的500富人榜排名中，王廷江最小的弟弟王廷宝名列第233位，拥有6.6亿元财富。他的侄子王文光据估算也拥有3.3亿元家产。另据《21世纪经济报道》披露，“王廷江的一子一女也早已家财万贯”。蒋锡培在捐产后也同样当选为全国劳模和全国人大代表，他在2002年通过回购股权，又成为企业的资产所有者，据估算当时他的资产已超过10亿元。

王廷江与蒋锡培的经历带有一定的普遍性。日后，那些在1989年“私产归公”的企业绝大多数又都通过各种形式恢复到了原来的产权性质，而在当时这确乎是人们恐慌心理的某种体现。在民间经济最为发达的广东省，则出现了一次企业家外逃的小高潮，除了最知名的万宝邓韶深之外，还有深圳金海有机玻璃公司的胡春保、佛山中宝德有色金属公司的余振国等。根据新华社记者顾万明的报道，到1990年3月为止，广东全省共有222名厂长经理外逃，携款额为1.8亿元。

宏观调控所造成的经济骤冷，对通货膨胀下的投资过热确是起到了遏制的效应，不过却也让所有的商业活动变成一局乱棋。

首先，匆忙恢复计划性调控，造成商品从过热陡然变成滞销。以彩电为例，在1988年的抢购狂潮中，全国仓库里的彩电被一抢而空，国家某些部委大概认为这是一块“大肥肉”，从2月开始征收高额的特别消费税和国产化发展基金，4 000元左右的18英寸彩电要交900元，同时，宣布实行彩电专营。上海市2 000个销售点被砍到120个，广东省东莞县29个乡镇竟只有3处被允许卖彩电，仅6个月后，全国库存猛增到172万台，还没有从抢购的喜悦中回过劲儿来的厂家顿时遭遇“冰火两重天”，叫苦不迭，供求瞬间倒置，厂家给商业渠道的回扣从零增加到 8%，最多到了 30%。专营政策让刚刚蓬勃起步的彩电业受到致命一击，全国 62 家主要彩电企业的平均产销率仅不到 70%，一些反应较慢的国营企业则被库存压得喘不过气来，从此江河日下。

更为严重的是，因为政策的紧缩变动，企业之间原本正常的货物和资金往来瞬间紊乱，资金的循环拖欠构成了一个无始无终的怪圈，于是一个新名词很快成为经济界的头号难题——“三角债”。

从年初开始，来自各地的消息就很不妙。在民营企业发达的浙江省，企业之间互相拖欠货款造成资金全面紧张，工厂没钱备料，商业无款进货，外贸收购压单，不少企业只好停工停产。在山东，全省三角债高达 43 亿元，由此带来的苦恼远远超过煤炭、电力紧张造成的困难，辽宁的三角债为 45 亿元，黑龙江和吉林为 60 亿元，江苏则更突破了 100 亿元。据银行的托收承付款统计，到 3 月末，全国企业超过正常结算期的拖欠总额已达 1 085 亿元，再加上一些没有列入托收承付的拖欠，其数额远远超出了正常的商业信用范围。

这其中，受到冲击最大的是那些原本就反应不太灵敏的国营大型企业。亚洲最大的重型机器制造厂——齐齐哈尔富拉尔基重型机器制造厂因“三角债”拖累，被迫熄火停产，走投无路的厂长接连两次给国务院总理李鹏发了告急电报。全国最大的钢铁基地——鞍山钢铁公司，因“三角债”搞得账无存钱，库无存煤，公司只好在 20 万职工中发动集资解困，总经理李华忠在集资大会上含泪鞠躬，久久不起。

当读到李华忠鞠躬不起的新闻时，沈阳电缆厂厂长徐有泮的心里更不是滋味，因为鞍钢还拖欠他 300 万元的货款。在机电部的 8 月座谈会上，他承认：“现在外面欠我 1.19 亿元，收不回来，我也欠人家 5 400 万元没法还，说句丢脸的话，我为这事急得哭了三次。今年 1、2 月，我的日子过不下去，四处乞求，找老朋友签了 3 000 多万元，这都是靠老交情‘骗’回来的，眼看人家再也不给了，成了一局死棋。”徐厂长其后的一段话最有意思："改革虽然已经10年了，但从企业现状看，眼下还不能没有'婆婆'。企业不但要找市场，还得找市长，政府不帮助解决，光靠企业，没有那么大的本事。"国营企业家"既要找市场，又要找市长"——这句妙论就是从这里出来的，它后来成了所有国有企业经营者的不二法门。

9月，北京举办了新中国成立以来的"第一届易货贸易会"——后来就没有办过第二届，短短三天，做成8亿元的易货生意。《北京日报》用悲喜难测的语气评论说："易货贸易虽然是比较原始的交换方式，但在当前资金普遍紧张的情况下，不失为一条灵活而有效的克服困难的途径。"跟北京的易货贸易会相比，一些受害颇深的地方政府则显得更加急迫和极端，浙江、黑龙江、河北等省份相继采取措施，设置过境检查，限制外地产品入境销售，改革后初步形成的全国大市场面临再次被肢解的危险。

在这一年的火车、飞机上，到处可以见到形迹匆匆、愁眉苦脸的讨债人，厂长经理们的办公室门口也日夜被这群人包围，据说在很多地方，"讨债学习班"成为最受欢迎的课程。5月，国务院宣布，在中国人民银行的牵头下，工商银行、农业银行、建设银行、中国银行和交通银行联合起来，在全国范围内有组织地清理企业"三角债"。这项工作由于牵涉面广、关联复杂而推进得非常艰难。黑龙江的一次清欠行动曾经被当作典型广为宣传：宁安县百货公司拖欠牡丹江市糖酒公司货款近200万元，而后者又拖欠宁安县糖厂货款140万元。经过两地政府和银行协商，先由工商银行牡丹江支行贷给糖酒公司140万元，支付给糖厂，然后由工商银行宁安支行收回糖厂的40万元货款，再贷给百货公司，用于偿还所欠糖酒公司的货款，最后由工商银行牡丹江支行从糖酒公司收回了同额贷款。通过这种复杂的"对等清欠"，总算解开了三家公司的280万元"三角债"。这个案例的特别之处在于，债务发生在两个县市之间，而如果"三角债"的拖欠半径稍稍扩大一点，其操作难度便会大大地增加，此外，银行在其间起到了中介的作用，可是一旦它也套进去，则会产生一个新的债务关系。因此，到11月底，各地政府和银行费了九牛二虎之力总算清欠约700亿元，但是由于前清后欠，债务链总额仍然高达1 000亿元以上。

“三角债”的解除要等到1993年经济再次复苏后才逐渐完成，在客观上，它是经济结构严重失调和银行紧缩银根造成的，而在深层次上，则直接映射出全社会信用体系的重大危机。从几年前的晋江假药案以来，受到商业利益的驱使，以及没有相应的法律及时予以约束，公众的价值判断开始发生紊乱，全社会的商业道德终于露出了塌陷的裂缝。

银根紧缩，消费降温，工厂开工不足，乡镇企业大面积倒闭，失业人员增加，资金流通不畅。1989年的中国公司，一派萧条气象。

9月，全国工业总产值仅比上年增长0.9%，创下改革开放以来的最低纪录。与此同时，原材料市场也出现异常的滞销现象，在太原召开的秋季全国生产资料交易会上，多年来见原料就抢的情况突然不见了，交易会可供原料60亿美元，实际成交额为4亿美元。

1989年就是这样的一个年份。在之前的11年，人们开始从政治化的生活中逐渐脱离出来，转向经济建设。在这过程中，新旧体制的冲突非常严重，原有的国营企业日渐陷入困境，新的私人资本开始了血腥的原始积累，绝大多数的人们还无法从心态上完全接受这种起落，于是，一种不平衡的全民心态在悄悄地积聚。正是在这样的过程中，由于体制和政策上的设计，出现了一个官倒阶层，一群人利用自己的职权将体制内的资源源源不断地输送到体制外，它在一方面为民营经济的迅猛发展提供了一条灰色的通道，另一方面也因敛聚了大量的资产而被民众诟病痛恨。

从6月底开始，国家着手对一些风议较大的公司进行整顿，全国各级党政机关开办的公司被要求清理整顿，共处理了17 930个，占党政机关公司的90.5%。8月16日，国家审计署公布了对中国康华发展总公司、中国国际信托投资公司、光大实业公司、中国工商经济开发公司和中国农村信托投资公司的处罚意见，认定它们存在违反行政法规的问题，共被处以罚款和补交税金5 133万元，那些违规的行为都很有代表性，如炒卖美元、擅自进口汽车、倒卖煤炭钢材、漏缴税收、擅自提高信贷利率等。其中最引人注目的是康华公司，在过去的几年里，它是国内最大的进口设备商和出国旅行代理商之一，同时因为隶属于中国残疾人福利基金会而能享受特别的减免税政策，在上一年的 10 月，国家税务局已经专门发出通知，取消康华公司减免税优惠，按规定缴纳 55% 的所得税和能源交通基金。而在这一年底，它被关闭。

1989 年的中国是困难的，12 年改革所积累出来的变革形象及成长锐气遭到了挫折。美国政府宣布对中国进行制裁，《财富》杂志观察到："大多数在中国的西方公司已经停止运行，只是静观其变。一位美国商人说，那种感觉就像在参加一场大游戏之前被锁在屋子里。我们的确认为我们能够通过重开合同并且利用新的杠杆来做更多有利的交换。但当我们走出去，我们发现其实无处可去。"

《洛杉矶时报》驻中国记者吉姆·曼出版了一本名叫《北京吉普：美国企业在中国的短暂而不幸的婚姻》的书，它被《财富》杂志列为年度推荐商业书籍。这是一个描写美国汽车公司 AMC 与北京汽车制造公司合作生产并销售吉普车的故事。吉姆得出的结论是：中国想要的是能使其成为世界强国的技术，而美国公司想要的是 10 亿中国消费者以及中国的廉价劳动力，以便使它们能够在与日本的竞争中取得优势。

20 世纪 80 年代初，北京吉普项目是美国公司在中国合办制造业的第一次，而且是最大的一次。合资公司成立于 1983 年，根据协议美国汽车和北京汽车制造公司将在中国共同生产吉普车。吉姆写道：它是两国领导人最常拜访的地方。吉普是中国人确实需要的，而美国汽车公司正处于困境，需要北京吉普可能贡献的每一点销售额。

双方从一开始都认为这是一个天作之合，然而到 1989 年前后，梦境与现实发生了冲突。吉姆在书中写道："中国的确有 10 亿消费者，但很少有人消费得起这家美国公司制造的东西——尽管劳动力成本已经很低。而且，中国的劳动力也并没有像美国人期望的那么廉价而高效。此外，还有无法避免的文化冲突，美国人无法忍受中国人午饭后要午休的习惯，而中国人无法忍受美国式的诅咒。在中国人的眼中，这意味着，你没有被教育好。中国人从来不尊重说坏话的人。”

这位擅长描写的记者还记录了一个景象，当时，中美合作双方在美国赌城拉斯韦加斯举办了一场签约仪式：夜幕平静降临，交易商似乎喝了不少，但仪式上他们似乎很沉着。美国汽车公司的新总裁乔斯·戴德沃德（Jose Dedeurwaerder）向交易商致辞，交易商吃完甜点后，灯光变暗，渐渐响起的音乐将晚会推向高潮。两辆红色的 AMC Comanche 卡车开始在餐厅的地板上巡游，穿着比基尼的姑娘在后面空地上掷着排球，两个印第安土著卷起演奏台的帘子，“沙滩小子”开始演出——这个摇滚乐队是专门为 AMC 的中年交易商们找来的。整个嘈杂的环境中，中国代表处于中心，他们只是静静地围坐在一张圆桌旁，一声不吭。不久，中国高级官员吴中良（音译）起身，面无表情地离开了会场。

1989 年夏天以后，北京吉普的合作项目就渐渐变得黯淡起来，尽管美方投注了大量的资金和技术力量，中方也在财政支持上不遗余力，但是，企业效益却始终不理想。吉姆在书的最后无奈地说：所有的人都怀着梦想，然而这些梦想各不相同，北京吉普的这个例子就是很好的说明。

在 1989 年的外商投资案中，最引人注目，也是最为蹊跷的是广东惠州的熊猫汽车投资案，一直到很多年后，它仍然笼罩在一层神秘的浓雾之中。

根据公开披露的信息，熊猫投资案的大致经过是这样的：一个叫金昌源的美籍韩国商人，据称长期从事汽车零部件进出口贸易，1988 年 9 月，他在美国特拉华州注册登记了一家名叫“熊猫汽车公司”（RMC）的企业，当月，他首次与惠州方面接触，宣称将在此地建造一个大型汽车工厂，规划用地 81 平方公里，投资 10 亿美元，年产 30 万辆轿车，并且全部出口。当年 12 月，双方签订备忘录，1989 年 4 月征地，熊猫公司在 6 月 27 日举行奠基典礼，熊猫公司董事长、美国“二战”名将麦克阿瑟的孙子亲临剪彩。

这个项目很像一块突然从天上掉下来的馅饼。它有很多值得回味的地方：公司名称既为“熊猫”，那当是专门为中国而办的公司，然而蹊跷的是，这家号称年产 30 万辆的汽车制造工厂居然没有专业国际汽车商的背景，它选择投资的惠州，也不是汽配行业的基地，没有汽车制造的产业基础。但是如果说它是一个骗局，却似乎又不太像，根据惠州政府对外的公告，熊猫公司的第一期投资 2.5 亿美元在奠基仪式前就已经到位，而且厂房也很快进入施工建设。为了证实项目的真实性，国务院和广东省派出了一个高级技术、法律专家小组，专程赴美对投资者的背景、资信、市场等进行调查，据称专家们参观了熊猫公司购买的冲压和发动机生产线等设备，还试坐了已经研制出来、据称市场零售价仅为 6 万元的小排量微型轿车。专家们得出的结论是：“熊猫公司的资金实力雄厚。投资者有战略远见。他们瞩目于下一个世纪。”

号称 10 亿美元的熊猫汽车投资案是当时中国最大的外来独资项目，它受到广泛的关注，并被寄予厚望，在其后的两年里，几乎所有的中央领导人都曾前去视察。尽管不少人对它的背景和真实动机抱有怀疑，但是仍然希望它是一块“真实的馅饼”。对于投资地惠州来说，熊猫汽车的到来顿时让它成为一块投资和投机的热土，南方媒体喊出“80 年代看深圳，90 年代看惠州”的口号，当地的土地价格在很短时间内暴涨，地产公司纷纷进入，最多时有 1 000 多家，中心市区房价从每平方米 200 元被炒到了 1.1 万元。汽车工厂所在的淡水镇在三年里从两万人口急速增至 20 万。1990 年年底，《南方日报》记者林钢前往采访，“地下管道和浇灌混凝土等基础工程已经完成，正在吊装钢梁钢柱，据介绍这是美国最新的钢结构厂房。听说明年要出车，可是现在我连一台设备也没有看见”。熊猫公司执行副总裁理查·康明斯的回答是，“我对原设计不满，做了些修改，工期略有拖延。但是，明年 6 月底 7 月初，满足第一期装配所需的设备，一定可以安装完毕。8 月，第一辆车可以下线。”

然而事实却是，熊猫从奠基之后，就陷入一轮又一轮的谈判，外商改变了 100% 出口的承诺，转而要求 30% 内销中国市场——种种迹象表明，熊猫的投资人带有一种赌徒般的心态，他们希望以全部出口的名义进入中国，然后再谋求内销的可能性。由于这个项目是“凭空掉下来”的，从一开始就没有进入国家汽车主管部门的规划之内，而且还有很多人对项目的真实动机存在质疑，因此，能否内销以及内销比例成为争吵的焦点所在。1991 年，熊猫公司最后一次向北京申请，提出给“熊猫汽车”让出国内市场两年，而且两年中“产品主要在国内销售”，遭到中国政府委婉的拒绝。此后，项目陷入全面停滞。一直到 2004 年，人们去淡水镇，仍然能够看到一个硕大无比、占地 16 万平方米的银灰色城堡，这便是已经建造到一半的、号称亚洲最大的熊猫汽车组装车间，它在一片长满野草的荒野上方方正正地伫立着，像一个始终没有解开的谜。

在 6 月 24 日结束的中共十三届四中全会上，62 岁的江泽民从上海市委书记的岗位上被选拔出来，当选为新的总书记。用邓小平的话说，江泽民是中共新一代领导的核心。

11 月 13 日，邓小平在人民大会堂会见日中经济协会访华团，并借这个机会，正式向政治生涯告别。

邓公侃侃而谈。这位已经 85 岁高龄的老人亲手发动了中国的经济变革，在过去的 11 年里，他遭遇险滩无数，始终信心满满，他告别政治生涯前的最后一次讲话，仍然坚定于改革的继续，这无疑给全国的改革者以无限的信心。更让大家始料未及的是，三年后，他还将以一种十分新奇而意外的方式，再次启动中国经济快车的引擎。

必须指出的是，1989 年的中国，尽管经济严重滑坡、政治氛围空前紧张，所有行业出现了种种的不顺利，然而，几乎全球重要的媒体都在评论中认为“中国改革不可能倒转”。美国的一家独立调研公司对《财富》

500强CEO开展了一次调查，其中涉及对中国未来的看法，调查的结果显示："尽管经济改革看似进展困难，但西方的投资者们仍然把赌注下在长远的发展上。美国的执行官们仍然认为这个国家对于美国的产品和服务始终具有极大的潜在价值。而且CEO们都相信中国的经济在未来5年内将更加开放，更加市场化。尽管这一进程可能比预想的更久，更曲折，但他们认为这一天的到来终将不可避免。"一些已经在中国开厂的跨国公司也表明了自己留守的决心，意大利菲亚特汽车制造公司的驻华首席代表秦诺迪对国务院副总理李岚清说，我们从来没有想过要撤离。

举国萧条中，并非全无亮点。

至少有一个细节就很值得一提，在当年度《财富》评选出的世界500强排行榜中，中国银行成为第一个上榜的中国公司。这意味着在全球的商业观察家眼中，中国企业已经成为一个不容忽视的群体。在当时国内，这条新闻几乎没有被人关注到，直到1996年前后，"进入世界500强"才突然间成为中国公司的共同梦想。

在潮湿而温热的南方，尽管也受到宏观调控的影响，但是那些年轻的企业还在成长中，一群有野心的青年人正纷纷抛弃"体制盔甲"，义无反顾地南下创业。

当年在华南工学院同窗共读的那三个大学生现在都已经崭露头角。毕业后就分配到惠州的李东生在今年终于当上了厂长，他主持的TCL电话机产销量已经雄居全国同行业的第一名，班长黄宏生几经创业，总算在香港注册成立了一家遥控器厂，取名创维。有一天，李东生途经香港，跟黄宏生碰面，两人谈及各自的行业都规模偏小，缺乏扩张性，李诡秘地说："我现在看中了一个新的行业。"黄盼顾四周无人，低声说："是不是搞彩电？"两人相视大笑。很快，TCL和创维都转型到彩电制造业。另一个叫陈伟荣的同学，则在毕业后分配到了深圳的康佳电子公司，后又去日本留学了两年，回来后被任命为总经理助理，主管公司所有的彩电生产业务，两年后，他成为公司的领导者。日后，创维、康佳、TCL与四川长虹一起被并称为“中国彩电四强”。

▲ TCL 的创办人李东生

在珠江三角洲一带，一些乡镇企业的装备和规模已经不稍让于国营工厂。《经济日报》记者在对广东珠江冰箱厂的访问记中惊讶地写道：“这家位于顺德容桂镇的乡镇企业拥有固定资产8 000万元，进口设备占45%，许多大中型国营企业都不具备如此好的条件。该厂的原则是，谁的最好就买谁的，整条生产线长达6公里，全是由欧美、日本的最好设备配套组成的，这又是许多大中型企业望尘莫及的。”这家由潘宁创办的冰箱厂在这时已经声名远播，他在“冰箱热”中引进世界上最先进的生产线，跳过单门冰箱，直接制造双门直冷式冰箱，因而在国内大受欢迎，自万宝电器受邓韶深出走事件影响一蹶不振后，潘宁的“容声”冰箱成为珠三角最知名的家电品牌。

在这一年的3月，还发生了一件趣事。潘宁某日在《经济参考报》读到一篇头版头条的新闻，一个刚满30岁、名叫顾雏军的青年科学家发明了“顾氏循环热力理论及技术”，据称他的技术应用于冰箱和小型空调可以节能20%~40%，而且不用氟利昂，报纸对他的技术称羡不已，还配发了一条《快抢财神顾雏军》的评论。潘宁专门剪下报纸，让部下去认真了解一下，一个月后，部下汇报，说是顾雏军年轻气盛，自称已有100多家国外的冰箱公司在跟他接触，并且不太愿意把技术转让给国内的冰箱公司，这件事情就这样不了了之。谁也没有料到的是，12年后，这位“财神”科学家会以极其暧昧的方式入主科龙（1994年，潘宁将珠江冰箱厂变身为科龙集团，同时进入空调制造业），并最终将之送上了衰落的不归路。

一个叫靳羽西的华裔美国人在夏天来到了深圳。这个留着一头童花短发、会讲一口地道的纽约英语、中文也非常流利的甜美女子正成为中国妇女的新偶像，她主持了一档叫作《世界各地》的电视节目，每周两次在中央电视台里向数亿观众介绍地球上有趣的异域风情，这对于久未外出的中国人来说，无疑有强烈的诱惑力，她在中国的知名度迅速上升，被合众国际社称为“新的中国超级明星”。就在节目热播的同时，这位很有商业头脑的女性在深圳开始筹划创办一家口红工厂，两年多后，靳羽西化妆品（深圳）公司成立，它很快成为中国知名度和销售量均为第一的化妆品制造商。2004 年，靳羽西把自己的公司股份悉数出售给全球最大的彩妆企业欧莱雅，据《中国企业家》的估算，收购价格为 7 600 万欧元。

也是在深圳，7 月，精瘦讷言的安徽青年史玉柱一脸茫然地站在宽敞而脏乱的大街上。7 年前，史玉柱以全县第一的成绩考进了浙江大学数学系，三年前，他又考到深圳大学读软科学管理，毕业后他被分配到安徽省统计局。已经在深圳的创业氛围中浸泡了三年的史玉柱实在无法忍受内地机关单位的平静和呆板，仅仅几个月后，他便毅然辞职，又回到了那片狂热而充满了机遇的南国土地。此时，史玉柱的行囊中，只有东挪西借的 4 000 元以及他耗费 9 个月心血研制的 M–6401 桌面排版印刷系统软件。

史玉柱长相文弱，一眼望去便是一副南方书生的模样，可是他有着超出寻常的惊人的豪赌天性，这种天性在他今后的创业历程中将一再展现。便是在初到深圳的那几天，他做出了一生中的第一个豪赌决定，他给《计算机世界》打电话，提出登一个 8 400 元的广告“M–6401：历史性的突破”，唯一的要求是先发广告后付钱。“如果广告没有效果，我最多只付出一半的广告费，然后只好逃之夭夭。”事后，他这样说。

13 天后，他的银行账号里收到了三笔总共 15 820 元的汇款，两个月后，他赚进了 10 万元。这是他经商生涯中的“第一桶金”，他把这笔钱又一股脑儿全部投进了广告，4 个月后，他成了一个默默发财的年轻的百万富翁。1990 年 1 月，史玉柱一头扎进深圳大学两间学生公寓里，除了一星期下一次楼买方便面，他在计算机前待了整整150个日日夜夜。这次他拿出来的是M-6402文字处理软件系列产品。当他天昏地暗地走出那间脏乱的学生公寓的时候，发现家里的所有家具都已不翼而飞，数月未见的妻子不知去向。可是，他却站在了一个新的事业起点上。他从深圳来到珠海，这位身高一米八、体重不到120斤的瘦长青年给自己的新技术公司起了一个很响亮的名字——巨人。他宣布，巨人要成为中国的IBM，东方的巨人。

从一开始，史玉柱的豪赌天性以及他在营销上的超级天才就毕现无遗。在公司刚刚成立不久，他就做出了一个所有部下都反对的决定：全国各地的电脑销售商只要订购10块巨人汉卡就可以免费来珠海参加巨人的销售会。一时间200多位经销商从天南地北齐聚珠海，史玉柱以数十万元的代价，闹腾腾地编织起了一张当时中国电脑行业最大的连锁销售网络。第二年，巨人的汉卡销量就击败联想、四通和北大方正等公司，一跃而居全国同类产业之首，公司获纯利1 000多万元。随后，史玉柱又连续开发出中文手写电脑、中文笔记本电脑、巨人传真卡、巨人中文电子收款机、巨人财务软件、巨人防病毒卡等产品。从产品特征可以发现，所有的巨人产品都是针对中国市场的“汉化”产物，它在技术上并不复杂，却比中关村里那些只知道一味引进、专事倒卖的电脑公司有竞争力得多。巨人很快成为中国知名度最高、成长性最好的高科技企业。

史玉柱的故事符合人们对“创业牛仔”的所有想象：一个身无分文的边城少年，孤身来到冰冷陌生的大城市，凭着自己的本事，在最短的时间里打拼出一片新天地。史玉柱很快成为全国知识青年的偶像，“到深圳去当史玉柱”成为当时无数学子昂然南下的梦想，他被评为“中国十大改革风云人物”“广东省十大优秀科技企业家”。这个从不安分的安徽青年迎来了他企业家生涯的第一个巅峰。在未来的十多年里，他的生命将像“过山风”一样地跌宕、传奇，他将陷入疯魔，然后破产，然后再在争议和质疑中重新倔强地站起来。

1990 乍热骤冷

轰隆隆的雷雨声在我的窗前，
怎么也难忘记你离去的转变，
孤单单的身影后寂寥的心情，
永远无怨的是我的双眼。

——罗大佑：《恋曲1990》，1990年

1990 年被认为是一个带有幸运色彩的年份。

曾经出版了《大趋势》的美国未来学家约翰·奈斯比特在 2 月发表了《2000 年大趋势》，他试图向人们预测未来 10 年的走向。“千禧年这一伟大象征具有何种意义，完全取决于人们对它的理解。”这位乐观的学者写道，“它可能标志着旧时代的结束，也可能标志着新时代的开始。我们相信，人类已经决定要抓住积极的一面。人类的心灵深处有一种对生命、对理想世界的承诺。”北京的中共中央党校出版社在 6 月就引进出版了这部新著的中文版。

后来的事实也正是，跟乍热又骤冷的中国经济相比，在这一年的世界上，发生了更多让人惊奇的大事情。3 月，非洲大陆最后一块殖民地纳米比亚独立；5 月，亚洲的南北也门统一；7 月，叶利钦宣布退出苏联共产党；8 月，伊拉克入侵科威特，美国策划“沙漠风暴行动”决定对伊拉克宣战；10 月，在“柏林墙”倒塌一年之际，分裂了 45 年的德国终于统一；12 月，波兰、匈牙利、捷克斯洛伐克等东欧社会主义国家相继发生剧变。

很显然，人类茫茫然地闯进了一个更为动荡的年代。

1990 年的中国，是在一片打击假冒伪劣的讨伐声中开始的。浙南的温州再次首当其冲。

在中国的改革史上，温州是一个很容易让人产生“误读”的地方。这里是中国私营企业最早萌芽的地方。在一些人士的眼中，它是“资本主义的温床”，是一颗必须被割除的毒瘤。而在另一些人的心目中，它却好像是市场经济的“麦加”，是民间力量突破旧体制的急先锋。在很长一段时间里，对温州的评价，成为改革立场的“选边战”和温度表。每当政策走向出现变动的时候，往往在这里可以嗅出最初的迹象。

温州商人被称为是“中国的犹太人”，他们从很小的时候就背井离乡，外出闯荡，他们是中国最早具备了市场意识的那群人，也是第一批在商业活动中赚到钱的人。在温州，出现了中国最早的贸易商人、第一批专业市场、第一个民间银行、最初的股份制企业，在很多年里，他们像一条条搏命的鲶鱼，出现在每一个有盈利机会的领域里：他们贩运小商品，炒卖各地房产，去山西承包小煤矿，在陕西打地下油田，到新疆倒卖棉花……他们是最早的商业活动实践家、新观念传播人、新产品推广者，也是最早的走私商、偷渡客、伪劣产品制造者，他们总是游走在法律的边缘，总是能够奋不顾身地在第一时间捕捉住刚刚萌生出来的商业机遇。

一个关于温州商人精明的故事流传颇广：一位东北的国营企业厂长来

温州洽谈生意，双方在价格上卡壳了，温州人当即将其拉进最好的海鲜餐厅，一顿大吃大喝后，东北人的肠胃不出所料地抵挡不住，于是深夜急送住院，温州老板马上派出自己的老婆，在床前日夜端盆伺候，东北人自然被感动得无以复加，两人立刻称兄道弟，价格上的“小小”分歧当然就不在话下了。

温州某贫困县还出过一个匪夷所思的、颇有黑色幽默意味的经济案件：当地农民向全国各地的国营企业投递信函，订购各种各样的二手机械设备，这些设备到了泰顺后，当即被就地倒卖。然后，那些农民就去报纸上用假名刊登死亡讣告，等那些外地企业追上门来讨债的时候，就有人哭丧着脸把讣告拿给他们看：人也死了，向谁催债？就这样，一个村庄的农民全部参与了这场很诡异的诈骗游戏，当地还因此形成了浙南最大的二手机械设备交易市场。

20 世纪 80 年代末，凡是去温州的人都对当地餐饮文化叹为观止。在那里，有派头的人请客，必上两道汤：一道汤是海鲜大盆中漂浮一只百元美钞折成的小船，是为“一帆风顺”；另一道汤是海鲜大盆中再浮一小盆，上面有规则地摆了10只进口手表，在座各位一人一表，是为“表表心意”。

在当时，另一个让全国民众很难接受的现象是，先富起来的温州人掀起了一个让人瞠目结舌的“造坟运动”。《中国青年报》记者麦天枢曾用惊讶的笔触描写 1990 年前后的温州：“船行瓯江，迎面扑来的是成百上千的坟墓。满山遍野白花花的，便是闻名天下的温州椅子坟，这些堂而皇之、居高临下、傲视天地的椅子坟包藏着的，不只是温州人祖先们的骨血，这是来自传统的精神的流向，这也是来自市场的新财富的流向。一个地方的富裕程度往往可以从观察椅子坟轻易地得出结论：哪个村镇最富有，哪里的坟墓就最辉煌气派。”

早期温州商人在商业上所表现出来的智慧和狡黠，与硬骗强取截然不同，却将原始积累过程中的那种没有道德底线的狡黠与血腥，展现得淋漓尽致。伴随着市场繁荣和民众富裕的是，原有商业秩序的破坏、淳朴的公共观念的淡漠和生态环境的破坏。确切地说，温州现象并非孤例，它同样存在于所有商业活动率先活跃起来的地区，如广东的珠三角及潮汕地区、福建的晋江地区、江苏的南部地区等。我们只能说，那是一个缺乏善恶感的时代，在“摆脱贫困”这个时代主题面前，一切的道德价值评判都显得苍白无力。

温州商品的质量低劣，在很早的时候就为人诟病。此地与福建晋江、福建石狮被并列为全国“三大制假中心”（还有人将充斥了低劣电脑产品的中关村也列入其中，并称“四大假”），其中尤以温州名声最大。早在1985年前后，温州出产的皮鞋、皮带便以质量低劣而闻名。1987年8月8日，不堪其扰的杭州人在闹市中心的武林门广场上点起一把大火，将5 000多双温州的假冒劣质鞋一起烧掉，构成一桩轰动全国的新闻。

1990年前后，假冒伪劣产品对中国市场的冲击已经成为一个民怨沸腾的话题，国家有关部门下定决心将打击假冒伪劣作为治理整顿的一个重点，它一方面可以净化市场，提高消费信心，另一方面则可以对体制外的中小企业进行整肃。早在年初，一些重点区域就已经被圈定，一向颇受批评的温州再度成为焦点。这次被选中拿来当“典型”的，又是那个当年发生过“八大王事件”的温州乐清县柳市镇。

经过几年的发展，此时的柳市镇已经成为全国低压电器的产销聚集地，小小柳市居然有上千家电器作坊，其质量上的良莠不齐现象非常严重。新华社记者胡宏伟在那里采访时看到：刚刚放下锄头把的庄稼汉们正在一台台斑驳陆离的机床边，把从全国各地国有企业收购来的废旧交流接触器肢解，用砂纸和鞋油将之擦得锃亮。河边的埠头上，挤满了一群群村妇，她们清洗着一筐筐电器，然后在河滩空地上晒地瓜干似的晾开成片的电器零件。炉火彤红的锅灶旁，老眼昏花的太婆们一面煮饭，一面慢悠悠地摇着漆包线……

为了赚钱，那些电器作坊中的温州商人无所不用其极，他们用稻糠换下熔断器的石英砂，以铁片代替白银充当继电器触头。国家规定低压电器必须凭许可证生产，而柳市大批企业中，有证企业不到1%，有证产品不到0.1%，经多次检测，无证的产品全部不合格。为了销售，柳市商人花钱买下一些国营企业的标牌，将电器出厂地全数标明为北京、上海。1989年，国家技术监督局对低压电器市场展开调查，在《总结报告》中，调查人愤怒地写道："这次全国共检查了近7 000个经销单位，查出的伪劣低压电器产品超过170万件（台），价值3 000多万元。各地在检查中发现，大多数伪劣低压电器，均来源于浙江温州地区，特别是温州乐清县的柳市镇。"与此同时，发生在全国各地的事故也频频把柳市的劣迹曝光天下：黑龙江鸡西煤矿由于柳市劣质电器漏电，引发严重的瓦斯爆炸，多人死伤；河南一家钢铁公司建成剪彩，一包钢水正要倾倒却突然卡壳，上百万元的产品全部报废，一查，还是柳市低压电器惹的祸。

5月，国务院办公厅史无前例地为柳市一个镇"单独发文"——《关于温州乐清县生产和销售无证伪劣产品的调查情况及处理建议的通知》。6月，国家七部局成立了联合督查组到乐清督查处理，浙江省、温州市相继派出工作组进驻乐清，乐清也抽调了154名县直机关工作人员进驻14个乡镇，按照"打击、堵截、疏导、扶持"的八字方针，查处整肃柳市电器。此次整顿前后持续5个月，根据公开报道披露，全镇1 267家低压电器门市部全数关闭，1 544家家庭生产工业户歇业，359个旧货经营执照被吊销。公安部门立案17起，涉及18人，检察院立案26起，涉及34人，工商部门立案144起。

如此大规模的整顿，让柳市乃至温州全境噤若寒蝉，仿佛"八大王事件"重演。然而，从结果上看，却并没有让柳市走上毁灭之路。就是在这一过程中，一些有实力的企业脱颖而出，经过一年的整治，25家规模稍大的企业最终获得了补办的生产许可证。就在年底，一家名叫求精开关厂的企业一分为二，修鞋匠出身的南存辉和裁缝出身的胡成中各自成立了正泰和德力西，他们引进外国设备和技术，相继以合作制的方式整合了上千家小型加工厂，日后发展成中国最大的低压电器企业。到2000年前后，柳市的低压电器产量占到全国市场份额的60%，已俨然成为一个现代化的产业集群地。

对柳市的整顿是1990年治理整顿的一个缩影。当时，在广东、浙江等沿海各地，以打击假冒伪劣为主题的整顿活动此起彼伏。9月，新华社播发了一篇题为《商业部长买鞋上当记》的新闻稿，将这次打击涂上了一层戏剧化的色彩。新闻称，7月12日下午，商业部长胡平到湖北调查研究，逛了武汉百货商场。在皮鞋柜台前，胡平看中了一双带网眼的棕色牛皮鞋，于是付款49.5元买下了这双鞋，并当场穿上这双新鞋，继续参观。13日下午回到北京，谁知到家一脱鞋，就发现右脚一只鞋的后跟已掉了一块。17日，在11城市商业局长会上，胡平讲了这件事，又深有感触地说："劣质产品泛滥，太可恶了。这个问题，生产者有责任，商业企业进货把关不严，也有责任。"21日，轻工部长曾宪林约见胡平，说："鞋的质量问题是当前消费者反映最强烈的问题，轻工部已打算专门举办一个假冒伪劣鞋的展览会。"胡平当即表示："我支持，如果你搞这个展览会，我希望我买的那双鞋也能作为一件展品，曝曝光。"

这个新闻用最生动的方式，让全国读者都看到了假冒伪劣产品对人们日常生活的侵扰，也因此可以团聚起全民的讨伐气焰。不过，另一个正在发生的事实是，对假冒伪劣的整治，在有些时间，也会成为各级政府保护国营企业既得利益的某种手段和理由。

辽宁省丹东市是我国射线仪器的工业基地，当地的仪表元件厂、丹东射线仪器厂是国家重点企业，它们分别在20世纪60年代初生产出中国的第一只X光管、第一台X射线探伤机。从80年代中期开始，一些人离开国营工厂，就在附近开办起了十多家生产同样设备的私人企业。据报道，这些私人小厂"没有经过行业主管部门审查批准或立项，没有完备的质量检测手段，没有完善的防射线污染设施，没有完整的技术文件、产品图纸、工艺要求”。就在这种赤手空拳的情况下，它们开始与大厂抢食：小厂到大厂挖人才，工人兼职每月300元，技术员800元，调试一台设备外加500元；大厂里的设备、零部件老是失踪，然后在小厂里出现；大厂研制出新的产品，过不了多久，图纸就出现在小厂厂长的办公桌上了；大厂用美元与外商结算，小厂则可用人民币，而且价格还便宜很多；小厂到处挖大厂的客户，拉交情，给回扣，弄得客源日日流失；最后连大厂的营销员也被小厂拉拢去了，小厂给出更高的提成，甚至“卖出10台，可以给一套房子”。《经济日报》对此评论说，对许多国家骨干企业的厂长来说，本身既受到种种体制上的束缚，动弹不得，外部又受到那些精灵般的、不按牌理出牌的私人工厂的骚扰，唯一能做的就只有苦笑了。在此次治理整顿中，这些小厂受到了严厉的整治，其理由是“盲目发展、重复布点、重复建设，严重影响国家行业规划”。此类整顿在几乎所有私人工厂日渐活跃的行业内都在发生。

这种专门指向体制外企业的针对性整顿，在客观上，让一些行业秩序得到了恢复，也的确打击了日渐蔓延的假冒伪劣之风，但不可否认的是，同时造成了民营公司很大的困扰。1月5日的英国《金融时报》在观察这一现象时说：“在北京重新调整中央计划和加强政府控制的时期，私营企业正在受到严格的控制，虽然它们得到允许可以与较大的国营企业并存，但是，国营企业被放在优先位置上，绝不允许被取消。”新华社主办的《中国记者》杂志在1990年5月发表《光彩的新概念》一文也认为：“近来报纸和刊物上，有关个体户的报道少了。原因呢？不少编辑感到‘拿不准’。至于社会上，则更有甚者。在有些人眼中，个体经济已成了背时之物，最好是‘从重从快’惩罚打击。有的人误以为‘中央已经收了，取缔是早晚的事’。新闻界在一段时间内的沉默，无形中增加了这种不安的情绪。前几个月全国个体户锐减360万人，不能说和这种氛围没有关系。”

在那个时期，乡镇企业被戏称为“气候经济”，也就是随着政策的松与紧而波动性成长。与此相关的另一个事实是，民间公司的崛起确实已经成了很难被忽视的现状。在广东以及江浙一带，乡镇企业已经在很多行业（尤其是电器零配件行业）获得了领先的市场地位。萧山鲁冠球的万向节厂生产的万向节占到全国50%的市场份额，张家港电子计算机厂生产的计算机存储器、常熟电视机元件厂生产的偏转圈、上海联合灯泡厂生产的铁路信号灯等，都成为全国行业冠军。这些企业将从一个专业性很强的行业出发，逐渐成长为一家现代大公司。也是从这一年起，国家统计局在统计全国工业增长的时候，把乡镇所办的工业企业包括了进去，采用了“乡及乡以上工业总产值”的概念，统计专家承认，乡镇工业约占全国工业的1/3，而在此之前，这些企业在国家统计数据中是“不存在”的。很多欧美的经济学家在研究中国公司时，都会被90年代初的那些戏剧性的数据迷惑，其实那些年前后的乡镇企业数量及产值的“猛增”，是统计所造成的。1990年，全国工业增长为6%，乡镇企业的列入至少提高了三个百分点。

在10月的一次座谈会上，农业部副部长陈耀邦承认：“行业不正之风使乡镇企业受到损失。如一些部门借治理整顿之机，向企业乱收费、乱摊派、乱罚款。有的部门借行业管理、发放生产许可证、产品评优或供应平价物资等为由，划走、平调乡镇企业或改变乡镇企业的隶属关系。”

陈耀邦的这段讲话，还只是陈述了事实的一部分。在过去的很长时间里，一直存在着一种现象：一些私营业主为了自我保护及得到政策上的支持，便将自己的企业“挂靠”在乡镇集体上，每年缴纳一定的管理费用，其余的资产处置则一切自主。它们被称为是“挂户经营企业”“红帽子企业”或“假集体企业”。其挂靠原因主要有三：政治原因——避免受到政治歧视和间歇性的整顿打击；经济原因——可以享受集体企业的一些优惠政策，合法获得原材料等；运营原因——在初期，私营企业不受消费者和经济交往单位的信任。在相当长的时期里，这一部分企业的存在给统计和调查部门造成了困惑，以致人们无法准确地了解私营企业的真实状况。

1989年之后，随着宏观形势的紧张和政府对私营企业的严厉整治，这股“挂靠风”突然升温。像山东的王廷江和江苏的蒋锡培那样，把自己的企业捐给集体的案例毕竟不是普遍现象，更多的私营企业主选择了折中的“红帽子”方式，数以十万计的私营企业主纷纷挂靠或归属到国营、集体企业的旗下。据统计，在广东汕头地区，此类企业就有1.5万家之多，占到集体企业注册数的六成左右。1990年中期后，政府及媒体突然关注到了这一现象，并对之进行了深入的调查，《经济日报》记者马立群在一篇调查中认为：“假集体现象是私营企业趋利避害的行为，不足为怪，但是由于这种现象损害了国家的利益便不能不引起我们的关注。这种企业的大量存在，从表面上看似乎是壮大了集体经济，其实大谬不然。这些企业享受的税收、信贷政策优惠，使国家财政受到了损害。有的地方假集体企业占到注册登记集体企业的80%，如果对其进行清理，国家税收无疑可以有可观的增加。”马立群的这种观点代表了当时相当一批观察家和政府官员的立场。很快，在国务院有关部门的督导下，各地开始了对“红帽子企业”——也就是假集体企业的清理工作。

这个清理工作前后持续了4年，其间，在治理执行过程中出现了错综复杂的情况。对政府部门来说，自然是希望对“公皮私骨”的假集体企业进行清理，不让自己所提供的优惠政策放错了“篮子”，给错了对象。而对某些此前挂靠了集体的私人业主，则心情十分复杂，一方面他们还想戴着“红帽子”继续享受优惠政策；另一方面，则也希望通过身份的清晰化，让产权恢复到原来的面目，以免后患无穷。特别是那些已经稍具规模的“红帽子企业”，“摘帽”对它们来说其实更有利于今后的发展。一个更为隐秘的现象是，在清理过程中，有的“真集体企业”也悄悄地挤了进来，其经营者以各种方式“证明”这家企业属于“红帽子”，然后顺理成章地将之归为己有。没有数据显示，在前后4年的清理中，到底有多少真假“红帽子企业”最终完成了产权的清晰，不过，在1992年之后，各地的私营企业数目猛增，其中既有“南巡效应”，也是大批私营企业“摘帽”的结果。

与“红帽子企业”同时出现的另外一个企业事件，则是在浙南和珠三角地区开始流行一种全新的企业模式：股份合作制企业。

股份合作制企业又是精于变通、擅长“绕着红灯走”的温州人发明的。据记载，第一家股份合作制企业是温州市城郊的瓯海登山鞋厂，它是 1985 年 5 月由 26 个农民集股 7.2 万元创办的，这些农民既是工厂的股东，又是员工，所以被称为“股份合作”，是一种“新型的集体经济”。不过，这种合作制一旦规模大起来，就经不起推敲了，因为不可能让后来招用的工人都一一地成为股东。到 1988 年，聪明的温州干部又找到了一种更有说服力的产权模式。这年 8 月，苍南县在一家名叫桥墩门啤酒厂的小企业搞试点，设计出“股份合作企业章程”，此章程的微妙之处在于，它规定“企业财产中有 15% 是企业全体劳动者集体所有的不可分割的公共积累资金”，“它的独立存在，是股份合作制企业区别于合伙私营企业和作为集体经济组成部分的重要标志之一”。正是有了一部分公共积累，股份合作制企业被理所当然地归入了集体经济的范畴。这一企业股权的设计举世皆无，可说是中国基层改革派面对所有制禁区的一次大胆创新，它被认为是一种“非驴非马经济”，却在理论上能够自圆其说。一家私营企业要“改造”成股份合作制企业也可谓非常之便捷：只要宣布本企业 15% 的资产为“全体劳动者的公共积累”即可。

温州的这种新型企业模式很受改革派理论人士的青睐，当私营企业备受一些思潮侵扰之际，股份合作制成了一个理想的过渡模式和“避风港”。1990 年 2 月，农业部发出第十四号令，颁布《农民股份合作企业暂定规定》，并附《农民股份合作企业示范章程》，其蓝本便是桥墩门啤酒厂的那个章程。在农业部的主导下，沿海各地纷纷推广股份合作制，很多集体企业也乘机进行了产权改造，由于各地情况不同，那条 15% 的“公有制的尾巴”也有粗有细，有些只有 10%，有的则高达 50%，不过无论如何，这种模式的尝试削减了一些人对私营企业的无休止的清算，也让企业部分地完成了资产所有权的清晰化。

这便是发生在 1990 年前后的一个事实：政府出于宏观整顿和维护集

体经济的目的，发动了对“假集体企业”的清理，间接催生出一种新的股份合作制企业模式，最终意外地演变成为中国改革开放以来第一次大规模的企业产权清晰运动。江浙及珠三角一带的很多私营公司，以股份合作制的面目发展了相当长的时间，在政策日渐宽松后，它们又以各种手段剪掉了那条仅仅在名义上存在的“尾巴”，恢复其本来的产权性质。

1990年的中国，以9月的亚洲运动会为界，泾渭分明。前面的大半年全力搞整顿，经济从过热迅速转入平稳，之后则重新启动开放与发展的主题。

1988年的物价闯关失利以及发生在1989年的社会动荡和经济低迷，让中国的决策者对未来的改革模式有了新的思考。激进的思路渐渐退潮，一种渐变式的改革理念成为新的主流。1989年，邓小平曾提出，中国的问题，压倒一切的是需要稳定。此后，“稳定”成为一个频繁出现的名词，《人民日报》在新年元旦社论中写道：“只要保持稳定，即使是平平稳稳地发展几十年，中国也会发生根本性的变化。”

“稳定压倒一切”与“摸着石头过河”，以及“不管白猫、黑猫，抓住老鼠就是好猫”，都是邓小平的改革名言，细细咀嚼，其中意蕴一以贯之。

从1989年下半年开始的治理整顿，让全世界对中国政府强有力的调控能力留下了深刻的印象。出乎很多国际观察家的预料，中国经济并没有在通货膨胀中继续失控地滑行，而是迅速地从过热中冷却了下来。在1989年，全国物价总水平上升了17.8%，下半年更是高达40%，用《纽约时报》的话说，“物价狂涨几乎可以跟1949年共产党接管这个国家时相提并论”。然而，到1990年6月，物价指数就已经降到远低于危险界线的3.2%，抢购风潮退去，社会恐慌心理随之就平静了下来。

在通货膨胀被强行控制住之后，消费的持续低迷立即成为一个新的全国性苦恼。老百姓开始持币惜购，银行存款猛增，所有消费品和物资市场一片萧条。从7月开始，一个新名词开始被频频讨论——“市场疲软”。到八九月间，全国的工业成品库存积压比去年同期增加了21%，达到1 067亿元，而国家预算内国营工厂的库存更是增加了45.9%，实现利润下降56%，平均每100家工厂里就有33家出现亏损。

很显然，这种日趋冷却的经济态势，同样是可怕的。于是，“启动市场从何入手”又成为全国媒体热议的主题，《经济日报》甚至开辟专栏讨论“煤炭多了，煤炭行业怎么办”，这个设问放在一年多前几乎就是天方夜谭。各地政府开始筹划如何让经济升热的措施。总书记江泽民视察了海南，重申中央政府全力支持海南的特区开放政策，在媒体上引发出新一轮的“海南热”。

9月，第十一届亚洲运动会在北京隆重举办，这自然成为政府凝聚人心、提升全民热情的大舞台。为了这个运动会，北京市投入25亿元，建造了20多个大型的体育设施，一些原先被卡住的基础建设项目投资开始悄悄恢复。全球媒体的瞩目，以及数十万人的参与，也让沉闷了两年多的

▲ 1990年9月，第十一届亚运会召开，体育再次展现出它推动经济繁荣的能力

企业界得到了很多商业机会。新华社热切地评论说："亚运会主要带来的是机遇，是可能性。"美联社也认为："亚运会对北京政府是一个福音，体育再次展现出它推动经济繁荣的能力。"在这一届的运动会上，年轻的计算机产业展示了自己的成果，长城、联想等公司自主开发了运动会所需的软件系统，90%的计算机采用了国产货。不过，为了防止出现意外，组委会还是请IBM公司来承担信息备份的工作。

到下半年，所有关注中国经济的人都把目光对准了上海和深圳，在那两个城市，因为社会经济动荡而中断的资本市场试验，终于修成正果。

在1988年年底的中南海汇报会后，高西庆和王波明们就搞起了一次"证券交易所研究设计联合办公室"，着手证券交易所的筹办事宜，但是，工作很快就被突如其来的动乱打断了。在将近大半年的时间里，他们一直无所事事。王波明后来说过一个很有趣的细节：他和另一个叫章知方的同事每天在办公室里面面相觑，某日，章实在坐不住了，说："我有点事儿，先走啦。"不久，王波明也实在待不下去了，就跑到附近的电影院看电影，待摸黑走进影院，突然发现前排座位上的那个人非常眼熟，定睛一看，果然就是"有事先走"的章知方。

王波明讲的笑话很有戏剧性，不过要记录的是，尽管实际工作停滞了下来，但是在当时清醒而务实的高层人士中，对证券交易所的谋划一直没有停息过。1989年12月2日，上海市委在康平路小礼堂开会筹划开发浦东，身兼上海市委书记和市长的朱镕基明确要求加快上海证券交易所的筹备，当场有一些干部对此颇有迟疑，银行官员担心交易所起来，会分流银行信贷资金，政策人士担心证券买卖有点像赌博，不利于精神文明建设，国营企业向个人发行股票，会不会搞成变相的私有化？主管意识形态的干部则担心，开交易所会不会在上海滩上又培育出一代资产阶级？朱镕基的表态才使这些干部的思想稳定下来。

上海对资本市场的热情有着特殊的情结。中国的第一张股权证便是于1859年在这里出现的，当时美国公司琼记洋行花10万银洋定造火箭号轮

▲ 1990 年 4 月 18 日，上海市人民政府浦东开发办公室和浦东开发规划研究设计院正式挂牌，举手致意者为时任中共上海市委书记、上海市市长的朱镕基

船，中国商人入股 1 万元。1877 年，李鸿章创办轮船招商局，共招商人入股 37 万两白银，是近代中国史的第一个股份制企业。在 1949 年之前，上海一直是远东地区最大的金融城市，很多史家认为，正是因为它的衰落才成就了香港的辉煌。此刻，作为国家最大的工业城市，上海每年上缴财政占全国的 1/6，而在改革开放的各个领域却都已经落后于广东，若没有特别的手段，上海振兴将无从谈起。1990 年 2 月，专程南下到上海过春节的邓小平提出要开发浦东，并反思如果搞 4 个经济特区时就加上上海，现在长江三角洲，整个长江流域，乃至全国改革开放的局面，都会不一样。4 月 18 日，国务院总理李鹏宣布：中共中央、国务院同意上海市加快浦东地区的开发，在浦东实行经济技术开发区和某些经济特区的政策。浦东开发政策的确立，让上海再度成为中国经济成长的龙头，其长远效应可谓巨大。从 1990 年到 2004 年，浦东的 GDP 从区区 60 亿元增加到 1 790 亿元，

浦东以上海1/8的人口、1/10的土地面积，创造了上海1/4的GDP和工业总产值、1/2的外贸进出口总额和1/3的利用外资总额，等于在15年里再造了一个上海。这里成为中国金融的核心区，以及跨国公司总部最密集的区域。按1990年的中央规划，浦东的优惠政策将享受15年，到2005年，就在这个期限到来之时，国务院又批准浦东新区进行综合配套改革试点，将其试点效应继续延伸和扩展。

如果说，浦东开发是上海起飞的战略一翼，那么，证券交易所的建立则无疑是另外一翼。早在3月，朱镕基出访美国、新加坡等地，在抵达最后一站香港时，他在记者招待会上不动声色地说，上海证券交易所将在年内成立。此时，上海的金融官员对这个时间表都闻所未闻。6月，35岁的中国人民银行上海分行金融管理处副处长尉文渊受命筹建证交所。

尉文渊空手上任，10年后他对友人说：“当时年轻，如果知道以后的沟沟坎坎，就不接这个总经理了。”他受命后的第一个电话打给了正在不亦乐乎地炒卖国库券的万国证券总经理管金生，管在电话那头笑道：“我知道迟早会接到这个电话，无非不知道会是哪个人打来。”尉文渊当时面临的状况是，全上海可作为会员的证券公司只有3家：万国、申银和海通，比较成型的股份制企业也只有11家，够上市资格的则只有6家。就这么“三把蔬菜”“六块肉”，尉文渊硬是把它炒成了一桌菜。

▲上交所的第一任总裁尉文渊

12月19日，上海举行上海证券交易所开业典礼，朱镕基致开业辞，尉文渊敲锣开市。有目击者称，尉敲完锣后，激动得当场晕倒，被人搀扶着离开了热闹的现场。[①]

当日，有 30 种证券上市，国债 5 种，企业债券 8 种，金融债券 9 种，公司股票 8 种。毕竟有 40 年没有搞资本游戏了，所有人都手忙脚乱，第一笔交易对象是电真空股票，由海通证券抛出，未达三秒便被万国证券抢去，于是宣布无效。再次竞价，申银证券吃进，成交价 365.70 元。如此，三大券商在共和国证券史上的第一笔交易中都亮相了。

上海即将开市的消息，在南方的深圳引起了连锁反应。在过去的一年多时间里，深圳一直在向中央申请开办证券交易所，然而迟迟未得回复。尉文渊在上海一阵紧锣密鼓，让深圳人不再坐等。11 月 22 日，深圳市委书记李灏约见深交所筹备组负责人禹国刚，问："什么时候可以开市？"禹答："如果你们今天拍板，我们明天就开业。"

12 月 1 日，深圳证券交易所抢在上海之前"试开市"。由于当时还没有得到中央政府的正式批文，深圳就没有像上海那样大张旗鼓，直接催生者李灏没有出现在开市仪式上，而是委派了深圳市资本市场领导小组的副组长董国良出席。由于仓促抢跑，深市在交易工具上也没法跟拥有电脑交易系统的沪市相比，股市第一天成交安达股票 8 000 股，采用的是最原始的口头唱报和白板竞价的手工方式。深交所的正式批

▲筹办深交所的禹国刚

① 时任申银证券总经理的阚治东回忆，开所前夜，尉文渊发着高烧四处奔忙，结果锣声响过，他就支撑不住了。

文要到1991年7月才下达，当月3日，全国人大常委会副委员长陈慕华、李灏等人都热热闹闹地出席了“开业仪式”，用禹国刚日后的话说：“孩子生出来了，还能再按回娘肚子里不成？”

不过，无论创市的过程是怎样的幼稚忙乱，中国的资本市场在1990年年底总算形成了自己的“双市格局”。以这两个交易所为中心，中国公司将演出一轮又一轮的商业大戏。

正如运动员赛跑，最容易在拐弯处比出高下，中国众多公司的此起彼伏，也每每是在周期性的宏观调控中变幻着各自的命运。开始于1989年年初的治理整顿，让无数企业备感压力，也让那些有远见和能力的企业获得了快速成长、超越同类的机会。

在经历了早期求大于供、粗放经营的阶段后，一些国营企业家开始把注意力放到质量的提升和新技术的开发上。在青岛，靠率先引进日本生产线、在“冰箱热”中赚到钱的张瑞敏比他的同行更有市场眼光。他在福建跑市场时发现一个怪现象，到了夏天，人们洗衣服洗得特别勤，洗衣机反而卖不动。很快他找到了原因，当时市场上只有容量4公斤、5公斤的洗衣机，夏季每天要洗的衬衣、袜子，用大洗衣机洗又费水又费电，不如用手洗方便。其实并不是夏天人们不需要洗衣机，而是没有适合的小洗衣机。于是，海尔的工程师们马上研制出了“小小神童”洗衣机，洗衣容量为1.5公斤，三个水位，最低水位可以洗两双袜子。这种洗衣机投入市场后立刻就供不应求。秋天，张瑞敏从北京领回了“国家质量管理奖”，他还送了4台冰箱到德国参加样品展示会，并提出“三个1/3”的企业发展战略目标，即今后海尔冰箱将在“国内生产国内销售1/3，国内生产海外销售1/3，海外生产海外销售1/3”。在这个稍显粗糙的规划中，人们已经可以看到中国成为“全球性制造基地”的雏形。

北京联想的柳传志获得了第二届全国科技实业家创业奖金奖，联想成为继四通（这家公司的创始人万润南在上一年出逃国外）之后最大的电脑销售商，开始自主生产、销售微机板卡。公司办公室主任郭为想出了一句牛气十足的广告词：“人类失去联想，世界将会怎样？”这则广告从下一年起投放，立即风靡全国。

在偏远的四川绵阳，一家名叫长虹机器厂的军工企业突然跃升为全国最大的彩电制造企业。它在1980年率先转型，与日本松下合作，成为国内首批引进生产线批量投产彩电的企业。就在彩电炙手可热的1988年，厂长倪润峰又研制出第一台立式遥控机型，他还组织了200多名销售员“上山下乡找市场”，一番“拳打脚踢”之后，长虹成为全国首批45家国家一级企业之一，而且是西部唯一的一家。

▲把长虹带入辉煌的倪润峰

无论是海尔、联想还是长虹，1988年之前的国营企业序列中都是寂寂无名之辈，也没有得到国家政策的特殊倾斜，然而它们都因为有一位杰出的领导者，并且在各自的行业中率先完成了技术改造和管理提升，因而在市场竞争中站住了脚跟，得以迅速地脱颖而出，相继成为新一代国营企业的翘楚。而那些试图寻找政策保护，甚至期望通过治理整顿“净化”行业秩序的老牌大型公司则不可避免地持续沉沦，最终成为时代的落伍者。

麦当劳急匆匆地在深圳开出它在中国大陆的第一家快餐店，这已经是1990年的10月8日。

刚刚参加完高考的深圳女孩邱洁云是第一批参加面试的服务员，她说：“我本来以为应聘服务员，顶多是擦擦桌子，没有想到第一天就被分配去洗厕所。我当时觉得很委屈，一边洗厕所一边掉眼泪。”她后来当上

▲ 1990 年 10 月 8 日，第一家麦当劳餐厅在深圳市解放路光华楼西华宫正式开业

了这家深圳店的经理。麦当劳匆忙开店，是因为它实在无法忍受一个事实：比它早进来三年的肯德基早已赚得钵满盆满了。《纽约时报》在报道中羡慕地说："每天一到吃午饭的时候，北京三家肯德基炸鸡店就门庭若市，排队的人里三层外三层，两块炸鸡、一点土豆泥、一点卷心菜沙拉和一块面包就要 8.5 元。天安门附近的分店创下肯德基单店最高销售纪录，它是世界上规模最大、盈利最好的连锁店。"

那些早早来到中国的外国品牌都尝到了甜头。最早来到中国的法国服装品牌皮尔·卡丹开在北京的一家专卖店每天就有 2.3 万元的销售额，一件不起眼的服装标价就高达 1 500 元。9 月，皮尔·卡丹本人又来了一次北京，他被特许在以前的皇宫紫禁城里举办了一场热闹的时装秀，在过去的几百年里，这是破天荒的第一次。这位很有商业头脑的时装大师还同时代理了迪奥、瓦伦蒂诺等意大利品牌在中国的销售权。香港《文汇报》撰文《洋货狂袭中国》，它从吃穿住用等方面分析洋货对国货以及消费者观念的冲击，作者惊呼："任凭洋货长驱直入，充斥市场，其严重后果令人不寒而栗。”在这样的言论背后，人们似乎已经看到，在不久的将来，必定会有一次国货振兴的运动。

那一年，几乎所有向往时尚生活的中国消费者都知道在深圳有一条“中英街”，那里可以买到最便宜的洋货。这是一条长约250米，宽不足4米的小街，位于深圳与香港交界的沙头角。从1979年开始，这里就成为一条特许的免税街，内地的游客参加指定旅游公司组成的旅游团，办理完“特许证”就可以进入购物。每天，在入关处排队的游客宛如长龙，人们领到“特许证”后就立刻挤进小街，先是站在标有“中英地界·光绪二十四年”字样的石质界碑前拍照留影，好奇地眺望一眼近在咫尺却无比神秘的香港岛，然后就冲进300多家小店铺里疯狂抢购各种时髦的小商品。一位叫刘福来的店主后来回忆说：“那时候早上从开门一直到落闸，生意都很好，内地的观光客对这边的东西不论什么都感兴趣，录像机、照相机、金首饰、衣服，甚至连力士香皂都抢着买，基本上不说价。”一直到

▲ 繁荣一时的“中英街”街景

1997 年香港回归前后，“去中英街购物”都是无数内地消费者最向往的购物行动之一，这里每天有超过 1 万人次的游客，节假日和高峰期游客数量超过 10 万人次，一年游人量达 1 500 万以上，成为全国知名度极高，也最奇特的购物观光地。

在中国，曾经让人们无限憧憬的 1990 年，就这样出乎预料地展露出全民商业化的面貌，它跟 1978 年刚刚开始改革时的向往实在有太大的出入。人们变得越来越实际，如何尽快地改变自己的生活状态，如何发财致富享受生活，成为一个公开而荣耀的话题。几年前还被视为靡靡之音而遭到禁止的台湾歌手邓丽君，现在成了最受欢迎的流行偶像，台湾女作家琼瑶的言情小说和香港作家金庸的武侠小说，成为大中学生们最喜欢的文学作品，这些作品的盗版图书摆满了全国所有城市的大小书摊。还有一个叫汪国真的青年诗人以一本轻佻而快乐的《年轻的风》[①] 狂销 100 万册，创下有新诗以来的出版纪录，他最出名的诗歌是《我微笑着走向生活》[②]。也许，他真的说到了人们的心坎儿里。

---

① 汪国真著，《年轻的风》，广州：花城出版社，1990 年版。

② 《我微笑着走向生活》是汪国真第一首比较有影响的诗，全诗原文为“我微笑着走向生活，无论生活以什么方式回敬我。报我以平坦吗？ 我是一条欢乐奔流的小河。报我以崎岖吗？我是一座大山庄严地思索！报我以幸福吗？ 我是一只凌空飞翔的燕子。报我以不幸吗？ 我是一根劲竹经得起千击万磨！生活里不能没有笑声，没有笑声的世界该是多么寂寞。什么也改变不了我对生活的热爱，我微笑着走向火热的生活！”

1991 沧海一声笑

沧海笑，滔滔两岸潮，浮沉随浪记今朝。

苍天笑，纷纷世上潮，谁负谁胜天知晓。

——黄霑：《沧海一声笑》，1991年

日渐世俗和商业化的时代特征，让中国不再像过去那么充满神秘感和难以琢磨。不过，在意识形态领域，两种不同的声音仍然还在隔空交锋。如果仅仅从报章上的争论来看，1991 年的中国弥漫着“改革是姓‘社’还是姓‘资’”的硝烟。而事实却是，争论如江面上迷眼的乱风，实质性的经济变革却如水底之群鱼，仍在坚定地向前游行。

三年多来的宏观调控，让过热的经济趋于平稳，各项经济指标大大降了下来，人们在改革上变得缩手缩脚，尽管中央提出了浦东开放，并重申海南特区政策不变，但是，在总体的发展思路上，各级官员仍然摸不透未来的方向。这时候便需要有影响力的大人物出来，重新唤起所有人的热情。这个使命又落到了已经宣布“完全退出政坛”的邓小平身上。这两年，邓小平都是在上海过的春节，2月15日至3月22日，上海《解放日报》根据他在上海期间的讲话，先后发表三篇署名“皇甫平”[①]的评论，提出要继续坚持解放思想，敢冒风险，大胆改革，不要再囿于姓“社”姓“资”的诘难。

这组社论甫一刊登，便在一派沉闷的舆论界掀起轩然大波，因为它并未标注出思想的来源，便引起一些人士的指责和围攻。某杂志在4月20日发表《改革开放可以不问姓“社”姓“资”吗？》一文，说：“不问姓‘社’姓‘资’，必然把改革开放引向资本主义道路而葬送社会主义事业。”[②] 另一本杂志推出《重提姓“社”与姓“资”》一文，说：“一切不愿做双重奴隶的中国人，在改革大道上前进时，有责任也有权利问一问姓‘社’姓‘资’，时刻提防不要偏离改革的方向。”[③] 8月和9月，北京报纸相继发表《问一问姓“社”还是姓“资”》和《当前改革的三个问题》，认为：“实行改革开放必须区分姓‘社’还是姓‘资’。原因很简单，因为现实生活中确实存在着姓‘社’和姓‘资’两种不同的改革观。”

这样的争论将持续一年，直到下一年邓小平在深圳的视察被公开报道后才戛然而止。在各个领域，一些大胆的人们都已经迫不及待地重新出发了。中国改革史的一个特点便是，人民的实践有时候会走在中央政策的前面，一切的改革和突破尽管会阶段性地受到意识形态争论的影响和干扰，但是并不能真正地阻挡它前行的脚步。

5月，李瑞环去温州视察，就在这个月，有位离休干部刚刚给北京写了一封信，揭发温州老板个个“五毒俱全”，“骑的是本田王，穿的是A底王，睡的是弹簧床，抱的是花儿王”。此信直接导致中共中央派出一个调查组前往温州核实调研，刚刚从柳市整顿事件中喘过气来的温州再次风声

---

① “皇甫平”之意为“来自黄浦江的评论”，其撰文作者为《解放日报》总编辑周瑞金、评论部主任凌河及上海市委政策研究室的施之鸿。

② 流波，《改革开放可以不问姓“社”姓“资”吗？》，《当代思潮》，1991年第2期。

③ 邓力群，《重提姓“社”与姓“资”》，《真理的追求》，1991年7月号。

鹤唳。颇有改革风范的李瑞环当然知道温州干部所承受的巨大压力，当地官员在向他介绍“股份合作制”企业时，再三小心翼翼地论证说，这是一种“新型”的集体经济，跟私营经济有“本质上的差别”。李瑞环当时的态度令当地官员悬着的心放下了一小半。

“姓资姓社”的争论，在经济领域便体现为公有制经济与私营经济的比例问题，有些人士担忧的正是后者的迅速增长将改变社会主义国家的性质。①

最近这段时期，国营企业在市场竞争中所表现出来的乏力实在让人失望。1月12日的《中华工商时报》刊登了一篇新闻：北京袜子、手套等日用小商品严重积压，东城区就有数百家这样的国营中小企业，东城区工商局为了让区内的国营企业多一些销售的机会，就主动安排它们进入集贸市场，并动用行政手段让它们占据最好的摊位，结果却是事与愿违，数以百计的积压厂家只有17家前来登记申请，最后只有六七家到市场里去设了摊。记者在北京最大的和平里综合集贸市场上看到的景象是，“国营、个体的摊位泾渭分明，前者的守摊人缩着脖子，躲在柜台后面，一副十足官商作风，个体练摊的则又是叫卖，又是拿着样品比画，热热闹闹地吸引绝大部分的顾客。在刺骨寒风中，个体练摊的照旧天亮出，天黑收，而国营的推销员却按部就班，实行8小时工作日，若要延长营业时间，就涉及奖金、加班费，牵一发而动全身”。这些国营摊位的销量不及私人摊户的1/4，很快就被淘汰出了市场。记者最后无奈地说：“虽然使国营企业在场地、产品、流通环节等硬件上与个体形似，但是在利益机制、市场机制上的神合却难以达到。”这是一个带有很强寓意性的新闻，它展现出国营企业在充分竞争领域中的被动与尴尬。

---

① 这一年，乡镇企业取得了标志性的成绩，全国乡镇企业总产值突破万亿元大关，就业员工也同步超过亿人，达1.062 4亿。

此时的国营企业改革再没有80年代中后期那股“一改就灵”、“一包就活”的意气风发，更多的时候，它带有了悲壮而无奈的气息。在全国两会上，一位北京代表说：“我们心头像是压上了一块大石头，这石头就是国营的大中型企业。”从1984年起，各项改革措施年年创新，从利改税、承包制、政企分开，到优化组合、股份制、租赁制，药方开出了一帖又一帖，却罕有成效。近年来，即便是在诸多“倾斜”、“保护”以及创纪录的大批信贷资源源源注入之后，国营企业的表现依旧让人们无法轻松起来：生产回升缓慢、效益下降、亏损翻番。新华社评论员在一篇述评中忧郁地说：“人人皆知倘若大中企业不能振作，则今后10年中国经济断无成功之望。”在当时，唯一对这个“共识”不以为然的是来自四川的经济学家蒋一苇，他一直反对“鸟笼经济”的做法，认为国家应该放弃对国营企业的偏执性倾斜，以更大的包容和宽阔的视野来平等对待不同的所有制经济，对于国营企业，他的观点是“吃任何药都不如不吃药，不管就活”。①《人民日报》记者凌志军在采访归来后写道：“我颇看重此说，却想不透其中含义。”

蒋一苇的观点不但让凌志军想不透，也得不到广泛的认可。事实上，所有人对国营企业的绝望不是一天形成的，而是历经了20多年的痛苦拯救与反复的。正如凌志军所困惑的：“在过去的这些年里，对国营企业开了无数药方，每用一剂，大家便道‘活了’，到现在已‘活了’不知多少次了，定下心来再看，却发现仍是‘不活’。莫非我们今后把这些药重吃一遍，就真能见效？”

5月，还发生了一件很有趣的事件，那就是新闻媒体替改革开放后投资最大的钢铁企业上海宝钢讨债。据报道，在过去的几年里，这家中国最现代化的钢铁基地一直受到三角债的困扰，累积至今已经高达20多亿元，

---

① 蒋一苇另一个观点是“黑匣子”论，他认为，“政府对于企业，可以从外面管，但不要把手伸进里面去。退一步讲，做不到‘黑匣子’，至少也该搞成‘玻璃匣子’”。

占到流动资金的1/3，濒临难以为继的境地。国家计委、全国清欠办公室以及上海市政府都出面替宝钢协调清欠，但是效果却始终不彰，百般无奈之下，只好使出了最后的一招：把那些主要的欠账大户（总共有113家国营制造企业和流通公司）的名单在《中华工商时报》刊登了出来。随后的几个月里，在媒体的一一追问和督促下，欠债大户们才纷纷开始还债。时报的一位叫张文学的记者还跑去欠宝钢4 400万元的长春第一汽车厂，促使该厂还出了800万元。由媒体来扮演催债角色，实在是一个很有点黑色幽默意味的事件，这也从侧面表明，在国营企业的调控和管理上，有关职能部门已颇为乏力。

发生在河北廊坊市的刘森林辞职风波，则展现出国营企业治理中的另一种尴尬。1985年，25岁的刘森林挂靠廊坊农工商总公司开办了一家化学清洗公司，他用家产做抵押向农工商借了5万元创业，6年后，这家公司不断滚大，资产达到1 040万元，拥有300多名员工。按协议，刘在1990年可得150万元的承包报酬，农工商却以不合政策为由拒绝兑现。于是，刘森林与“婆婆”的关系迅速恶化，刘提交辞呈，宣称要带着骨干员工自办私营公司。这个事件经媒体报道，引起广泛的关注，围绕“刘森林该不该离开”展开了热烈的讨论。风波最后的解决方案是，在廊坊市政府的斡旋下，刘森林的公司与农工商脱离隶属关系，成建制地挂靠到另外一个“婆婆”——市轻化局，此事才算平息下来。这个风波表明，随着企业自主能力的提高，它们与主管机构的矛盾将变得越来越突出和难以化解。

种种迹象表明，传统意义上的国营企业已经在日渐激烈的市场环境中日薄西山了，两年来的治理整顿和市场萧条，让那点仅有的进取心也被消磨殆尽。农业部提供的数据表明，在1990年里，乡村集体企业实现利润265.3亿元，首次超过国营企业的246亿元，前者的销售利润率为5.6%，相当于后者2.6%的两倍多。农民企业家鲁冠球用一句顺口溜表达乡镇企业与国营企业竞争的自信——“老虎出山好，猴子照样跳”，他甚至在北京两会期间预言，到2000年，乡镇企业无论产值还是利润都将超越国营企业，在国民经济中扮演“老大哥”的角色。当然，这只是一个农民企业家的个人豪言，但此言一出，举国学界竟没有人与之讨论。国家开始重新思考国营企业的振兴战略，让每一家国营企业都获得生机看来是不可能了，因此，除了继续千方百计在政府扶持、体制松绑上下功夫外，一个更为明智的做法似乎是：收缩战线，让那些实在扶不起来的“阿斗们”自行了断。

8月15日，每天都在讨论如何搞活国营企业的《经济日报》刊登了评论员詹国枢的一篇述评《少数企业“死”不了，多数企业“活”不好》，文章称：“产业结构调整之所以困难，症结就在于我们的少数企业（尤其是国营企业）死不了——风浪来了，大家匍匐在地，风浪过了，全都站起身来，产业还是那个产业，结构还是那样的结构。不是我们不想让一些企业活，而是客观环境不允许这些企业活。”此文刊出，顿时引发广泛的关注，很多人感觉到了政策调整的先兆。《经济日报》此时已隶属于国务院系统，它的很多观点代表了官方的态度。此后数月内，《经济日报》选中四川省为典型，又展开了一轮“死一块活一片”的连续报道，记者们相继提出“让抢救无望的企业‘安乐死’”“红白喜事一起办”等十分尖刻的观点。

事实上，让那些实在活不下去的国营企业死掉，不仅仅是一个观念解放的问题，还有很多实际上的困难，最主要的便是下岗工人的善后问题。多年以来，国营企业的工人接受主人翁教育，以厂为家，以身为工人阶级为荣，从来没有下岗的思想准备和再就业的能力，在很多老牌企业里，更是全家上下都在一厂工作，其“工人身份”甚至是可以传代世袭的。要让这些企业一死了之，必定会引发强烈的社会动荡。深圳市于1990年4月起，率先向外商出售国营企业。到1991年，深圳已经出售了40多家国营企业的产权，交易价值1.9亿元。媒体的观察是：“在产权转让中，最难处理的是职工的转让，新业主往往不要原企业的职工，都想重新招工，致使原来的职工失业。深圳市有关部门正想办法解决这个难题。”

四川让特困企业“安乐死”的主要办法，是让活得还不错的国营企业，兼并那些亏损的同行，同时，政府给予前者更多的优惠政策和扶持。成都的无缝钢管厂就兼并了6家亏损的工厂，厂长对记者说：“兼并是企业行为，但绝不是企业的自发行为。”言下之意，如果没有足够的优惠，他们不会吃下那些烂苹果。为了兼并一家钢铁厂，钢管厂与政府谈判了15个月。这个经验在后来的数年内得到推广，不少地方因此组建起由归并而形成的规模庞大的国营企业集团，它们往往因此得到上市融资的“指标”，在财税上更是享受特别的优待。在这过程中，像钢管厂那么“强势”的企业似乎不多，绝大多数的兼并都是政府意志的体现，“归大堆”带来的后遗症又将引发新一轮的企业兴衰。

1991年11月25日，上海牌轿车宣告停产，至此，新中国成立后的两大汽车品牌——红旗牌轿车与上海牌轿车均告消亡。不少工人闻讯从市区赶到安亭，争相与最后一辆上海牌轿车合影，有人眼里还泛起了泪花，还有人则手抚车身，依依惜别。上海牌轿车于1963年开始批量生产，改革开放之初，它是国家专控商品，只有县团级以上的干部才能乘坐，普通人和私人企业均无权购买。1983年之后，日渐出现生存危机的汽车厂开始私下向社会出售轿车，每辆定价2.5万元。工厂老人回忆说：“每次卖车的时候都害怕极了，提心吊胆的，生怕犯什么政治性错误。”

就在上海牌轿车羞羞答答地在市场边缘徘徊的时候，德国大众在华投资却逐年增加，它出产的桑塔纳年产6万辆，竟接近上海牌轿车在过去28年里的总产量，已俨然成为中国市场的第一轿车品牌。8月的美国《商业周刊》评论说：“1990年，上海大众的税后利润一举超过了大众的全球盈利目标，其原因之一是，只有在中国这样的国有经济条件下，一辆普通的大众桑塔纳轿车才能卖人民币17.8万元，几乎6倍于该产品的世界平均价格。”很显然，惊人的利润空间，是导致中方最终决心放弃上海牌轿车的重要原因。自从在1985年组建上海大众汽车之后，原来的上海汽车厂名存实亡，全厂2 900人中的业务骨干共1 600人全都去了新的合资厂，政府主管部门也不再对原来的生产项目再投入，上海牌轿车在形同被弃的情形下苟延数年，终于无法支撑。在1991年5月，国家有关部门决定，在未来4年内报废170万辆在1974年前制造的老汽车，绝大多数的上海牌轿车都在此列，这对于中国汽车产业来说无疑是一个天大的利好，可惜那些老迈的国营老厂已经无缘分享“蛋糕”。《南华早报》引用物资部门官员的话说：“政府将为机关和企业用新车替换旧车提供财政方面的帮助，这些新车主要是由中国与美国、日本、德国和法国的合资工厂生产的。”

上海牌轿车的消失，是一个象征性事件。在跨国公司和新兴民间企业的双重冲击下，曾经红极一时的老牌国营企业品牌都相继凋零，一个时代终于在恋恋不舍中褪去了它最后的一道余晖。

关于国营企业的“生死讨论”，事实上意味着一场即将绵延十多年的资本盛筵已经悄然开始了。对陷入困境或处于市场边缘的国营资产的分割、重组与出售，将成为财富积累和改革成果分配的重要方式。如果说，在1988年，“资本”这个曾经被视为洪水猛兽的万恶名词已经重新归来，那么在今年，它已经散发出越来越迷人的金色光彩，那些最早认识到它的人们将一一成为新的财富宠儿。而让人感到意外的是，这些人中的相当一部分正是从庞大无比却又貌似僵化的国营资本这座“大金山”上，挖取到了各自的“第一桶金”。

今年，一直对自己的商业天才深信不疑的四川万县人牟其中，终于证明了自己的“天才”。

在离开家乡之后，他一直在深圳、北京和海南等地寻猎，他的南德公司做过各种各样的贸易，从贩卖钢材到批发毛线。向来喜欢天马行空的他，从不放过任何一个可以露面的“大场面”，1989年，他受到邀请去瑞士达沃斯参加世界经济论坛，这是中国企业家第一次参加这个知名的非官方论坛。达沃斯的物价奇贵，牟其中不敢吃饭店里的食物，便天天跑到小巷里找最便宜的馅饼。会期半个月，他住了4天就受不了要回国，临结账时才被告知，作为受邀嘉宾，他的食宿都是由论坛方面全包了的。

达沃斯归来不久，他在从万县到北京的火车上认识了一个河南人，从后者口中，牟其中得知正面临解体的苏联准备出售一批图 –154 飞机，但找不到买主。于是，异想天开的他觉得这是一个值得冒险的生意。南德既没有外贸权，也没有航空经营权，更没有足够的现金，要做成飞机贸易简直是天方夜谭。但是，牟其中却决意一试。他打听到一年前刚开航的四川航空准备购买飞机的消息，便七拐八弯地前往洽谈，川航同意购进苏联飞机，然后，牟其中又从四川当地的国营企业中组织了罐头、皮衣等大批积压商品，准备用以货易货的方式达成这笔生意。牟很能抓住人的心思，他接待苏联航空工业部官员的地点选在北京钓鱼台国宾馆，在开始谈判之前，他“很荣幸地”告诉客人，这里便是不久前戈尔巴乔夫同中国领导人会谈的地方，一向唯上的苏联同志当然立刻肃然起敬。就在牟其中的空手倒腾之下，这笔“不可能的生意”居然变成了现实。1991 年年中，南德、川航与苏联方面达成协议，中方用价值 4 亿元的 500 车皮日用小商品换购 4 架苏制图 –154 飞机。这笔贸易经媒体报道后，牟其中顿时成为全国热点人物，他自称从中赚了 8 000 万元到 1 亿元。牟的运作其实一直游走在政策的边缘，2000 年 7 月，川航对外拍卖当年购进的一架图 –154 飞机，其名义是“走私飞机”。

“罐头换飞机”令牟其中一夜成名，更让他对自己的“空手道理论”深信不疑，他对来访的记者说：“过去的经济规律已经变得十分可笑了，工业文明的一套在西方落后了，在中国更行不通，我们需要建立智慧文明经济的新游戏规则。有人说我是空手道，我认为，空手道是对无形资产尤其是智慧的高度运用，而这正是我对中国经济界的一个世纪性的贡献。”在今后的 10 年里，牟其中将他的这套理论一再地付诸行动，他策划了一大堆听上去就吓死人的“宏大计划”，其中包括将喜马拉雅山炸开一个宽 50 公里、深 2 000 多米的口子，把印度洋的暖湿气流引入中国干旱的西北地区，使之变成降雨区。在整个 20 世纪 90 年代，牟其中一直是媒体的焦点，他获得了“中国十大民营企业家”“中国改革风云人物”“中国十大实业家”等众多称号；南德集团被称为“中国改革开放的试验田”“中国真正的民营企业”；在1994年，美国《福布斯》杂志将牟其中列入当年度的全球富豪龙虎榜，位居大陆富豪第四位；同年，中国的一本名为《财富》的民间杂志把他定为“中国第一民间企业家”和“大陆超级富豪之首”，这位充满商业想象力和改革空想热情的四川人也因此成为第一个被冠以“中国首富”的企业家。

牟其中在1991年前后的冒险成功，不是一个偶然的事件。在经历了13年的改革之后，计划体制已经在内外交困中走到了逐渐瓦解的边缘，缺乏市场开拓能力而造成货物积压仍然是困扰很多国营企业的最大难题，这无疑给很多像牟其中这样的大小“倒爷”提供了巨大的运营空间。通过创新的方式在流通环节中获取利益，成为这些冒险家屡试不爽的致富手段。不过，由于缺乏规范的资本工具和游戏规则，这些经营活动便往往非常的传奇和诡异，也充满了种种的不确定性。

如果说牟其中“罐头换飞机”的故事从一开始就脍炙人口的话，那么，几乎同时，另一个人的资本操作则显得要低调得多，而事实上这个连名字都很神秘的安徽人，却可能是第一个真正掌握了现代资本游戏规则的中国企业家。

很多年后，人们仍然对仰融的身世知之不多，据说他原名叫仰勇，是一个毕业于西南财经大学的经济学博士。采访过他的记者描述说：“仰融是一个思想上天马行空的人，你跟他坐在一起，总是被他牵着走，很难把握自己的节奏。跟其他企业家相比，他显得更桀骜一些。如果说仰融自己身上只有20万了，而且明天就要全部还掉，但是他今天能请你吃10万元的饭，并且面色如常。”仰融曾经向人背诵过莎士比亚的一段名言：“世事的起伏本来就是波浪式的，人们要是能够趁着高潮一往直前，一定可以功成名就，要是不能把握时机，就要终身蹭蹬，一事无成。”在后来的十多年里，他也确实是这么做的。1989年，受知名金融教育家、中国金融学院党委书记许文通的赏识，仰融赴香港创办华博财务公司，其初始出资方为许文通担任董事长的海南华银。

人在香港，心系内地，仰融深知国营企业的资本变革将带来巨大的利益空间。沈阳金杯汽车是东北第一家尝试股份制改造的大型国营企业，1988 年它向国内外发行 1 亿元股票，历时一年有余却响应寥寥，公司甚至曾在国家体改委的大院里贴布告卖股票，整整一天也只卖出了 2.7 万元。便在此时，仰融上门洽谈，1991 年 7 月 22 日，仰融以 1 200 万美元买下金杯汽车 40% 的股份，之后他又安排了一次关键性的换股，将控股比例扩大到 51%，成为该公司的绝对控股方。仰融为此专门在太平洋小岛百慕大设立了一个项目公司——华晨中国汽车控股有限公司，此公司由华博 100% 控股。这时候，仰融还悄悄完成了对华博的资本改造，其股权结构改为仰融占 70%，另一自然人占 30%，法定代表人仍是仰融。据 2003 年的《21 世纪经济报道》披露，有档案显示，仰融一手策划华晨收购沈阳金杯，其所有投入的现金则均来自许文通掌控的海南华银。而仰融本人在 2003 年接受凤凰电视台采访时声称，他投入金杯的资本，一部分是向其兄长仰锆借的，另一部分是在上海炒股所得。

在完成了这一系列长袖善舞的资本组合之后，天资聪慧、视野开阔的仰融开始筹划在美国的纽约证券交易所上市。当时，中国还没有成立证监会，仰融的一切运作均无先例可循。为了让上市公司有一个更为合法、合理的身份，仰融筹划成立了非营利性的“中国金融教育基金会”，发起人是中国人民银行教育司、华晨控股、中国金融学院和海南华银四家，注册资金 210 万美元，其中 200 万美元由华晨控股支付。就这样，仰融戴上了一顶有众多垄断性国营资本背景的显赫的“红帽子”，它让这位资本枭雄得益于先而倾辙于后。1992 年 10 月，“华晨中国汽车”在纽约成功上市，融资 7 200 万美元。这是中国企业海外上市第一例。对纽约证交所来说，这也是来自社会主义国家的第一只正式挂牌的股票。它在当年的美国股市轰动一时。

仰融在1991年前后的这一系列资本操作，已经表现得非常娴熟——以少量资金控股资本质量良好却暂时陷入困境的国有企业、在免税天堂设立“壳公司”、以“中国股”概念在海外上市套现。跟喜欢高调行事的牟其中相比，其精妙圆融和国际化特征有过之而无不及。而两人共同的特点则是，他们不约而同地发现了计划体制削弱过程中的机遇，都试图用各自的霹雳手段火中取栗，攫取财富。在日后的很长一段时期内，这将成为无数商业奇才崛起和沦陷的重地。

就在牟其中、仰融等人开始翻江倒海的时候，在改革观念颇为超前的江浙一带，还出现了跨所有制兼并的事件。三年前由宗庆后创办的杭州娃哈哈儿童食品厂现在已成为国内最大的儿童营养液企业，作为一家区级校办工厂，娃哈哈一直苟居在一个三层小楼的街道车间里，根本没有扩张的余地。11月，在杭州市政府的协调下，宗庆后兼并了已经濒临停产险境的全国第四大罐头企业——杭州罐头厂，在华东媒体中，这一新闻被称为“小鱼吃大鱼”，宗庆后在购并后迅速购进生产线，推出儿童饮料娃哈哈果奶，仅仅100天时间，罐头厂便恢复正常生产，实现了扭亏为盈。

在山东潍坊，一个刚刚上任的年轻市长走得更远。

这个时年35岁的市长名叫陈光，年初，他由潍坊团市委书记调任潍坊市下辖的一个县级市诸城市当市长。就任后的第一次调研，就让他手脚发麻，市属全部150家独立核算的国营企业，有103家明亏或暗亏。原因是“企业产权关系不明晰，利益关系不直接”。陈光在新公布的中央文件中找到了一句话“国有小型企业有些可以出租或出售给集体或个人经营”，由此，他决定把这些企业统统卖掉。

第一家被选做试点的是总资产270万元、职工277人的诸城电机厂。市政府最初拿出的改革方案是国家控股51%，职工买断49%，但陈光提出要改就由职工全部买断，最终定下来的方案是，9个厂领导每人出4万元，20多个中层干部每人出资2万元，普通职工每人出资6 000元。这场改制搞了一年多，在新公司的成立会上，陈光说："十年改革，改来改去企业还是躺在政府的怀抱里。从今天开始，咱两家的关系变了，变成你注册我登记，你赚钱我收税，你发财我高兴，你违法我查处，你破产我同情。"在之后的两年多时间里，陈光通过股份制、股份合作制、无偿转让产权、破产等 7 种形式，将全市 272 家乡镇办以上国营或集体企业都出售给了个人，陈光因此得下一个绰号——"陈卖光"。

"陈卖光"的胆大妄为，理所当然地引起一些人的攻击。主掌经济工作的国务院副总理朱镕基派出以国家体改委副主任洪虎为组长的联合调查组赴诸城调查，最后得出的结论是：县属企业改革探索，阻力大，困难多，诸城市在这种情况下取得成绩，是难能可贵的，为"放活国有小企业"创造了经验。陈光后来于 1997 年调任山东菏泽地委副书记、常务副专员。那里又是一个国营企业的亏损重灾区，县属以上的工业企业亏损面达 90%。陈光仍旧是一派"善财童子"的做法，能卖的企业全数出售，没人肯买的企业，则"送给"优势企业。2002 年，菏泽市以国营企业数量锐减的代价把亏损面下降到了 12%。陈光因此得了一个新绰号"三光专员"——"陈光，陈卖光，陈送光"。

在企业史上，陈光被称为国企产权制度改革"第一官"。自 20 世纪 80 年代初开始的国有企业改革，仍是以改善政府部门和企业间的关系为主，从放权改革到承包制，各地政府和经营者尝试了无数种改革的模式和方法，但却始终没有触及最致命也是最敏感的产权制度变革，企业的产权关系依旧不明晰。用陈光的话说，"还是工人当家不做主，厂长有权不落实，企业盈亏不负责"。直到 1991 年前后，在百般施计无效、政府无力全数承担的情况下，地方的中小国营企业终于被相继放弃，而此时，民间的私人企业也具备了购并的能力和需求。陈光在诸城的做法在当时国内并非仅见，无非因为他的"卖光"做法实在太惊世骇俗，才引起那么多的关注。

在陈光把诸城搞得"天下大乱"之后的第二年，一个叫黄鸿年的印尼华人将来到中国，他以“印尼第二富豪”之子的身份从国营企业改制这个大锅里狠狠地撩走一大碗。

1991 年前后，全球乃至中国的新技术产业都处在一个突变的前夜。

当时，美国硅谷正浮游着一股不安的气息：在全美便携电脑市场，日本公司的产品占去了 43% 的市场份额，而便携机是计算机硬件行业中增长最快的部门。令硅谷感到绝望的是，日本已经控制了全世界 DRAM（动态随机存取存储器）的生产。2 月，麻省理工学院的查利斯 · 富格森教授做了一个很让美国人泄气的试验，他打开了一台康柏便携电脑，里面赫然显露出日本原产的显示器、动力管理系统及微缩技术。由这些硬件内部的空虚，富格森表达出对美国电脑公司战略性脆弱的极大忧虑。

也是在这年的 7 月，安德鲁 · S · 瑞普波特和 S · 哈利维在《哈佛商业评论》上发表了《不生产计算机的计算机公司》，瑞普波特和哈利维在一开始就断言，“这种竞争力的减弱是不确定的，但是这种恐惧却是不应该有的”。而随后他们做出的预言在 10 年后看来几乎就是事实本身：“到 2000 年，最成功的计算机公司将不再是那些生产计算机的公司，而是那些购买计算机的公司，这些领导者将会充分利用价格低、性能高的硬件来创造和提供新的应用。”

他们尖锐地指出，美国在生产份额上的减少，“对于众多顶级的计算机公司来说是个好消息——假如它们忘记过去，并对技术、生产和营销战略进行重新定位来迎接新的现实。美国计算机公司的战略目标不应该是制造计算机，而应该是在计算中创造永恒的价值”。

瑞普波特和哈利维所提出的观念，影响了美国 IT 产业的走向，他们所提出的三个新的投资点最终造就了三家最成功的美国电脑公司：软件开发——微软；系统整合——IBM；营销——戴尔。1991 年就是这样一个具有分水岭意义的年份，有远见者重新发现了世界。

也是在这一年的某个月份，美国德州仪器（TI）主动找到台塑的“台湾经营之神”王永庆，洽谈合作开发半导体事宜。当时的王永庆如日中天，他拒绝了德州仪器的项目提议，后者只好转而与宏碁合作，施振荣抓住了这次机遇，迅速组建德碁半导体公司。1995 年，在长子王文洋的极力说服下，王永庆才勉强同意创办南亚科技，生产半导体上游原料硅晶圆，后来南亚科技成为台塑的重要产业支柱，王文洋遗憾地说，台塑进入半导体晚了 6 年。这 6 年成就了下一代台湾商业精英：施振荣和宏碁、郭台铭和鸿海科技。

跟全球性的产业演变相呼应的是，那些率先在市场上成长起来的中国大陆公司也第一次面临了全球化竞争的压力。

在当时的计算机市场上，联想无疑是最耀眼的明星，它成了中国公司“走向世界”的典范。柳传志后来算账说：“1990 年前后，联想以 3.39 万元的价格向内地市场出售 386 型电脑，去掉进口商的折扣、关税和营销成本，还有 24% 的纯利润。”谁都算得出这个行业的暴利性，颇有远见的柳以“走向世界”为名，去香港办贸易公司，然后再甩掉合作方 AST 公司，推出自主的联想微机返销内陆市场，自然是赚到手软。

然而，到 1991 年春天，情形突然大变，国际计算机大公司集体降价，全球微机芯片价格一日三变，以进口组装为核心力的联想自然受到最大的冲击，公司仓库里的芯片存货价格竟跌去 70%。①

在此前不久的国内报纸上，记者们发现，“45 岁的柳传志看上去似乎显得很疲倦”。而到这时，他已经急如热汤中的青蛙，在短短三个月里，香港联想亏损 5 000 多万元，柳传志飞到香港亲自督战，他断然决定，不顾任何公众影响，把组装生产线从香港撤回深圳，将香港联想的 100 名工

① 联想集团副总裁李勤回忆说，当时，IT 业上游原材料价格和产品的市场价格一天一变，而联想的财务结账周期需要 15~30 天，而且数据还不准确。这就意味着这个月的经营状况与产品、物料的库存数量要到下个月才能知道，经营和决策只能凭借管理者的感觉来把握。李勤说：“我们是在‘瞎管’公司。”1998 年后，联想引进 ERP 管理系统，情况才得到根本改变。

人全部裁掉，同时，大规模缩减公司的行政和市场开支。另外，重拾代理业务，替跨国品牌在国内销售打印机、绘图仪和扫描仪等，多管齐下，总算到年底熬过难关。连月操劳的柳传志把联想带出了泥潭，却在身体上被击溃，某日正在说笑之间，他忽然头晕目眩，一头栽倒，醒来时已经躺在医院。医生宣布，他患上了严重的美尼尔症。

联想在这次黑色风暴中的表现，可以被看作是中国新型公司冲击全球市场的第一次挫败。此后将近10年的时间里，柳传志一再宣称“中国市场是最大的国际市场”，直到2005年，已非昔日可比的联想在争议声中收购了IBM的PC事业部。

如果说，柳传志所遭遇的黑色夏天，是一起发生在家门口的国际商战，那么，在更广泛的欧洲和美国市场上，针对中国商品的战争也已经拉开了序幕。正如《经济学人》在1979年就已经评论到的，价格低廉而制作略显粗劣的中国商品将展现出它强大的竞争能力，这个预言在1991年前后变成了事实。

1月21日，欧共体（1993年11月正式易名为欧盟）在历经两年的调查后，宣布对中国的小屏幕彩电征收临时的反倾销税。根据欧共体的数据，1985年，欧洲从中国进口小屏幕彩电5.5万台，到1988年就猛增到125万台，占去了16.9%的市场份额，为了与低廉的中国货竞争，欧共体各国厂家不得不削价30%，由此，欧共体委员会认定中国彩电倾销，需要征收15%~20%的反倾销税。这一消息的宣布，对于刚刚在规模化制造上尝到甜头的中国企业来说无疑是当头一棒。

在美国，华盛顿一直在争论是否应该延长中国的最惠国待遇。到这一年的7月，中国对美国的贸易顺差已经攀升至90亿美元，仅次于日本，成为第二大贸易顺差国。《商业周刊》披露说，美国海关组织了300名报关代理人、贸易专家正在进行一项涉及面空前广泛的调查，牵涉到了20多家与美国进行贸易的中国公司。纽约的美国检察办公室正在准备对这些中国公司提出多达100项的指控，包括贸易欺诈和洗钱。海关调查中心指控中国在货运物品的价值上欺骗了美国政府，一些中国公司还漏报了一些在美国市场的销售数据。涉案产品包括一些布料和成衣。《商业周刊》认为："有一点是确定的：那就是海关官方一直将枪口瞄准中国的纺织业，这是中国的第二大出口收入部门。"①

另一个值得记录的事实是，就在欧美对中国相继展开反倾销的同时—这是欧美第一次联手对中国开展大规模的反倾销，跨国公司在中国的倾销性行动则加快了步伐。以感光材料行业为例，美国柯达和日本富士公司在中国市场上采取了廉价倾销的策略，富士彩卷在日本国内市场售价为每卷600~800日元，在欧洲市场为每卷6~8美元，但出口到中国市场的到岸价为人民币7.15元，仅为日本国内售价的13%。在其低价策略的冲击下，中国本土的感光材料企业日渐萎缩，"四大国营胶卷企业"中的上海申光公司破产，公元、福达公司开工率不足5%，在20世纪90年代中期相继被柯达公司控股合资，行业最大企业河北乐凯胶片公司的市场占有率也逐年下降，一直在盈亏边缘徘徊。在其他行业如新兴建材、洗涤用品、食品饮料等，国内企业都因跨国公司的低价竞争而逐渐丧失了市场。

尽管越来越多的外国公司开始进入中国，用《纽约时报》的说法，"在北京开设办事处的计算机公司简直就是全球计算机产业的名录"，但是中国还是觉得它们的速度太慢，那些有远见的地方官员已经认识到，要推动本地区的经济成长，靠迟钝和体制僵硬的国营企业是不太可能的，靠刚刚成长起来的民营企业则规模太小，不解渴。于是，引进外资，尤其是跨国大公司的投资，是最快捷的一条道路。5月，天津市宣布开设"保税区"，

---

① 据杨仕辉的研究，从1979年到1989年，国外对中国的反倾销数为65起，最低为1979年、1980年、1981年和1987年的两起，最高是1988年的11起；从1990年到1998年，反倾销数为275起，最低为1990年和1995年的19起，最高为1994年的42起。

很多地方设立“经济开发区”，对外资企业实行“三免两减半”的优惠政策。在所有的区域中，珠江三角洲仍然是最耀眼的一颗明珠。

《商业周刊》用羡慕的笔触写道：

“年轻繁荣的深圳几乎可以与香港媲美。本地的商人们带着他们的移动电话和寻呼机来去匆匆。深圳的人口已经从1980年的5万发展到了今天的170万。成千上万的人从中国其他地区蜂拥而至，寻找优厚的工作机会。深圳的工业产值已经从1 100万美元飙升至38亿美元，其中80%是出口，而且仍在以每年40%的速度增长。麦当劳在这里开出了中国第一家分店，很多人在这里用港币而不是人民币购买巨无霸。

“在广东省省会广州，火车站的马路对面竖着巨大的广告牌，上面不是毛主席语录，而是海飞丝洗发水、真维斯牛仔和七喜饮料的广告。广州的自由大道上，塞满了巴士、出租车和摩托车。而商店里是可以随意购买的派克笔、索尼CD播放机和芭比娃娃。从去年开始，新上岗的雅芳小姐

▲移动电话进入中国人的生活

带着化妆品开始挨家挨户地推销产品——这是1949年之后，中国首次出现直销。

“每天傍晚收录机、万宝路香烟等从香港运到广东海岸。它们合法吗？也许不，然而根本没人在意。每个月，上百辆高档汽车被偷运抵广东。其中最受欢迎的是：梅塞德斯－奔驰、宝马和丰田。”

《商业周刊》的描述让人看到了正在恢复自信和商业活力的、忙乱而骚动的中国，正如记者在文章的最后所说的：“广东是一个范例，中国的其他地方也将慢慢改变。它不得不变，因为每个人都想过上高水平的生活。美国（或者随便什么人）可以加速，也可以减缓这个过程，但是，阻止不了。”过不了多久，那个在过去十多年里一直掌控着中国改革航标的老人也来到这里，他将再次让改革的篝火熊熊燃烧起来。

自从达成“罐头换飞机”的传奇贸易后，牟其中再没有认认真真地做过一笔生意。1999年1月7日，他坐着黑色奥迪车到公司上班途中，在门头沟附近一路段，一名交警上前拦车，此时，早已布控守候的北京、武汉两地警员快速跟上，将之抓获。整个过程前后不到三分钟，路人均无察觉。牟其中遭拘捕时似乎并不吃惊。警员在他身上搜出一封信件，信中他请熟人在自己出事后照顾自己的孩子。

在中国企业史上，牟其中是最奇特的一个种类。如果不是后来经商，他可能会是一个很不错的中学教员、业余政治评论家或有野心的县政府公务员。他对这个剧烈变动中的时代充满了冒险的激情。他的“空手道”在当时为人津津乐道，也很是启迪了一代渴望财富的人们。然而，他却耻于做具体的实业，对资本经营则无限痴迷。

自“罐头换飞机”一战成名后，牟其中就一直在全国各地飞来飞去，宣布了一个又一个的惊人项目。1992年，他提出由南德出资150万美元独家赞助举办“华人经济论坛”，每年在中国大陆举办两次，邀请全球各地华人企业家和华人经济学家参加；然后，他宣布在北京建立1 000亩的高科技开发区，准备进行高技术项目的开发生产，南德投资5 000万元在全国每个县建立一个高蛋白饲料工厂；1993年，他与重庆大学签署了联合办学协议，同时双方决定将重庆火锅快餐化，推向世界各国，在5年内做到销售收入1 000亿元，南德投入2亿元成立重庆麻辣火锅快餐公司，将从1 000亿元收入中拿出15亿元建立重庆大学教育基金。此外，牟其中宣布收购重庆当地的一家柴油汽车修配厂。同年春天，牟其中宣布投资100亿元独家开发满洲里，建设“北方香港”，11月，他又与张家界市签署了一项协议，计划投资10亿元进行区域开发。

1994年，牟其中被《福布斯》列入全球富豪榜后，名声盛极一时，成为当时最显赫和让人敬畏的企业家，那股挥斥方遒的牟氏气魄似乎也越来越大。他提出建一个118层高的大厦，地点考虑在北京或上海，下边的广场就叫邓小平广场，投资100亿元。他还走马考察陕西，情绪激动地表示，准备在陕北投资50亿元；3月，南德宣布要搞三大项目，分别是中华巨塑、世界华商大会和南德别墅，此外他还在一次情绪激昂的记者会上宣布将出资31亿美元给中国海军买一艘航空母舰；1995年，牟其中在一次演讲中提出要办一所“南德儒商大学”，投资5亿元；1996年，他宣布对辽宁的三家国有企业进行2亿元的投资改造，3月，他提出将喜马拉雅山炸开一个口子，将干旱的中国西北地区变成降雨区，继而他又提出采用定向爆破的办法，在横断山脉中筑起一座拦截大坝，可以为黄河引入2 017亿立方米的水量，投资额为570亿元；同年9月，他对外公布投资总造价为1亿美元的“国际卫星–8号”……

这一个个庞大的投资计划，一次次像炸弹一样在全国媒体上爆炸，一次次地把牟其中聚焦在耀眼的镁光灯下，使他和南德公司光芒夺目。牟其中是一个天才的演说家，他先后提出“99加1度”“平稳分蘖”等让人耳目一新的观点，在当时的企业家群体中颇有思想家和战略家的气派。作为一个公司经营者，他在数据上向来有信口开河的习惯，南德公司的资产和盈利像橡皮筋一样难以测量。一次，一位叫顾捷的公司顾问问他，你的钱在哪里？你怎么赚来的？你缴多少税？牟回答说：“谁来查我？怎么查我？”

牟其中是最早看到国营企业解体及体制转型将带来巨大商业契机的人，他早年倒卖座钟及“罐头换飞机”都与此有关。1992年之后，在中央决定对中小国营企业进行第一次产权改造的时候，他敏感地认识到这将是一场百年一遇的资本大盛筵，对陷入困境的国营企业的重组与倒卖是下一轮财富累积的主要手段。他提出的“99加1度”理论，就是“充分挖掘计划经济中的闲置资源，实现市场经济的超额利润”。在他看来，国营企业和政府资源就是那“99度”，南德和他牟其中就是让水沸腾的“最后的一度”。在南德集团的大厅里，他赫然立起一条金字标语“为搞活国有大中型企业服务，振兴社会主义经济”，并以此为南德经营战略的目标。一位经济学家走访南德，见此标语后莞尔一笑道，它实在应立在国家某部委的大厅里。牟其中还提出了一个搞活3 000家国有大中型企业的“765工程”，即为每家国有企业注入7.65万美元的启动资金，以达到迅速完成企业体制转型、资产转活的目标。他还具体地谈到执行的时间表：“第一年搞它300家，计划引资18亿美元，四年完成整个中国的工业化。”

后来者读到这些文字，大概都会把这个四川万县人当成是妄想症患者。然而，在20世纪90年代中期，它却一再地被刊登在国内所有的严肃报纸上，牟其中确乎是真正看到了国营企业被全面改造的命运轨迹，无非他表达的方式实在太过夸张和炫目。从本质上来讲，牟是一个企图在政治资源与经济领域的灰色地带攫取利益的寻租者，他确实也与当时一些很有政府背景的国有金融机构，如中国农业信托投资公司等有密切的往来，他所有的项目其实都是为了从各地的金融机构融到资金，以空手套白狼的方式在企业转型中获取利益，在其后的十多年里，无数“商业天才”用这样的方式一夜暴富。牟其中的错误在于，在这种“见不得阳光”的寻租过程中，他又渴望表达自己的思想和理论，同时还显示出一副十分醒目的异端姿态。他连续不断的、让人瞠目结舌的、恶作剧式的承诺最终让他在政界、经济界、传媒界和社会公众层面多重失信。

牟其中的身败名裂发生在1997年。9月，一本非法出版的杂志增刊突然从地下冒了出来，其书名骇人听闻——《大陆首骗牟其中》，据称是由“三个曾经投奔南德的高级打工仔冒着被追杀的生命危险”写作而成的，它把牟其中描述成一位“上骗中央、下骗地方”的中国第一大骗子。在书的封面上，它以牟其中前任律师的话高呼：牟其中不亡，天理不容。这本非法出版物以迅雷不及掩耳之势铺遍了全国大小书摊，牟其中百口难辩，原本就建在沙土上的南德集团因此分崩瓦解。在这期间，经济检察部门也开始秘密调查牟其中，发现他在中国银行湖北省分行有骗开信用证的行为，涉嫌诈骗金额7 507万美元。2000年5月30日，在被拘捕一年多后，武汉中级人民法院以“信用证诈骗”判处59岁的牟其中无期徒刑。

牟其中是这部中国企业史中最耐人寻味的人物之一。《第一财经日报》总编辑秦朔描述过采访他的感受：“有一年，我去访问牟其中，当时关于他的江湖传闻很多，如生活腐化、睨世傲物等。可是见到了却是一个略显疲态、喜欢自言自语、梳着一款毛式大背头、有着一副仓库管理员体格的中年人，他请我到南德公司街对面的小店吃廉价的火锅，涮羊肉的时候满桌数他声音最响。牟其中不停地说他的理想，说自己坎坷的经历，坐牢，流浪，孤独，不被理解，他说自己听到国歌就会流泪。讲到这里，我分明看到他眼中似乎闪出湿润。在某一瞬间，我竟有点着迷。几年过去了，每当我回想到那次经历的时候，仍会有一种莫名的怅然。”

1992 春天的故事

1992年，又是一个春天。
有一位老人在中国的南海边写下诗篇，
天地间荡起滚滚春潮，征途上扬起浩浩风帆……
——蒋开儒：《春天的故事》，1992年

从年初开始，人们就在揣测87岁的邓小平在南方到底讲了一些什么话。从1月18日到2月21日，邓小平视察武昌、深圳、珠海、上海等地，其间他断断续续地讲了不少话。他的此次南下显得非常神秘，连惯例应当随行的新华社记者也没有带上，媒体没有做任何相关的报道。当时负责接待工作、后担任广州市政协主席的陈开枝那时正在南海度假，他回忆说，广东省委书记谢非突然打来电话，说了一句只有他们才听得懂的话："我们盼望已久的老人家要来了，请你马上回来。"陈开枝对南海的官员说："有很急的事情要回去，也许很快可以告诉你们，也许永远不能告诉你们。"

邓小平在视察期间的讲话后来都被整理成文——“基本路线要管一百年，动摇不得。”“判断各方面工作的是非标准，应该主要看是否有利于发展社会主义社会的生产力，是否有利于增强社会主义国家的综合国力，是否有利于提高人民的生活水平。”“社会主义的本质，是解放生产力，发展生产力，消灭剥削，消除两极分化，最终达到共同富裕。”“计划多一点还是市场多一点，不是社会主义与资本主义的本质区别。”“改革开放胆子要大一些，抓住时机，发展自己，关键是发展经济。发展才是硬道理。”“中国要警惕右，但主要是防止‘左’。”“要坚持两手抓，两手都要硬。两个文明建设都搞上去，这才是有中国特色的社会主义。”

这些讲话的核心其实便是，对无所不在的意识形态争论给予了断然的“终结”，他似乎已经没有耐心继续在“理论”的层面上对那些纠缠不清的问题进行讨论了。事实上，早在1月1日《人民日报》发表的《元旦献词》中，中共中央总书记江泽民已经把主要阐述集中于经济方面，涉及意识形态的话题只轻轻掠过。邓小平在南方的讲话则把这一思想推到了极致。根据凌志军的记录：“邓小平的这些讲话先由小道上传来，但官方不予证实，国内人们到处打探消息，境外报界纷纷扬扬，北京的新闻界则遵守新闻的纪律不让此事见报，静待上级指示。”

▲邓小平到达深圳

3月26日，一篇1.1万字的长篇通讯《东方风来满眼春——邓小平同志在深圳纪实》在《深圳特区报》刊发，第二天，全国各报均在头版头条转发。以往，此类重大报道均由《人民日报》或新华社统一首发，这篇通讯的非同寻常实在耐人寻味。而通讯的发表之日，正值北京召开两会期间，它所诱发的轰动和新闻效应可以想见，一时间，解放思想、加快改革步伐，成为舆论之共声。

在中国的改革史上，“邓小平南方视察”是一个重大事件。在有些时候，它甚至被认为是一个历史性的转折点。从1978年改革开放以来，中国的发展主轴已经向经济成长转移，然而围绕经济领域中出现的种种新现象，仍然有不少人以意识形态的标尺去丈量和批评。每当宏观经济出现波动的时候，便立刻会有批评和指责的思潮出现。这已经成为阻碍中国经济持续增长的最大的思想屏障。从上一年开始，《解放日报》发表皇甫平系列社论，对一些思想进行系统化的批评，当时引起某些人士的猛烈反扑，然而，加快改革与开放，毕竟已成为全民的共识，此次邓小平的南方谈话，是对僵硬思潮的致命一击。从此之后，在公开的舆论中，姓“资”姓“社”之类的讨论日渐平息。

邓小平的南方谈话很快成为中央的决策主轴。6月9日，江泽民在中央党校向省部级学员发表讲话时，提出了“社会主义市场经济”①这个概念，他的论述将之前围绕着商品经济与计划经济而展开的种种争论给予了澄清。10月，中国共产党第十四次代表大会召开，大会报告明确提出了建立社会主义市场经济体制的目标，同时将有中国特色社会主义理论和党的基本路线写入党章。邓小平出现在大会的闭幕式上，这是他最后一次出现在党的代表大会上。

历史在此刻完成了一个周期。1978年12月，在邓小平的主持下，中共十一届三中全会提出“把全党工作重点转移到社会主义现代化建设上来”。15年后，又是在他的一力主导下，十四大确立了市场经济体制的目

① “市场经济”这个概念则是邓小平在1985年10月23日第一次提出的。

标。[1] 之后的中国经济进入一个加速发展的阶段，各项投资明显加大，在主要的经济指标上竟与宏观过热的 1988 年有得一比，国民生产总值增长 12%，工业增长 20%，全社会固定资产投资增长 36%，1988 年的这三个指标分别是 11.2%、17.7% 和 25.2%。[2]

1992 年的春天，给喜好“大历史阐述”的中国人留下了太深的印象，以致在后来的很多记忆中，这一年整个儿都是春天。

邓小平异乎寻常的南方视察旋风，不但在政治上造成了空前的震动，同样在经济上形成了强烈的号召力。那些谙熟中国国情的人，都从中嗅出了巨大的商机，很显然，一个超速发展的机遇已经出现了。这时候，需要的就是行动、行动、再行动。在江苏的华西村，每天准时收看新闻联播的吴仁宝一看到邓小平南方视察的新闻，当晚就把村里的干部召集起来，会议开到凌晨两点，他下令动员一切资金，囤积原材料。为此，他整日奔波，一方面四处高息借贷，另一方面到处要指标、跑铝锭。他的大儿子吴协东后来透露，“村里当时购进的铝锭每吨 6 000 多元，三个月后就涨到了每吨 1.8 万多元”。

吴仁宝显然不是唯一一个行动起来的人。南方视察之后，全国立即出现了一股前所未有的办公司热。从 2 月开始，北京市的新增公司以每个月 2 000 家的速度递增，比过去增长了 2~3 倍。到 8 月 22 日，全市库存的公

---

① 词作家蒋开儒创作于 1992 年底的《春天的故事》风靡一时，他用诗化语言描述了邓小平前后 15 年的两次决策：“1979 年 / 那是一个春天 / 有一位老人在中国的南海边画了一个圈 / 神话般地崛起座座城 / 奇迹般地聚起座座金山……1992 年 / 又是一个春天 / 有一位老人在中国的南海边写下诗篇 / 天地间荡起滚滚春潮 / 征途上扬起浩浩风帆……”

② 到年底，在 1988 年频繁出现过的一些字眼也再度浮现：生产资料价格急剧上升，交通运输全面紧张，结构矛盾更加突出，经济出现超速增长的危机。大中城市的通货膨胀率已超过了 10%。

司执照已全数发光，市工商局不得不紧急从天津调运一万个执照以解燃眉之急。在中关村，1991年的科技企业数目是2 600家，到1992年年底冲到了5 180家。四川、浙江、江苏等省的新增公司均比去年倍增，在深圳，当时中国最高的国际贸易中心大厦里挤进了300家公司，“一层25个房间，最多的拥挤着20多家公司，有的一张写字台就是一家公司”。

3月9日，珠海市宣布重奖科技人员。珠海生化制药厂厂长、高级工程师迟斌元从市长梁广大手中接过价值29万元的奥迪轿车钥匙、三房一厅的产权证书和26.718 4万元的奖金，上百家海内外媒体拍下了他热泪盈眶的情景。珠海重奖新闻很快诱发连锁效应，辽宁锦州市政府拿出76.7万元奖励5个科技人员，四川用80万元奖励一位农学家和他的助理们，山东、安徽和江苏等省纷纷用现金、轿车、住房或家电等奖励当地的科学家。几年前还偷偷摸摸的“星期六工程师”现在被允许公开承包项目，江西省规定，科技人员搞技术承包，可与所在企业分成，承包者所得不低于50%。

除了科技人员，那些有商业创意的人也成为了新的明星。7月29日，《中国青年报》在头版头条别出心裁地刊出一条独家新闻：《何阳卖主意，赚钱40万》，消息称：“思想、策划、主意也能卖钱。北京一位名叫何阳的发明家光靠给企业出谋划策，赚了40万元。他创办的和洋民用新技术研究所，目前已获中国专利20多项，技术转让总收入100多万元。”

何阳大学毕业后被分配到北京一家化工厂，1988年，32岁的他辞职下海，成了一个“知识个体户”。他想去《北京晚报》登招聘人的广告，报社让他先去人才交流中心开证明，中心的答复是个体户不能登招聘广告，他情急之下就满大街去贴广告，结果下午果然来了4个人，定睛一看，是四个市容检查队的，让他一张招贴罚款一元钱。就这样，何阳的“研究所”几年下来只有他一个职员，而他却靠给企业出点子闯了一条路出来。一家塑料厂的一次性塑料杯大量积压，何阳出点子说，把京广铁路沿线站名印在茶杯上，再印个小地图，在铁路沿线的火车上卖。塑料厂一试，果然大灵。一家灯具工厂的台灯卖不出去，何阳想起海湾战争中大显神威的爱国者导弹，便建议工厂设计一种爱国者导弹形台灯，样品拿到香港的博览会上居然脱销，何阳收到6万元酬金。浙江的金华火腿已有800年历史，但近年销路不畅，何阳出点子说，为何不把火腿开发成罐头食品呢？就这一句话，何阳收到10万元的点子费。

在任何时代，像何阳这样的聪明人都是一个“宝”，而在20世纪90年代初期的中国，产品积压和缺乏创意是所有大小公司共同的困扰，何阳似乎总是能够一语点破天机，通过一些聪明的主意让滞销商品顿时变活。在《中国青年报》的报道之后，何阳迅速成为全国知名的新闻人物，他被誉为“点子大王”，各地找上门来求教的企业络绎不绝，他四处演讲，成为最受欢迎的“商业智多星”，他的演讲会常常成为现场的咨询大会，台下的人报出一个滞销商品，何阳一眨眼就能说出一条“救活的点子”。一年后，他顺势出版了一本名为《何阳的点子》① 的小书，发行量超过50万册，其中例举了数十个新奇的产品创意，包括“刻着星期的筷子”“避孕泡泡糖”“魔术酒瓶”等。“何阳热”直接催生了一个“咨询策划产业”，在他的身后出现了很多类似的聪明文化人，他们以善于策划和出点子闻名，成为中国商业界一群活跃的身影。

何阳的出名，让每一个对商业没有恶感的人都感受到了“知识就是金钱”，在一定程度上激励了青年人投身到商业活动中去。②

---

① 何阳著，《何阳的点子》，北京：北京大学出版社，1993年版。

② 出名后的何阳，继续靠出卖点子赚钱。为了证明自己的确智力出众，他告诉记者说：“我成人后经北京权威医院的机构测定，智商仅差了两分就获得满分，为超超常。”他当过北京创造学会的副秘书长，被聘为联合国工业发展组织的中国专家，还担任北大博士生、中国人民大学MBA的授课辅导工作，任十余所高校的兼职教授，1997年，何阳被评为“中国十大策划人”。1999年11月，银川市公安局接到宁夏酸妞野生饮品公司总经理夏虹钢的报案，称何阳以帮其公司产品制作广告并在中央电视台播出为名，诈取人民币100万元。一个月后，何阳在西安被捕。2001年3月，银川法院判处何阳有期徒刑12年，处罚金5万元。何阳在狱中读书、写字，他对来访者说：“我不再憎恨任何人。”

同样是受南方谈话的影响，在政府的中低层官员中出现了一个下海经商热，后来他们管自己叫“92 派”。香港《亚洲周刊》引用辽宁省委组织部的数据说，该省在 1992 年前后有 3.5 万名官员辞职下海，另有 700 名官员“停薪留职”去创办企业。据《中华工商时报》的统计，当年度全国至少有 10 万党政干部下海经商。

陈东升是“92 派”这个名词的发明者。1992 年，他在国务院发展研究中心做宏观经济研究，同时还担任了一本管理类杂志《管理世界》的常务副总编。有很长一段时间，他一直在兴致勃勃地策划一个评价体系，想仿照美国《财富》杂志的模型，搞一个中国 500 家大企业的排行榜。就在这时，国家体改委出台了《股份公司暂行条例》《有限责任公司暂行条例》，陈东升认为这两个条例“是中国企业发生真正变革的转折点”。他后来说：“当时想创立企业，可是不知道资本从哪儿来，有了这两个文件后，就可以去募集资金，可以去依据一种商业模式寻找投资人来投资。”5 月，陈东升辞职下海了，选择当时在国内一片空白的拍卖业，成立了嘉德拍卖公司，“那个时候就是满腔热血，当时都没有拍卖的概念，除了在电视上看过，什么都不懂。今天请教这个，明天请教那个，还去香港把拍卖过程录下来，回来大家一起看”。很有学术素养的陈东升相信“创新就是率先模仿”，“要做拍卖，就得像索斯比（全球最大的拍卖公司），对一流企业就要跟踪它、学习它、追随它”，到了 1996 年，嘉德已经成长为国内首屈一指的大型拍卖公司。就在这一年，陈东升又募资创办了泰康人寿保险公司。

毛振华是陈东升在武汉大学经济系读书时的同班同学，他在中南海的国务院政策研究室上班，到了周末经常晃晃悠悠地骑着自行车到崇文门陈东升的家瞎聊，夜深了便抵足而眠。就在陈东升办嘉德的半年后，他下海创办了中国第一家评估公司——中国诚信证券评估有限公司，他的目标是要做中国的标准普尔和穆迪。

在物资部对外合作司工作的田源是陈和毛高三届的校友，他在 12 月创办了中国第一家期货经纪公司——中国国际期货经纪公司。此前，田源是政府系统中对期货最有研究的专家，他在两年前受国务院发展研究中心选派，到美国科罗拉多大学和芝加哥期货交易所进行访问研究，他还是中国期货市场工作小组组长，正是在他的主导下，设计出了第一套期货管理条例，而就在这个条例颁布之后，田源创办了自己的公司。期货是一个高风险行业，成败往往转瞬达成，为了提醒自己和员工们注意控制风险，田源在公司的门口设计了一块“风险台地”，由凹凸不平的石头铺成，每日进出都磕磕绊绊的。

跟上述三人相比，国家体改委干部郭凡生的下海经历则要曲折得多。极善言谈、近乎于“侃爷”水准的郭凡生少年得志，1982 年他从中国人民大学工业经济系毕业后，自愿回家乡内蒙古工作，自治区党委政策研究室专门成立了一个战略组，由郭凡生等 8 个大学毕业生组成，他们对内蒙古的发展提出了一系列让人耳目一新的战略研究报告，发行量超过 100 万册的《中国青年》杂志专门发表了《20 多岁的“战略家”们》，对他们褒赏不已。郭凡生后来调进国家体改委，1990 年，对宦途升迁意兴阑珊的他已经身在曹营心在汉，去一家科技贸易公司当兼职副总经理。南方谈话后，郭凡生决意脱下“官服”下海创业。在北京官场，他几无任何人脉和资源可以利用，于是只好白手起家。善于观察的他发现，在喧闹嘈杂的中关村，每天都在进行着各种电脑用品的交易，但没有人对这些信息进行整理。于是，他办起了一家慧聪公关信息咨询公司，其主要业务就是每周油印一本《慧聪商情广告》的小册子，每天，郭凡生就带领 20 多人骑自行车穿梭在中关村的各家商户之间。慧聪的业务竟非常好，几年后，他成为中关村最大的商情信息提供商。“战略家”出身的郭凡生在管理企业时，仍然不改制度创新的本色，他制定了一些很古怪的规定，比如新员工入职都要去爬十三陵水库的一座山，不能在规定时间爬上去就坚决辞退。他还设计出一套“全员劳动股份制”的制度，规定“任何人的分红不得超过总额的 10%，股东分红不超过总额的 30%，每年分红的 70% 给不持股的职工”。这个制度一直执行到1999年。在互联网兴起的2000年前后，慧聪转型成一家电子商务公司，后来发展成仅次于阿里巴巴的第二大B2B公司。

5月，郭凡生的同事、中央党校法学硕士、在国家体改委任过职的冯仑决定到海南去碰碰运气。他一年多前就辞职下海了，此前曾经给南德的牟其中当过一段时间的幕僚，每月领250元的顾问费。今年，他通过关系，用数万元“换”来了一家信托公司500万元的投资，然后打着“万通实业股份有限公司”的招牌兴冲冲地南下到了海南。

此时的海南，用冯仑的话说，“已经热得一塌糊涂了”。由于受特区开发政策的影响，海南一直颇受投资商的关注，据称从1990年开始，每年都有10万大学青年渡海淘金，到了南方视察之后，热浪终于席卷全岛，而首先遭到爆炒的就是房地产。在1991年6月之前，海口的公寓房售价是每平方米1 200元左右，而到1992年6月，售价已上涨到每平方米3 500元。炒卖地皮成为最快的暴富手段，冯仑回忆说，一些从北京南下的人，靠政府背景拿到一块地，仅凭一纸批文就可以获利上千万元，看得让人心惊胆战。很多楼盘一拿到报建批文就登广告，连地基还没有开始打，价格已经驴打滚一样地翻了几倍，海南重现当年倒车时的疯狂景象。据经济观察家阎卡林的统计，海南省这一年共出让2 884公顷的土地，而实际在建和竣工的竟不到20%，大量土地闲置，被用来囤积炒卖。

冯仑在海南碰到了5个志同道合者——王功权、潘石屹、易小迪、王启富和刘军，这伙人合称“万通六兄弟”，后来均成了中国商业界的风云人物。他们都是从政府部门辞职出来的，受过良好的高等教育，在汹涌迷乱的海南，他们倒卖批文、炒作土地，很快掘到了第一桶金，“那个时候很好玩，很快活，像是大姑娘初婚，很幸福，幸福又糊涂”。冯仑后来说，“几乎是游侠般的生活，江湖日子。江湖和游侠在中国实际上就是脱离体制边缘的一种自由状态。都是生人，谁也不欠谁，不管你过去是怎么样的，海南不相信眼泪，不承认过去，大家都这样，然后该求人的就求人，没钱了就去蒙，这吃一口，那吃一口，人都没有身份感了”。有意思的是，就是这样的过程中，他们清醒地看到，“海南的好景长不了”。一年后，6人就撤离海南，冯仑和潘石屹再回北京，后者离开万通创办了红石房地产公司，他从开发SOHO现代城开始，成为中国地产业的标志人物。

财经作家、《中国企业家》主编牛文文评论“92派”说，他们是中国现代企业制度的试水者，和之前的中国企业家相比，他们应该是中国最早具有清晰、明确的股东意识的企业家的代表，这些人往往在政府部门待过，有深厚的政府关系，同时又有一定的知识基础，具有前瞻性的预测能力，创立一个行业并成为行业的领头羊。这些从体制里出来的人，对“中国”“国际”等字头仍有相当的好感，这或许能契合他们未了的一种情怀。在他们看来，带中国字头的企业是“局级单位”，可以在全国范围内开展经营，而且天然地就好像是中国第一。

4月，一个身材高大、脸庞饱满的44岁印尼华裔商人来到了中国。他可能是最早从南方谈话中读出商机的外籍企业家。这个名叫黄鸿年的中年人有一个显赫的家族，他是印尼第二大财团、金光集团董事长黄奕聪的次子，黄家当年靠贩卖椰干和食用油起家，成就10亿美元的家产。印尼华商的崛起，大多与政府主政者有丝缕关系，所以也特别注重维系与官方的互动。或许正因为如此，20世纪60年代初，黄奕聪把他的第二个儿子黄鸿年送到了高干子弟云集的北京26中就读中学，黄鸿年参加过红卫兵，还短暂地到山西农村下乡插队。30年后，当他转战中国的时候，那些已经当上了领导职务的学兄学弟们自然为他提供了大量的方便。

在离开北京后，黄鸿年一直没有介入金光的家族业务，而是独辟蹊径，在新加坡和香港等地的股市从事资本活动，他嗅觉灵敏，多次狙击获利，竟有“金手指”的雅号。为了实施他的进军中国策略，黄鸿年收购了香港股市一家名叫红宝石的日资亏损公司，将之易名为中策，自称“配合中国改革开放策略”之意。中策除了黄鸿年以30.5%控股之外，李嘉诚的和黄公司、金光集团及美国摩根士丹利等大证券商也是重要股东，此外，他还与日本的伊藤忠财团等有很密切的关系，其资本背景十分复杂。很显然，那些隐身在背后的资本大鳄们都想靠黄鸿年的突击，获取利益。

黄鸿年试水的第一家企业是在他当年插过队的山西省。黄回忆说：“我去山西，有一天吃完晚饭的时候，当时的省委书记王茂林同志问我，‘明天有事吗？’他要去考察一个他蹲点的工厂，当时叫作太原橡胶厂，我可以跟他一起去。看了工厂以后，当时的厂长谢功庆做了一个汇报。这个企业的设备、厂房都是典型的老国营企业，王书记问我有没有兴趣合资，我当场就答应了。从我们讨论合资到签约，到新公司开业，到我们资金到位，前后也就一个多月的时间。”

在山西得手后，黄鸿年转赴杭州，在市长王永明的一力促成下，黄收购了两家效益很好的企业——西湖啤酒厂和杭州橡胶厂，同时还“搭购”了一家亏损的电缆厂。黄自嘲说，在中国计划经济体制下，80%的农民决定了小农经济，小农经济决定了意识形态，讲究配套，配了一个亏损的电缆厂，我也莫名其妙地答应了。

黄鸿年在杭州的购并引起了媒体的关注，“中策现象”由此而生。南方谈话后，发展意识复苏，举国期盼开放而不得其法，黄鸿年高举“为改造国企服务”的大旗，自然一呼百应。通过前两年的改革，各地对于通过引进外资来改造国营企业已渐成共识，黄鸿年凌空而降，自然让各地官员大喜过望，国内媒体也对黄的到来寄予厚望，以为靠黄鸿年的资本和机制双注入，将可能是改造积重难返的国营企业的一剂良药。

杭州之后，黄鸿年来到祖籍所在地福建泉州。黄说：“市委书记和市长跟我谈了很久，希望我能在泉州搞个项目，我就问市长，你们泉州市总共有多少个厂？市长说总共有41个企业，我说一起合了行不行？市委书记当场给省里的陈光毅书记和贾庆林省长打电话，这个事情就这么定下来了。两天两夜内，我们喝了一两瓶茅台酒，把这个项目签了意向书。很快，在7月1日党的生日前夕，我们在香港签下正式合约，向党的71岁生日献礼。”

从以上三地情节来看，中策购并基本上都是“市长工程”，黄鸿年的做法如出一辙：与政府一把手直接沟通，借南方视察东风，用好政治牌，高举高打，以气造势。泉州之后，“中策现象”已经非常轰动，黄鸿年趁热打铁又在大连一揽子收购了101家国营企业。从1992年4月到1993年6月间，中策集团斥资4.52亿美元购入了196家国营企业，随后又陆续收购了100多家，后虽因中国政府的干预中止了部分合同，但中策仍在短短的时间内组建了庞大的企业帝国。

马不停蹄的黄鸿年像割稻子一样地四处收购企业，看上去跟几年前的马胜利非常相似，但是，其实质却有很多的差异：马的收购对象大多为陷入困境的中小企业，而黄专选资本质量好、有赢利前景的国家骨干企业；马收进企业后，没有将之改造的能力，而黄从一开始就做好了打包出售的计划。

在收购之初，黄鸿年把重点放在了橡胶轮胎和啤酒两大行业。他将太原和杭州的两家橡胶厂纳入在百慕大群岛注册的“中国轮胎控股公司”名下，而后增发新股并在纽约证券交易所上市。然后，他又用募资所得的一亿美元先后收购了重庆、大连、银川等地的三个轮胎橡胶厂，中策所得的5家工厂中有3家是我国轮胎行业的定点生产厂。在啤酒行业中，中策收购了北京、杭州以及烟台等地多家啤酒厂，组建了在百慕大注册的“中国啤酒控股公司”，在加拿大多伦多招股上市成功。数年后，黄鸿年又将手中所持股份整体出售给日本伊藤忠，伊藤忠再售予朝日啤酒。黄鸿年还策划进入医药行业，后因国家有关部门干涉，未能成功。

中策一揽子收购某地全部国营企业的做法，则显得十分大胆和图谋深远。在泉州一案中，中策与泉州国有资产投资经营公司合资成立泉州中侨集团股份有限公司，中方以全部41家国有企业的厂房设备等固定资产作价投入，占股 40%，中策出资 2.4 亿元占股 60%。中侨公司拥有大量土地储备，其后续的地产经营前景十分可观。

就当黄鸿年在各地大肆收购的同时，尾随其后的是由理论界和传媒界人士组成的庞大的“啦啦队”。他的出现让改革派理论家们似乎看到了让国营企业摆脱旧体制的曙光，于是，对之的称颂便有点“上纲上线”，有些竟带有幻想的玫瑰色。很多经济学家认为，“中策现象是国营企业重组的有效模式”，“是中国经济体制改革深化的时代产物”，黄鸿年的购并终于让国营企业实现了多年未有突破的产权多元化，这将使得国营企业改革彻底地走出笼子里改革的老路子。中国社会科学院副院长、经济学家刘国光更评论说，可以利用中策熟悉国外企业上市的原则和渠道把一些国营企业经过重整后，转换成为具国际性的企业，陆续在国外上市，更多地吸引国外资金来投入国内企业发展。

这些热烈的言论给予了中策现象以无比崇高的改革定位，使之收购行为“超越”了商业利益的自身逻辑。在众多媒体的簇拥下，黄鸿年和中策意外地成了中国企业改革新的风向标。黄鸿年后来回忆说，中策进中国，一开始是来试水的，没有想到会受到如此大的欢迎，其收购成本又能如此优惠和低廉，其后便一起热昏了头，很多项目是糊里糊涂地定下来的，泉州和大连的两起“一揽子计划”更是在热浪中匆忙实施的“不可能任务”。

黄鸿年在 1992 年的热走，彻底炒热了“资本经营”这个名词，后来不少经营者在谈及中策时，均印象深刻，认为其启迪“超过 100 本教科书”。外来的中策现象，加上国内的牟其中“罐头换飞机”，让人们生动地看到了资源流通所带来的神奇效益。

黄鸿年的新闻出现在各大报刊的财经版头条，自然让各地的国企厂长们暗慕不已，他好像是一个“天使”：背着钱袋从天而降，用一堆真金白银换走一张股权证，然后人不换，事不管，却可以让企业从此摆脱“婆婆”们的束缚，换来一个全新的“老板机制”。泉州的 41 家企业被收购后，泉州轻工局、商业局便被撤销了，厂长们只需对黄鸿年一人负责。中策提供的模式似乎可以绕开所有发生在国企改革中的难题。

中策的突然成功自然引发了其他国际公司的效仿。就在他收购了杭州啤酒厂之后，与他背景十分相似的泰国华裔首富正大家族的四公子谢国民则来到了杭州青春宝药业公司。[①] 这家公司的总经理赫赫有名，是清末红顶商人胡雪岩创办的胡庆余堂的关门弟子冯根生，他于1972年白手创办这家企业，研制开发出畅销一时的保健药品青春宝，1988年，全国第一届优秀企业家评选，冯根生是浙江企业家中入选的第一人。青春宝当时是华东地区最赚钱，也是品牌度最高的药厂，冯善于经营，性情刚直敢言，某年，正当他为了市场销售忙得不可开交的时候，上级主管部门通知他去参加一场经营管理考试，他愤而罢考，闹了一出不大不小的风波。到1992年，冯根生已经59岁，按照惯例他将在一年后退休。便在这时，在他的极力主导下，正大集团于第二年以净资产核算的低廉价格获得了青春宝的控股权。谢国民对冯根生做出承诺，他可以做到不再想做的那一天。一直到2007年前后，冯根生一直是正大青春宝的总裁。他也因此成为近30年来最“长寿”的企业家。

青春宝被正大控股，引发了一场“靓女该不该先嫁”的争论。在之前人们的观念中，拿出来与国外合资的都应该是一些濒临倒闭、实在经营不下去的“丑女”，像青春宝这种赢利能力很强的“靓女”与外商合资，很有国有资产流失的嫌疑。日后来看，这个争论基本上是一个“伪命题”，因为那些国际资本并非慈善组织，如果没有升值的潜质，则根本不具备被收购的可能。冯根生在评说青春宝合资一事时，自称是“被迫披洋衣，欣

---

① 正大集团创办人为广东潮州人谢易初，以菜籽生意起家，为亚洲最大的饲料集团之一。正大在1979年就进入中国，它在深圳、珠海和汕头创办的公司都领到了该市“001”号中外合资企业营业执照，1989年，正大以赞助中央电视台的《正大综艺》节目而广为人知。谢易初生四子，以“正大中国”为序，谢国民接掌正大，2004年以17亿美元列《新财富》华商富人榜第32位，为泰国首富。

然换机制”，言下之意，是通过出售控股权的方式摆脱原有的体制。而客观上，他也因“披上洋衣”而得以继续掌控这家由他创办，却在资产上跟他没有关系的企业。

如果说，突然间冒出来的黄鸿年提供了一种搞活国营企业的“另类办法”，那么，除此之外，确乎是看不到有什么新的奇特招数。国务院颁布的各项通知，仍然是“继续转换企业经营机制”，“继续限产压库”，“继续抓好品种质量效益”，“继续清理三角债”。在这期间，还发生了一起半途中止的“破三铁”改革运动。

由于效益不彰，搞活无策，庞大的冗员越来越成为国营企业不堪其重的负担，一些调查显示，在绝大多数国营企业中，在岗而没有工作可做的工人占到了一半以上的比例。从2月开始，因讨论国营企业“生死”而声名大噪的《经济日报》刊发一组《破三铁，看徐州》的稿件，继去年报道“四川企业安乐死”之后又掀起了一股“破三铁”的热潮，这一改革措施得到了中央的首肯，并迅速在国营企业中广泛实施。

“三铁”，分别为“铁饭碗”、“铁交椅”和“铁工资”，实指国营企业的劳动用工、人事和分配制度，它们被认为是国营企业的传统优越性所在，也是其内部机制僵化累赘的症结。所谓“破三铁”，就意味着企业可以辞退工人，工作岗位将不再“世袭”，企业管理人员（之前称为“干部”）不再终身制，员工的工作也不再是铁板一块，而将根据效益和绩效浮动。根据报道，江苏省徐州市在过去的一年多，针对“企业办不好，厂长照样当；工厂亏损了，职工钱照拿；生产任务少，谁也减不了”的现状，通过“破三铁”让企业恢复了活力。《经济日报》在不到一个月的时间里发稿36篇，它坚决地认为，“破三铁”是国营企业改革的一次“攻坚战”。新华社也发表述评，称“破除三铁，是今年企业改革的主旋律”。到3月底，全国“破三铁”试点企业已逾千家。

“破三铁”，是企业改革15年来，第一次把改革的矛头对准了企业中的一般职工，在此前，所有的改革理念和措施都是针对经营层与国有资产管理层的。“破三铁”，其实也就是解除了企业与工人的“终身劳动契约”。在某种意义上，大张旗鼓的“破三铁”是一次无可奈何的观念运动，它让人们意识到，他们一直以此为家的国营企业不再是永远的保姆和不沉的大船。在媒体的热烈鼓噪和“徐州经验”的启发下，本溪钢铁厂宣布10.6万名职工全部实行全员合同制，它被认为是中国大型企业第一次打破“铁饭碗”，上海、四川和北京等地的老牌国营企业也纷纷以深化改革为名义大幅度裁员，大批工人下岗回家。有些地方政府官员更直接提出，以三铁精神（铁面孔、铁手腕、铁心肠）来破三铁。

三铁既破，然而社会保障体制却没有健全，成千上万的工人下岗，一下子变成了无依无靠的社会弃儿，严重的失业迅速演变成一场社会危机，一些地方相继发生被裁员工人跳楼自杀和行凶报复的事件。4月，地处京畿的天津市盛传天津手表厂搞“破三铁”出了乱子，工人罢工、女工自杀、厂长免职，此类传言迅速飞散整个华北地区。后经媒体调查，手表厂事件有点出入，然而，满城风云并非空穴而来，“破三铁”因缺乏相关社会福利制度保障而可能诱发的社会动荡却引起了决策层的警惕。在5月召开的中国经济体制改革研究会上，有人明确提出，转换企业经营体制不能简单地归结为“破三铁”。新华社旗下的《半月谈》刊发权威人士言论，称“破三铁，要谨慎”。一位叫贺中天的经济学家批评说：“徐州搞破三铁，市委规定亏损企业工人扣多少，厂长扣多少，政府职能不转变，光扣厂长工人的工资，企业转换不了机制。”北京大学校长吴树青更论证说：“试图用皮鞭加饥饿的办法搞活国营企业是行不通的，每个公民都有宪法赋予的劳动权利，砸铁饭碗是违法的。”

于是，到年中，这场轰轰烈烈的运动就戛然而止了。

7月，改革策略重新回到原来的放权主题上，国务院发布《全民所有制工业企业转换经营机制条例》，宣布赋予企业14项经营自主权，其中包括产品销售权、物资采购权、资金支配权等。[①]从《条例》的文字表述看，企业经营者的所有权力都已经被全面地下放，因此，它被认为是政府自1978年放权试点、1984年颁布《关于进一步扩大国营工业企业自主权的暂行规定》之后，第三次大规模的放权行动。从实际的执行情况看，这些权限中，有的早已下放，如销售和采购权等，有的定义模糊，如资金支配和投资决策，有的缺乏政策配套，如进出口权始终被国家外贸系统所垄断，其他企业根本不可能染指，还有的则根本不可能落实，如拒绝摊派。在新华社开展的对百家国营企业厂长调查中，90%的厂长承认“即使有拒绝权也不敢用”。作为国有资产所有者的国家，到底该如何管理和控制国营企业，始终在“收与放”的悖论间徘徊，进退维艰。

邓小平在南方视察期间，专门就证券业说过一段话，认为证券和股市要坚决放开试，错了可以纠正。

或许就是受这段话的刺激，这一年的股市从春天开始就呈现亢奋的态势。5月21日，尉文渊宣布上海证券交易所全面放开股价——此前一直执行涨跌停板制度，上证指数从20日的616点连日上蹿，到25日已高达1 420点，豫园商城的股价升到10 009元，空前绝后。当时，全上海只有证交所这么一个交易点，股民每天把这里挤得水泄不通，尉文渊突发奇想，包下上海一家有半个足球场那么大的文化广场，作为临时的交易场所。媒体记载：文化广场是一个露天大棚，股民席地而坐，广场每隔5分钟播报一次股票行情，委托点接受单子后，马上通过电话传入上交所处置。这个交易大棚风雨无阻，一直开了一年半才关闭。在办了文化广场之后，尉文渊又发明出“大户室”制度，那些有钱的人可以交一笔钱进入

---

① 14项自主权分别为：生产经营权，产品劳务定价权，产品销售权，物资采购权，进口权，投资决策权，税后利润支配权，资产处置权，联营兼并权，劳动用工权，人事管理权，工资奖金分配权，内部机构设置权，拒绝摊派权。

一些封闭的、有专线电话、能坐能睡能喝茶的“大户室”，这里的股票行情是即时通报的，买卖更是有优先权，比文化广场几分钟才报一次行情当然要优越得多。中国股市从一开始就把股民在制度上分成了散户和大户——后来又有了“庄家”，成为富者越富、穷者越穷的游戏场。[①]

在深圳，股市之热有过之而无不及。前几年无人问津的股票现在已成了万人争抢的宝贝，发行新股只好实行抽签的办法。8 月 7 日，深交所发布 1992 年度《新股认购抽签表发售公告》，宣布发行国内公众股 5 亿股，发售抽签表 500 万张，中签率为 10%，每张抽签表可认购 1 000 股。认购者凭身份证办理有关事宜，一证可花 100 元买一张抽签表，每个认购者最多可持有 10 张身份证买抽签表。发售工作将在两天后开始。

公告一出，深圳邮局当即被雪片般飞来的身份证淹没，其中最大的一个特快专递包裹有 17.5 公斤，里面是 2 500 张身份证。当时深圳有 60 万常住人口，两日内一下子涌进 150 万人，广州到深圳的软座火车票 30 多元，黑市竟炒卖到 200 元。许多人没有边防证进不了特区，当地农民自告奋勇带路钻铁丝网，每位 40 元。从 7 日下午开始，全市 300 个发售点就排成了长龙，有人拿来长长的绳子，男男女女紧紧抓住绳子甚至把绳子绕在手腕上，在最紧张的时候，人们紧紧抱住前面人的腰，不敢松手，深圳市内到处弥漫着难以分辨的恶臭味。

9 日上午，抽签表准时出售，仅两个小时就宣布发售完毕，各发售点的窗口全数拉下。上百万人兴冲冲而来，两天两夜苦候，却没有几人买到抽签表。怒火迅速地在深圳遍地蔓延，无法控制情绪的人们潮水般地涌向市政府，市中心各大马路全部瘫痪，商店被砸，警车被烧，政府出动大批防暴警察并拉来了高压水炮。中国股市上的第一个恶性事件在猝不及防中

① 中国股市第一个自杀者是上海市民康柏华。1992 年 4 月，康以每股 293.35 元吃进 107 股延中股票，其后股价数度反复，他赔了 6 500 元，5 月 12 日，康柏华悬梁自尽。5 月 25 日，股市大涨，延中股票一度逼近 1 000 元。

爆发。11日凌晨，深圳市政府紧急宣布，增发50万张认购申请表，当晚市长郑良玉发表电视讲话，事态才渐渐平息下去。

事后的调查表明，抽签表的发售工作出现了集体舞弊的事件，涉及金融系统4 180人，各发售点平均私分私购达44.6%——很多知情者认为，事实应该远远高于这个比例。舞弊事件对股民信心造成沉重打击，在之后的4天内，两地股市大跌，上证指数的跌幅更高达45%，几乎跌去一半。深圳事件生动地展现出中国早期股市灰色、暧昧和野蛮的一面，它直接促成了证券管理机构的诞生。10月12日，国务院证券委员会成立，朱镕基副总理兼任主任，其办事机构是中国证券监督管理委员会，简称证监会，它成为中国股市的最高直接管理当局。证监会首任主席为刘鸿儒。

百万股民的空前热情、股市的暴涨狂跌，乃至发生在深圳的舞弊事件，让决策层以最直观的方式看到股票市场这个金融工具的可利用性。当时，全国民众的银行储蓄已经超过1.3万亿元，成为一只随时可能诱发通货膨胀的可怕的“笼中虎”，而中央政府的财政则十分拮据，几无可能对国营企业的资金需求提供帮助，而股市的火爆让决策者们突然发现，这可能是拯救已经陷入泥潭，而政府无计可施、无血可输的国营企业的最佳手段。一些经济学家纷纷献策论证，认为，“通过股票市场融资，是搞活和增强国营企业实力的战略选择”。在此之前，“冒险上市”的企业几乎清一色是沪深两地的中小企业，各大型骨干企业唯恐避之不及，而现在，事实让人们一夜之间转变了观念。证监会成立后的第一项重大决策是，把两市的上市指标权“上缴”中央，证交所再无决定权，从此后，上市指标变成了“资本输入”的代名词，证监会成为最有权势的机构之一。①

① 在解决国有企业的融资问题上，一个最普遍的做法是“拨改贷”和“债转股”，也就是把之前国家财政的拨款投入转成贷款，然后再将这些贷款债务转变成国家股，在此基础上，国营企业被改造成股份公司，在股市上挂牌上市融资。

深圳舞弊事件爆发期间，一位名叫吕新建的自由撰稿人目睹了惊心动魄的整个过程，他以“吕梁”为笔名写了一篇很生动的新闻通讯《百万股民“炒”深圳》[①]，被包括《北京青年报》在内的不少媒体采用，很是让他赚了一笔稿费。也是从此开始，吕新建成了深交所里的常客。谁也没有想到，10年后，以“吕梁”行名的这个人将成为中国股市最凶猛和神秘的“庄家”。

另一个在此次认购大戏中获益的，还有远在乌鲁木齐、靠开彩印店起家的唐万新。从1986年起，他搞过服装批发，办过挂面厂、化肥厂等，都有亏无盈，直到1990年开始做联想电脑和四通打印机的代理生意，才赚到了钱，这年初，他注册成立了新疆德隆实业公司。深圳的发售公告一登报，他就嗅出了金钱的气味，于是，他花钱一下请了5 000人以出去玩一圈的名义到深圳排队领取认购抽签表，这些人一排就是三天，领到的抽签表很是让德隆公司赚到了一笔钱。从此，唐万新迷上了“来钱最快”的股市。十多年后，他叱咤风云，构建起一个总资本高达1 200亿元的“沙地上的帝国”。

在中国股市雏形初成的时候，丑闻就已经如一道无法摆脱的影子随身而至了。4月，深圳最早上市的“老五股”之一原野公司爆出大股东彭建东恶意操纵股价事件。

彭建东的起家极富传奇色彩。1982年，32岁的彭建东还在深圳的贫民窟里向往着好日子，他后来对《亚洲华尔街日报》记者说：“我经常带着妻子出去，把一个月的工资花在一顿好饭上。”1987年，善于钻营的彭建东组建深圳市原野纺织股份有限公司，注册资金150万元，其中两家国有企业占股60%，港资20%，他和另外一个人各出15万元，分占10%，而他的钱则是向香港的一位舅舅拆借来的。在不到两年的时间里，原野完成6次股权转换，最后一家国营企业占股5%，彭建东控制的香港润涛公司占95%，他此时已摇身变成一位“知名的外商”。1990年2月，原野成

① 吕梁，《百万股民“炒”深圳》，首发于1992年8月的《中华工商时报》。

为深交所最早上市的5家公司之一，在上市招股说明书上，董事长及主要股东一栏中居然都找不到彭建东的名字。在此后的两年里，原野公司11次变更股权，屡屡发布诱人的投资预期，导致股价节节上升，彭建东则多次乘机抛股套现，在1990年6月到9月间，就向社会转售法人股1 843万股。彭建东成为南粤的资本明星，他用560万美元在香港购置了一幢华贵的滨海住宅，还出4 400万港币在半山买下一栋日式花园别墅，在他的边上住着全球华人首富李嘉诚。这个贫民窟里出来的穷小子用不到10年的时间实现了他“过好日子”的梦想。

1991年年底，管理层发现了原野的操纵股价问题，调查结论认为：“原野问题的基本线索是：注入资本（或他人代垫）成立公司——获取贷款搞基建——转换股权转走资金——评估资产将升值收益分配汇出境外，并扩大账面投资额——转让法人股获利，增大年度经营实绩。这是一个投机取巧钻管理上、政策上空子的案例。”1992年4月，人民银行深圳分行发出公告，向公众披露原野问题。

遭到质疑的彭建东铤而走险，他分别起诉人民银行和工商银行，并频频在香港媒体上质疑管理当局的做法。矛盾由此变得公开化。人民银行宣布原野的大股东香港润涛公司将原野的1亿元外汇资金转移境外，还有2亿元的贷款逾期未还。7月7日，原野成为中国证券史上第一只被停牌的股票。

原野被停牌后，彭建东便失踪了。8月，他辞去公司的一切职务，据《证券市场周刊》披露：“在中央有关部门的安排下，香港的一家中资机构接管了原野。”1995年9月，深圳市中级人民法院以挪用公司资金罪和侵占罪，判处澳大利亚籍的彭建东有期徒刑16年，附加驱逐出境。

事实上，当法院判决书下来的时候，穿着一身休闲服的彭建东正在悉尼市郊一幢价值200万美元的别墅里悠闲地浇水养花。他是第一个在诡异扭曲的中国股市上浑水获利的商人，但肯定不是最大的一个。

中国在加快改革和开放上的姿态，让美国人和欧洲人大大地松了一口气。自 1989 年以来，弥漫在中国与西方世界之间的不信任的迷雾逐渐散去。

跨国公司迫不及待地纷纷加大对中国的投入，一度搁浅的通用汽车、摩托罗拉、杜邦等公司的投资已全数恢复，克莱斯勒公司正在商讨扩大北京吉普的运营，波音、惠普和通用电气等制造商正在四面八方展开大规模的销售，在比尔·盖茨亲自督导下，微软在北京开设了办事处。雅芳的一位产品经理说："我们对市场非常乐观，自 1990 年 11 月开张以来，我们已经签约了 8 000 名销售小姐。"而宝洁说它在中国的业务正在以 50% 的速度往上涨。

夏天，通用电气的 CEO 杰克·韦尔奇来到中国，他此时在美国商界已经是一个传奇人物了，自从 10 年前接掌那个庞大而笨重的企业之后，他大刀阔斧地裁撤了 350 多个部门，管理层级由 12 层锐减至 5 层，副总裁由 130 名缩减至仅仅 13 名，他也因此落下一个"中子弹杰克"的绰号。此外，他还通过一系列的购并让通用电气的资本迅速膨胀，日渐构筑成全美最大的产业集群。韦尔奇是邓小平南方谈话后第一个赶到中国来的重量级跨国公司 CEO，让人不解的是，当时的国内和海外媒体竟均对此没有任何的报道。在上一年，通用电气已经在南京办起了第一家企业——嘉宝照明工程有限公司，投资生产民用灯泡，韦尔奇出任 CEO 之前一直在照明集团工作，这可能也是他亲自来中国鼓劲的原因之一。他在北京看到的景象令他非常兴奋，他对属下们说，中国是目前世界上最激动人心的市场，通用电气将在 80 多年后重返中国。

从 1 月开始，中美贸易谈判者在华盛顿就保护美国公司在中国的版权和专利问题，进行激烈的商讨，双方几乎已经走到了贸易战的边缘。几个月以来，关于中国的纺织品问题引发了激烈的争论。假如谈判失败，华盛顿威胁要对即将到岸的价值 15 亿美元的中国出口产品征收 100% 的惩罚性关税。同样，北京也威胁对美国公司采取同样的报复手段。

但僵局在触及美国底线之前被打破。根据协定，中国答应查办盗版软件并保护农业化学产品和药品的专利。而华盛顿则承诺不把中国从贸易最惠国名单上去除。6月，恢复中国的贸易最惠国待遇几乎已成定局，这一消息令所有在中国内地和香港经商的美国公司松了一口气。麦当劳的副总裁托马斯·库里肯对《商业周刊》说："我们咬着手指等了很久，谢天谢地，他们终于都同意了。"此外，一个更让人期待的事实是，中国一直在努力争取恢复关贸总协定缔约国地位，所有的人都知道，唯有这样才算是真正地加入了全球自由贸易的大循环中，而这将是一条没有退路的全球化旅程。

《福布斯》用一种戏剧化的口吻写道："在这个世界上，任何意外都可能发生，而像中国总有一天会崛起成为经济强国这样确定的事情已经很少了。"时任世界银行首席经济学家、后来出任过美国政府财政部长的劳伦斯·萨默斯预言，根据对中国GNP的购买力平价估计，中国到2014年时可以在总产出上超过美国。这自然引起不小的震动。这一年，在西方的主流媒体上，还出现了一个新的经济名词——大中华区（Greater China）。《财富》高级编辑路易斯·克拉拉在一篇题为《没有疆界的崭新中国》中指出，来自中国台湾和香港的金钱和管理经验正在把中国大陆的南方变成整个亚洲的产业发动机。他写道：这是亚洲南部的某条街，商店里出售着日本相机、锐步鞋、法国白兰地、摩托罗拉手机和M&M糖果，夜里人们涌进卡拉OK厅、有大屏幕的咖啡吧，昏暗的舞厅挤满了身穿紧身衣的年轻人……这里是香港吗？不，这里是广东的东莞。这个离香港50英里的地方，有港台商人投资的近6 000家工厂，出口的玩具、塑料和服装源源不断从这里出来。

路易斯·克拉拉继而分析说，随着中国香港、台湾地区和滚滚向前的中国南部之间的经济界限越来越模糊，这里正成为世界经济增长最快的地区。"大中华区"既不是一个政治实体，也不是一个组织有序的贸易区，但它却在同一种文化和共同对发展渴望的驱动下，连成一体。它整合了中国台湾的技术和财力、中国香港的国际市场经验和中国内地巨大的土地、劳动力资源，还有野心。大中华区是一股非常有潜力的经济力量，亚洲唯一有可能与日本抗衡的力量。

与日渐开放的中国相比，全球政治和经济也进入了一个新的时期。

11 月 3 日，46 岁的民主党候选人威廉 · 杰弗逊 · 克林顿以压倒性多数票获胜，成为第 42 届美国总统，他终结了共和党人长达 12 年的统治。在这之前，罗纳德 · 里根让低迷的美国经济重新回到了强劲成长的轨道上，这位前好莱坞明星与英国首相撒切尔夫人崇尚的自由经济主义被称为是“里根 – 撒切尔经济学”，他一手策划了“星球大战”计划，让苏联没有办法集中精力于经济发展，在他的任期内，苏联解体，柏林墙倒塌，持续了将近半个世纪的东西方冷战结束了。而他的继任者乔治 · 布什则发动了海湾战争，使得美国在国际事务中独霸天下。正是在这种一国独大的格局中，世界以前所未见的速度进入了全球化的商业世纪。

一个更伟大的技术事件也是在这一年发生的。9 月的某日，蒂姆 · 伯纳斯 · 李打电话给同事格纳罗，要他帮忙将一些“CERN 女郎”的照片扫描并放进他刚刚发明的万维网（WWW）上。虽然格纳罗当时实在不太清楚这个所谓的“万维网”是什么，但是他还是用 Mac 电脑扫描并用 FTP 格式上传到 CERN 的官方网站 info.cern.ch——全球首个 WWW 网站上。这幅图片是 LHC 歌唱组合的合照，也是互联网上首张可通过浏览器点击查看的图片。生于伦敦的蒂姆 · 伯纳斯 · 李后来被尊称为“互联网之父”，正是他在一年前写出了世界上第一个超级文本浏览程序，它使得人们能够将各种知识在超级文本网上结合起来。

这几乎是一个创世纪的时刻。在中国进行了 15 年的变革之后，世界把它的左脚踏进了互联网的河流之中，在这个意义上，中国是幸运的。

尽管上苍令中国这头巨狮沉睡了很久，但它还是让这个国家在 1949 年结束了漫长而残酷的战乱，然后举全民之力开始了一场颇有军事色彩的农业和重工业建设，在1978年以后，它又让国家的成长主题从主义之争重新回到经济发展的轨道上。于是，在十多年之后，当互联网这个幽灵从美国东海岸的实验室里蹿将出来，搅乱整个商业世界的游戏规则时，已经初步完成了体制和观念转轨、特别是形成了一定的民间资本力量的中国正好踩在了这个转型点上。很难想象，如果中国的经济改革再迟10年，或互联网的浪潮提前10年到来，中国的今天和未来将会是一番怎样的格局。

就当蒂姆·伯纳斯·李发明了万维网的时候，中国的网络英雄们正奔波在各自的命运之路上。三年后即将创办中国第一家网络公司瀛海威的张树新正在中关村与新婚不久的丈夫忙碌地做着传呼机的生意；同样在中关村混日子的软件设计员王志东创建了新天地电子信息技术研究所，他在家里研发出“中文之星”中文软件平台，后来创办著名的新闻门户网站新浪；全球最大的B2B电子商务公司阿里巴巴的创建人马云那年还是一个28岁的英语教师，他在杭州办了一家小小的海博翻译社；创办了中文搜索引擎公司百度的李彦宏时年24岁，正在美国布法罗纽约州立大学攻读计算机科学硕士学位，比他小三岁、创办了网易的丁磊则在成都一所大学里读三年级；看上去跟互联网走得最近的，是刚刚从美国麻省理工学院拿到物理学博士学位的张朝阳，他结识了学院里一位失意的新媒体研究教授尼葛洛庞帝，后者在两年后出版了著名的《数字化生存》[①]，也是在尼葛洛庞帝的鼓动和投资下，张朝阳下决心回国创办搜狐网站。

1992年，就是这样一个充满了起点感的年份，中国公司的成长故事正在路上。

在青岛，张瑞敏的海尔已经晋升为国家一级企业，他先后兼并了青岛的电镀厂、空调器厂、冷柜厂和冷凝器厂，构筑起了多元化的家电制造格局。企业效益很好，因而成了远近知名的明星企业，每天有络绎不绝的

① 该书的中文版于1996年由海南出版社引进出版。——编者注

人从全国各地赶来参观学习，张瑞敏整天陪看、陪讲、陪吃，一天往往要接待十几批人，实在不堪其扰。于是，青岛市政府专门下了个文件，要求市内企业减少去海尔公司参观的次数，也恳请各地考察团尽量不要在旺季“骚扰”企业。

柳传志的联想公司正试图从上一年的黑色风暴中缓过气来，当时全国一年的电脑销量只有20万台，主要销售对象是政府和企业用户。柳传志敏锐地感觉到，电脑家庭化的时代好像已经到来了，他委派年轻的杨元庆担任新成立的微机部总经理，推出了中国第一个家用电脑品牌“联想1+1”，“人类失去联想，世界将会怎样”的广告词风靡大江南北。

靠贩卖科技器械起家的万科，现在已经变成了一家以房地产为主业，同时又无所不做的“集团公司”，王石先后办起了连锁超市、建材工厂、影视文化公司和酒店经营公司等，旗下公司超过50家。很多年后，他打趣地说：“这样说吧，就是除了黄赌毒、军火不做之外，其他的基本上万科都涉及了。”

在深圳的任正非，迎来了人生的一个转机，华为自主研发的大型交换机终于在这年研制成功，当时国内的城市通信设备市场已经被阿尔卡特、朗讯和西门子等跨国公司把持，很喜欢读《毛泽东选集》的任正非想起了“农村包围城市”的战略，以低价和城镇市场为突破点，到年底，华为的销售额超过了一亿元。

那些崛起于乡土的乡镇企业家们也走到了事业的一个转折点。他们的企业已经占据了中国经济的半壁江山。

1月底，邓小平在南方视察期间到潘宁的珠江冰箱厂视察，这家国内最大的冰箱制造工厂装备了全世界最先进的生产线，站在宽敞而现代化的车间里，邓小平显得非常惊奇，他想了解这到底是什么类型的企业，随行回答说：“如果按行政级别算，只是个股级；如果按经济效益和规模算，恐怕也是个兵团级了。”邓小平在厂区参观时，对乡镇企业竟能有如此规模和装备感慨不已。

▲家电业的传奇人物潘宁

萧山的鲁冠球击败国内所有的万向节专业制造工厂，他的产品拥有全国60%的市场份额。这一年，他让自己21岁的儿子鲁伟鼎出任万向集团的副总裁，而他自己则忙着飞北京跑公司上市事宜。在证监会，连门卫都不给他好脸色，到了中午只能坐在台阶上吃盒饭。一年后的11月，“万向钱潮”股票在深圳证券交易所上市。天津的大邱庄成了全国第一个亿元村，禹作敏靠创办钢铁企业硬是把这个当年的团泊洼公社变成了中国首富村，然而，没有人料到的是，岁末的12月13日，大邱庄一个名叫危福合的公司职员因涉嫌贪污，被严刑逼供，殴打致死，禹作敏包庇下属，引发一场惊天大地震。

一个时年37岁的吉林人沈太福办起北京长城机电科技产业（集团）公司，他声称自己发明了一种交流无级调速电机，可以节能30%。他在北京和各大城市的报纸上猛打广告，想通过社会集资的方式来投资开发他的新技术，为此他开出了24%的惊人年息。他的设想听上去确实非常吸引人，连老资格的社会学家费孝通都为之心动，他专门写了一篇文章《从“长城”发展看“五老”嫁接》[①]，予以热情地推介。

也是在深圳，已经成为全国青年楷模的史玉柱决定建造巨人大厦。当时的巨人资产规模已经超过1亿元。最初的计划是盖38层，大部分自用，

① 1993年1月，费孝通先生撰文《从“长城”发展看“五老”嫁接》，对长城模式进行“理论”上的论证。他所谓的“五老”是老大（国有企业）、老乡（乡镇企业）、老九（知识分子）、老外（外资企业）、老干（政府官员）。

并没有搞房地产的设想。这年下半年，一位领导来巨人视察，当他被引到巨人大厦工地参观的时候，四周一顾盼，便兴致高昂地对史玉柱说，这座楼的位置很好，为什么不盖得更高一点？就是这句话，彻底改变了史玉柱此后的人生。他当即把大厦的设计从38层升到了54层，再后来，又有消息传说广州正计划盖一幢63层的全国最高楼，在众人的怂恿下，史玉柱一口气把楼层定在了70层。就这样，危机潜伏其后，导火线已嗞嗞地冒出青烟。

4月，广州举办了一场盛况空前的赛马邀请赛，然而由于实在太火爆了，政府担心滋生出地下赌博业，便没有再举办第二场。

在上海，各家银行门口每天围聚着很多身份不明的人，见到一个路人，他们就低声问道："有外汇哇，要外汇哇？"他们被称为"打桩模子"，都是炒卖黑市外汇的下岗工人，总数大概有5万人。在上海，已经形成了外汇倒卖的行业链，有在街上四处兜售的"打桩模子"，还有中间周转的下家，最后是一些资本稍大的倒卖公司。

20世纪70年代初，为了对付"随时可能发生"的世界大战，北京和上海等大中城市都修建了众多的防空洞，多年来它们一直阴冷地空置着，现在，善动脑筋的人们突然发现这里是做生意和娱乐的最佳场所。路透社的记者看到，北京市有14万人在这些地下军事工事里工作，他们开出了数以百计的乒乓球馆、卡拉OK中心、电影院和地下旅舍，单是旅舍床位就多达4万个。每当夜幕降临，穿着牛仔裤的长发青年们就涌进那里，空气潮湿而浑浊，彩灯在昏暗中旋转。人们在这里消耗过剩的精力、倒卖外汇、尝试新的生活方式。

棉纺工人出身、早已名声遐迩的张艺谋导演了一部名叫《秋菊打官司》的电影，它获得了第49届威尼斯国际电影节最佳影片大奖——金狮奖。这部电影讲的故事是，一个叫王庆来的农民为了自家的承包地与村长发生争执，被村长一怒之下踢中了要害，王整日躺在床上干不了活，他的妻子秋菊挺着怀孕的大肚子一次又一次地外出告状。放在15年前，这是一个很让人难以理解的故事，而在这一年，它却引起了广泛的共鸣。在一个传统意义上的道德是非观念日渐模糊的商业社会，人们突然怀念起秋菊那种认死理的性格，“讨个说法”成为当代社会的一个流行词。

这真是一个矛盾重重的年代。人们常常困顿于眼前，而对未来充满期望。

正如发现了“创新”奥秘的美国经济学家熊彼特所言：“发展是一个突出的现象，它在流动的渠道中自发地、非连续地变化，是均衡的扰动，它永远地改变和取代着先前存在的均衡状态。”中国社会的发展也正如此，它一直在“自发地变化”，它来自一个单纯而僵硬的均衡状态，经过15年的发展，一切秩序都被颠覆，一切价值观都遭到质疑，一切坚硬的都已经烟消云散。

在过去的15年里，观念的突破一直是改革最主要的动力，哪些地方的民众率先摆脱了计划经济的束缚，哪里就将迅速地崛起，财富向观念开放的区域源源不断地流动。而很多的改革又都是从“违法”开始的，那些与旧体制有着千丝万缕关联的规定成为改革的束缚，对之的突破往往意味着进步，这直接导致了一代人对常规的蔑视，人们开始对制度性约束变得漫不经心起来，他们现在只关心发展的效率与速度。查尔斯·达尔文在《物种起源》中那段有关“丛林法则”的经典论述，正成为中国企业史的一条公理：“存活下来的物种，不是那些最强壮的种群，也不是那些智力最高的种群，而是那些对变化做出最积极反应的物种。”[①]

1992年是一个新阶段的起点。当市场经济的概念终于得以确立之后，面目不清的当代中国改革运动终于确立了未来前行的航标，改革的动力将从观念的突破转向制度的创新。在之前，人们认为，中国之落后主要在于

---

① ［英］达尔文著，周建人、叶笃庄、方宗熙译，《物种起源》，商务印书馆，1995年版。

科技，只要大量地引进生产线和新技术，就能够很快地迎头赶上。而现在，很多人已经意识到，观念突破和技术引进所释放出来的生产力并不能够让中国变成一个成熟的现代国家，经济学家吴敬琏因此提出“制度大于技术”。

在此之后，我们即将看到，中国开始从观念驱动向利益驱动的时代转型，政府将表现出热烈的参与欲望和强悍的行政调控力，国营、民间和国际三大商业资本将展开更为壮观和激烈的竞争、博弈与交融。

印尼巨贾之子黄鸿年很懂中国的政治。在一次演讲中，他半开玩笑地说：“我是成长在60年代动荡的中国，如果我还是留在中国大陆的话，现在大概最多可以当个人民公社副社长吧。但后来我走了，25年后，我这个流失的‘人才’，却为中国带来了数以十亿计的投资和开创了国营老企业的嫁接改造，为解放生产力和发展生产力的一场中国特色的工业革命而努力奋斗。”

这样的讲话让听者非常的入耳。他一点也不像一个外商，而似乎是流放归来反哺母亲的游子。

在很多接触过黄鸿年的国营企业经营者心目中，黄鸿年绝对是一个“人物”，最重要的表现是，“他能经常与中央领导人聊天”。他有不少张照片，一些中央领导人抱着他的女儿与他全家快乐地合影。每到年底，各地的中策公司总经理前来北京汇报工作，他必包下中央领导接见外宾的钓鱼台国宾馆某号楼，总经理们进来都要验证登记，每个人汇报时间不超过15分钟，其气氛既轻松又肃穆，很让来者肃然起敬而终生难忘。

在商业运作上，黄鸿年充分利用了中国现行法规的某些漏洞。原中外合资法规中允许外资分期到位，中策的收购往往预付15%~20%的投入就控制了国营企业，将头批企业在海外上市后所获资金再投入滚动式收购。又，中国法律规定外资合资方不得转让其合资股权，中策却转让了持有这些股权的海外控股公司股份。同时，中策利用中国对合资企业的各种税收优惠、汇价双轨制等获利匪浅。他收购红宝石改组成中策时，公司尚亏损1 476万港币，而仅一年后，该公司净利润竟高达3.12亿港币，成为香港股市上的一只“奇迹股”。

黄鸿年本人从无实业经验，也对此毫无兴趣，他收购上百家企业，从来没有派驻一个人，全靠原来的厂长们继续经营，总部仅有两三位财务人员全年巡回审计。收购之初，由于体制解放自然可激发生产力，出现了反弹式的效益增长，然而随着大陆经济氛围的日趋市场化，体制优势日渐消失，原有的产业型态落后、设备老化、新产品开发不力、人才结构不合理等国企老问题一一凸现。黄鸿年收购有余，整合无力，进入迅速，退出犹豫，以致最后陷入具体的经营泥潭。中策旗下企业，除了橡胶和啤酒两个行业群整合出售获利颇丰外，其余都成尾大不掉之势，泉州的一揽子方案后遗症无穷无尽，手笔大到让人吃惊的大连“101 计划”更是半途而废。这时候对中策现象的批评之声也频频出现，有人指责黄鸿年的“空手套利”是“既无技术又无管理经验的商业投机”，“炒卖企业使国企肥水外流现象严重”。

到 1997 年，东南亚爆发金融危机，黄鸿年损失惨重，他遂将大部分股份分次出让，套现约 7 亿港币，彻底脱离与中策的关系。据香港媒体报道，黄鸿年经过一系列收购和售股行动，获利超过 26 亿港币。1999 年，与黄鸿年已经无关的中策“中国轮胎”及其他在中国的合资公司共亏损 2.32 亿港币。

在结束了“中策游戏”之后，黄鸿年宣布将公司转型至咨询科技和电子商贸相关的业务上，公司亦易名为“China Internet Global Alliance Limited”。他曾试图控股中国第一家互联网公司瀛海威，最后不了了之。2000 年 11 月，黄与国务院下属的中国兴发集团签约合组一家公司，名为中兴策略有限公司，中策希望借此“以‘中中外’方式，参与仍未开放的电信、金融等敏感业务”。中兴策略的注册资本为一亿美元，由中策占 45% 股权。这一计划在公布之际颇为轰动，然而后来也再无下文。

黄鸿年是第一位把“资本经营”这个概念带到中国来的国际商人，那时，中国和他都没有做好准备，所以他只赚走了一些有争议的钱，而并没有能够把产业的“根”扎在这片留有他的青葱记忆的土地上。

人物索引

激荡三十年

中国企业
1978－2008

十年典藏版·下

吴晓波 著

中信出版集团·北京

图书在版编目（CIP）数据

激荡三十年：中国企业：1978—2008：全 2 册 / 吴晓波著 . --3 版 . -- 北京：中信出版社，2017.12（2025.7重印）
ISBN 978-7-5086-8264-8

I. ①激… II. ①吴… III. ①企业史 - 中国 - 1978-2008 IV. ① F279.297.3

中国版本图书馆 CIP 数据核字（2017）第 255585 号

激荡三十年：中国企业 1978—2008

著　　者：吴晓波
出版发行：中信出版集团股份有限公司
（北京市朝阳区东三环北路27号嘉铭中心　　邮编　100020）
承 印 者：北京盛通印刷股份有限公司

开　　本：880mm×1230mm　1/32　　印　　张：26.25　　字　　数：680 千字
版　　次：2017 年 12 月第 3 版　　印　　次：2025 年7月第 52 次印刷
书　　号：ISBN 978-7-5086-8264-8
定　　价：116.00 元（全 2 册）

目　录

第三部　1993—1997
民族品牌进行曲

第四部　1998—2002
在暴风雨中转折

第五部 2003—2008 大国梦想成真

第三部

1993—1997

民族品牌进行曲

1993 扭转战局

他们是我的希望，
让我有继续的力量；
他们是未来的希望，
所有的孩子都一样。

——李宗盛：《希望》，1993年

64 岁的“天下第一庄”庄主禹作敏盘腿坐在他那张硕大的暖炕上，神情孤傲而不安。这是 1993 年 3 月的某个傍晚。这些日子，他身不由己地卷入了一个惊天大旋涡之中。

在过去的两年里，禹作敏一直春风得意。他领导的大邱庄由一个华北盐碱地上的讨饭村变成全国最富有的村庄。《纽约时报》报道说：“大邱庄实际上就是一家大公司。这个村有 4 400 人，却有 16 辆奔驰轿车和 100 多辆进口的豪华小轿车，1990 年人均收入 3 400 美元，是全国人均收入的 10 倍，1992 年，大邱庄的工业产值据称达到了 40 亿元人民币。”

大邱庄成为中国民间经济迅猛成长的一个标志，所有来这里参观的人们都会惊叹于它的整洁与富有。小小的村庄由一排排红砖灰瓦的平房构成，柏油马路交织其间。路修得极好，路边立着只有大城市里才有的那种华灯。村子中心还有 16 栋造型别致的别墅，其外形模样跟北京的钓鱼台国宾馆很相似。

禹作敏就住在别墅群中最显眼的那一栋，他每天盘腿坐在大炕上，等待来自四面八方的人们的“朝拜”。他不仅是一个精明的商人，更是一个百年一出的农民语言大师，所有与他接触过的人都会为他的如珠妙语倾倒。作为大邱庄奇迹的缔造者，他的声望达到了顶点。1992 年邓小平南方谈话发表之后，大邱庄抓住经济复苏的机遇，在钢材上狠狠赚了一大笔。全国媒体掀起了一股报道大邱庄的热潮，禹作敏已俨然成为“中国第一农民企业家”。这年的 3 月 1 日，禹作敏在《经济日报》上撰文《春节寄语》，他写道：“大邱庄最大的贡献，是给中国农民长了脸。”

然而，就在声望达到顶峰的时候，这位极有智慧的“人精”突然变得狂狷起来。他自恃为“中国农民的代表”，而且与某些中央领导交情不浅，便渐渐地忘乎所以。他对一群前来考察的官员说：“局长算个球，我要当就当副总理。”有一次，6 位部长级别的官员到大邱庄开会，禹作敏既不迎接又不陪坐。当会议结束，一群大大小小的官员聚集在院子里准备离去的时候，他却坐在自己的办公室里与相熟的记者闲谈，对门外的喧哗置若罔闻。当记者提醒他是否要出去表示告别之意时，他一甩手说：“不理他们。”

1992 年 5 月，天津市推选出席党的十四大的党代表，禹作敏意外地名落孙山。6 月 20 日，“中共大邱庄委员会”开始向新闻界散发一份《公开信》，其中列有十条：“……第五条，我们声明观点，从今以后凡是选举党代表、人大代表我们均不介入，否则会影响其他人选；第六条，天津市主要部委来人，我们一要热情，二要尊敬，但一定要有身份证，防止坏人钻空子；……第八条，我们的干部职工要顶住‘三乱’，不准乱查；……第十条，我们要明白，更要糊涂，明白加糊涂，才能办大事。”孤愤、怨恨、对立的情绪跃然纸上。

致命的危机是由一个偶然事件诱发的。1992 年 12 月，大邱庄万全公司经理病故，查账时发现可能有贪污行为，于是大邱庄派 4 人审查该公司业务员危福和。危福和被非法拘禁，并于 12 月 13 日被人暴力殴打致死。事发之后，“老爷子”禹作敏决定包庇犯事者，他让相关疑犯或连夜离开大邱庄，或躲藏起来，一切事宜都由他出面抵挡。1993 年 1 月，检察部门派出 6 名人员到大邱庄取证，不想却被非法拘留 13 个小时，其间还不给任何饮食。当检察院对 4 名疑犯发出拘传令时，前来执行公务的公安干警又被大邱庄设卡拒于门外。

事态由此恶化。2 月 18 日凌晨，天津有关方面动用 400 名全副武装的武警封锁了通往大邱庄的所有通道。禹作敏命令全村 100 多个工厂的工人全部罢工，上万名本村及外村的农民手持棍棒和钢管把守小村的各个路口，与武警全面对峙，并声称“一旦警察进村，就要全力拼搏”。禹作敏本人则以退为进，向外界宣布暂时辞职。如此一触即发的紧张局势整整僵持了三天三夜，禹作敏已经身陷法律的雷区而不能自拔。后经再三交涉，禹作敏才勉强同意武警进入这个“禹氏庄园”。警察对大邱庄进行了搜查，禹作敏做伪证说，疑犯已经全数外逃，而事实上，其中几人一直藏在村里。

3 月上旬，天津市委、市政府向大邱庄派驻工作组，收缴该村的所有武器装备。禹作敏因有窝藏、妨碍公务等嫌疑而被拘留。尽管风波陡起，但表面似乎还是一片风平浪静。春节期间，禹作敏出现在中央电视台春节联欢晚会上，面带笑容。即使到了 3 月 16 日，他仍以全国政协委员的身份参加了全国政协会议。

所有人都隐隐感觉到，事态正在恶化，不过很多人还是心存侥幸。禹作敏的手上便有一封从南方刚刚寄到的信件，来信人是另一位乡镇企业的代表人物——浙江万向集团的鲁冠球。1990 年 1 月，中国乡镇企业家协会成立，农业部部长何康任会长，两位副会长一个是禹作敏，另一个就是鲁冠球，这是农民企业家所能得到的带有“官方色彩”的最高职务。禹作敏与鲁冠球交情一向不浅，每年江南新茶上市，鲁冠球都会让人捎上几大包给禹作敏，而后者更曾大方地送给对方一辆天津牌照的日本尼桑轿车。鲁冠球与禹作敏是两个个性完全不同的企业家，禹作敏对鲁冠球的评价是：“你们老鲁太圆滑。”而鲁冠球对禹作敏的印象是：“这个老头太任性。”年初，打死人事件发生后，鲁冠球便一直非常关心他的这位“禹大哥”，他在一张便条中写道：“目前社会各界对你及大邱庄颇为关注。大家普遍认为，事已至此，以妥协平息解决为上策。因为‘投鼠忌器’，所以我认为只有发展生产增强经济实力才是基础。希望您心胸开阔，保重身体是本也。”鲁冠球“投鼠忌器”一词的言下之意，是安慰禹作敏，政府应该会考虑到他的改革影响力，不至于给予严厉的惩戒。这让由自恃而变得惊恐的“老爷子”得到一丝宽慰。

但是，事情的演变出乎禹作敏以及鲁冠球等人的预料。4 月，禹作敏被捕，8 月 27 日，天津市中级人民法院以窝藏、妨碍公务、行贿、非法拘禁和非法管制 5 项罪名，判处禹作敏 20 年有期徒刑，其子——大邱庄的二号人物禹绍政被同时判刑入狱 10 年。关于禹作敏的判刑，新华社只向全国统发了一条不到 200 字的新闻稿，然而其引起的反响却如平地惊雷。在《人民日报》任职的凌志军记得：“那几天家里的电话铃声一直响个不停，很多人想打听他的情况。这些人大多是中国改革潮流中的风云人物，他们把禹作敏视为同类，自然也把他作为改革的象征。他们都在问同一个问题：对禹作敏的打击，是不是冲着改革来的？”

很显然，此案的发生让禹作敏及所有的改革派，包括处理他的天津市政府，都陷入了难辩的困境。禹作敏被捕后，天津有关人士在接受外国媒体采访时称：“禹作敏被拘捕，再次表明中国政治和法制的进步与成熟。”日后看来，禹作敏一案并不带有很强的政治色彩，它是一个视法律为无物又跟地方政府关系交恶的农民企业家自酿自饮的一杯苦酒。禹作敏被判刑后，南方的鲁冠球三日不出，他写了一篇题为《乡镇企业家急需提高自身素质》的文章。他写道："我们面临经营者的自身素质障碍。这是一道更困难的障碍。这种障碍的病因是部分农民能人没有充分意识到自己所负载的历史使命，仅仅陶醉在眼前的成功光环中，这样的马失前蹄是非常让人痛惜的。而这一障碍的真正根源，其实是传统的小农意识与现代精神的冲突，显然，我们今天需要一次彻底的决裂。"①

4月，中国企业界发生了两起强烈地震。一起是大邱庄的禹作敏落马，另一起则是当时国内如日中天的高科技企业家沈太福被捕。有意思的是，他们都是在与政府激烈的对立抗衡后陡然陨落的。

沈太福的故事是又一则颇具荒诞色彩的商业传奇。身高不到一米六的沈太福是吉林省四平市人。他自小爱好科技发明，是一个十分聪慧好学的青年。1984年，30岁的他从四平水库的工程局辞职，与两个兄弟办起了吉林省第一家个体科技开发咨询公司。他们相继研发出很多新颖的产品，如吸塑包装机、双色水位计及一种特别的读卡机。他的企业在当地以善于创新而小有名气。1986年，沈太福进京，以30万元注册了集体性质的长城机电技术开发公司（以下简称"长城公司"）——直到1988年，北京市工商局仍然不受理私人性质的高新科技企业注册。长城公司的产权性质最后成为沈太福案最致命的一环。1992年前后，沈太福和他的科技人员研发出一种高效节能电机，据称比同类产品性能高出很多。可是，沈太福并没有足够的资金来投入生产，银行也对这个有风险的项目没有兴趣，这时候，沈太福想到了民间融资。邓小平同志视察南方之后的1992年和1993年是投资热情极其高涨的年份，人们对各种有新意的建设项目充满了热情。由于中央金融管制，发生在民间的各种集资行为便一直非常活跃，利息也是水涨船高。在沿海很多地方，民间拆借资金的年利息基本在

① 鲁冠球，《乡镇企业家急需提高自身素质》，《企业管理》杂志，1994年第4期。

16%~20%之间。一位资深的证券公司总经理曾回忆说："在那年，证券公司不知道自己真正该做什么，几亿的资金，拆借出去就起码有20%的收益，还用自己费什么心？"① 便是在这样的火热背景下，沈太福的集资游戏出台了。

长城公司发明的新型电机属于节能项目，当时国内能源紧张一直是瓶颈，因此凡是有节能概念的新技术都颇受青睐。而沈太福又是一个善于包装和炒作概念的高手。1992年5月28日，他的电机技术在钓鱼台国宾馆通过了国家级科技成果鉴定。根据报道，国家计委的一位副主任在他的项目鉴定书上批示："属节能的重要项目，应尽可能给予指导和支持。"沈太福更是对外宣称，长城公司几年来先后投入近5 000万元，研制成功了这种高效节能电机，据能源部门测算，在运行的风机中如果仅有1/3换上这种节能电机，一年就可以节电400亿千瓦，其前途的光明让人充满想象。

沈太福的集资规则是这样的：投资者与公司直接签订技术开发合同，集资金额的起点为3 000元，高者不限。投资者可随时提取所投资金，按季支付"补偿费"，年"补偿率"达24%——当时，银行的储蓄利率为12%左右，沈太福开出的利率高出一倍。他的第一轮集资活动是6月份在海南展开的，广告前一天刊出，第二天公司的门口就排起了长龙，仅20天，就集资2 000万元。初战即告大捷的沈太福当即加快集资步伐，他先后在全国17个城市开展了类似的活动，长城公司的集资风暴迅猛席卷全国，它很快成为当年炙手可热的高科技企业。

在此次集资活动中，各地的媒体记者起到了推波助澜的作用，其中最

---

① 沈太福的行为实质上是"地下私募"，当时由于宏观经济复苏，金融管控严厉，所以，游走在灰色地带的民间融资活动非常活跃，沈太福显然不是开出融资利息最高的人。一个可以参照的集资案例是：在1993年，深圳华为的任正非要开发万门数字程控系统而无法从银行贷到资金，他便游说全国17个省市的电信局合资3 900万元成立合资公司，他承诺每年的定额投资回报是33%。相关情节见"1997年"章。

活跃的是《科技日报》记者孙树兴。当沈太福在海南开始集资时，孙树兴在报纸的头版头条发表长篇通讯《20天集资2 000万》，对长城公司的集资业绩大加鼓吹。在随后的几个月里，孙树兴又相继发表了《用高科技和我们百年不懈的改革开放筑起新的长城》《为了千百万父老兄弟》等长篇报道，对长城公司的集资给予高调的追踪报道。正是在数百家媒体的热捧下，沈太福跑马圈地，战无不胜。在这期间，沈太福先后给了孙树兴两万多元辛苦费以及密码手提箱、皮尔·卡丹西服和日本产美能达全自动照相机等物品。孙树兴后来因此被判处有期徒刑7年。

在孙树兴的牵线下，沈太福又幸运地结识了曾经担任过《科技日报》总编辑、时任国家科委副主任的李效时。在沈太福案中，李效时扮演了一个很关键的角色。当《科技日报》对长城公司大加报道的时候，他便对这个节能项目深信不疑。为了表示支持，他专门到长城公司去考察，还留下了“愿长城目标早日实现”的题词，被沈太福用在所有宣传文本上。李效时还借出差的机会到各地为长城公司做宣传。在海南，他对媒体记者说：“我从深圳到广州、到海南，宣传了一路的‘长城’。我觉得‘长城’所办的科技实业，是一个充满希望的科技实业！”由于李效时的官方身份实在特殊，因而成了长城公司最具说服力的宣传员。为了报答李效时，沈太福以李效时三儿子的名字签订了一份4万元的北京长城公司技术开发合同书。第一次，李效时拒绝了，第二次，沈太福派人把它从李效时办公室的门缝里塞进去，这次，李效时没有退回，他心领神会地将之锁进办公室的一个铁皮柜里。就为了这份合同，李效时一年后被认定犯有受贿罪、贪污罪，判处有期徒刑20年。

如果说孙树兴和李效时为长城公司效劳夹有私利因素的话，那么，在当时确实有一些专家和学者对沈太福的集资模式表示由衷的赞赏，其中便包括老资格的社会学家、全国人大常委会副委员长费孝通。在1993年1月，费老撰文《从“长城”发展看“五老”嫁接》，对长城模式进行“理论”上的论证。他所谓的“五老”是老大（国有企业）、老乡（乡镇企业）、老九（知识分子）、老外（外资企业）、老干（政府官员）。费孝通认为，长城公司在高新技术成果的委托加工、成果转让、搞活民间金融、对外合作以及发挥老干部余热等方面都做出了值得称道的成绩。

到 1993 年年初，沈太福先后在全国设立了 20 多个分公司和 100 多个分支机构，雇用职员 3 000 多人，主要的业务就是登广告、炒新闻、集资[①]。到 2 月，长城公司在不到半年的时间里共集资 10 亿多元人民币，投资者达 10 万人，其中个人集资款占集资总额的 93%。集资款逾 5 000 万元的城市有 9 个，北京的集资额最多，达 2 亿多元。随着集资泡沫越吹越大，沈太福讲的故事也越来越离谱，他宣称拥有 300 多项专利技术，“其主导产品高效节能电机已在各生产领域应用，已握有 15 亿元的订货量”，同时，“在全国数万家民办科技企业中，长城还是唯一一家纳入国家行业管理的”。事实上，在这段时间里，长城公司只售出电机 50 多台，价值仅 600 多万元。为了制造经营业绩良好的假象，沈太福把 3.2 亿元集资款变成公司的营业销售收入，然后向税务部门缴纳了 1 100 多万元的税款。与此同时，沈太福在人际公关上大下功夫，先后聘请了 160 多名曾经担任过司局长的老同志担任公司的高级顾问，由此构筑起了一个强大的官商关系网。

事态演进至此，商业骗局的气息已经越来越浓烈，沈太福铺天盖地的集资风暴引起了国务院副总理朱镕基的高度关注，这位对金融风险怀有本能警觉的中央决策人意识到，如果“长城模式”被广泛效仿，一个体制外的、缺乏制度控制的庞大而可怕的金融流通圈将出现，中央的金融管制政策将全面失效。于是，他下令终止长城公司的活动。

1993 年 3 月 6 日晚间，正当沈太福为集资超过 10 亿元举办大型庆祝酒会的时候，他收到了中国人民银行发出的《关于北京长城机电产业集团

---

① 据王安在《25 年》一书中披露，长城公司在媒体和官员公关上不遗余力，“据传，沈太福的红包攻势花费了 3 000 万元”。

公司及其子公司乱集资问题的通报》（以下简称《通报》）。《通报》指出，长城公司“实际上是变相发行债券，且发行额大大超过其自有资产净值，担保形同虚设，所筹集资金用途不明，投资风险大，投资者利益难以保障”，要求“限期清退所筹集资金”。

沈太福遭遇当头棒喝。此时的他已经在狂热和膨胀中失去了对局势的清醒认识，自以为有高层人士、上百位老干部以及10万集资民众“撑腰”，他已经具备了与国家机器博弈的能力。他的应对之策竟与大邱庄的禹作敏如出一辙。在接到中国人民银行的《通报》后，他当即宣布状告人民银行行长李贵鲜，索赔1亿元，国内外舆论顿时哗然。这是中国第一位民间企业家敢于直接对抗中央政府。3月29日，沈太福在北京举行中外记者招待会，声称“国家科委、人民银行总行步调不一致，婆家、娘家有矛盾”，却让他这个民办企业“小媳妇”吃亏，现因政府干涉，公司难以经营，要向国外拍卖。他还宣布，将投资者的年利息由24%提高至48%。

随后两日，局势朝沈太福预想的反向发展，政府没有任何退让的迹象，各地的挤兑事件则层出不穷，他试图倚重的媒体和老干部似乎也帮不上忙。3月31日上午，沈太福再次召开中外记者会，下午，他在北京首都机场被截获，当时他带着三张身份证和一皮箱的钱打算出逃国外。4月18日，他被宣布逮捕。从这个月起，在国务院的直接参与下，各地组成20多个清查组。历经半年时间的清查清退，长城集资案的投资者都领回了70%的本金，全国清退款总比例达90%以上。另外，根据香港《文汇报》[①]的报道，有120名官员因此案受到牵连。

尽管天下人都知道沈太福是因为高息集资、扰乱中央金融政策而被捕的，然而他最后却是以贪污和行贿罪名被起诉。北京市中级人民法院的诉

① 香港《文汇报》是一份面向香港全社会的综合性大报，也是一份以社会精英为读者定位的香港主流报纸，除在中国香港特别行政区发行外，还即日运销中国内地各省、自治区和直辖市。

▲海南长城公司违法集资清退点

状称，沈太福多次以借款的名义，从自己公司的集资部提取社会集资款，构成了贪污罪。他还先后向国家科委副主任李效时等21名国家工作人员行贿钱、物等合计人民币25万余元，构成了行贿罪。法院于1994年3月4日判决，被告人沈太福犯贪污罪，判处死刑；犯行贿罪，判处有期徒刑4年；两罪并罚，决定执行死刑，剥夺政治权利终身，并处没收个人全部财产。

沈太福对判决不服，他的上诉理由是：北京长城公司是戴着集体帽子的私营企业——在1988年之前，北京市工商部门不接受私人申请创办“高科技公司”，被告人不能成为贪污罪的主体，也没有贪污的动机和行为，因而不构成贪污罪。他对律师说：“怎么判我都行，但是，如果我是因为‘贪污’自己家里的钱而被枪毙，我不服。”一些法律人士也认为，对沈太福案的二审首先应当对长城公司的经济性质重新确认。法院最终没有采信这些意见。4月8日，沈太福被执行枪决。①

在1993年的春夏之交，禹作敏和沈太福两案让很多人心神不宁。如

① 1994年，无锡爆发邓斌集资案。1938年出生的邓斌，人称“邓老太”，原为无锡无线电变压器厂工人，退休后创办无锡新兴实业总公司。两年多的时间里，她以合作经营丝素膏、一次性注射器及乳胶手套为由，开出60%的利息进行集资，集资总额达32.17亿元，涉案官员270多人，其中包括北京市副市长王宝森、首钢总经理周冠五之子周北方等。1995年11月，邓斌以受贿、贪污、投机倒把、挪用公款、行贿等罪名被判处死刑。

果说禹作敏案带有一定的突发偶然性的话，那么，对沈太福案的严厉处理则透露出当年经济发展的某些特质。在邓小平南方谈话之后，中国经济再度进入高速成长周期，万马奔腾，尘土飞扬，景象让人喜忧参半。

喜则在于，经济呈现出全面复苏的态势。根据国家统计局的数据，1991 年全国在建工程约 9 000 亿元，到 1992 年扩大到 2.2 万亿元，而到 1993 年前 5 个月，全国固定资产投资又在上年基础上增长了 69%，这是一个前所未有的数字。中央银行多发了 500 亿元，而各地仍然叫嚷缺钱。到年底，全国国内生产总值首次突破 3 万亿元。各省的民营公司增长非常喜人，广东、贵州和湖南是乡镇企业产值增长速度最快的三个省份，分别达到了 55%、57% 和 89%。

忧则在于，投资的超速增长正在诱发一系列的相关效应。英国的《经济学人》在 1992 年年底的年终稿中便警告说："1993 年的某一个时候，蓬勃发展的中国经济将会出现危险的过热势头，上一次在 1988 年，中国几乎着了火。"1993 年上半年，全国生产资料价格总指数上涨 44.7%，华西村的吴仁宝就狠狠地赚了一笔。与此同时，在供求失衡的情形下，金融秩序也变得有点紊乱，地下钱庄格外活跃，民间的资金拆借利率越来越高，官方利率形同虚设，那些有门道的人如果能以 9% 的利率从银行贷到钱，转手就能以 20% 甚至 30% 的利率倒出去。面对这一局势，6 月，朱镕基亲自兼任中国人民银行行长，央行下文严令"各企业单位必须把钱存进银行，要走正路，不许搞体外循环"。也正是在这种背景下，中央政府决心严肃处理沈太福"长城事件"——在领导者看来，如果纵容沈式融资的存在，那么金融管制根本无从谈起。

朱镕基在经济治理上的强势风格，在对金融秩序的维护以及对禹作敏和沈太福两案的处理中得到了充分的展现。朱镕基开始用一种更专业、更具体细微的方式来管理中国经济。

朱镕基于 1991 年从上海市委书记任上调入北京，出任主管经济的副总理，此前他曾经长期工作于国家经济委员会。在上海主政期间，他以亲民和对官员的严厉管理而闻名，上海的某些厅局长向他当面汇报工作，小腿肚子都会发抖。在他“北上”之际，一些国际媒体都不太看好他的“前途”，认为他那种管理风格在中南海一定吃不开，有人甚至预言他最多能在中南海待 6 个月。出乎这些人意料的是，朱镕基在此后的 10 年内主导中国经济，并成为继邓小平之后，对中国经济改革影响最大的政治家之一。

朱镕基到京后的“第一战”是清理“三角债”。[①] 当时，各企业之间拖欠的“三角债”已累计达 3 000 多亿元，其中 80% 是全国 800 多家大型国有企业拖欠的。几年以来，年年清欠，却越清越多。朱镕基面对的是一个积重难返、几成无解乱局的债务连锁现象。

到京赴任之后，凳子还没有坐热，朱镕基就赶赴“三角债”纠结最深的“东三省”，亲自坐镇，现场清欠。他提出注入资金、压货挂钩、结构调整、扼住源头、连环清欠等一整套铁拳式的解决措施，只用了 26 天，清理拖欠款 125 亿元，东北问题基本解决。

---

① “三角债”是人们对企业之间超过托收承付期或约定付款期应当付而未付的拖欠货款的俗称。20 世纪 90 年代初，它突然成为中国、俄罗斯、东欧诸国经济发展中的一个障碍。在中国，“三角债”其实早在 20 世纪 80 年代中后期就开始形成，1985 年中央政府开始收紧银根后，企业账户上“应收而未收款”与“应付而未付款”的额度就大幅度上升了。到 1991—1992 年，“三角债”的规模曾发展到占银行信贷总额三分之一的地步。

“三角债”带来的后果是相当严重的：由于拖欠，大多数的国营企业、乡镇企业、私营企业都面临收不到毛收入的问题，致使经济效益好的企业因缺乏资金而难以扩展生产；巨额的未清偿的债务拖款使企业或不能进一步向银行申请贷款，或难以申请到信贷；越来越多的企业会陷入债务死扣之中，每一个企业既不愿意偿债，它的债权也无法得到清偿。此外，“三角债”还会造成经济信息的混乱：由于拖欠，流动资金更显不足，在短期信用拆借市场与投资市场上，资金价格则易受黑市操纵；由于经济效益好的企业也面临被拖欠的问题，其利润也就难以实现。结果，本来比较清晰的效益好的企业与效益差的企业之间的界限就会变得模糊不清，就整个经济而言，会反映成亏损面进一步扩大。

带着一片赞誉声，朱镕基回到北京。第二天他就召开全国清理“三角债”电话会议，他用长途电话、传真、电报向全国各地政府下达了一道口气强硬的“军令”：“各地务必在1991年9月20日21时以前，将你省（区、市）固定资产投资拖欠注入资金情况（银行贷款、自筹资金和清理项目数），报至国务院清欠办公室。如果做不到，请省长、自治区政府主席、市长直接向朱镕基副总理汇报，说明原因。”朱镕基还明令新华社、《人民日报》、中央电视台、中央人民广播电台等媒体给予监督，详细披露各地清欠的进展情况。在此后的半年多时间里，朱镕基限时清欠，令出必行，让各地官员无从躲避。到1992年5月，全国总计清理固定资产项目4 283个，收到了注入1元资金清理3.5元欠款的效果。困扰中央和各地政府、企业数年的“三角债铁链”终于被解开。经此一役，朱镕基以前所未有的务实和强硬风格确立了自己的治理权威。

清理“三角债”首战告捷之后，朱镕基在金融领域开打“第二战”，他在金融政策的调控上再显铁腕手段。

首先，他亲自兼任央行行长，下定决心清理金融领域的体制外活动，对于任何有可能扰乱现有金融秩序的行为都严惩不贷。在这种背景下，沈太福的集资案便被视为顶风作案而受到了最严厉的惩处。

其次，他顶着巨大压力提出分税制，重新梳理中央与地方政府的财政关系。多年来，地方经济的发展和国营企业的发展，靠的都是中央财政的投入，用经济学家马洪的话说，是“一个老子，养了成百上千个儿子”，因此便陷入一放就乱、一收就死的局面。到20世纪90年代初期，中央财政已非常拮据，不得不靠大量发行货币来解困，因此带来的通货膨胀危机让人不寒而栗。1992年，全国财政收入3 500亿元，其中，中央收入1 000亿元，地方收入2 500亿元，中央财政支出2 000亿元，赤字1 000亿元。当时出任财政部长的刘仲藜回忆说，他曾经三次找朱镕基副总理，希望他批条子向银行借钱，朱镕基不允许。当时连某些中央机关都已经到了不借钱工资发不出去的境地。财政体制的弊病，从上海和北京可窥见一斑。上海实行的是定额上解加递增分成的模式。定下每年财政收入 165 亿元，100 亿元归中央财政，65 亿元归地方财政，每增加 1 亿元，中央与地方五五分成。结果，上海实行财政包干 5 年，年年财政收入是 163 亿 ~165 亿元，一点儿没增长。对北京采取的是收入递增包干分成模式，约定的年增长率是 4%。5 年之中，北京每年财政增长从没有超过 4%。中央政府在这种财政分配体制中表现得非常被动。鉴于这种现状，朱镕基采纳经济学家董辅礽等人的提议，决定“分灶吃饭”，中央与每一个省份磋商分税种类和比例，实行分税制。1993 年 7 月 23 日，朱镕基在全国财政会议上首次正式提出分税制的想法，一个多月后，分税制改革的第一个方案出台。为了说服各省，朱镕基在随后的两个多月里奔波于全国，一一说服，其间颇多拉锯、妥协，但是，实行全国统一分税制改革的大原则始终没有动摇。①

分税制的实行，使中国的财政秩序为之大改，中央财政重获活力。1994—2002 年，我国财政收入年均增长 17.5%，财政收入占国内生产总值的比重由 1993 年的 12.6% 提高到 2002 年的 18.5%；中央财政收入占全国财政收入的比重为 55%，比改革前的 1993 年提高了 33 个百分点；2002 年，除税收返还和体制性补助外，中央向地方转移支付高达 4 019 亿元，

① 刘仲藜在回忆录中说，为了说服各省，朱镕基最后勉强同意 1994 年之后的中央财政还以 1993 年地方财政收入为基数。而这一协议达成的时候，1993 年后 4 个月的财政数据尚未统计出，从而给了地方政府有意识增加后 4 个月的财政收入，以便 1994 年后多从中央财政获得财政返还空间。事实正是如此，最终地方政府上报中央的财政收入比 1992 年猛增将近 50%。为了抬高基数，地方有许多高招。比如，一个企业原来承包了，补交税已经减免，现在叫它缴税，把基数抬高，缴了以后再私下返还。再比如，把死欠、积欠当基数。所谓死欠，就是哪个企业已经倒闭了，从来没有缴过税，现在通过转账或者从银行借款缴税把基数抬高。还有就是“寅吃卯粮”，收过头税，把明年的税在今年收了，把基数抬得很高。

是 1995 年的 8.6 倍，年均增长 36%。中国社科院的金融学家刘煜辉认为，分税制改革后，一方面，中央把财权高度集中，在税收上削弱地方政府所占比重，而留给地方的几乎都是收入来源不稳定、税源分散、征管难度大、征收成本高的中小税种。另一方面，中央又把更多的事权层层下放给地方政府，甚至经常以牺牲地方税权为代价来完成中央的某些政策，"中央请客地方买单"的现象大量存在。以经济发达、税源最为充沛的浙江省为例，在 1993 年，浙江的财政自给率是 133.27%，1994 年以后这一比率大幅下降到 60% 左右，而其他中西部地区的财政状况更是可想而知。

除了靠分税制拯救危机中的中央财政之外，朱镕基另一个具有深远意义的金融决策是，力排众议实行汇率改革，让人民币大幅贬值。在此之前，中国实行的是官方汇率与调剂市场汇率并存的汇率制度，它是计划经济的一条"金融尾巴"，既保护了国营企业的利益，同时也催生了一个庞大的外汇交易黑市。从 1994 年 1 月 1 日起，两种汇率实行并轨，实行"以市场供求为基础的、单一的、有管理的浮动汇率"，人民币兑美元的汇率定为 8.72 元兑 1 美元，比之前的官方汇率 5.7 元贬值 33%——兑换 1 美元需要的人民币，在 1978 年是 1.7 元，1991 年为 4 元，1992 年年初是 5.7 元。人民币的大幅贬值，使得中国商品一下子在世界市场上价格变得便宜了，而且更重要的是中国成为一个更加吸引外部投资商的地方。德国的《商报》在评论中认为，人民币的大幅贬值，首先意味着亚洲四小龙低廉的劳动力优势从此丧失，中国必将成为全球制造业的中心。

这是一个十分具有标志性的政策变化。从此之后，中国公司开始集体远征，中国经济走上了外贸拉动型的道路，它将在 2005 年达到顶峰，并诱发中国与欧美乃至周边国家的贸易大战。[①]

---

① 在 1997 年的亚洲金融风暴中，日本、韩国和东南亚诸国金融体制的脆弱性暴露无遗。1997 年 6 月，国际金融狙击手终于在泰国撕开突破口，灾难发生。

朱镕基主政的“第三战”，也是贯穿十余年的治理主题，是搞活国营企业。对此，他的思路也与之前有微妙的转变。

从 20 世纪 80 年代以来，国营企业改革的成效一直无法让人满意，凡是有民营企业涉足的行业，它们都表现得不堪一击。这年的局面是，经营机制转换抓了多年但收效甚微，国营企业家们仍在嚷嚷权力太小。在这年的北京两会上，国内最大的钢铁公司总经理李华忠在分组会上大喊：“自主权万岁！”他还羡慕地对身旁的辽宁省海城市东房身村党支书王国珍说：“我的权力还不如你的权力大。”而另一方面，权力放了下去，到底能不能用好，却是另一个没有答案的问题。由于效益不佳和老企业萎缩，失业人口的增加已经成了一个严重的社会问题。

在朱镕基看来，中国当今的企业问题已非改革之初可比，当时只有国营企业一支力量，不把它们搞活国家当然振兴无望，而如今，乡镇企业已经异军突起，占到了半壁江山，外资企业也蜂拥而入，自是另一股可以借助的商业力量。同时，随着民间资本的日渐充沛，两大股市又可代替国家财政成为向国企输血的工具。在这种新的局势下，国营企业的改革就不应该关起门来，老是在经营体制的转变上绕圈圈，而应当将它们放到市场中去，中央政府则要在整个经济体制的重新构造上多下力气。朱镕基对陈光在山东诸城搞的企业改革十分感兴趣，专门派国家体改委副主任洪虎前往调查。也是在这一年前后，“抓住少数、放活多数”的思路开始渐渐萌芽。

这年 7 月 13 日，中国社会科学院工业经济研究所所长周叔莲在《光明日报》撰文《关于国有企业产权的两个问题》，论述“所有制是发展生产力的手段，而不仅仅是意识形态意义上的目的”。由这个判断出发，周叔莲以及其他学者提出，不能把所有的企业都抱在怀里，这样做既不必要，也不可能。国家只要抓住关键少数，搞好 500~1 000 家大公司、大集团，就会为众多的中小企业提供广阔的生存空间。那些没有竞争力，也无关国计民生的中小企业将被“放掉”，政府将主抓那些有成长潜力、具备资源优势的大型企业及赢利能力强的产业。周叔莲的观点得到决策层的赞赏。很显然，这是一种与以往完全不同的改革思想，它意味着国营企业的改革从放权式的体制转换阶段进入了“重点扶持、其余放活”的结构调整阶段，同时深刻地影响了中国公司的成长路径。

在1993年，这种战略思想刚刚萌生，还远远没有展现出成型的格局和娴熟的掌控艺术。只是在一些经济较为活跃的地区，那些没有优势的国营企业开始被“放掉”，过去被禁止的改革现在得到了默许和尝试。在广东第一次出现了“下岗”这个新名词，在经历了几年艰难的“思想解放”后，当了数十年“主人翁”的工人们开始接受自己不再与企业“共存亡”的现实。年底，濒临破产的国营广州无线电厂裁掉了1 000名职工，其中330名选择与工厂彻底分手，工厂根据他们工作的时间给予每年1 300元的“工龄补偿”，从此这些职工将走出厂门自谋出路。这种“工龄买断”的做法很快被广泛采用，各地的买断价各有不同，从数百元到上万元都有，它成为中小型国营企业破产或被私人收购时“安置”下岗工人的最主要方式。在南方的沿海地区，工人普遍能够接受这种方式，因为在这些地方，人们早已有了“第二职业”，那笔微薄的安置费成为他们做小生意或自主创业的启动资金。而在北方，尤其是老工业基地，人们已经习惯于把自己的人生“捆绑”在企业上，以厂为家、世代传承的工作与生活模式使他们几乎丧失了独立的勇气和能力。尤其要命的是，那些地方也没有经商和创业的氛围，因而买断工龄往往便意味着低水准安定生活的消失以及“坐吃山空”。随着国营企业体系的日渐瓦解，巨大的生存压力在这些地方无比恐怖地弥漫开来，在改革的阵痛中，城市贫民阶层慢慢地出现了。

在民营经济最为活跃的浙江地区，悄然发生了一场集体企业的量化改革运动，这是企业史上第一次大规模的产权变革。所谓“量化改革”，指的是某些乡镇集体企业的资产通过“土法”评估后，将集体资本全数或部分退出，经营者以赎买的方式获得企业的主要股权。这项改革最早是在浙江台州的玉环和温岭两县出现的，它很快蔓延到附近的温州地区，继而在浙江全境的集体企业中被广泛试验。

这是一场没有严格规范的产权改革运动，在具体的资产评估上，由于缺乏量化的标准和评估体系，各县市的量化手法千奇百怪。大多数企业采取的是“毛估估”的做法，有些县硬性规定，集体资产一律按账面数增值40% 计算，而事实上，相当多的企业经过多年发展，其资产早已增值了几倍、几十倍。温州地区的一家二轻物资公司将其属下 20 多家企业全部量化改造，而资产评估值以 1990 年的不变价为准。绍兴一家纺织企业的量化方案是：将企业的资产量化出 10%，折算成 50 万元作为集体股，全厂 200 多名职工每人出资 5 000 元，经营者出资一百多万元，组成一个资本额为 250 万元的股份制企业。其后，新企业无偿使用着原有企业的机器设备，一切开支则由老企业承担，经过近一年的运行，新企业产生惊人的利润，原来的集体企业则毫无悬念地陷入了亏损境地。又一年，新企业以十分低廉的价格将老企业“并购”。到 1996 年前后，浙江省 80% 的中小集体企业都完成了产权量化的改造，成批量地出现了千万富翁和亿万富翁。这样的量化改革很难保证公平、公开、公正，因此在这个过程中也发生了很多纠纷。据新华社记者的报道，到 1993 年年底，浙江省已经有超过 2 000 家企业进行了量化改造。

发生在浙江的这种产权改革在随后的几年里一直处在“地下运作”的阶段，全国性的集体企业产权改革从 1998 年才全面开始。它从来没有得到政府的公开肯定，而且在理论界也引起了激烈的争论，有人指责这是变相地“私分集体财产”，是“走私有化道路”。当时的浙江省领导对此进行了有技巧的支持，时任浙江省省委书记李泽民在一份对量化改革提出异议的报告上批复：“对于这样的改革要回头看，不过，不能走回头路。”

种种迹象表明，1993 年的中国，已经不是一个传统意义上的计划经济国家了。

中央政府针对新的经济形势，对一些管制概念开始进行全新的诠释，国家工商行政管理局局长刘敏学对“投机倒把”这个名词进行了新的解读。他认为，在计划经济体制下，几乎把带有营利性的经商活动都视为投机倒把，做违法处罚，这显然是受“左”的思想影响，是不对的。某些过去认为是投机倒把的行为，现在看来是商品流通中不可缺少的环节。他举例说，譬如套购紧俏商品就地加价倒卖行为，过去被视为投机倒把，今天笼统地这样说就不合适了。他的这番讲话一登报，全国的贸易商人都大大地松了一口气。过去的十多年里，数以十万计的商贩因投机倒把罪名而入狱，导致倾家荡产，有人甚至丧失生命——该罪名最高可判死刑，为所有经济犯罪行为中判刑最重者。如今，随着刘敏学局长的一番讲话，一柄长剑终于从头顶移走了。

最具有象征意义的，是在 2 月的全国两会上，代表们就餐第一次不再需要缴纳粮票。5 月 10 日，北京市政府正式宣布，从这一天起，取消粮票。从 1955 年开始，全国居民购买粮食都需要这种定额分配的票证。从此之后，各种带有明显计划经济色彩的票据从人们的生活中一一消失了。

也是在这次两会上，刘永好、张宏伟等 50 多名民营企业家第一次走进全国政协会议的会场。刘永好后来回忆说：“年初，四川省委统战部的一位干部找到我，说准备推荐我为全国政协委员，没过多久就让我填了表。同时，四川省工商联还推荐我为全国工商联的副主席。”[①]3 月 18 日，刘永好与内蒙古新优佳公司的陆航程出现在全国两会的记者招待会上，这是民营企业家第一次在这种政治性场合亮相。到年底，乡镇企业产值突破 2 万亿元，占全国工业产值的 1/2，就业职工 1.02 亿人，首次超过国营企业职工数。

跟粮票取消及民营企业家参政相似，另一个也很有象征意味的商业故事是，在 4 月份，中国的消费者第一次过上了“情人节”。根据北京媒体的报道，由香港人投资的利嘉鞋业是第一家在报纸上登情人节商业广告的

---

① 郑作时著，《希望永行：中国首富刘永行自述》，北京：中信出版社，2007 年版。

企业。它在《北京青年报》上刊登了4次广告，宣称在2月7日到14日的一周内将抽取有特别优惠的“幸运情人卡”。几乎同时，开设在王府井的麦当劳店也贴出了“浪漫温馨情人夜”的海报，情人节当夜来消费的情侣可以获得一枝玫瑰花。五星级的王府饭店则推出了价格为300元的情人节晚会，广告一登出，饭店的订位电话就被打爆了。这看上去实在是一个不错的商业活动，然而，由于“情人”这个名词实在有点暧昧，因而，商家们的推广引起了一些老干部的微词。不久，有关部门就下发通知，严令不得在广告中出现“情人节”这个词，这项禁令或严或松地被执行了好几年。每当到了2月14日前后，工商部门都会发出类似的通知，一直到1998年前后，它才被不了了之地取消了。

5月17日，著名跑车生产商法拉利公司在中国找到了它的第一个买主，名叫李晓华，是一位靠经销生发水起家的42岁北京企业家。法拉利特意在北京天坛的祈年殿前举办了一场新车交付仪式，李晓华站在价值13.4888万美元的跑车前的照片登上了各报纸的娱乐新闻版面。

8月，中国加入了世界知识产权组织版权条约，这意味着知识产权的保护成为可能。美国迪士尼公司的“米老鼠”系列产品正式进入中国，在此前的十来年里，这个可爱的形象已经广为中国儿童所知，它出现在成千上万的绘图课本、衬衫、文具以及商店招牌上，不过，它们竟全部是没有授权的侵权产品。

11月14日，中共中央十四届三中全会通过了《中共中央关于建立社会主义市场经济体制若干问题的决定》，英国的《经济学人》在当月的一篇评论中说：“在许多因素的推动下，竞争已经在整个经济领域扩展开来。一个因素是外资和外贸的扩大，另一个因素则是经济权力的下放引起各省间的角逐，这同美国联邦制搞的社会和经济实验惊人地相似。”

几乎所有的外国观察家都喜欢用“公有制—私有制”“社会主义—资本主义”这样的二元标准来判断或议论正在中国发生的一切，而事实却肯定要模糊和丰富得多。

1993 年，最蔚为壮观的景象是外资企业的蜂拥而入。

该年可以被看成是跨国公司在华大规模投资的开始之年。日后的数据表明，自 1979 年至 2000 年，中国累计吸引外资 3 462 亿美元，大部分是 1992 年以后发生的，1992—2000 年的累计流入量占总量的 93%。1993 年年底，合同外资达到了 1 114 多亿美元，实际利用外资是 270 亿美元，几乎都是上一年的两倍。

在市场的诱惑和政府的鼓励下，跨国公司开始狂热地梦想中国。最经典的表述出自柯达公司的总裁裴学德，他说："只要中国有一半人口每年拍一个 36 片装胶卷，已经足以将全球影像市场扩大 25%。中国每秒多拍摄 500 张照片，便相当于多了一个规模等同于日本和美国的市场。"用人口乘以某一商品，从而计算出中国市场的规模，这几乎是所有跨国公司进入这个东方国家时最常用的一个算式。不过，事实很快将告诉他们，这是一个玫瑰色的幻觉。

这一年，肯德基第一家特许经营店在西安开业；宝洁在中国一口气建立了 4 家公司和 5 家工厂；世界上最大的啤酒公司安霍伊泽－布希公司用 1 640 万元购买了中国最大的啤酒公司青岛啤酒 5% 的股份；柯达赞助了在上海举行的第一届东亚运动会；诺基亚开始向中国提供 GSM（全球移动通信系统）移动电话；花旗银行把中国区总部从香港地区搬到了上海；波音飞机公司在中国赚到了大钱，它一下子得到了 120 架飞机、价值 90 亿美元的大订单；福特公司主管国际业务的执行副总裁韦恩·伯克说："我的头号业务重点是中国。"美国通用汽车公司在中国生产的第一辆轿车终于下线了，工作人员在生产线上挂了一条很有意味的横幅："谢谢中国，美国制造"。此时，距离 1978 年汤姆斯·墨菲率团访华已经过去整整 16 年了，而德国大众在上海的工厂已经形成了年产 10 万辆的能力。1993 年也是日本企业在华投资增加的转折点。这一年日企在华投资比 1991 年有了急剧增长，被批准的投资项目数量达到 3 414 个的高峰，是 1991 年的 3 倍。

9 月，名为"北京 · 1993 跨国公司与中国"的会议在北京国贸中心召

▲通用汽车下线

开，西门子、巴斯夫、摩托罗拉等50多家跨国公司的代表和国务院、外经贸部[①]的官员悉数到场，时任外经贸部部长吴仪和国务院副总理李岚清在会上鼓励跨国公司来华投资。当天晚上，国家主席江泽民邀请了其中15个比较大的跨国公司的代表来到中南海。《华尔街日报》在报道这一新闻时称，“这是改革开放以来，中央政府第一次正式的邀请”。

对外资的大量涌入，可以有多层面的解读。

就宏观环境而言，进入第十六个改革年份的中国已经越来越吸引国际资本，特别是1992年之后，市场经济的体制目标得以确认，中央政府日渐放宽了外资进入的很多限制性政策，日渐市场化的投资环境当然受到国际资本的信任和青睐。

就政策设计而言，吸引外资被认为是振兴地方经济的捷径，因此，外资开始享受到“超国民的待遇”，各地对外资及合资企业都推出了大力度的优惠政策。其中，一个被普遍采用的税收政策是“三免两减半”，也就是企业创办的前三年，所得税全免，后两年则减半。而在很多地方，减半政策更是从企业开始获利之年起才被执行。在所得税征收比例上，合资企业的税率是15%~33%，而国内企业则被征收55%。这种税收政策上的

① 全称为中华人民共和国对外贸易经济合作部（英文名称：Ministry of Foreign Trade and Economic Cooperation，PRC）。对外贸易经济合作部的前身是中央人民政府贸易部、中央人民政府对外贸易部、对外经济贸易部、国家进出口管理委员会、国家外国投资管理委员会，于2003年3月整合为商务部。

"身份差异"，被认为是一个迫不得已的做法，它刺激了国际资本对中国市场的兴趣，也造成了很多"假冒外资企业"，将内资企业注册成中外合资成为企业"合理避税"的普遍做法，这一政策要到热钱满天飞的2007年才被改变。

在改革理念上，外资更被看成是转换企业机制的最佳外来动力。武汉第二印染厂的例子常常被人津津乐道地引用，这家老工厂与香港一家公司合资，新公司裁掉了2/3的员工，使用的还是原来20世纪60年代的日本设备，行政管理人员从35人减少到3人，香港方面带来了70%的外销业务，工厂很快就扭亏为盈。从这个案例中可以看到，香港合资方给老工厂带来的是：震荡较小的裁员、新的管理方式以及外销渠道的开拓。很显然，这是一个双方都很满意的结果。

华裔经济学家黄亚生在《改革时期的外国直接投资》一书中断定，"对私人企业的歧视增加了中国对外资的需求"。[①] 他认为，在整个20世纪90年代，国有部门是在破产的边缘上运营的，而与此同时，私人企业尽管得到了迅猛的发展，但是仍然受到严重的信用约束，无法获得金融上的扶持，并被限制进入很多行业。没有效率的国有资本需要寻找有效率的合作资本，它面对的是两大资本集团，一是跨国资本集团，一是民间资本集团，正是在这种抉择中，外来的跨国资本成为被选中的对象。因此，1992年以来，外资的大量涌入，与这种改革思路的确立是分不开的。

总体而言，外资的进入让中国的产业格局和经济形态发生了巨大的变化，然而，也必须看到，从一开始，这就不是一个十分顺畅和优化的过程。这年的《中华工商时报》发表了一篇题为《怪哉，长期亏损还"合作愉快"》的评论，记者披露了广东省对1 090家合资企业进行所得税的汇总统计，结果发现544家亏损，沿海各省的情况大体相同，约有一半左右的合资公司在财务报表上表现为亏损。评论认为，"一些合资企业亏损，是

---

① 黄亚生著，《改革时期的外国直接投资》，北京：新星出版社，2005年版。

因为外方投资人通过价格转移利润或虚列开支等方式，侵蚀中方利益，逃避税收，形成账面亏损。不少企业连续亏损七八年，但生产规模却不断扩大”。

这种不无暧昧的景象还出现在开发区的泛滥上。为了吸引外资，各地纷纷建立开发区，在工业用地上推出优惠的政策，由于规划失控，最终演变成了一场热闹的“圈地运动”。1991 年，全国有开发区 117 个，到 1992 年 8 月，这个数字已经猛增到 1 951 个，而到 1993 年的 10 月，各类开发区竟多达 8 700 个。在全国已批准的 1.5 万平方公里的开发区里，如果这些开发区全部做到水、电供应和道路的平整，需投资约 4.5 万亿元人民币，远远超出国力负荷。

许多开发区为了吸引外资，制定的优惠政策一个比一个“火”，有的甚至到了“舍血本”的地步。开发区的土地出让绝大多数是采用协议出让的方式进行的，因而到处充斥着灰色交易。《中华工商时报》称，“仅每年土地黑市交易流失的国家收益，估计就有 200 亿元之巨。有些外商以极其低廉的价格，一下子包揽上百亩或数百亩甚至几平方公里土地，然后再稍做平整，以几倍的价格出售获利”。广东省出让 88 平方公里的土地，得到 94 亿元的转让金，平均每平方米为 107 元。江苏一家开发区出让 70 年使用权的土地，转让价为每亩 2 000 元，等于每年每平方米收 0.04 元。而中部的一些省份更是推出了豁免土地使用费的优惠政策。中国台湾《联合报》的记者称：“现在若到大陆，无处不见房地产开发公司的招牌，无处不谈土地买卖。”

国务院调查组的报告显示，到 1993 年 4 月为止，全国开发区开工面积 307 平方公里，约占规划总面积的 2%，也就是说，90% 以上的耕地“圈而未发”，全国因此减少耕地 1 000 万亩。5 月 16 日，国务院发文限制盲目建立开发区，到 11 月，沿海 7 省 1 区关闭了 700 个“圈而未发”的开发区。在以后的 10 年里，开发区的过度开建现象其实一直没有被完全遏制。

到 1993 年年初，全国的股民总数增长到了 200 万。

在上一年爆发了深圳抽签表舞弊事件和原野事件之后，中央决定加强对证券市场的掌控。当年 10 月，证监会匆匆成立，1993 年 4 月颁布《股票发行与交易管理暂行条例》,9 月宣布对国内法人开放 A 股交易。紧接着，就发生了轰动一时的宝延风波，这是中国股市第一次大规模的收购战。

延中实业是上海股市最早的上市公司之一，它是上海静安区的一个街道公司，其上市纯粹是一个偶然，在大型国有企业都不愿意吃螃蟹的情况下，这家只有 50 万元注册资本的小企业意外地成为最早的股份制企业，并成为第一批上市的公众企业。它之所以成为第一个被热切关注的企业，实在是因为股本结构上的特殊：由于延中实业的资本实力弱小，所以在公开募股中，社会公众股占到了 91% 的高比例，使它在众多股票中显得非常独特，也成为那些资本玩家们最乐意染指的企业。①

这年春夏，与全国投资大热形成鲜明对照的是上海股市的萧条。在邓小平南方谈话利好的推动下，沪市股指曾冲到过 1 558 点，可是接下来就掉头朝下走，到 5 月底，央行为了整顿金融秩序，决定提高人民币存贷款利率，股指更是应声大挫，跌破了 1 000 点。上交所总经理尉文渊内心大急。8 月，深圳第一家上市公司宝安集团的证券部主任厉伟（著名经济学家厉以宁之子）北上拜访，他告诉尉文渊，上海股市之所以不温不火，是缺少“鲇鱼”的缘故。他举例说，日本渔民捕捞沙丁鱼，远洋归来往往会死掉一大半，后来他们就在捞上来的沙丁鱼里放一条鲇鱼，为了生存，沙丁鱼就会不停地游动以躲避鲇鱼，结果存活率大大提高。尉文渊听懂了，他笑着说：“你们愿意来上海当鲇鱼吗？”

一个月后，这条名叫宝安的“鲇鱼”果然就来了。宝安开始攻击延中

① 中国股市在股权设计上采用了“身份划分”的制度，这成为一个很独特的现象。1992 年 5 月 15 日，国家体改委发布《股份有限公司规范意见》及 13 个配套文件，明确规定国家股、法人股、公众股、外资股四种股权形式并存，由此形成了资本市场的“股权多元结构”特征。这一制度在 2005 年之后才被改变。

▲上海证券交易所首任总经理　尉文渊

实业，沪市果然被搅得躁动不已，延中实业的股价连日拉阳线，股价从每股 9 元涨到了每股 12 元。9 月 30 日，宝安发表声明，宣称已拥有延中实业 5% 的股份。公告一出，延中实业一路狂涨，8 日后竟达到每股 42.2 元，沪市随之大热。

宝安此次狙击颇有技巧。按证监会的规定，一旦持有 5% 的公司股份就必须要公告，宝安在 9 月 29 日持有 4.56% 的股份，而在 30 日一开盘，就大口咬进 342 万股，持股比例一下子达到 16%，其时间刚好拿捏在公告发表的同时。延中实业认为，宝安的做法是一种恶意收购，是对市场的隐瞒和欺骗。它还掌握了另一个很有力的事实，出手收购的宝安上海分公司注册资本只有 1 000 万元，而用在收购上的资金前后多达 8 000 万元以上。政策规定，信贷资金和违章拆借资金不得用来买卖股票。延中实业当即召开新闻发布会，宣称将通过法律程序维护公司利益，风波由此而起。

从公开的事实看，有利的天平似乎偏向延中实业，对这场风波颇为关注的各大媒体也大多对其持同情的态度。而证监会最终的裁决结果却让所有人都大吃一惊，它认定宝安的收购是一种“违规行为”，需要缴纳 100 万元罚款，但同时宣布其收购有效。宝安的人员顺利当选为延中实业董事长。

中国股市的第一场收购战便在这种暧昧的硝烟中尘埃落定。尉文渊以延中实业为诱饵，引进了一条宝安“鲇鱼”，最终达到了吸引全国目光、把上海股市激活的目的。日后有股评家评论说：“宝延风波的裁决，奠定了中国股市的灰色基调。几乎所有人都领悟到了，这是一个强者第一、规则第二的竞斗场。”

如果说宝延风波还是一场堂堂正正的正面决斗的话，那么两个月后的苏三山案则更像一个黑色幽默。湖南省株洲县一个姓李的股民花 100 万元购进 15 万股苏三山，然后私刻一枚“正大置业”公司的印章，写信给《深圳特区报》和《海南特区报》，宣称本公司已收购苏三山 5.006% 的公司流通股。两报不知就里“来函照登”，第二天，苏三山大涨 40%。等到深交所发现异动，提出警告，李先生分批抛售，已获利 15 万元，而全国股民损失 2 000 万元，套牢 1.2 亿元。李先生飘然离场，不知所终。①

在 1993 年，一些日后风云一时的企业家还在成长的路上。后来创办全国最大家电连锁公司的国美集团创办人黄光裕，这时还是一位 24 岁的“北漂商人”。他是潮汕客家人，喜欢说自己是“李嘉诚的老乡”，他连初中都没有毕业，就早早地离乡四处做生意。他在北京开了一个家电商场，1993 年的销售额居然做到了 2.3 亿元。在接受《经济日报》记者采访时，他透露自己的秘诀说：“别人在进价和税钱的基础上，加价 5% 出售，我就只加 2%，这样消费者就都跑到我这里来了。”

这一年，一位名叫马俊仁的中学体育教师成了国家英雄。他以严苛地训练女子长跑运动员而闻名。从 1988 年起，他带领的“马家军”就在一系列的国际赛事中夺得好成绩，1993 年 8 月，在德国斯图加特举行的第四届世界田径锦标赛上，马家军一举席卷女子 1 500 米金牌，3 000 米金、银、铜牌和 10 000 米金牌，并打破两项世锦赛纪录，一时间，举世震惊。他的首席女弟子王军霞在 1996 年亚特兰大奥运会上夺得金牌后身披国旗绕场飞奔的镜头，成为中国体育史上最经典的一个镜头。

马家军的辉煌成功，让国民大呼痛快，仿佛一夜之间扫去了“东亚病

① 1993 年 6 月，中国证监会与香港证监会签订《监管合作备忘录》，允许内地公司在香港联合交易所上市，是为 H 股。当年有青岛啤酒、上海石化总厂、广州造船厂、北京人民机器厂、马鞍山钢铁公司和昆明机床厂上市。这是社会主义中国的企业第一次成规模地在另一个经济体融资上市。

▲王军霞

夫”的耻辱。人们对马家军的每一个细节都充满了好奇，嗅觉敏锐的商人也在第一时间嗅出了其中的价值。就在世锦赛后一个月，一则广告便在全国的电视台播出：马俊仁坐在一张报告台前，好像是在开一个事迹报告会，讲到如何取得了好成绩时，他突然举起一盒保健品，用带有浓重辽宁口音的普通话大声说，“我们喝的是中华鳖精”。

“中华鳖精”由浙江省台州地区温岭县的一家保健公司出品，在此之前它籍籍无名，可就靠了这则制作粗糙却播出十分及时的电视广告，它竟迅速成为全国知名度最高的保健品品牌之一。马家军的神奇崛起，让人们对马俊仁的训练方式十分好奇，而向来对“秘方”怀有先天好奇的中国消费者尤其如此——在这一点上，前几年的健力宝已经用“东方魔水”的故事充分证明过了。而马俊仁也在很多场合暗示，他有一个能够让人迅速恢复体力的神秘药方。到 10 月，全中国的商人都想找马俊仁谈生意，都想得到这个令人兴奋的“秘方”。这位性情耿直却不太有商业细胞的体育教练显得有点不知所措，他躲进辽宁体育学院里不肯见人。

12 月 25 日，马俊仁终于再次出现在公众媒体前，此次，与他开心地站在一起的是一位名叫何伯权的广东企业家。后者宣称，他领导的乐百氏以 1 000 万元的高价买下了马家军的营养秘方。[①]

① 有关何伯权与“马家军秘方”的渊源，具体可见本书章节——《1994 青春期的躁动》。

1999年10月，保外就医的禹作敏在孤独中去世，享年70岁。这位个性刚烈的农民企业家至死没有等到他一直渴望中的"平反"。他的死因有两种说法，上海的《解放日报》曾在第一时间报道，"禹作敏在天津天河医院就医期间自杀身亡，尸体已于5日火化"。而新华社则在之后的简短新闻中称禹作敏"因心脏病突发去世"。

▲禹作敏

在内心，他从来没有觉得自己犯了什么错。大邱庄极盛时，外来打工的人比村民多三倍，如何管理当然成了一个问题。那些打死人的村民虽然下手重了点，但出发点却是为了"发展大邱庄经济"，他们犯事了，当然要他这个老爷子出面扛着。就在危福和事件的前三年，也曾经发生过殴斗致残案件，罪犯被抓去判刑了，禹作敏号召全村人为坐牢者募捐，他先出了10万元，然后下令200户养一个罪犯家庭，因为"他几个是为大邱庄坐的牢"。

他甚至没有细想过与400名武装干警对峙的后果，大邱庄那时候私藏了15支自动步枪、2 000发子弹，还办有一个猎枪厂，一旦擦枪走火，将会导致怎样的后果。

历史选择禹作敏作为一个时代的代表，自然有它的道理。这个从盐碱地里长出来的庄主从来就有一股天生的霸气和倔犟劲。当初，办轧钢厂需要集资10万元，还得向其他村借5万元。村内有人反对，禹作敏慨然说："富不起来，我爬着去给你拜年。"富裕之后，他说："大邱庄没有集体的智慧，没有我禹作敏，就没有大邱庄的今天。”在1981年，当调查组来大邱庄追究轧钢厂与国营企业争原料一事的时候，他组织村民与之抗争，这成为他早期最值得炫耀的改革行为，12年后，他又因同样的桀骜不驯而陡然陨落。

多次接触禹作敏的知名记者张建伟曾评论：“他是我所遇到的最善于利用政府政策来达到自己目的的农民，他的整个发家的历史，其实就是机敏巧妙地对付政府的一连串故事。”大邱庄是靠办轧钢厂起步的，在钢铁这个国营资本垄断的行业中，其钢材之来源及钢管之销售，无一不与大型国营企业有关。一位参观者曾经描述说：“大邱庄的20多家轧钢厂和钢管厂规模都不大，设备也很陈旧，最让人羡慕的是堆在院子里的那一大批废钢材，这是当今中国市场的紧俏货，没有相当的本事和过硬的关系绝对搞不到手。”禹作敏是大邱庄的大当家，而他一直认为自己是一个“政治家”。当有人问他大邱庄的贷款、管理人数及各分厂的经营情况时，他就会不耐烦地摆摆手说：“你去问工厂，这些事我不管。”禹作敏认为自己管的是大邱庄的政治，他像一把鲜亮而招摇的大伞，严严实实地笼盖着大邱庄。每天，他坐在自己的别墅大院里，门口养着两条大狗，等待着一拨又一拨的人满怀敬意地前来“取经”。

禹作敏被认为是一个“农民语言大师”，他最著名的顺口溜是，“低头向钱看，抬头向前看，只有向钱看，才能向前看”。其他如“引科学的水，浇农民的田”，“来财必有才，有才财必来”，“科技是真佛，谁拜谁受益”，“‘左’了穷，穷了‘左’，越穷越‘左’，越‘左’越穷”等，也都流传很广。邓小平南方谈话后，他要求大邱庄每家每户都要挂六字红横幅：“小平同志您好”。他还为报纸口述一篇长文——《我们明白了，我们放心了，我们有了主心骨》，其文字之乡土本色、言辞之鲜活质朴，实在很让人感动。

禹作敏每每以中国农民的代表自居，每次与官员和记者对话，他的开场白都是“我就是一个农民”，这是他的话语起点，也是他最为骄傲的身份。外出开会，哪怕是坐在沙发上，禹作敏也是盘腿而坐，不脱皮鞋，吸烟不弹烟灰，任其落在高级地毯上，他把这当作一种“农民本色”。他试图以这种极其炫目的方式，来证明刚刚从耕地中走出来的农民，仍将是现代商业中国的主力。也正因为这种极端而率真的个性，他很是受到一些人的喜爱。

1991年，他一口气购进了16辆奔驰车，每当有外地高级官员或海外媒体记者来访，他就会派奔驰车出村迎接，他要让人们在看到大邱庄的第一眼起，就被中国农民的气派给镇住。他自己乘坐的则是当时国内很罕见的奔驰600轿车，在媒体的报道中，这成了“敢与官本位抗衡的象征”。

就因为有了太多这种似是而非的“象征”，最后，禹作敏也把自己真的当成了一种“象征”——对他的侵犯，就是对中国农民的侵犯。

1992年，外交部组织一部分外国使节到大邱庄参观。他心血来潮地宣布，大邱庄将派精壮的小伙子出国留学，谁能娶回洋媳妇就给重奖，要招100个最漂亮的外国姑娘跟大邱庄100个最聪明的小伙子结婚，生出最优秀的后代。这些话被信以为真的记者登在报纸上，很是让那些有“民族自尊”的人津津乐道了一阵。禹作敏的这些表演让人联想到，这是一块诞生过义和团的土地。

禹作敏的骄横在后来已经到了难以遏制的地步，他会跟国务委员比谁的工资高，跟部长比谁的皮带贵。他对一位离休干部说：“你是带着穷人打倒了富人，我是带着穷人变成了富人。”他得意地问一位中央某部领导：“你看我的办公室比中南海里的怎么样？”村里有一位他赏识的青年要入党，几次党支部会开下来都通不过，他断然说：“同意他入党的别举手，不同意的举手。”在他的圆目瞪视下，全体党员无声无动，他随即宣布“通过”。有一次，一位香港记者问他：“有人说你是这里的土皇帝……”禹作敏不等他说完，就笑着应声答道：“我去了‘土’字就是皇帝。”禹作敏让一个盐碱地村庄变成了中国的“首富村”，同时在这里建成了一个封建的威权王国。这个人没有摆脱千百年来余弊不绝的“君王意识”，他以救世主的身份出现，村民则以公众自尊的丧失换取了物质上的富足。《人民日报》记者凌志军记录了一个细节。有一次，他去大邱庄采访，路遇一个小姑娘抱着一只鲜血淋漓的母鸡痛哭不已，她说鸡是被狗咬死的，凌志军鼓励她去找狗的主人要求赔偿，她说她不敢去，因为那是禹作敏家的狗。于是，凌志军表示愿意代她去说理，小姑娘却更加恐惧地告诉他，如果这样的话，她一家人今后就会更加倒霉。凌志军后来很有感慨地写道："由于为人民谋得了利益，一个农民建立起自己的威望，进而唯我独尊、专横霸道起来，这在中国的乡下并不少见。"

1991年4月，中国乡镇企业家协会第二次年会在沈阳召开。会上，有官员对禹作敏的工作作风、骄傲自满进行了委婉的批评。但在禹作敏听来，这似乎就是不给他"面子"，于是，他"愤而辞职"，不等会议结束就打道回他的庄园去了。他与天津地方政府的关系也是在这种情绪化的对抗中日渐恶化的。

大邱庄地处天津近郊的静海县，禹作敏出事后，仍然有不少人赶去参观。很多年后，走在这个日渐没落的村庄里，你依然时时处处可以嗅到禹作敏残留不去的气息。此人脸瘦削，肌发黄，满脸沟壑，一双异乎寻常的浓眉高高挂在一对精明的细眼睛上，眼珠大而黑，几乎看不到眼白。站在他居住过的大院里，你仿佛觉得他还大大咧咧地盘腿坐在里面，旁边搁着一碗散着热气的棒儿粥，门口蹲着两条虎视眈眈的大狗。

1994 青春期的躁动

海尔应像海。

唯有海能以博大的胸怀纳百川而不嫌弃细流；

容污浊且能净化为碧水。

——张瑞敏：《海尔是海》，1994年

何伯权是很偶然地闯进抢夺“马家军秘方”这场游戏中的。在一次出差途中，他顺手翻到一本通俗杂志《八小时以外》①，上面有一篇文章介绍说，马家军的姑娘们之所以能够创造奇迹，是因为教练马俊仁手中有一个十分神奇的祖传秘方，能够让人在短时间内提高血色素，增强体能。何伯权的眼睛

① 《八小时以外》是一份综合类月刊，由天津人民出版社主办，是当时中国最有影响力的刊物之一，颇具知名度，年销量高居不下，以刊发大众化、贴近生活的故事和纪实文章著名，聚焦社会大事，展示生命细节，演绎了许多平凡人的命运悲欢，集纪实性和趣味性于一身，深受读者欢迎，成为国内名副其实的大型读物。

为之一亮。

32 岁的何伯权是一个营销奇才，他的广州乐百氏饮料公司创办于 1989 年，生产调配型儿童果奶，经过几年经营，乐百氏已经是当时国内同行的龙头企业。不久前，他去北京大学招聘大学毕业生，这是国内民营企业第一次在名牌高校中举办招聘活动。此刻的他，正像猎人一样四处寻找更刺激的商业机会，杂志上的那篇文章顿时令他灵感迸发。他当即决定北上，寻找马俊仁。

这几乎是一场没有悬念的商业谈判。马俊仁在交谈中顺口说出："我的药方，有人说出 1 000 万元我也不一定卖。"何伯权接口问："那我出 1 000 万元，你卖不卖？"

马俊仁当然卖，这笔钱在当时足够修建一个非常像样的运动场了。而 1 000 万元也相当于乐百氏当时一半的年利润。根据报道，这是国内民间最大的一起知识产权交易，消息一经发布，当即引起轰动。何伯权将药方的交付设计成了一场宏大的、非常具有仪式感的活动：药方交接和新闻发布会在广州五星级饭店中国大酒店举行，马俊仁和他的神秘配方由警车护送，呼啸而至，何伯权接过用红绸盖着的一纸配方后，当即将之送进中国人民银行的保险库。他随之宣布，由此配方研制而成的"生命核能"口服液将在两个月后正式投放市场。很多年后，何伯权说，那也是他第一次看到配方，记得有鹿尾、人参、

▲满目保健品

黄芪、阿胶、红枣等，“没有我们想象不到的东西”。

尽管如此，在数百家媒体的持续报道下，市场的胃口却已经被这个神秘配方吊得很高了，各省经销商纷纷要求代理“生命核能”，何伯权顺势提出“省级代理的独家经销权拍卖”。第一场在湖南，拍出 50 万元，第二场在西安，拍到 200 万元，第三场在江苏就涨到 240 万元了。“独家经销权”一路水涨船高，几个省市拍下来，乐百氏收进 1 700 万元，已经超过了支付给马俊仁的配方费。“生命核能”一役，让何伯权和乐百氏名声大振，乐百氏成为国内品牌知名度最高的公司之一。此次炒作充分展现出中国市场的非理性疯狂，疆域的广袤、消费者层次的参差不齐，以及媒体对新闻事件的推波助澜，使得某些产品可以依靠一个灵感或一套策划而一夜崛起。

▲何伯权

整个春天，人们都沉浸在“生命核能”所引发的热情之中。如果说，野心迸发的地方是一个时代的火山口，那么，1994 年前后，中国商业的火山口就在保健品和饮料食品领域，全中国最有野心的企业家们都亢奋地拥挤在那里。在过去的 4 年里，全国保健品生产企业从近百家增至 3 000 余家，增加 30 多倍，品种多达 2.8 万种，年销售额高达惊人的 300 亿元，增长 12 倍。保健品产业成为全国发展最快、最引人注目的“黄金之地”。

就在上一年，国内最大的保健品公司广东太阳神的营业额达到了创纪录的 13 亿元，利润高达 3 亿元，太阳神以一种前卫、先锋的姿态远远地跑在所有中国企业的前面。1994 年 7 月，美国世界杯足球赛期间，太阳神在中央电视台的直播节目中播出了一条长达 45 秒，名为《睡狮惊醒》的形象广告：黄河千年冰破，长城万里鼓鸣，一头东方雄狮昂然而起，仰天长啸，“只要努力，梦想总能成真——当太阳升起的时候，我们的爱天长地久”。宣言体般的广告词和精致壮美的画面，构成了一股撼人心魄的激情冲击力。太阳神第一次把理想主义的光芒照射到了平庸的商业广告之中，令人回味无穷。

如果说，南方的太阳神走的是品牌形象至上的路线，那么，一些来自北方的企业则实施了狂轰滥炸的广告策略。率先取得成功的是沈阳飞龙保健品公司。这家公司推销的是据称对男女肾虚有治疗效果的飞龙延生护宝液，它不像太阳神那样讲究营销技巧和品牌形象，而是以广告轰炸为唯一手段。延生护宝液的广告不投则已，一投便是整版套红，并且连续数日，同时跟进电视、电台广告，密集度之高前所未有。这种毫无投放技巧和艺术效果可言的广告轰炸，营造出一个让人窒息的炙热氛围，在感性的市场上居然非常奏效。这家企业的当家人姜伟不盖厂房、不置资产，连办公大楼也不改建，坚持“广告—市场—效益”的循环营销战略。从1991年起，飞龙投入120万元广告费，实现400万元利润；第二年，投入1 000万元广告费，利润飙升到6 000万元；到1994年，广告投入过亿元，利润已超过2亿元，俨然成为全国保健品产业的龙头老大，发展速度居全国医药行业之首。

▲姜伟

姜伟式的成功，在中国企业界引起了巨大的关注，很多在中国市场上拼杀多年的外资品牌和港台营销高手对此百思不得其解，那些出身草莽的民营企业家们却饱受启发。另一对营销天才便是在此刻横空出世的——8月，吴炳新和吴思伟父子以30万元在济南注册成立了三株实业有限公司。他们生产的三株口服液号称是高科技的生物制剂，主要成分为双歧杆菌，长期服用对肠胃有保健作用。在此前的几年，上海有一家叫昂立的保健品公司已经推出了类似的“昂立一号”，吴氏父子曾经是昂立的地区代理商，三株口服液与昂立一号在配方和功能上基本无异。然而，自立门户的三株却展现出特别强大的营销攻势。

三株学飞龙，一方面，以“地毯式的广告轰炸”为打开市场的主要手段。当时，电视广告还不是非常发达，每天早间以及晚间10点之后的广告价格非常便宜，而且很少有商家愿意投放。三株却在各地电视台大量收购这些“非黄金时间”，用以播出长达10分钟、拍得并不精美却充满了语言诱惑的三株系列形象片，其中最突出的主题是，“三株争当中国第一纳税人”和“振兴民族工业”，尤其是前面那个口号很是响亮而吸引人，看到的人都以为这是一家多么庞大的公司，其实它只有30万元的注册资本。

另一方面，吴氏父子以“农村包围城市”的思想为战略依据，向农村市场强力渗透。中国市场地缘广阔，东西纵横上万里，南北温差50摄氏度，各地习俗和消费特性都非常不同。特别是在农村市场，由于销售渠道不完善，商业信用度低下，所以在此之前，几乎所有在中国销售商品的企业都将中心城市视为销售的重点，对于农村市场则束手无策，只能浅尝辄止。而吴炳新则闯出了一片新天地，他精心设计了农村市场的四级营销体系，即地级子公司、县级办事处、乡镇级宣传站、村级宣传员，采用层层渗透的方式保证三株口服液得以广泛铺货。同时，他利用低廉的人力成本优势，开展人海战略，聘用了数十万的大学生充实到县级、乡镇级的办事处和宣传站。尤其让人吃惊的是，他还发明了无广告成本的“刷墙包柱战略”，发给每个宣传站和村级宣传员一桶颜料和数张三株口服液的广告模板，要求他们把“三株口服液”刷在乡村每一个可以刷字的土墙、电线杆、道路护栏、牲口栏圈和茅厕上，以至在后来的很多年里，所有来到中国乡村的人都会十分吃惊地发现，在每一个有人烟的角落，几乎都可以看到三株的墙体广告。

在广告传达上，三株极为大胆和富有创造性地走出一条“让专家说话，请患者见证”的道路，首创了“专家义诊”的营销模式。在中心城市，每到周末，三株就会聘请一些医院的医生走上街头开展“义诊活动”，其主旨则是推销三株口服液。到后期，它更把这股义诊风刮到乡镇、农村，有些地方自“文化大革命”时期的“赤脚医生”后，已经有20多年没有见到医疗机构下乡了。三株的“白大褂”们热情洋溢地赶到那里，老少乡亲自然排着队来看医生，而就诊后的结果往往是，全村老少都有肠胃疾病，而治疗的唯一方法就是掏钱买三株口服液喝。据不完全统计，三株每年在各地起码要举办上万场类似的义诊咨询活动。这些让人匪夷所思的营销活动，在当年的中国市场上屡试不爽，到年底，三株的销售额就超过了1亿元，第二年竟冲到了20亿元，赶上了当时国内如日中天的第一饮料品牌健力宝的销量。

飞龙、三株的迅速崛起，彻底激活了中国的快速消费品市场，它们所秉持的轰炸式广告营销理念以及对产品功能的任意扩大，也长远而具有腐蚀性地影响了中国商业界。也就是从此之后，肆无忌惮、极端蔑视消费者智商的广告理念大行其道。对于很多商人来说，只要是能够带动销售的做法都是可以尝试的，最基本的诚信底线被轻易地抛弃。以下这些广告和营销创意在当年都曾风靡一时。

• 奖牌法——一开始，几乎所有的产品都披上了“省优、部优、国优”的光环，后来最时髦的是“国际金奖”或“最畅销产品”。1993年年底，浙江省啤酒业有8家企业宣称自己获得了各种国际性博览会的金奖。一开始，媒体热情报道，视之为无上的荣光，后来荣誉泛滥，竟变成了一则笑谈。黑龙江讷河县啤酒厂是一个只有百余人的小工厂，厂长接到来自马来西亚的“喜报”，被告知获得了“国际饮料博览会金奖”，其条件是：领奖人境外费用2万元，获奖费用1万元，终身大奖2万元，代理费8 000元。明码标价的品牌评选成为公开的秘密。

• 明星法——花几万或几十万元请歌星、影星、体育明星操一口带港味的国语信誓旦旦地说：“我只用……”“我只喝……”“我只穿……”如果出不起那笔明星出场费，就想出更绝妙的办法。广东一家运动鞋制造商推出一则广告：一个瘦猴青年，穿紧身太空衫，走太空步，在大雾中呼啸，远远看去仿佛迈克尔·杰克逊在代言广告。

• 非广告法——在当时的广告界有一个秘诀，“把广告拍得越不像广告，效果越好”。让普通的消费者来“教育”消费者，成了一种非常流行而有效的“实证广告”。比如在北京找一个“王大力”，在上海找一个“张美丽”，在广州找一个“马小小”，然后用不同的方言，一起替你的产品叫好。一家奶粉企业还曾播出一则广告：一位大牌主持人坐在演播台前，一本正经地宣读，“据新华社、《人民日报》报道，某某婴儿奶粉时下正成为风靡全国的新生代产品”——10 亿人中有 8 亿人把这则广告当成了《新闻联播》。

• 借牌扬名法——马俊仁的“马家军”很火爆的时候，杭州一家保健品公司当即将“马家军”的商标给注册了，然后大打其广告。后来，马俊仁向法院起诉，企业总经理的理由是：我们公司的几位领导不是姓马就是属马，要么长得像匹马，为什么不能叫“马家军”？

• 假洋鬼子法——1994 年，北京一家调查公司发现，给产品起一个洋品名，将使广告有效率提高 4 倍。因此它提议，“如果是乡镇企业，就更要把厂名改成中外合资什么的”。这种方法在服装业十分流行，温州、晋江等地的很多企业都把自己的品牌改成拗口的“欧美名字”。更有聪明的人去欧洲找到一些濒临破产的家族小企业，以低廉的价格购买其品牌，然后回国内大力炫耀其“百年传承，正宗血统”。

• 天方夜谭法——对产品功能的任意夸大成为所有广告的灵感所在。喝了某种果奶，考试就得 100 分；送出某种品牌的礼盒，就得到了一个大项目；系上某品牌的领带，变了心的女友立马回心转意——反正广告本来就是“说不说由我，信不信由你”。

• 快速示范法——要在 30 秒的电视时间里打动消费者，最好的办法之一就是做示范。比如腹泻者在厕所与卧室之间来回跑，一吃某药片立即见效；室内蟑螂成灾，一喷某杀虫剂当即“害虫死光光”——至于药效是否真的如此神速，那就另当别论了。

• 夸张法——把手表从飞机上扔下来，用压路机去压席梦思，穿着皮鞋跑马拉松，给木乃伊吃救心丸，拿剃须刀去刮大猩猩的脸……

• 稀有原料法——市场上充斥着千奇百怪的商品，比如千年老龟做成的胶囊、天山雪莲制成的冲剂、海底神草酿成的美酒，反正听说过没见过的稀罕物，这回全让大家尝到了。再不济，还可以到化学元素周期表中找一两种偏门的元素，说不定真的出奇制胜了。

当这些广告以铺天盖地之势被投放到市场上的时候，对商业促销还缺乏免疫力和判断力的人们一次次地被它们诱惑，市场以一种超出预期的热情投入到这些“天才企业家”们导演的一出出营销大戏中。不过人们没有料想的是，在后来的若干年里，它也将以几乎同等能量的冷酷，对所有的泡沫和不诚实进行报复。

然而，在当时，这些企业所取得的市场业绩实在太炫目了，以至让前些年获得成功的企业家们又眼热又不安。广东三水的“中国饮料大王”李经纬就是被搅得最心烦意乱的一位。此刻的李经纬把健力宝带入了第十个年头，发展一直非常稳健，无风无浪。早在 1991 年，李经纬异想天开地策划出一个“拉环有奖”的促销创意，凡是购买健力宝的消费者只要拉到印有特别图案的拉环就可以得到 5 万元的奖金。李经纬宣称每年投入数百万元的奖金——从一开始的 200 万元，递增到后来的 800 万元。这个活动在中国城乡竟获得了意外的成功，尤其让人惊奇的是，“健力宝拉环”竟成为很多乡村骗子的道具。他们坐在长途汽车上，惊呼自己拉到了一罐有 5 万元巨奖的健力宝，然后将之转卖给那些贪小便宜的无辜乘客。这个诈骗游戏一直到 2000 年前后还在各地的城乡里无比愚蠢却又惊险地上演着。

就靠着拉环有奖的促销刺激以及品牌的持续影响力，健力宝的销量水涨船高。踌躇满志的李经纬去纽约开设了自己的办事处，他花500万美元在纽约的帝国大厦买下一层办公楼。他对美国记者宣称，健力宝在中国的销量是可口可乐与百事可乐的总和，现在，他要用这罐“东方魔水”来征服美国的消费者。而事实上，在国内市场，健力宝正四面受敌：在主要城市，跨国公司和品牌形象甚好的乐百氏掠去大块市场；在城镇市场，由儿童营养液转入饮料业的杭州娃哈哈公司凭借强大的渠道能力让它在竞争中颇感吃力；就连健力宝一向自恃的保健概念也被更为大胆的飞龙和三株抢去风头。

在三株和飞龙咄咄逼人的广告攻势下，一向十分自信的健力宝也有点乱了方寸。它的市场人员开始杜撰三株式的广告文案，它宣称收到了消费者的“感谢信”，一些常年卧床不起的老人在喝了健力宝后，居然“神奇”地痊愈了。它还将饮料送到广东省人民医院进行临床观察，得出的结论是：“服用健力宝之后可改善体内环境，恢复精神，消除疲劳，改善胃口，促进体内电解质平衡，对增强精力、体力、消化力、宫缩力有明显的好处。”就这样，以体育营销而取胜的“东方魔水”变成了一罐包治百病的“江湖药水”。幸好李经纬及时发现了这类广告的危险性，尽管他的下属们抱怨说“如果我们不这么干，就没有经销商愿意卖健力宝”，但他还是终止了这类危险的广告行为。也正是这个清醒的坚持，让健力宝在三年后保健品市场信用崩溃的时候，得以幸免于难。在当时的市场上，像李经纬这样敢于坚持的企业家实属凤毛麟角，很显然，在无所不用其极的广告轰炸下，市场正在变得浑浊起来。

保健品市场的尘土飞扬让李经纬感到有点手足无措，却让行业之外的史玉柱非常激动。他的人生在此前如一条顺畅欢快的河流，现在却突然撞上了一道莫测的悬崖。

在过去的两年里，史玉柱一直是媒体和政府的宠儿。在一家媒体对北京、上海等十大城市的万名青年的问卷调查中，当被问及“你最崇拜的

▲巨人时期的史玉柱

青年人物”时，第一名是微软的比尔·盖茨，第二名便是史玉柱。他研制出的巨人M–6403汉卡[①]在市场上卖得十分火爆，1993年的销量比1992年增长了300%，给巨人公司带来3 000万元的利润回报。然而，就在这段时间，随着西方16国集团组成的巴黎统筹委员会的解散，西方国家向中国出口计算机的禁令失效，康柏、惠普、IBM（国际商业机器公司）等国际著名电脑公司大举入境，被称为中国硅谷的北京中关村一时风声鹤唳。刚刚起步的电脑行业面临重新洗牌的局面。在强敌环伺的情形下，史玉柱看到了危机的出现。在一次会议上，他提出了“二次创业”的总体目标：跳出电脑产业，走多元化的扩张之路，以发展寻求解决矛盾的出路。

很多年后，人们将史玉柱的这个决策视为巨人崩塌的根源。而商业历史实在很难以常规的逻辑来进行复盘重演，以巨人集团当时的技术储备和制造能力，能否在惨烈的电脑价格战中立足仍是一个未知数，史玉柱敢于抛弃已有的产业成就，实施产业战略转移，也需要极大的勇气和决断力。

---

① 汉卡（Chinese character card），一种将汉字输入方法及其驱动程序固化为一个只读存储器的扩展卡。这种汉卡是为一种汉字系统专门设计的。汉卡的出现是和大家熟知的传奇人物史玉柱紧密联系的。1989年，史玉柱拿着自己凑的仅有的4 000元钱，给《计算机世界》打电话，想做一笔交易：《计算机世界》给他花费了9个月心血研制的“M–6401桌面排版印刷系统软件”做广告，但是要求是先打广告后付费。这一赌博式的做法，居然在4个月后使史玉柱成了年轻的百万富翁。史玉柱随后推出M–6402汉卡。1991年，巨人公司成立，推出M–6403汉卡。1992年，史玉柱率100多名员工落户珠海。巨人公司也迅速发展起来，资产规模很快接近3亿元。

这是一个看上去文弱寡言，而内心却仿佛堆着一座枯柴山的男人，只要有一点火星，就可以燃起他的冲天激情。在他看来，迅猛成长中的国内市场，有太多比电脑业更有商业价值的暴利行业在诱惑着他。

首先，他已经在房地产上尝到了甜头。自两年前提出要建“全国第一高楼”巨人大厦之后，珠海市政府对此非常支持，大厦征用的地价从每平方米 1 600 元，降到了 350 元，几乎成了一个“象征价格”。史玉柱的智囊们还想出了一个看上去比贷款更好的融资办法——去香港卖楼花。此时的巨人集团是国内最知名的高科技企业，并“计划于 1995 年上市”，公司还向民众提供了一份“零风险、高回报”的无风险保证：“中国人民保险公司提供本金保险及 100% 的回报保险，珠海市对外经济律师事务所进行常年法律见证。”就是顶着这样的满头光环，巨人大厦的楼花在香港卖得十分火，每平方米居然被炒卖到了 1 万多港币，史玉柱因此一下子圈进了 1.2 亿元。在他看来，这钱来得实在比卖汉卡要省力和快捷得多。

也是在这时，史玉柱瞄上了无比火爆的保健品市场。这位天生对商业机遇有超人敏感度的年轻企业家无疑嗅出了其中浓烈的暴利气息，这是一块正在膨胀的蛋糕，而在他看来，目前正驰骋其中的都是一群草莽汉子，其竞争强度要比跨国公司林立的电脑行业低很多。正是基于这样的判断，史玉柱在夏天做出重大决策：将巨人集团的“二次创业”目标锁定在保健品和药品产业，宣布将斥资 5 亿元，在一年内推出上百个新产品。

史玉柱走上了一条多线开战、俱荣俱损的大冒进之路。他亲自挂帅，成立三大战役总指挥部——他想通过三次重大的产品推广活动，确立巨人集团在保健品业的霸主地位——下设华东、华中、华南、华北、东北、西南、西北和海外八大方面军，其中 30 多家独立分公司改为军、师，各级总经理都改为“方面军司令员”或“军长”“师长”。在一则煽情的动员令中，他写道：“三大战役将投入数亿元，直接和间接参加的人数有几十万人，战役将采取集团军作战方式，战役的直接目的要达到每月利润以亿元为单位。组建 1 万人的营销队伍，长远的目标则是用战役锤炼出一支干部队伍，使年轻人在两三个月内成长为军长、师长，能领导几万人打仗。”

读到这样的动员令，谁都闻得出其中的狂热和火药味。这是一场让人热血沸腾的商业运动，它由一位 32 岁的青年人点燃。这场空前的漫天大火，要么筑就不朽，要么玉石俱焚。

1994 年的中国商业界，到处弥漫着三株、飞龙式的疯狂和史玉柱式的激情。随着经济的持续增长，民众的消费能力日渐提高，几乎所有的消费行业都呈现出兴旺蓬勃的景象。企业的高速成长使得企业家们信心爆棚，展现在他们眼前的是一个正在迅速膨胀和无限延伸的大市场，“扩张、再扩张”的冲动催生出企业史上的第一次多元化浪潮。

7 月 1 日，酝酿已久的《公司法》正式颁布，中国的企业终于步入与国际惯例接轨的规范化管理时期，一种叫作“现代企业制度”的改革新模式在国有企业中开始推行。它的核心内容就是要求厂长、经理们按照《公司法》来管理企业和建立新的管理制度，国务院发展研究中心的一份报告显示，国有企业亏损面超过 40%。与此相对照的是民营企业的膨胀发展，《经济日报》称“乡镇企业已成为中国经济最大的增长板块”，当年农村社会总产值的 75%、全国社会总产值的 38%、全国工业总产值的 50%、国家税收的 1/4、外贸出口交货值的一半均来自乡镇企业。

那些在改革开放初期创业的企业已经由草创期迈入了成长的青春期，尤其是那批在 1984 年创办的公司，已经到了具有标志意义的第十个年份。青春期是这样的一个阶段，企业像一个躁动不安的年轻人，对世界充满了憧憬，对自己能力的认知则交织着莫名的自卑与自信，它每天渴望再生，决策与行事则缺乏连续性。青春期内的企业家意识到，自己必须向职业化转型。在此之前，他们往往是那些天生敢冒风险同时又注重实际结果的人，富有创造力而无所顾忌，而此时，他们面临改变。随着企业规模的壮大，制度和管理成为新的瓶颈。

在这方面，海尔的张瑞敏是最突出的一位。这位好学而勤于思考的企业家对松下幸之助的管理哲学痴迷不已，他深谙制造业的利润秘诀。“我们必须从过去的以量取胜转变为以质取胜，在管理上下功夫是海尔获得成功的出路。”他在一篇管理随笔中这样写道。在过去的几年里，他一直致力于海尔生产的规范化，他从日本松下和丰田公司引进了很多管理模式。在1994年，他首次提出了“日清日高”这个新奇的管理名词，“日清”指完成当日目标，但日清之后还有更高的目标，这就是“日高”。它的内涵是要求每一个工人和管理者学会管理自己的时间和目标。海尔的研究者们称之为“OEC管理法”(Overall Every Control and Clear)，意为全方位地对每天、每人、每事进行清理控制。在人才管理上，张瑞敏提出“人人是人才，赛马不相马”。正是在这种不懈的努力下，海尔成为当时国内管理水平最高的制造工厂之一。2月，为了纪念创业10周年，张瑞敏在激情中写了一篇题为《海尔是海》的散文，它后来广为流传，并被铭刻于石。

海尔应像海。唯有海能以博大的胸怀纳百川而不嫌弃细流；容污浊且能净化为碧水。正如此，才有滚滚长江、浊浊黄河、涓涓细流，不惜百折千回，争先恐后，投奔而来，汇成碧波浩渺、万世不竭、无与伦比的壮观！

一旦汇入海的大家庭中，每一分子便紧紧地凝聚在一起，不分彼此形成一个团结的整体，随着海的号令执着而又坚定不移地冲向同一个目标，即使粉身碎骨也在所不辞。因此，才有了大海摧枯拉朽的神奇。

而大海最被人类称道的是年复一年默默地做着无尽的奉献，袒露无私的胸怀。正因其“生而不有，为而不恃”，不求索取，其自身也得到了永恒的存在。这种存在又为海中的一切提供了生生不息赖以生存的环境和条件。

海尔应像海，因为海尔确立了海一样宏伟的目标，就应敞开海一样的胸怀。不仅要广揽五湖四海有用之才，而且应具备海那样的自净能力，使这种氛围里的每一个人的素质都得到提高和升华。海尔人都应是能者，而不应有冗者、庸者。因为，海尔的发展需要各种各样的人才来支撑和保证。

要把所有的海尔人凝聚在一起，才能迸发出海一样的力量，这就要靠一种精神，一种我们一贯倡导的“敬业报国，追求卓越”的企业精神。同心干，不论你我；比贡献，不唯文凭。把许许多多的不可思议和不可能都在我们手中变为现实和可能，那么海尔巨浪就能冲过一切障碍，滚滚向前！

我们还应像大海，为社会、为人类做出应有的贡献。只要我们对社会和人类的爱“真诚到永远”，社会也会承认我们到永远，海尔将像海一样得到永恒的存在，而生活于其间的每一个人都将在为企业创一流效益、为社会做卓越贡献的同时得到丰厚的回报。海尔人将和整个社会融为一个整体。

海尔是海。

这是中国企业家第一次用清晰而富有战略气质的语言勾勒出了企业的管理哲学、公司使命与精神。他提出的“敬业报国，追求卓越”的企业精神在相当长的时期内成为诸多中国公司共持的理念。也是透过这些文字，人们看到，一代具有自主意识和强大生命力的企业家群体已然崛起。他们跟传统意义上的国有企业厂长有很大的区别：更独立、更自信、更有国际化的眼光。他们还将经受时间的磨砺，在无数的挫折中走向成熟。

跟青岛的张瑞敏一样，深圳万科的王石也正处在创业10周年的激情中。1993年夏天，他专程去参观了海尔冰箱厂，其装配线的井然次序、质量控制体系的严谨及花园化厂区的整洁环境给他留下深刻的印象。他是一个喜欢海阔天空地聊天的人，而张瑞敏留给他的交谈时间只有30分钟。前20分钟基本上都在寒暄客套中过去了，后10分钟才开始进入两人都感兴趣的企业话题，结果意犹未尽，半小时到了，王石正在兴头上，张瑞敏却打住了："真对不起，时间到了，我们以后再谈吧。"当王石走出大门，一辆轿车开到他跟前，时间一秒不差。王石突然觉得，一旦进入海尔，就成了海尔装配线上的一个零件。"这种感觉太可怕了。我当时就觉得，这个海尔绝对会不得了。"

彼时，万科的公司规模一点也不比海尔小。在多元化的道路上，王石比怀汉新[①]还要先行了几年。搞一个无所不包的综合商社是他的公司理想，用他的话说，"那时特区内的公司有95%都是多元化经营的"。在1993年前后，万科旗下有55家附属公司和联营公司，遍布全国12个城市。万科被批准在香港发行B股[②]。当时"大陆概念"在香港炙手可热，估计可得4.5亿元港币。王石踌躇满志。在筹划会上，香港渣打银行一位年轻的基金经理瞪着很大的眼睛问王石："王总，你们万科到底是做什么的？"

王石后来说，是这句话一下子点醒了他。他回家拿出计算器好好算了一下账，把万科从1984年到1994年的贸易盈亏相加，结果得出的数字居然是负数。他旗下的很多产业看上去都前景美好，而实际上却成长乏力，他也根本没有将之整合壮大的能力。

如果说那位年轻基金经理让王石开始思考多元化与专业化的问题，那

---

① 怀汉新是广东太阳神集团有限公司创办人，现任广东太阳神集团有限公司董事长、制药工程师。他领导公司全体员工开发的太阳神生物健口服液，实施现代化的经营管理，使企业走出了一条成功之路，成为全国口服液市场产销第一的厂家。他以超前的意识，不断进行区域性和行业性扩展，仅用几年时间，就把企业发展成为年产值12亿元的集团式企业，而"太阳神"的发展历程也成为整个中国保健品行业潮起潮落的缩影。

② B股的正式名称是人民币特种股票，它是以人民币标明面值，以外币认购和买卖，在境内（上海、深圳）证券交易所上市交易的。1992年2月21日，真空B股在沪上市，是为第一例。

么，另一个人则用更极端的方式来“教训”他了。

1994年3月30日上午10点30分，深圳最大的证券公司君安证券的总经理张国庆来到王石的办公室，他只坐了5分钟就离开了。王石被告知，君安已经联络了万科的部分股东，准备对万科的经营战略投不信任票，并建议改组董事会，新闻发布会将在两个半小时后召开。

两年前才创办的君安是一家“深不可测”的证券公司，拥有强大的背景资源。1993年，它承销万科B股，成本在每股12元，结果推销不力，股票上市价每股只有9元，它手中压了1 000万股。按王石的揣测，张国庆此次袭击万科，就是为了炒作改组新闻，拉抬股价，然后乘机出货减亏。

而张国庆用来攻击万科的题材就是万科的多元化模式。在已经拟好的《告万科全体股东书》中，君安指责万科的产业结构分散了公司的资源和管理层的经营重点，已经不能适应现代市场竞争。作为万科B股的承销商，张国庆对万科的经营动态以及王石的多元化反思其实早有耳闻，他的出手可谓击中要害。

这是中国企业史上股东与董事会的第一次直接对抗，因此它被称为“君万事件”。被逼到了墙角的王石自然不肯束手就擒，他当即想尽一切办法，先是稳住一部分参与倡议的股东，然后向深交所提出紧急恳请，以“防止人为操纵股价异动”为理由，要求停牌万科。在之后的几天内，张国庆与王石各显其能、隔空交战，媒体一时沸腾，股票却硬是被停牌了整整4天。王石还查出，君安高层在暗中建“老鼠仓”，总计购买了2 000万元的万科股票，想通过炒作套利，这一发现让君安发难的正当性受到了质疑。最终，证监会站到了王石一边，试图靠袭击战牟利的张国庆见大势已去，只好向证监会的南下代表承诺：“既然你们发话了，就是一盘臭狗屎让我吃，我也把它咽下去。”

万科再次逃过一大劫。此事让王石刻骨铭心、终生难忘。他借用美国一本财经书的书名，将资本活动家称为“门口的野蛮人”①，但在客观上，这也最终迫使他下决心走专业化的道路。以后几年，他先后卖掉了饮料公司、扬声器厂和供电服务公司，而将全部心思放在房地产上。他提出了两个后来成就万科事业的战略准则：一是“两个 70% 原则”，即万科集团 70% 的盈利必须来自房地产，而城市居民住宅项目又必须在房地产业务中占到 70%，这使得万科的主业特征十分清晰；二是“高于 25% 利润不做的原则”。在中国市场，房地产业从一开始就是暴利行业，几年前，万科只要一拿到土地批文，就有超过 100% 的利润，当时的房产界更有“低于 40% 利润不做”的行规，王石的这个原则让万科规避了高风险，加强了公司适应经济周期的能力，培育了公司的竞争力。王石后来的生意搭档、企业家宁高宁评论说：“在成长的道路上，万科几乎犯过所有可能犯的错误，可是它是幸运的。幸存者的幸运在于，他们在错误还没有把他们毁灭的时候醒悟了。”

在广东顺德的容桂镇，潘宁正雄心万丈地四处攻城略地。珠江冰箱厂当时是中国规模最大、设备最先进、品牌力最为强大的冰箱企业。这时的潘宁已经年届 60 岁，按惯例到了退休的年纪，不过没有人敢公开地提这个敏感问题。

除了年龄的敏感外，一个更关键的话题是，企业的产权归属到底有没有清晰化的可能。珠江冰箱厂尽管由潘宁创办，但在产权上属于镇政府。不过客观地说，企业的壮大与地方政府的竭力支持是分不开的。《经济日报》记者朱建中在采访顺德时举过一个例子。有一年，潘宁要扩建厂区，

---

① 布赖恩·伯勒的《门口的野蛮人》一书被《福布斯》杂志评选为 20 年来美国最具影响力的 20 本商业书籍之一。该书用纪实性的报道记述了雷诺兹—纳贝斯克（RJR Nabisco）公司被收购的前因后果，再现了华尔街历史上最著名的公司争夺战，全面展示了企业管理者如何取得和掌握公司的控股权。“门口的野蛮人”被华尔街用来形容那些不怀好意的收购者。

但是容桂镇上已无地可征，镇领导摊开地图，仔细盘算，最后决定炸掉镇内的一座小山，将之夷为平地，让潘宁建车间。朱建中对此感慨不已，称：“若其他地方政府都这样替企业着想，哪有经济发展不起来的道理？”他因此用了《可怕的顺德人》为报道的标题。

由于地方政府的开明与倾力支持，当时的顺德的确非常“可怕”，全国家电产量的1/3在广东，而顺德就占了半壁江山。它是全国最大的冰箱、空调、热水器和消毒碗柜的生产基地，还是全球最大的电风扇、微波炉和电饭煲的制造中心，容声、美的、万家乐和格兰仕并称中国家电四朵金花，在这一年评选的全国十大乡镇企业中，顺德竟赫然占去五席。

地方政府的全力支持成就了顺德企业群，而政府也在企业的经营决策中扮演了十分重要而强势的角色。一个耐人寻味的细节是，珠江三角洲一带的不少企业家在创业时都具有半官半商的身份，潘宁是顺德容桂镇工交办副主任，创办了全球最大微波炉企业格兰仕的梁庆德在创业前是顺德桂州镇的工交办副主任，乐百氏的何伯权创业前是中山小榄镇的团委书记[①]。在后来的十几年里，广东企业的产权改革颇多周折与风波，与此大有干系。

潘宁当时的处境十分典型，珠江冰箱厂日渐壮大，而经营团队无任何股权。潘宁多次或明或暗地提出，希望镇政府能够在这方面给予考虑，可是得到的答复都含糊其辞。另一个让他头痛的事情是，容声冰箱畅销国内

---

① 乐百氏的产权设计是一个很奇特的案例。1988年，何伯权自筹资金创办企业，当年就实现了盈利。第二年春天，他将40%的股权赠送给了小榄镇政府，其余股权则全部清晰到人。日后，乐百氏一方面在土地、用工、公用配套以及税收等方面受到政府的倾斜和保护，而另一方面，创业者的权益也得到了清晰的保证。因此，这家公司没有像珠江三角洲的其他知名公司一样，陷入政府与创业者的产权博弈战争。到2006年前后，顺德家电集群已不复当年景象，除了美的集团完成了产权的清晰化改造并成为全国最大的小家电制造商之外，其余企业均出现不同程度的衰落，其中，产权改造的滞后是很重要的因素之一。

后，由于这个品牌的所有权归镇政府所有，一些镇属企业便也乘机用这个牌子生产其他的小家电，严重地干扰和影响了珠江冰箱厂的声誉，而对此潘宁竟无可奈何。

于是在 1994 年，潘宁决定另辟蹊径。他将企业变身为科龙集团，宣布新创科龙品牌，进军空调行业。在他的谋划中，科龙品牌归企业所有，由此可逐渐摆脱政府的强控。他的这种“独立倾向”当然引起了镇政府的注意。也就是从这时起，潘宁和企业的命运变得微妙起来。

一直拖到 12 月 8 日，中关村的联想公司才匆匆举办了创业 10 周年的庆典会，副总裁李勤对柳传志说：“如果再不办，就没有时间了。”此时的柳传志其实一点也没有办庆典的心思，一些棘手的事情正让他日日烦躁不安。在创业的第十个年头，已经 50 岁的他陷入了职业生涯最低谷，他的企业成长乏力，前途莫测，并肩合作多年的亲密战友反目成仇，而他的身体也令人担忧，三年前处理香港危机时落下的美尼尔氏综合征时常发作，让他痛苦不堪。

这时候的联想用内外交困来形容一点也不为过。跟巨人集团的史玉柱面临的情形一样，联想正陷入电脑业的寒冬之中。国际电脑品牌商猛烈地冲击市场，而受宏观调控的影响，国内机关事业单位的采购能力却不见起色。在过去的几年里，联想一直是各大部委和大型国有企业的主要电脑供应商，这一块的滞销让公司很受打击，此外，人民币的持续贬值也让联想的进口零部件成本大大提高。数据显示，在 1989 年前后，国产电脑的全国市场占有率为 67%，而到 1993 年猛降到了 22%，几乎溃不成军。作为国内品牌的龙头，联想受到的冲击可想而知。

沧海横流，方显英雄本色。在联想史上，1994 年被定义为“转折年”，因为一些决定性的事件都是在这种危难时刻发生的。

先说一件让柳传志终生得意的事情。就是在这种举步维艰的情形中，他灵活斡旋，完成了一件日后看来无比重大的工作，那就是联想股权的清晰化。

其实从几年前开始，柳传志就一直在为联想的股权清晰而努力。他是一个极其富有谋略的人，他深知在当前的国情下，股权清晰到人是一块“熔化中的黄金”，既诱人又毁人，他不甘心无所作为，也绝不铤而走险。1988年，他对香港公司的股份设计便很耐人寻味。1992年，他又申请将公司脱离计算所的管辖，而直接纳入中国科学院（以下简称“中科院”）的名下。1994年2月，联想在香港联交所挂牌上市，柳传志乘机提出了一个“股份制改造”的方案。按此方案的设想，联想资产的55%归国家所有，45%归员工。对于这个方案，中科院没有异议，但是却立即被财政部和国有资产管理局打回，毕竟在当时，如此大胆的股权清晰尚无先例，谁也不敢担当“国有资产流失”的罪名。

柳传志当即退而求其次，他提出了红利分配的方案：65%归中科院，35%归员工。在这一部分，中科院有完全的决定权，开明的院长周光召对联想情有独钟，很快同意了这个方案。柳传志进而又将35%的分红权进行了明确的分割：1984年的开创者占35%，1986年之前加入公司的占25%，1986年之后的占40%。

在当时，联想身陷重围，未来混沌而黯淡。这些数字都是“纸上财富”，并无现成利益，因此，从中科院的领导到企业的员工，都没有把它当作一回事。10年后，柳传志说：“今天看来，我们做了一件非常重要而又聪明的事。因为当时大家分的是一张空饼，谁也不会计较，如果在今天，已经形成了一张真实的饼，再来讨论方案就会困难100倍了。”言辞之中，分明是百般的侥幸。2000年，正是在这个方案的基础上，35%的分红权又在柳传志的努力下变成了股权，联想的资产清晰百转千回，终于水到渠成。

股权的清晰事关长远发展，而眼下另一个要命的事情是，联想到底该往何处去。

当时中关村几乎所有的知名电脑公司都放弃了最艰难的自主品牌经

营，退而做跨国品牌的代理——长城做的是IBM，方正做DEC（美国数字设备公司），四通做康柏，而业界风头最劲的史玉柱则已经宣布转战保健品，这些对联想高层的决策都有不小的影响。就是在这一点上，公司的两大灵魂人物柳传志和倪光南发生了致命的分歧。退缩或转行，都不是他们的选择，分歧发生在突围的方向上。

倪光南是联想汉卡的发明人，他一直被视为联想高科技的象征。然而，在1994年前后，由于软件系统的升级，汉卡产品在市场上江河日下，对公司的贡献率已经微不足道。倪光南决心为联想创造新的技术制高点，他选中的方向是“芯片”。当时国际上，芯片技术日新月异，英特尔等公司把持着技术的方向。如果联想能够在这一领域获得突破，将一举确立其在全球电脑产业中的地位。倪光南对自己的发现激动不已，他奔波于上海、香港等地，广揽人才，成立“联海微电子设计中心”，试图毕其功于一役。他的这个设想被称为“中国芯”工程，因其无限的想象空间而得到中科院和电子工业部的热情支持，中科院和电子工业部甚至承诺由联想牵头，组织有实力的计算机企业一起参与，制订一个国家投资计划。

然而，倪光南的方案却出人意料地遭到了柳传志的反对。在柳看来，芯片项目风险巨大，非联想现有实力可支撑，中国公司在技术背景、工业基础、资本实力及管理能力等方面，都还无法改变世界电脑行业的格局。倪光南“真的就是技术至上，并不清楚整个市场是怎么回事”，因此，柳传志在给倪光南的一封信中明确表明，“我本人不同意仓促上马”。按他的想法，联想应该加大自主品牌的打造，发挥成本上的优势，实施产业突围。因此，他任命杨元庆担任新组建的微机事业部总经理，把微机的整个流程都交给了这位30岁出头的年轻人。在他看来，“有了高科技产品，不一定就能卖得出去；只有卖出去，才能有钱”。

就这样，十年联想走到了一个动荡的岔路口。柳倪关系迅速恶化，倪光南无法克制自己的失望和对柳传志的不理解，很快，联想的每一次工作会议都成了两人的争吵会。这两个对自己的判断都十分自信的领导者根本

▲柳传志与倪光南

无法说服对方，柳传志认为倪光南在“胡搅蛮缠”，而倪光南则说，“我永远和你没完”。他开始向上级控告柳传志作风霸道，进而控告其有严重的经济问题。

这对亲密无间的“双子星座”走到了你死我活的决裂悬崖上，柳传志伤感地对友人说：“不把我打入监狱，他绝不罢手。”在关系亲密的时期，“柳倪配”曾被媒体津津乐道，柳传志曾说：“有的人像一颗珍珠，有的人不是珍珠，不能像珍珠一样闪闪发光，但他是一条线，能把那些珍珠串起来，做出一条光彩夺目的项链来。我想，我就是那条线。”这个比喻听上去非常生动，但是却存在着“形象上的悖论”：当珍珠串成一条光彩夺目的项链时，那条线就会不见了，而事实上，“柳线”比任何一颗珍珠都要光彩夺目。“线与珍珠”的互动与冲突，在柳倪事件上得到了逼真而残酷的演绎。

媒体也观察到了这场平地而起的柳倪风波，它被认为是“市场派”与“技术派”的一次决斗。这场让所有人都很难堪和痛苦的争吵一直持续了整个下半年，中科院派出工作组进行调查，联想内部几乎所有的高层都站到现实的柳传志一边。工作组的报告称，“没有发现材料证明柳传志同志存在个人经济问题”，而为了避嫌，香港商人吕谭平也被劝退所持股份。到 1995 年年初，胜负渐渐清晰起来，6 月 30 日，联想董事会同意“免去倪光南同志联想集团公司总工程师职务”。

对于任何企业战略决策的评估都让人陷入两难，“结果”往往是唯一可以参考的依据。日后证明，柳传志把联想带到了一个新的成长高峰，然而在后来的很多年里，一直有很多人在固执地争论：如果沿着倪光南的方向走下去，联想乃至中国电脑产业又将是一番怎样的景象？

在相当长的时间里，中国电脑以及家电产业一直在“贸易”、“制造”与“技术”的发展优先次序上摇摆徘徊。联想跟中关村的所有公司一样，都是靠贸易起家，逐渐形成工业制造能力，进而在技术上寻求进步，而家电业的海尔、长虹及科龙等公司都是从引进生产线起家，然后在市场营销上获得了成功。因此，“贸工技”和“工贸技”是两大成长模式，其中无一例外的是，技术都是核心能力中最薄弱和滞后的一环。而当这些企业逐渐壮大，与跨国公司在中国市场上展开正面竞争的时候，技术落后的现状便非常清晰地显现出来。在此刻，何去何从，敏感又无比关键。在中国企业史上，柳倪之争带有很强的寓意。它展现了中国企业家在面临国际化竞争和技术发展瓶颈的时候，做出了怎样的思考和选择。

一个无法回避的事实是，在20世纪90年代中后期，几乎所有知名的企业家都选择了柳式道路。

在这部企业史上，白方礼大概是最不像企业家的企业家——之所以说他是“企业家”，因为他的确创办了一家公司。跟所有显赫的企业家相比，他肯定是最穷的一个，然而他为社会所创造的“财富”无人可比。

1994 年，白方礼 81 岁。他是一个靠蹬三轮车为生的老汉，不识字，为人古道热肠。从 1986 年起，他有感于贫穷孩子没钱读书，就每年把蹬车所得全数捐给天津的学校。这一年开春，他把整整一个寒冬挣来的 3 000 元辛苦钱交给一所学校，校领导把全校教师和 300 名贫困生都召集到操场上，排成整齐的队形，一起朝他举手敬礼。从学校回到家后，白方礼思量一夜，做出了一个决定。第二天一早，他就把儿女家的门敲开了：“我准备把你们妈和我留下的那两间老屋给卖了，再贷点款办个公司，赚钱支教。”

▲白方礼老人当年蹬车擦汗

不多几天，在紧靠天津火车站的一块小地盘上，出现了一个 7 平方米的小售货亭，里面摆着一些糕点烟酒等，当头挂着一块牌子——“白方礼支教公司”，白方礼当上了经理。他对受雇的员工宣布：“我们挣来的钱姓‘教育’，每月结算，月月上交。”

小售货亭让白方礼增加了不少支教的财力，却一点儿也没有改变他蹬三轮的生活。他把售货亭交给伙计打理，自己照样天天出车拉活。他说：“我出一天车总能挣回二三十块钱，够十来个苦孩子一天的饭钱。”为了在车站前拉活方便，他索性挨着亭子搭了个3平方米的小铁皮棚子，里面用砖头支起了一块木板算是“床”，棚顶上的接缝处露着一道道青天。夏天，棚里的温度高达40摄氏度；冬天，放杯水可以冻成冰坨子。白方礼就在这里面住了整整5年。

为了能够多攒点钱，十多年来，白方礼从头到脚穿的都是捡来的衣衫鞋帽，一日三餐经常是馒头加凉水。他对记者说：“我从来没买过衣服，你看，我身上这些衬衣、外裤，都是平时捡的。还有鞋，两只不一样的呀，瞧，里面的里子不一样吧！还有袜子，都是捡的。今儿捡一只，明儿再捡一只，多了就可以配套。我从头到脚、从里到外穿的东西没有一件是花钱买的。”有一次，他从果皮箱中捡来一块馍馍当午饭吃，女儿看到了心疼不已。他说：“这有嘛苦？这馍是农民兄弟用一滴一滴的汗换来的，人家扔了，我把它拾起来吃了，不少浪费些吗？”

白方礼把支教公司和他蹬三轮车所赚得的钱全部捐给了天津的各个学校，从1994年到1998年，他资助了红光中学的200多名藏族学生，月月给他们补助，直到他们高中毕业。他还每个月向南开大学捐款1 000元，总额近3.4万元,200多名南开大学的贫困学生得到了资助。据不完全统计，他的累计捐款总额超过35万元，其中包括300多名大学生的学费与生活费。还有人计算，如果按每蹬1公里三轮车5角钱计算，十多年间，老人奉献的是相当于绕地球赤道18圈的奔波劳累。

白方礼的支教公司开了5年。1999年，天津火车站进行整顿，所有商亭一律被拆除，“白方礼支教公司”也不例外。那一次，老人哭了。2001年，88岁的他已无力再蹬三轮车，于是就在车站给人看车，他把一角、两角的零钱装在一个饭盒里，存够500元后又捐了出去。2005年9月23日早晨，93岁的白方礼去世。他的私有财产账单上是零。

20世纪初的美国首富安德鲁·卡内基在遗言中说：“死而富有是一种耻辱。”白方礼显然比他做得还要彻底，他让人们联想起1979年诺贝尔和平奖获得者特里莎修女。特里莎修女在印度创办“儿童之家希舒·巴满”，收养被遗弃的病童、弱智儿、受虐儿或沦为雏妓的儿童。她跟白方礼一样，为了拯救穷人，把自己变成了最穷的人。在“儿童之家希舒·巴满”的墙上有一段诗歌：“不管怎样，总是要帮助 / 将你所拥有最好的东西献给世界，你可能会被踢掉牙齿 / 不管怎样，总是要将你所拥有最好的东西献给世界。”白方礼不会写诗，甚至不识字，但他无比完美地演绎了这段宣誓。

白方礼去世后，艺术家为他在天津憩园塑铜像纪念，一些大学生专门为他开了一个网站（www.baifangli.cn），网站的颜色是最单纯的黑白两色，版首有一行字：总有一种平凡，让我们泪流满面。

自“君万事件”后，张国庆再没有染指万科。1998 年，君安因股权变革而引人注目，王石偶然获悉有人可能要举报张国庆。或许出于惺惺相惜，他通过渠道暗示张国庆要多加小心，张国庆大大咧咧地回复说，这是不可能的事。一个月后，王石上班，办公室门口有一个花篮，秘书说是一个“张总”派人送来的。王石脱口道：“张国庆果然要出事了。”

张国庆出事，是因为他试图通过 MBO（Management Buyout，管理层股权回购）的方式将君安私有化。他是第一个在中国尝试 MBO 的企业家。

1956 年出生的湖北人张国庆气宇轩昂，行事为人一派军人作风。他自部队复员后，就进入了银行系统。1992 年 8 月，时任深圳人民银行证券管理处副处长的他下海创办君安证券，担任董事长兼总经理。因他的部队经历，君安的神秘背景便一直在坊间引起种种猜测。君安证券设立之初，由包括军队企业在内的 5 家国有企业投资，注册资本 5 000 万元。君安创办后，在中国股市牛气冲天，张国庆靠他的神秘背景及强势手腕迅速崛起。王石在自传《道路与梦想》[①] 中曾透露一个细节：君安曾经帮助万科的一个股东出售过一部分法人股，法人股的销售在当时是明文禁止的，必须经最高证券管理机构批准才可能“例外执行”，张国庆竟能搞定，可见手眼通天。他因此收了 50% 的手续费，这一笔 1.1 亿元的股权买卖，君安就赚了 5 500 万元。君安的辉煌时期，正是《证券法》出台的前夜，证券商可以任意操纵股价，将游戏规则玩弄于股掌之上。在深圳股市中，张国庆一人独大，俨然是南中国最强悍的大鳄。1993—1998 年，君安共为 100 多家企业承担 A 股、B 股上市及配股业务，筹资总额近 300 亿元人民币。君安在国内下辖 60 多家证券营业部，其交易量一直在深交所居前两位，在上交所亦在前六名之列，其国债交易量也在全国位列前十。公开资料显示，这

① 王石著，《道路与梦想：我与万科（1983—1999）》，北京：中信出版社，2014 年版。

家公司到1997年年底的总资产达175亿元，利润7.1亿元，当时在国内均名列第一。此时之君安如日中天，业界甚至将中国股市的这段时期称为“君安时代”，张国庆与万国的管金生、申银的阚治东并称股市“三大教父”。

在事业达到巅峰之际，张国庆开始考虑君安的股权改造。他设想用国际通行的MBO方式来完成君安股权的改造，也就是经营层以回购的方式获得公司股份，最终实现对企业的控制权。张国庆此时既是公司的总经理，又是董事会的主席，身兼经理人和资本代表两重角色，自然有制定规则、双手互套的便利。然而，此时的君安已经陡然做大，经营层回购所需资金非一笔小数目。于是，张国庆等君安高管便展示了令人眼花缭乱的“财技”，到1997年，君安增资扩股到7亿元。经过巧妙安排，君安职工持股会变成君安证券的实际控股股东，持股比例达77%，其余的国有股东们最大的一家股权也被降低到7%左右，君安职工持股会的两大股东分别是“新长英”和“泰东”，为张国庆团队所控制的两个投资公司。这位“君安教父”用一年半的时间，就把中国最大的证券公司改造成--家由私人占大股的证券公司，国有公司仍在君安拥有股份并分得红利，但其权益早已被大大稀释。

张国庆的大胆举措很快在证券界引起轰动，几乎所有的证券公司都蠢蠢欲动，纷纷试图起而效之。对于每一位经营者来说，如果张国庆的MBO路径被认为合法，那么，他们都可以吹着口哨，在一夜之间把公司据为己有。而如果张国庆的方案只为君安所独有，那么，他无疑成了“好处占过头”的众矢之的。那个时代，所有的“因果报应”都是利益分配的结果，而与是非无关。

从公开的资料看，张国庆的落马是缘于君安内讧。当时一位分管财务的副总经理因不满自己在公司内部的失势，遂将MBO方案及公司全部账目拿到纪检监察部门举报，灾难由此降临。很快，证券监管部门和审计机构派出工作组，进驻君安。1998年7月，审计结果表明，张国庆等人“账外违法经营隐瞒转移收入”的总额在12.3亿元左右，张国庆先后动用5.2亿元，获得君安约77%的权益。有关部门认定，张国庆涉嫌“侵吞国有资产，将国有资产变相转入私人名下”。1998年9月，他以“虚假注资”和“非法逃汇”等罪名获刑4年。2005年8月，《21世纪经济报道》在一则评论中意蕴复杂地说：“假如张国庆的MBO晚个两三年，他或许不但不会有如此下场，反而成为被竞相歌颂的英雄也未可知。试问，从21世纪初开始的MBO热潮，让多少国有企业的经营者一夜之间摇身一变，成为坐拥亿万的富豪，同时还享尽殊荣美誉？”①

就在张国庆被判刑的前一年，万国的管金生因“327国债事件”②被判刑17年，申银的阚治东则因“操纵陆家嘴股价”被撤职，并处5年市场禁入。20世纪90年代的中国股市“三大教父”无一幸免。张国庆被拘后，君安证券被安排与上海的一家证券公司国泰合并为国泰君安，其合并后的注册资本达37.3亿元，总资产300亿元，成为当时国内最大的证券公司。

2002年，张国庆出狱后重现江湖。由君安旧部组成的华林证券挂牌经营，据称它的“人脑和电脑都来自君安”，因而被称为“小君安”，张国庆则筹建深圳市九夷投资有限责任公司，以大股东的身份在幕后操作。然而，此时的“小君安”一无“神秘背景”，二无时运相济，张国庆要重演旧日彪悍又如何可得。此后数年，张国庆在“华立控股”“南天信息”等多家股票上有资本运作，却胜负各半，难有爆发。斗转星移，失去光环的“教父”终于陨入茫茫凡尘。

---

① 邹愚，《君安之父张国庆兵败MBO》，《21世纪经济报道》，2005年2月25日。

② 327国债事件，可以说是新中国成立以来罕见的金融地震。327品种是对1992年发行的3年期国债期货合约的代称，是颇为活跃的炒作题材。中国经济开发信托投资公司和绝大部分的中小散户及部分机构是多头，1995年2月23日，做空的辽国发抢先得知“327”贴息消息，立即由做空改为做多，16时22分13秒，空方主力上海万国证券在最后8分钟内砸出1 056万口卖单，使当日开仓的多头全线爆仓。当日晚上，上交所确认空方主力恶意违规，宣布最后8分钟所有的327品种期货交易无效，各会员之间实行协议平仓。

1995 收复之役

与外国兵团较量，
TCL集团公司要做产业报国的“敢死队”，
我李东生就是“敢死队长”。

——李东生，1995年

柳倪风波平息，“市场派”占了上风，“贸工技模式”最终成为联想战略，接下来柳传志再次展现出他长袖善舞的经营能力。

柳传志决心在自主品牌的打造上放手一搏。他对出任联想微机事业部总经理的杨元庆说：“不管我们愿不愿意，实际上已充当了民族计算机工业的旗手。至少也要拼命赌上一把，就算牺牲了，也要慷慨就义。”有记者问他：“如果中国完全没有自己的民族工业，说到底又会怎么样呢？”他瞪着眼睛回答说：“没有什么怎么样，任人宰割罢了。”《中华工商时报》在一篇报道中用了这样的标题——《联想与“八国联军”拼市场》，俨然是一场生死攸关的民族保卫战。

话说得如此激奋，实际工作却很务实，柳传志的第一个举措是谋求政府的支持。他游说电子工业部，提出两个要求，一是“关注我们，当我们做得好时为我们叫好”，二是“希望制定有利于民族工业发展的行业采购政策，在性能价格比相同的前提下，优先购买国产商品”。电子工业部接受了柳传志的提议。在有关政策的扶持下，联想在很多政策采购招标中，屡屡挫败跨国公司。

在公众舆论上，柳传志更是大张旗鼓，营造振兴民族品牌的浓厚氛围。1995 年 4 月 1 日，当第 10 万台联想电脑下生产线的时候，他宣称这是民族电脑业的一个里程碑，并策划了一个“把第 10 万台电脑献给谁”的公益活动。最后，他把这台电脑送给了因研究“哥德巴赫猜想”而在 20 世纪 70 年代末成为中国知识分子榜样的著名数学家陈景润。此外，他还和地方政府联手，发起“联想电脑快车”活动，在全国 300 多个城市推广家用电脑和联想产品。

在产品制造上，他则强令杨元庆“必须把成本降下一半”。杨元庆团队居然做到了，他们推出的“中国第一款经济型电脑”在保证同等性能的前提下，比跨国品牌便宜 40%~50%。杨元庆在一份报告中称：“我们把每台机器的组装成本由 150 元降到了 38 元。”《慧聪计算机商情》在评论中说：“新机箱的钢板很薄，工艺粗糙，但是造价只有 200 元，是进口机箱的 1/8。”①

就是凭借着惊人的廉价优势及民族品牌热浪的助推，联想经济型电脑席卷全国，市场份额节节攀升。面对联想潮水般的进击，跨国公司似乎没有反应过来，它们的价格仍然高高在上，对联想的价格战策略无动于衷。这种局面连杨元庆也有些奇怪，他第一次发现，“原来外国品牌的决策机制也不灵活，反应很慢。当然也有可能它们太轻敌了”。到 7 月，调查数据显示，在个人电脑销售的前十大公司排名中，联想名列第五，是唯一入榜的民族品牌。正是在联想的示范效应下，中关村那些国产品牌公司如梦初醒，纷纷改弦更张，重树品牌大旗。到 1995 年年底，战果已经非常显赫地展现出来。在一份“最受消费者喜爱的品牌”调查中，排名前两位的

---

① 转引自凌志军著的《联想风云》，北京：中信出版社，2005 年版。

是联想和长城，第三名才是 IBM，前十位中国产品牌占到了 6 个。杨元庆不无得意地说：“不仅是联想，还有其他大公司，都在联手降价，这是民族工业的胜利。”

纵观 1995 年的中国，在电脑产业发生的这幕民族品牌大戏，并非独此一出。

从 1992 年之后，随着大批国际资本如潮水般涌入，以及越来越多的跨国公司在中国市场发力，各个行业的本土公司都面临空前的冲击，市场格局一日三变。与此同时，经过十多年的发展，中国本土公司已经具备了相当的实力。消费者对国产商品也开始有了一定的信心。在这样的背景下，振兴民族工业既成为一个中国产业成长的战略构想，也形成了一种浓厚的公众心理氛围。

1994 年 4 月，一则新闻稿曾让很多人唏嘘不已：一度被摆上人民大会堂国宴席的重庆天府可乐被百事可乐正式收编。有观察者统计了一下，至此，中国 8 家生产碳酸饮料的饮料公司，除了上海正广和之外——还记得这家公司吗？20 世纪 70 年代末，可口可乐进入中国市场的时候，曾提出与它合资建造第一条生产线，结果遭到拒绝——其他 7 家均被“两乐”收入囊中。媒体在报道中用了一个十分耸动而煽情的标题：《两乐水淹七军》。这个现象使得人们对本土品牌的命运产生担忧，同时也激发出很大的民族热情。一些聪明的企业家在市场营销中便充分地借用了这股热情。在这一年的企业广告中，有很多都采用了“振兴民族工业”这个主题诉求，前面所述的太阳神广告及三株广告莫不如此。在几乎所有风起云涌的产业中，民族品牌的振兴都是一个最为炫目而崇高的主题。便是在这面战旗的召唤下，本土企业以价格战的方式发动了前所未有的商战。在冰箱和洗衣机两大行业，海尔公司两线作战。张瑞敏深知海尔产品在技术和质量上未必能胜过松下、三洋等日本公司，于是在发起价格战的同时还别出心裁地推出“星级服务”，宣称“用户永远是对的”，并在大中城市聘用大量售后服务人员。张瑞敏对记者说："和跨国资本较量，就算死，海尔也要死到最后一个。"①

在彩电行业，战事同样激烈。TCL的李东生以大屏幕彩电抢滩北京市场，当时北京大商场的黄金展台都被日本品牌占领着，李东生与一家家商场签订"保底协议"，承诺每平方米柜台每月销售不低于5万元，然后以低于日本彩电2/3的价格开战。他跟张瑞敏一样用十分悲壮、慷慨激昂的口吻对京城媒体说："我们平常喜欢说要走向国际市场，而如今，外国兵团已经冲到我们院里来了，国际市场就在我们家门口，此时不战，更待何时？再说，不战行吗？总不能眼睁睁地看着民族工业就这样败下阵来。与外国兵团较量，TCL集团公司要做产业报国的'敢死队'，我李东生就是'敢死队长'。"数月后，TCL彩电在北京销售量压倒所有国际名牌而坐上头把交椅。

如果说李东生以"敢死队长"自居，那么，偏居四川盆地的倪润峰则是彻底颠覆彩电业的"价格屠夫"。

由军工厂转型的长虹是国内最早从日本松下引进彩电生产线的企业。1985年，军人气质十足的倪润峰执掌长虹，他作风强悍、霸气十足。1989年，国家征收彩电特别消费税，导致市场一片萧条，他率先做出彩电降价300元的决定，打破了沉闷的销售僵局，"价格杀手"一出手就大有斩

① 海尔是第一个系统性地推出"星级服务管理"的中国企业，它建立了一整套高标准、精细化的服务管理模式，其中包括售前、售中提供详尽热情的咨询服务，产品出现问题，4小时内答复，24小时内维修，免材料费、送货费、安装费等。它还总结了"一、二、三、四"模式。一即"一个结果：服务圆满"；二即"二条理念：带走用户的烦恼，留下海尔的真诚"；三即"三个控制：服务投诉率小于十万分之一，服务遗漏率小于十万分之一，服务不满意率小于十万分之一"；四即"四个不漏：一个不漏地记录用户的问题，一个不漏地处理用户反映的问题，一个不漏地复查处理结果，一个不漏地将结果反映到设计、生产、经营部门"。海尔建立起遍布全国的庞大的服务网络，这成为海尔电器多年称霸中国家电业的最核心的竞争力。

获。此后，每到春节、国庆销售旺季，倪润峰就使出降价撒手锏，竟屡试不爽，无一例外。在品牌形象和产品质量等方面均无优势可言的长虹靠着这“天下第一招”，打打杀杀冲到了国产彩电企业中的销量前三甲。

到1995年，倪润峰提出长虹的使命是“以产业报国、民族昌盛为己任”，高喊“用我们的品牌筑起我们新的长城”，长虹彩电的广告词也由很普通的“天上彩虹，人间长虹”改成豪气万丈的“长虹以民族昌盛为己任，献给你——长虹红太阳”。这些宣传口号与联想、海尔以及保健品市场上的三株、巨人等遥相呼应，一时间煽起了浓烈的民族热情。也就在这时，本土彩电企业正陷入最艰难的苦战时刻。经过十几年的发展，长虹、TCL及康佳等各大企业都已经具备了相当的制造能力，但是，由于核心技术的缺乏及品牌力不足，在与国际品牌的竞争中始终处于下风，而整个彩电市场又深受走私风潮的影响而动荡不安。根据国家商业部门的统计，这一年通过外贸正常渠道进来的洋彩电只有54.9万台，可是，市场上实际的销售量为500万台。到了秋季，政府宣布将在1996年4月1日把彩电的进口关税从35.9%降低到23%。跨国公司因此兴奋不已，日本松下放言，“不惜30亿美元也要占据中国彩电市场的绝对份额”，并定下“打败一个企业，挤占一个行业”的目标。受这些政策预期和舆论的影响，国产彩电销售持续低迷。作为国产彩电的老大，长虹的库存彩电已经高达100万台，总值超过20亿元，到了“每个月建仓库都来不及堆放的地步”。

在无路可退的情形下，倪润峰再度彰显“价格杀手”的本色。他在一次公司会议上称：“急症必须用急药来治，只有一个办法，就是用自己的价格优势去拼掉对方的品牌优势。”当时，长虹与国际品牌的价格差并不太大，一台29英寸的进口彩电价格为1万元左右，长虹为8 000多元；25英寸的进口彩电价格为6 000多元，长虹为5 000多元。倪润峰认为，要“拼掉”对手的品牌优势，国产彩电起码应该便宜30%，“这是一条决战线”。

长虹彩电当时的商业毛利大概在25%，大幅降价30%明显就无利可图。倪润峰日后回忆说："我思索了整整一个冬天，直到春节还在算账，考虑来、考虑去，算过来、算过去，得出的结论只有一个：不降价不行！"于是，他一方面严令公司内部靠管理挖潜，另一方面巧妙地进行了降价组合，降价幅度最大的那些彩电都是占库最多、多年滞销的产品。

▲站柜台的倪润峰

长虹的这次"降价大战"谋划于1995年秋冬之际，而发动于1996年3月26日。长虹宣布，所有品种彩电在全国61个大中城市的150家大型商场中一律大幅度让利销售，让利幅度18%~30%。为了吸引媒体眼球，倪润峰冲到销售第一线。他披着一条红绸带，站到成都商场的柜台前大声吆喝，亲自当起了营业员。长虹彩电的宣传册上赫然宣称："凡是国外产品有的功能，我们都有；凡是国外产品具备的品种，我们都具备；凡是国外产品提供的服务，我们都提供；但是，在同等功能和同等质量下，我们的价格比国外产品低30%。"长虹的这股降价风暴顿时在彩电市场上掀起血雨腥风，国产彩电品牌随风跟进。康佳在6月6日宣布大降价，TCL则推出"拥抱春天"的大让利活动，沉寂多时的消费被彻底激活。就在3月宣布降价后的一个月里，长虹的全国销量就翻了一番，到年底，市场占有率从22%猛增到35%，超过所有国际品牌，史无前例地成为中国彩电市场的销售冠军。到1996年年底，在全国彩电市场上，长虹、康佳、TCL、熊猫等国产品牌已占到71.1%的市场份额，"洋强国弱"的格局被全面打破。与此同时，摧枯拉朽式的价格大战也是一次残酷的行业大洗牌。在此战之前，国内各省尚有 60 多个地方性的彩电品牌，它们割据一方，小富即安。然而在长虹的降价冲击下，大多数品牌迅速凋零，在以后的几年内销声匿迹。彩电业步入由五六家大公司瓜分市场的时代。1997 年，长虹的销售收入攀升到 188 亿元，处于事业巅峰的倪润峰当选中共中央候补委员，这是绝大多数中国企业家很难企及的角色。①

一直到很多年后，中国企业史的研究者们仍然对 1995 年前后的这场大商战津津乐道，它们被认为是民族工业“收复失地”的诺曼底战役。在这一年的公司新闻中，我们到处可以读到民族品牌绝地反攻的报道。其中有喜有悲，百味掺杂。

4 月 15 日，一个名叫乔赢的退伍军人在河南郑州市最繁华的二七广场开出一家面积不到 100 平方米的“红高粱快餐店”，宣称将全面挑战全球快餐霸主麦当劳，他选的这个日子正是 40 年前麦当劳的创办日。乔赢用来挑战麦当劳汉堡的是河南传统名点羊肉烩面，他的广告口号是“哪里有麦当劳，哪里就有红高粱”，并夸下海口，“2000 年要在全世界开连锁店 2 万家，70% 在国内，30% 在国外”。这种十分高调的行动顿时引起国内外数百家媒体的热烈报道，美国三大有线电视网均对之进行了采访。乔赢的事业起步十分顺利，当年就在郑州开了 7 家分店。第二年，他跑到有“中国商业第一街”之称的北京王府井，在距离麦当劳开在中国的第一家分店只有一步之遥的地方开设了他的北京分店，这自然又击起一片轰天响的叫好声。②

---

① 到 2007 年年底为止，当选过中共中央候补委员的企业家有四川长虹的倪润峰和江苏春兰的陶建幸两人。

② 因扩张步伐太快，红高粱的资金链在 1998 年 5 月断裂，各地分店纷纷倒闭，公司总负债达三千多万元，乔赢“失踪”。2000 年前后，乔赢再次出现，宣称“麦当劳将在 2015 年消亡，人类将进入用鼠标吃饭的数字餐饮时代”。2002 年 9 月，乔赢涉嫌非法吸收公众存款 3 153 万元，被判刑入狱 4 年。

跟乔赢叫板麦当劳相似的是，在南方，上海新亚集团推出“荣华鸡”与肯德基抗衡，它的口号也是“肯德基开到哪，我就开到哪”。在那几年的上海和北京城里，凡是有肯德基的街道附近，必定有荣华鸡的踪迹，它的生意一度也非常红火，上海的黄浦店据称每年有300万元的利润。这样的竞争一直到2000年才偃旗息鼓，荣华鸡在北京安定门的最后一家分店关闭，肯德基则宣布它在中国的连锁店达到400家。

浙江杭州市发生了一场“国茶保卫战”。一家名叫“立亨”的英国红茶公司计划出资20万元，在位于龙井茶出产地的中国茶叶博物馆门口做一个品牌广告。媒体哗然，视之为挑衅。在舆论压力下，博物馆宣布拒绝广告，国内的茶叶专家则集体发表了一篇情绪激扬的《国茶宣言》。

在北京，消费者投书报社，指称日本一个知名家电公司的空调质量不好，制冷效果非常差。这家公司的日籍总工程师在回答记者提问的时候说：“空调之所以运转不正常，是因为北京的空气太脏。”这种也许是很技术性的答复当即引来愤怒的舆论炮轰，一位读者在给报社的信中说：“既然嫌北京的空气脏，那么，他们就滚回东京去吧。”在整个20世纪80年代统治中国家电市场的日本品牌此刻面临集体的危机。这中间的原因十分复杂：一方面，从1991年起，日本经济在房地产和股市泡沫破裂之后陷入了长期的低迷，原来在全球各地四处投资的大公司元气大伤；另一方面，它们一直将中国市场视为本国、欧美市场之外的“第三世界”，拒绝将最先进的技术和产品投放到中国市场，这给了其他国家的跨国公司切入的机会；此外，中国本土公司的崛起以及民族情绪的高涨更是推波助澜。到90年代后期，日本家电已经失去了当年的领先优势和品牌号召力。

秋天，在跨国公司已经取得决定性优势的日化领域，还发生了一个戏剧性的事件，曾经风靡一时却因合资而消失的美加净品牌死而复生。

诞生于1962年的美加净是20世纪80年代中国最知名的国产化妆品品牌，它创造过很多个第一：中国的第一瓶定型摩丝、第一支防晒霜、第一支护手霜，美加净牙膏的出口量曾占到全国牙膏出口总量的70%。

1990 年，中国化妆品行业最大的国有企业上海家化与美国庄臣合资，后者以品牌租赁的方式将美加净归入旗下，然后迅速将之弃用。两年后，美加净的销量就从 3 亿元陡降到 600 万元，很快丧失了第一国产品牌的地位。1995 年，在振兴民族品牌的大氛围中，心有不甘的上海家化董事长葛文耀断然决定，花巨资“赎回”美加净，并发誓：“坚持美加净发展 15~20 年不动摇！”[①]

在国内企业纷纷雄起、民族工业气势大涨的时候，跨国公司似乎还没有摸到牢固地占领中国市场的规律，它们表现得有点眼高手低。欧洲最大的食品企业法国达能已经进入中国市场 8 个年头了，它自建了一家饼干厂，收购了四川的一家啤酒厂，但是都陷入了亏损。美国通用电气（GE）在南京创办的嘉宝照明工程有限公司一直无法赢利。这家由爱迪生创办的百年企业尽管是灯泡的发明者，可是在中国市场上，由于运营及制造成本始终居高不下，它根本无法与江浙一带的中小照明工厂竞争。在当时，一个光线柔和且环保的 GE 灯泡可以使用一年，但是售价为 10 元，而国内一些小灯泡厂生产的光线比较刺眼的灯泡虽然只能用几个月，但是售价仅为 2 元。GE 的市场研究人员无奈地说：“与 GE 灯泡所具有的各项优良性能相比，中国消费者似乎更青睐灯泡的价格。”对此，GE 董事长、当时已如日中天的杰克 · 韦尔奇一直耿耿于怀却也无计可施。

如果说达能和 GE 乏善可陈，那么，全球最大的白色家电制造商惠而浦则更是表现糟糕。

---

① 在中外合资的过程中，国产品牌被弃用现象非常普遍，这被视为国际公司消灭本土竞争对手的策略之一。1994 年，出品知名洗衣粉品牌“熊猫”的北京日化二厂与宝洁合资，宝洁支付 1.4 亿元买断“熊猫”50 年品牌使用权，随后将之雪藏。1995 年，中国十大冰箱品牌之一的江苏香雪海与韩国三星合资，中方放弃对当时在江苏市场上占有率非常高的香雪海品牌做价值评估，此外还同意在合资三年后弃用香雪海。上海家化重启美加净时，宝洁、联合利华及庄臣等跨国品牌已在过去的几年里陡然做大，这个当年的国产第一品牌终不复当年风光。

与那些早到的日本家电企业相比，惠而浦的到来显然晚了很久。于是它想通过并购的方式快速切入市场，在冰箱、洗衣机、微波炉和彩电四大领域，它都分别找到了当时市场表现甚好的四家中国企业。1995 年 2 月，惠而浦与北京雪花公司合资建立北京惠而浦雪花电器有限公司。雪花是中国最早、知名度最高的冰箱企业之一，以技术力量雄厚而著称，1984 年顺德的潘宁研发容声冰箱时，聘用的就是雪花的工程师团队。新组建的公司注册资金 2 900 万美元，美方股份为 60%。其后，它又先后把上海水仙洗衣机有限公司、广州蚬华微波炉有限公司和蓝波空调公司变成自己的合资企业。很多媒体评论说，惠而浦的合资将对中国的家电产业产生重大影响。

在接下来的几年里，美国人完成了一场十分蹩脚的并购表演。在冰箱领域，惠而浦拥有全球最先进的全无氟冰箱成套技术，可是它认为中国市场短期内还达不到这么高的消费水平和消费意识，于是惠而浦雪花仍延续原产品的生产。美方管理层与中方的文化隔膜更是从一开始就非常严重，惠而浦总部始终强调美方的控股，从生产、管理到销售全部都由美方掌管，希望中国合作者不插手公司的“内部事务”。一个叫邵敏的雪花员工回忆说，合资之后，身材高大、留着胡子的美方总经理整天把自己关在一间用毛玻璃封起来的办公室里，里面不时传出美国味儿十足的英文，或者新马泰式的汉语，几乎听不到标准的普通话，而原来的雪花人主要负责把热咖啡送进去。在两年多时间里，合资公司亏损 8 986 万元。1997 年 11 月，惠而浦将其 60% 股本折价 200 万美元有偿转卖给雪花，合资宣告失败。

惠而浦水仙的状况与此很相似。美方认为水仙原有的销售网络太“落后”，受制于各地的经销商，于是果断决定仿效美国市场的做法，建立自己的营销队伍和渠道。这个决策让惠而浦水仙变得水土不服，销量下降而经营成本大幅上升，在合资后的几年里，公司每年亏损都超过了 1 亿元。在这家公司里还发生过一个很典型的小故事。市场人员发现一些滚筒洗衣机在送到客户手中时，滚筒上的玻璃盖子经常被摔碎。按照惠而浦通常的规则，需要研发、产品部门做很多次实验来重新检验产品质量，这需要相当长的检测和产品研发周期。中方基层员工告诉美方说，这种损坏是各地物流工人运送时野蛮装卸所致，因此只需在箱子里装上一块价值不到 2 元人民币的海绵防震垫就行了。可是对美方人员来说，在箱子里增加一块海绵垫是前所未有的“创新”。于是，经过几年的上报、研发和讨论，美方最终还是采纳了中方这个简单却不可思议的建议，而那时，惠而浦洗衣机“质量不好”的声誉早已传遍了全中国。

在微波炉市场，惠而浦输得更是窝囊。被并购的蚬华公司是当年中国最大的微波炉企业，合资之后，企业迅速患上了“大公司病”，一项市场推进或新产品研发方案，必须先传到香港分部，再传到美国总部去审批，一个报告来回要拖两三个月。它的效率低下，给了同一地区的另一个本土企业格兰仕以喘息的机会，后者靠降价战略一块一块地吞食市场。几年下来，蚬华惠而浦不得不宣告退出国内市场，格兰仕则顺势做大规模，最终成了全球最大的微波炉制造商。

作为一家在全球家电产品拥有 14% 市场占有率的大公司，惠而浦在中国前后砸进 5 亿美元却一无所获，这是一个让人难堪的反面教案。曾经担任惠而浦中国区总裁的施德承日后检讨说：“无论经验还是教训，用一句话来总结的话，就是要有耐心！就像通用电气的韦尔奇说的：‘理解中国市场的关键字眼是耐心！’中国不仅地方大，其复杂程度也是西方公司从来没有经历过的。”

1995 年，在国有企业领域，最大的新闻是改革开放以来第一位“国企改革典型”、首钢的周冠五黯然下台了。这时候，他领导的首钢正飞奔在一条多元化的险途上。

1994 年 4 月，法国《新观察家》周刊的资深记者克罗德·苏拉在对首钢的采访中惊讶地发现：“作为中国改革开放后的第一批改革试点，今天的首钢什么都经营，钢铁、面条、自行车、医院、杠铃、大衣、家具、房屋、饭店、机器和计算机，公司还拥有一家银行、一支船队，在国外拥有 24 家分公司，在秘鲁有一个花 1.2 亿美元买来的铁矿。”很显然，这时的首钢已经成为一家跨行业经营的综合性公司。

在 76 岁的周冠五心中，最大的梦想是将首钢改造成一家类似日本三菱和韩国大宇的财团式企业。早在 1992 年 7 月，国务院专门发文《进一步扩大首钢自主权改革试点的通知》，扩大首钢的投资立项权、外经外贸外事权、资金融通权。周冠五雄心万丈地提出首钢的“非钢化及财团式道路”，他成立了中国首钢国际贸易工程公司，参与华夏银行的重组，通过国际招投标收购了秘鲁铁矿，与李嘉诚的香港长江实业公司联手收购香港东荣钢铁股份有限公司以及宝佳集团等 4 家香港上市公司。到 1994 年，周冠五把首钢带到了巅峰状态。这一年，首钢以 823.7 万吨的粗钢产量一跃成为国内钢铁业群雄之首。11 月，他被评为“中国改革风云人物”。

然而让人猝不及防的是，仅仅过了三个月，周冠五受到其子周北方经济犯罪的牵连而黯然下台，原冶金部副部长毕群接替他，担任首钢集团党委书记兼董事长。毕群后来描述盛况下的首钢是“一团乱麻”：结构乱、财务乱、管理乱，负债不合理。

周冠五的下台，并没有改变首钢既定的多元化方针。在后来的十多年里，在资本密集型的钢铁行业它一直表现得不太专心，首钢每年 80% 的利润来自钢铁，但是它的大部分投资却一直游离在这个行业之外。一位长期观察首钢的学者说：“20 世纪 90 年代中期以来，一业为主、多种经营的思想感染了一大批国内企业。首钢开始投资兴建大规模集成电路生产线等一些高新技术项目，但它无意实现战略方向的调整，只是试图启动钢铁之外一个新的经济增长点。显然，这是当时各个行业一窝蜂进行多元化投资的浮躁风气所致。而这些高新技术项目是以一种‘尝试’的姿态在‘温室’中开始生长的。”[①] 首钢发展高新技术产业的设想缺少深思熟虑，实行的战

① 宁南，《钢铁大亨生死劫》，《商务周刊》，2002 年第 11 期。

术是全面出击、遍地开花。在高新技术的框架下，涉及的行业种类之多，令许多业内人士瞠目。

1994年，正当联想公司的倪光南与柳传志为了是否投资芯片而闹得不可开交的时候，与电脑业毫无因缘的首钢却贸然地捷足先登了。它与日本NEC（日本电气股份有限公司）合资成立首钢日电电子有限公司，率先在中国生产6英寸、0.35微米芯片，成为北京微电子产业的核心制造企业。首钢还涉足软件产业，它联合清华大学，入主中关村科技园，期望形成“软件—设计—芯片”的微电子产业链。1997年，它同日本安川电机株式会社和岩谷产业株式会社合资兴建首钢莫托曼机器人有限公司，实现了我国机器人产业零的突破。它还向一家触摸电脑有限公司注资，成为中国国内触摸行业中技术实力最强、生产能力最大的一家企业。首钢在这些领域的投资都轰轰烈烈，但是经济效益却始终不彰。到2002年，仅首钢日电一家的亏损已高达2.3亿元人民币。

从2000年到2002年，首钢的产业链继续多方向蔓延，这两年里公司在非钢铁领域实际投入了5.5亿元，但产生的投资收益却仅有1 058万元。从2003年起，首钢冒着承受5万职工下岗的风险，将钢产量从800万吨减少到600万吨，减产1/4，同时，它宣布参与投资现代汽车项目，发展汽车零配件生产。它还大举投入房地产业，在北京城郊及郑州等地圈地盖楼，并曾计划修建一个大型主题公园。

到2006年，在中国企业联合会公布的中国500强公司排名中，10年前曾经名列前十强的首钢排名已下滑到第30位。由于国家政策的变化及自身战略的紊乱，这家当年被寄予无限厚望的企业在财团化的道路上经历了坎坷。

1995年，有两块广告牌在日后常常被人们提及。

5月1日，在美国纽约曼哈顿最繁华，也最具有商业标志意义的时代广场，竖起了第一块中国公司的广告牌，在可口可乐、索尼、丰田等国际品牌的旁边，“999 三九药业”的霓虹灯广告十分醒目。三九集团总经理赵新先站在广告牌下接受数十家中国以及美国媒体的采访，他侃侃而谈，信心十足，这应该是他的企业家生涯中最值得骄傲的时刻。第二天的《纽约时报》报道说，“这是中国企业第一次在世界上广告密度最大、最有影响力的商业区做的中文广告，时代广场由此出现了一种新的广告语言——中文”。在后来的几年里，很多人出国到曼哈顿，必去参观这块三九的广告牌，它成为中国公司实现全球化的一道风景线。为了这块广告牌，三九集团每月需支付 12 万美元，一直到 2003 年 5 月，三九集团因扩张紊乱而爆发财务危机，它才被悄然拆除。

第二块著名的广告牌则出现在喧闹的北京中关村。深冬，在白颐路南端的街角处，每天匆匆穿行的人们突然看到了一块巨大的招牌：“中国人离信息高速公路还有多远——向北 1 500 米”。它被很多人当成了路标，忙碌的交通警察们更是气不打一处来：天大地大的皇城根儿，哪来的什么“信息高速公路”？这块广告牌被认为是中国互联网产业的一个纪念性事件。那个竖广告牌的女人和她默默无闻的小公司因此进入了历史。

在创办北京瀛海威信息通信公司前，33 岁的张树新是一个从中科院辞职下海的女商人，她在中关村做传呼台的生意。1994 年年底，她跟丈夫一起去美国游历。在一位同学的家里，她看到了一份印有电子邮件地址的通讯录，也就在这一刻，“互联网”这个长着翅膀的精灵飞进了张树新的视野。

当时在美国，网络经济到了破茧而出的关键时刻，马克·安德森刚刚发明了马赛克网络浏览器。比张树新小 4 岁的斯坦福大学华裔学生杨致远在写博士论文期间，发明了最早的网站搜索软件，他放弃即将完成的博士学位，在一个拖车里建立了雅虎公司，将网络搜索引擎商业化。由于当时能够提供免费信息检索服务的公司寥寥无几，雅虎因此得到市场的广泛认可，很快成为全球最大的门户型网站。1996 年 4 月 12 日，雅虎股票公开上市，当日市值即高达 8.48 亿美元，杨致远成为继王安之后另一个全球级的华裔商业英雄。1994 年 9 月，美国麻省理工学院的新媒体研究教授尼葛洛庞帝（Nicholas Negroponte）写出了《数字化生存》。在这本让他名闻天下的著作中，他大胆地提出“整个社会构建的基本要素将发生变化”。他认为，随着互联网技术的成熟，物质性的世界突然向虚拟性转向，通过电子流的方式，知识、信息及商品制造和销售将可能实现与以往完全不同的生存方式。这本书一出版就成为全美畅销书，它标志着人们对互联网的认识已经达到了空前的高度。根据美国《商业周刊》的统计，到 1995 年年初，互联网已经连接全世界 4 万多个网络、380 万台计算机，154 个国家和地区可以通过互联网互通电子邮件。未来学家阿尔文·托夫勒在《第三次浪潮》中所描写的景象似乎正在变成现实：这是一个无限开放的信息世界，打开网络，令人头晕目眩的丰富信息纷至沓来。对于入网的用户，世界从来没有如此开阔而又如此亲近。①

就当尼葛洛庞帝用“互联网时代”来定义未来世界的时候，中国与世界的距离终于近到了呼吸相闻的地步。1994 年 5 月 15 日，中国科学院高能物理研究所设立了国内第一个 Web 服务器，推出中国第一套网页，内容除介绍中国高科技发展外，还有一个栏目叫“Tour in China”（中国之旅）。9 月，邮电部电信总局与美国商务部签订中美双方关于国际互联网的协议，协议中规定电信总局将通过美国 Sprint 公司（一家全球性通信公司）开通两条 64K 专线（一条在北京，另一条在上海）。中国公用计算机互联网 CHINANET 的建设开始启动，中国最早的网民出现了，其中包括后来创办了电子商务网站阿里巴巴公司的马云、创办了新浪的王志东、创办了第一家 B2C（商对客电子商务模式）网站的 8848 公司的王峻涛等人。就在《数字化生存》一书出版半年后，北京的青年学者胡泳在台湾一家图书代理公司的北京办事处发现了它，他在 20 天的时间里便完成了全部的翻译，

① [美] 阿尔文·托夫勒著，朱志焱、潘琪译，《第三次浪潮》，北京：生活·读书·新知三联书店，1983 年版。

也因此，世界顶级学者关于互联网的最新思想在第一时间被引入了中国。[①] 它的出版引发了人们对于未来信息世界的狂热想象，这几乎被视为中国互联网启蒙运动的开始。

就这样，在 1995 年的中国，出现了第一批投身互联网事业的先行者。

3 月，美国得克萨斯理工大学博士田溯宁把他在美国创办的亚信公司搬到了中国。他与国家科委合作在国内介绍 Internet。田溯宁认为，互联网技术的兴起对中国与世界的交流是一个巨大的商业机遇，他争取到了包括道琼斯在内的两千多个美国的信息服务商作为用户，同时也想在中国发展数千乃至上万个商业用户。[②] 但很快，他发现做不下去，第一个原因是中国消费者对 Internet 毫无认知，第二个原因是技术根本无法实现。亚信购买了第一套网络设备，制定了在 Internet 上传输中文的 IETF（国际互联网工程任务组）标准，当时在北京、上海使用的网络路由器总共加起来只有 32 个拨号端口，一个端口能支持 10~20 个用户，这意味着亚信建成的网络最多能够支持 500 个用户。

4 月，在杭州，一个叫马云的 31 岁大学外语教师创办了“中国黄页”网站，它自称是第一家网上中文商业信息站点。跟田溯宁的想法几乎一样，马云也想要创造一个面向企业服务的互联网商业模式，他当时想到的赚钱模式是鼓动企业把自己的商业信息挂到网上。比留洋归来的田博士要本土一点的是，他把 Internet 直接翻译成了一个中文名字——因特乃特网。在一次外出游说时，有人问他，“你说的因特乃特，跟《国际歌》里的‘英

---

① ［美］尼葛洛庞帝著，胡泳等译，《数字化生存》，海口：海南出版社，1996 年版。

② 一个很少被人关注的事实是，那些最早在中国从事互联网事业的人在一开始都把赌注押在电子商务上。他们认为，第一批有能力使用和“消费”互联网的应该是中国的企业家们。这显然是一条歧路。除了田溯宁、马云和张树新之外，1996 年，归国创业的张朝阳做的第一个网站也是“中国商务网”，后来他发现此路不通，很快转向做“雅虎的中国版”——搜狐。

特纳雄耐尔'有什么关系吗？"为了鼓动别人参与他的事业，马云拿大家熟知的比尔·盖茨来说事儿，他说："比尔·盖茨说了，因特乃特网将改变人类的方方面面。"很多年后，他承认："这其实不是他说的，是我说的。1995 年全国刚刚知道 Internet，但是马云说的话没有人相信。其实，1995 年的时候，比尔·盖茨是反对 Internet 的。"①

后来创办网易的丁磊也是在这一年开始他的创业生涯的。过去两年里，他一直在浙江宁波的电信局上班。4 月，他决定辞职。这一想法遭到家人的强烈反对，但他去意已决："这是我第一次开除自己。但有没有勇气迈出这一步，将是人生成败的一个分水岭。"他独身一人跑到热浪滚滚的广州，进了一家美国数据库软件公司赛贝斯（Sybase）做技术支持工程师。在那里，他第一次接触到互联网，并成为第一批用户。一年后，他又辞职，与他人合办了一家与互联网技术有关的小公司。

5 月，张树新与丈夫姜作贤创立瀛海威公司，她的"瀛海威时空"宣称是国内唯一立足大众信息服务、面向普通家庭开放的网络，"进入瀛海威时空，你可以阅读电子报纸，到网络咖啡屋同不见面的朋友交谈，到网络论坛中畅所欲言，还可以随时到国际互联网上走一遭……"登录瀛海威的用户必须登记注册，并缴纳一笔入网费。曾经做过记者、策划人的张树新很快让瀛海威获得了惊人的知名度。她在北京魏公村开办了中国第一家民营科教馆，所有人可以到这里免费使用瀛海威网络，免费学习网络知识。她向中国科学技术馆无偿提供"中国大众化信息高速公路"展区，同北京图书馆合作，在瀛海威上提供北京图书馆图书目录查询。亚特兰大奥

---

① 到 1995 年，微软已发展成一家拥有员工 1.78 万人、年收入高达 130 亿美元的巨型公司。面对新出现的互联网和浏览器技术，比尔·盖茨认为，决定未来计算机世界命运的，仍是微软的"视窗"技术而不会是浏览器技术。也正是他的这个判断，让硅谷的一家名叫网景的小公司应声崛起，它开发出一套基于互联网而首次与微软无关的软硬件体系。盖茨为了挽回被动，付出了数十亿美元的竞争代价，并因强行的捆绑营销而受到反垄断调查。

运会期间，她还为新闻单位开通亚特兰大到北京的新闻信息通道。张树新还在各大新闻媒体开设专栏，一遍遍地告诉国人：信息产业是中华民族崛起于世界的一个重要机会。

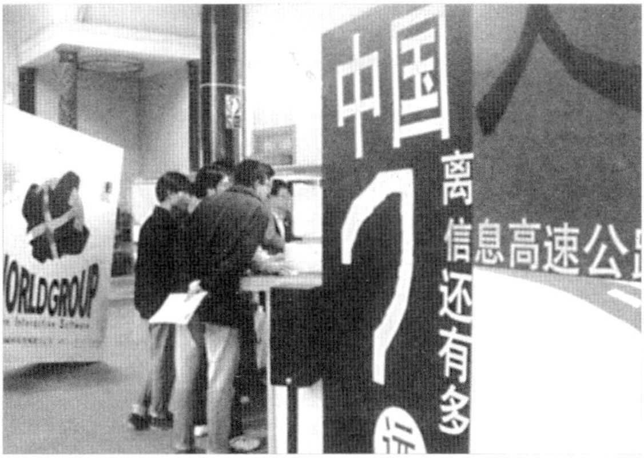

▲瀛海威活动现场

在中国互联网的发展初期，瀛海威扮演了一个启蒙者和领跑者的角色。它是第一个形成公众品牌效应的网络公司，在第一届“最受用户欢迎的中文信息网站”评选中，瀛海威无可争议地名列第一。让人遗憾的是，张树新与当时的田溯宁、马云一样，都没有找到赢利的模式。她想做城市网站，推出过“网络中国”的项目，想做网上图书馆，还曾经投资开发网络游戏，可是都相继失败。在瀛海威员工中流传最广的一句话是：“我们知道2000年以后我们会挣钱，可我们不知道现在应该做什么。”

在张树新成为商业明星的时候，人们除了对她的互联网事业充满了神秘的敬畏和仰视之外，还津津乐道于她的财富暴涨。瀛海威是一家产权清晰的私人公司，张树新夫妻为此投资了100万元。在企业创办16个月后，国家经贸委[①]下属的中国兴发集团决定参股瀛海威，总股本扩充为8 000

① 国家经济贸易委员会，简称国家经贸委，为国务院组成部门。国家经济贸易委员会是负责调节近期国民经济运行的宏观调控部门。2003年3月10日，第十届全国人民代表大会第一次会议通过了国务院机构改革方案，决定撤销外经贸部和国家经贸委，设立商务部，主管国内外贸易和国际经济合作。

万股，张树新以无形资产加其他股权获得2 120万元的公司股值，赫然成了十分罕见的“阳光下的女千万富豪”，这当然引起年轻人无穷的遐想。美国《新闻周刊》在一则报道中称：“人们在谈论金钱时，不再像过去那样羞羞答答，谁拥有更多的金钱，成了一个最值得炫耀的事情。在今天的中国，百万富翁正以每分钟一个的速度诞生。”

1995年2月，美国《福布斯》首次发表中国内地亿万富豪榜，这一富豪榜先是由香港出版的中文杂志《资本家》刊出的。列入富豪榜的共有19人，首富是四川的刘永好兄弟。这兄弟四人靠养鹌鹑起家，进而在饲料行业潜心经营，做成了当时中国最大的私营企业。在他们被评为首富之后，《经济学人》专门采访了刘家兄弟。文章描述说：“在过去，四川穷乡僻壤的宣传板上可能写着‘向中国人民解放军致敬’这样的话。而现在几乎每面砖墙上都刷着一家名为‘希望’的饲料公司的广告语——‘要致富，养牲畜，希望帮你忙’，或者‘猪吃一斤希望饲料长两斤肉’。同时，地方上的小学也用希望公司的广告语来编写它们的童谣。希望公司现在声称有10亿元的销售额，拥有60家工厂、1万名全职雇员和9万名市场代理。”文章还写道：“在采访中，刘永好先生避开了关于他是否是一个资本家的问题，他说，‘这些问题关乎理论，我对理论还没有进行过深入学习’，他还特别强调了希望公司的博爱之处，包括一些扶贫计划，以此证明他的‘社会主义市场经济’性质。希望公司的总部在四川省会成都的郊区，只有两排低矮的房子，刘先生的车很普通，中国产的大众桑塔纳汽车，招待客人也如普通农家一样，白米饭、蔬菜和一些牛肉，这很难让人想到刘是一个有钱的人。刘十多岁的女儿则不同，穿迷你裙，喜欢比萨、炸鸡和汉堡包，西方消费文化已经深深影响了近年来在美国求学的她。”

在《福布斯》的这份富豪榜上，第二名到第十名分别是张宏伟、冼笃信、牟其中、张果喜、罗中福、罗西峻、李晓华、宗庆后等，这10人的财富从6亿元到2亿元不等。对很多中国人来说，除了四川的刘家兄弟和善于炒作新闻的牟其中之外，其他都是一些陌生的人名。在此之前，人们所熟知和崇拜的商业明星要么是国有企业里的改革型企业家，要么是知名的乡镇企业家，而《福布斯》的富豪榜却从另外一个价值评估标准给出了一个新的答案。也就是从此开始，一个人拥有财富的多少渐渐成为是否成功的最重要的价值标杆。在一个物质化的商业时代，人们也许真的需要一个更为直接而易于计算的评价方式。

当《福布斯》的富豪榜还被全国媒体津津乐道的时候，到年底，一个更加耸动和刺激的“商业桂冠”又在北京诞生了，它的背后因为有中国最重要的电视媒体在全力推动和炒作，所以也更为轰动和富有戏剧性。

11 月 8 日，北京的梅地亚会议中心，全国最重要的保健品、饮料食品及家电企业的当家人都冒着风沙聚集到一起。在这里即将上演一出当场厮杀、无比刺激和血腥的成名大战。

这个竞斗场的搭建者是一个叫谭希松的女策划人，她当时担任中央电视台的广告部主任。20 世纪 90 年代中期，随着全国性消费市场的成型，中央电视台的传播价值已然被发现，不过，当时每年的广告收入还不足 10 亿元。谭希松想出了一个绝招，她把电视台黄金时段拿出来，进行全国招标，她还给投标金额最高的企业准备了一顶虚无而金光四射的桂冠：“标王”。招标会就被定在每年的 11 月 8 日，谐音为“要要发”。

1995 年举办的招标会已经是第二届了。1994 年办的那场并不热闹，谭希松广发英雄帖，还北上南下四处遍访，结果来了数十家企业，最出名的是广州太阳神和山东的孔府家酒。标底打开，令人大跌眼镜的是，中标者竟是此前毫无知名度、与孔府家酒同在泗水河畔的孔府宴酒，其加冕封王的代价是 3 079 万元。在中央电视台不遗余力的热炒下，孔府宴酒一夜之间名扬天下，竟然成了该年度销量最好的白酒之一。新闻和促销效应之大，出乎所有人的预料。于是，到第二届的时候，各地豪杰闻风而动，在通往京城的大道上，一时间马蹄声疾、尘土飞扬。谭希松实在是一个十分了解国民性的人，她开辟出一块硕大的“斗牛场”，在旁边的旗杆上高高挂起一顶桂冠，然后放进所有雄心勃勃的企业家为之一搏。称王夺标，历来是中国男人一生最辉煌的梦想，何况是在众目睽睽之下，以一掷千金的豪气博取一份举国瞩目的喝彩。

在众豪杰中，有一位个头中等、一脸憨厚的中年人姬长孔，他来自山东省临朐县一家叫秦池的酒厂。这是一个正营级退伍军官，4年前奉命到全县最大的亏损企业秦池酒厂做厂长。他靠着一股子军人气魄大胆投广告，硬是让企业有了起色，到1995年时销售额达到了1亿元，在北方市场有了点小名气。在朋友的怂恿下，他也赶到梅地亚来凑热闹。那时与会的企业已有太阳神、娃哈哈、乐百氏、沈阳飞龙及山东三株等品牌大佬，当然还包括志在卫冕的孔府宴酒以及发誓雪耻的孔府家酒这对“欢喜冤家”。跟这些成名英雄比邻而坐，秦池只是个不起眼的小角色。姬长孔问朋友：“今年夺标大概需要多少钱？”答：“起码6 000万元。”姬长孔咬着嘴唇不吭声。6 000万元——3万吨白酒，秦池大半年的销售额，中国首富刘家兄弟1/10的资产。

8日上午10点整，招标会准时开始。134个企业家整装肃然，鱼贯而入。会场四周横幅高悬，摄影机和照相机伺机而立。夺标热点果然在“两孔”之间展开。孔府家酒卷土重来，开出的标底是上届标王的两倍，达6 298万元。孔府宴酒又岂甘人后，标底恰好高出100万元，眼看大势已定，半路突然杀出一匹同省黑马。唱标唱到山东秦池时，主持人展开标纸猛地停住了，全场

▲秦池当上“标王”

寂静，以为出了什么意外，数秒之后，一个声嘶力竭的高音把招标会推向了无比亢奋的高潮："秦池，6 666 万元！"

"谁是秦池？""临朐县在哪里？"从当时的一张照片可以看出，在场的姬长孔还很不习惯镁光灯的聚焦及众多记者的簇拥。在拥挤的人群中，在火一样蹿升的热情中，他还笑得不太自然。但他显然知道，此刻，他已冲上了华山之巅。

企业史人物 |“刁民”王海 |

王海是中国商业世界里的第一号“刁民”。这个从青岛冒出来的青年农民很享受这样的“头衔”，他说：“刁民，是相对奸商而言的。”

20世纪90年代中期，中国的消费品市场假冒伪劣横行，商家做广告无所不用其极，产品质量和商业信用之差让人咂舌。1994年，政府出台了《消费者权益保护法》，其中第49条是：“经营者提供商品或者服务有欺诈行为的，应当按照消费者的要求增加赔偿其受到的损失，增加赔偿的金额为消费者购买商品的价款或者接受服务的费用的一倍。”在此前的民法中，消费者买到假货最好的结果是按价退货，如今则可以加倍赔偿。王海的出现就与这个条款有关。

1995年3月25日，22岁的青岛青年王海在北京隆福大厦买了12副标价为85元的假索尼耳机，然后径直向东城区工商局投诉，要求商场加倍赔偿。执法人员问他：“你知道耳机是假冒的吗？”王海答：“当然知道。”对方一听就来气了：“知道假的还买，你这不是刁民吗？”《中国消费者报》得悉了这件新鲜事，以《刁民？聪明的消费者？》为题发了一篇新闻稿，结果一下子炸开了锅，支持、反对的各执一词。王海则来了劲，他连着跑了京城的10家商场，专挑假货买，然后要求双倍索赔。50天下来，他竟真的得到了近8 000元的赔偿金。11月底，中国消费者协会举办“制止欺诈行为、落实加倍赔偿”座谈会，正“跑遍京城四处索赔”的王海作为“神秘嘉宾”受到邀请。在座谈会上，政府官员、法学专家和商场老总们就“王海是打假英雄还是‘刁民’”“是新型消费者还是钻法律空子”争论得面红耳赤。在一些与会专家和官员的猜想中，这是一个“老谋深算、专靠损招儿发财的年轻人”。当长着一张娃娃圆脸、头戴棒球帽的王海突然出现，愣头愣脑地坐上主席台的时候，很多人都笑出了声。王海念了一篇别人替他起草的《我的困惑》：“……我很困惑，难道我做一件于国于民有益的事情错了吗？”第二年3月，中央电视台创办第一档即兴谈话类节目《实话实说》，主持人崔永元第一时间想到了这个名气已经很大的“刁民”。王海很想上节目，但是一来当时已经有商家扬言要“灭掉王海”，他担心在电视上露面不安全；二来，上了中央台之后，全中国的售货员都知道他长什么样，就没人敢卖给他东西了。崔永元给他出主意，说可以化装。王海被戴了个假发套，粘上唱戏用的胡子，再配副茶色镜，一照镜子，连他都认不出自己来了。进入演播室，见到中消协投诉部主任武高汉，王海叫了声“武老师”，武高汉扶着眼镜看了好一会儿，才弄清他是谁。武高汉的眼泪竟差点儿掉下来，他说王海得化装才能亮相太可悲了。王海觉得化装太假，但戴墨镜这招儿挺安全，从此，他在公开亮相的场合都戴着一副墨镜。

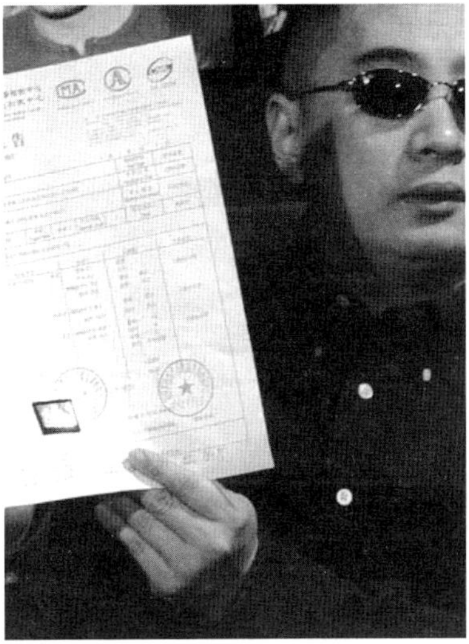

▲打假英雄王海

王海的“刁民”行动当然没有止步于北京城，他很快跑到南京、长沙和杭州各地“买假索赔”，邀请他的大多是当地的媒体，他们贴身跟随王海，进行热闹的追踪报道。于是，王海走到哪里，哪里的商界就陷入一片恐慌，有商家提出“防火防盗防王海”，还有的商场向营业员派发王海的照片，让他们一定要“死死记住这个相貌”，并设计好了婉言对付他的标准问答。一些商场发现王海来买假商品的时候，要么找借口死活不卖，要么故意把发票开得很不清晰。他到广州的消息传出后，当地几个大商场的老总紧急彻夜开会研究对策，大家统一口径，王海在广州买了几万元钱的假货，所有商家都口径一致地不赔不退，逼着他去打官司。

王海讲起话来慢条斯理，天生是一个思维很缜密的人，他的学历不高，却似乎很会规划自己的人生。1996 年年底，他顺势成立北京大海商务顾问有限公司，他的打假事业从此进入了公司化运作阶段。大海公司开始接受企业委托打假。他的第一单生意，是帮广东爱得乐公司打假。该公司是东南亚销量最大的摩托车尾箱和头盔的生产企业，但市场上每年都有30万~50万件冒牌货，公司为打假已斥资300多万元，走投无路便请王海加盟打假。王海跑了10多个城市，帮爱得乐取缔了40多个售假窝点。王海的“商业化打假”自然又引起舆论的一场大争论，他则很坦然地说：“我们可以给人当枪使，今天你请我们打他，明天他也可以请我们打你。这样做既可以促进行业自律，我们也能从中得到利润，最终还有益于消费者。”他的底线是两条：“只要证据确凿，只要没有违法”。1998年，大海公司在为客户调查一宗假药案时，了解到性病游医诈骗问题严重。于是王海就派业务员赴合肥、长沙、成都、太原、重庆等地调查，发现一个当年在福建莆田县秀屿镇街头卖耗子药的家族，与各地上百家牌子很响的医疗机构“合作”，借着铺天盖地的广告，发展成了全国性的“性病诊治”集团，每年从性病患者身上牟取数千万元的暴利。王海向媒体揭露了性病游医“占氏家族”诈骗患者钱财的黑幕，同时向卫生部举报了“占氏家族”的违法行为，当年底卫生部下文对各地游医进行取缔。有人估算，此举每年将使消费者避免20亿元的损失。1998年12月，为了纪念改革开放20周年，中央电视台拍摄《20年·20人》专题片，王海与张瑞敏、吴敬琏、李宁、王石、陈章良等一起入选。在一次节目录制中，经济学家吴敬琏在送给王海的书上题字“市场清道夫”。

王海的打假越来越呈现出职业化的特点。他曾协助烟草专卖局取缔了北京最大的造假烟窝点，查获555、红塔山等假烟案值280万元；协助浙江技术监督局查处全国最大的假阀门案件，案值400多万元；协助工商局取缔北京最大的造假酒窝点，该窝点年产假酒价值近2 000万元。他还与美国一家律师事务所合作，代理了世界名牌扑克牌、自行车在中国的打假，甚至连摇滚歌手崔健要搞反盗版和反假唱运动也拉上了王海。2004年，他又有了一个惊人之举，作为北京市的新居民，他宣布要竞选朝阳区人大代表。为此，他聘请两个北京广播学院[①]的大学生义务当他的竞选助理，到处散布他为选民服务的主张。竞选的结果是落选，他说："结果是我意料之中的。我没有当上正式候选人，参选的起点跟其他候选人不平等。不过5年后我还会参选，但参选之前，我会向全国人大等立法部门提交对《选举法》修改的建议，因为现在《选举法》明显滞后了。"人们对这位当年的青岛青年不得不刮目相看。

在这之后，王海受邀参与一个题为"社区自主治理"的课题组，该项目经费来源于国家社会科学基金。他曾起草《关于物业管理的立法议案》，经31位全国人大代表签名后递交给了全国人大。他还专门到纽约去考察非营利组织的运作模式，回国后，还真的筹办了一个非营利组织，招募志愿者为公共利益服务。这个组织建立反欺诈网站，每天发布各种商业欺诈行为和不诚信行为的警示，避免消费者上当受骗，同时在社会上收集、核实各种欺诈行为和各种垄断侵权行为的线索，向有关部门举报、揭露。

2007年，在购买假索尼耳机的12年后，34岁的王海说："我的理想是在国内成立一个为公共利益服务的非营利的反欺诈组织。"从青年"刁民"到有公众服务精神的"维权专家"，王海一路走来，好像一切都是顺理成章。

① 北京广播学院于2004年正式更名为中国传媒大学。——编者注

1995年2月26日，国际金融界发生了一场大地震，有着233年历史的英国老牌商业银行——巴林银行宣布破产，其诱因居然是因为一个多月前，它在新加坡的一位28岁的期货经理的一个错误判断。1月，这个名叫尼克·里森的年轻人看好日本股市，分别在东京和大阪等地买了大量期货，指望在日经指数上升时赚取暴利。谁知天有不测风云，月底，日本的大阪和神户地区发生大地震，东京股市掉头下挫，巴林银行最后损失金额高达14亿美元之巨，不得不宣告破产。①

中国最大的证券公司万国证券的总经理管金生在1月底就耳闻了“巴林事件”，他对上海的另一位“证券教父”、申银证券的阚治东说：“中国要发生那么大的事件，大概要等10年以后吧。”谁也没有想到的是，造化居然如此弄人，几乎就在他说这段话的同时，他一手导演了一场毫不逊色的大灾难。

此时的管金生春风得意，万国证券在他的打理下，从4个人、半间小办公室起步，已经发展成拥有250多名员工、与国内外200家以上金融机构合作、总资产超过12亿元的明星公司。从1994年的下半年起，上海证券市场的国债期货交易渐起高潮，与股票市场的低迷相比，国债期货的成交量逐日放大，各个品种的价格也上涨得让人脸红心跳，当年就是从国债倒卖起家的管金生在这波行情中当然不会落于人后。1995年1月，国债期货市场最大的一个悬念是1992年发行的三年期国债会不会加息。这期代号为327的国债规模有240亿元，将在6月到期。按照它9.5%的票面利息加保值补贴率，每百元债券到期应兑付132元，而此时在市场上的流通

① 具有讽刺意味的是，10年后，美国《财富》将尼克·里森评为“影响20世纪的商界领袖”。当时，华尔街爆发了美国世界通信公司及安然公司的丑闻事件，里森在狱中说：“我曾猜测巴林银行的倒闭意味着国际金融市场加强审慎监管时代的到来，但是，近年来全球金融丑闻不断，说明事情远没有那么简单。”

价为 148 元上下。当时，银行的储蓄利率为 12.24%，市场普遍认为 327 国债的回报太低了，因此有消息称，财政部可能要提高 327 国债的利率。

但是管金生不这么看。他认为目前的宏观局面是投资过热、金融秩序混乱，特别是不久前发生的沈太福集资案，让中央在利率提降等敏感决策上会采取保守的策略，因此，不可能从国库中拿出额外的钱来补贴。于是，他下令万国做空 327。

然而，这次他竟赌错了。他的做多对手是中国经济开发总公司，隶属于财政部。2 月 23 日，财政部宣布提高利率，327 国债将以 148.5 元兑付。

消息一经核实，327 国债的市价就开始一路上涨，当日上午，价格就冲到了 151.3 元，比上日涨了 3 元多。这时候，管金生手中握有大笔 327 国债期货合同，每上涨 1 元，就意味着他将赔进十多亿元。被逼到死角的管金生急红了眼，他下令，不惜一切代价必须把价格打回去。万国在市场上不断放单，多空双方发生惨烈的绞杀战，市场上一派血雨腥风。到收盘前的最后 7 分钟，已经失去理智的管金生孤注一掷，共砸出 2 112 亿元的卖单，硬是把价位打落到 147.4 元。

管金生的疯狂举动，终于让管理层无法容忍。在这一天的攻防中，万国放出上千亿元的卖单，这至少需要 100 亿元的保证金，它显然不可能有那么多的资本保证，毫无顾忌的违规操作几乎是板上钉钉的事。当晚，上交所受命宣布，16 点 22 分 13 秒（也就是管金生用天单压盘的那一刻）之后的交易是异常的，经查是万国证券为影响当日结算价而蓄意违规，故此后的所有327国债交易均无效。试图虎口夺食的管金生终于被老虎咬住了，当时的局势是，如果按 147.4 元的收盘价计算，万国在 327 国债期货交易中赢利十多亿元，而按上交所后来的决定，万国则巨亏 60 亿元。

5 月 19 日，管金生被逮捕。9 月 15 日，上交所总经理尉文渊因管制不力被免职。1996 年，万国与申银合并，改称申银万国。

把中国股市搅得天昏地暗的“327 事件”留下很多疑云，双方争夺的焦点其实就是 327 国债到底会不会“升息”。很多证券专家事后承认，“做梦也没有想到会升息，而且一升就是5个百分点”。至于市场上的多空绞杀更是失去约束，双方都在保证金不足、恶意操纵价格等方面存在诸多的违规行为。

对管金生的审判结果到1997年的2月才出来，他被判处有期徒刑17年。有意思的是，全世界的人都知道他是因为327国债事件而被捕的，但是对他的指控罪名则是受贿和挪用公款，上海市第一中级人民法院的刑事判决书指控，管金生利用职权，先后三次受贿29.4万元，此外还挪用公司公款240万元供他人进行盈利活动，“犯罪情节特别恶劣”。管金生是中国企业史上独特的“法罪错位”[①]现象的又一个牺牲者，这位从江西小山村里走出来的股市枭雄功败垂成、无语向天，他没有委托辩护人，也拒绝法院为其指定辩护人。

---

① 法罪错位：任何一场改革都无先例可循，因而，在一个变革的年代，很多改革的行为在一开始都是对现有体制的突破，因而“先天”地带有违法、违规的特质。这使得改革者必须冒很大的风险。而当其变革行动受到质疑的时候，当政者往往不愿意对其行为进行直面的辨正——很显然，这将对现有体制构成更大的挑战，于是假借一些另外的罪名达到处置的实效，便成了最便捷和保险的选择。事实上，在人类历史上所有的大变革时期，“法罪错位”几乎是一个普遍的现象。三十年企业史，企业家落马无数，而喊冤申屈之声不绝于耳，一些被定罪的企业家往往犯事于东，却获罪于西，这就是非常隐秘的“法罪错位”现象。

1996

500 强梦想

社会上有这么多资产闲置，
是三九下山摘桃子的大好机会，
千万不能错过，过了这个村，就没了这个店。

——赵新先，1996年

“标王”秦池所表现出的无比冲动，甚至带有梦幻色彩的激进，一直弥漫在1995—1997年春季的中国商业界。它符合当时人们对商业的所有想象：奇迹是可以瞬间诞生的，罗马是可以一日建成的，胆大可以包天，想到就能做到。秦池在其后的表演似乎也印证了这些“中国式道理”，在夺得“标王”后，秦池知名度一夜暴涨，迅速成为中国最畅销的白酒，1996年实现销售收入9.8亿元，利税2.2亿元，比中标前增长了5倍以上。

1996年11月8日，名扬天下的姬长孔再次出现在梅地亚，他被安排在最醒目的主桌主位上，并作为企业家代表发言。他说：“1995年，我们每天向中央电视台开进一辆桑塔纳，开出的是一辆豪华奥迪；今年，我们每天要开进一辆豪华奔驰，争取开出一辆加长林肯。”这番话如酵母一样在梅地亚会议中心传播，让每个人都嗅到了一丝兴奋而可怕的血腥。招标会开场，秦池酒厂以令人瞠目的3.212 118亿元蝉联“标王”。

有记者问：“秦池的这个投标数字是怎么计算出来的？”姬长孔豪爽地回答：“我也没怎么算，这就是我的手机号码。”

这是一些让人难忘的“创世记”式的场景。过去三年来，消费品市场的迅猛膨胀和十分感性化的公众心态，给了中国企业家们尽情挥洒的巨大而肆无忌惮的想象空间。所有的人竭尽全力地飞奔，蓝图被一次次地放大。这年开春，一部描写平凡人奋斗的好莱坞励志电影《阿甘正传》在中国的各大影院火爆上演，人们都记住了汤姆·汉克斯扮演的主人公说过的那句名言：“生活就像一盒巧克力，你永远不知道你拿到的下一颗是什么。”好吧，既然不知道，那就尽情地想象吧。

在保健品领域，创办刚刚两年的山东三株公司靠无所不用其极的营销战略实现了20亿元的销售额，总裁吴炳新为三株做“五年规划”：“1995年达到16亿~20亿元，发展速度为1 600%~2 000%，1996年增长速度回落到400%，达到100亿元，1997年速度回落到200%，达到300亿元，1998年速度回落到100%，达到600亿元，1999年以50%的速度增长，争取900亿元的销售额。”这一连串的“增长”和“回落”以广告和新闻报道的方式刊登在中国最著名的新闻报纸上，令人炫目和惊诧。到这年年底，三株真的实现了80亿元的销售额，成为当之无愧的保健品大王。

在百货业，河南郑州一家叫亚细亚的商场是当时最炙手可热的标杆企业，它是全国第一家搞“微笑服务”和尝试连锁发展的商业公司。总经理王遂舟制订发展规划：“2000年前，在全国开设1 000家连锁商场，达到年销售额500亿元，排名全国商界第一，综合实力进入全国最大企业前十名，成为对中国经济有重大影响的国际托拉斯。还要在北京或上海建造亚细亚摩天大厦，至少高120层，象征亚细亚这样一个历史丰碑。”这些发展规划经过专家的论证，被无比庄严地公之于众，没有人对这样的目标表示怀疑，这似乎是一个靠狂想就能实现理想的年代。

当我们对发生在消费品市场上的激情故事津津乐道之后，接着就应该对1996年前后的中国企业形势有一个更全景式的俯瞰。事实上，当时的格局算得上是冰火两重天。

“冰”的一面，是一直无法从低效率和旧体制中自拔的国有企业集群。1996年，预算内国有企业的净销售利润率降低到历史最低点，亏损总数是1985年的28.6倍。相对比，全国乡镇企业的产值增长22%，中外合资企业的所得税增长40%。这一年还是《破产法》颁布的第十个年头。从1986年到1990年，全国破产的国有企业只有121家。到1996年，企业破产达到高潮，总计6 232家，超过了过去9年的总和。

自1992年7月国务院发布《全民所有制工业企业转换经营机制条例》，宣布全面落实14项自主权之后，在决策层看来，该给的自主权已经全部下放了，接下来就应该是企业八仙过海，到市场上去各显神通了。但事实却让人非常沮丧，绝大多数国有企业在竞争中一触即溃。国家经贸委向全国国有企业推出的改革典型是邯郸钢铁公司。“邯钢经验”归纳起来有两条：一是“模拟市场”，采用最终产品的市场价格来“模拟”确定内部转移价格，形成一个以保障全厂目标利润为中心、由十几万个指标组成的成本控制体系；二是“成本否决”，就是将成本作为影响、诱导和矫正员工行为的杠杆，无论其他指标完成得多好，只要突破了分配给分厂、班组或个人的目标成本，工资和奖金就要受到影响。“邯钢经验”被认为是国有企业提高效率的最佳模式，国务院专门转发了经贸委和冶金部的报告，号召全国国有企业“向邯钢学习”，这么高的规格在“工业学大庆”之后还是第一次。不过，邯钢也是30年企业史上最后一个全国性的“改革典型”，邯钢的做法从根本上说就是美国百年前的“泰罗制”翻版，其“成本否决”

也就是“泰罗制”的标准成本制度，它们主要用于提高生产或作业效率，但是并不能解决那些产品的市场销路问题，更不能触及企业产权制度的创新。

由于效益不彰，国有企业的亏损面在这些年有增无减。国家统计局对天津、哈尔滨、沈阳、成都等15个大中城市的2 600家国有工业企业的调查显示，到1994年年底，这些企业的资产总额为2 544亿元，负债却达2 007亿元，企业负债率平均高达78.9%，与10年前相比，资产增长了4.1倍，债务则增长了8.6倍。很多企业每天还在生产，但是制造出来的产品往往从生产线上搬下来，就直接拉进了仓库。到1996年年底，全国乡以上工业企业的库存产品总值已经达到1.32万亿元，而在1991年，这个数字是0.13万亿元。发生在最大工业城市上海的景象是一个缩影。从1990年到1999年，上海一直在进行“退二进三”（退出第二产业，进入第三产业）的城市战略转型，大量的工业企业被解体或迁出中心市区，这是一个十分痛苦和艰难的过程。近十年间，创造过无数辉煌的上海纺织业先后破产终结41家，销号200多家老企业，棉纺锭从原来的250万锭压缩到70万锭，60万纺织职工（主要是女性工人）下岗分流。这期间，上海失业人口的年均增长速度高达9.53%，其中1990—1995年的年均增长率更是高达13.17%——而这仅是登记失业人数。上海的景象在国内其他老工业基地大量存在，必须记录的是，数以千万计的老国有企业职工们为城市经济的改革付出了巨大的代价。

1995年9月，《人民日报》刊登了长篇经济分析文章《来自“八五”的报告　我国工业经济实力增强》①，用极大的篇幅谈论了国有企业面临的三大困境：一是亏损居高不下，国有企业的亏损数每年以14.2%的速度增加，年均亏损超过500亿元，在全部亏损企业中，国有企业占70%以上；

① 朱剑红，《来自“八五”的报告　我国工业经济实力增强》，《人民日报》，1995年9月26日。“八五”指1991—1995年。

二是企业资金的使用效率低下，库存产品每年以30%的速度增长，超过生产增长速度至少10个百分点；三是国有工业综合经济效益指数比“七五”时期（1986—1990）下降5.4%，资金利税率和成本利润率都低于非国有企业。这年7月，国家体改委宣布，开始于1994年的百家现代企业试点工作将延期一年，即从原定的1996年年底延至1997年年底。公开宣布一项重大改革“延期”，这还是改革开放后的头一遭，从中人们都体味出了试点改革的百般艰辛。

连年亏损，效率低下，产品难卖，资金紧张，那么，国有企业是如何熬过这个寒冬期的呢？事实的真相是，从20世纪90年代初期开始，日渐活跃起来的中国资本市场给了这些企业输血和喘息的机会。

自1992年夏季的“深圳认购证事件”之后，决策层突然发现，股市可能是拯救国有企业的最佳手段。经济学家纷纷献策，指出“通过股票市场融资，是搞活和增强国有企业实力的战略选择”，中央政府在北京新组建证监会，将股票发行的权力从上海和深圳两个交易所“上缴”到了中央手中。从此实行一种全面扶持国有企业的“指标配额制”的上市机制，即由中央政府确定上市额度，然后按系统分配到各部委，按地域分配到各省、市、自治区。而各省、市、自治区及各部门拿到上市指标后，还要按自身系统进行分配。这些指标绝大多数被分配给了各地的国有企业。①

就这样，“上市指标”成为政府救活国有企业的“最后一把米”。在上市的过程中，国家财政及银行对企业的拨款或贷款，先变成了债权，接着又变成了股权，然后通过股票发行都一股脑地卖给了股民。它一方面让已经陷入绝境的国有企业再次得到了喘息的机会，另一方面还“意外”地

① 只有少数著名的乡镇企业因“改革效应”和象征意义的需要而侥幸成了首批民营上市公司，其中包括浙江鲁冠球的万向集团、江苏吴仁宝的华西村等。

解决了居民储蓄增长过快的“笼中虎难题”[①]。然而，事后来看，这种制度安排使得中国股市从一开始就是一个畸形的产物，它至少在4个方面存在先天的弊病。一是缺乏公平性，那些符合上市条件、经营效益好的民营企业很难得到上市的机会。二是上市公司的素质明显不高，很多指标被分配给了各地最大也是最困难的国有企业。三是存在大量的虚假报表现象，那些拿到配额的国有企业其实并不具备上市的条件，因此不得不进行大面积的、公开的财务作假，通过“资产剥离”、“产业重组”以及直接的做虚假报表等手段来达到上市的目的。由于通过行政手段审核上市条件，不仅资格审核机构不可能对自己的审批后果负责，而且在行政审核部门的默许下，就连负责资产评估及承担股票销售的各类中介机构，也会因其极强的行政性背景及行政手段，对自己的行为不负责。四是因缺乏必要的监督，存在大量的权钱交易。

在当时，就有不少观察家和学者对这种以所有制为上市前提的制度提出了异议。《人民日报》记者凌志军在他的观察手记中写道：“看起来，国有企业是永远要人家来扶持的，过去是政府的财政，接着是银行，现在是股市，扶持的办法就是不停地把钱送到国有企业里面去。”北京大学教授张维迎则撰文认为：“我们现在把股票市场看作是解决国有企业困难的一种办法，而不是当作使有限的资源流向最有效率的企业、最有能力的企业家的融资渠道。这种为了扶贫而发展股票市场的思路是不健康的。政府的指导思想应该是保护公平交易，保护投资者的利益，而不是保护少数人的特殊利益。”[②]张维迎还为此提出了自己的建议：“我建议中央，应该对国有企业进行间接解困，让那些好的、有潜力的私营企业、非国有企业上市，然后用筹集的资金收购国有企业，这种间接不仅解决了资金问题，而且解

① 1987年之后，迅猛增长的居民储蓄一直被视为一旦出笼就可能诱发通货膨胀和物价上涨的“笼中虎”。

② 张维迎，《中国股票市场存在什么问题》，《港台经济》，1999年第7期。

决了机制问题。”他的这个建议因缺乏操作性而没有得到重视。[①]

作假的现象除了出现在上市审核的环节之外，还毫无悬念地延伸到配股圈钱的资格上。根据 1995 年证监会的规定，上市公司须连续三年净资产收益率达 10% 以上，方可享有配股权。于是，大量公司每年的收益率都“坚守”在 10% 这条生命线上。北京大学教授宋国青对 723 家上市公司的净资产收益率进行统计，结果发现处在 10%~11% 的公司竟多达 205 家。知名证券记者贺宛男对几家上市公司的作假手法进行过披露：一家公司先是虚增出 1 000 多万元的利润，然后按 33% 税率交了所得税，这样就实现了净资产率 10.18%；另一家公司把自己的产品加价卖给自己，以提高收益率；还有一家公司亏损 2 000 多万元，就把一块负资产“剥离”给上一级的集团公司托管，然后又把另一块资产“注入”，收益率自然就上了 10%。这种“财务游戏”日日上演，成为公开的秘密。

正是在这样的土壤上，中国资本市场变成了一个灰色和投机的冒险家乐园。那些上市的国有企业好像捡到了一个天上掉下来的大馅饼，其机制并没有因此得到任何的改善。于是“一年绩优、二年绩平、三年亏损”的现象比比皆是，不少企业，特别是各省市靠解困政策拿到指标的地方国有企业，迅速就把轻易融到的数千万元乃至数亿元资金都挥霍一空，然后便又沦落到了亏损的境地。便是在这样的时候，它们变成了一个又一个的

---

① 提出过与张维迎类似观点的人士还有很多。1998 年，香港证券及期货事务监察委员会主席梁定邦大律师被中国证监会聘为首席顾问，这被解读为证监会试图规范中国股市的标志性行动之一。梁定邦到任后不久就对股市频频开炮，其中第一条便是指标配额制。他认为，“指标配额上市的办法，其计划有很大的随意性，绝大多数上市指标都是为当地解困脱贫的，捆绑上市很普遍。上市之后，企业的机制和财务问题很快就暴露出来，相当一部分公司成为空壳”。除了配额制外，梁定邦对另一个“中国特色”的“股份分置”制度也提出了批评，所有上市的国有公司都存在非流通股与流通股两类股份，前者为国有股份。两类股份的权利相同，但持股的成本则有巨大差异，这造成了两类股东之间的严重不公，同时也为日后的“庄家经济”提供了天然的操作空间。2005 年之后，通过国有股减持的改革，才结束了这一制度。

“壳资源”，一些有能力的资本玩家乘机进入，上下其手，兴风作浪，中国股市很快就将进入一个庄家狂舞的年代。

通过股票上市为国有企业输血解困，毕竟只能解决少数大中型企业的难题，量大面广、数以三十万计的中小国有企业仍然是一团乱麻。就这样，颇有争议的“诸城经验”进入了决策层的视野中。

1996 年 3 月，中国社科院的经济学家吴敬琏突然接到通知，要他参加一个视察组前往山东诸城，带队人是朱镕基副总理，同行的还有国家经贸委副主任陈清泰以及此前已到诸城搞过调研的国家体改委副主任洪虎。视察组 20 日到诸城。山东的官员对朱镕基的态度忐忑不安，因为就在这几天的《经济日报》上刊登了一组调查报告，有人对一些地方的股份制试验提出了批评，认为会造成国有资产的流失，如果这是中央的态度，那么诸城无疑是一个最大的反面典型了。诸城经验的“始作俑者”陈光日后回忆说：“那时候我的人生就好像一枚半空中的硬币，连自己也不知道会翻到哪一面。”视察组原定调研三天，三天后，朱镕基临时决定推迟行程，再看半天。24 日，朱镕基在济南召集山东省、地、市、局四级干部开会交流，充分肯定了诸城的小企业改制做得好。多日来一直把心悬到半空中的山东干部们这才长出一口大气。

对“诸城经验”的肯定是决策层对国有企业改革思路的一次战略性大调整，在某种意义上，这标志着开始于 1978 年、以机制改革为主题的国有企业改革运动的终结。一些经济学家据此提出了“抓大放小”的新改革方针，那些没有竞争力也无关国计民生的中小企业将被“放掉”，政府将主抓那些有成长潜力、具备资源优势的大型企业及赢利能力强的产业。事实上，吴敬琏之所以被点名同行，正是因为他在 1995 年的最后一期《改革》杂志上发表了《放开放活国有小企业》一文，明确提出“放小”很有可能成为深化国有企业改革的一条新路，这一思路与他的老同事周叔莲在三年前提出的“重点扶持、其余放活”的主张一脉相承。根据有关部门的统计，当时全国有32万家国有企业，列为大中型国有企业的有1.4万家，其余都是中小企业。在“抓大放小”的战略被确立后，从1993年起在东南沿海一带暗潮涌动的地方国有及集体企业的产权清晰化试验开始浮出水面。企业变革进入一个全新的、以所有权改革为主题的时期，各种悲喜大戏即将一一上演。

“抓大放小”的战略，看上去很容易理解，执行起来却绝不容易。譬如“抓大”，抓哪些大、如何抓，都是难题。在1996年，当这个战略刚刚被提出来的时候，“抓大”是跟火热蓬勃的民族企业振兴运动结合起来的，它的背后有一个光芒万丈的“500强梦想”。

正如我们在之前已经描述过的，国内市场的繁荣及新兴企业的集体胜利，让中国的企业家们第一次信心爆棚。他们突然发现，原来世界并非想象中的那么遥远，那些不可一世的跨国公司似乎并非不可追赶。于是，进入“世界500强”在这一年成了企业家们共同的梦想。

“世界500强”是美国《财富》杂志的一个排行榜，它以销售额和资本总量为依据对全球企业进行排行，每年10月准时公布。1989年，中国

▲“世界500强”梦想

银行成为第一个出现在“世界 500 强”排行榜的中国公司。但是在当时，并没有多少人知道这个评选，企业家们也并不在意，每年数百亿美元的销售额对他们来说遥不可及。1995 年，《财富》杂志首次将所有产业领域的公司纳入评选范围，也正是在此刻，中国的新兴公司第一次将进入“世界 500 强”作为自己的目标。1995 年年底，张瑞敏第一次明确提出，海尔要在 2006 年进入“世界 500 强”排名，当年海尔的销售额是“世界 500 强”入围标准的 1/18。随着海尔的高调宣示，在随后的半年内至少有近 30 家公司提出了自己进入“世界 500 强”的时间表。曾有人这样评论：进入 20 世纪 90 年代中期，每年一度的“世界 500 强”排行榜像工商界的奥运会，吸引着来自东方的炽热目光。渐渐地，“世界 500 强”变成了一种图腾，深深地植入中国企业家的“集体无意识”之中。

被“世界 500 强”的梦想所吸引的不光是企业家，与这股高昂气势相呼应，中央政府和学术界也同时达成了一个乐观的共识，那就是，“抓大”就应该全力扶持那些从市场中冲杀出来的企业，把它们尽快地送进“世界 500 强”。进入“世界 500 强”成了一项国家经济目标。① 秋天，国家经贸委宣布，未来几年将重点扶植宝钢、海尔、江南造船、华北制药、北大方正、长虹 6 家公司，力争使它们在 2010 年进入“世界 500 强”。这 6 名“种子选手”成为冲刺“世界 500 强”的国家级先头部队。其中，江南造船厂是一家百年老厂，创办于洋务运动期间，是中国最大的造船企业。华北制药厂是新中国成立后新建的最大制药企业，其他 4 家企业则都是改革开放后的新兴企业。它们的共同特点是，具有国有资本的背景，在市场竞争中证明了企业的竞争能力，还有一个杰出的企业家。在中央政府确定了“国家队”之后，各省应声而动，纷纷开出自己的扶持名单，宣布将在

---

① 张维迎曾评论说，“中国是唯一把进入 500 强作为政府方针的国家”。2005 年，经济学家钟朋荣在评论德隆事件时也反思道，“很多企业家从骨子里就是要让自己的企业早早地进入‘世界 500 强’，看来，500 强情结已经给许多企业带来了灾难性的后果”。

若干年内将它们送进“中国500强企业”，而各地市则相应地提出了打造“省级百强企业”的构想。[①] 国家各部委也纷纷提出了所在领域里的扶持名单，例如，国家轻工总局就公布了全国68家“争创国际名牌优势企业”名单，其战略目标也是“10年内力争扶持中国轻工企业进入‘世界500强’”。就这样，围绕着500强的目标，一个由上而下的“抓大战略”渐渐成型了。

国家对6个种子选手的扶持政策，包括每年向每个公司投入不少于2 000万元的技术创新基金，允许企业筹建具有公众融资功能的财务公司，其仿效的目标是日韩财团模式，而具体的榜样就是当时全亚洲成长速度最快的韩国大宇集团。大宇由金宇中于1967年创办，起先是一家注册资金只有1万美元的小贸易公司。1976年，曾经在金宇中父亲门下学习的韩国总统朴正熙决定支持大宇，他把一家亏损已37年的国有重型机械制造厂划拨给大宇公司。金宇中仅用一年时间就将之扭亏为盈，韩国政府随即把一些经营不善的国有企业，如造船厂、汽车制造厂等都交给金宇中打理，同时特许大宇从事金融服务业。很快，大宇靠制造业与金融业的“混业经营”模式后来居上，快速成长为一家规模惊人的综合企业。1993年，金宇中提出了“世界经营”的口号，全面涉足汽车、造船、电视、航空配件、光缆通信等多个重大领域，在波兰、乌克兰、伊朗、越南、印度等国家建立了多家工厂。1995年，大宇被美国《商业周刊》评选为亚洲成长最快的企业，全盛时期的大宇在110个国家雇用了32万人。金宇中撰写的

---

① 在这种设想下，各地出现了由政府出面将若干家企业归并在一起“造大船，出远洋”的热浪，其中较轰动的联合重组新闻发生在浙江省杭州市。该市将当地生产洗衣机的金鱼公司、生产冰箱的东宝公司、生产电风扇的乘风公司和生产冰柜的华美公司四合为一，重组成资产规模达28亿元、销售额跃居全国家电六强的金松集团。这起重组筹划于1996年，成型于1997年8月，2000年6月，因整合乏力，金松集团解体。

自传《旷世伟业》[1]被译成21种文字畅销全球，仅在韩国就发行了200万册。大宇的神话让中国商业界无比羡慕，它让人们看到了一个在政府全力扶持下、通过实业与金融"混业经营"的模式快速壮大的路径。在很多人看来，它是东方式的，是完全可以被"移植"到中国来的。在当时国内的经济学界和决策层，培植若干家能够进入"世界500强"的超大型企业集团几乎是一个共识。人们认为，这种规模庞大、无所不包的航空母舰式的财团式企业是抗击国际竞争风险的最好模式，也是中国经济崛起的象征。

进入"世界500强"的美好憧憬以及对"大宇模式"的仿效，把方兴未艾的多元化热浪推到了一个新的高潮。1996年，是30年企业史上最激情四射的年份之一。每一个行业都充满了无数的商机，所有人都变得迫不及待，扩张，再扩张，企业家们还远远没有学会控制自己的欲望。日后的事实将证明，在多元化的浪潮中，那些失去理智和控制力的企业家都将自食其果。

三九集团的赵新先是最早嗅出"抓大放小"所蕴含的商机的企业家之一。夏天，他对部下们说："社会上有这么多资产闲置，是三九下山摘桃子的大好机会，千万不能错过，过了这个村，就没了这个店。"三九是当时中国效益最好的中成药企业。1985年，广州第一军医大学下属南方医院的药局主任赵新先受命到深圳近郊的笔架山上创办了这家企业。他建成了中国第一条中药自动化生产线，研制出对慢性胃炎治疗效果颇好的"三九胃泰"，企业效益连年翻番，到1988年年底就实现产值18亿元，上缴利税4亿元，居全国500家最大工业企业第82位。解放军总后勤部授予赵新先"优秀军队企业家"称号，颁发二级英雄模范奖章一枚，还向全军做出了《关于向赵新先同志学习的决定》。1996年，当赵新先从各种渠道得

---

① 金宇中在1989年出版了自传《旷世伟业》(又有译名为《天地广阔　大有作为》)，介绍了他个人奋斗和自我牺牲的传奇故事。1997年6月，该书中文版由内蒙古文化出版社引进出版，中文版书名为《赚遍全世界：大宇集团总裁谈赚钱处事之道》。

知中央将实施“抓大放小”战略的时候，十分敏锐地意识到这是企业快速扩张的千载难逢的好机遇。

三九第一次“下山摘桃子”就非常成功。四川的雅安制药厂是国内生产中药针剂最早的厂家之一，到1995年年底，这家老牌国营企业已经到了山穷水尽的地步，全年产值只有1 000多万元，利润仅2万元。赵新先在一次出差中发现了这家企业，当即拍板投资1 700万元予以收购，并委派最得力的干将入川经营。三九人进入后，第一件事情就是给每个职工一本赵新先主编的《论三九机制》，班组学习讨论两个星期，然后在企业内推行“干部能上能下、职工能进能出、工资能高能低”的市场化管理。雅安厂的针剂贴上三九的品牌，通过三九的营销网走向全国市场，一年后产值就达到了1亿元，实现利税2 000多万元。并购效应之显著，出乎所有人的预料。①

雅安经验的成功顿时让赵新先雄心万丈。他认为，国营老企业的所有痼疾都是体制造成的，只要将三九的机制和品牌注入，再加上适度的启动资本，完全可以让它们一夜之间铁树开花。1996年年底，三九召开雅安经验学习会，会后，赵新先宣布成立三九投资管理公司，委派60多名干部奔赴全国各地，专事收购兼并工作。

笔架山上号令一响，一拨人马浩荡冲下山去。在当时，三九品牌响彻国内，举目四顾，像它这样既有国有企业的正宗血统，又有资金、品牌和销售网络者，几乎没有几家。把企业交给三九，不但能够救活企业，而且没有贱卖国有资产的嫌疑。因此，赵新先每到一个省，书记、省长必出面接待，到了市里，更是惊动五大班子集体迎送，各地媒体也是追踪报道，

---

① 关于靠体制优势兼并企业，最著名的比喻是海尔张瑞敏的“休克鱼理论”。“休克鱼”指的是鱼的肌体没有腐烂，企业的硬件很好，但是企业的体制、管理及观念有问题，导致经营停滞不前，处于休克状态。所以，这种企业一旦注入新的管理思想，有一套行之有效的管理办法，很快就能被激活。靠“休克鱼理论”，海尔从1988年到1996年，兼并了19家亏损企业。

▲三九

热烈捧场。一些偏僻地方的企业听说三九开始大并购，便千里迢迢地跑到深圳三九总部，排着队要求兼并。河南兰考县一下子就把 7 家企业都送给了三九；在西部某省，一个酒厂的厂长当场下跪，恳请赵新先“吃掉”他的工厂。从 1996 年到 2001 年，三九出手并购了 140 多家地方企业，平均每月并购两家。在这种跑马圈地式的疯狂并购中，三九集团迅速扩张成全国最大的中医药企业，总资产猛增到 186 亿元，所属企业遍及除了西藏之外的所有省、市、自治区，形成了医药、汽车、食品、制酒、旅游饭店、商业、农业和房地产八大行业，旗下甚至包括一家华南地区最大的夜总会。扩张之初，企业的负债率为 19%，到 1998 年时，负债率已经高达 80%。为了展示并购的赫赫战果，赵新先还在三九的厂史陈列室入门处，放置了一艘航空母舰的模型，军舰的甲板上放了数十架飞机，它们分别代表集团直属的二级子公司，在它们的旗下则还有上百家三级、四级公司。赵新先对这个创意十分满意，每有贵客来，他必在军舰前做一番介绍。他说：“这就是中国中药产业的航空母舰，我们要让飞机达到 100 架。”到他退休之前，飞机最多的时候为 98 架。

赵新先式的激情，在 1996 年一点也不显得突兀。美国经济学家、1982 年诺贝尔经济学奖获得者乔治·斯蒂格勒说过的一段话被企业家们每天挂在嘴上：“一个企业通过兼并其竞争对手的途径成为巨型企业是现代经济史上一个突出的现象。没有一个西方大公司不是通过某种程度、某种方式的兼并而成长起来的，几乎没有一家大公司主要是靠内部扩张成长起来的。”事实上，在当时，只有极少数企业家看到了狂热中潜伏的凶险。刚刚下定决心走专业化道路的王石在自己创办的《万科周刊》上写文章说：“新兴企业千万不要认为这是扩张的时机，现在对‘无产者’来说是一个机会，有10%~15%的人会因此成为‘有产者’，他们干不好无非还是一个‘无产者’，他们可以去搏。但是对那些80年代末90年代初创立的企业来说，现在不是扩张的时候，要控制住自己。天下没有白吃的午餐，国家都管不了，你怎么管？”

《万科周刊》是一本没有公开刊号的企业内部刊物，所以并没有太多人听到王石的声音，即便听到了也未必有人会放在心上。

在狂飙突进的多元化浪潮席卷下，企业家们似乎已经失去了认真、寂寞地做好一个产品的耐心。“我认为中国人有点急躁。”在中国沿海考察的日本管理学者大前研一有点担忧地说，“中国的机会太多，以至中国的企业家很难专注于某个领域，并在该领域做出卓越的成绩。但专注是赚钱的唯一途径。可口可乐专心做可乐，成为世界消费品领域的领先者；丰田专注于做汽车，成为日本利润最为丰厚的公司。进入一个行业，专业化，然后全球化，这才是赚钱的唯一途径。”这位亚洲地区唯一进入全球前十位国际级管理大师排行榜的学者还举例说，他曾在一家中国书店看到一本《西方百部管理经典》，竟然浓缩在200页的篇幅内。“只想阅读管理书籍的摘要，只想在5年之内就赶上日本花了50年所学的，这正是中国打算做的。可是，管理是一个连续反馈的过程，如果你只是这样‘浓缩’地学习，然后匆匆忙忙地采取行动，或者是让其他人来对组织进行改造，这简直就像个‘人造的孩子’。”

大前研一的这种声音在亢奋的中国企业家听来，实在有点儿保守。在中关村，四通集团的董事长段永基宣称：“我们已经进入资本经营的阶段，收购兼并企业，然后包装卖掉，这样比干企业本身更能赚钱，而且还来得快。”四通曾经是中关村知名度最高的IT（信息技术）企业，也是20世纪

80 年代末期中国高科技企业的一面“旗帜”。在 1992 年前后，四通集团的纯利就有 3 亿元，销售额的 70%、利润的 90% 都是依靠打字机系列产品。但是从这以后，四通就沉浸在外延式的成长中，公司对科技开发的投入明显不足。据四通集团主管开发工作的执行副总裁、总工程师王缉志日后回忆，他当时能够支配的开发费用还不到公司总营业额的 0.3%。他说：“尽管按照国家和开发区的规定，公司可以提取营业额的 7% 作为开发费而纳入成本，但是这些开发费提了之后都不知道干什么去了。公司请人吃顿饭、唱一次卡拉 OK，动辄可以一掷千金，甚至万金，为总裁办一张高尔夫会员卡可花几十万、上百万元，可是我要调用几万元的开发费都要走很麻烦的手续。每当公司向银行申请贷款的时候，就要我们写科技开发项目的可行性报告，但这是写给银行和政府看的，因此得来的科技贷款却用到了其他方面，比如炒股票、炒期货、搞房地产。”四通是当时国人寄予无限厚望的高科技企业，在很长一段时间它也以“与巨人同行，做中国的 IBM”为己任，而王缉志所透露出来的实情却让人心寒。段永基自己也曾讲过一个黑色幽默式的四通故事。

在 1995 年，一个学金融出身的人承包了四通在武汉的一个证券营业部。由于四通员工当时多是技术出身，不懂金融，这就给了这个人可乘之机。此人把营业部的公章私自进行了修改，从而取得了进行国债交易的资格，得到了两个多亿的盈利，这么多钱全被他个人挥霍掉了。后来国家取缔武汉的国债交易市场时，段永基是通过看报纸才知道“四通做国债赚了两个多亿”。依照有关规定，四通集团必须退还这两亿多元的不合法盈利。当时四通不但不敢处理那个私改公章的人，还好吃好喝地供着他，希望他能讲清楚这两亿多元花到什么地方去了。有一次，段永基和这个人同乘一班飞机，段永基坐普通的经济舱，他坐高级的头等舱。那个人问段总裁：“赚这么多钱，怎么还坐经济舱？”段永基没好气地说：“赚的钱都给你还债了。”后来的事实表明，很多企业在当时所标榜和宣告的科技投入都是让人怀疑的。

这种浮躁现象在已经取得胜利的家电产业尤为突出。后来的很多专家都认为，1996年前后，本土家电企业集体性地错过了一个“改变历史的机会”。当时，这些企业已经靠价格战击败了早先靠品牌优势而获得先机的跨国企业，获得了极大的市场份额，企业的士气和效益都处在最佳的时期。要稳固市场战果，就必须在技术上拥有核心的开发能力。当时所有的国产家电企业，其实都还是一些装配工厂，各类家电的核心部件仍然需要从国外引进，冰箱、空调和彩电的核心技术都被日本及美国公司所掌控。1996年7月，科龙集团的潘宁宣布，将投资10亿元人民币在日本神户建立日本科龙株式会社（电器产品开发研究所），聘请多名日本及欧美高水平的技术专家对冰箱压缩机技术进行攻关研发。他很激动地说：“如果不能在有生之年装出一台百分之百的中国冰箱，我们这代冰箱人愧对后人。”在科龙之后，海尔、TCL、长虹等纷纷宣布将在美国、欧洲及日本等地设立“前沿式的技术中心”。

日后的事实显示，这些“技术中心”都仅仅是一些炒作的题材而已。本土家电企业在打垮了跨国公司之后，迅速地陷入了更为惨烈的“内战”。由于所有的企业都处在相同的技术层面上，所以“内战”的武器还是价格战，以及一轮又一轮的以“技术创新”为噱头的“概念大战”。在之后的几年里，中国家电企业不断宣布自己实现了革命性的技术突破，有人曾经将这些“新技术”做过一个黑色幽默般的描写，譬如“光触媒空调”被宣称是“21世纪空调业的重大突破”，其实就是在过滤器上加装一张含有“活性炭的过滤网”，活性炭潮湿了，拿出来晒晒太阳，其成本不到1元钱；“无菌冰箱”被宣告是“冰箱进入绿色时代的标志”，其实是在冰箱的塑料部件上注入一些药剂，成本不到10元，却可以靠这个技术概念拉抬200元的售价；采用了“数码景深电路”的“数字彩电”，其实是把彩电技术中的电子束原理进行了一个新的概念描述；“环形立体风空调”是某大型空调企业投入上亿元开发出来的专利性技术，其实就是在风叶上装了一个定时器，让它定时上下左右变换而已。

即使是当时中国最优秀的家电企业也没有在核心技术的突破上下大功

夫，而是步入了概念炒作的歧途。海尔公司的“地瓜洗衣机”便是一个很经典、很著名的事例。

这个故事的“标准版本”是这样的。张瑞敏到四川西南农村考察，发现当地农民用的洗衣机的排水管经常有污泥堵着，张瑞敏就问当地人原因。农民说，我这个洗衣机不但用来洗衣服，还用它来洗地瓜。回来后，张瑞敏就对科研人员说，农民用我们的洗衣机洗地瓜，把排水管都堵住了，看看能不能想想办法。科研所一位小伙子对张瑞敏说，洗衣机是用来洗衣服的，怎么能用来洗地瓜呢？张瑞敏说，农民给我们提供了一个很重要的信息，这个信息是用金钱无法买到的，你们要研制一种能洗地瓜的洗衣机。研发部门接到这个课题以后，在一个月的时间里研制出了全球第一台“地瓜洗衣机”。科研人员在洗衣机上装了两个排水管，一个粗一点，一个细一点，洗地瓜时用粗的，洗衣服时用细的。后来，海尔又根据消费者需求，研制出了“打酥油的洗衣机”“洗龙虾的洗衣机”。

在那几年，海尔的“地瓜洗衣机”成为传媒津津乐道的创新故事，甚至被写进了大学教材。一个叫钟伟的学者质疑说：“这点地瓜，挑到河边井边用手洗，省力省钱又干净，为什么非得费水费电费时间地用洗衣机呢？”这种对产品创新的曲解和误导，最终让中国家电业的技术进步陷入了形式主义和技术空心化的歧途。在所有的家电品类中，核心技术的突破始终没有实现，一直到 2008 年，中国成为全球最大的家电制造基地，但是仍然无法完整地制造出一台百分之百的“中国彩电”“中国冰箱”“中国空调”。

在 1996 年，所有的危机都远如天边一朵若有若无的乌云。人们目力所及的是一幅玫瑰色的前景，消费市场空前活跃与繁荣，本土公司充满活力和激情。在全球范围内，中国的渐进式改革看上去也是最成功的。北方的俄罗斯经济正陷入困境，自 1992 年推行“休克疗法”和大规模私有化经济改革以来，俄罗斯出现严重的通货膨胀，宏观经济持续下滑，居民实际生活水平下降 30%~40%，甚至连人均寿命都减少了 3.6 年，婴儿死亡率高达15.9%，成为世界上婴儿死亡率最高的国家。为了支持叶利钦政府，西方提出了102亿美元的紧急援助计划。《新闻周刊》在这年的一篇报道中写道："中国正在每一个领域制造令人惊奇的巨大影响，从台湾海峡到美国商店的地板，这都是1979年邓小平实行改革开放的时候所没有被预见到的。一个强大的中国开始出现。作为一股经济力量，中国正进入和改变着全球市场，有些时候甚至制定了他们自己的游戏规则。"未来学家约翰·奈斯比特在新出版的《亚洲大趋势》中预言亚洲将会成为世界经济的中心，而中国无疑将成为亚洲的中心。这段文字被人一再地引用，其实，这位大胡子的美国人在那本书里还说过一句更有寓意的话却被人们忽视了。他说："中国经济发展的目标不是去赶超美国，而是应该造福于中国人。"[①] 在这一年，更让人们满怀憧憬的是，来年将是香港的回归之年，百年耻辱将一日洗去。在很多人看来，"中国世纪"的脚步声真的已经倾耳可闻了。受乐观景气的影响，上海的股市从年初的537点上涨到了11月的1 200点。

这种高涨的民族自豪情绪还十分生动地体现在两本畅销书上。

5月，一本《中国可以说不——冷战后时代的政治与情感抉择》的政治评论著作一面市就引发热浪，首版发行5万册，只用了20多天就一售而空。这本书的5位作者都是大学毕业不久、30岁上下的文化青年。书名明显受到6年前那本著名的《日本可以说不》的影响，而其民族自豪的色彩也同样浓烈。20世纪90年代中期，中美之间自1989年以来的紧张关系仍在持续。美国政府游说各国抵制北京承办2000年奥运会，并对中国加入世界贸易组织多方阻拦。1994年，莱斯特·布朗发表研究报告《谁来养活中国》。根据他的计算，中国未来30年的粮食产量将呈下降趋势，不但中国养活不了中国人，就是全世界也养活不了中国人。"布朗报告"引发了很大的国际震撼和中国民众的愤怒。《中国可以说不》一书最重要的观

---

① [美]约翰·奈斯比特著，《亚洲大趋势》，北京：外文出版社，1996年版。

点，是对美国的超级大国地位提出质疑，并猛烈批判中国国内的崇美、亲美思潮，进而大胆地为中国的崛起呐喊。在“前言”中作者写道：“美国谁也领导不了，它只能领导它自己；日本谁也领导不了，它有时连自己都无法领导；中国谁也不想领导，中国只想领导自己。”这本书被迅速翻译到美国和日本，美国驻华使馆还专门约请作者交谈，这被视为中国民族主义思潮高涨的一个象征性事件。[①]

到了年底，一本商业图书引起了同样的轰动。曾经担任过联想公司公共关系部总经理的陈惠湘写出了《联想为什么》。作者以亲身经历叙述了联想公司的成长历程，以及其间形成的管理思想和经营模式。这应该算是第一本以中国现代公司为研究标本的商业书籍。联想被认为是中国崛起中的一个榜样，作者写道：“学完美国学日本，到头来能不能解决中国企业的问题？中国需要研究自己，中国需要集体英雄主义。”在书的封底，编辑者更是用黑体字醒目地提示说：“在这本书面前，我们只需深思一个问题：我们该怎样爱自己的祖国？”[②]

▲《中国可以说不》

这种貌似深邃的问题背后，无疑激荡着一股倔强的、舍我其谁的浩然之气。

但是，世界真的如此令人着迷吗？

---

① 《中国可以说不》的作者是张藏藏、宋强、乔边、古清生、汤正宇。1996年，中国出现了多本以反击美国霸权主义为主题的政论类图书，影响较大的还有李希光的《妖魔化中国的背后》。

② 陈惠湘著，《联想为什么》，北京：北京大学出版社，1997年版。

2005年11月19日，赵新先去北京颐和园游玩。那天他的心情不错，一路上让家人拍了不少照片。在出园的时候，几名警察拦住了他。第二天，赵新先出现在南方的深圳梅林看守所。看守所位于笔架山西南侧一个很偏僻的山坳里，四周长满细高笔直的桉树和树冠硕大的荔枝树。赵新先被关押在一间只有几平方米的囚室里，囚室的窗口很高，踮着脚尖往外望，瞧得见南方浩渺的星空。从这个地方向东走一千多米，再拐一个弯，就是三九集团的总部。

1985年8月7日，广州第一军医大学下属南方医院的药局主任赵新先受命到广州城郊的笔架山上创办药厂，跟着他的有6名医院的员工和8个聘用的工人。他躺在一个铁皮做的狗棚里，四周茅草丛生，一片荒芜。他用铁锹当枕头，用军衣当被子，曲身而眠。那年他43岁。

从狗棚到囚室，赵新先走了整整20年。

赵新先是三九集团的创始人。他把一家军医附属工厂办成了中国中药企业中唯一一个把产值做到将近100亿元的企业。赵新先是靠三九胃泰起家的。这个配方是几年前他在粤北乡间从老乡那里得来的，原料是南方特有的三桠苦和九里香，对治疗胃病有奇效。当年推广产品的时候，他不像别的厂家那样扛着产品四处推销，而是穿上整洁威严的军服，到各大中心城市去开“学术报告会”。他把各地的卫生局、药材公司、各大医院和新闻媒体邀集在一起，大讲三九胃泰的病理和药理。赵新先一个月跑了10个城市，开了10场学术报告会，所到之处必刮起一阵“三九旋风”，等他回到深圳，订单已如雪片般追踪而

▲赵新先

来。办厂第一年，南方药厂就拿下 1 100 万元的销售收入。

在广告营销上，赵新先有两个发明。他是出租车顶箱广告的中国发明者，1988 年，他在一部美国电影中偶尔瞥见一辆车顶背着个广告灯箱的出租车一闪而过。第二天，他就跟广州市的出租车公司洽谈，在四百多辆出租车上安装了“胃药之王，三九胃泰”的顶箱广告。这些车在市区四处跑，传播效应好得出奇，这种广告形式很快风靡全国。赵新先还是明星广告的首倡者。也是在这一年，他说服著名的老电影艺术家李默然为产品做广告，这则全国最早的明星广告在中央电视台一播出，顿时就引起轰动。人们开始讨论，明星到底能不能做广告，李默然到底收了企业多少钱。这些争议让始料未及的李默然困扰不已，却把三九胃泰的名气越炒越大。某种意义上，在整个 20 世纪 80 年代，三九是最成功的市场化企业之一。

在企业史上，三九最出名的还不是它的骄人效益，而是它独步天下的“一人机制”。在公司里，赵新先是总经理兼党委书记，下面不设副总经理，集团总部只设党务部、财务部和人事部三个机构，甚至连总裁办公室都没有，赵新先之下设 5 个秘书，分别处理相关具体事务。三九的管理模式，在当时国内的所有国有企业中绝无仅有，甚至是不可想象的。它突破了僵化的国有体制对企业的束缚，带来的结果是真正的政企分开，从而解决了国有企业十多年来始终难解的老大难问题。

关于“一人机制”最戏剧性的一幕出现在 1992 年 9 月。国务院副总理朱镕基到三九集团视察，看后十分满意，临走时朱镕基提出要跟药厂的领导合影留念，他对赵新先说：“老赵，把你的那些副厂长叫来一起照。”赵新先说：“副总理，我这没有副厂长，领导就我一个人，我是厂长、书记、总工程师一身兼。”

这个细节被记者写进了报道中，“一人机制”顿时在国内被传为美谈。1993 年，中央电视台编辑播出了一套介绍国有企业改革经验的电视专题片，第一篇是“海尔经验”，第二篇就是“三九机制”。客观地说，一直到赵新先退休前的那一刻，他一直牢牢地掌控着这家国有企业，而其得失成败也可谓“成也一人，败也一人”。

三九的兴衰与多元化有关。从1996年到2001年，三九出手并购了140多家地方企业，平均每个月并购两家。2000年，赵新先在资本市场上强势出招，在不到一年的时间里，一举成为三家上市公司的主人。在当时的资本市场上，只有唐万新的德隆系同时控股了湘火炬、新疆屯河及合金控股三家上市公司。赵新先不无得意地说：“在资本市场上，三九的表现仅次于德隆。”

为了实现全球最大中成药企业的梦想，从2000年起，赵新先在国际和国内两大战线同时出击，分别实施全球创建1 000家连锁中药诊所的“麦当劳计划”和在国内开办1万家连锁药店的“沃尔玛战略”。赵新先是那种颇有战略直觉的企业家，在产业的每一个转型点，他都能很早意识到，并迅速地做出反应。但他在项目的执行上则总是显得“大而无当”，在一次又一次的布局和冲杀中，三九的企业规模越来越大，但是能够给企业带来直接效益的项目却始终未现。2003年，四处狂奔而无所收获的赵新先和他的三九冲到了悬崖的边缘。秋天，媒体披露三九共欠银行贷款98亿元，已经陷入巨额财务危机。此文一出，顿时把三九的资金窘境曝光于天下。接下来的一个多月里，银行的“讨债大军”纷至沓来，三九总部一片混乱。

在这样的时候，试图自救的赵新先突然把矛头对准了国有资产的拥有者。他认为：“三九负债率偏高的根源在于三九集团是一个怪胎，作为国有企业，其国有出资人是存在的，但却没有实际出资，国有出资人没有履行出资义务。对于三九集团而言，国家不仅没有出一分钱，而且也从未享受过债转股、贴息贷款等优惠政策。”

很显然，已经超过了60岁惯例退休年龄的赵新先不想再坐等下去了，他想利用此次财务危机，彻底，至少部分地解决三九的产权问题。

2004年3月，在北京的全国两会上，作为全国政协委员的赵新先在接受中外记者采访时，再度把矛头直指国资委。他说，国资委应当担负起企业股东为获得发展的流动资金增加投资，投入新的资本金的职能。两个月后，赵新先突然被免去三九企业集团总经理、党委书记职务。2005年年底，赵新先因涉嫌向境外转移资产被宣布“双规”。2007年6月，赵新先以“国有公司人员滥用职权罪”被深圳市罗湖区法院判处有期徒刑一年零九个月。

1997 “世界不再令人着迷”

垮了……垮了……垮了……垮了……

——泰国司机，1997年

元旦那天，北京小雪。住在北京301医院的邓小平让人打开电视机，他看到中央台正在播放一部纪录片，就凝神看起来，可是看不清楚电视屏幕上那个远远走过来的人是谁。那边，走过来的那个，是谁啊？他问医生黄琳。黄琳说：“那个是您啊。您看清楚了。”屏幕上的那个人走近了，他终于看清了自己，动动嘴角，笑一笑。黄琳告诉他，这部电视片名叫《邓小平》，是刚刚拍摄的，有12集。他什么也不说，只一集一集地看下去。黄琳知道他耳背，听不见，就俯身靠在他的耳边把台词一一复述。每当电视里有一些颂扬他的话时，黄琳看到老人的脸上总会绽出一丝异样的羞涩。

50天后的2月19日，这个93岁的政治家走到了生命的终点。

对中国人来说，这是一个巨大的悲恸。在过去的20年里，这个心胸宽广、意志刚毅的老人一直是中国经济体制改革最重要的捍卫者和推动者，他在这段复兴的中国历史上深深地烙上了自己的印记。当他去世的时候，中国这艘东方巨轮已经驶过“历史的三峡”中最惊险的一段。路透社在他去世后第二天的评论中说，邓小平敢于撇开僵硬的计划体制而赞成自由市场力量，并让中国的大门向世界开放，他真正改变了中国。

邓小平的去世让整个上半年的中国一直无法从悲伤中完全摆脱出来。7月1日香港回归，这原本是一个举国欢腾的日子，却也因此染上了一重莫名的遗憾。在邓小平生命的最后时光中，让香港平稳回归一直是他最关心的事情，他也承诺将在回归之日亲赴港岛见证，可惜他最终没有等到那一天。回归当夜，那满天烟花中，应有一朵专为他绽放。

悲伤的云雾一直笼罩着1997年，自始至终。

这年，全球最热映的电影是美国好莱坞拍摄的《泰坦尼克号》，一艘20世纪初世界上最大的、号称“永不沉没”的豪华客轮，在优雅的音乐伴奏和此起彼伏的惊恐尖叫声中沉入北大西洋海底，一起沉下去的，还有年轻的流浪画家杰克·道森与贵族小姐罗丝的爱情。当中国观众百感交集地走出影院的时候，在商业世界，悲剧即将上演，哀伤如出一辙。

▲《泰坦尼克号》来到中国

这是一个具有分水岭意义的年份。在此之前的三年里，联想、海尔、长虹等本土公司依靠价格战和高举民族品牌旗帜，在家电、饮料等消费品领域中节节取胜。企业家们沉浸在“500强梦想”中，政府及企业的信心已近爆棚。然而，接下来发生在亚洲及中国企业界的一连串突如其来的事件，让无数的梦想如泡沫般幻灭。

最重大的恶性事件是席卷亚洲各国的金融风暴。一个叫乔治·索罗斯的美国投资家在未来的很多年里一直被亚洲政治家们视为带有神秘邪恶色彩的金融巨鳄。从2月开始，索罗斯领导的量子基金瞄准经济过热、出现赤字危机的泰国，开始大肆抛售泰铢，使泰铢对美元汇率剧烈波动，泰国政府动用50亿美元外汇储备和200亿美元借款来干预汇市，但是仍不能阻止泰铢的一路下滑。到7月2日，泰国政府被迫宣布让汇率自由浮动，一天之内，泰铢大跌20%。在狙击了泰铢之后，索罗斯转而攻击马来西亚、菲律宾、印尼、韩国以及中国香港，所受攻击的国家和地区均蒙受巨大的金融伤害。这场亚洲金融风暴从1997年夏季开始，历时4个多月，对亚洲各国和所有的产业都造成了重大的影响。菲律宾、马来西亚和印度尼西亚的中产阶级财产分别缩水50%、61%和37%，中国香港、新加坡和泰国的居民资产则下跌了44%、43%和41%。当风暴席卷泰国的时候，《纽约时报》专栏作家托马斯·弗里德曼正好在泰国。8年后，他在畅销一时的《世界是平的》一书里心有余悸地描述了当时的景象：“泰国政府宣布关闭58家主要金融机构，一夜之间，那些私人银行家倾家荡产。我驱车前往曼谷的阿素街参加一个聚会，此处是泰国的华尔街，倒闭的金融机构多数在此。当我的轿车慢慢经过这些破产的银行时，每过一家，司机就喃喃自语道，‘垮了……垮了……垮了……垮了……’这些泰国银行成了

▲亚洲金融风暴的始作俑者索罗斯

新的全球化时代第一次全球金融危机中的第一块多米诺骨牌。”[①]

即使是亚洲最发达的国家，也不能幸免于难。在韩国，受到攻击的韩元在两个多月里疯狂贬值50%，国家经济几乎到了崩溃的边缘。韩国政府不得不向美、日以及国际货币基金组织等请求紧急援助，借贷金额为创全球纪录的550亿美元，并被迫承诺实施严厉的稳定经济计划及降低经济增长率，经济自主权一度丧失。韩国政府向所有公务员发布了一项“勒紧裤腰带”方针，要求公务员至少将薪水的10%存入银行。而民众则自发把家中的金银首饰捐献出来。在风暴中，韩国失业率高达11%，韩国企业蒙受了至少3万亿韩元的兑换差额损失，外债本息的偿还额增加了4万多亿韩元。多家大公司宣告破产或陷入绝境，其中就有前些年无限风光、被中国企业视为标杆的大宇集团。当风暴席卷时，一直处在快速扩张中的大宇其实已债台高筑，公司借贷资金达到了200亿美元的规模。面对危机，金宇中采取了一系列收缩计划，但同时却在汽车业务上加倍下注，靠大量发行高息债券和商业票据的方法融到135亿美元的短期债务资金，相继接管了双龙汽车和三星汽车，并继续推进其国际汽车巨头的战略。到年底，大宇的主贷款银行拒绝进一步对其追加贷款。1999年10月，负债800亿美元的大宇终于宣告破产，金宇中出走美国，韩国舆论发出“财阀亡国论”的怒吼。

在日本，虽然日元没有受到直接的攻击，但是动荡的紧缩效应也迅速扩散到所有的产业。9月18日，日本零售业的明星企业八佰伴公司向静冈县地方法院申请破产。这是一家中国消费者十分熟悉的传奇企业，它的创始人和田加津是一个10岁就开始做童工的日本传统妇人，靠经营一家蔬

---

① 《世界是平的》是一本由托马斯·弗里德曼所撰写的畅销书，书中分析了21世纪初期全球化的过程。书中主要的论题是“世界正被抹平”，这是一段个人与公司行号通过全球化过程得到权力的过程。作者分析这种快速的改变是如何通过科技进步与社会协定的交合，诸如手机、网络、开放源码程式等，而产生的。中文版由何帆、肖莹莹、郝正非翻译，于2006年在湖南科学技术出版社出版。

菜水果的小铺子起家，历经40年发展成一家年销售额50亿美元、在世界各地拥有400家百货店和超市的大型跨国公司。以她为生活原型拍摄的日本电视连续剧《阿信》曾经在中国创造出最高的收视率纪录。1995年年底，“上海第一八佰伴”开业，当天一共涌进了107万名顾客，创造了吉尼斯世界纪录。在过去的几年里，八佰伴是日本最具扩张野心的百货公司，它在日本拥有26家大型百货店，在东南亚、欧美和中国开有40余家商场。当金融风暴来袭的时候，它在东南亚的多家商场被迫关闭，公司资金链的危机很快暴露出来。而此时的日本银行已自顾不暇，破产时八佰伴的总负债高达13亿美元。

亚洲金融风暴在中国的周边国家一一发作，景象之惨烈让人胆战心惊。金融资本主义和全球化展现出了它凶狠和强大的破坏性的一面。这自然会影响到中国的产业经济和民众心态。在全球股市的大跌风潮中，在过去颇为活跃的中国股市也陷入低迷，消费市场更是一派萧条。经过几年的宏观调控，通货膨胀的压力日渐释放，通胀率几乎下降为零，但是，消费过冷的景象却同时出现了。根据国家统计局的报告，到1997年中期，全国的工业库存产品总值超过了3万亿元，出现了“结构性过剩”的现象，95%的工业品都是供大于求。6月，国家经贸委、内贸部、对外贸易经济合作部等不得不联合成立了全国库存商品调剂中心，以求加速企业商品流通，这种积压景象只在1990年时出现过一次。

就是在如此恶劣的大环境下，那些超速发展而对风险毫无预警的著名企业都因各种不同的原因发生了可怕的雪崩，使得该年度成了企业史上的一个“崩塌之年”[①]。

1月，因“标王”而显赫一时的山东秦池酒厂被曝光“白酒勾兑”丑闻。在此之前，秦池的销售一直很旺盛，白酒罐装线从两年前的5条增加

① 在这部30年的企业史上，出现过两个崩塌之年：第一个是1997年，第二个是2004年。

到了47条，它还被评为“中国企业形象最佳单位”。就当姬长孔兴冲冲地赴北京领奖的时候，《经济参考报》刊出一条爆炸性新闻，该报记者经调查发现，秦池在山东的基地每年只能生产3 000吨原酒，根本无法满足市场的翻番增加，因此，该厂从四川的一些酒厂大量收购原酒，运回山东后进行勾兑。记者找到了向秦池供酒的四川企业，他们还细致地描述了他们看到的被吹嘘是中国最先进白酒罐装线的实际现状：“秦池的罐装线基本是手工操作，每条线周围有10多个操作工，酒瓶的内盖是专门由一个人用木榔头敲进去的。”这篇报道如滚雷般传到了全国各地，几乎在很短的时间里，它被无数报刊转载。一直被媒体高高吹捧着的姬长孔根本不知道如何应付这样的局面，他唯一想到的办法是派人到报社做公关，表示愿意出数百万元“收购”这组报道。“标王”就此“陨落”，年底秦池销售额从9.5亿元跌到6亿元，再一年跌到3亿元。2000年7月，秦池还不上300万元的货款，法院裁定拍卖“秦池”商标，公告发出，全国无一人应拍。

也是1月，在南方的珠海，激情四射的史玉柱走到了悬崖边。巨人集团被曝光出现了财务危机，它发动的保健品大战耗费了所有的资金，同期在建的巨人大厦在完成地下工程之后就因为资金短缺而停了下来。1月12日，数十位债权人和一群闻讯赶来的媒体记者到巨人集团总部上门讨债。危机迅速被放大，种种关于巨人集团资产被查封、员工工资被拖欠、高层经理携款潜逃等负面新闻连篇累牍地出现在报刊上。那段日子，被媒体捧为“时代偶像”、一向缺乏公众沟通能力的史玉柱把自己关在一间300平方米的总裁办公室里，拉下所有帷幕，拒绝与外界有任何接触，数十日在不见一丝阳光的大房子里孤寂地坐着。根据当时的情况，只需要有1 000万元左右的资金，巨人大厦就可重新开建，诸多冲突就会被缓解，可是史玉柱就是没有办法找到这1 000万元。他整天在大办公室里来回踱步，把地毯都踩得坑坑洼洼了，却还是束手无策。日后他哀叹说：“我终于知道什么叫一分钱难倒英雄汉了。”火力凶猛的报道终于把巨人集团彻底摧毁，品牌受到重大伤害，销售商拖欠货款不付，各地分公司纷纷瓦解。仅半年，巨人集团就宣告解体，史玉柱身无分文，惶惶然离开珠海这块伤心地。他游荡大江南北，最后辗转到南京蛰伏了下来。史玉柱的败走在当年引起了巨大的震动，在后来的三年里，一直有年轻人给他写信，询问他的现状，希望看到他重新站起来。他的一位浙江大学学弟在给他的信中写道："你必须站起来，你知道吗，你的倒下伤害了我们这代人的感情。"三年之后，舔净伤口的史玉柱果然以一种十分怪异的方式站了起来。

保健品行业的另一家明星企业三株集团的状况一点也不比巨人集团好。在1996年实现了让人咂舌的80亿元销售额之后，公司管理上的混乱已经到了失控的边缘。为了追求高速度，三株广招人马，它在地区一级的子公司就多达300多家，县级办事处2 210个，乡镇一级的工作站则膨胀到13 500个，直接吸纳的就业人员为15万人以上。这支十多万人的销售大军如蝗虫一样在各地乱窜，种种夸大功效、诋毁对手的事件频频上演，单是1997年上半年，三株因"虚假广告"就遭到了十多起起诉。吴炳新在内部总结会上气愤地说："现在有一种恶劣现象，临时工哄执行经理，执行经理哄经理，经理哄地区经理，最后哄到总部来了。吴炳杰（吴炳新的弟弟）到农村去看了看，结果气得中风了，实际情况跟向他汇报的根本是两回事。"年底，三株销量出现大幅度滑坡，比上年锐减10个亿。吴炳新在年终大会上痛陈"十五大失误"，其中包括市场管理体制出现严重不适应、大企业的"恐龙病"严重以及财务管理出现严重失控等，三株危机震惊全国。作为20世纪90年代中期最高调的企业，三株集团的全面崩塌源于一个偶发事件。湖南省常德汉寿县一个退休老船工陈伯顺花428元买了10瓶三株口服液，服用后出现遍体红肿、全身瘙痒症状，不久后病发死亡，陈伯顺家属状告三株。1997年年底，常德法院认定三株口服液为不合格制品，并一审判决三株败诉。此案见报后，给风雨飘摇中的三株以致命一击。到1998年5月，三株全面停产。让人唏嘘的是，1999年4月，湖南省高级人民法院二审判决陈伯顺之死与三株无必然因果，三株集团胜诉。而此时，三株的销售体系已土崩瓦解，它留给中国商业界的只是一道耐人寻味的思考题：一个年销售额达80亿元的保健品帝国为何如此脆弱？

保健品市场的信用崩盘和急速萎缩，祸及业内所有的激进企业。那家跟三株一样靠大言不惭的广告轰炸起家的沈阳飞龙此时也奄奄一息，总裁姜伟向媒体发表了一篇长达万字的《我的错误》一文，公开承认犯下20个失误，其中包括决策的浪漫化、模糊性、急躁化等。姜伟用一种不无“浪漫”的笔调对自己痛加指斥：“总裁经常处于一种急躁、惊恐和不平衡的心态当中，导致全体干部也处在一种惊弓之鸟般的心态当中。在这种自上而下的心态中，片面决策有之，错误决策有之，危险决策有之。”在那个无比激越的青春期年代，企业家们显得非常直率，他们并不惮于向公众坦陈自己的错误，而没有考虑到这种“公开的检讨”将对企业经营造成怎样的伤害。

年底，在风声鹤唳中，广州太阳神公司的创始人怀汉新也黯然宣布辞职。太阳神是最早因为多元化战略而付出代价的著名企业之一。就在销售额创纪录地达到13亿元之后，怀汉新吹响了多元化的号角，他将坚持多年的“以纵向发展为主，以横向发展为辅”的公司战略改为“纵向发展与横向发展齐头并进”，一年之内上马了包括石油、房地产、化妆品、电脑、边贸、酒店业在内的20个项目，在新疆、云南、广东和山东相继组建了“经济发展总公司”，进行大规模的收购和投资活动。怀汉新对这些项目寄予厚望，甚至提出了近乎“人有多大胆，地有多大产”的豪言壮语。在此后的两年内，太阳神先后在这些项目中投入3.4亿元，而非常不幸的是，这些项目竟无一成功，却耗尽了太阳神的资金和精力。怀汉新日后痛言：“在追求高速发展时，没有进行专业化体制的建立，没有注重建立规范的投资审核和操作，以及跟踪、评价、监控体系，导致了混乱及一些不必要的资源损耗。”1996年公司出现1 100万元的亏损，1997年亏损扩大到1.59亿元，在香港上市的股票股价跌到惨不忍睹的每股9分港币。12月，怀汉新辞去总裁职务，从此深居简出，太阳神江河日下。

在连锁商业领域风光无二的郑州亚细亚公司同样陷入了绝境。那个一心以日本八佰伴为榜样、想要成为中国商业第一人的王遂舟看上去是一个雄心过于膨胀的企业家，他开在各地的亚细亚商场无一赢利。从1996年年底起，一连串的恶性事件频频发生，上海分公司的总经理被厂家软禁并拖到黄浦江边暴打了一顿。天津等地的商场甚至出现了商品被哄抢一空的局面，各地供应商集体到郑州找王遂舟讨钱，他们在一堵挂满了奖状和铜牌的“荣誉墙”上拉起了“亚细亚为何欠账不还？”的横幅。1997年3月15日，凄风苦雨中的王遂舟向他的部属们宣布了辞职的决定，亚细亚集团负债6.15亿元，资产负债率为168%。他说：“我得到了很多很多教训，我们每个人都得到了经验和教训。如果亚细亚垮台了，恐怕我的耻辱柱大些，而你们的就在我旁边。”这一天，是他40岁的生日。

在刚刚兴起的互联网领域，第一个败局也即将出现。瀛海威始终没有找到成长的方向，它的全能型、收费式运营模式显然没有得到网民的认同。到9月，网站月收入下跌到30万元，尽管开展了大规模的巡回推广活动，全国的注册网民数只有6万人。张树新感受到了来自市场的寒冷，在这一年圣诞节的日记上，曾经当过大学诗社社长的张树新十分感性地描述了一个真实的场景：“深夜，我们刚刚从郊外回到家中，窗外大雾弥漫。在我们开车回家的路上，由于雾太大，所有的车子都在减速慢行。前车的尾灯以微弱的穿透力映照着后车的方向，偶遇岔路，前车拐弯，我们的车走在了最前面。视野里一片迷茫，我们全神贯注小心翼翼地摸索前行，后面是一列随行的车队……我不禁想，这种情景不正是今天的瀛海威吗？”①

当我们回望1997年的时候，总是会想起德国思想家马克斯·韦伯的那句名言：“世界不再令人着迷。”（the disenchantment of the world.）在过

① 1998年6月，由于持续亏损，张树新被迫辞职。她说：“1994年年底到1995年年初，我们进入IT行业是一种不幸。我们是这个行业中犯错误最多的人。”4个月后，15名高管集体离职。在2000年的“中国互联网影响力调查”中，昔日排名第一的瀛海威跌至131位。自此，这家网站淡出了人们的视野。瀛海威以及太阳神、三株、飞龙、亚细亚、巨人、秦池的详细案例见《大败局》（浙江大学出版社，2013年修订版）。

去的十多年里，中国最出色和成长最快的企业大多数出现在日用消费品和家用电器领域。1997 年发生的这些崩塌，意味着这两大明星产业的“狂飙时代”已经基本结束。

中国的经济变革常常让人生发峰回路转、否极泰来的感慨。这一段历史，从来不是按照人们预想中的路线一丝不苟地前行的。更多的情况是，一条又一条的岔路总是在最意外的时刻出现，它让人们的智力和承受力面临极限的挑战。正如发生在 1997 年的景象那样，亚洲金融风暴的陡然爆发以及国内市场的空前萧条，却“意外”地让中国国有企业的市场化改造进程突然加速。

事实上，由“诸城经验”而来的中小国有企业产权改造试验，在一开始进行得并不顺利，它受到了意识形态方面的攻击。一些人士撰写“万言书”对产权改造提出质疑，认为这势必造成国有资产的大面积流失。[①] 他们认为“放小”改革就是“以改造社会主义生产资料公有制为名，行否定公有制之实”，“作为社会主义经济补充的私营经济、外资经济发展势头异常迅猛，已经威胁到公有制经济的主体地位”。这些言论出现在某些理论刊物和新闻媒体上，形成了一股很浓厚的批判氛围。而支持改革的学者们也开展了针锋相对的辩驳，吴敬琏撰文说：“改革已经推进到传统体制的核心部分，而在这个领域内传统思想的影响又表现得特别强烈和有害。”[②] 在这场大辩论中，那些反对者提不出对现实状况有改进效果的经济方案，而全国的国有和集体企业确乎已到了非改不可、不改就死的局面。这年 1 月，第三次全国工业普查结果出炉，各项数据表明，局势已到了十分危险的底部，国有企业的资本收益率只有 3.29%，大大低于一年期以上的存款利率。在 39 个大的行业中，有 18 个是全行业亏损，国有工业的负债总额

① 国有企业是否应该退出，以及选择怎样的退出路径，在今后的几年里仍将争论不断，另一次大规模的辩论将发生在 2004 年的宏观调控期间。

② 吴敬琏，《把社会主义的理论创新提高到一个新的水平——关于社会主义的再定义问题》，《当代世界与社会主义》，2007 年第 3 期。

已占到所有制权益的1.92倍，企业自有资产不足以抵偿其债务，换言之，就是整个国有企业集团已处在资不抵债的境地。有关部门在一份提交给国务院的报告中以一系列数据证明，在其他一切条件（包括劳动时间、税收等）都相同的情况下，国企的劳动成本要比私企高许多，这就是国企无法同私企竞争的一个主要原因。《远东经济评论》把新一轮的国有企业改革称为一条“不归路”，它说：“这已不是秘密，中国需要对更多的国有企业进行结构改革，不管这个过程可能有多么痛苦。不进行结构改革，中国只会是越想捞回损失却损失得越多，最后连老本都赔上。”

这场火药味很浓的争论在9月12日得到了终结，中国共产党第十五次全国代表大会在北京召开，江泽民总书记在报告中对传统的公有制理论做出重大修正，提出了“混合所有制”的概念，认为非公有制经济已经不仅仅是“补充”，而且是“重要的组成部分”，国有经济的比重减少一些，不会影响社会主义性质。《人民日报》评论员马立诚和凌志军在畅销一时的《交锋——当代中国三次思想解放实录》（1998年出版）一书[①]中，将此次关于姓“公”姓“私”的争论视为1978年（关于真理标准的讨论）、1992年（关于姓“社”姓“资”的讨论）之后第三次重大的思想交锋，而党的十五大的召开则表明中国开始了第三次“思想解放”。

在中央高层和社会改革力量的推动下，一场大规模的产权清晰化运动如期而至，它将于1998年进入高潮期。在这场影响深远的产权改革运动中，苏南模式的终结是一个很有典型意义的重大事件。在过去20年的企业史上，以集体经济为主的苏南模式与以私营经济为主的温州模式是两大企业成长路径。后者遭遇无数质疑和磨难却始终曲折地壮大，前者则在无数的推崇和扶持下，渐渐落入了体制滞后的困局。

---

① 马立诚、凌志军著，《交锋——当代中国三次思想解放实录》，北京：今日中国出版社，1998年3月版。

跟“温州模式”一样，社会学家费孝通是“苏南模式”的概念提出者，他在1984年发表的《小城镇·再探索》[①]一文中写道，80年代初，江苏农民没有把社队企业分掉，而是通过工业保存下了集体经济实体，又借助上海经济技术的辐射和扩散，以乡镇企业为名而继续发展，“我称之为苏南模式”。很多学者用西方的经济学名词将这种模式称为“地方政府公司主义”(Local State Corporation)。在改革开放之初的15年，它依靠其公有制性质和较国有企业灵活的运行体制以及“船小好掉头”等优势，迅速成为全国最先进的企业模式。在温州模式被不断打压的时候，苏南模式却因其纯正而显赫的集体性质大放光芒，这里也因此成为中国乡镇经济最活跃和最发达的地区之一。然而，到20世纪90年代中期之后，集体经济的弊端渐渐显露和严重起来，主要体现在4个方面。一是政企不分。苏南模式的特点就是党、政、经、社四合一，很多著名的企业都是由一个行政村整体翻牌过来的行政性公司，厂长经理与镇长、乡长是可以相互兼任的。这种状况直接导致了企业经营目标的多元化，企业一旦做大就成了一个“怪胎”。二是“产权空心化”。“人人所有，人人没有”的产权特征使得原本灵活的企业渐渐染上了“国企病”，出现了“厂长负盈不负亏”“穷庙富和尚”等现象。以直言而著称的经济学家董辅礽在考察苏南之后，很直率地说：“说白了，苏南模式就是二国营。”三是企业“政绩化”。“干部经济”直接导致了“政绩经济”，苏南各地为了拉抬国内生产总值，大规模地搞重复建设和恶性竞争。四是效益大幅下滑，业绩作假成风。多年以来，苏南模式以根正苗红而成为全国典范，其改革效应关乎诸多官员的升迁乌纱帽。于是，为了让“经济数字”年年上升，作假之风盛行苏南。上海《文汇报》曾在1995年6月24日专门发表文章《不要再刮“浮夸风”》，揭露苏南地区正在进行数字大战，有些县市统计的工业产值有近一半的水分，作者颇带嘲讽意味地建议，应该向那些吹牛的苏南干部征收“牛皮

① 费孝通，《小城镇·再探索》，《新华日报》，1984年5月2日第四版。

税”。学者惠海鸣则披露，一些被树为“全国典型”的苏南企业尽管效益滑坡，却每天还要接待各地的参观取经者，“为了接待参观者，宁愿机器空转。那些典型企业，纸糊灯笼样样好，但人一走，窟窿很大，有的能放进一头牛，有的甚至能放进一座小山头”。

苏南模式的体制困局到20世纪90年代中期已经暴露无遗，除了极少数企业靠特殊的机缘完成了产权改制之外，大多数企业仍然深陷在日渐暗淡的光环中。[①]江苏乡镇企业的增长速度明显低于体制更为宽松和灵活的浙江。吴敬琏教授评论说，“在20世纪末的经济波动中，它不仅没有起带头作用，反而落在了后面”。从1995年起，苏南一些干部和企业家开始悄悄往温州跑。他们放下身架，研究起那种陌生的、在过去还被他们嘲笑过的“非驴非马经济”。很快，股份合作制被引入苏南，在宜兴、无锡等地被尝试。到1997年，随着产权改革浪潮日渐被中央认可，对苏南模式的反思日渐成为主流的声音。10月，江苏省委书记陈焕友在江苏省委九届七次全体委员扩大会议上说：“随着社会主义市场经济的深入发展，苏南模式遇到了新情况、新问题，突出表现为所有制结构比较单一，政企权责不分，企业产权不明晰，原有的机制活力逐步减弱。集体所有制的乡镇企业已渐为旧体制所‘同化’，活力锐减，而且许多地方领导仍抱住苏南模式不放，片面强调集体性质的公有制，阻碍发展非公有制经济。”陈焕友的这番讲话被国内传媒迅速传播，在江苏乃至全国引发了地震般的轰动，被认定是江苏官员第一次对苏南模式进行公开的反思。褒贬之声一时四起，陈焕友承受了巨大的压力，以至他不得不在几天后的江苏经济高层论坛上

---

① 无锡的红豆集团便是极少数的先行者之一。1993年，那个自比为“私生子”的周耀庭获得当地政府的默许，开始将企业进行股权改革。他说：“一开始有人劝我多弄点股份，最好超过50%，但是我担心这样的话，企业的集体性质就变了，风险太大，所以最后我只要了39%。”这39%还是彻底地改变了红豆的命运。到2007年，周耀庭惊喜地发现，刚搞产权改革时，他的企业规模在无锡排34名，而14年后，前面的33名都不见了。

“辟谣”，声称自己从未要否定苏南模式。尽管如此，环绕在苏南模式上的政治性光环开始日渐散去。其后几年反思文章层出不穷，苏南模式从开始松动到真正走到终点，将经历数年的阵痛与曲折，到 2002 年年底，在苏南地区有 93% 的乡镇集体企业通过各种方式“改制”成了私营企业。

苏南模式的终结，意味着集体经济的一次脱胎换骨，在更广泛的时空跨度内，它标志着自 20 世纪 50 年代开始试验的合作社制度及后来的人民公社制度在基层经济组织中的彻底淡出。一种更为市场化的、以产权人格化为特征的企业制度终于成为主流的企业成长模式。

亚洲金融风暴的袭来，给中国企业变革带来的另一个意义深远的影响是，它彻底击碎了人们对日韩财团企业模式的膜拜，尤其是被视为仿效标杆的大宇集团的窘境让决策层重新思考大企业的培植思路。① 在 1996 年刚刚形成的“抓大”战略“意外”地改弦易辙了。

当时的“抓大”思路是，“由国家主导，重点扶持若干家优势企业向财团模式发展，使之成为有国际竞争能力、代表中国实力的巨型公司”。可是日韩财团在金融风暴中暴露出的脆弱，让中央政府对这条路径彻底失去了信心。连大宇这样的企业都无法抵抗国际金融资本的袭击，那么中国的“类大宇”企业们能够逃脱这种命运吗？于是，一种新的“国退民进”的新战略出现了，它的基本思路是，国有资本从完全竞争领域中大面积退出。在一份报告中，专家们建议国有企业应该从 164 个竞争性行业中“坚决撤出”，同时在上游能源性行业中强势地形成垄断格局，这些行业包括钢铁、能源、汽车、航空、电信、电力、银行、保险、媒体、大型机械、军工等。在这些领域，政府将竭力排斥民间及国际资本的竞争，通过强化

① 在金融风暴中倒下的韩国著名大财团还有全韩第 14 大企业、第二大钢铁公司韩宝，第 19 大企业、最大酿酒商真露，第 8 大企业财团起亚，第 12 大企业汉拿集团，第 24 大企业三美集团，以及第 34 大企业代龙集团等。

垄断来保证国有企业的既得利益，作为国有资本的所有者，国有企业的角色不是被削弱而是更为增强了。

这个中国式转轨在1997年十分微妙地出现了。很显然，这是一种与上一年完全不同的“抓大”战略，在随后十多年里它一直被坚定地执行着，并最终把中国带进了一个国家商业主义的时代。一个留在1997年的悬念是，如果金融风暴没有爆发或迟两年爆发，后来的中国公司将呈现一派怎样的景象？

历史没有假设。中国公司在财团式成长的道路上折途而返。它造成的最直接的后果是，那些先前被列入500强培植名单的“种子企业”陷入了十分尴尬的境地。因为根据新的国资退出原则，从事家电业的海尔和长虹、计算机业的北大方正、制药业的华北医药以及造船业的江南造船厂等都不处在被政策保护的垄断性行业，而这也正是当初它们被选中的原因，因此对它们的倾斜扶持便一一落空了。我们即将看到的事实是，到2007年年底，中国已有22家企业出现在《财富》“世界500强”名单中，它们无一例外都是垄断型国有控股企业，而10年前确定的6家“种子公司”，除了宝钢之外，其余5家企业都没有按照“既定时间表”进入“世界500强”。

在晦明不定的1997年，还是有令人兴奋的商业事件发生。值得记住的起码有两件：第一件当然还是出现在互联网产业，丁磊、王志东和张朝阳三个年轻人把中国带进了“互联网元年”；另一件也很有历史意义，那个创办了深圳华为公司的任正非搞出了一个“基本法”。

尽管张树新的瀛海威迷路了，但是在互联网历史上，1997年却是一个科技狂潮的起点。在领跑的北美市场，最显赫的互联网英雄是华裔青年杨致远。当年三季度，雅虎的市场价值升至28亿美元，超过了炙手可热、让比尔·盖茨都十分畏惧的浏览器大王网景公司，杨致远从起家时的网页目录服务出发，大举向满足互联网所有需求的综合服务转型，“门户网站”

▲早年的丁磊、张朝阳和王志东

成为第一个成熟的商业网络概念。在雅虎效应的推动下，美国最大的新闻门户网站美国在线突破了1 000万注册用户的大关，电子商务领域的亚马逊公司公开招股引起轰动，从事在线拍卖的eBay（易贝）公司创建。一个以网络为主题的高科技投资狂潮由此掀起。在中国，中国互联网络信息中心（CNNIC）发布了第一次《中国互联网络发展状况统计报告》，确认全国共有上网计算机29.9万台，上网用户数62万，WWW站点约1 500个。星星之火，已经隐约闪现。

这年6月，26岁的丁磊在广州创办了网易公司，员工三人，注册资金20万元，办公面积7平方米。丁磊的想法很简单，如果人们要在互联网上联系，那一定要一个自己的“房间”和“信箱”吧。于是，他写出了第一个中文个人主页服务系统和免费邮箱系统，网站域名他想到用数字163来表示。至于网易怎么赚钱，他日后说：“如果当初就想靠做站点赚钱，我可能就把路走错了，当时我一心想着靠写软件赚钱。”丁磊无意中证明了中国互联网产业的一个“真理”——“唯有免费才能生存”。免费的网易邮箱和个人主页让它的注册用户快速增长，到1998年5月，在CNNIC公布的全国中文网站排名中，网易名列首位。9月，丁磊顺势转型，将网易改造成了一个类似雅虎的门户网站。

10月，29岁的软件工程师王志东领导的四通利方获得了来自美国华登集团、美洲银行罗世公司及艾芬豪国际集团的650万美元风险投资，这是中国互联网获得的第一笔风险投资。四通利方创办的中文网站最早是想卖王志东写的软件赚钱，为此，他搞了几个问答论坛，没有想到的是，技术论坛反应平平，而体育论坛却异常火爆。10月31日，中国足球队在大连金州体育场参加世界杯亚洲十强赛，结果输给了只有52万人口的石油小国卡塔尔，第六次冲击世界杯失利。第二天凌晨2点15分，一个叫老榕（真名王峻涛，他后来创办了中国第一个B2C网站8848公司）的网友在四通利方体育沙龙上发了一个帖子《大连金州没有眼泪》，48小时内它被点击阅读两万多次，这是第一篇引起公众轰动的网络文章，互联网的草根特征和惊人的传播效应第一次真实地展现出来。两周后，发行量很大的《南方周末》用一个整版的篇幅报道了这个事件。到1998年夏天的法国世界杯足球赛期间，四通利方的体育论坛已经十分火爆，创造了日点击310万次的访问纪录，网站还拿到了18万元的广告收入。不过就是在这样的时候，王志东们还是不知道该把公司带到哪里去。在一个产业胚胎刚刚成形的时候，并不是所有的人都知道出口在哪里，于是有时候，偶然的机遇或不经意的一瞥竟会成为日后成功的起点。就在世界杯期间，四通利方的体育文字编辑陈彤去北京国贸中心拜访惠普公司。在一间办公室等朋友的时候，陈彤在一张桌子上随手翻看一份公司内部刊物，无意间他读到一段文字，说在美国，互联网访问量最高的是新闻频道而不是其他。回到公司，他向王志东提出了开办一个新闻频道的意见。那是一个忙乱不堪的日子，谁提出一个创意谁就可以占到一个山头，他很自然地成了新闻频道的创办人。年底，四通利方宣布并购北美网站华渊资讯网，并更名为新浪网。日后，它成为中国网络界影响力最大的第一新闻门户网站。

也是在这一年的1月初，美国麻省理工学院的博士生张朝阳也创办了他的网站爱特信ITC，22.5万美元的创始资金来自两位美国教授，其中一位就是写出了《数字化生存》的尼葛洛庞帝。网站一开始没有内容，张朝阳就把《数字化生存》先放了上去。对于未来怎么赚钱，他也一点没有底，最初的想法是承揽网页制作业务。到12月，22.5万美元就花光了，张朝阳只好再向投资人求救，磨破嘴皮子好说歹说又拿到10万美元。1998年2月，张朝阳也跟丁磊一样想到了在中国“克隆”雅虎，他搞出了一个中文网页目录搜索的软件，连网站名字都模仿雅虎叫“搜狐”。跟当时英文不好的丁磊和王志东比，“海归派”的张朝阳有先天的国际优势，他以尼葛洛庞帝的弟子自居，在国内和海外媒体上频频露面。很快，他融到了英特尔和道琼斯的215万美元投资，10月，他以“中国代表”的角色被美国《时代周刊》评为“全球50位数字英雄”之一。就这样，这个陕西青年成了中国网络经济中的第一个英雄式人物。

丁磊、王志东和张朝阳的集体出现，宣告了中国互联网元年的到来。在这个创始时刻，我们已经看到了门户网站、搜索引擎以及风险投资等全新的商业概念。更有意义的是，这些网络公司从诞生的第一天起，就自觉地置身于全球化的背景之中，并有着清晰的产权结构，完全摆脱了过去10多年的所有制困扰。这是一个没有“制度原罪”的产业，是一次发生在阳光下的财富革命。

一家企业把自己的战略规划命名为“基本法”，听上去是一件很奇怪的事情。做这件事的人就是后来被视为“企业家偶像”的任正非。

这一年，尽管任正非的华为已经是一家规模不小的企业，但是在企业界，它几乎没有什么知名度。1996年，中关村四通公司一位名叫李玉琢的副总裁打算跳槽到华为，四通总裁段永基问：“你准备到哪里去呢？”李玉琢说：“去华为。”段永基惊诧地说：“华为？没听说过，没什么名气吧？”

没有名气的华为在此时的电信行业却已经露出它锋利的钢爪。从20世纪90年代初开始，中国的电信市场复苏，随着程控技术的推广，全国电信网络面临一次全面的更新改造，这无疑是一个巨大的商业机遇。对于拥有自主程控交换技术的华为来说，这是千载难逢的机会。在这个行业里，诺基亚、爱立信等跨国公司具备绝对的竞争优势。任正非在起步之初，依靠“农村包围城市”的策略，从一些偏远的城镇电信局突破，迅速抢去了一块大公司们还没有来得及顾及的“蛋糕”。随之，华为与跨国公司们的正面战争便爆发了。由“农村”进入“城市”，华为遭遇了强大的竞争，很多中心城市和发达省份的电信部门不信任华为的产品。便是在这时，任正非想出了一个外国同行做梦也不会想到的方法：他游说各地电信局，由华为与电信职工集资成立合资企业。① 在华为的一份内部文件中，任正非如此阐述他的策略：“通过建立利益共同体，达到巩固市场、拓展市场和占领市场之目的。利益关系代替买卖关系；以企业经营方式代替办事处直销方式；利用排他性，阻击竞争对手进入；以长远市场目标代替近期目标……”②

▲任正非

华为的合资模式率先在四川取得成功。1997年，四川电信管理局由

① 任正非与电信局成立合资企业的尝试最早开始于1993年。当时华为资金紧张，银行又不给予民营科技企业贷款，任正非便说服17个省市级电信局合资成立了一家名叫莫贝克的公司，后者出资3 900万元，任正非承诺每年给予33%的高额回报。这个细节与沈太福案相比照，又是一则“有人免费、有人死去”的案例。

② 与政府部门建立利益共同体的做法在当时很盛行，另一个著名的实践者是三株集团。1995年，吴炳新要求“各分公司在所在的省与卫生厅、工商局、医药管理局建立经济共同体关系”，其具体做法是，“跟他们搞合作搞联营，药政部门每个月都要搞宣传，你宣传我出经费。与工商，每年《广告法》的宣传我都出钱，由他们去操办，劳务费等打进去，让基层卫生局做我们的代理商……”

工会出资，与华为公司组建四川华为公司。到年底，华为在该省的业务合同就从上一年的4 000万元猛增到5亿元，一下子涨了12倍。作为合资方，四川电信分到了25%的丰厚利润。四川模式当即产生了连锁效应，在一多年的时间里，华为先后与天津、上海、山东、浙江等省市组建了9家合资公司，其主要业务就是把华为的设备卖给合资的电信公司，这一模式让华为转眼之间成了各地电信局的“自家人”，自家人采购自家人的设备俨然成了最合理的事情。电信局的设备采购费用是由国家财政出的，而产生的利润则可以分一部分给内部的职工，这实在是让各地局长难以拒绝的好想法。对于华为来说，合资模式让它成为电信市场的垄断型供应商。在河北省，华为的业务从零一下子做到10亿元；在山东省，则从原来的2亿元销售额猛增到惊人的20亿元。从四通跳槽到华为的李玉琢出任过合资合作部的部长，是华为合资工程的主要操盘手。他回忆说，当时有的电信局甚至拆了其他公司的设备，改装华为的机器。在短短的一年多时间里，华为陡然做大，成为国内增长最快、暴利率最高的电信企业。1997年，华为的销售额实现41亿元，同比增长60%。

为了组建这些合资公司，任正非日夜奔波于全国。他个性内向，脾气暴烈，不喜与人交流，但是与电信部门的谈判却无往不利，其原因只有一个，那就是他开出的合作条件实在让人难以拒绝。在后来的很多年里，他一直拒绝接受任何采访，屏蔽了自己与传媒界的任何关系。而在电信行业，无论是省部级官员还是一个小县城里的局长，只要是能够给华为带来业务的，他都来者不拒，亲自接待。他说：“我只见给我市场的人，因为他们是我的衣食父母。”对于竞争，他则说得更为直接：“华为的核心竞争力，就是客户肯选择我们的产品而不是别人的。”

从一开始，华为的合资模式就受到同行的攻击，它被质疑是“不正当竞争”。任正非曾经试图在每一个省都组建合资公司。但是由于告状的国内外企业实在太多，到1999年之后，任正非被迫整编这些合资公司。但事实上，华为的市场目标已经实现，合资公司的使命已然完成，它成为全国电子企业中成长最快的黑马企业。

如果仅仅靠这种颇为可疑的商业模式，任正非和华为很可能并不会走得太远。在一个转型的时代，法制的滞后以及对灰色行为的宽容让无数企业家获得了超越式的成长和惊人的利益。而这中间隐藏着的种种毒素也同样让这些人无法从这种非正常的商业逻辑中挣脱出来。跟同时代的企业家相比，任正非的超人之处是，在从事不无争议的原始积累的同时，他也正在进行一场坚决的自我救赎。从三年前开始，他聘用中国人民大学教授吴春波等人为华为起草一个企业战略规划。它参照当时的《香港基本法》，很有想象力地被命名为《华为基本法》。任正非要求吴春波等学者弄清楚三个问题：华为是谁？华为从哪里来？华为要到哪里去？1997 年 3 月 27 日，八易其稿、103 条的《华为基本法》通过最后一次审稿。日后，它被认为是改革开放以来，中国企业制定的第一部企业管理大纲。

在《华为基本法》中的第一条，任正非就明确提出："华为的追求是在电子信息领域成为世界级领先企业。"为了实现这个目标，任正非十分严苛地设定了专业化的发展战略，"为了使华为成为世界一流的设备供应商，我们将永不进入信息服务业"。此外，《华为基本法》还确定了两条十分惊世骇俗的原则。一是实行员工持股制度，"普惠认同华为的模范员工，结成公司与员工的利益与命运共同体。将不断地使最有责任心与才能的人进入公司的中坚层"。作为企业的创始人，任正非大量稀释自己所拥有的股份。据他自己透露，"我在公司中占的股份微乎其微，只有 1% 左右。华为 70% 的管理层和员工拥有华为的股份"。二是在技术开发上近乎偏执地持续投入，任正非坚持将每年销售收入的 10% 用于科研开发，这在中国著名企业中是一个无人可及、无人敢及的高比例。

正是这些原则使得默默无闻的华为蜕变成一家前程远大的中国公司。

如果要为这部30年的企业史选一个标本人物——只选一个，史玉柱可能是最典型的。他身上聚集了一个商业传奇的所有戏剧性要素：一个边城少年，毕业于名牌大学，身无分文地来到一个大都市，仅仅几年就成为全国青年的偶像，然后又迅速陷入绝境，接着竟又不可思议地再度复活，更让人惊叹的是他在两个以上的行业里取得了不可一世的成功。这是一个达尔文主义的信徒，他信奉“成功至上、生存第一”的信条，他的经历似乎在证明，“成功是一种了不起的除臭剂，它可以去除你过去所有的气味”。①

1997年年底，史玉柱背负2亿元债务仓皇逃离伤心地珠海。他去爬珠穆朗玛峰，在半路上差点迷路冻死，他日后回忆说：“这条命都是白捡回来的，所以人一下子就放得特别开。”这是一个在事业和肉体上都“死”过一次的人，所以，他百无禁忌。下山后，史玉柱蜗居在江苏的江阴县，靠朋友借助的50万元图谋东山再起。他把脑黄金改名为脑白金，重新包装推出。这一次，他做对了很多事情：第一是稳扎稳打，打透一个市场再打下一个；第二是坚决不赊账，保证资金链的安全；第三就是继续广告轰炸的策略，他把几乎所有的钱和精力都放在促销上，让市场在短时间内爆发。他曾经专门到农村去调研，找老农民聊天，揣摩他们的心思。脑白金在县级和乡镇市场迅速走红。

任意夸大及渲染产品功能，以感性促销的方式打动消费者，这是史氏营销的秘诀。除了狂打广告外，他把所谓的“软文”武器发挥到了极致。“软文”是那种看上去像是新闻报道，实则是企业出钱刊登的广告文字，由于以“非广告”的形式出现，所以能够巧妙地规避《广告法》的限制，这是中国报业的一个怪胎。史玉柱亲手写了十多篇脑白金的“软文”，他宣称脑白金是人类“长生不老”的最后秘密，美国人正疯狂抢购脑白金，

① 这是美国影星伊丽莎白·泰勒对好莱坞生存法则的解读。

它还跟克隆技术一样是20世纪“生命科学的两大盛会”。当美国宇宙飞船升空的时候，他则杜撰说宇航员们正是因为吃了脑白金才改善了睡眠。在一段时间里，国内众多的县市报纸上都出现过脑白金的整版“致歉信”。当一个市场久攻不下的时候，史玉柱就会策划一场“免费赠送”活动，然后就致歉说：“由于低估了市民对脑白金的热忱，面对数以万计的市民到场，我们仅有的40余名（根据不同情况填写人数）维护秩序人员手足无措，加之烈日的蒸烤，最终导致现场失控，护栏挤倒，保安冲散，十余人挤丢鞋子，用于赠送的脑白金被哄抢，甚至出现近10人受伤（皮外伤）的悲剧。这是我们最为心痛和始料不及的。”接下来当然就是紧急送货以缓消费者之饥渴。那是一个非常感性和冲动的消费群体，没有人抵挡得住史玉柱式的广告诱惑。

由于广告与功能严重脱钩，所以，中国的保健品有各领风骚两三年的铁律，史玉柱是“天才”地打破了这一周期的唯一人物。他的办法是把脑白金的服用功能彻底“抽离”，而直接将之定义为“礼品”，“今年过节不收礼，收礼就收脑白金”的电视和报纸广告铺天盖地。这则广告连续多年被有关广告测评机构和媒体评选为“中国十大恶俗广告”之首，然而脑白金的销量却连年上升。史玉柱因此很不屑地说：“评选广告的专家们唯美，讲创意，讲社会责任感，就是不讲能不能卖货，但是厂商只认销售额。”

到2001年，史玉柱仅仅用三年时间就把脑白金做成了中国最畅销的保健品。2月3日，史玉柱在上海报纸刊登广告，宣布向当年巨人大厦的债主们还款。他试图用这种方式宣告自己的新生，并重回中国商业主流。“还债新闻”引起轰动，他被中央电视台选为当年度的“CCTV中国经济年度人物”。不过，很多媒体仍然不能原谅他在脑白金推广中的种种行径，在此之前，脑白金已经因涉嫌改写产品说明、任意夸大功效以及违反《广告法》而在各地遭禁。2002年3月14日，《南方周末》在头版发表长篇报道《脑白金真相》，对脑白金中褪黑素的功用提出了学术质疑。文章列举大量事实，证明脑白金在各类广告和软文中提供的很多数据和事实都是伪造或片面的，记者最后写道，“脑白金和史玉柱的面孔就在我们面前，他们越来越模糊，我们找不到恰当的词汇形容他们”。据作者杨海鹏透露，史玉柱在此文发表的前一夜，专程飞赴广州，在《南方周末》编辑部坐到凌晨，多番辩解协商，报纸还是决定刊发。这则报道让史玉柱试图重返主流的信心遭到重创。而十分奇异的景象是，他原本以为此文一出，脑白金将跟当年的三株一样，从此灰飞烟灭，然而，市场的反应却意外的“坚挺”，脑白金销量竟没有受到太大的冲击。史玉柱之“百毒不侵”让人惊叹。2003 年 12 月，史玉柱以 11.7 亿港元的价格把脑白金出售给北京四通的段永基。一个有趣的细节是，段永基在发布收购新闻的时候，竟直言“脑白金什么都不是”。他说：“脑白金就其技术含量来说，什么都不是。但是，就这么个东西他能卖得这么好，而且持续 6 年，现在还在持续增长。真的白金卖出白金价，不是本事；而把不是白金的东西卖出了白金价，那才是真功夫。”当大学教授出身的段先生与曾经被视为“中国青年楷模”的史先生为了一个“什么都不是”的商品举杯相庆的时候，全中国的消费者唯有远远地默视而咬齿无言。

在把饱受争议的脑白金套现出手后，史玉柱转而推出复合维生素类产品黄金搭档。在黄金搭档的推广中，史玉柱把软文功力发挥得淋漓尽致，那些文本不但跟当年的脑白金一样极尽煽动和危言之能事，更诡异的是，它竟从来不刊登出品公司的名称，而是以“中国营养学会”的名义出现，譬如《中国营养学会声明黄金搭档：有功能无毒性》，几乎所有的读者都会以为，这是一家行业学术机构发布的信息。史玉柱要求所有的软文“尽量不含有活动预告、热线电话、销售地址、广告收视指南等项目。以防消费者一看就是广告，失去隐蔽特色。活动预告可以用热线、传单、条幅等形式预告，特殊需要打硬通栏广告”。史玉柱本人是这些软文的创作者，他的一位下属曾撰文透露，“也许是天才的通病，史总对员工的才能不够信任。为了撰写黄金搭档的广告文案，他曾连续两个星期每天工作到深夜——作为一个年销售额 10 亿元的大公司的掌舵人，史总的行为除了让人敬佩，还让人觉得可叹”。不出意外的是，黄金搭档果然再次复制史式成功。

史玉柱深知保健品是最不安全的行业，所以他从来没打算“终老此乡”。2002 年 8 月，他收购青岛国货的法人股，成为第一大股东，并将上市公司名称改为青岛健特生物。健特是巨人（Giant）的英文译音，是脑白金的出品方，史玉柱此前一直隐身其后，只担任这家公司的“策略顾问”。数月后，他先后向北京华资银团公司和首钢总公司购买了 1.68 亿股的华夏银行股份，成为该行的第六大股东。2003 年，他受让北京万通的 1.43 亿股民生银行股票，成为第八大股东。后来的几年，史玉柱不断增持华夏和民生两家银行的股票，随着资本市场的狂热和泡沫化，他从中获利十分丰厚。此时的史玉柱已非一般风浪所能击倒，在一次论坛上，他说：“江湖当然险恶，不过已经险恶不到我的头上了。”

2004 年，上海盛大游戏在纳斯达克上市，31 岁的陈天桥成为中国首富。同在上海城的史玉柱大为心动，他突然决定转战网络游戏业，按他的说法，他原本就是 IT 中人，现在是“回归本业”。为了熟悉网络游戏，已经 42 岁的史玉柱通宵达旦地泡在游戏中，竟成了一个骨灰级的玩家。当时的网络游戏有两大主流趋势：一是陈天桥创造出的点卡销售模式，二是美国游戏业的 3D 浪潮，几乎所有中国游戏公司都在这两个方向寻求创新和突破。只有史玉柱一眼就看到了第三条道路，他一直深信“市场大于技术”，已经被很多公司抛弃的 2D 游戏却可能是一块刚刚肥沃起来的土地，所以他收编了一个被陈天桥抛弃了的团队，将一款不被人看好的、几乎没有任何技术优势的 2D 游戏定名为《征途》。接着，他又颠覆了陈天桥的赢利模式，跟当时的所有网络游戏不同的是，《征途》是一款免费游戏，只有玩家需要添置“装备”的时候才需要出钱。这好比两家游乐园，盛大要买门票才能进入，而《征途》则免费入内，只是玩游戏的时候才要掏钱。2005 年 4 月，史玉柱在中国第一高楼上海金茂大厦召开新闻发布会，发布“2 亿元豪赌网游”。就跟保健品行业发生的情景一样，当史玉柱出现在网游业的时候，一切顿时变得动荡不已，各类脑白金式的“软文”铺天盖地地出现在国内的各种报刊上，史玉柱第一个在中央电视台投放游戏广告，甚至宣称“玩游戏可以赚工资”。《征途》的玩家数急剧上升，网游的收费模式被彻底颠覆，陈天桥被迫宣布《传奇》游戏永远免费。2007年11月1日，由史玉柱控股的巨人网络在美国纽交所挂牌上市。招股书披露，2007年1月至6月，巨人网络营收总额为6.87亿元，同期净利润为5.12亿元，除了“暴利”二字无以形容，巨人网络市值高达50亿美元，超越盛大网络成为中国市值最大的网游厂商。

史玉柱的“征途”模式仍然遭到了极大的质疑。《征途》的典型玩家分为两种：一种是有钱人，花几万元人民币买一套虚拟装备可以连眼睛都不眨；另一类是穷人，没什么志气的穷学生或二三级小镇里无所事事的青年，钱虽不多，但每天有大把时间不知如何消磨，一听有免费游戏玩，甚至还可以从游戏中获取工资，趋之若鹜。财经作家许知远评论说，《征途》贩卖的是希望，那种对滥杀的权力欲、对金钱所带来的随心所欲的“希望”，它像是现实社会推崇的赤裸裸的“社会达尔文主义”的情绪的扩大，每个游戏者都钟情于那种放纵的快感，并对此规则确信无疑。

史玉柱是这部企业史上最具争议性的人物。毫无疑问，他是这代企业家中市场直觉最好的人之一，他能迅速地找到行业爆发的时间点，并且以最为快捷和高效的方式获得成功，他因此被称为“史大仙”，甚至得到很多高傲的同辈企业家的崇拜。他的起伏经历和永不言败的精神则在万千大学生中产生巨大共鸣，被视为创业偶像和精神领袖。而同时，他在营销手段上的恶俗和对人类贪婪的利诱，则受到重大的道德质疑。史玉柱自称是“中国最著名的失败者”，因此，为了向世界证明自己，他甚至把这个目标自我崇高化，不择手段，最终蔑视社会的道德底线。这种商业成功，充满了野性的血腥、冷酷和道德麻木。史玉柱的身上，折射出这个商业年代所有的矛盾。

在纽交所上市之后，史玉柱对记者说：“退休前我只会干网游这一件事了。”他说这句话的时候，其他所有行业的中国企业家大概都悄悄地松了一口气。

第四部

1998—2002

在暴风雨中转折

1998 闯地雷阵

不管前面是地雷阵还是万丈深渊，
我都将一往无前，义无反顾，鞠躬尽瘁，死而后已。

——朱镕基，1998年

1998 年 3 月 19 日，北京两会。清晨 7 点，香港凤凰卫视的主播吴小莉就早早地来到人民大会堂找位置，希望得到举手提问的机会。上午 10 时 30 分，新任国务院总理朱镕基率新政府成员走进记者招待会现场。主持人话音刚落，记者们的手臂就争先恐后地举起来。吴小莉多次举手，都未被会议主持人注意到。在这时，令人意想不到的事情发生了。朱总理在回答完几名记者的提问后，突然说："请你们照顾一下香港凤凰卫视的吴小莉小姐好吗？我非常喜欢她主持的节目。"朱镕基亲民、幽默的表现，让人耳目一新。香港股市当天上涨了三百多点。

吴小莉的问题是："外界称你是经济沙皇，你喜欢这个称呼吗？"朱镕基答："我不喜欢这个称呼。"

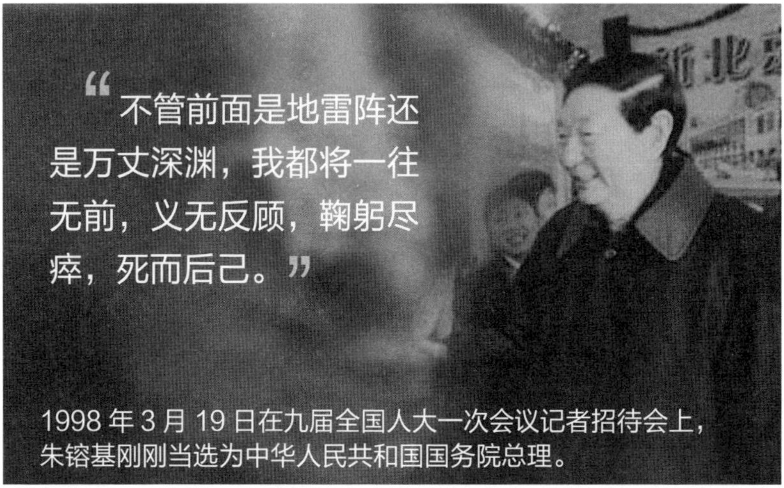

▲朱镕基

紧接着，他讲了一番慷慨激昂、日后常常被人品味的话。他说："这次九届全国人大一次会议对我委以重任，我感到任务艰巨，怕辜负人民对我的期望。但是，不管前面是地雷阵还是万丈深渊，我都将一往无前，义无反顾，鞠躬尽瘁，死而后已。"① 闯"地雷阵"和"万丈深渊"的形容，将中国改革推向深入的艰巨性表露无遗。朱镕基将任满一届总理，他承诺在这 4 年内完成三件事情：一是力保人民币不贬值；二是激活经济，启动内需；三是用三年时间让国有企业摆脱困境。

力保人民币不贬值是当务之急。自上一年起，金融大鳄索罗斯袭遍

① 据凌志军的记录，在过去的两年里，针对国有企业改革的争论一直余音不绝，北京曾经出现过几封反对产权改革的《万言书》。朱镕基对改革前途的慷慨情怀第一次表露在公众面前，是 1996 年 12 月。他在北京观看话剧《商鞅》，商鞅以惊人的勇气掀起秦国的改革，终为顽固派羁绊，被车裂而死。据报纸描写，朱镕基为剧情所动，潸然泪下。

东南亚，全无对手，接着他把目光瞄准了中国。中国作为亚洲地区最重要的经济大国，人民币如果“失陷”，将让已经陷入绝境的各国雪上加霜。1997 年 10 月底，世界银行在香港举办年会，索罗斯、马来西亚总理马哈蒂尔、俄罗斯总理丘拜斯等都受邀与会，人民币是否贬值成为年会最敏感而重大的话题。世界银行专门为朱镕基举办了一个专场演讲会。在 22 日的演讲中，朱镕基郑重表示，“中国将坚持人民币不贬值的立场，承担稳定亚洲金融环境的历史责任”。此言一出，在场的亚洲各国领袖都松了一口气。《远东经济评论》说：“中国第一次在全球性的经济危机中展现了经济大国的风范。”

战意正酣的索罗斯怎肯罢手。由于中国对国际资本实施了金融管制，所以他决定袭击与人民币关联度最高的港币。①

1998 年 1 月，香港爆发禽流感，有 18 人感染，其中 6 人死亡，全港陷入一片恐慌，特区政府扑杀 130 万只鸡，疫情前后持续半年。就是在这样的动荡背景下，索罗斯对港币的阻击战在 8 月 5 日打响，国际炒家们一天之内抛售 200 多亿港元。香港金融管理局运用财政储备如数吸纳，将汇市强行稳定在 1 美元兑换 7.75 港元的水平上。第二天，炒家又抛售 200 亿港元，金融管理局再次咬紧牙关照单全收。其后 6 天，炒家继续疯狂出货，多空激战空前惨烈，恒生指数一路狂泄到 6 600 点，比一年前几乎下跌了 10 000 点，总市值蒸发 2 万亿港元。8 月 13 日，香港政府在朱镕基

---

① 事实上，在过去的几年里，主流的欧美媒体都对香港回归的前途忧心忡忡。早在 1995 年 6 月 26 日，一向对中国颇为友好的美国《财富》杂志甚至出人意料地刊出一篇题为《香港已死》的报道。老资格的亚洲问题报道专家路易预言：“回归后，英文重要性减弱；外国人纷纷离港；自由进一步受到威胁；香港国际商业及金融中心的地位消失，外资撤走……”这篇报道引发了强烈反响，一个“意外”的效果是，它引起了香港执政团队的长期警觉，财政司司长曾荫权把这篇报道装裱在一个镜框内，挂在自己的办公室里。十多年后，当选特首的他又把这个镜框带进入了特首官邸。他对记者说，“这是鞭策我不断前进的动力”。

总理的支持下，携巨额外汇基金进入股票市场和期货市场，与炒家直接对抗，并十分强悍地宣布将“不惜一切成本，一定要将 8 月的股指抬高 600 点”。量子基金也不示弱，索罗斯在《华尔街日报》上公然叫嚣：“港府必败。”当时的全球局势对索罗斯似乎更为有利，各地股市哀鸿一片，美国道琼斯股指连连重幅下挫，欧洲、拉美股市受连累，都相继下跌 3%~8%。香港一役举世瞩目，如果恒生指数失守，港府的数百亿港元将付诸东流，反之，炒家们将损失 20 亿美元以上。时任香港特区财政司司长、后来当选第二任特首的曾荫权回忆说：“在决定政府入市干预的前一晚，我把同事们都遣散了，独自坐在办公室里，默默流下了眼泪。政府参与市场是个两难的决定。我既做了这决定，便要坚守原则、接受批评。我们的日子是十分艰难的。但我不相信我们香港市民会输。”

8 月 28 日，多空双方到了决战之日。这一天是香港恒生指数期货 8 月合约的结算日，国际炒家们手里有大批期货单子到期必须出手。当日，炒家抛盘疯狂，港府照单全收，港市动荡如骇浪中的一叶扁舟，成交额创下日成交量的历史最高纪录。下午 4 点整，收市钟声响起，恒生指数和期货指数分别稳坐 7 829 点和 7 851 点，索罗斯集团一败涂地。曾荫权当晚宣布：在打击国际炒家、保卫香港股市和港币的战斗中，香港政府已经获胜。在两星期的托市行动中，中方投入资金 1 637 亿港元。张五常教授用他惯有的语气评论说：“做衍生工具交易的，没有一家背后有无穷资本支持。假如是那样，你就肯定赢，但也没人敢和你做对家。中国政府在金融大鳄阻击港币汇率时放话力挺，最后那些投机的炒家被吓跑了。”

为了捍卫人民币不贬值，朱镕基其实承担了空前的风险和压力。受金融风暴影响，一向形势不错的出口增长率出现下降，国内商品库存猛增，消费需求严重不振。6 月，长江流域又遭受百年一遇的大洪水，29 个省市受灾，死亡 4 150 人，直接经济损失 2 551 亿元人民币。当时，全球舆论几乎异口同声地宣称：人民币如果不贬值，中国经济将举步维艰。然而，朱镕基用自己的方式证明了中国经济的独立性和独特性。

在当时的局势下，欲扭转经济的下行趋势和消费过冷现状，唯一的出路是目光向内、启动内需。当时全国居民储蓄已高达5万亿元，只要把这部分消费能力释放出来，经济复苏或可迎刃而解。于是，朱镕基做出了一个重大的决策——催热房地产。在过去的几年里，为了防止通货膨胀，他一直对房地产市场有可能出现的投机行为颇为警惕，采取了抑制发展的政策，而如今在他看来，能够让老百姓大把大把地掏出钱来购买的商品，唯有房子了。1998年1月，地产业的标志性人物王石突然接到通知，让他从深圳速赴北京，有中央领导人想要接见他。当他赶到北京的时候，才知道那个人居然是朱镕基总理。王石后来回忆说，“朱总理向我询问了对房地产市场走势的看法”。日后看，这是一个很有意味的细节。

早从上年开始，国务院已经开始对房地产“松闸”。开春，国家计委和财政部取消建筑行业的48项“不合理收费”。4月28日，中国人民银行以“特急件”的方式将《个人住房担保贷款管理试行办法》发往各商业银行，宣布即日起执行：贷款期限最长可达20年，贷款额度最高可达房价的70%。7月份，又将原来的6%契税、3%典契税和6%赠予契税，合并为3%~5%的契税。这些措施已经逐渐在唤暖市场。到1998年7月，国务院做出重大决定，党政机关一律停止实行了40多年的实物分配福利房的做法，推行住房分配货币化。福利分房政策的取缔，让住房市场化的空间大大拓宽。几乎就在同时，国务院出台《关于进一步深化城镇住房制度改革加快住房建设的通知》，明确要求“加快建立和完善以经济适用住房为主的住房供应体系”。中国人民银行则颁布了《个人住房贷款管理办法》，规定了住房贷款有等额本息和等额本金两种还款方法，允许商业银行开展住房抵押贷款的服务。为了表示鼓励，央行还特意安排了规模为1 000亿元的住房贷款指导性计划。这一系列配套政策的出台，特别是允许住房抵押贷款和取消福利分房两大措施，直接刺激了房地产业的复苏，中国开始了长达十余年的地产热，无数财富故事在这个领域中演绎。由于房地产业有广泛的关联度，特别对钢铁、水泥等资源性行业有很大的带动性，因而也确实起到了复苏经济的作用。复旦大学教授张军日后评论说："这个政策是亚洲金融危机之后改善市场需求的转折点，其效应持续10年。消费信贷刺激了家庭的住房需求，而大规模的基础设施建设则释放着持续的投资品需求。大量的企业也就是在这之后开始进入投资扩张时期的。由于投资旺盛，整个经济对于上游基础部门的能源和原材料的需求保持了持续的增长，这为大量地处上游的国有企业提供了有利的市场环境。"

在1998年，政策的大拐弯对房地产消费的启动效应竟是那么明显。

上一年，"万通六兄弟"之一的潘石屹搞"单飞"，他买下位于北京东三环口的红星二锅头厂老厂址，想要开发一个名叫现代城的商住楼盘。他很有创意地想出了一个SOHO的新地产概念，意思是"小型办公，居家办公"，楼盘设计得也很时尚，是当时京城少有的简约风格。为了贷款，他想尽办法找到一家大型国有银行的当地支行行长，酒酣耳热间，行长对他说："我们有政策，规定不能与私人企业家见面。我们支行在1954年时给私人农户借钱去买驴，结果你知道怎样吗？他们没有还钱。"潘石屹听到这里也明白行长的态度了，一时头大如斗。楼市清淡，SOHO现代城推出后一直销售萎靡，潘石屹特意请来曾经创办过香港最大房地产代理公司利达行，并已

▲城市改建

转战北京楼市多年的邓智仁出任项目的总策划。邓智仁使尽了百般手段，SOHO 现代城的广告和新闻日日见报，但是消费者的心就是热不起来。到 1998 年 11 月，邓智仁终于失去了耐心，跟潘石屹大吵一场后，心灰意冷地弃“城”而去。这个月，正是北京房地产销售的淡季，潘石屹在公司内部除了天天喊口号，也实在想不出什么新招来。就在这时，“风水”突然变了。从 11 月 20 日开始，现代城的销售嗖嗖地上去了，最高的一天，卖了 17 套，成交额一下子就是 3 000 万元。这离邓智仁弃现代城而去还不到 20 天。潘石屹们的好日子就这样凭空而降了。

在朱镕基提出的施政承诺中，“用三年时间让国有企业摆脱困境”是最让人觉得不可能完成的任务。这一年，财政部的新闻发言人曾在一次情况通报中公布了一个让人不无绝望的现实：国有企业不得不通过财务报表作假的方式来掩盖现实的窘境。该部对 100 家重点国有企业 1997—1998 年的年度会计报表进行了抽查，结果 81% 的企业存在资产不实和虚列利润的情况。发言人没有解释为什么会这样，不过，所有的人都知道为什么会这样。然而，出乎所有观察者意料的是，朱镕基竟如期兑现了他的承诺，他采用的办法就是“改革、改组、改造和加强管理”，而实施的战略就是坚决地“国退民进”。

最能体现朱镕基“国退”决心的事例发生在中国的胶卷产业。

就在发表“地雷阵”演讲的 5 天后，朱镕基签署了一个看上去很疯狂的计划，中国政府同意全球胶卷业的老大美国柯达公司对中国胶卷工业实施全行业收购。根据协议，中国胶卷业的 7 个企业将全部与柯达建立合资企业，柯达承诺投入 10 亿美元，并把世界一流的感光技术带到中国，这个轰动国际商业界的协议被称为“98 协议”。

柯达的计划萌生于 1994 年。当年秋天，新上任的柯达总裁裴学德在杭州求见朱镕基，第一次提出这个动议。当时的柯达正陷入空前的灾难之中，这家因发明感光乳剂而百年不衰的老牌公司受到了日本富士的强力冲击。

▲朱镕基与裴学德

在欧美市场，柯达节节败退，背负了超过 100 亿美元的巨额债务。当裴学德上任的时候，他的新同事讲了一个正在柯达流传的黑色幽默：柯达与泰坦尼克号有何区别？答案是：泰坦尼克沉船的过程中有交响乐相伴。在中国市场上，柯达同样是一个落后者，富士占据着 70% 以上的市场份额，如果通过常规的市场竞争，柯达几无胜出的概率。

因此，当裴学德在风景秀丽的西子湖畔，突然对中方提出“全行业收购中国胶卷企业”的时候，在场的所有人都觉得荒诞不经，这是预先没有讨论过的话题，甚至连裴学德的高级随从们都是第一次听说。然而，只有朱镕基不觉得异想天开，因为在他的心里，正盘算着另外一局棋。

如果说柯达的现状是焦头烂额的话，那么，中国胶卷业则算得上是走投无路了。与家电、饮料等行业一样，1978 年之后的中国胶卷业改造也是从成套设备引进开始。从 20 世纪 80 年代初开始，各地政府争相立项，相继从柯达、富士和德国的爱克发引进了成套的彩色胶卷生产线，其中，厦门福达与柯达的引进项目投资 15 亿元，汕头公元与富士的项目费用更高达 40 亿元。在短短 10 年内，中国建成了 7 家胶卷工厂，成为世界上拥有胶卷企业最多的国家。国有企业的所有痼疾都在胶卷业集中地暴露出来：巨额的重复投资，缺乏技术消化能力，市场竞争乏术，机制僵化而管理混乱。到 1993 年前后，国内胶卷企业全数亏损，行业总负债超过 100 亿元。面对这样的局面，连治乱高手朱镕基都有点束手无策了。便是在这样的时刻，同样身处困境的裴学德指出了一条光明的道路。

裴学德的方案是诱人的："在中国政府改革国有企业的过程中，柯达将带来三样东西，一个是技术，一个是世界级的管理，一个是至少 10 亿美元的投资。"同时，裴学德的要求是排他性的："我们请求不要允许任何国外的竞争对手进入中国，因为我们要重组现有的老企业，而它们却可以从头开始建造新的工厂。"

柯达的构想无比巧妙地契合了中国政府对国有企业改造乏术的现实，这让朱镕基在第一时间就下决心冒险一试。他当即同意了裴学德的动议，并承诺亲自督办此事。

柯达方案从一开始就面临两大障碍：一是国内胶卷企业的反弹，二是日本富士的抵制。

将一个重要的产业全数转托于一家跨国企业，这在中国企业史上是一个闻所未闻的做法，且不说各企业早已有不同的合作伙伴，在利益上也是犬牙交错，在市场上矛盾重重，其实这一动议本身，就意味着民族胶卷产业的全军覆没。1996 年前后，国内本土企业勃然兴起，振兴民族工业的呼声不绝于耳，柯达方案一时间面临搁浅。1997 年 3 月，中方提出新方案，只将负债最大的福达和公元两厂拿出与柯达合资，并决心"集中精力支持河北乐凯的发展，使其具有竞争力"。

在这个过程中，朱镕基始终是全行业并购的支持者，他甚至因此被人骂成"卖国贼"。在一个视察场合，他说："有人说，国有比重下降，私营比重上升，会不会把社会主义变了……关键在于经济命脉，至于那些汉堡包、几个胶卷、头发夹子，你搞几个外资，有什么关系呢？"他所谓的"几个胶卷"，自然是针对柯达收购案而言的。

来自市场占领者日本富士的抵制则更是可想而知了，柯达动议明显带有行业垄断的意味，一旦定案，便毋庸置疑地意味着富士从中国市场的出局。然而，让人感到意外的是，它在中国竟找不到同情者。究其原因，则是因为多年的骄横。当年，汕头公元厂以 40 亿元的巨资从富士引进设备，1993 年前后，公元厂发生经营危机，时任广东省省长朱森林带着公元厂的管理层飞赴日本，希望获得帮助。但是他们要与富士领导层会面的要求竟然遭到拒绝，日本人认为，公元厂危机是中国人的事，跟他们没有关系，朱森林一行在东京干等数日，结果是双手空空、悻悻而回。这个“拒见事件”很快在中国政界和企业界流传开来，让不少人咬牙切齿。因此，当富士试图抵制柯达案的时候，竟很难找到愿意为之出面的有力人士。[①]

1998 年 3 月 23 日，裴学德在罗切斯特柯达总部宣布，柯达以 10 亿美元收购中国胶卷全行业的协议定局，华尔街的柯达股票应声大涨。在朱镕基的全力支持下，北京专门成立中央协调小组，由“两委三部”——国家计委、国家经贸委、化工部、轻工部和外经贸部组成，吴邦国副总理任协调小组组长，国家经贸委副主任李荣融具体协调。

在后来的 5 年里，柯达对收入囊中的企业进行了大手术。它对公元、福达和无锡阿尔梅三厂相继投入上亿美元进行改造，使之成为柯达的全球制造基地，对挽救无望的上海感光、天津感光和辽源胶片三厂则进行经济补偿，将之关停并转，三厂员工都按工龄长短获得了相应的安置费用——按工龄长短计算职工的遣散补偿，是当时流行的做法，一般是每年工龄获得的补偿为 500~2 000 元不等，据《跨越——柯达在中国》[②] 一书作者袁卫东的调查，被遣散的一千多名上海感光厂职工获得的最高安置费为 7 万元。

在朱镕基看来，柯达的表现是让他满意的，因为它解决了国有企业改造的两大难题，即“钱从哪里来，人往哪里去”，尤其是后者。1999 年 4 月 13 日，朱镕基访美期间在纽约美中贸易委员会的晚宴上说：“我可以告

---

① 富士之后在中国的表现可以用一泻千里来形容，它在中国的市场份额被逐年蚕食。2002 年，《中国经营报》披露，富士涉嫌大规模胶卷走私，有相当部分甚至与厦门“远华特大走私案”主犯赖昌星有关。富士对此沉默应对。同年 11 月，国家经贸委下发文件，认定由富士参股的珠海真科感光材料制作有限公司“未经审批和备案”，被勒令停产。至此，富士在中国的产销渠道均遭遏制。

② 《跨越——柯达在中国》一书已由中信出版社于 2005 年出版。——编者注

诉大家一个故事，就是当年我会见柯达公司的裴学德，请他的柯达公司到中国来合作的时候，我曾经被人称为卖国贼。但是，经过这两年柯达进入中国大量投资，促进了中国胶片工业发展，因此，那位叫我卖国贼的人已经在最近对我讲，他以前错了……我认为这种让步，对于中美两国都是有利的。”2002 年，时任国家经贸委主任李荣融在接受美国《商业周刊》采访时称：“我有两个成功的案例。一是柯达公司重组我们的影像行业，这是一个双赢的案例，第二个例子是尼桑与东风汽车的全面合作。重组给我们最大的启示，就是下决心推进这样的重组。”

中国政府与柯达的“98 协议”在 2003 年完成收官之笔。10 月，柯达与一直以来对并购最为抵制的河北乐凯公司签约，以总价值 1 亿美元的现金、设备和技术，换取乐凯 20% 的股份。至此，中国胶卷工业的 7 家企业全数与柯达合资。在全球市场上被富士打得晕头转向的“黄色巨人”终于在中国找回了尊严。到 2005 年前后，柯达每年 60 亿美元的全球采购，有 1/6 来自中国，95% 以上的柯达数码相机在中国生产。柯达还把全国 9 200 多家彩冲店中的 2 000 家改造成为数码影像店，打造了一张无比庞大的数码彩扩网络，把中国市场变成了柯达的全球第二大市场。

在 30 年的中国企业史中，由一家跨国公司对一个重要产业进行全行业性的并购，仅此一例。在 1998 年，面对局势萎靡的国有企业改造，朱镕基签下与柯达公司的合作协议，无疑是一个铤而走险的大手笔。

中国公司的变革如果按主题来分界的话，可以从 1998 年一切为二，此前的主题是经营机制的转变，此后则是产权的重组与清晰化。有区别的是，前者尽管成效甚微，不过，政策设计却是非常清晰的，而后者的改革，效果卓著但政策界定始终混沌不清。

“国退民进”运动从 1997 年开始试验，1998 年大规模推广，一直到 2003 年进入尾声，它意味着 20 年来以机制转换和放权搞活为主题的国有企业改革运动的悄然终结，中国企业的所有制格局为之一改，从而也深远地影响着日后相当长时间的中国经济。2002年，一份《中国私营企业调查报告》显示，在过去的4年里，有25.7%被调查的私营企业是由国有和集体改制而来。在这些企业中，以东部地区所占的比重最大，为45.6%；改制前是国有企业的占25.3%，是乡镇集体企业的占74.7%；有60.6%的企业主是原来企业的负责人；在通过公有制企业改制而产生的私营企业主中，中共党员所占的比例高达50.66%。2003年，国资委透露，在实际操作中，绝大多数地方进行的国有资产"处置"很大程度上体现为全部退出，都是采用全部转让的方式处理地方国有资产，从1998年到2003年，国有及国有控股企业户数从23.8万户减少到15万户，减少了40%。

长达5年左右的"国退民进"从一开始就呈现出泛运动化和法制监管空缺的特点。

如同过去的很多年一样，"国退民进"被视为拥护改革的标准动作，各地官员纷纷表态支持。在1998年年初的报刊上，处处可见官员的高调表态，江西省省长舒圣佑提出"不求其纯，但求其佳，不要拘泥于比重问题而束缚自己"。湖北省省长蒋祝平说："要全面摒弃那种把股份制同私有制联系在一起的传统观念，消除出售国有资产会导致国有资产流失的疑虑。"安徽省省长回良玉更是催促说："现在是早改早主动，晚改就被动，不改没有出路。"最早搞农村土地承包责任制的安徽凤阳县更是在一年之内就把数百家集体企业全部卖给了私人，县委书记说，过去我们敢"包"，打破了农村的"一大二公"，现在我们敢"卖"，打破城镇里的"一大二公"，凤阳今后不再搞单一公有制的企业了。国有企业的退出速度和比例成了改革政绩考核的一个指标，很多城市将上百家企业一起"打包出售"以求其快。最轰动的新闻事件发生在2003年2月，西安市政府宣布一揽子出让600亿元的国有资产。

作为国有企业改革最重大的战略调整，"国退民进"一直没有形成一个全国性的法制化改革方案，这是本次改革最奇异的地方。各地依然按照"摸着石头过河"的思路，八仙过海，各显神通，于是出现了数十种产权量化出让的手法，其中最主要的方式包括以下几种。

• 管理层 MBO——企业家被允许购买自己管理的企业股份，有的是全数出资购买，有的赠送部分比例的干股。

• 曲线 MBO——管理层出资组建新的公司，然后与原有企业发生种种经营或资本重组关系，最终曲线获得股权。在这类案例中，最著名的是广东美的集团的改制。这是一家创办于 1968 年的乡镇集体所有制企业，1992 年，改组为股份公司。美的私有化起步于 1999 年，开始的做法是在量化净资产的基础上，拿出一定比例折成股份，分给经营者。2000 年 12 月，美的控股与一家叫美托投资的公司签订协议，前者将所持 7 243.033 1 万股法人股以每股 3.00 元的价格转让给后者（当时，粤美的每股净资产为 4.07 元），收购金额为 2.17 亿元。转让后，美托投资成为粤美的第一大股东，而这个公司是由美的集团的高层管理人员控股，其中董事长何享健一人拥有 25% 的股份。

• 员工持股——组建员工持股会，以全员持股的方式将企业的资产量化到位，其中管理层获得最大比例的股份。一向以敢于改革而闻名的深圳市就专门下发文件，要求市内国有企业全面推行“员工持股制度”。

• 引资量化——通过引进外来资金或上市的方式，对企业资产进行重组，切出一块由管理层持有。

• 增值量化——以现有净资产为基础，对今后的增值部分量化到人，逐渐加大私人的股权比例。这种方案的典范是 TCL 的改制。1997 年 4 月，惠州的 TCL 集团率先进行了国有资产授权经营试点，惠州市政府与李东生团队签署了为期 5 年的放权经营协议。按照协议规定，TCL 到 1996 年的 3 亿元资产全部划归惠州市政府所有，此后每年的净资产回报率不得低于 10%；如果多增长 10%~25%，管理层可获得其中的 15%；多增长 25%~40%，管理层可获得其中的 30%；多增长 40% 以上，管理层可获得其中的 45%。这一方案被认为是一个“十全之策”，既保证了国有资产存量的保值增值，也为管理层的入股创造了空间。TCL 接下来的产权变动情况是：1998 年，李东生团队完成授权经营目标，通过增资，管理层和工会获得 8.82% 的股份；到 2000 年，股本结构为国有股 62.59%，管理层和工会为 37.41%；2002 年，李东生通过引进战略投资者的方式，使国有股份减持到 40.97%，至此，TCL 集团由一个地方政府绝对控股的国有公司成为多元股权结构的公司；2004 年 1 月，TCL 集团上市，李东生持有 5.59% 股权，当时相当于 12 亿元的市值。

• 破产改制——先将企业破产，然后再出售给个人。常年在苏南地区工作的学者新望描述说，在高潮期，市县领导的桌面上摞满了企业申请破产的报告，批了“请依法予以破产”后，就转到法院，法院甚至来不及开庭就宣布破产。

这种种手法并无统一的法制依据，也没有必要的监管制度，因此出现了尘土飞扬的局面。一个叫张大典的银行会计师曾经总结过各地经营者在改制过程中发明的“增减手法”。

“增”就是增加负债，企业资产不变，使负债总额增加，原有各负债受偿率就会减少。具体手法有 4 种。一是虚设。即企业在改制之前，或以欠交或以未交名义，虚设应交未交项；或以应付为名，虚设应付款项，增加负债。某公司在破产之前，其资产评估为 640 万元，负债却高达 6 000 多万元，其中 2 000 多万元就是虚设的应交镇农工商总公司和镇财政所各类上交款项。二是妄增。即企业在改制之前，或以少交或以未报，或以应付未付为由，妄增应交和应付未付项；或以多报、多估破产清偿及其他费用的手段，妄增开支。三是少提。即企业预提费用中，少计提银行贷款利息和复息，直接使银行应收款利息被悬空逃废。四为宽评。即企业改制，对其负债进行评估时，即使是已经确认不需支付的或不需再上交的款项，也宽评或仍保留原额。负债的宽评与资产的低估，都是较为普遍的手段。

“减”就是想尽办法减少资产，具体的手法也有 4 种。一是转移。即企业在改制之前就将其资产或以“投资”“抵债”等名义转移，或以分立形式将其有效资产划割到分立企业，即以所谓“剥离资产”的手段来悬空逃废债务。二是隐匿。即企业在改制之前或在资产盘存评估过程中，或以经营亏损，或以自然损耗为名义，或以低价变卖资产，或以隐藏实物的手段，扩大资产损失，以虚亏隐匿资产。三是掏空。即企业在改制之前或改制过程中，或以“帮扶”“馈赠”，或以陈年老账，或本是融资却偏说投资并亏损等原因，将其应收款项一笔勾销，掏空资产。四是低估。即企业改制在对资产进行评估时，或以变现困难，或以不能全额催收等理由，对其实物资产和应收款项有意低值评估。

没有人统计过，到底有多少国有和集体企业在转制的过程中采用过这些“增减手法”，这是一个永远也没有答案的谜。国有资产的大释放在某种意义上确实成了一条制造千万富翁乃至亿万富翁的生产线，后来在各种财富榜上出现的富豪们相当一部分都是这场改革的最大获利者。因而，它被人称为“最后的盛宴”。

在一场没有底线和边界的财富游戏中，成王败寇，都在转瞬之间。这中间，有弹冠相庆的得意人，自然也有令人扼腕的失落客。

这年夏天，“饮料大王”李经纬把他的办公室从三水搬到了新建成的广州健力宝大厦。坐在38层宽敞、豪华的大办公室里，他可以俯瞰广州全景和终年绿意葱葱的越秀公园。这时候，公司形势十分喜人，上年实现了50亿元的销售额，健力宝入选国家工商总局宣布的第一批“中国驰名商标”，在中国饮料协会公布的行业排名中，健力宝在产量、总产值、销售收入和税利4项均排名第一，它还被媒体评选为“90年代中国公众心目中的十大知名品牌”之一。然而，就在这样的时刻，李经纬的心情却好不起来。

从1994年——创业的第十个年头开始，李经纬就已经在考虑健力宝的产权归属问题。在三水，他享受了最高的“政治待遇”。在很多地方活动的仪式上，县委书记、县长坐中间，旁边坐的就是他，再下去才轮到政府的其他官员。但是，这种一时无二的尊崇和厚爱还是无法解开他内心那个产权之结。1997 年，“国退民进”的舆论渐热，国有资本将从竞争性领域逐渐退出，经营者被允许以各种方式购买企业的资产。在李经纬看来，饮料行业无疑是百分之百的竞争性领域，将健力宝的产权清晰化完全符合中央政策。李经纬的方案是通过股票上市来实现股权激励。在李经纬的精心策划下，健力宝谋求在香港联交所上市。在此案中，包括了经营层的股权分配。然而，出乎他意料的是，就在上市方案行将通过的时候，三水政府以李经纬团队“没有香港暂居证，因而不得购买 H 股原始股票”为理由，拒绝批准这个方案。

在三水官员看来，健力宝的发展固然有李经纬的创始之功，但是与政府多年来的全力扶持也是分不开的，凭什么给你个人呢？况且，健力宝每年上缴的利税是三水财政的支柱，一旦私有化后，地方建设的“钱袋子”就不见了。还有一个理由是，李经纬哪来那么多钱买健力宝的股份，会不会有用公司的钱买公司股份的嫌疑？

政府的态度让李经纬极度失望，他一怒之下放弃上市，然后把健力宝总部搬到了广州。从此，矛盾浮出水面。在政府看来，总部迁址很可能就意味着税收的流失。从 1998 年开始，三水政府加大了对健力宝资金的掌控，集团每开发一种新产品都必须通过政府审批，经过政府的财政预算，然后划拨经费。知情者解释说，这是因为“三水非常警惕李经纬借开发新产品之名转移资产，因此几乎每一个新的招商引资项目，政府都要亲自审批，资金卡得紧，还主动要求替健力宝寻找合作对象”。

1999 年，三水政府大换届，一些与李经纬有交情的老官员全数退休或换岗，一层因历史渊源而形成的温情脉脉的薄纱也最终被揭去，他的处境日益艰险。便在这一时刻，李经纬提出了第二套改制方案，由管理层自筹资金买下政府所持有的股份，李经纬开出的价格是 4.5 亿元，将在 3 年内分期付清。三水政府断然拒绝，理由据称是“风险很大，有用健力宝资金来买健力宝之嫌”。李经纬还不甘心，他接着聘请深圳一家咨询公司又设计出第三套方案，李经纬团队持股 75%，三水政府再给李经纬个人 5%

的股权奖励。这个方案也遭到政府方面的否决，理由依然是“担心经营层的钱来历不明”。

在这样的拉锯中，政府与管理层的关系近乎破裂，而企业效益也开始急速下滑。健力宝的经营业绩自 1997 年创造了 54 亿元的骄人纪录后，每年以 5 亿 ~8 亿元的幅度锐减，上缴政府的利税也从 1 亿元降到两三千万元左右。

就这样，一家蒸蒸日上的企业因政府与经营者的产权博弈而变得前途莫测。

如果说，李经纬在产权清晰化的话语权争夺上招招被动的话，那么，华南的另一位明星企业家则显得更无能为力。

1998 年 12 月，在没有任何预兆的情况下，科龙集团突然发布公告，潘宁辞去公司总裁职务。这时候的科龙正处在一个迅猛扩张的关键时刻，上年，科龙实现营业收入 34 亿元，利润 6.6 亿元，被香港《亚洲货币》杂志评为中国最佳管理公司和中国最佳投资者关系公司。在潘宁辞职的两个月前，科龙还刚刚收购了广东另一家陷入困境的家电企业华宝空调。根据很多当事人的回忆，潘宁对自己的“辞职”并无思想准备。在整个 1998 年，他一直在全国各地考察，他想收购成都一家军工厂的车间，将之改建成冰箱生产线，还到河北等省份洽谈建设北方生产基地的事宜。据这段时间与潘宁有数面之缘的北京大学教授周其仁观察，“潘宁下岗，其实他对此没有做好准备，在过去的一年多里，他一直四处奔波”。

后来发生的一连串惊人的事实表明，潘宁辞职，意味着地方政府对他的产权改革思路的坚决否定。在过去几年，潘宁一直试图说服政府把股份释放给管理层，他冒险新创科龙品牌也是其中的一个战略性步骤。1997 年以来，市场竞争十分激烈的家电产业成为国有资产退出的领域，而惠州的 TCL 已经进行了产权改革试验，潘宁对改制的迫切性也越来越强烈。可是，他的突然辞职让科龙集团的产权改制走上了一条坎坷的道路。

辛苦创业14年、没有任何理由地被宣布“辞职”，潘宁几乎没有做任何“反抗”或解释，他迅速做出了移民加拿大的决定，从此不问科龙事。为表示自己的彻底隐退，他与科龙约法三章：“不保留办公室，不拿科龙一分钱退休金，不要科龙一股股份。”他对媒体记者发表的最后一段讲话是：“现在退下来，我觉得非常荣幸。因为好多知名的企业家，有的升了官，有的没有后继力，还有的犯了错误，极个别的上了刑场。像我这样干到65岁的企业家，屈指可数。我光荣退休，确实好荣幸。”他对外宣称有6个“退休计划”：学打高尔夫，学摄影，学开车，学太极拳，读点近代史，陪太太外游。一位科龙旧部曾记录了一个细节：老潘临别科龙时，曾“口占一绝”留赠部下做纪念：“服务乡企数十年，纵横家电愤争先。闯破禁区成骏业，寄语同仁掌霸鞭。”有人指出，诗中的“愤争先”一句有点别扭，是不是“奋争先”或“纷争先”的笔误，潘宁肃然地说，就是这个“愤”，发愤图强的愤、悲愤的愤。

因产权变革而形成的政商博弈，让健力宝与科龙陷入了巨大的危机旋涡之中。在未来的几年内，围绕着这两家曾经创造过无数辉煌的企业将展开一场更为激烈的争夺战，最终，企业在多方利益群体的绞杀中奄奄一息。

1998年的中国企业界四处泛滥着悲喜难辨的亢奋。从中央决策层到思想界、企业家，每个人都感受到改革向深度推进的艰巨，同时，又对这场变革将把这个国家和自己的命运带向何方而有着莫名的亢奋与迷茫。在未来的几年里，人们日渐从“地雷阵”和“万丈深渊”的说法中咀嚼出更多、更复杂的意味来。也是在这一年，中国最大的家电企业海尔集团的年营业额接近200亿元，当记者问张瑞敏此刻的心情时，这位日渐深居简出的企业家说：“我现在的心里，每天还是8个字——战战兢兢，如履薄冰。”

1998年，中国企业界最大的争议，是一个叫褚时健的企业家该不该被判处死刑。

褚时健是云南红塔烟草集团的董事长。红塔的前身是玉溪卷烟厂。早在1979年，这是云南省数千家默默无闻的小烟厂之一，固定资产1 065.65万元，生产设备全部是20世纪三四十年代的水平。云南烟草冠绝全国，其中又以玉溪为“云烟之乡”。褚时健当上厂长后，狠抓质量和营销，创出“红塔山”“阿诗玛”等品牌，他还大量收购优质烟田，最大的一片有2 000亩。到80年代中期，玉溪厂已颇有名气，每年可上缴利税5亿元。

玉溪厂快速发展的时间是从1988年开始的。之前，中国所有的烟草价格都是计划控制的。这年7月，国家宣布对13种名烟放开价格，实行市场调节。13种名烟中，9种产自云南，褚时健的玉溪卷烟厂就争取到了4种。根据当时报纸报道，7月28日，烟价放开，红塔山的每包售价就从1.3元涨到3.9元，第二天又涨到5元。这一年，在全国上缴利税最多的前10家企业中，云南玉溪卷烟厂名列第五，经济效益跃居全国轻工行业之首，褚时健被授予全国劳动模范称号和五一劳动奖章。褚时健最“创新”的一个举措是，为了突破国家对烟厂的产量指标控制，他绕开有关政策，通过并购云南及其他省份小烟厂的方式充分放大自己的产能。日后来看，这是一条“灰色”的改革通道，它让国家对烟草生产总量的限制形同虚设。到20世纪90年代中期，玉溪卷烟厂年创利税达200亿元以上，占到云南财政收入的60%，相当

▲褚时健

于400多个农业县的财政收入总和，稳坐中国烟草业第一把交椅，并跃升为世界第五大烟草企业。在1997年，红塔山的无形资产为353亿元，在中国所有品牌中位居榜首。在褚时健任职的17年间，红塔集团总计纳税800亿元。一位中央领导在视察该企业时说："这不是卷烟厂，这简直就是印钞厂。"

1996年年底，中央纪委信访室接到匿名举报，遂对褚时健展开调查。12月28日，褚时健试图通过云南边陲河口边关出境，被边防检查站截获。第二年6月，褚时健因贪污罪名被拘捕。他对检察院预审人员坦白罪行："1995年7月份，新的总裁要来接任我，但没有明确谁来接替。我想，新总裁接任之后，我就得把签字权交出去了。我也辛苦了一辈子，不能就这样交签字权，我得为自己的将来想想，不能白苦。所以我决定私分了300多万美元，还对身边的人说，够了！这辈子都吃不完了。"据侦察，褚时健还在国外私设10亿元人民币和2 500万美元的企业"小金库"，唯他签字方可动用。

褚时健对自己的贡献与收入之落差一直耿耿于怀。1990年，当选"全国优秀企业家"的他对记者抱怨说："上级规定企业厂长可拿工人奖励的1~3倍，但实际上，我们厂的领导层一直只拿工人奖励的平均数。就我个人而言，10年前的工资是92元，奖金是当时全厂最高的6元，再加上其他的总共月收入才110元。10年后的今天，厂子搞好了，我现在月收入有480多元，加上一些奖项，总共可达到1 000元。"到1995年前后，褚时健的年薪加上云南省对他的奖励为30万元。他算了一笔账，红塔每给国家创造14万元利税，他自己只拿到1元钱的回报。

据检察系统的侦察，褚时健贪污的金额为700万元左右，其数额巨大，按律难逃死罪。然而，此案见报后，在企业界和媒体掀起轩然大波。几乎所有的人都对之报以同情，时值"国退民进"、产权改革的高潮期，人们均以为褚时健功勋卓著，其所得与贡献实在落差巨大，贪心大可原谅。有人据此总结出了一个"59岁现象"——其实被捕之际，褚时健的年纪为67岁，已属“超龄服役”——也就是，由于国有企业的当家人收入偏低，因此很可能造成他们在退休前大捞一把的现象。“59岁现象”被认为是制度造成的陷阱。

褚时健出事后，其妻子、妻妹、妻弟、外甥均被收审，女儿狱中自杀身亡，儿子远避国外，成了名副其实的“妻离子散、家破人亡”。对褚时健的同情与声援，成为一股很耐人寻味的势力。在1998年年初的两会上，10多位企业界和学界的人大代表与政协委员联名为褚时健“喊冤”，呼吁“枪下留人”。一个听上去很能打动人的说法是：“一个为民族工业做出如此巨大贡献的国企领导，一年收入竟不如歌星登台唱一首歌！”

1999年1月，褚时健因为“有坦白立功表现”被判处无期徒刑。据当时的媒体报道，宣读判决书的时候，褚时健只是摇摇头，没有说话。

在后来的很多年里，褚时健一直不是作为“罪犯”而是一个“含冤蒙罪”的企业家形象出现在各种媒体上，很多企业家视之为崇拜的偶像。生产手机的波导集团董事长徐立华曾经如此表达对他的敬意：“真正的企业家是褚时健，那是中国天字号的企业家。中国哪一个企业家有超过褚时健的？没有！我认为中国的企业家最厉害的是褚时健。红塔山原来有句广告语，叫‘山高人为峰’，确实是这样。现在我们谁能望其项背？没有！”徐立华的观点被很多人所认同。还有一些舆论认为，褚时健的错误是“早生了几年”。一篇文章认为，“在近10年的国有企业成为上市公司的过程中，管理者成为千万富翁、亿万富翁的不在少数，褚时健为什么沦为阶下囚？若以贪污700万判处无期徒刑论，对褚时健的处罚是轻的。但是，有多少人知道，褚时健的结局曾经使多少国有企业负责人寒心！似乎应该重新回到制度上来”。“官逼民犯”是不是可以解释这一现象？企业家能力不能得到体现，只好去“偷”、去“抢”。然后，刑法等着你。

褚时健在监狱里并没有坐多久，2000年前后，他就以身体有病的原因被保外就医。他与妻子在云南哀牢山承包了2 000亩山地种植甜橙。一些企业家不远千里前去看望他，其中包括万科集团的王石。王石说：“虽然我认为他确实犯了罪，但这并不妨碍我对他作为一个企业家的尊敬。”《中国企业家》记者刘建强还记录了一个传闻，“政府给褚时健立了一个账户，里面存了几十万元钱，作为他看病的费用。没过多长时间，账户里的钱变成了几百万，都不知道是谁存进去的。”①

只有极少数人对“褚时健现象”提出过质疑。以无忌直言而出名的香港教授郎咸平评论说：“红塔集团的褚时健贪污，媒体对他百般同情，凭什么同情他？要不是国家不准民营企业做烟草，能有你褚时健的成就？企业做得好，功劳就是自己的，凭什么？国家不是给你待遇和荣誉了吗？”②

“褚时健现象”是一面镜子，照出了转型时期的中国商业界在法制观念和价值评判上的模糊、矛盾与迷茫。

---

① 刘建强，《寻找褚时健》，《中国企业家》，2005年02期。

② 任田，《郎咸平：我的意见不能成为主流是国家悲哀》，《南方人物周刊》，2004年第7期。

1999 庄家“恶之花”

国有企业的烂账，
以及邻国经济的萧瑟，
还有小姐们趋时的妆容，
这些不稳定的收据，
包围了我的浅水塘。

——翟永明：《潜水艇的悲伤》，1999年

1999 年，一个令人百感交集的百年世纪终于走到了它的“末点”。人们记起四百多年前一个叫诺查丹玛斯的法国医生的那个预言：“1999 年 7 月，天空中太阳、月亮和九大行星将组成‘十字架’形状，这时候，恐怖魔王从天而降，蒙古大王重新出现，战神以幸福的名义主宰世界……”这个不无恐怖的景象显然并不会出现。

这年是新中国成立 50 周年的大庆之年。美国《财富》杂志十分机敏地宣布，将把一年一度的《财富》年会放在中国上海举办。时间是国庆大典前的 9

月底，这是国际知名传媒机构第一次把全球性年会选在中国举办。它的主题非常符合人们的想象——“让世界认识中国，让中国认识世界”。江泽民总书记已确定届时与会。

从宏观经济来看，中国的表现也让人充满期待。东南亚各国还没有从金融风暴的眩晕中清醒过来，俄罗斯经济再度爆发危机，南美的巴西也出现了严重的金融危机。在所有的发展中国家里，中国可谓“一枝独秀”。上年推出的各项刺激经济的措施逐渐见效，消费市场重新活跃，房地产市场的复苏对各个产业的拉动效应渐渐呈现出来，新一轮的经济高速增长周期到来了。

谁也没有想到，景气的喷发是从股市开始的。

5 月 19 日，星期三。一个看上去不会发生任何新闻的平常日子，中国股市已经持续萎靡了七百多天。而在 11 天前，美国导弹还“误炸”中国驻南联盟大使馆，引发了一场惊人的外交事件，中美关系再度跌至冰点。① 就是在这一天，沪深两市分别悄然上涨 51 点和 129 点，收于 1 109 点和 2 662 点。领涨的是带有网络概念的股票，如东方明珠、广电股份、深桑达等。这根平地升起的阳线起势突然，继而凌厉，一拉就是 32 天。这期间，央行宣布降息，《证券法》开始实施，一向谨慎的《人民日报》发表特约评论员文章，要求大家“坚定信心，规范发展，珍惜股市的大好局面”。向阳锣鼓声声敲，在不到两个月的时间里，上证综指一举冲到 1 700 点，涨幅超过 50%。“5 · 19”行情自此形成。②

---

① 1999 年 3 月 24 日，以美国为首的北约在未经联合国安理会授权的情况下，对南斯拉夫联盟实施了长达 78 天的轰炸，出动 2.6 万多架次飞机。5 月 8 日凌晨（贝尔格莱德时间 7 日晚 11 时 45 分，北京时间 8 日凌晨 5 时 45 分），5 枚战斧式巡航导弹袭击了中国驻南联盟大使馆，造成三名新闻记者死亡，20 多名外交人员受伤。

② 这波行情将一直持续两年，到 2001 年 6 月 14 日达到最高点 2 245.44 点，随后掉头大挫，进入了长达 4 年的熊市之旅。

资本市场向来是宏观景气的“晴雨表”，而在中国，这个“晴雨表”却常常投影在扭曲、诡异的哈哈镜里。在“5·19”行情中，涌现了几个令人难忘的大庄家。

吕梁似乎是第一个“预言”到了大行情的庄家。

有些人应该还记得这个名字曾经出现在1992年的“深圳认购证事件”中。当时他叫吕建新，是一个好奇而勤奋的文学青年，在那个事件中他写了一个长篇纪实报道《百万股民“炒”深圳》[①]，是当时国内对深圳事件最生动的描述。也是在那次股民骚乱中，吕梁经受了股市的洗礼。他成了深交所里的常客，注意力便再也没有离开过。在深圳混的日子让吕梁天天都很亢奋，但是他却没有赚到多少钱，不久后他又回到了北京，跟在几个大散户后面炒股票，此外还不断地写股市评论文章。他的赚钱运气似乎不太好，一开始赚了上百万元，他又转去做期货，结果就砸进去了，玩了两年下来，竟欠下了上千万元的债务。不过，在股评方面他却表现出超人的天赋，早年的文学创作帮了他大忙，在文字粗劣、理念肤浅的股市评论中，他总能以充满激情和思辨的文字吸引人的注意力。他很早就看透了中国股市的灰暗，他曾写道：“由于上市公司质量的普遍低劣，使得股民根本无法选择到真正有价值的股票，这就给市场运作带来了极大的空间，中国股市在某种意义上是一个‘故事会’。”他的很多观点深受证券投资界不少人的认同，他渐渐地在这个圈子里赢得了不小的名声。1996年起，吕梁索性搞起了一个K先生工作室，一边以K先生为笔名写股评，一边还指导人炒股票。至于为什么起这么一个怪名字，他的解释有两个：其一，股票的行情图又称K线图；其二，K是“king”的第一个字母，暗示他是“股评之王”。在这个“故事会”里浸淫多年，他一直在等待一次大显身手的机会。

1998年的秋天，K先生吕梁终于等来了他“命中注定”要遇到的那

---

① 吕梁，《百万股民“炒”深圳》，《中华工商时报》，1992年8月。

个人。一个叫朱焕良的股市大散户来找吕梁求救。这是一个早年在建筑工地上开大装卸车的“粗人”，前些年靠倒腾股票赚了不少钱，竟成了上海和深圳股市上最早的亿万富翁之一。1996 年前后，他看中了深圳一只叫康达尔（股票代号 0048）的股票。它原本是深圳宝安区的养鸡公司，香港的活鸡市场大半是靠它供应的，业务稳定而效益尚可，1994 年上市后不温不火。朱大户在二级市场上悄悄购进康达尔的股票，小半年下来居然囤积了数千万股，占到康达尔流通盘的 90%，朱大户为此花了两个亿，其中一大半是他全部的家当，还有一小半是高息拆借来的。正当朱大户想卷起袖子大炒康达尔的时候，1997 年，香港突遭“禽流感”袭击，全岛杀鸡禁鸡，康达尔业务全线瘫痪。它的股价自然也坐上了滑梯，从最高的每股 15.40 元猛跌到每股 7 元多，跌幅超过 50%。朱大户的两亿元全部深陷在里面动弹不得。他沮丧地跟人说：“在 1997 年，除了那些被杀的鸡，我大概是全深圳最不幸的了。”

两个负债累累的人和一只“瘟鸡股票”，就这样走到了一起。吕梁同意与朱焕良联手坐庄，他靠自己在股市中的名气和 15% 的融资中介费，在三个月内融进了 4 个亿。接着就开始自倒自炒康达尔，一位名叫庞博的操盘手日后描述说：“吕梁的指令下达得很细，细到从早晨的开盘价到多少钱中盘倒仓，在哪几家营业部倒仓多少。为了操作隐蔽，倒仓不能太快，也不能慢，拉升时要注意日涨幅不超过 7%~8%，要维持图形好看，生怕别人发现，把股票做上去。”与此同时，吕梁在报刊上频频发表文章，为股市的回暖大声唱好，顺带着拼命推销已经完成“重大重组”的康达尔。正在这样的时刻，两年来如懒熊瘫地的股市真的突然雄起了。“5 · 19”行情，让吕梁的“中国第一股评家”声誉达到了顶峰。在一切都那么羸弱和灰色的资本市场上，人们太需要一个让多方取胜的预言家，并乐于相信这样的预言家。有了飙升的大势做掩护，吕梁拉抬康达尔股价的行动变得肆无忌惮，股价一路上扬，从接手时的每股 7 元多，到 7 月已经跃至每股 40 元。到年底，康达尔在深市涨幅最大的前 20 只股票中名列17，全年涨幅111%，全然一只高科技大牛股的形象。12月，经深圳市工商局批准，康达尔更名为中科创业。

为了操纵股价和玩更大的游戏，吕梁先后与国内20多个省市的120家证券营业部达成了融资关系，后者为了抢夺让人眼馋的交易量和中介代理费用，疯狂地为中科四处找钱，先后融资超过了惊人的54亿元。就这样，围绕着中科创业形成了一条罪恶的庞大利益链。日后吕梁承认："那些融资协议如果拿出来，连见证并签了字的律师都是要进监狱的。"可是，几乎所有参与其中的人都决意铤而走险，视法律为无物。这些人都学识渊博，精通法律条文，个个看上去道貌岸然，堪称这个商业社会中的精英，可是在巨大利益的诱惑下，所有人都放弃了自己的职业道德底线。[①] 在这个意义上，吕梁之得逞，是中国金融界的一个耻辱。

如果说，吕梁是这年冒出来的"庄家新贵"的话，那么，从新疆走出来的唐万新则是一个更显赫的"标本"。有趣的是，唐万新的发家也是在7年前的那次"认购证事件"[②]。当时，28岁的他花钱一下请了5 000人从乌鲁木齐坐火车到深圳排队领取认购抽签表，这些人每人一条小木凳，

---

① 吕梁们玩弄股价到了多么随心所欲的地步，下面的故事可以做注脚：2000年2月18日，吕梁新婚大喜。前一天，他对手下一个最得力的操盘手开玩笑地说："你能送我一份特别点儿的礼物吗？"那人心领神会地嘻嘻一笑。18日当天，中科创业的收盘价恰好停在了72.88元。神奇的操盘手用自己的方式给老板送上一份别人看来不可思议的礼物。

② 股票认购证，是赋予权证持有人一个权利，以行权价在特定期限内购买相关股票的权利。股票认购证，最早出现在1992年的上海，当时上海证券交易所成立后的1年多时间内，"老八股"在唱独角戏，且因股票供不应求，形成了粥少僧多的有价无市局面，因此市场扩容成了当务之急。新股超额利润的魔力，吸引了数以百万的中国人对新股的疯狂抢购。哪里发行新股哪里就爆发一次排山倒海的抢购狂潮。到1992年8月，当深圳发售新股抽签表时，一百多万股民汇聚深圳，展开了一场惊心动魄的抢购战，最后酿成了让人痛心而又回味无穷的深圳"8·10"事件。

排队一天领50元劳务费，一排就是三天，领到的抽签表换成原始股，让唐万新大赚了一笔。从此，唐万新迷上了“来钱最快”的股市。他和大哥唐万里等人注册成立了新疆德隆实业公司，专门从事资本市场的股票运作。他们在新疆、陕西等西北诸省大量收购国有企业的原始股和内部职工股，要么将之倒卖给新疆的金融机构，要么等到上市后甩卖套现。有一次，他们以1 000万元的价格受让“西北轴承”的1 000万法人股，数月后出手净赚3 000万元。如果说，股票倒卖让唐万新初窥资本市场殿堂的话，那么，他在国债市场的试水则让德隆完成了真正意义上的原始积累。从20世纪90年代初开始，财政部出台了国债承购包销政策，在相当多的年份里，大部分国债都是由数十家证券中介机构包销的。数年累积，渐渐地便形成了一个非官方的国债流通市场，而武汉的国债场外交易所是当时规模最大、交易最活跃的一个平台。1994年，唐万新通过国债回购业务，先后违规融资3亿元。那是一个疯狂的年代，善于发现和胆大包天让一代人迅速暴富。

▲唐万新

跟那些鼹鼠般的庄家们不同的是，年轻的唐万新有自己的商业理想。在他看来，全球的产业结构正在发生一次巨大的衍变，中国无疑是其中最重要的一环。很多传统产业都存在迅猛放大的机遇，但是由于体制及观念的落后，绝大多数中国企业的规模偏小、投资分散，没有竞争力。因此，通过资本经营的方式，将之进行优化整合、盘活存量，将是中国式经济腾飞的希望所在。唐万新的理念与比他年长24岁的南德集团牟其中非常相似，在当时颇得很多经济学家的青睐，认为是资本经营的“最高境界”。跟只善于夸夸其谈的牟前辈不同的是，唐万新真的进行了大胆的尝试。[①]

唐万新的第一步是收购企业。被张维迎和梁定邦等人诟病过的股权分置制度为庄家们的灰色运作提供了肥沃的“土壤”。由于所有的国有上市公司都握有一部分没有流通的法人股，对其猎获的成本远远低于从二级市场的股民手中一点一点地吸取。所以，无数庄家便瞄准了各地上市公司的国有资产主管机构，从它们的手中收购法人股，这样的交易成本自然较低，而且不会受到任何的监管。在某种意义上，正是中国股市这种独一无二的股权架构给了投机客们以空间。唐万新便是通过购买法人股的方式，先后成为新疆屯河、沈阳合金和湘火炬三家上市公司的第一大股东，组成了德隆系所谓的“三驾马车”。

唐万新的第二步便是按自己的商业理念对这三家老牌的国有企业实施战略重组。在外界看来，这种重组似乎非常宏大而迷人。以湘火炬为例，这家企业原本只是一家生产火花塞的老企业。唐万新提出“大汽配”战略，先是收购了美国最大刹车系统进口商 MAT 公司及其 9 家在华合资企业 75% 的股权，从而获得了美国汽车零部件进口市场的一定份额，然后控股陕西一家汽车齿轮企业，成为该行业的国内龙头企业。紧接着湘火炬接连发布公告，与东风汽车、陕汽集团、重汽集团等发生各种重组、合资行为。到 2004 年，湘火炬拥有 50 多家子公司，成为中国齿轮、火花塞、军用越野车三个行业的最大规模企业，同时还是空调压缩机第二大生产厂家、汽车刹车系统的最大出口商等。新疆屯河原本是新疆建设兵团旗下的水泥工厂，唐万新将之向“红色产业”转型，先后收购和新建了 9 家番茄酱加工厂，一度成为全球第二大番茄酱生产商之一。沈阳合金原本是一家镍合金专业制造企业，每年只有四千多万的销售收入，德隆入主后，连续

① 唐万新是这部企业史上继牟其中之后最著名的“资本经营大师”。两人不但在战略理念上颇为神似，甚至在其他方面也有几点惊人的相似：他们的祖籍都是重庆万县；他们都属“龙”，相差整整 24 岁；他们后来都在武汉受审定罪，并被关在当地的监狱里。

收购了苏州、上海、陕西等地的多家电动工具制造企业，使之成为全国最大的专业生产商和出口商。唐万新对自己的整合理念自视极高，认为是“天下第一”的企业战略。一些经济学家也颇为赞赏，与唐家兄弟有过密切交往的经济学家钟朋荣便认为，“到目前为止，中国的民营企业家还很少有人能做到他们这样的高度”。

德隆要完成这一系列的并购，需要大量的资金，钱从哪里来？那就要靠坐庄炒作。德隆的坐庄技巧其实非常简捷，唐万新通过不断地释放利好消息和整合重组概念，将股价一步一步地抬高，然后从中倒手牟利。从 1996 年起，德隆旗下的“三驾马车”就撒开双蹄，股价日日上涨，到“5 · 19”行情来临，德隆系更是“好风凭借力，送我上青云”，在中国股市上一路狂奔，创下让千万股民瞠目的飙涨纪录。到 2001 年 3 月，人们看到的事实是：湘火炬经过三次转配股，1 股变成 4.7 股，经复权后计算，每股股价从 7.6 元涨到 85 元，涨幅 1 100%；沈阳合金股份经过 4 次转配股，复权后的股价从每股 12 元涨到 186 元，涨幅 1 500%；新疆屯河也经数次送配股，复权后的股价为每股 127 元，涨幅 1 100%。一个庄家控制的 3 只股票，5 年之内全数狂涨 10 倍以上，举国顾盼，再无一人，德隆因此创下“天下第一庄”的显赫名号。在相当长的时间里，“股不在优，有德则名；价不畏高，有隆就灵”，几乎成了中国股民想要赚钱的不二法门。根据精通财务分析的香港教授郎咸平的计算，到 2001 年 3 月，德隆庄家从这种坐庄活动中总计获利 52 亿元。

唐氏战略在商业逻辑上最大的漏洞是，传统产业的赢利能力并不可能在短期内爆发，其对金融板块的反哺能力十分弱小，在效益最好的年份，“三驾马车”的净利润之和也不过 2.4 亿元，远远算不上是“效益奇迹”。因此，实业整合出现的绩效并不能够支持金融扩张所需要的资本流量。而为了让德隆系的股价维持在一个高位上，唐万新不得不另外去构筑一个昂贵而隐秘的融资平台。

一方面，他不断在资本市场上发布让人眼花缭乱的并购公告，夸大实业整合的绩效，以此作为稳定和抬高股价的炒作手段，另一方面，德隆创办和控制了多家信托金融机构，同时在银行、证券、金融租赁、保险、基金等多个领域，通过种种合法或非法的方式开展委托理财业务。日后的调查表明，德隆通过这些手段共融资250亿元。这种灰色及不规范的运作模式，让德隆渐渐演变成了一头规模惊人而又无比危险的金融怪兽。根据计算，德隆每年用于维持高股价的费用需10亿元，用于融资支付的利息需30亿元，也就是说，起码有40亿元的资金才能保证德隆系的年度正常运作。这是一个让人不寒而栗的数字，其融资成本之高，让这个游戏从一开始就注定了惨败的命运。

为了找资金，德隆几乎已经到了竭尽全力的地步。在唐万新的部署下，德隆将全国年销售收入在5 000万元以上的18 732家企业作为重点客户，按地域分配给旗下众多的证券金融机构，以地毯搜索的方式进行开发。当某企业需要一种综合金融服务时，与德隆有业务代理或股权纽带关系的银行、信托公司、证券公司、租赁公司、保险公司就会分别找上门去，以不同金融机构的名义却又是协作的方式展开服务。它们以委托理财的名义跟企业签订合同，这种合同都有两份：一份是供监管部门检查时用的，一份“补充合同”则注明德隆承诺的保底收益，是保密的。一般而言，德隆提供的保底收益为3%~12%，后来随着资金链的紧张，最高时上涨到了18%。为了“工作便利”，德隆还专门设计了一本《金融产品手册》，它是活页式的，“需要用到哪家金融公司出面，对方需要哪种金融服务，我们都可以随时替换”。

就这样，唐万新走上了一条无比凶险的不归路。这是一个勇猛的赌徒，孔子所谓的“暴虎冯河，死而无悔者”就是指这样的人。他有一句自创的格言是：“但凡拿我们的生命去赌的，一定是最精彩的。”他别无爱好，只喜打猎，经常开着一辆丰田越野车，游猎新疆各地，据说越是凶猛的猎物当前，他越是莫名兴奋。他在新疆裕民县有一个农庄，会议室里挂了一块大匾，上书四字曰：“唯我独尊”。

德隆的那些“真实的谎言”要到5年后才会被揭穿，在1999年的股市狂热中，它显得是那么的光芒照人。8月，德隆宣布以1 000万美元购进俄罗斯太平洋舰队的旗舰、不久前退役的明斯克号航空母舰，把它拉到广州进行封闭式大规模修整与改造。它被停泊在深圳大鹏湾的沙头角，成为世界上第一座以航母为主体的主题公园。这条新闻轰动一时，也是从此以后，德隆以中国民营企业的“航空母舰”自居，它宣布将在5年内“成为一家世界性的大公司，进入全球500强”。

在中国资本市场上，庄家这朵“恶之花”是一个制度性的产物。

首先，那些素质羸弱、因“解困”而上市的国有企业是庄家得以存活的第一要素。这些企业上市不久便再度陷入困境，因此沦为“壳资源”——“砧板上的肉”。其次，非流通股的存在让庄家能够以非常低廉和灰色的手段轻易控制那些企业。最后，监管机制的不成熟更是让所有无法无天的炒作手法满天飞。在相当长的时间里，中国股市最流行的名词是“题材”，你只要敢于想象、胆大妄为，就可能成就一番“事业”。在这样一个放纵的年代，金钱的诱惑以及资本的放大效应，让无数人心甘情愿地放弃所有的准则，中国股市因此成为最没有道德底线的野蛮地带。根据斯坦福大学刘遵义教授的研究，1999年和2000年前后，中国股市的股票年换手率达到400%，平均持股时间仅为3个月左右；而同期，美国纽约证券交易所的股票年换手率为86%，平均持股时间为1.2年；新加坡证券交易所的股票年换手率

▲庄家

为30.2%，平均持股时间达3年。资本市场浓重的投机色彩直接造成上市公司行为的扭曲，使中国股市的融资功能极度萎缩，基本上丧失了实业型公司借此壮大的可能性。

在1999年的股市，还活跃着几个知识分子出身、天资无比聪慧的青年庄家，他们所表现出来的“动物凶猛”让人难忘。

在这年的股市上，号称“中国第一文化概念股”的诚成文化的股价扶摇直上，它的当家人是有“神童”之誉的刘波。1964年出生的刘波早慧，14岁就考入武汉大学中文系，4年后，进入湖南中医研究院拿到了硕士文凭，后又成为北大哲学系的博士生，师从著名文化大师季羡林学习东方哲学。之后，他便开始了自己的儒商生涯。刘波平日好穿对襟青布衫，“能穿布鞋的时候绝不穿皮鞋”，他的总裁办公室满架皆书，一室斯文。他还在北京长期包租了一幢据说是东北军阀张作霖旧宅的四合院，在这里，常常夜宴宾客，大有名士风范。在很多报章上，他都被视为“新儒商”的典范人物。

刘波的第一桶金就与文化有关——他策划和出版了123册的《传世藏书》。这套书由他的导师、国学大师季羡林主编，据称该书共3万多卷，计2.76亿字，累计厚度为10余米，“它汇集了国内外上千名资深专家学者，历时6年才完成”。刘波开办诚成文化公司，据说一共印了1万套，市场售价高达每套6.8万元，这一下子为诚成公司增出了数亿元的“资产评估值”。刘波还把《传世藏书》的“发行代售费”转给了建设银行，由订书者到建行交款，并由平安保险、太平洋保险做担保。由此一转，即便该书没有卖出一套，都由银行替他买了单，因而诚成文化的账面利润十分可观。就这样，靠《传世藏书》这个“镇山之宝”，诚成文化在股市上自我炒作，十分风光。1999年12月，在股市行情大好的背景下，它发出了三个“重大的投资重组”公告。一是画了一个金光四射的“大饼”，诚成与湖南大学共同组建“岳麓书院文化教育产业（集团）有限公司”，投资建设“千年学府论坛”“出版发行中心”“学生公寓城”“湖南大学实验学校”等项目。据称，这些项目建成后，诚成文化将成为中国最大的教育投资公司。二是玩弄了一把电子商务的新概念，它宣布成立北京人文时空网络公司，由传统的图书出版社转入新兴的网络产业，宣布要建成“全球最大的华人网上书店”，成为中国的亚马逊[①]。三是“自倒自买”，凭空造出数千万元利润，诚成文化宣布以旗下一家全资子公司“长印文化娱乐公司”的股权与第一大股东海南诚成企业集团有限公司的《传世藏书》进行资产置换，由此形成 5 600 万元的“投资收益”。刘波这种“画饼造利润”的做法实在太过露骨，引起业界的嘲讽和抨击，但是这并不妨碍诚成文化的股价一再涨停。

跟刘波惊人相似的是，比他大三岁的宋朝弟也是靠一本书打天下的。宋朝弟同样是一个苦读出身的高才生，他本科读的是中国科技大学现代物理系，研究生考进了著名的清华大学激光物理专业。1991 年，宋朝弟创办科利华电脑有限公司，在清华大学西门外的一隅专做教育软件，同年推出“CSC 校长办公系统”。宋朝弟天资聪慧，专业能力强，他是第一个用卖保健品的方式来卖软件的人。1994 年科利华在北京军事博物馆举行的万人测试活动轰动一时，宋朝弟因此被评为 1994 年“中国计算机产业十大风云人物”。1997 年 1 月，科利华被美国《商业周刊》誉为中国软件市场的“决定性力量”之一。学物理出身的宋朝弟自诩是“科技知识分子出身的新儒商”，他提出了“量子理论”和“大跃进理论”。这两个理论认为，任何市场都不是一步一步开拓的，而是可以跳跃的。“信息时代，不能再局限于牛顿力学的思维模式——因为 A，所以 B，应当学会用量子思维去创造奇迹。”

1999 年 1 月，宋朝弟用他的量子思维好好地“跳跃”了一回。他突然开始叫卖一本《学习的革命》的外版书。他宣布：“学习的时代到

① 从事网络图书业务的亚马逊公司是当时美国最受资本追捧的网站，35 岁的贝佐斯被选为 1999 年《时代周刊》的年度风云人物，为史上第四年轻的当选人。

了！我们下决心要让全中国有 1 000 万人去读《学习的革命》，让 1 000 万人认识到自己在观念和方法上有问题！”科利华宣布将在 100 天里滚动式投入 1 个亿大做广告。为此他还请出著名导演谢晋在中央台当代言人，请复旦大学校长、科学家谢希德作序推介。这种近乎疯狂的卖书大运动在当时几乎没有人看得懂，一股澎湃的舆论热潮不由分说地把科利华和宋朝弟推到了新闻的聚光灯下。事后证明，在举国皆狂的同时，发动者宋朝弟可能是最清醒的一个，因为在卖书的同时，他完成了两大商业任务。

其一是顺着“学习”的热浪，他把科利华的学习软件和校长办公系统卖到了全中国的小学、中学和大学。其二则更为隐秘，在推广《学习的革命》之前，科利华已对上海股市上一个“垃圾股”阿城钢铁不断吸筹（股票代码 600799）。随着《学习的革命》的狂炒以及中央台广告的投放，有关科利华即将收购阿城钢铁的消息则在股市上喧嚣尘上，该股票连拉涨停，股价在 40 日内足足涨了 3 倍。宋朝弟在投机性极强的中国股市上一击得手。他日后得意地向媒体承认，“卖《学习的革命》就是收购战略中的关键一步棋”。2000 年，在《福布斯》中国内地 50 名富豪中，宋朝弟名列第十，IT 界第一。

尽管智商颇高的刘、宋两人的空手游戏已经玩得很是漂亮，不过，跟年纪与他们相近的绍兴农家子弟宋如华相比，他们还算不上 1999 年最大的“高科技玩家”。

宋如华 1962 年出生在浙江绍兴县的一个小山村，家境贫寒，7 岁丧母，考上大学之前还没有看到过飞机的模样。在大学读书的时候，他给自己定过一个“八不原则”：“一不出国，二不经商，三不抽烟，四不喝酒，五不唱歌，六不跳舞，七不看电影，八不逛公园”。就凭着一股苦读劲儿，他以优异成绩毕业并留校任教，因教学认真，他被破格晋升为副教授，并被授予全校唯一的“机电部青年教书育人特等奖”。1992 年，受邓小平南方谈话的热浪感召，宋如华下海创办托普电子科技发展公司，托普的英文是“top”，是“顶峰、顶尖、卓越”的意思。宋如华对同伴说，“我们要做就做最顶尖的，我们的目标是比尔·盖茨”。

刚开始经商的时候，宋如华曾经骑着三轮车在成都城里四处倒卖电脑，所以他后来自豪地说：“我是全中国唯一骑过三轮车的大学教授。”4年后，他靠出售税务软件赚了不少钱。1996年秋天，他参加了科技部组织的印度考察团。在“南亚硅谷”班加罗尔，他看到了大批软件公司的集群和崛起。回国后，他对同事们说，“我们要搞一个西部软件园”。

他先是跑到成都附近的郫县红光镇，此地在“大跃进”时闻名全国，是四川省第一个“亩产超千斤”的“放卫星公社”，1958年3月16日，毛泽东曾亲自视察，一时成为全国学习的典型。1997年3月，宋如华在这里选中了一片100亩大小的菜花田，竖起一块“西部软件园”的大木牌子。就这样，在将近40年后，“绍兴师爷”宋如华在红光镇又放出一颗“大卫星”。恐怕连宋如华自己也没有想到，他的这颗“卫星”居然有如此的耀眼光芒。就在托普开了一个小型的新闻发布会后，热烈的掌声就从四面八方汹涌而来。当时，全国各省市正掀起一个信息化建设的高潮。年初，四川省将信息产业列为重点发展的“第一产业”，然而各市县却罕有拿得出手的项目。宋如华的“西部软件园”刚一宣布，顿时就让人眼睛一亮——软件公司的集群、产业化的发展理念、“西部”概念的提升——哪里去找一个更让人兴奋的宏伟概念？地方政府一下子就嗅出了其中的“政绩气息”，不支持托普简直就是跟自己过不去。而中央的部委也表现出前所未有的热情，在经济发展整体滞后、一向不被重视的西部地区突然冒出一个“信息产业集约发展的典型”，哪有不扶持的道理。就在宋如华把木牌竖在菜花田里的两个月后，西部软件园就被列入全国四大“首批国家级火炬计划软件产业基地”之一。

几乎是在一夜之间，托普成为中国西部最响亮的高科技企业，各项扶持政策、税收优惠政策和社会荣誉接踵而至。一个尚在空中的“西部软件园”让宋如华茅塞顿开，他突然发现，中国商业的游戏规则实在是非常神奇，有时候，你辛辛苦苦做好一个产品，不如在某个夜晚喊出一个新概念，财富的聚与散往往随着大势的摇摆而动。他意识到，财富钟摆已经摇到了自己的面前，此时不及时伸手，将遗恨终生。他对同伴们引用美国管理学家汤姆·彼得斯的全球畅销书《追求卓越》[①]中的一句话说，“如果你不相信我们正在开启大时代，你一定是个白痴”。为了支持托普，四川省省长亲自牵线，把一家上市不久便陷入困境的上市公司——四川自贡市长征机床股份有限公司当作“壳资源”送给了宋如华。跟当时很多国有上市公司一样，川长征在1995年上市后，仅一年多后就报亏损，每股权益从上市时的0.26元降为0.01元。宋如华把收购川长征演绎成了一出高潮迭起、充满血腥气息的资本大戏。它被认定为中国民营科技企业“借壳上市”第一例，赫然是一个足金百分之百的炒作题材。宋如华更不断抛出新概念，一会儿是“托普将进入国家100强企业之列、成为中国三大软件研发基地之一”，一会儿又宣布将把川长征做成“中国信息产业第一股”。于是，在股市庄家和传媒的推波助澜下，一家奄奄一息的机床工厂顿时披上一件金光闪闪的“高科技外衣”，让人不可小觑。与此同时，宋如华适时地组建了证券部，它被设在托普公司总部的顶楼，一般员工均不得进入。就在他的翻云覆雨之下，股价一日三涨，扶摇直上。在宣布收购的1997年12月，川长征的股价为每股6元上下，到第二年的4月13日，股价已创下24.58元的历史新高，涨幅达400%，市盈率近1 900倍。宋如华在高层会上得意地宣布，“我们今年赚了两个亿”。这个早年淳朴好学的青年教授也自此彻底转型，从实业家变成了资本大玩家。

也就是在1999年，宋如华决定借着西部软件园的轰动效应，把软件园模式“复制”到全中国去。他的方式极其强势而让人难以拒绝：与地方

---

① 《追求卓越》中文版已由中信出版社于2007年出版。——编者注

政府洽谈，宣称将投入1亿元以上的资金，在当地建设一个宏大的软件园，承诺在若干年内引进上百家软件公司，使之成为该省或该地区最大的高科技园区。8月，托普宣布投资1亿元，在鞍山修建东北软件园。仅一个月后，宋如华在自己的家乡浙江省绍兴市落下第二枚棋子。以后，江苏常州、南京、无锡，浙江嘉兴、金华、台州，山东威海以及上海南汇等，一个接一个的托普软件园相继开建。每到一地，当地政府最高领导必莅临开园仪式，众多媒体热烈报道，托普俨然成为点燃各地高科技产业热情的“火神”。到2002年前后，托普在全国数十个省市开建了27个软件园，平均不到两个月新建一个，占用土地超过1.2万亩。宋如华靠一个“软件园概念”，竟成为企业界最大的“IT地主”。

此刻的宋如华已沉迷在资本游戏中不能自拔。在他看来，商业其实是一个供人任意玩弄的“金钱木偶剧”。还是在1999年，向来对新事物颇为好奇的宋如华发现互联网热浪正席卷而来，他自然不该旁观。年初，他以12万美元的代价买到了www.chinese.com的域名。很显然，这是一个顶级域名，谁都能掂量出其中蕴藏的商业可能性。很快，托普宣布投资6亿元建设面向全球华人的“炎黄在线”。宋如华狠砸广告，一时间，全国的各类报纸上都刊出了炎黄在线的“红色风暴”，广告词只有很醒目的一句：“让我们一起搞大”。

其实，宋如华始终没有搞明白，炎黄在线到底该“搞大”什么，网站

▲刘波

▲宋朝弟

▲宋如华

一开始被定位为“横跨全世界五大洲的华人聚集社区”，接着转型为“全球华人商业网站”，然后又宣告将成为“零售行业的解决方案专家”。就在热闹的概念炒作下，宋如华又悄然找到了一个“壳资源”。它是江苏省常州市一家叫金狮股份的自行车制造工厂，企业上市两年后效益急剧滑坡。并购之前，宋如华一行到工厂考察，看到的是齐腰高的荒草，一派破败景象。随行人员开玩笑地说：“今后的金狮股份会有两高，一是股价高，二是茅草高。”果如其言，2000 年 9 月，托普集团成为金狮股份的第一大股东，股票随之更名为“炎黄在线”，成为中国股市上第一家以网站名称命名的上市公司，股价由此持续攀升，从最初的每股不到 10 元一直涨至每股 33.18 元的高位。在互联网领域失去的巨额广告费和商业自尊，宋如华从资本市场上一把抢了回来。[①]

以上三人均以高学历青年才俊的身份亮相商界，其清新风采自然与先前草莽出身的乡镇企业家们颇有不同。而且，他们都以“儒商”自居，风流倜傥，让人寄托无限期盼。然而，在一个放纵的资本游戏中他们相继沉沦了。他们遵奉的信仰似乎来自早年美国华尔街的那句名言——“把自己变成野兽，也就摆脱了做人的痛苦”。他们三人各自的行径或误于“乌托邦”，或迹近欺世，在商业伎俩上则表现得鲜廉寡耻和毫无商业道德。及其劣迹败露，在公众舆论层面造成了不小的混乱，有人甚至用

---

① 刘波、宋朝弟和宋如华三人均以海外流亡结束了他们在中国的商业传奇。2003 年 9 月，因实业巨亏和涉嫌金融诈骗，刘波逃亡日本，身后留下 40 亿元的贷款包袱和漫天的谩骂追讨声。宋朝弟收购阿城钢铁后，无力拯救而陷入泥潭。2003 年 8 月，科利华爆出公司拖欠员工工资的丑闻，公司总部员工散尽，宋朝弟不知所终。2005 年 12 月，科利华退市，主业营收为零。宋如华的托普集团曾膨胀到 150 家子公司，集团总资产号称 100 亿元。2002 年，媒体曝光托普软件园均为空壳，有的培训中心被承包成了旅馆，园里的小河段做了鱼塘。2004 年 3 月，宋如华以 2 元的价格出让所持托普股份，仓皇出走美国。

“企业家＝知识分子＋流氓”这样的公式来为这些企业家“定型”。[①]

诺贝尔经济学奖得主约瑟夫·斯蒂格利茨在《喧嚣的九十年代》[②]一书中曾经讲过一句意味深长的话，他说：“毁灭的种子是什么？第一个就是繁荣自身。”此言几乎应验于所有的商业领域。发生在1999年中国股市的所有“非理性繁荣”，都将在日后经受考验，然而在当时，人们对此毫无察觉。在那一年，与股市狂飙互为呼应的另一个同样具有泡沫特征的是互联网经济的兴起。

互联网的龙卷风是从大洋彼岸的美国无比强劲地刮过来的。主要以互联网公司股票构成的纳斯达克综合指数从1991年4月的500点一路上涨，到1998年7月跨越了2 000点大关，之后猛然走出一波痛快淋漓的跨年大行情，在1999年12月逼近5 000点，市场的繁荣把人们对互联网的热情推到了沸腾的高度。美国战略家加里·哈默尔像先知一样地宣称，“当下正是改写游戏规则的千载良机”。他在5年前出版的《竞争大未来》[③]一书中描述过的景象正在成为现实：随着互联网时代的到来，放松管制、全球化、私有化以及新技术正在使产业边界变得毫无意义，国与国竞争、企业之间竞争的假设边界已经变得模糊不清，任何商业体的生存疆域显得动荡

---

① 在过去30年的中国企业家群体中，有三个很独特而耐人寻味的人文情结，一个是“毛泽东情结”，一个是“红顶商人”情结，还有一个便是“儒商情结”。这些情结的弥漫，一方面诱发了公众对企业家群体不切实际的期望，另一方面也让企业家自身陷入了自恋式的道德迷圈之中。一个很突出的现象是，凡是“儒商”涌现最多的地方，往往是那些最热门灰色、最有暴利倾向的行业。《中国经营报》的记者曾发现了一个秘密：中国的地产巨头几乎都自诩为儒商，而京城地产界更是“理念人人有，儒商遍地走”。

② [美]约瑟夫·斯蒂格利茨著，张明等译，《喧嚣的九十年代》，北京：中国金融出版社，2005年版。

③ 加里·哈默尔、C. K·普拉哈拉德著，《竞争大未来》，1994年首次出版，1998年昆仑出版社引进出版中文版，王振西译。

而不可测。

▲河南乡村标语：企业上网生意兴旺

所有人都宁愿相信哈默尔是对的。在互联网诞生之前的所有产业中，后发的中国公司都已经没有了“创造未知”的可能性，在每一个制造业领域，我们都处在产业的末端，以能源消耗、环境破坏、劳动力价格低廉为特征的“世界工厂”的命运从一开始就冰冷地设定在中国发展的道路前方。只有在互联网的世界里，中国公司找到了打破疆域和重建游戏规则的可能性，这种可能性尽管极其微小，但是它确实存在。

1999 年 1 月 13 日的《中华工商时报》公布了当时国内的十大商业网站，分别是新浪、163 电子邮局、搜狐、网易、国中网、人民日报网站、上海热线、ChinaByte、首都在线和雅虎中国。从当选网站的类型可见，它们都是新闻和资讯类的门户网站，几乎都没有赢利模式，评选机构的标准是，“访问量是最重要的，其次是内容，然后是美观”。

排名第一的新浪网当然最受关注。当时，互联网在新闻报道中的快速反应已经让传统媒体望尘莫及。网站总编辑陈彤回忆说：“很长一段时间里，我们都是孤独的，因为没有第二家能赶上我们。新浪网的新闻编辑每时每刻都处在一级战备状态，24 小时值班成了固定制度。”这在突发新闻时效性上占绝对优势。5 月，当中国驻南联盟大使馆被炸事件发生时，新浪在事发半小时后就发布了这条惊人的新闻。这对于报纸或电视媒体来说，简直是一项不可能完成的任务。

作为新浪创始人，王志东当时最迫切的愿望是谋求上市。他选中知名

▲纳斯达克欢迎新浪上市

的跨国投资集团摩根士丹利为合作伙伴。事实上，即使像摩根士丹利这样的大投行也对互联网了解甚少，更别说是中国的互联网公司了，他们唯一知道的是，这肯定是一笔能赚大钱的生意。凤凰卫视的主持人曾子墨小姐当时正就职于摩根士丹利，她回忆说，在跟新浪接触之前，很多高层对这些新生事物都一知半解，浏览过新浪网站的更是极少数。但是，为了表现出公司上上下下都对高科技和互联网无比精通，领导们特意在会前10分钟找来该项目的负责人，好好恶补了一番。他们不仅记住了像“点击率”和“ICP”（网络内容服务商）这样拗口的专业词汇，还终于搞清楚了新浪并非销售玩具的公司。在谈判中，当新浪团队提到未来的战略方向是建设“门户网站”时，摩根士丹利的一位高层低下头，掩住嘴，悄悄地问坐在身边的项目负责人：“我一直认为新浪是家网络公司，他们要个门干吗？”

尽管没有搞清楚门户与门的区别，但他们对新浪的热情却好像与日俱增。为了提高新浪在美国资本市场的知名度，摩根士丹利还特意邀请了华尔街最传奇的科技股分析师、有“女魔法师”之称的玛丽·米克（Mary Meeker）造访新浪，没有想到的是“女魔法师”在听王志东激情演讲的时候居然打起了瞌睡。2000年4月13日，新浪在纳斯达克股票市场正式挂牌交易，融资6 000万美元。7月5日，网易登陆纳斯达克，

7 天后，搜狐快速跟进。至此，中国三大门户网站均在纳斯达克挂牌上市。[①]

在 1999 年的中国互联网世界，有两个成长的方向。其一就是以新浪、网易和搜狐为代表的、炙手可热的“门户”一族，它们的潜在价值已经被明显放大。其二就是电子商务一族，这些人的努力在当时显得非常另类和可笑，不过，他们将在六七年后成为另一条主流。在这群人中，除了刘波、宋如华等庄家想靠网上书店和电子商务概念在股市上大圈钱之外，另一些默默无闻的人已经脚踏实地地干了起来。

这年开春，已经在互联网世界里“流浪”了好一阵子的马云终于找到了正确的道路。他从北京回到家乡杭州，在城郊湖畔花园的家里创办了一家名叫阿里巴巴的电子商务网站。公司成立的那一天，家里的墙壁突然渗水了，他对大家说：“我出去找点材料。”过一会儿，他抱了一大卷旧报纸回来，然后大家一起把它们贴在墙上，就这样开始了公司的第一天。

阿里巴巴的注册资本是 50 万元，当时总共 18 个人，包括马云和他的太太，每人的月薪是 500 元。马云对全体员工发表开业演讲：“我们要办的是一家 B2B（企业对企业）的电子商务公司，我们的目标有三个。”马云的演讲很能煽动人：“第一，我们要建立一家生存 80 年的公司。”

大家一边鼓掌，一边想，“反正能不能生存 80 年，我们可能谁也看不到”。

“第二，我们要建设一家为中国中小企业服务的电子商务公司。”大家

---

① 第一家在纳斯达克上市的中国网络概念股不是新浪，而是由香港人叶克勇创办的中华网。叶克勇于 1995 年抢注 www.china.com。1999 年 7 月 14 日，中华网抢先上市，融资 9 600 万美元。中华网除了收购过几家国内网络公司之外，并无重大作为，然而它却靠“中国概念”在美国股市大受追捧。1999 年 11 月，中美达成 WTO 准入协议，中华网股价一天之内飙涨 75%，其股价一度被推高到令人咂舌的每股 300 美元，公司市值 50 多亿美元，相当于电信制造业巨头爱立信当时的市值。2007 年，中华网股价徘徊在 5~10 美元之间。

鼓掌，在这一点上谁也没有疑问。

“第三，我们要建成世界上最大的电子商务公司，要进入全球网站排名前十位。”大家你看我、我看你，每个人的心里都在犯嘀咕，“这个目标太具体化了，就凭我们这几杆枪？”

马云后来回忆说，他搞电子商务，从那一天起就铁了心。他做对的事情是，阿里巴巴网站设在了民营企业最为活跃的浙江省，这里以及沿海的江苏、广东一带有数以十万的、以外贸为生的中小型制造工厂，阿里巴巴为它们提供了一个免费的信息发布平台。而当时，“中国制造”刚刚发力，没有外贸经验和客户资源的众多中小工厂根本找不到合适的营销渠道，阿里巴巴几乎成了它们唯一的选择。连马云自己也没有料到的是，阿里巴巴上线不到半年，就被美国《福布斯》杂志瞄上了。根据在线监测显示，这家不知名的中国网站竟是当时全球最活跃的电子商务网站。《福布斯》派出记者来到杭州，终于在那个叫湖畔花园的住宅小区里找到了这家小公司。2000 年 7 月，这家权威的财经杂志第一次选用中国企业家作为封面人物，身材瘦削的马云穿着一件超大的蓝花格子衬衫，卷着袖子握着拳，一脸阳光地朝世界欢笑。他的这件不合身的衬衫也是拍照当天向人借来的。阿里巴巴被评为全球最佳 B2B 站点，名列综合类第一名。《福布斯》介绍说：“阿里巴巴自 1999 年 3 月 10 日成立以来，已汇聚了全球 25 万商人会员。每天新增会员数达到 1 400 人，新增供求信息超过 2 000 条，是全球领先的网上交易市场和商人社区。”

▲《福布斯》封面上的马云

几乎就在马云回到杭州创业的同时，4 个来自不同行业的好朋友聚在上海的鹭鹭餐厅也打算投身电子商务。沈南鹏是德意志银行亚太区的总裁，梁建章是甲骨文中国区的咨询总监，季琦创办过上海协成科技公司，范敏是上海旅行社总经理和新亚酒店管理公司副总经理。他们当时提出了三个创业方向：网上书店、建材超市和网上机票及酒店服务。经过一番面红耳赤的争吵后，都是旅游迷的他们选中了第三方案。6月，瞄准旅游业的携程网诞生了，它后来成为中国最大的在线旅游服务商。2月，1971年出生的马化腾开发了一个基于Internet的即时通信网络工具——腾讯即时通信，它的功能跟两年前微软公司推出的MSN颇为近似。马化腾为他的腾讯设计了一个很可爱的小企鹅图形，还给它起了一个名字叫OICQ（一年后更名为QQ）。这些改进让后来的QQ像是一个活泼的邻家小朋友。马化腾在用户使用习惯、服务和技术处理上都采用了最贴近国内用户需求的方案，QQ的下载用户迅猛增多。4年后，腾讯成为中国互联网世界里最具黏连力的公司。

▲马化腾

11月，当过多年个体书商的李国庆和他的海归妻子俞渝联手创办了从事网络图书销售的当当网，夫妻俩的职务是“联合总裁”。李国庆在国内出版界历练多年，俞渝则在美国有丰富的企业兼并和金融领域的经验，当当网的模式完全是照着亚马逊复制的，同时，它还建成了全国唯一的动态、时时更新的书目数据库。

也是在11月，1973年出生的陈天桥向人借了50万元创办上海盛大网络发展有限公司。出生于浙江省新昌县的陈天桥从小是个乖孩子，大学读的是复旦大学经济系，18岁就入了党，获得过“上海市学生干部标兵”称号，毕业后分配到国营大企业陆家嘴集团，三年时间当上了董事长的秘书。他决定辞职创业的时候，单位刚刚要分房子。他后来回忆说：“走之前有人留我，说小陈，我们这里快要分房子了，你等拿了房子再走。当时我毕业才三四年，就有房子分给我，应该说是很幸运的了。但我想，难道我这辈子，自己还挣不了一套房子？”丢掉一套房子的陈天桥想搞的是当时还云里雾里的网络游戏。他的公司只有6个人，其中还包括新婚两个月的妻子和他的胞弟，他们在浦东一套三室一厅的办公房开发出了“中国第一个图形化网络虚拟社区游戏”，可是它并不受欢迎，陈天桥的前途似乎有点暗淡。他不会想到的是，两年后他将代理韩国大型网络游戏《传奇》，这个游戏让盛大成为中国最赚钱的游戏公司，再过三年，也就是2004年5月，盛大网络将在纳斯达克上市，高峰市值曾达35亿美元，创业5年的他将以90亿元人民币的身家成为中国的新首富。

9月27日，美国《财富》杂志的财富年会在上海举办，年会的主题是“中国：未来50年”，它既有展望未来的意味，又应和了新中国成立50周年的喜庆气氛。三百多名跨国公司领导人赶来参会，其中有60多位世界500强企业的总裁，包括“全球第一CEO（首席执行官）”之称的美国通用电气的杰克·韦尔奇。浦东国际机场一天之间降落了40多架最先进的私人飞机，其中有理光公司董事长罗伯特·里奇的“FAL900”，还有通用汽车总裁理查德·瓦格纳的“湾流5号”，这是前所未有的豪华景象。美联社记者在报道中写道：“一切都是那么令人兴奋，时间、地点和议题都是。那感觉就好像是超级碗（美国职业橄榄球总决赛，全美收视率最高的体育节目）现场，人们正在见证一场经典比赛。”在过去的两年里，中国经济不但经受住了索罗斯和亚洲金融风暴的冲击，而且保持了稳健的增长，这实在让世界非常惊奇，CEO们都想到中国来眼见为实。美国前国务卿、20多年前与周恩来一起破冰中美关系的基辛格则从历史的角度为中国喝彩，他说：“美国历史只有200年，而中国有5 000年，中国人相信他们的历史至少有4 800年不需要美国参与。”这样风趣的语言当然引来所有人的拊掌欢笑。

江泽民总书记亲自与会，并在开幕式的晚宴上演讲。他说：“今晚我们所在的上海浦东陆家嘴地区，6年前还是一些简陋的住宅和农田，如今已是高楼林立、生机盎然的金融贸易区。五十多年前，我到上海读大学，对旧中国的贫困落后和国势衰败有着深刻感受。正是在那个时候，我立志献身于建立独立、自由、民主、统一和富强的新中国的伟业，并一直奋斗到今天。”江泽民的演讲无疑感染了所有的参会者。财富年会是上海承办的最高规格的国际会议。从1990年确定浦东开发战略以来，这座当年远东第一大都市的面貌日新月异，到1999年，内环和外环高架，杨浦、南浦和卢浦大桥，地铁二号钱，浦东机场，世纪大道，浦东大道和中国第一高楼金茂大厦等一系列大工程都已经或者接近完工。此次年会的举办，意味着上海又重新回到了全球重要金融中心的行列。后来的数据显示，在年会之后的一年多时间里，跨国公司落户上海的速度骤然加快，有超过70家名列世界500强的公司在这里投资、设立地区总部或者研发机构。

跟好奇、务实的跨国公司领导人相比，与会的二百多位中国企业家则表现得更加亢奋。毕竟这是第一次国际性的商业盛宴，对很多人来说，一张入场券便似乎意味着一张全球化的门票。

就在8月期的《财富》杂志上，一年一度的世界500强企业评选公布，中国有5家企业上榜，它们是中石化、中国工商银行、中国银行、中化公司和中粮集团，均是清一色的国字号垄断型企业。于是，是否有更多的中国企业能够在最短的时间里进入500强榜单，成了本土企业家们最津津乐道的话题。海尔集团的张瑞敏作为中国公司的唯一代表在大会上发言，雄心勃勃地阐述了他的国际化思路。三九集团的赵新先等则在接受采访时都提出了振兴民族产业和进入500强的时间表，他们把年会看成了一个宣誓的舞台。韦尔奇在回到美国后对记者说，“我看到的中国企业家大多像是在演戏”。北京的《中国企业家》杂志则评论说：“到上海出席论坛的500大巨头，很难理解中国企业家对跻身500强的那种宗教般的情怀。在美国，能否进入500强可能影响公司股票走向及经理薪金，而对中国企业来说，

500强情结包含了企业家的人生价值与民族责任。”

这样的评论尽管中肯却得不到太多的回应，因为世纪末的中国实在激荡着太多的憧憬。11月15日，一张真正的全球化“门票”终于预售成功了，这一天，中国与美国正式达成协议，后者表示支持中国进入WTO（世界贸易组织）。

从1982年以特邀观察员身份参加关贸总协定组织（WTO的前身）的部长级会议，到1986年7月正式提出复关申请，在长达10多年的时间里，中国一直努力申请加入这个国际性的经济合作组织。而维护本国利益的美国一直是最大的障碍。早在1997年，中国已经完成了除美国之外所有重要的多边谈判，中美谈判却几经波折。1999年4月8日，美国提出一份苛刻的中国加入WTO后的市场开放清单，遭到朱镕基总理的拒绝。他对香港记者说：“我只能说尽快，愈快愈好，但我也不着急。”

谈判在5月似乎陷入了绝境。这个月的8日，美国导弹轰炸中国驻南联盟大使馆，三名媒体记者死亡。北京的大学生走上街头，在美国驻华大使馆前点起蜡烛，为死难者守夜，转而冲向他们心中能代表美国的跨国公司，麦当劳被迫关门歇业一天，IBM大楼的玻璃被石头击中了，微软大中华区总裁罗迈克紧张地在公司向员工发出安慰邮件，称“如果有必要，公司可以关门，职员可以回家避难”。学生们的情绪很微妙，北京大学计算机系在学校贴出标语——“抵制美国货，计算机除外”，而更多的学生在白天游行结束后，晚上又到灯下复习托福。反美的情绪还十分快捷地投射在商业上，已经是全国最大饮料企业的杭州娃哈哈不久前刚刚推出碳酸饮料非常可乐，“误炸事件”发生后，宗庆后当即制作了一条粗糙而及时的爱国广告片，三枚美制导弹呼啸袭来，由非常可乐化身的中国导弹升空迎战，配音是铿锵有力的男高音：“非常可乐，中国人自己的可乐”，据称它很是起到了促销的作用。互联网观察家方兴东则在这年夏天出版了《起来——挑战微软霸权》[1]一书。他指责微软“破坏了市场的公正性”，是“披着神圣的知识产权外衣”的侵略者，这位清华大学的博士写道：“正如北约的三枚导弹从不同角度袭向中国驻南使馆一样，微软在中国全方位的行动也让我们措手不及。”就在反美情绪如此高涨的同时，美国又与日本公布了以亚洲周边国家为假想敌的新《日美防卫合作指针》。

种种迹象表明，中美关系再度如走钢丝绳。就在很多国际舆论已经对中美 WTO 谈判十分失望的时候，协议却戏剧性地达成了。也许所有伟大的时刻都充满了戏剧性。一百多年来，中国人一直试图以积极、平等的角色融入全球经济的大家庭，在 20 世纪的最后一个年份，我们终于握到了这张“入场券”。

① 方兴东著,《起来——挑战微软霸权》，北京：中华工商联合出版社，1999 年版。

胡润的本名是Rupert Hoogewerf，是一个出生于1970年的英国人。从1999年起，他在中国推出“富豪榜”，每到年终必在中国掀起一阵不大不小的波澜。

胡润到中国是1990年，他作为一个进修生到中国人民大学学习了一段时间的中文。1997年9月，在全球五大会计师事务所之一的安达信工作了一段时间后，胡润又回到了中国。他在上海滩上混日子，东闯西突地搞不出个名堂，很苦恼，便向家乡的老爸诉苦。老头子一语惊醒梦中人：你有没有搞明白，在中国，在上海，你是谁？胡润说，从那时开始，他知道只有出名，让自己成为一个“谁”，那才会有机会。于是，他想到发挥自己的会计师才能，为中国富人做一个排行榜的主意。早在1995年2月,《福布斯》曾经搞出过一个中国富豪榜，之后就因难以操作而中断。1999年，胡润炮制出来的一份十分粗糙的排行榜出来了。他给《金融时报》《泰晤士报》《经济学人》《财富》《商业周刊》《福布斯》等专业财经媒体各发了份传真，他写道：“我是一名安达信公司的会计师，在工作之余做了这份‘中国内地50强’。10月1日，中国就要成立50周年了，如果把成功以拥有财富的多寡来定义的话，那么这50人就是中国内地最成功的人，他们的故事能让我们了解新中国50年的历史。如果贵刊有兴趣的话，请和我联系。”结果，以创造“金钱名利场”为已任的《福布斯》表示了兴趣，并将之放上了《福布斯》全球版的封面。就这样，胡润出名了。

名单刚一问世，质疑、谴责之声便铺天盖地而来。一些上榜的企业家要和胡润对簿公堂，没有上榜的富豪也要“讨个说法”，甚至有媒体说，这是一份十分“好笑”的名单，资料不准确、关注范围狭窄、计算方法错误，甚至这种做法本身都暴露出了无数问题。《中国企业家》主编牛文文曾在一篇题为《一段眼花缭乱的财路》[1]的文章中有过一段十分生动的叙述：忽然到了秋天，我们的老朋友胡润来电话，说新一年的《福布斯》中国富豪榜几天后就要出炉了，这回不再是50人，而要扩编到100人，可能是一下子扩得太猛了，还差几个凑不满100人，问我能不能给他帮忙推荐几个人。下夜班回家的深夜，我一手把方向盘，一手拿手机，胡乱说了几个自认为很新锐而胡润可能不知道的名字。几天后《福布斯》中国富豪榜出来了，我现想现卖给他的那12个名字，有4个人赫然列在前12名，其中欧亚农业的杨斌高居第二！

可是，无论如何，胡润因此成了一个让人又爱又恨的角色，几乎所有的中国顶级富豪都生怕他遗漏了自己，可是当自己真的出现在排行榜上的时候，却又避之唯恐不及。便是在这样的舆论聚焦中，胡润一夜之间暴得大名。他出没在各种媒体之上，他对某一位企业家的些许点评都能成为财经或八卦新闻的发酵源。他上中央台《实话实说》节目时，主持人崔永元用当年毛泽东写白求恩的语调介绍他："胡润，一位英国小伙子，不远万里来到中国，做了一个中国人本来不知道的百富榜，把中国富人推向了世界，让世界了解了中国……"

到这时，胡润和他的排行榜已经构成了一个十分有趣的商业人文现象：对财富的追逐和关注，使排行榜备受瞩目，而原始积累的灰色、排名的不科学乃至相当多人的仇富情结，则造成了观念及商业运作层面的混乱，以至每次排行榜公布，便会有税务机构前去上榜富豪的公司查税，而往往又是一查一个准儿。那些因上榜而突然曝光的顶级富豪，尤其是排在前十位的，则常常在传媒的追踪下突然显露出不该有的"尾巴"来，如仰融、杨斌、顾雏军等，都是靠富豪榜出名的，可又是在传媒的高度关注中或塌或萎，令人寒意顿生。在某种意义上，胡润的百富榜竟像极了七八年前中央台的"标王"，一夜成名靠的是它，百劫不返也是因为它，甚至有

---

① 牛文文，《一段眼花缭乱的财路》，《知识经济》，2002年02期。

人称之为“囚徒榜”或者“杀猪榜”。

胡润对自己在中国商业界所造成的轰动颇有几分得意。在一次访谈中，他直截了当地说：“《福布斯》排行榜是我的一个工具。如果是一个中国人，或者中国机构来做这个排行榜，都会被骂死。但是，我恰巧是一个英国人，还有一本美国杂志，我们来做，就顺利一点。”胡润的这个说法无疑是真实的，这位30岁出头的英国青年以他的大胆和鲁莽意外地打开了一扇“窥视的天窗”。

胡润是靠排行榜与《福布斯》搭上关系的，他从来就没有做过这家美国老牌财经杂志的正式编辑，他一直是以“中国地区首席调研员”的身份开展活动的。当胡润在中国真的闹到了风生水起，《福布斯》便有点手忙脚乱了。2002年11月，《福布斯》总编史蒂夫·福布斯来南京参加“世界资本论坛”，可能连他自己也没想到，在论坛期间他竟会成了众多记者围堵的“明星”。史蒂夫明显感受到了胡润排行榜在中国的巨大影响力，以及排行榜带来的正面以及负面的效应。很快，《福布斯》与胡润解约。

不过，这时候的胡润羽翼已丰。他很快推出以自己的名字命名的“胡润百富榜”，他已经完全地融入了富有中国特色的财富游戏中，并且显得那么如鱼得水。他相继搞出了一大堆子榜单，诸如房地产富豪榜、慈善家榜、IT富豪榜、金融富豪榜、钢铁富豪榜以及奢侈品榜等，甚至专门为温州做了一个温州富豪榜。他还出了一本叫《百富》的直投杂志。

▲胡润

这些不无混乱和刺激的排行榜持续地出炉，胡润认为自己已经越来越接近事实的真相了。随着资料和数据的增多，以及工作方法的日趋完善，胡润有信心搞出一个真正意义上的排行榜。同时，在这样的过程中，这位聪慧而勤奋的英国青年也对中国有了新的理解，跨国际的视角使他得出了很多不为人注意的“财富细节”。譬如，他观察到，中国的富豪中最多的是房地产商，2003 年则多了很多与农业，也就是说与土地有关的新富。与 IT 行业有关的只有四五个人，而在美国，前 10 名富豪中至少有 5 名是出身 IT。在全美 400 富豪中，美国人数最多的是做娱乐媒体的，而中国只有一个人。胡润“百富俱乐部”的门槛，在 1999 年是 600 万美元，2002 年就上涨到了 8 000 万美元，到 2007 年，前十位的底线已经上升到 330 亿美元。这些中国富豪的平均年龄从来没有超过 45 岁，其中能说流利英文的不到 2%，而这些富豪的孩子们能说英文的，竟占到了 50% 以上……这些有趣的数据，如果没有排行榜和多角度比较是无法得出的。胡润是一个细心人，他把排行榜当事业做了下去。此外，他还很热衷主办各种各样珠光宝气的 party（聚会）。在这些秀场里，除了富豪就是美女、洋酒、珠宝和豪华轿车，胡润知道奢侈的意义就是把金钱浪费给别人看，他也愿意创造这样的机会。

平时，胡润喜欢穿休闲服，外面是一件浅黄的外套，围着一条黑灰相间的格子围巾，这让人们想起了塞林格对英国绅士的一个描述：“他们要么夹着一把雨伞，要么叼着一根烟斗，要么，就不分季节地披着一条格子相间的围巾。”胡润说话的样子很专注，很注意对方的感受，并时不时地用稍有夸张的表情来对你的言谈做出反应。他不但中文好得出奇，而且对汉文化的了解更是让人意外。有一次，他反问前来采访的中国记者：“中国历史上的第一次工业文明是出现在什么时候？”就在记者们迟疑不决的时候，他得意地说：“那不就是在宋朝嘛，四大发明。”

2000 曙光后的冬天

总有一种力量它让我们泪流满面。

——沈颢：《南方周末》，新年发刊词，2000年

2000 年 1 月 1 日，在中国大地上，新千年的第一缕曙光照射在浙江省温岭市一个叫石塘的临海小镇上。新华社记者用抒情而充满寓意的笔调描写道："渔灯点点，在海港洒下粼粼波光，渔民敲响大鼓，鼓声震撼黎明前的黑暗。海天之间，由浅黄而橘黄，转眼腾起万道光芒，映红长空，彩霞满天。"记者接着又很现实地计算说，第一缕曙光为无名小镇石塘带来了 1.2 亿元的商机。

这种不无浪漫而无比务实的笔调体现了那个时期的公众价值观。相对地，全国发行量最大的周刊《南方周末》则在新年发刊词中用一种更为坚定而煽情的笔调说：

"这是新年的第一天……阳光打在你的脸上，温暖留在我们心里。有一种力量，正从你的指尖悄悄袭来，有一种关怀，正从你的眼中轻轻放出。在这个时刻，我们无言以对，唯有祝福：让无力者有力，让悲观者前行，让往前走的继续走，让幸福的人儿更幸福；而我们，则不停为你加油。

“我们不停为你加油。因为你的希望就是我们的希望，因为你的苦难就是我们的苦难。我们看着你举起锄头，我们看着你舞动镰刀，我们看着你挥汗如雨，我们看着你谷满粮仓。我们看着你流离失所，我们看着你痛哭流涕，我们看着你中流击水，我们看着你重建家园。我们看着你无奈下岗，我们看着你咬紧牙关，我们看着你风雨度过，我们看着你笑逐颜开……我们看着你，我们不停为你加油，因为我们就是你们的一部分。

“总有一种力量它让我们泪流满面，总有一种力量它让我们抖擞精神，总有一种力量它驱使我们不断寻求‘正义、爱心、良知’。这种力量来自你，来自你们中间的每一个人。”

由 30 岁的传媒人沈颢执笔的这篇发刊词在中国知识分子和大学生中传诵一时。人们联想起整整 100 年前的一个暗夜，27 岁的维新派领袖梁启超在赴日本流亡的海船上写下的那篇《少年中国说》，“造成今日之老大中国者，则中国老朽之冤业也；制出将来之少年中国者，则中国少年之责任也……纵有千古，横有八荒，前途似海，来日方长。美哉，我少年中国，与天不老！壮哉，我中国少年，与国无疆！”梁氏研墨为文之际，正是诸国列强瓜分中国的绝望时刻，而百年以降的今日，中华民族的伟大复兴终于成了一个令人血脉贲张的事实。

一种巨大的百年感慨让无数中国人心旌荡漾、情不能禁。

这是新世纪的第一年，整个世界都在重新想象中国。

亚洲最资深的政治家、77 岁的李光耀出版了自传《李光耀回忆录》①。

① [新加坡]李光耀，《李光耀回忆录：1965—2000》，北京：外文出版社，2001 年版。

他深情地回忆了22年前与邓小平的那段交往，继而预言："中国有可能实现其到2050年成为现代化经济大国的目标，它将以一个平等和负责任的伙伴姿态参与世界贸易和金融活动，以及成为世界重要成员中的一员。如果它不转移教育和经济两大发展中心，中国很有可能成为世界第二大贸易国。这就是中国50年的一个构想——现代化、自信和负责任的大国。"

从年轻的沈颢到年迈的李光耀，谁也不能否认，中国以短短20多年的时间让世界重新认识了自己，发生在这里的每一个变化都让人惊奇。不过，也许只有生活在这里的人们才真正能够体会到，在这场伟大的经济运动中所伴生的失落、痛苦与彷徨。

这年6月1日，新一届世界博览会在德国汉诺威举办。著名人文作家余秋雨为凤凰电视台做一档《欧洲之旅》的节目，刚刚途经此城，他专程去了中国馆参观。他看到很多人在场馆门口排队，由于中国经济的崛起，中国馆成为博览会最受欢迎的场馆之一。但是，"中国馆找不到主题，更没有一个构思，门外照例是长城照片和京剧脸谱，里面除了有一个简单的三峡工程模型外，稍有印象的只有两点，一是幻想中的中国人登上月球的模型，二是以一个针灸穴位人体模型为中心的中医介绍。这实在是草率得太离谱了，不知在骄阳下排着长队的各国观众，看了做何感想"。

这样的景象让余秋雨感到很郁闷，他十分警觉地写道："各国都以异样的真诚争先恐后地向世人承诺，自己将在新世纪投入革新创造，相比之下，中国馆的差距是整体上的。展览做成这样有点偶然，而这种偶然背后却隐伏着一种文化精神生态上的必然。"

余秋雨的忧虑如一团纷乱的中国蚕丝，千头万绪，不知从何解起。

这年4月，一直高傲地一路上飙的美国纳斯达克股市在毫无预兆的情形下突然掉头下挫，综合指数在半年内从最高的5 132点跌去四成，8.5万亿美元的公司市值蒸发，这个数值超过了除美国之外世界上任何国家的年收入。仅美国在线—时代华纳一家公司就损失了1 000亿美元的账面资产，在 10 年前，世界上还没有任何一家公司的市值能够超过这个数目。几乎所有知名的互联网公司都遭遇重挫，思科的市值从 5 792 亿美元下降到 1 642 亿美元，雅虎从 937 亿美元下跌到 97 亿美元，亚马逊则从 228 亿美元下跌到 42 亿美元。经济学家斯蒂格利茨用不无暗淡的语调写道："泡沫破裂了，经济陷入了衰退，这种结果的发生是无法避免的——建立在虚假根基之上的喧嚣的 90 年代，最终将走向终结。"

随着全球互联网泡沫的大破裂，在美国上市的几家中国公司也不能幸免，新浪的股价跌到每股 1.06 美元的低点，搜狐跌至每股 60 美分，网易则更惨，它的股价一度只有每股 53 美分。稚嫩的中国互联网经济早早地进入了"幻灭的低谷"。日后来看，这也许是一段必经的苦痛，初冒的嫩芽唯有经历一番寒霜的考验方能成熟。

纵观天下局势，纳斯达克的崩塌对中国经济的现实影响并不大，反倒让我们有了水落石出、一枝独秀的表演机会。[①]

这年，对中国经济来说是一个好年景。在即将加入 WTO 的利好推动下，从年初开始，宏观经济景气就明显上扬，国内生产总值超过 8.9 万亿元，比上年增长 8%，企业经济效益有所改善。最让人意外和振奋的景象是，一向萎靡不振的国有企业居然表现最为抢眼，它们的数量大为减少，效益却飞速提高，全年共实现两千多亿元的利润，同比增长 140%，创下 20 世纪 90 年代以来盈利水平的最高纪录。这一切，当然是"国退民进"的战略调整所带来的。

从两年多前开始的这项改革一直在坚定而不无忙乱中进行着。正如我们在之前已经描述过的，由于中央政府一直没有出台产权清晰化改革的具体方案，所以各地的民营化试验呈现出各显神通的状态。而在那些国资垄

① 经济学家樊纲在接受中央电视台采访时谈到，开始于 2000 年的国际经济衰退，主要是因为 IT 泡沫的破裂，而中国因为是一个后发国家，我们的 IT 产业还没有真正和世界同步，因此受到的打击和冲突比较小。从这个意义上可以认为，中国有点儿幸运。

▲火拼加油站

断的领域，变革也同样在进行中，不过表现出来的方式却不太一样。9月的《中国企业家》上描述了三种变化。一是大规模整体海外上市，中国电信、中国联通、中国石油等先后在纽约或中国香港成功上市，一向保守的国有公司集体“闯海”，绝不仅是个普通境外融资问题，这其中包含了主动变革的巨大决心和痛苦抉择。二是基于打破垄断、增强竞争的大跨度拆分重组，在世人对电信等行业的一片指责声中，“寡头”们不动声色地对自己举起了手术刀。中国电信一分为五，中国石油、石化重新分家，中国民航酝酿重组，中国有色金属集团就地解散，中国五大军工集团五分为十，几乎所有的老牌国有公司都在“分家”。三是国有公司的企业家群体浮出水面，初显企业家本色。作为上市和重组的两大变革的直接操作者，这个一贯低调求稳的群体被推上浪尖，他们身上的企业家潜质得到前所未有的激发和展现。国际媒体也同样观察到了这种变化，《华尔街日报》亚洲版在一篇述评中认为，这些垄断企业的新行动，表明中国的经济模式正在发生重大的改变。

石油石化行业的变局是对上述判断的最好例证。2000年，全中国最紧俏的商品是加油站，在一些地方，它的价格一年内狂涨了三四倍。加油站抢手，不是因为它特别赚钱，而是因为有人在哄抢。

石油行业是国民经济的支柱行业，根据WTO的规则，中国一旦加入该组织后，将在一两年内将成品油进口关税降至6%，3年内放开零售，5年内放开批发。为了应对这种势必出现的竞争态势，1998年，一直处于独家垄断的中国石油石化行业进行了一次大重组，组建了中国石油、中国石化两大集团公司。按当时的规划，两大企业切分了全国的油田资源和炼油企业资产，在业务上则实行以长江为界的“划江而治”。这种方案看上去既形成了上下游一体化的企业格局，又避免了面对面的业务竞争。

两大石油集团组建后，立即展开了对加油站的争夺。在它们的决策人看来，只要能够在跨国石油巨头闯进中国之前，将所有的加油站收入囊中，那自然就可形成一道“马其诺防线”，至少有了谈条件的空间。2000 年，中石化率先宣布在 5 年内斥资 251 亿元用于收购加油站（实际上，到 2003 年年末这笔费用就超过了 400 亿），中石油随即提出了非常相似的收购计划。根据“划江而治”的原则，两大企业应当在各自的地盘上收购，可是，这条约定很快就被突破，全国各地的加油站顿时成了哄抢的对象。在当时，经济发达的沿海城市兴建一个加油站的成本约为 60 万元到 100 万元不等。在收购大战中，因两大巨头竞买导致出售价格水涨船高，一些热门的站点一年之内涨了 3~4 倍。据《南方周末》的报道，两家不计成本的抢夺抬高了价格成本。在四川，收购一家加油站的费用大约在 200 万 ~800 万元不等，而在深圳、广州，一般都在 1 000 万 ~1 500 万元。在福建省石狮市，为一间位居要津的中型加油站，中石化和中石油争夺了十几个回合。到 2000 年年底，中石化宣布在全国范围内新增加了 9 000 多座加油站，也就是说每天收购将近 30 家，使整个集团加油站的总数达到 25 000 多座。中石油则新增加油站 4 530 多座，加油站总数达到 11 350 多座。之后三年，全国 8 万家加油站大多被两大公司猎获，民营资本几乎全数退出。[①]

---

① 这种排挤战略一直在进行中，民营加油站的成品油货源主要是当地的中石化和中石油，如想从其他渠道进油，它们没有批发经营权，得不到许可。2007 年，全球油价持续上涨，中石化和中石油采取了“停批保零”的策略，只保证直销和本系统内的直属加油站和加盟站的零售供油，对民营加油站停止了批发业务，这直接导致大量民营加油站闹“油荒”。8 月，国家发改委下发通知，要求两大石油公司对系统内外成品油经营企业要一视同仁。于是，两大公司推出了“价格双轨制”，“低价油”专供其直属加油站，“高价油”则用于对外批发。

除了把现有的加油站收入囊中之外，中石油和中石化还以国家利益的名义实施了两大垄断性战略。

一是获得了新建站点的垄断资格。2001年6月，国家经贸委等三部委下发《关于严格控制新建加油站问题的通知》，明确规定今后各地新建加油站将统一由中石化和中石油两大集团负责。这个严控政策曾经引起了地方政府的不满，就在通知下发20天后，浙江省嘉兴市就发出了一个政府批文，批准在当地新建24座加油站，其中18座是由两大集团以外的投资商建设。此批文当即引起石油主管部门的反弹，引发了一场不大不小的争吵。媒体的分析一针见血：在经贸委的通知之前，各地都有建设加油站的权限，而“严控”之后，税收主要归了中央，地方少了一块财源，自然会有反弹。

二是对民营油田进行大规模、强制性的收编和排斥。20世纪90年代中后期，民营资本已经渗透到石油开采领域，在陕西、新疆以及吉林等地，民营业主通过“联合经营、承包开发”的方式从事采油业。这些油田都是开采成本较高、规模甚小的小型油井，有的甚至是国营油田弃而不采的“废弃油井”。这些私营业主的存在被认为是扰乱石油市场秩序和制造环境污染的源头。于是，收编和整顿成为一个战略性的措施。《中国企业家》披露过一个很能说明实际情况的事例。位于新疆库车县的依奇克里克油田是中国首片废弃的整装油田，从1958年起，经过近30年的开采，共打井286口，累计生产原油90余万吨。由于油田原油产量逐渐减少，近于枯竭，被中石油塔里木油田分公司认定不具备工业开采价值，归为“废油井”。1998年，中石油撤出依奇克里克油田，很快，一家叫金禾的民营企业进入油田，它与地方政府达成合作意向，在近300口废弃油井采油，每年竟可出油4万吨左右。金禾在“废油井”采出油来，让中石油颇为不悦，塔里木油田分公司多次向自治区政府反映，状告库车县政府与金禾公司的合作是越权经营油气资源开发行为，违背了《中华人民共和国矿产资源法》，侵犯了中石油的探矿权。跟发生在嘉兴的加油站事件一样，石油公司对油田的垄断同样引起了地方利益的反弹。2002 年 7 月，中石油向国家经贸委递交报告，反对陕西省政府提出的将陕北私营油田进行省内重组的方案。报告称陕北地区的私营以及县级钻采公司乱开滥采，伙同私营的油老板抢占中石油下属的开采面积达 9 000 多平方公里的油田，双方 10 年间多次发生纠纷，引发 150 多起群体冲突事件，导致多人伤亡。而陕西省经贸委也向国家经贸委递交了报告，辩称当地的石油开发已经走上了科学、规范、有序的轨道，以当地的石油公司、现代中国的第一个油田——延长油田为主体的地方石油企业有能力合理开发油田。陕西省的报告还称，中石油利用国家资源管理机制和自身便利条件，抢先登记了陕北地区的绝大部分石油资源，甚至将延长油田的地块又登记到自己名下，造成资源闲置，没有进行实质性开发。报告说，离开了石油，陕北的地方财政将重新陷入困境。

在实现了对油田资源和销售渠道的双重控制之后，中国的两大石油公司则加快了海外上市的步伐以及与全球寡头石油公司的合作。

2000 年 4 月，中石油在香港 H 股上市。10 月 18 日，中石化在香港、纽约和伦敦三地证券交易所上市，2001 年 7 月继而在国内 A 股市场成功发行 28 亿 A 股，成为中国股市上最大的蓝筹股。据透露，在股票发行前，中石化高层曾三次拜会香港的华人首富、和黄集团主席李嘉诚，后者“被诚意感动”，当即决定购买 1 亿美元的中石化 H 股股票。中石化股票的发行价在当时引起过一场争议，该公司发行 167 亿股 H 股的时候，价格为每股 1.6 港元，而发行 A 股的时候则定价为每股 4.22 元，A 股是 H 股的 2.48 倍，这种内外有别的做法引起股民很大的争议。在上市过程中，中石油和中石化的海外战略投资者都是以定向募集的方式进行的，除了香港的李嘉诚家族、美国“股神”巴菲特以及高盛投资之外，还有全球最重要的石油巨头，其中，埃克森美孚、壳牌以及英国石油公司（BP）集团一起成为中石化的战略投资者。三家购买中石化全球发售股票的一半，BP 还以战略伙伴身份斥资 6.2 亿美元购买约 35 亿股中石油股票，占当时流通股的近

20%。据财经观察家叶檀的计算，到 2007 年 3 月，中石化 H 股的价格为每股 6.3 港元，相当于为海外投资人创造了 100 亿美元的财富。在某种意义上，这些海外投资人成为分享中国改革成果的最大获利者之一。[①]

在资本上形成血缘关系后，那些跨国石油公司相继取得了进入中国成品油市场的资格。BP 集团获准分别与中石油和中石化在广东省和浙江省合资各建立 500 座加油站，埃克森美孚和壳牌获准分别与中石化在广东省和江苏省合资各建 500 座加油站。此后，BP 与中国石油签订了在福建设立 800 座合资加油站的协议，而中石化也与埃克森美孚签订了在福建设立 600 座加油站的协议。

正是经过这一系列十分强势、有计划而高效率的战略调整，两大国有石油公司焕然一新，日后随着全球能源价格的持续上扬，它们相继成为“中国最赚钱的企业”。发生在石化领域的这场令人炫目的大变局十分生动地体现了垄断领域发生的两个变革逻辑：第一个是“以国家的名义垄断，以市场的身份盈利”，在资源性行业内形成国企之间的“内竞争格局”，民营资本被全部排斥在游戏之外；第二个是在垄断前提下加快资本化运作以及与寡头式跨国资本的结合。这样的“中国故事”发生在所有国有资本控制的垄断行业，它将在 2003 年受到挑战，然后又在 2004 年得到坚实的巩固。

专制带来效率，垄断产生效益。其实从一开始，人们就对垄断行业的暴利现象提出了质疑。最早成为靶子的是跟每户家庭有关的电信公司。

1999 年，中国电信实现收入 2 295 亿元，年度增长 25%。有专家对电信的收费制度提出了疑问。根据当时电信收费的规定，消费者拨打电话，不足 3 分钟的都要按 3 分钟来交费，有人计算了一下，电信公司每

---

① 到 2007 年 10 月，巴菲特出售所持全部中石油股份，总获利 35.5 亿美元，约合 277 亿港元。

年因此多收的费用高达266亿元。在舆论的压力下，电信部门召开了一次资费听证会，中央电视台专门进行了拍摄播出。在媒体记者咄咄逼人的提问下，电信官员不耐烦地回答说："实在没有精力向大家解释调整详情。"

这年3月，浙江大学107位教授联名致信政府和媒体，对电信公司的另一项收费制度——"计时收费从对方接听电话开始"提出投诉。联名信的发起人郑强教授说，我们有很多打通但没人接听的电话，都是自己挂断的，却被电信局收了费。他们提供了厚厚一叠话费清单，在一张共有50次长途通话记录的清单上，短于30秒的通话情况共出现5次。还有一页明细单，23个电话中"超短时长话"出现了10次。细心的教授们还专门做了一个测试，他们拨打了多次"振铃"但其实并未接通的长途电话，结果在电信局打印的长话明细单上都被收了费。郑教授简单算了一笔账，杭州有200多万电话用户，按每月打一次这种没有接听的长话计，被收取的振铃费便达120万元，一年就是1 000多万元。教授们希望，对那些不明不白多付的钱要给个"说法"。

杭州电信局跟12名教授代表进行了对话。面对自己当年的老师，电信局人士给出的解释是："造成超短时收费，有可能是对方线路上有传真机、录音电话、服务器等，也可能对方手滑，电话刚拿起来就掉了，杭州电信肯定没有问题。"对话不欢而散，一位教授戏嘲说："我们这些人中有计算机专家、自动控制专家，也有通信系统专家，为什么学生给出的答案不是我们教给他们的呢？"

资费调整和"振铃新闻"都热闹一时，最后还是不了了之。电信公司的价格松动最后还是靠市场竞争来推动的。

2000年12月，为了扶持日渐衰落的铁路交通部门，国务院批准铁道部成立中国铁道通信信息有限责任公司，特许它开展固定电话通信业务。铁通一成立，开门第一招就是宣布电话的初装费为600元。在过去的几年里，电话初装费一直是电信公司利润最稳定和丰厚的一块，在消费者的多年呼吁下，这笔费用从5 500元降到了1 250元，却再不肯往下降。这次铁通冲了进来，战略自然要调整，中国电信迅速做出反应，宣布取消初装费。铁通想从“垄断之碗”中大抢一把的算盘落了空，反倒意外给了全中国的消费者实惠。

如果说对垄断行业的战略重组颇见成效的话，那么如何对国有企业进行有效管理仍然是一件让人头痛的事情。于是，一些很有点“黑色幽默”的新闻层出不穷。①

这年6月，国家工商总局突然出台了一个政策，宣布国有企业如果要做广告，其投放金额必须控制在企业销售收入税前比例的2%。这条“禁令”据称是为了防止国有企业乱投广告，浪费国家财产。这两年，中国消费品市场的广告巨星是东北一家叫哈药集团的国有药厂。在1999年之前它还是一家名不见经传的中型药厂，其总资产不过1亿元，每年的科研开发费用也从没有超过250万元。可是从这年开始，它突然实施广告轰炸战略，1999年砸下7亿元，2000年的头5个月接着砸下5.7亿元，一举成为中国第一广告大户。哈药的知名度和销售额也急剧上升，在它的示范效应下，各地的国有药厂、电器厂纷纷打起了广告战。“广告限额令”一下，企业顿时乱作一团，仅仅半年多，工商局只好再做补充条款，宣布制药、食品、日化和家电企业这些最有广告投放冲动的行业可以把广告投放比例提高到8%。很快，这条“限额令”再也没有人提及了。

比广告限额更荒唐的政策当然还有。为了防止国有药店互相竞争抢生意，一些地方的药监部门专门出台了一项政策，规定“500米范围内不准开设第二家零售药店”，北京大学教授周其仁有点哭笑不得地提问说：“政府怎么保证得了500米以上就是合理布局？它就是50米内开5家店，是

---

① 国企重组获得成效的另外一个原因是倾斜性的税收优惠。据《中国财政年鉴》（2001年）的数据，从1985年至2000年，国家财政税收总额从2 040.79亿元增至12 581.51亿元，年均增长12.89%，同期国有企业的所得税从595.84亿元增至827.41亿元，年均仅增长2.21%，远远低于税收总额的增长速度。

赚是赔自有药店经营者承担后果，何须要政府劳神呢？”周教授的设问很有力，不过还是有人提出反诘：“如果那些国有药店亏损了，还不是要政府来给它们擦屁股？”两个问题，又把延续了20多年的矛盾扯到了体制上。

药监部门的这种监管思路看上去很可笑，然而，其内在的逻辑却十分清晰，那就是要防止垄断或半垄断行业内，国有企业之间的互相“砍杀”，对管制者来说，手心手背都是肉，竞争的结果就是国有资产的流失，最优的状态当然是“友谊第一，比赛第二”。发生在航空业的故事就很有典型性。

自20世纪90年代以来，各地建航空公司的热情大涨，先后冒出来大大小小34家国有航空公司，成为全球航空公司数目最多的国家。这些公司为了抢夺客源，纷纷开展打折竞销。据称在1998年一年，各大航空公司共让利了50亿元，到1999年年初，全行业陷入亏损。民航总局终于忍无可忍，它以“竞相打折的做法导致巨额国有资产流失，必须要制止”为理由，于这一年的2月下达“禁折令”，严令各公司一律不得再打折。此令一出舆论哗然，纷纷指责民航总局置行业利益于消费者之上，靠行政手腕干扰市场竞争。不过，“禁折令”的成效却立竿见影，仅半年后，民航总局就宣布全行业6个月实现扭亏，累计实现盈利2.6亿元，同比减亏4.7亿元，也就是说，靠不打折挽回了7亿元的国有资产。可是，“禁折令”无法改变航空业已然出现的竞争格局。没过多久，各航空公司为了抢生意把明折变成暗折，渐渐又回到了原来的状态，民航总局三令五申却挡不住商业规律的步伐，到2001年上半年，全行业又报出20亿元的亏损。就在国有航空公司内战不止的同时，一些民营业主已经悄悄进来了。上海的春秋国旅是一家从事旅游业务的私人公司，从1994年起它就成了这个行业的全国老大，飞行员出身的董事长王正华从1997年开始进入航空包机业务，他倚仗自己有旅行团的业务资源，大胆包下一些中小航空公司的飞机，其票价当然大大低于同航线的国有公司。为了规避禁折政策，王正华有意模糊价格，他把旅客的导游费、住宿费和飞机票等费用都打包在一起。主管当局尽管非常气恼，却对他无计可施。后来他承认说："其实我们的内部定价是非常低的，比如上海到厦门的机票价就比火车硬卧票价还要低。"[①②]

除了发生在垄断行业的重组事件之外，这年，中国企业界最具爆炸性的新闻有三条：一是厦门远华走私案告破，二是彩电业初次出现全行业亏损，三是基金业黑幕被曝光。

远华大案被认为是新中国成立以来最大的一起经济犯罪案件。11月8日，中纪委、监察部向社会通报了这起特大走私案的查处情况。

主犯赖昌星，1958年出生于晋江市青阳镇。晋江是改革开放早期商品流通最活跃、走私最为猖獗的地区之一。跟当地的很多商人一样，赖昌星小学没有毕业就下海经商。他靠办纺织配件厂起家，后来又办了服装厂、雨伞厂和印刷厂等。从1994年起，他在厦门构建了一个规模庞大、组织严密的"走私王国"。经查明，1996—1999年上半年，赖昌星在厦门关区走私进口成品油450多万吨、植物油45万余吨、香烟300多万箱、汽车3 588辆，以及大量西药原料、化工原料、纺织原料、电子机械等货物，价值高达人民币530亿元，偷逃税款人民币300亿元。

如此巨额的走私活动若无官员协助断无可能，远华案发之后，赖昌星

---

① 第一个从事支线航空承包业务的民营企业家是温州的王均瑶，1991年7月，25岁的王均瑶承包了长沙到温州的包机航线，他因此被称为"胆大包天"。2004年11月，王均瑶病故，公司由其胞弟王均金接掌。2005年6月，均瑶集团获准成立吉祥航空。

② "禁折新闻"一直到2006年还在发生。这年的11月，春秋航空推出从北京到济南的"一元特价机票"，济南市物价局对此开出一张15万元的罚单，并且禁止了春秋航空上海到济南的航线。其执法依据是民航总局于2004年4月出台的机票"限折令"：国内航线机票价格在规定的基准价基础上，上浮不得超过25%，下浮不得超过45%。事实上，一些国内航空公司以及进入国内的外资航空公司也纷纷推出了突破这一规则的促销票价，却没有一家被罚。

拉拢官员的种种手法都被曝光。为讨好公安部副部长、全国打击走私工作领导小组副组长李纪周，赖昌星向他在美国的女儿一次性汇款50万美元，还为李纪周妻子的公司送去100万元人民币。他出资160多万元为厦门市副市长蓝甫在澳大利亚上学的儿子购买别墅，还出1 000多万元替厦门海关关长杨前线包养情妇，并在香港、厦门购买别墅供其姘居。远华在厦门市湖里区华光路有一座外表平常的7层砖红色小楼，当地人称为“红楼”。赖昌星将之装潢豪华，内设包房、桑拿、KTV等娱乐设施，专门用来招待各路官员，厦门多名市委副书记、副市长及银行行长是红楼的常客。

在赖昌星的拉拢下，厦门市的很多政府部门相继“沦陷”。厦门海关几乎就是为赖家所开，远华有专门的中转点“海鑫堆场”，货物从港口直接拉到堆场后，海关人员先是圈定要查验的集装箱箱号，走私分子则立即根据集装箱号单，将装有香烟、汽车等高税率的走私货物集装箱掏空，再填进事先准备好的木浆、聚丙烯等低税率且与报关品名相符的货

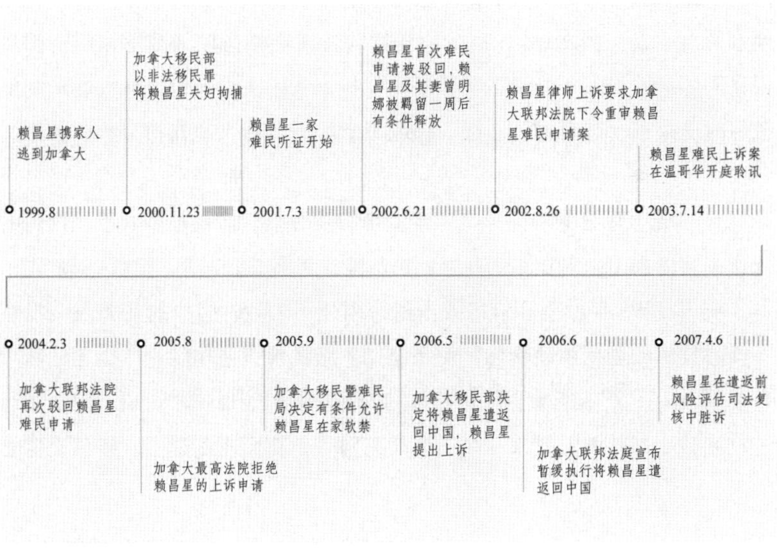

▲赖昌星案始末

物，办妥手续交付海关查验。经过如此一番“倒柜”，走私物品就顺利入关。厦门商检局为远华提供虚假的“鉴定证明”，使走私货物“合法化”。福建一些地方公安机关为走私汽车非法办理汽车罚没证明，使几千辆走私汽车流入国内市场。一些金融机构向远华提供大量贷款，仅交通银行厦门市分行就先后违规开出 25 笔信用证，总金额达 3 841 万美元。

远华案被中央通报的时候，赖昌星已于上年 8 月潜逃到加拿大。2001 年，远华案公审，三百多人被起诉定罪，其中厦门海关关长杨前线被判处死刑，公安部副部长李纪周、厦门市委原副书记刘丰、张宗绪、副市长蓝甫等均被判死缓或无期徒刑。① 远华案震惊国内外，它展现了中国政府全力打击走私的决心和行动，而在民间，人们则从一个侧面目睹了官商勾结的阴暗一面。2001 年 8 月，为了警示全民，有关部门在赖昌星的“红楼”举办《查处厦门特大走私案展览》。在短短 50 多天时间里，近 20 万人、1 300 多个团体参观了“红楼展”，它成为厦门最热门的“景点”。人们在这里看到赖昌星腐蚀官员的桑拿按摩房、歌舞厅以及礼品储存室等，以及他训练打手的“搏击厅”，在一层还摆放着 4 辆赖昌星从香港花巨资拍卖得来的国家领导人乘坐过的防弹轿车及赖家子弟买给一位当红女歌星的红色保时捷跑车。这个展览进行了将近两个月，“红楼”宣布被“永久关闭”。

一度无限风光的中国彩电业陷入全行业亏损，这是很多人难以理解的现实，其因果由来实在跟企业家们的战略思考有关。

自从 1995 年以来靠价格战击退跨国公司之后，国内的几大巨头没有在核心技术的创新上动脑筋，而是继续实施低价策略和玩弄“概念创新”。1998 年年底，行业老大、四川长虹的倪润峰突然想出一个奇招，他试图通过控制核心部件的方式来一举击溃所有对手。在彩电制造中，彩色显像管

---

① 赖昌星出逃后，于 2011 年 7 月 23 日被遣返回国。2012 年 5 月 18 日，赖昌星被判处无期徒刑，并处没收个人全部财产，赖昌星未提出上诉。

占总成本的70%。倪润峰秘密地与国内八大彩管厂签订了垄断供货协议，将国产76%的21英寸、63%的25英寸和几乎所有29英寸及29英寸以上大屏幕的彩管共计300万只收归长虹。这个釜底抽薪式的消息一被披露，当即引起轩然大波，长虹股票大涨，业内同行一时陷入绝望般的恐慌。他们纷纷上告信息产业部，主管部门也对长虹的这种做法颇有微词。1999年4月，长虹在南京再次宣布大幅降价，幅度在10%~20%，其他彩电公司被迫迎战跟进。在一次行业会议上，康佳的陈伟荣怒斥说："长虹的做法是逼着大家一起跳楼。"陈伟荣的大学同窗、创维的黄宏生劝导倪润峰说："一个健康的生态环境，应该是先有森林，后有大树。"后者则霸气十足地回答说："我的观点是，先有大树，后有森林。"

这一仗杀得是天昏地暗、空前惨烈，但是清扫战场时谁也没有想到，最大的输家竟然是挑起事端的四川长虹。倪润峰的封喉一招看上去既狠又准，但是老谋深算的他却漏算了两件事情：一是彩管公司的信用，它们多年来受品牌制造商的压榨，此次乾坤颠倒，成了争抢的香饽饽，怎肯错过百年一遇的发财机会，于是纷纷加大产能，有钱便是客，暗地里向其他彩电企业大量供货；二是华南地区的走私彩管因此火爆。这两条灰色渠道的存在，让掏出真金白银巨资囤积彩管的倪润峰看上去像是一个最大的"傻瓜"。长虹背上了沉重的财务压力，但是"断源战略"宣告失效，价格战自然也无法收到决定性的成果。经此一役，长虹元气大伤。2000年5月，倪润峰被撤换下台。南方的TCL乘机发力，于2001年成为新的彩电业盟主。

事端制造者长虹失利，彩电市场的价格战却已经一发而不可收拾。自倪润峰下台后的一年里，各大厂家先后发动了6轮降价战，彩电价格一降再降，好比军阀混战，终于杀到所有的参与者都丢盔卸甲。第二个战败的是与长虹、创维和TCL并称"四大家族"之一的康佳，由于价格陡降，康佳不堪再战，2000年，公司宣布亏损近8亿元，陈伟荣辞职出走。

对陈伟荣的离去，同学黄宏生十分伤感，他对记者说："现在做彩电真的没有意思，一台电视机的平均利润不到10元钱，因此卖彩电还不如

▲彩电论斤卖

卖白菜赚得多。”把彩电与白菜放在一起比喻，是黄宏生的即兴之言，但是这种耻辱性的新闻真的很快发生了。2001 年 8 月，武汉媒体报道，该市汉阳商场和 21 世纪购物中心推出了“按斤论两卖彩电”的促销活动。商场内的长虹、康佳、海信、海尔、TCL、金星、乐华、熊猫等 10 多种品牌的几款 29 英寸彩电分别摆在商场营业大厅，彩电上插着“1 公斤 30 元”的醒目标签，顾客里三层、外三层地抢购着。一台 29 英寸的彩电包装盒标着净重 52.5 公斤，论斤算来，仅售 1 575 元，比原价又降了近 300 元。商场负责人称，“论斤卖彩电”乃厂商变招，这些彩电都是新近出厂的一线品牌机，质量绝对可靠。据报道，“这一招还挺灵，彩电论斤卖以来，日均销售彩电 400 台左右，销售量较以往成倍增长”。

这样的彩电业无疑已走进了死胡同，价格战带来了双重危机：一是财务危机，巨大的库存、越来越多的应收账款正在侵蚀着所有的企业；另一个是创新危机，没有力量投入研发，当然也没有机会分享高技术的利润。2000 年，全国彩电企业生产近 3 000 万台，库存累计 600 万台，首次出现了全行业的亏损。据信息产业部的官员透露，彩电价格战使整个行业的实际损失起码达 200 亿元。与之形成鲜明对比的是，洋彩电销售额和利润率呈强势反弹趋势，市场占有率从过去的 10% 左右，一举跃升到 30% 以上。在高价位市场上，国产彩电更是彻底失去控制权。5 年前的辉煌战果，几乎被挥霍一空。[①]

10 月，《财经》杂志刊登封面调查《基金黑幕》[②]，将中国股市中一个刚刚诞生的光鲜神话一下子刺破了。

自上年以来的牛市行情还在持续中，庄家们的表现仍然无比凶猛和肆无忌惮。就在人们开始对此颇为厌恶的时候，公众舆论开始传播这样一个理念：有一股健康而稳定的力量存在，那就是刚刚兴起的基金公司。跟那些贪婪的私人庄家不同，基金公司正以科学、负责及可持续的专业精神成为资本市场上值得信赖的势力。1998 年以来，每一批基金来到市场，无不承载着监管层的厚爱和舆论的褒扬，更被视为引入西方成熟市场经验、培育机构投资者的重要举措。与这部企业史上所有令人炫目的神话一样，它很快被证明是一个新的谎言。

刺破神话的是一个叫赵瑜纲的无名小卒。他是上海证券交易所监察部的研究人员，为了对基金管理的现状做一个例行的调研，他以 1999 年 8 月 9 日到 2000 年 4 月 28 日为区间，对国内 10 家基金管理公司旗下的 22 个证券投资基金进行了追踪，将它们在上海证券市场上大宗股票交易的汇总记录细致分析，写出了《基金行为分析》和《基金风格及其评价》两份报告。就是在这两份报告中，赵瑜纲披露了投资基金大量的违规、违法操作事实。报告是在 5 月份形成的，很快就以非正式的方式流传到了社会上。当《财经》记者找到赵瑜纲的时候，他正垂头丧气，甚至有点后悔

---

① 发生在彩电业的技术空心化现象，在家电业普遍存在。格力电器的朱江洪讲述过一个故事：2000 年前后，格力与海尔、春兰竞标重庆一家体育馆的中央空调项目，而其实这三家中国最重要的空调企业都没有能力制造这种空调。为了显示自己的能力，他们都不约而同地向拥有该技术的日本三菱公司询价。最终格力中标，朱江洪把三菱空调买回后拆了商标，再自降 100 万元出售。朱江洪赴日向三菱购买这项技术，当场就遭到拒绝。三菱为此项技术研究了 16 年，不愿让中国人用钱就买走。

② 胡舒立，《基金黑幕》，《财经》杂志，2000 年 10 月号。

自己搞的这件事。就在6月27日，交易所监察部给了他一个严重警告处分，理由是“未经批准，擅自将工作中知悉的内部信息外泄他人”，违反了《上海证券交易所保密工作条例》。

在主编胡舒立的坚持下，《财经》以选编的方式刊发了赵瑜纲的报告，这篇题为《基金黑幕》的长篇文章对中国基金市场提出了6个方面的重大疑问。第一是稳定市场的作用未被证明。定量分析显示，基金在大盘处于下跌期中，一般借高位反弹减仓；而上升期中，则一直处于显著的减仓过程中。因此，“发展证券投资基金，究竟为谁服务的问题，可能目前还不十分明确”。第二是基金“对倒”制造虚假成交量。所谓“对倒”是指某股票处于弱势时，即使割肉出售也未必有人买，做鬼的办法就是自己做托，这是庄家建仓和炒作题材时惯用的伎俩，基金坐庄也“按例操作”。根据赵瑜纲的调查，大部分基金都有过“对倒”行为。第三是利用“倒仓”操纵市场。“倒仓”是指甲、乙双方通过事先约定的价格、数量和时间，在市场上进行交易。基金公司利用旗下拥有多只基金的条件，常常互相倒仓，既解决了先上市基金的流动问题，又不影响甚至可以提高净值。第四是质疑基金的独立性。报告认为，“从基金双向倒仓时的肆无忌惮看，人们很难相信在机制上并未独立运作的基金与其股东和发起人之间没有更严重的违法联手坐庄行为”。《财经》记者还描写了一个在市场口口相传的景象：“在热气腾腾的桑拿浴房中，谈判的双方‘坦诚相见’”，没有录音或者泄密的可能，希望基金接盘的机构开出价码，“每接我一股，我给你个人一块钱”。第五是肆意玩弄“净值游戏”。报告破解了之前人们的一个误解，以为股价在高位下跌且无量，就把庄家也给套住了。其实，在很多情况下并非如此。因为如果庄家在上升的阶段反复洗盘，即经常高抛低吸，做阶段性的赢利，而且时间足够长，到了最后，它的成本已经极低。此时，即使股价暴跌，它仍有一倍甚至几倍的利润。第六则是“投资组合公告”的信息误导愈演愈烈。①

---

① 赵瑜纲调研的10家基金管理公司分别是：博时、华安、嘉实、南方、华夏、长盛、鹏华、国泰、大成和富国。

此文一出，顿时掀起千层巨浪。先是财大气粗的基金公司勃然大怒。10月16日，被点名的10家基金管理公司联合发表声明，指斥《基金黑幕》一文以耸人听闻的形式刊发颇多不实之词和偏颇之论，它们说："中国的基金公司已经是国内监管最严格、制度最完善、透明度最高的投资机构之一。《基金黑幕》依据的资料数据采样不准确，研究方法不科学，对基金的交易行为的判断与事实严重不符。该报告的作者和《财经》严重违背了新闻客观、公正的职业操守，对中国基金业两年来的试点成果给予全盘否定，是可忍孰不可忍。"10家基金公司因此强烈表示要追究作者和媒体的诽谤责任。被质疑职业操守的胡舒立毫不退缩，她当即在三家证券报上发表声明，称《基金黑幕》资料具有正当来源和可靠依据，符合客观、公正的职业原则。被夹在中间最难受的人是高西庆，这位12年前满怀激情地回国筹建中国资本市场的华尔街律师此时已经身居高位，任中国证监会主席。他公开表态说："证券市场经过一定阶段的发展形成的特定市场文化，不是一夜之间就可以改变的。其实这一现象（指基金灰色操作现象）与市场发育水平有关，可能不全是基金管理公司本身的问题，不可能一蹴而就，必须在发展中解决。"而在私下里，他对基金公司说："人家要是报道错了，你去告她。如果没错，就没什么可说的了……"

▲吴敬琏

如果这场"口水官司"仅仅局限在对基金的学术批判上，它可能只是一个"茶杯里的风波"，谁也没有想到的是，一位重量级的经济学家突然卷了进来，而他的矛头直指中国股市。

这个主动出击的学者是时年70岁高龄的吴敬琏。在10家基金管理公司发表联合声明的半个月后，吴敬琏挺身而出。在接受中央电视台《经济半小时》和《南方周末》的采访时，他对基金事件发表了自己的看法，而在此前，经济学界全部噤声。外表谦和温润的吴教授此次语出惊人，他直接将股市比喻成了“赌场”。他说：“有的外国人说，中国的股市很像一个赌场，而且很不规范。赌场里面也有规矩，比如你不能看别人的牌。而我们的股市里，有些人可以看别人的牌，可以作弊，可以搞诈骗。坐庄炒作、操纵股价可以说是登峰造极。现在中国市场上操纵股价的一类是中介机构；一类是上市公司的某些知情人，即有内幕消息的人；还有一类就是资金的供给者，可以是银行，也可以是其他的资金供给者。他们共同密谋以后就低价吸纳。炒作的办法大概有两种：一种是关联机构互相炒作、互相买卖，买卖非常频繁，把价格炒上去。另外一种就是由有关的上市公司放出利好消息，然后把股价拉升上去。当它们发现有中小投资者或局外的大投资人跟进的时候，就偷偷地跑掉，把后来跟进的人套住，这时股价就不断地往下跌。”[①] 在对庄家和基金进行猛烈的抨击后，吴敬琏的矛头进而直指中国资本市场的定位。他批评道：“不要把股市变成寻租场，由于管理层把股票市场定位为为国有企业融资服务和向国有企业倾斜的融资工具，使获得上市特权的公司得以靠高溢价发行从流通股持有者手中圈钱，从而使股市变成了一个巨大的‘寻租场’，因此必须否定‘股市为国企融资服务’的方针和‘政府托市、企业圈钱’的做法。”[②]

吴敬琏的勇敢和率直让他的声望达到了顶峰。12月，中央电视台第一次评选“CCTV中国经济年度人物”。在10位当选人中，吴敬琏以唯一学者的身份入选，在网络票选中他遥遥领先，排在“人气排行榜”首位。

①② 这是2001年1月12日，经济学家吴敬琏在上海就庄家操纵股价的问题接受中央电视台记者采访时，对中国股市当前状况提出的严厉批评。紧接着1月14日晚，《经济半小时》栏目组把这段采访编辑成《吴敬琏评说“庄家”》专题在节目播出，这一节目的播出时间与揭开打击股市“黑手”的大幕正好重合。

在获奖者专访中，主持人问白发苍苍的吴敬琏："我们曾经把冰心老人称作是'中国文坛的良心'，那么现在也有人把您称作是'中国经济界的良心'。在今天的中国社会中，'经济'这两个字无处不在。大家都在讲钱，都在讲创造财富和赢利，'良心'这两个字有什么用处？"后者答道："中国老话就有：君子爱财，取之有道。市场经济它需要一个人和人之间的信任关系，没有这样一种信任关系，如果靠尔虞我诈是发展不到现在的市场经济的。"在专访的最后，主持人颇有感慨地说："旧的一年过去，好在我们把良心留下了。我们也许不需要诺贝尔经济学奖，但我们需要敢讲真话、讲实话的经济学家。"与吴敬琏相似，在本次基金揭黑中表现坚定的《财经》主编胡舒立也声名大噪。2001年7月，她入选美国《商业周刊》评选出的50位"亚洲之星"之一，对她的评语是："这是中国证券界最危险的女人。"

由"基金黑幕"到"股市赌场"，好比一张桌子失火殃及了整幢房子。吴敬琏的出击鼓励了与他一样有良知的经济学者，那些在股市上横行一时的庄家开始受到惩罚。10月底，中央财经大学的女研究员刘姝威撰写《应立即停止对蓝田股份发放贷款》[①]一文，明确指出大热门股蓝田股份已经成为一个空壳，建议银行尽快收回所有贷款。这篇仅有600字的呼吁书，顿时掀起轩然大波。如果说吴敬琏的批评是宏观式的，那么外表柔弱而毫无知名度的刘姝威则直接把矛头对准了一个具体而强悍的敌人。来自湖北省的蓝田股份是股市上一只老牌的、以"生态农业"为题材的绩优股，自1996年发行上市以后，它在财务数字上一直保持着神奇的增长速度，总资产规模在4年里连着翻番增长了10倍，历年年报的业绩都在每股0.60元以上，最高达到1.15元，即使遭遇了1998年特大洪灾以后，每股收益也达到了不可思议的0.81元，创造了中国农业企业罕见的"蓝田神话"，被称作"中国农业第一股"。根据刘姝威的研究，蓝田股份的所谓辉煌业绩

---

① 刘姝威，《应立即停止对蓝田股份发放贷款》，《金融内参》，2001年10月26日。

都是谎言，全是靠虚假会计报表伪造出来的。

刘姝威的呼吁书一出，理所当然地引来蓝田股份的强烈反击，公司当即将她告上法庭，湖北省洪湖市中级人民法院以“侵害蓝田公司名誉”为名通知她马上到庭听审，她的家中隔几天就会冲进一批不同身份的人，要求她“公开道歉、消除影响，否则后果自负”。连刊登刘姝威短文的那家杂志也赶紧发表声明撇清干系，宣称“文章纯属个人观点，不代表本编辑部”。刘姝威向有关机构报告，亦得不到任何回音。后来她不无悲情地回忆说：“此时我已经变成了一个强大势力集团的对立面，只有以死相拼了。”所幸的是，有良知的财经媒体站到了她的一边，中央电视台《经济半小时》《财经》等媒体记者纷赴蓝田股份所在的洪湖市瞿家湾镇，他们拍摄和记录了看到的现场：“蓝田工业园里杂草丛生，大部分车间都是铁将军把门。很难想象这就是蓝田公司生产野莲汁、野藕汁的部分设备，水管已经生锈，阀门、压力表也是锈迹斑斑，装化学原料的玻璃瓶不知道已经放了多长时间，流出来的汁液已经泛黄。”他们得到的财务报表显示，“蓝田的巨额收入从会计角度无法最终确认，蓝田的业绩真假无从辨别”。事实呈现在阳光下，撒谎者却肆无忌惮地横行天下，这便是资本游戏台面下的黑暗。随着新闻舆论的参与，相关银行相继停止了对蓝田股份的贷款，2002 年 1 月，蓝田董事长保田因“涉嫌提供虚假财务信息”被拘传接受调查。在几个月里日夜失眠的刘姝威“侥幸”胜出。在 2002 年度的“CCTV 中国经济年度人物”评选中，她成为继吴敬琏之后当选的第二位学者。在发表获奖感言时，她说了一句话：“集体失语是一个民族的悲哀。”

除了蓝田股份，另一个遭到报应的是上年最活跃的大庄家——中科创业的吕梁。

吕梁之败完全是信心崩溃所导致的。在他的肆意炒作下，中科创业已经创下连续 22 个月股价持续上涨的奇迹。便是在这样的时候，那个与他联手坐庄的朱焕良沉不住气了，他开始暗地里出货套现，然后雇了几条小快艇把数十箱现金偷运出国境，其数目应该在11亿元人民币左右。到年底风声日紧，那些跟着吕梁做“老鼠仓”的人也有点慌了，于是不断抛出股票。这些蛛丝马迹很快被外界察觉，普通股民本来就对高位的股价颇为敏感，稍有风吹草动立即就会诱发大规模的出逃，于是，建在一片谎言之上的中科神话陡然倒塌。中科创业的股价崩盘是从12月25日开始的，在度过了一个吉祥无比的平安夜之后，高傲了将近两年的股价在圣诞节这天突然高空栽葱，一头摔在了跌停板上。更可怕的是，这一跌停就是一连9个，股价从每股33.59元一路下跌到每股11.71元，50亿元市值旦夕之间烟消云散。中科创业的崩塌迅速波及中科系的其他成员，中西药业、岁宝热电等均上演跳水惨剧，股价数日之内腰斩一半。

这是一场预言中的失败。吕梁故事的尾声是这样的：2000年的最后一个夜晚，他打电话约见媒体记者，声称自己正写作自述，将把真相全部大白于天下。据他说，参与中科炒作的机构多达四百多家，都“非常的有名”。全中国的媒体都屏声息气地期待他揭开那只神秘的“黑暗之盒”，吕梁会是一个说出真相的“伟大的叛徒”吗？开年后的2月3日，吕梁被北京警方在家中抓获，9日，被监视居住的他突然神秘失踪，从此再无音讯。据称，“那天他披着军大衣潜离，消失在初春亚运村川流不息的人流中”。他的结局大概有三种：至今潜藏在国内的某个地方，出逃到国外的某个地方，被人谋杀在地球的某个地方。无论死活，那个文学青年吕新建、股评家吕梁和庄家K先生都不会，或者没有机会说出所有的秘密了。

倪润峰主政时的长虹曾经无比炫目。巅峰的1998年，其销售额占到当时中国第一人口大省四川省国内生产总值的15%，一厂之兴衰直接关系到巴蜀经济。在中国家电业，倪润峰睥睨天下，以风格强悍闻名，素有“霸王”之称。每次家电巨子聚会，长虹都因血腥的低价竞争被围攻炮轰，实施囤积彩管战略后，他更成了行业内人人痛恨的“公敌”。每当此时，倪润峰均肃容以对。然而，如此枭雄级的强人却在体制变革上柔弱得像一根苇草。1999年前后，TCL、创维及康佳等华南彩电公司纷纷来长虹挖人，绵阳长虹总部的大门口有一家长虹大酒店，这些公司便在这里长驻人员，凡是长虹的技术骨干均以3倍乃至更高的价格挖走。倪润峰目睹此景却束手无策、无可奈何，有用的人留不住，不要的人却开不走。他曾经很坦率地对《中国经济时报》的记者说：“长虹是四川山沟沟里的一个老牌军工企业，人事关系盘根错节，十分复杂。这跟沿海地区的企业不一样，所以，哪怕是辞退一个人，都有可能牵涉十几个甚至一二百个人，难度相当大。”[①] 在任职董事长期间，倪润峰的年薪为20万元，还有2.6万股长虹股票，这些所得与李东生的12亿身价相比实在是小巫见大巫。

痛感国有体制之落后，倪润峰遂下定决心要搞产权改革。在一次接受记者的访谈中，他毫不避讳地说：“目前政策很明确，因为彩电是竞争性产品，未来国有股会逐步退出，让长虹成为民营企业。”根据他的构想，国有股减持及实行管理层的MBO是长虹的必走之路。然而，作为一家中西部地区的最大家电企业，又带有军工背景，长虹的“高贵”身世及显赫战绩反倒成了其转制的最大阻碍，种种产权变革方案似乎都不适合长虹。在这样的拉锯与争论中，倪润峰数次坦言“绵阳当地政府对企业关心过多，有些不该政府关心的也关心”。他甚至还提出了“迁都”的想法，想

---

① 童辰，《倪润峰回顾15年》，《中国经济时报》，2000年6月12日。

把长虹总部搬离绵阳，甚至迁出四川省。渐渐地，他成了国有大股东眼中的另类。1996—1998 年，长虹集团曾经连续三年蝉联全国电子企业百强之首，1999 年，桂冠失手，2000 年，跌到第 5 位，也是在这一年，倪润峰悍然发动的彩管囤积战失利，他被迫宣布辞职。然而富有戏剧性的是，仅仅过了 8 个月，已经 57 岁的倪润峰居然重新回炉，再次披甲出任董事长。当时很多媒体认为这次不寻常的复辟意味着倪润峰的改制方案已经得到了政府的认可，长虹民营化已离曙光不远。倪润峰复出后，当即提出“产权清晰、权责明确、政企分开、管理科学”的目标，将长虹集团从产权上一分为二。其中，四川长虹电子集团公司是上市公司四川长虹电器股份有限公司的母公司和最大股东，持有 53.62% 的股份，拥有绝对控股权。两公司都是独立法人，集团不干涉股份公司日常运营，两家共用长虹品牌。根据倪润峰的描述：“组织结构调整完成后，集团公司主要立足公司长远战略方向，研究部署投资项目、培育新的经济增长点。股份公司以现有业务，按照上市公司规范运作的要求，保持运作的独立性，以为股东创造最大价值为最高目标。”[①] 将集团与上市公司的职能剥离，是所有大型国有企业进行产权改革必经的第一步，其后的步骤就应该是对上市公司的股权进行改造，然而，倪润峰走到这里，就寸步难行了。接下来发生的资金风波，让长虹改制变成了一场大雾中的阴谋。

倪润峰复出后，开始进军海外市场，合作对象是美国一家名叫 APEX 的华人公司。创办人叫季龙粉，是江苏省常州市金坛县人，早年务农做工，后赴美读书经商，1992 年他将美国的废金属回收销往国内，颇赚了一笔钱，稍有积累后就办了一家叫 APEX 的公司。APEX 的主业就是把中国低价的 DVD（数字视频光盘）播放机销往美国市场，2001 年，APEX 的 DVD 进了沃尔玛，第二年超过索尼成为美国第一大 DVD 供应商。美

① 黄勇，《倪润峰操刀分长虹　新任领导闪亮登场》，《商务早报》，2000 年 6 月 9 日。

国《时代周刊》在2002年载文称，季龙粉是下一代最具有全球影响力的15位商人之一。APEX之崛起，秘诀有二：一是中国商品的廉价，售价一般只有其他品牌的一半；二则是季龙粉以拖欠货款为能事，跟国内企业做生意时，他一开始往往要货很多、付款及时，等到取得信任、货量大增之后，他便突然耍赖拒付。APEX先后拖欠宏图高科DVD货款2.15亿元人民币，拖欠天大天财DVD货款3 562万元，拖欠中国五矿货款2 200万美元。就是这样一个劣迹斑斑的商人，成了长虹彩电出口的经销商。重掌大权的倪润峰亲赴美国考察，与季龙粉定下合作战略。

后来发生的情节扑朔迷离。2002年，长虹彩电出口7.6亿美元，其中季龙粉代理7亿美元，APEX因此成为全美彩电的第五大供应商，长虹则高调宣布海外战略获重大成功，境外业务增长660%，占彩电总销售收入的44%。2003年，长虹彩电出口8亿美元，季龙粉代理6亿美元。奇怪的事情是，一车车的彩电运出去却没能换回一把把的美元，季龙粉总以质量或货未收到为借口，拒付或拖欠货款。其实，双方签订了规范的出口合同，接货90天内APEX必须付款。据报道，长虹的海外营销部发现业务风险，曾下令不准发货，但神通广大的季龙粉总能说服高层继续发货。2003年年底，长虹专门派出高管赴美与APEX交涉，但季龙粉撇下这些人，杀回绵阳会晤高层。结果，2004年年初，长虹又发了3 000多万美元的货给季龙粉，几乎与此同时，两位负责APEX项目的经理均在劳动合同期满时同时离开了长虹。就在这段时间，长虹的应收款黑洞受到了财经媒体的广泛关注，有关倪润峰的各种传闻满天飞。2004年6月29日，长虹公关部对外宣称："我们从没有听说董事长要离职的消息，就在前一天他还与美国微软全球副总裁在成都签署了战略合作协议。"仅仅9天后，四川省政府突然宣布免去倪润峰在长虹的一切职务，转聘为省政府经济顾问，理由为"到了60周岁的退休年龄"，彼时，倪润峰本人正在北京开会。半年后，长虹集团在2004年年报中承认，海外业务亏损36.81亿元，长虹神话顿时破灭。

长虹在海外业务上的资金黑洞耐人寻味。实际上，在过去很多年的经营管理中，倪润峰对资金的控制十分严苛有效。2001年，倪润峰曾经算过一笔账，“过去15年中，长虹的销售总额为840个亿，但呆账坏账，按当时的价格，就1亿多一点。有些还收回了，那就还有7 500万。按工厂成本算，那就是5 000万。库存有一些，但有个正常库存和超正常库存，超正常库存应该有个100来万”。那么，如此重视资金流的倪润峰为什么在APEX业务中大失风范？其中蹊跷，给人留下巨大的想象空间。财务专家郎咸平教授在一份长虹案例分析报告中披露，“倪润峰在退隐期间曾到美国访问，复出后就与APEX签下合作协议，安排自己的女儿在APEX公司担任董事。倪润峰的女儿曾任中华数据广播公司高级管理人员，2003年，APEX以3亿港元现金受让香港上市公司中华数据广播大股东54.06%的股份”。[①] 郎咸平还发现了一个异常的投资运作现象，“从2000年开始，长虹搞了一个高达10亿的代客理财，代客理财应该计提跌价准备，但是长虹没有按照程序计提短期投资跌价准备。长虹对此的解释是，这些应收账款都在一年之内，根据经验都可以在第二年收回。根据长虹的报表，我们发现他2000年有99.92%的一年期应收账款、2001年有99.80%、2002年有99.76%都不计提，而这些应收账款从来没有收回来过”。[②] 郎咸平推演认定，“长虹为什么要储备这么多的可计提资产呢？我认为只有一个结论：倪润峰是想等到MBO时机成熟，一起计提，使长虹成本上升，造成企业亏损假象，股价下跌，企业净资产下降，他可以低价收购”。[③] 著名咨询师赵民在评说长虹现象时曾分析道，像长虹这样的由地方政府控制的大型公司，其真正战略决策者在企业外部，这一客观事实决定了它们的失足是必然的。

在中国企业史上，国有企业的经营者们是非常独特而值得研究的群

---

①②③ 郎咸平，《非常不幸的是这个故事是真实的》，《IT时代周刊》，2006年18期。

体，他们身陷僵化的体制，肩负一个几乎“不可能的任务”，却在用毕生的精力和智慧试图将自己管理的企业带入市场化的轨道。倪润峰与张瑞敏、柳传志、潘宁等人，均是靠市场开拓而崛起的企业家，他们的企业尽管属于国家或集体，实则都十分弱小或陈旧，全凭其企业家的创新精神，披荆斩棘，终成一时之翘楚。然而，这些新型国有企业家都面临共同的困扰，体制、产权、决策监督、企业成就与个人利益，这些话题如一个个庞大而难解的谜团让这些国字号的当家人日日苦恼。少数先知先觉者及侥幸者逃出了藩篱，大多数成了变革的牺牲者和试验品。在中国商业界，国有企业的经营者应该是个人素质最为优异、责任心也相当强的一群，然而客观地说，在过去的30年里，除了垄断性产业之外，鲜有真正的成功者，而且也无法总结出带有普遍性的成功定律。“家电霸王”倪润峰正是深陷这个巨大的“宿命”，左冲右突，阳谋阴谋使尽，终于不得摆脱。

2001 入世与出局

我们还太嫩，
我们公司经过十年的顺利发展没有经历过挫折，
不经过挫折，
就不知道如何走向正确道路。
磨难是一笔财富，
而我们没有经过磨难，这是我们最大的弱点。

——任正非：《华为的冬天》，2001年

发生在中国股市的激烈辩论以及蓝田、中科创业式的丑闻，在今后的几年里还将此起彼伏地上演，一直到2004年的夏天才会有一个阶段性的了结。[①]

---

① 事实上，从2001年开始，以吕梁崩盘为标志，资本市场上的庄家们已经陷入苦战。三年后倒塌的中国“最大民营企业”德隆集团董事长唐万新后来承认，“2001年之后，我每天的工作就是在处理危机”。企业界对流行多年的“资本经营”也开始提出质疑，因一连串成功并购而当选2001年“CCTV中国经济年度人物”的华润集团总裁宁高宁在获奖演说中出人意料地说道：“中国企业界在过去制造了很多很有害的词，‘资本运营’这个词是其中之最。你在所有的成功企业特别是西方的成功企业词典里，找不到‘资本运营’这个词。”

现在，让我们再次回到宏大的时代叙述中。天才的英国女小说家弗吉尼亚·伍尔夫（1882—1941）曾经讲过一句很神秘的话，她说："1910 年的 12 月，或在此前后，人性发生了变化。"西方文学史家据此将这一年份视为现代主义文学时代的开端。在当代史上，2001 年便是一个发生了"本质变化"的年份。

在后来的很多年里，当历史学家叙述 21 世纪的时候，他们往往会以 2001 年 9 月 11 日作为起点。这几乎是一个没有预兆的日子。美国东部时间上午 8 点 45 分，一架波音 767 在飞离波士顿洛根国际机场不久后就被劫持，撞上纽约曼哈顿的标志性建筑——世贸中心的北楼，18 分钟后，第二架飞机撞上南楼，曾经是"世界第一高楼"的世贸中心在烟雾中轰然倒塌。9 点 45 分，接着又有飞机被劫持后撞向五角大楼一角，此次连环袭击造成 3 025 人死亡。"9·11"事件让美国陷入了极度恐慌，同时也引起了全世界的空前震惊。来自阿富汗的恐怖主义组织"基地组织"和它的领导人本·拉登宣布对这一事件负责。一个月后，美国随即发动了阿富汗战争，到 2005 年，美国再次以反对恐怖主义为由发动了伊拉克战争。

"9·11"事件彻底改变了人们，特别是美国人对世界的基本判断。《新闻周刊》把"9·11"事件看作是一个纯真年代结束的标志。在过去的 10 年里，随着苏联的解体和东欧诸国的变色，人们已经从"冷战"铁幕中走出，一个新的以全球商业主义为核心、以经济发展为主旋律的国际秩序开始形成。每个国家都在适应这个新的现实，一些过去为自身古代文明而骄傲的国家现在争当"新兴市场"，过去超级大国的峰会甚至联合国大会的风光都让位给每年在瑞士举办的达沃斯世界经济论坛。推动历史的力量似乎不再是战争、意识形态和权力政治，而是经济、资本和技术。然而，"9·11"事件的发生突然打断了这一切，本·拉登以极端的方式宣告了一种新战争形式的诞生——恐怖战，恐怖组织成为一支非国家却对国际安全产生重大影响的力量。全球的政治格局重陷混乱，至今混沌未解。世界银行在该年度《世界发展报告》中说："当意识形态的战争刚刚告一段落之后，东西方再次以宗教见解的分歧展开了对峙，这对于全球经济的影响将是更为深远的。”

如果说，“9 · 11”事件改变了美国对世界的态度的话，那么，也是在2001年发生的安然事件和世界通信公司丑闻则让人们对美国公司的监管制度产生了质疑。安然是全球最大的能源公司，在《财富》杂志公布的2000年世界500强排名中名列第七，全年销售额超过1 000亿美元。这家公司一直是华尔街竞相追捧的宠儿，它连续4年当选为“美国最具创新精神的公司”，安然股票是所有的证券评级机构都强力推荐的绩优股，每股股价高达70多美元，并且仍然呈上升之势。可是，就在这年年初，它被发现存在财务报告作假的嫌疑。它的高管层一直在悄悄地抛出手中的股票套现，而全球五大会计师事务所之一的安达信公司也深度参与到作假事件之中。到8月份，猜测被证实，安然股价大跌，到12月2日，安然不得不申请破产保护，安达信受牵累被迫放弃在美国的全部审计业务，并最终被肢解。与安然事件几乎同时发作的还有美国世通公司的财务丑闻，这家全美第二大长途电信公司被发现在过去的两年里通过虚构营业收入、夸大利润等手法欺骗投资人。到2002年7月，深陷造假账风波的世通公司以不堪负债300亿美元而申请破产保护，成为美国有史以来最大的一宗公司破产案。

▲冒烟的世贸大楼

这就是2001年的美国。“9 · 11”事件、安然和世通丑闻以及余波未平的纳斯达克股灾，让这个全球第一大国的外交政治及国内经济突然变得动荡不已。也就在同时，在遥远的中国却呈现出截然不同的一番景象。[①]这里也正发生着几件重大的、影响深远的事情，不过却要喜庆和光亮得多。

这年7月13日，北京时间22点整，万众瞩目的2008年奥运会举办城市终于在莫斯科国际奥委会第112次全会中揭晓。中国的北京、加拿大的多伦多、法国的巴黎和土耳其的伊斯坦布尔进入了最后的角逐。在一片寂静之中，奥委会主席萨马兰奇宣布最终的当选城市，他只用雄浑的声音说了一个词：BEIJING！数千里之外的华夏大地顿时一片沸腾、烟花满天。北京宣布计划投入2 800亿元用于基础设施和场馆建设。中国社科院预测，在今后几年内奥运经济将使中国的国内生产总值增加0.5个百分点，一直到2008年，奥运会一直是中国宏观景气持续上扬的重要投资拉动和心理期盼因素之一。

10月7日，中国男子足球队在沈阳五里河球场以1∶0战胜阿曼队，历史性地冲进了世界杯决赛圈。那又是一个无比欢腾的不眠之夜，足球是“中国第一体育运动”，男足出线实现了国人呐喊多年的“冲出亚洲，走向世界”的梦想，被认为是中国崛起的象征性事件之一。

11月10日，又是一个历史性的时刻。这天下午，在卡塔尔首都多哈举办的世界贸易组织第四届部长级会议上，与会国家以全体协商一致的方式，审议并通过了中国加入世贸组织的决定。中国外经贸部部长石广生代表中国政府在议定书上签字。12月11日，中国正式成为世界贸易组织成员，世贸组织总干事穆尔对新华社记者说：“宣布中国加入世界贸易组织，是我一生最荣耀的时刻。”

申奥成功、男足出线、加入世贸组织，这一连串的大喜事齐齐挤到了

① 在这年的美国商业界，唯一值得骄傲的事件是苹果公司的乔布斯推出了举世惊艳的iPod网络音乐播放器，它很快成为继日本索尼的Walkman（随身音乐播放器）之后最受媒体垂青的新产品之一，在之后的6年时间里为公司股东增加了900亿美元的财富。

2001年，令中国人在新世纪伊始就赫然有一种“大起”的感觉、一种前所未有的兴奋、幸福和满足感。也正因为如此，“2001是中国年”的说法不胫而走。

▲中国“入世”

就在中国加入世界贸易组织的前后，预言中国的未来与走向成为全球经济圈最热门的话题。日本通产省在一份白皮书中首次提到，中国已成为“世界的工厂”，在彩电、洗衣机、冰箱、空调、微波炉、摩托车等产品中，“中国制造”均已在世界市场份额中名列第一。经济学家进而认为，中国公司将像20世纪80年代的日本一样，开始征服全球的旅程。与此相关，“中国威胁论”也悄然兴起。

当然，跟上述观点完全不同的声音也出现了。一些学者预测，随着市场的日渐开放和跨国资本的蜂拥而来，早已摇摇欲坠的国有经济体制将不堪一击，那些老迈和缺乏活力的国有企业将很快被逐出市场，这将影响中国经济的宏观稳定和持续发展。一个名叫章家敦的美国华裔律师还出版了《中国即将崩溃》[①]一书，声称中国经济繁荣是虚假的，在加入世界贸易组织后的强劲冲击下，中国的现行政治和经济制度最多只能坚持5年。投资银行所罗门美邦则预言，中国加入世界贸易组织的前5年将会出现4 000万人

① 2001年7月，美国华裔律师章家敦在美国出版《中国即将崩溃》一书，2002年3月，该书中文译本在台湾出版。

失业，严重的就业压力将迟早把这个国家压垮。与此近似的论点还认为，中国以高投入、低产出为特征的经济增长模式和建立在廉价劳动力和巨大的能源消耗基础上的发展模式，正在步入死胡同，中国保持了近20年的高速增长将难以为继。

若干年后的事实将证明，上述的所有预言都没有“自我实现”，中国的经济和企业成长，仍在按自己的逻辑曲折前行，而与那些过于乐观或悲观的猜想无关。自1991年费正清去世之后，西方主流世界再没有出现第二个客观而清醒地了解中国的观察家。英国《金融时报》中文网主编张力奋写道：“20世纪90年代后，中国经济活力的一个标志是，几乎每隔几年，中外经济学家们就不得不换一套思路，采用新的语言或概念，来描述分析中国新的经济现象。中国经济的命运，正是在这些框架与概念的转换中，慢慢脱胎换骨，与国际游戏规则的共同语言日益投机，渐而接轨上路。”[①] 秋季,《纽约时报》采访《不确定的年代》作者、曾担任美国经济学会会长的约翰·肯尼斯·加尔布雷斯（John Kenneth Galbraith），请他谈谈未来的中美关系。94岁的加尔布雷斯刚刚从另一个正在崛起的东方国家印度归来，他用敬畏的口吻说：“在那里，我一半的知识是错的，另一半是没有用的。”对于中国，他说：“我们对中国的很多预言都仅仅是一己的猜想。”

WTO对中国的影响是一个持续而漫长的过程，在渐进式变革的中国，从来没有一种变化是旦夕生成的。事实上，开始于1998年的“国退民进”便是应对这一变局的重大战略决策，国有资本集团的进退及重组无一不是根据WTO的市场开放时间表来制定的。对于另外一个利益集团——跨国公司而言，中国加入WTO也同样意味着战略的重大调整。它在三个层面

---

① 张力奋，《在大国的门槛上》，《金融时报》与FT中文网文章精选集《中国经济之变》，2007年3月。

上发生的变化是显著的。

一是跨国公司的行业选择出现了微妙的转变，它们开始从竞争性领域进入垄断或准垄断领域。美国麻省理工学院黄亚生教授曾经发现了一个很独特的“中国特例”。一般而言，跨国公司进入发展中国家，往往会选择资源性的、与政府关联紧密、资本投入较大的领域，如能源、金融、电信等，然而它们在中国的战略却全然不同。在改革开放的前、中期，进入中国的跨国企业绝大多数是在完全竞争市场领域，获得最大成功的是生产饮料的可口可乐和生产洗发水的宝洁，以及家电业的日本公司。很多欧美经济学家对此颇为不解。黄亚生的解释是：首先，跨国公司在一开始都从人口的数量上来想象中国市场，而国内企业又都不堪一击；其次，这些外国人还不知道如何跟计划体制中的政府官员建立关系，也不知道如何通过影响中央政策来博取利益。十多年之后，情形发生了根本性的变化，特别是 2002 年之后，黄亚生发现的这个“规律”便失效了。在消费品领域跟中国新兴公司杀得难解难分的跨国企业——譬如在家电领域，如果不是本土企业犯下致命的错误，跨国品牌很可能全军覆没——开始转入资源性行业，它们获得了优先的投资合作权。最有说服力的案例是通用电气的战略转变，这家在 1992 年就进入中国的大公司一直发展很不顺利，它生产的灯泡无法跟乡镇企业竞争，即使是“全球第一 CEO”韦尔奇也对此徒呼奈何。2001 年，在临退休前，当有记者问及他对中国市场的看法时，韦尔奇说：“我 10 年来一直往那儿跑，而我每次到那儿，都会笑话自己上次来时知道得那么少。那个地方这么大、这么复杂。我搞不懂，真的搞不懂。这也许是我要退休的原因——该由别人把它搞懂。”通用电气在中国的转机发生在他的继任者伊梅尔特手上，他将投资重点从民用产品转移到了技术含量更高的基础工程上，通用电气的工业照明、医疗设备、燃气轮机、风机、水电发电设备、飞机发动机、工业性集团的电力输送等项目投资都在中国获得了很好的回报，这些领域绝大多数是民营资本的禁入地带。

二是跨国公司的金融性投资大大增加。2001 年之前，在中国获得成功并广为人知的全是实业投资型企业。随着中国经济的持续增长，被称为“门口的野蛮人”的国际金融资本开始跃跃欲试。然而，由于中国汇率制度的独立性，它们很难找到切入的机会。1998 年，索罗斯的量子基金对香港的狙击被证明是一次失败的试验。中国加入 WTO 之后，金融市场的开放被排上了时间表，各大跨国金融机构明显加快了对中国的业务布局。就在 2001 年前后，汇丰、花旗、友邦、渣打等银行相继把地区总部从新加坡或香港迁到了上海。之前已经暗中布局的金融投资公司也开始浮出水面。这年 10 月，创刊不久的《经济观察报》披露一条新闻：早在 6 年前，摩根士丹利就与中国建设银行等组建了“迄今为止本土唯一和最优秀的一家合资投资银行——中国国际金融公司（中金公司）”，并持有 35% 的股份。[①] 过去几年里，几乎所有的大型国有垄断企业的资本重组都与中金有关，它分别为中国电信、中国石油以及中国联通、中国移动在国际资本市场共融资 190.8 亿美元，协助中国电信以 93 亿美元收购江苏、福建、河南及海南四省移动通信资产，作为联席主承销商，为中国电信增发股票募集资金 20 亿美元，还为国家电力公司和中国长江三峡工程开发总公司发行 50 亿元人民币的企业债券。这些业务为中金赢得了 2000 年亚太地区新股发行业务方面排名第一的荣誉。2001 年 10 月，中国首次允许外资介入不良资产处置，在第一次招标会上，摩根士丹利独家获得价值 108 亿元人民币的资产包，这些不良资产分布在全国 18 个省市，涉及地产、纺织、冶金、医药等行业的 254 个公司和工厂，其中绝大多数为国有企业。很显然，这些不良资产是“国退民进”战略产生的剩余价值。《经济观察报》记者写道：“摩根士丹利分享中国企业海内外融资的巨大利润的同时，也遭到无数同行的羡慕和嫉妒……为什么是摩根士丹利？为什么是 35%？据见证

① 成立于 1995 年的中金公司，是中国第一家提供投资银行服务的国际金融机构，注册资本 1 亿美元。其股东及所持股份的比例分别为：中国建设银行，占 42.5%；摩根士丹利公司，占 35%；中国经济技术投资担保公司，占 7.5%；新加坡政府投资公司，占 7.5%；名力集团，占 7.5%。

过当年合资全过程的人回忆，中国资本市场的准入并没有法律的硬性限制性规定，实质性的门槛在于政策审批‘红线’。像当年大多数合资企业一样，只不过资本市场的开放更敏感、更谨慎一些。也许是合资方更努力、更积极一些吧。过来人也并不能说出个子丑寅卯来。”[①]

三是跨国企业的独资化趋势越来越明显。在过去的很多年里，外资办厂都要在国内有一个合资的伙伴，譬如可口可乐、百事可乐在各地的灌装厂都必须与国营粮油公司合资，宝洁的合作对象则被规定为地方国营的日化工厂。如今这个限制逐渐取消，一些已经合资的跨国企业自以为立足已稳，于是便通过各种手法逼退中方的投资人。这年冬天，日本松下向媒体证实，“在中国设立的50家松下合资企业都将谋求独资”。生产手机的美国摩托罗拉公司也做出了这样的决策。9月，摩托罗拉第一次把全球董事会选在北京举行，它在中国的投资占其总投资额的9%，而获得的回报却达到总利润的17%。董事会决定在未来5年内对中国的投资增加到100亿美元，同时，董事们认定“独资是中国入世后合资公司的一个自然选择”。当时该公司在中国的最大合资企业是浙江的东方通信，美方向中方董事长施继兴提出，要么中方出让股份，要么美方退出合资。施继兴选择了第二方案，摩托罗拉随即退出并停止了一切技术支持。独资行动更为坚决并不惜与中方“兵戎相见”的还有百事可乐。百事当时在中国已经设立了15家合资灌装厂，这年9月，百事（中国）投资有限公司在山东成立独资公司，宣布将青岛划为自己的势力范围，而此前百事已经在山东成立了合资工厂，两家百事公司针对青岛市场展开了价格战，一时间让外界看得一头雾水。百事还试图逼退四川成都的中方合作者，在谈判不合的情况下，美方宣布大幅提高浓缩液价格，并不批准四川百事生产更多牌子的饮料。美方的强势和野蛮引起了中方合资灌装厂的集体反抗和抵制。2002年3月，美方宣布解聘“抵制联盟”的领头人、上海百事中方总经理陈秋芳。

① 刘乾坤，《摩根的中国之旅》，《经济观察报》，2001年10月16日。

7 月，15 家灌装厂中的 14 家在成都召开新闻发布会，联合指责百事公司。一个月后，美国百事可乐公司以审计不成为由，向瑞典斯德哥尔摩商会仲裁法院提出与成都的中方合作者解除合作的请求，此案被称为“中国加入 WTO 第一仲裁案”。瑞典法庭最终以不构成根本违约的“不配合检查”和“跨区销售”，裁决终止商标许可合同和浓缩液供应协议，百事完胜。我国《合同法》主起草人梁慧星教授认为，“百事仲裁风波”实质是跨国资本趁中国加入 WTO 之际，利用中国法律和管理出现真空，加速进行掠夺性扩张。这一风波还有一个值得记录的后续细节是，时隔 5 年后的 2006 年 4 月，曾经参与本案并力主向瑞典法庭仲裁的中国国际贸易仲裁委员会委员王生长因涉嫌经济问题被捕。新华社在报道中认定，“王生长私分国有财产并涉嫌受贿，其在百事仲裁风波中所发挥的作用遭受质疑”。百事中国公司对此“不予评论”。[①]

在跨国资本不断渗透、国有资本强势重组的同时，“第三力量”民营资本看上去像一个棋局之外的旁观者。在这 30 年的中国企业史上，不同性质的资本之间的博弈一直是困扰和推进中国经济起伏的主要因素。随着中国加入 WTO，三大资本集团的博弈格局发生了根本性的变化，两大强势资本在利益分配和重组上达成了新的共识，在众多的竞争性市场获得极大成功的民营资本则越来越被边缘化了。只有极少数的人获得了象征性的成功。这一年，至少有三个人在一向不对民营资本开放的领域取得了突破。

① 可口可乐与百事可乐在中国的合资模式很值得研究。自可口可乐率先进入中国之后，碳酸饮料的外商投资是由中央政府直接审批，从建立多少家灌装厂、在什么地方设厂到浓缩液供应价格等都由政府决定。1993 年前后，轻工总会还分别与可口可乐、百事可乐签订了共同发展饮料备忘录，要求“两乐”在建立灌装厂的同时，必须改造国内原有名牌饮料生产企业。“两乐”建立的合资企业，必须生产至少 30% 的国产品牌饮料。这种合资模式导致中外双方矛盾重重。2001 年之后，碳酸饮料市场被放开，“两乐”相继实施坚决的独资行动。

第一个是著名的四川刘家兄弟的老三刘永好。

5月，刘永好宣布持有民生银行7.98%的股份，成为第一大股东。因为在金融领域的丰厚斩获，刘家兄弟在年底的《福布斯》中国富豪榜上重返“首富”宝座。民生银行创建于改革气氛空前浓烈的1996年。在当时的全国工商联主席、老资格的金融专家经叔平的倡议下，国务院批准成立了第一家全国性股份制商业银行——民生银行。经叔平出任董事长，发起的股东中包括几个加入全国工商联的知名民营企业家，其中，出任副主席的刘永好出资865万元成为第一批股东单位。就这样，在国有银行全面垄断的金融领域，民生银行背靠半官方色彩的全国工商联得以出世，它固然弱小，却是唯一试验性质的、产权清晰的商业银行。在后来几年里，宏观形势动荡，民生银行效益起伏颇大，股东几进几出。眼光远大的刘永好却坚持不懈地收购着民生银行的股份，其持股比例悄然上升。2000年11月，民生银行获准在上海证交所挂牌上市，其独特身份引来资本市场的追捧，申购新股冻结资金超过4 000亿元，创下当时的全国纪录。刘家兄弟当年靠养鹌鹑起家，靠生产饲料致富，如今又因特殊机缘曲折进入金融领域，自然引来人们无穷的羡慕与猜想。与刘永好一样，同为全国工商联副主席（或常委）、靠民生银行的改革效应而进入金融领域的民营企业家还有东方集团的张宏伟和泛海集团的卢志强等人。在2001年的《福布斯》中国富豪榜上，刘永好和他的家族赫然排名榜首，张、卢则分列第24位和第36位。

如果说刘永好等人是因“改革示范”而巧入垄断之局的话，那么，吴鹰和他的小灵通则得益于国有垄断企业之间的内战。同样是在这年的《福布斯》富豪榜上，吴鹰名列第19位。

20世纪90年代中期之后，随着手机的普及，移动通信产业空前兴旺，而控制这个市场的是两大移动服务商——中国移动和中国联通，它们赚得盆满钵满，相对而言，过去的行业老大中国电信则因为只能从事固定电话业务而无法分到一杯羹。就在这样的时候，曾经在著名的美国贝尔实验室工作过的中国留学生吴鹰看到了切入的商机。他把一项由日本人发明的 PHS（流动市话）无线技术引入了中国。这种技术可利用已有的固定电话网、以无线接入的方式提供无线通信服务。它最大的弱点是信号很差，有时候在房屋内甚至收听不畅，因此在发明地日本，这是一个被放弃的边缘性技术。可是在中国，它却成了中国电信的“救命稻草”，因为有了这个技术，就可以曲线进入移动电信市场，而两大移动服务商高昂的通话服务费用，无疑为中国电信的进入提供了巨大的利益空间。

吴鹰成立的 UT 斯达康公司成了 PHS 项目的设备供应商，他为这款手机起名叫“小灵通”。1997 年 12 月，第一个“小灵通”无线市话试点在浙江省余杭市开通。当地消费者被告知，小灵通的通话费是 3 分钟 0.2 元，而中国移动或中国联通的 GSM 手机是 1 分钟 0.5 元，价差 7.5 倍，再加上小灵通接来电不收费，同样一通电话，小灵通和 GSM 之间价差在 10 倍左右。仅仅 3 个月，余杭的小灵通用户数就赶上了移动和联通用户的总和。小灵通很快在浙江全境普及，并迅速被中国电信视为分抢移动业务的“唯一法宝”。

就这样，一项边缘技术意外地在中国引爆了一场垄断企业之间的电信大战。中国电信在全国上百个城市同时推广小灵通，而各地的移动服务商则一面狙击小灵通的进入，一面不断紧急上告信息产业部。后者左右为难，一会儿宣布“小灵通是落后的技术，在全国范围内要限制发展”，一会儿又宣称“经过调查，小灵通是固定电话的补充和延伸，有条件地允许中国电信从事该业务”。最轰动一时的新闻发生在

▲小灵通

2000年甘肃省兰州市，兰州电信给小灵通放了一个“6”字头的局号，而兰州的中国移动公司不承认这个“没有经过信息产业部批准的号码”，拒绝让它进入移动网。而一向牛气的兰州电信一气之下干脆断了整个移动网与电信固定网的联系，使几十万用户在数十小时内手机与固定电话无法联系，因此酿成了一起让人啼笑皆非的重大事故。到2001年，除了北京、上海等极少数大城市外，小灵通业务全线开通，用户超过6 000万。

中国电信对小灵通的强势推广，自然让设备供应商UT斯达康获得惊人的成长。2000年3月3日，UT斯达康公司在美国上市。在此后的连续17个季度里，公司绘出了一道完美的成长曲线，其业绩表现超过了华尔街的预期，即使是在纳斯达克股灾期间，它的股价也从来没有低于每股20美元，是表现最为优异的中国股。2002年，UT斯达康市值高达260亿元。一脸切·格瓦拉式络腮胡子的吴鹰被视为传奇式的CEO，他被评为“中国十大新锐人物”和“2001年中国十大最具人气企业家”，美国《商业周刊》还曾将他选为拯救亚洲金融危机的“亚洲50位明星”之一。①

第三个值得记录的人是李书福，这个草根型的企业家意外地拿到了第一张民营企业造车许可证。

这年11月9日，国家经贸委发布了第六批《车辆生产企业及产品公告》，一款名为“吉利JL6360”的陌生车型榜上有名。在汽车史上，这是一件“破天荒”的事件，因为吉利的出现意味着民营资本造汽车第一次得到了政府的正式首肯。它被解读成中国加入WTO后的重大产业开放新闻。不过，这一天距离跨国资本被允许进入中国汽车业已经过去了整整23年。

---

① UT斯达康的衰落同样源于垄断行业的变局。2005年，中国电信决定减少在小灵通上的投资，储备资金准备未来的3G网络建设，UT斯达康的收入当年锐减30%。吴鹰做出向IPTV（互动电视）业务转型的决策，IPTV又关联到两大垄断利益集团——电信与广电的利益分割，吴鹰显然想靠游走其间再次“复制”小灵通的奇迹，可惜他这次没能成功。2005年，UT斯达康报亏，市值缩水九成，并被纳斯达克警告“摘牌”。2007年6月1日，吴鹰黯然离职。

吉利汽车的主人是38岁的浙江台州人李书福，他造汽车有三个“先天不足”：只有1亿元左右的自有资金，没有任何汽车业的经验和积累，没有得到任何的政府支持。但就是这么一个门外莽汉，最终撬开了死死关闭着的铁门。

1982年，高中毕业的李书福向父亲要了120元买了一架照相机，在台州街头巷尾为路人拍照赚钱。这是一个血液里流淌着豪赌基因的人。他曾回忆说：“小时候我赌过钱，比方说赢了1块钱，全放下，变4块了，全放下，变8块了，再全放下，变16块。有些人赢了1块钱，就收回5毛，他赢的钱明显比我少得多。但我这种弄法，可能最后一次全没有了，一分也不剩。”[①]就如同他描述的，后来的20多年里，李书福每次都把他赚的钱“全放下”，赌到一个行业里。他拍照赚了点钱，一年后就去开了一家照相馆，再多赚了点钱，一年后就去办了一个冰箱配件厂，又赚到钱了，两年后他索性办起了一家名叫北极花的冰箱厂。冰箱厂竟然还是很赚钱，他很快成了当地有名的千万富翁。可就在这时，发生了1989年的宏观调控，政治气氛空前紧张，私营经济遭遇寒流，一些业主纷纷把工厂上缴给了“集体”。李书福一紧张，也把车间、库存、土地连同工厂的存折都交了出去，他带了上千万元的现金跑到深圳大学去“进修”了。

躲过了一阵风头后，李书福又回到台州继续“放下”。1993年，他决心要造摩托车。当时沿海农村已经富裕起来，摩托车不仅成为年轻人追逐时髦的标志，还是货物短途运输最好的工具。李书福一点也没有做摩托车的经验，不过，他天生就是绕开红灯走的天才。没有技术，就四处挖人；没有图纸，就拆了别人的车子依葫芦画瓢。最要紧的是没有许可证，他跑到北京机械部的摩托车管理处，愣头愣脑地问：“我们想生产摩托车，是不是你这里批的？”被问的官员反问他：“你知道国家产业政策不？”李书福答：“报纸上登过。”官员笑了，“看见了不就行了嘛，你还来干什么

① 郑作时著，《汽车“疯子”李书福》，北京：中信出版社，2007年版。

呢？”李书福摸摸头皮不知道怎么回答了。第一次“跑‘部’”[①]就碰壁，不过还是没有难住李书福，他很快找到一家濒临倒闭的国有摩托车厂，花钱“买”了一张许可证。李书福在摩托车上的成功源于他的“仿制才能”。当时台湾的光阳公司刚刚生产出一款踏板式摩托车，很受女性骑士的欢迎，李书福当即把它引了进来，成了大陆第一家生产该款摩托车的厂家。

吉利摩托车的成功，让李书福成了一个真正意义上的企业家。1997年，这个不安分的台州人突发奇想，宣布要造汽车。当时中国的汽车产业可用8个字来形容：“暴利可期，布局已成”。宏观来看，亚洲金融风暴后，中央政府试图启动内需市场，汽车与房地产成了新的消费热点。从这一年起，家用轿车的拥有量连年翻番。众多专家纷纷预言，中国的家用轿车时代已经到来了。与此相关的是，汽车行业的暴利现象已昭然若揭。有人将中国与美国的轿车价格进行比较，同等性能的大众甲壳虫，中国的售价是美国的3.36倍，别克的售价比是2.36倍，丰田花冠的售价比是2.80倍。让人吃惊的暴利，无疑意味着汽车行业有着巨大的成长空间。就产业现状来看，却是一派让人莫名感慨的景象。在1978年国门洞开之时，跨国汽车公司就被获准涉足中国汽车制造业，德国大众，美国通用，法国标致，日本丰田、三菱及日产等纷纷选点设厂，中国民族汽车产业原有的红旗牌及上海牌相继被巧妙地消灭。新华社记者、知名汽车观察家李安定曾用“百病缠身”来形容国内的汽车工业：投资分散，开发能力差，生产成本高，销售服务体系近乎原始。他断言，如果汽车业不能通过巨额资金的筹集来完成结构调整和重组，全军覆没绝非危言耸听。在这种大环境中，李书福贸然闯入，自是无人喝彩。

李书福当时拥有的资金是1亿元左右，他大了胆子对外宣称“投入5亿元”，可是，即使是5亿元这个“大数字”，在汽车业界听来也是很可

---

① 即“跑‘部’前进”：中国商业界的一个特有名词，指企业到北京各部委去争取批文，“前进”一词语带双关。

笑的。与李书福同省的另一个著名民营企业家万向集团的鲁冠球当时也有造车梦想，他在汽车配件业已浸淫30年，一直渴望打通产业环节，造出中国轿车。在萧山家中，他常年把一张汽车风景画挂在醒目的墙壁上，日日视之，夜夜思之。当听说名不见经传的台州李书福要造汽车时，他大吃一惊，然后很老实地说："造车一要政府许可支持，二要上百亿元的资金，万向还没有准备好。"李书福也没有准备好，不过，他觉得造汽车很容易。在一次采访中，他轻描淡写地说："汽车不就是摩托车再加两个轮子吗？"事实上，他也正是用造摩托车的方式来造汽车。跟以往一样，他先选中了一个仿制的对象，那就是当时国内销售最好的低价轿车天津夏利，设计师是厂里几个手艺高超的钣金工，第一批轿车是用手工一榔头一榔头地敲打出来的，它的正式图纸在投入批量生产的几年后才被专业人员补齐。

民营企业造车最大的障碍还是政府许可，李书福依然寻求"变通"。让人难以置信的是，他的汽车许可证来自四川德阳的一家监狱。该监狱下属有一家汽车厂，李书福注资取得了70%的股权，然后取了一个跟全球最大飞机制造商美国波音完全类似的厂名——四川波音汽车制造有限公司。

厂名叫波音，车型像夏利，车价仅如一辆高档丰田摩托车，1998年8月8日，李书福造出的第一款汽车"吉利豪情"正式下线。他摆宴100桌，向全国官员及经销商发出700张请柬，结果只来了一个浙江省的副省长，90多桌菜肴受到冷落。

李书福长相敦厚，塌鼻细眼，十足的草根气质。在一开始，他就被媒体渲染成了一个"符号"，一个堂·吉诃德似的、随时有可能被强大体制吞没的悲情英雄，而李书福本人似乎也十分"配合"这样的形象塑造，他是一个天生的本色演员。有一年，他参加一个颁奖晚会，电视台直播，轮到获奖人李书福上台了，他走路的动作明显放慢，好像是电影里的慢动作。主持人很好奇，问他为什么会这样，他一脸茫然地说，是他们（导演）让我走得慢一点的。此言一出，满场莞尔。李书福的草根与看似木讷为他赢得了国内传媒的同情与好感。然而，在汽车界他却展现出赌性十足与杀气冲天的性情。吉利豪情一面市，就以超低的价格掀起了一场血雨腥风。当时中国的轿车定价大多在每辆10万元以上，最便宜的天津夏利售价每辆近9万元，而吉利豪情的价格仅为每辆5.8万元。有媒体询问："消费者都在问，每辆5.8万元的轿车能开吗？"李书福听到这个问题很高兴，他反问记者："那就是说，如果能开，消费者就都肯买吗？"吉利的入局让汽车业界头痛不已。在之前，各厂家的日子非常红火，轿车价格坚挺而上扬。"豪情"一出现，像一只土制的秤砣把上扬的涨价箭头一把拉下。李书福的竞争战略就只有很简单的一条："做中国最便宜的轿车。"为了应战，天津夏利被迫降价，它每降一次，吉利必应声下降，杀到最后，夏利开出每辆3.18万元的"跳水价"，李书福马上挂牌每辆2.99万元。此价一出，舆论顿时哗然，业界一片寂静。

▲李书福和他的吉利车

李书福在市场上如蛟龙翻江，在政府面前却战战兢兢。他的那张从监狱工厂转来的许可证不但来路可疑，而且按严格规定只能生产卡车和两厢汽车。吉利要做大，一定要一个合法正式的"准生证"，这成为李书福必须解决的头等大事。根据国家的汽车产业政策，所有的资源及政策都将向一汽、二汽及上汽三大国有汽车集团集中，吉利获合法准生的概率非常渺茫。1999年，主管工业的国务院副总理曾培炎到台州调研，专程去吉利视察。李书福当面请命："请允许民营企业大胆尝试，允许民营企业家做轿车梦。"讲到激越处，李书福说："如果失败的话，请给我一次失败的机会吧。"斯言慷慨，闻者无不动容。

一直到2001年的春夏之交，李书福的“求败呼声”还是没有得到回应。7月份，国家经贸委公布最新一期《车辆生产企业及产品公告》（以下简称《公告》），吉利上报的两款新车还是被刷了下来。根据中国与WTO达成的入世协议，汽车制造业将有6年的保护期，在这期间，进口关税逐级下降，进口配额将彻底取消，最后到2006年7月1日，进口关税将降到整车为25%、零部件为10%的目标税率。6年中，所有国有及跨国汽车公司必将完成重大的投资及重组战略，如果吉利连“准生证”都拿不到，就更谈不上参与竞争了。《中国企业家》在一篇题为《生死李书福》的封面报道中写道：“对那次《公告》，李书福寄托了太多太多的期望。但是，当别人在《公告》刊出当天告诉他，吉利被排除在目录之外时，他甚至没有勇气自己拿起那张刊登《公告》的报纸，找寻吉利的踪影……9月，一个宁静的夜晚，走在北京亚运村的街道上，李书福仰望只有一钩残月的夜空，吁叹一声。”①

就在这篇报道刊登的一个多月后，11月9日，有关部门突然增发一批汽车许可公告，“吉利JL6360”竟赫然在榜。第二天，中国在多哈会议上被正式批准加入世界贸易组织。这两条新闻几乎同时出现在各大媒体上，“中国入世”与“李书福入局”的巧合，自然引起国内外舆论的一番热烈解读。每个人都喜欢这样的联想，从政府、传媒、专家、普通公众到李书福。

刘永好、吴鹰及李书福的“另类式成功”各有因缘际会，也生动展现出在利益重新调整的混沌格局中，市场与垄断之间犬牙交错的渗透、妥协与博弈。那些意外闯进垄断或半垄断领域的企业家们从此开始了一段获利颇丰却前途莫测的商业旅途，他们的成功带有很多机会主义的色彩，因而也充满了不确定性。

总体而言，2001年是令人亢奋的。对于绝大多数中国人来说，WTO

---

① 李炜华，《生死李书福》，《中国企业家》，2001年第10期。

似乎是一道漂亮的彩虹门，当那一天到来的时候，举国上下竟有大松了一口气的意味。事实上，并不是所有的人都确切地知道 WTO 到底是怎么一回事，即使是最优秀的企业家们也没有看清那些正在发生的剧烈演变。其中最让人大跌眼镜的是，已经成为全国房地产业领军人物的万科集团王石信誓旦旦地预言，加入 WTO 之后，房价将下跌 15%。后来发生的事实让他的这个预言成了一个笑谈。

在这个剑舞笙歌的年份，仍然有低迷的行业存在，那就是受纳斯达克股灾和美国经济影响的互联网产业。那些意气风发的 IT 英雄们正遭遇他们职业生涯中的第一股大寒流。

看上去麻烦最大的是网易的丁磊。8 月 31 日，网易宣布对上年的财务报表进行修正，净亏损从之前公布的 1 730 万美元上升到 2 040 万美元。4 天后，纳斯达克以财务报表存在疑点为理由宣布网易股票被停止交易，网易也随即宣布丁磊辞去公司董事长和 CEO 的职务，改任谁也没有听说过的“首席架构设计师（CTO)”。与此同时，有传言认为网易很可能因为这个“丑闻”被摘牌，而一家香港网络公司则在接受道琼斯新闻专线采访时表示，它将收购陷入困境的网易。丁磊后来回忆说：“其实那段时间很迷茫，连卖掉网易的心都有过。不卖的原因也不是说我不卖，而是我们财务审计出了问题，人家不肯买了。”他向好朋友、广东步步高集团的段永平请教出售网易的问题，段永平反问他：“你卖了公司干吗？”丁磊说：“我卖了公司有钱再开一家公司。”段永平笑了：“你现在不就在做一家公司，为什么不做好呢？”听了这话以后，丁磊如大梦初醒。决心重新来过的丁磊尝试让网易转型，他宣布投资开发网络游戏《大话西游》，同时与移动电信商大力开发短信业务。丁磊的冒险证明他是中国互联网产业中直觉最好的企业家之一，这种人能够在第一时间发现一个行业的钱到底“藏”在哪里。网易在 2001 年又亏掉了 2 亿元，不过，能快速带来现金流的网络游戏和短信业务最终还是拯救了这个 30 岁的年轻人。

阿里巴巴的马云没有像丁磊那样风光过，所以他的焦虑会少一点，不

▲第一届“西湖论剑”，网络巨头在西湖边的合影

过，阿里巴巴在那一年也是焦头烂额。在此前，美国著名投行高盛和由传奇的日本投资人孙正义领导的软银公司已经先后对阿里巴巴投资 2 500 万美元。腰缠万金的马云把总部迁到了上海，还同时在美国、英国、日本和中国香港分设子公司，他提出要设立一个遍及全球的公司架构，把“红旗插遍全世界”。他还在 2000 年 9 月在杭州举办了中国互联网产业的第一次行业峰会“西湖论剑”。当时的互联网界英豪辈出，谁也不服气谁，从来没有人能够把他们招在一起开个会。马云知道靠自己的声望遍发英雄帖没有几个人会来，于是，他巧妙地请来武侠小说大师金庸亲自坐坛。王峻涛、王志东和丁磊都是十足痴迷的金庸“粉丝”，竟纷纷应允与会，这很是让东道主马云过了一把“盟主”瘾。

可是，随着互联网寒流的袭来，马云的全球化布局显得大而不当，电子商务的赢利模式没有找到，烧掉的钱却越来越多。在这样的时刻，马云好像突然醒了过来，他迅速做出回归中国和回归浙江的战略，相继关闭境外公司，遣散外籍员工，把总部又迁回了家乡杭州。当时，很多人劝他像丁磊一样转型。当时阿里巴巴的网商用户已经超过400万家，无论是做短信和网络游戏都很有条件。可是，马云还是铁了心要在电子商务里一条道走到黑。日后，走出危机的马云用一贯的戏谑口吻说："2001年以前，我们能生存下来的首要原因是我对于技术一无所知。"其实他的成功证明了一条商业铁律，那就是"所有的成功都是抵抗诱惑的结果"。这年冬天，他飞赴日本东京向孙正义汇报公司情况。那些日子，孙正义正处在一生中最黑暗的时刻，他是世界上最大的互联网投资家，在过去几年里投资了全球150家互联网公司，软银公司所持上市互联网公司股份曾经占全球股市市值的8%。孙正义一度超过比尔·盖茨成为全球首富，而此刻他的资产已经缩水95%，投资的上百家互联网公司乱成一团，大家都不知道未来的出路在哪里。那天，前来汇报的各国CEO愁眉苦脸地一个接一个地进去出来。轮到马云了，当他简短地讲完阿里巴巴的境况后，孙正义幽幽地说："今天前来汇报的CEO，所说的话都与我当年投资他们时说的不一样了，只有你还在说当年说过的话。"回到杭州后，马云对外界宣布，明年阿里巴巴将赚钱，媒体问，赢利目标是多少？他爽快地答，1块钱。

网易的转型与阿里巴巴的坚持，显示了中国第一代互联网企业家在重大危机面前的应对智慧。相对而言，发生在中国第一门户网站新浪公司的风波，则让人们看到了另外一种残酷。

6月1日，王志东在位于北京万泉庄小学的办公区接受《南方周末》记者信海光的采访。那些日子他的心情很好，因为妻子兼创业伙伴刘冰怀孕了，据查还是一对龙凤胎。他兴致勃勃地谈论新浪在产业低谷中的抗风险能力，还不无得意地透露说，他在创业之初就把这个便宜地段租了10年之久，可以比其他网络公司节省很多开支。接受完采访，他随即飞赴美国参加董事会。两天后，刘冰挺着大肚子去机场接他，随口问："董事会开得怎么样？"王志东答："我不干了。"6月4日，一条新闻出现在新浪网主页的显著位置："首席执行官王志东已经因个人原因辞职，同时，他还辞去了新浪网总裁与董事会董事的职务。新浪网董事会指派现任运营官茅道临接任执行官。”正在写稿的信海光急忙给新浪网总编辑陈彤打电话求证，陈彤说：“我也是昨夜才知道。”再给王志东的妻子打电话，刘冰说：“你随便猜吧。”

在全国媒体乱纷纷地“猜”了20天之后，一个戏剧性的场面出现了。6月25日早上9时，王志东身着带有新浪标志的蓝色衬衫，挂着新浪员工胸卡，笑容满面地走下红色的马自达私车，走进万泉庄小学的办公室“上班”。他的身后，是一群闻讯蜂拥而至的记者。王志东在随后举行的新闻发布会上宣称，“我没主动辞职，我没有签过有关的文件，他们是突然袭击，他们没给我解释的机会。我不知道理由。我现在在法律意义上依然是新浪的法人代表，对新浪负法律责任。我很负责任地说，我绝不会以所谓的个人兴趣为名，逃离一线的战友。”王志东的这个行动把新浪董事会的内部矛盾全数暴露出来。

几乎所有的舆论都倒向王志东，这位33岁的年轻人是新浪网的缔造者，董事会里的每一个董事都是他亲手开门迎进来的，现在，这些人却联起手来以“个人原因”将他扫地出门，在情谊为重的东方商业伦理中，这简直是“天理难容”了。不过，在“资本”看来，却有另外一种事实。新浪自2000年4月上市以来，股价已经从最高的每股55美元跌到了每股1.60美元。打开新浪股价走势图，看到的是一幅惨不忍睹的情景。新浪的股东们先后投入了1.6亿美元，投资的成本均价为每股4美元，如果不能遏制持续的下跌，所有人都将血本无归。在股东们看来，身为CEO的王志东在这种跌势面前无所作为，甚至并未表现得打算有所作为。因此换掉他，是一个顺理成章的决策。《财经》杂志在评论中说：“无论对新浪还是对王志东，创业人的去职都是一件感情痛苦的事情……它将证明，在互联网浪潮中引进中国的，不仅有外国的资金与技术，还有与之相伴的成熟市场规则；它将毫无疑问地成为一个经典案例，证明资本的权利，亦证明企业家的理性。”①

① 胡舒立、王烁，《王志东沉没》，《财经》，2001年7月号。

《财经》的评论符合日后事件发展的走向。资本没有因为王志东的反抗而妥协，王志东也很快从过激的情绪宣泄中回过神来。在时隔戏剧性的“上班风波”一个月后，他宣布创办新的公司。几年后，他在参加东方卫视的谈话节目《头脑风暴》时说：“一个人摔倒了，就要马上爬起来，否则，不摔死也会被人踩死。”

在2001年的互联网寒冬期，出局和落寞的不止王志东一人。8月，创办中国第一家B2C公司MY8848的著名网络人、因写作第一篇网络帖子《金州不相信眼泪》而闻名的“老榕”王峻涛辞去董事长职务。他对媒体说：“辞职就是一种业务重启，需要换一种方式做事业。王志东就重启了，现在我也需要重新启动一下。”他很快也创办了新的公司。10月，中国最大的网络文学网站“榕树下”以很低廉的价格出售给德国传媒巨头贝塔斯曼公司。一开始，贝塔斯曼的开价是1 000万元人民币。谈判中场休息时，贝塔斯曼的代表偶然碰到“榕树下”所租办公楼的物管人员，得悉这家公司已拖欠好几个月的水电费未交。回到谈判桌上，开价一下子降到了100万元人民币，创办人朱威廉被迫接受。

12月，因开发出中文Linux软件而颇受市场追捧的深圳蓝点公司被低价出售。1999年，4位25岁的年轻人在一家咖啡屋里创办了这家公司，它的中文Linux软件一度占到全国市场80%的份额，在美国三板OTCBB市场上市的蓝点股票市值曾高达4亿美元。由一文不名到市值4亿美元，4个年轻人只用了6个月的时间，然而仅一年后，竟又奇迹般地回到了起点，蓝点的股价从每股22美元陡缩到每股0.035美元，深圳一家汽车配件公司以100万元人民币的出价成了它的新主人。

这是一段狼狈不堪的青春岁月。互联网经济曾经无比痛快淋漓地颠覆了过去的公司发展和财富积累模式，而在它降临人世10年之后，永恒的商业规律却以十分残忍和直白的方式告诉所有渴望成功的人们，跟以往的每一个故事一样，所有的成长都必须经历煎熬和历练，日后的辉煌将证明，危机是最好的老师，所有的苦难都是值得的。

这年7月的美国《连线》杂志刊登了一个数据："在1984年的全美十大个人计算机软件公司中，微软排名第二，到2001年，微软跃升第一，而当年的其他9家公司在排名中都消失了。"报道人颇为感慨地写道："也许我们应该对什么是好公司进行重新定义。"同样的公司沉浮也发生在中国的新经济企业中。有数据显示，北京中关村科技园从1995年到2001年的6年间，规模最大的前20%企业中只有1/3生存下来，活下来的企业中，只有1/5仍然居于前20%之列。

成长的烦恼弥漫在整个商业界。这年，全美最畅销的商业图书是吉姆·柯林斯出版的《从优秀到卓越》，其讨论的主题便与此有关。7年前，柯林斯因写出了《基业长青》而成为当代最重要的商业思想家之一。在新著中，他对1965年以来《财富》杂志历年500强排名中的每一家公司（共1 400多家）逐一分析，从而得出了一些让人意外的结论。柯林斯发现，公司实现从优秀到卓越的转变，跟从事的行业是否在潮流之中没有关系，事实上，即使是一个从事传统行业的企业，即使它最初默默无闻，它也可能变得卓越。他得出的其他结论还包括："技术以及技术推动的变革，实际上并不能激发从优秀到卓越的跨越"，"合并和收购在推动公司跨越过程中并没有起到任何作用"，"革命性的跨越，不一定需要革命性的过程"，"卓越并非环境的产物，在很大程度上，它是一种慎重决策的结果"。这些观念对于曾经狂飙突进、如今深陷互联网泡沫的企业家来说，无疑是令人震惊的，它让人们重新思考成长的路径和真实意义。柯林斯还描述了创造卓越型企业的"第五级领导"："他们往往不会站在前台锋芒毕露，成为媒体的宠儿、谈论自己的理念或成为社会名流。他们大多像外星人，沉默内敛、不爱出风头，甚至有点害羞，谦逊为怀的个人特质和不屈不挠的专业精神齐集于一身。他们深藏在团队后面，协调着团队的交响乐。"这样的形象描述让性喜张扬的互联网新贵们相形见绌。①

---

① [美]吉姆·柯林斯著，俞利军译，《从优秀到卓越》，北京：中信出版社，2006年版。

在中国，人们也开始认真地咀嚼柯林斯的思想，有一位企业家的表现让人似乎看到了“第五级领导”的影子。

这年1月，华为的任正非在《华为报》上发表了一篇6 000多字的长文《华为的冬天》。在过去的2000年，华为的销售额飙升到220亿元，盈利高居全国电子百强之首。不过他已经清楚地预感到了网络经济泡沫破裂后对电信市场的连累，这位一向忧虑而极度低调的企业家在开篇就问他的员工：“公司所有员工是否考虑过，如果有一天，公司销售额下滑、利润下滑甚至会破产，我们怎么办？我们公司的太平时间太长了，在和平时期升的官太多了，这也许就是我们的灾难。泰坦尼克号也是在一片欢呼声中出的海。而且我相信，这一天一定会到来。”任正非继而用不无耸动而尖利的笔调写道：“现在是春天吧，但冬天已经不远了，我们在春天与夏天要念着冬天的问题。IT业的冬天对别的公司来说不一定是冬天，而对华为可能是冬天。华为的冬天可能来得更冷一些。我们还太嫩，我们公司经过十年的顺利发展没有经历过挫折，不经过挫折，就不知道如何走向正确道路。磨难是一笔财富，而我们没有经过磨难，这是我们最大的弱点。我们完全没有适应不发展的心理准备与技能准备。”

在企业史上，任正非不是第一个写检讨和自省文字的企业家，沈阳飞龙的姜伟、山东三株的吴炳新等人都曾在企业危机爆发的时候有过同样的举措，不过，任正非却是第一个在企业还处在高速成长时期就发出“红色警报”的人。他的警告见到了成效，2001年的全球电信产业果然出现惊天大滑坡，华为的全球对手美国思科业务严重下滑，全年仅报废的库存就高达22亿美元，思科股票大跌，被迫裁员8 500人，董事长钱伯斯把自己的底薪降到1美元。在这样的逆境中，及时调整、“穿上了过冬棉衣”的华为却完成了255亿元的销售额，实现利润27亿元。

正是在2001年的惊涛骇浪中，23年前那个忐忑不安的解放军代表、14年前那个潦倒的创业者任正非完成了从优秀到卓越的跨越。

2002 中国制造

在飞临中国第50次以后，

我现在成了中国经济繁荣论的最积极的鼓吹者。

——大前研一，2002年

《经济学人》在1979年做出的那个预言终于在23年后变成了现实。[1]2002年年初，美国零售业巨子沃尔玛决定把它的亚洲采购中心从中国香港搬到深圳的罗湖区，中国区总裁张嘉声对记者说："我们找到了最大的卖家。"在不久前《财富》公布的世界500强企业中，沃尔玛以2 198亿美元营业收入名列第一，这也是历史上服务业公司第一次成为500强的老大。沃尔玛本年度在中国的采购商品总额为120亿美元，相当于中国与俄罗斯之间的贸易总额。根

---

① 这家老牌的英国杂志在1979年3月做出大胆分析：尽管从眼前看，中国需要大量的进口，这将刺激工业发达国家的生产，但是长远而言，"洪水猛兽般的中国出口品会成为必然"。见本书1979年章。

据《纽约时报》专栏作家托马斯·弗里德曼的计算，“沃尔玛若是一个国家，将成为中国第六大商品输出国和第八大贸易伙伴”。

开始于1998年前后的“中国制造”浪潮在这一年活力四射，物美价廉的中国商品终于向全世界发威。在5月份举办的韩日世界杯足球赛上，中国足球队颗粒无收，中国商品却出尽风头。江苏扬州的玩具工厂制造了30万只世界杯吉祥物，浙江义乌的服饰公司生产了225万面球迷呐喊旗和数十万件“球迷假发”，福建的工厂则提供了上百万件球迷服、护腕及足球袜等。中国国家统计局在8月16日的一次新闻发布会上宣称，中国经济的比较优势仍然在制造业，过去20年的经济增长主要依靠制造业的成长，制造业增加值占国内生产总值比重基本维持在40%左右。

北京长城企业战略研究所在一份题为《中国科技发展报告》的综合报告勾勒了“中国制造”的轮廓：初步估计，我国已有上百种制造产品的产量在世界上居首位。自1990年起，中国内地吸收投资2 300亿美元，占亚洲总额的45%，其中制造业是最重要的投资领域，中国已成为世界第四大生产国，“中国制造”正在世界范围内崛起。在区域结构上，“中国制造”形成了环渤海湾、长江三角洲、珠江三角洲三大世界级的制造中心。三大区域的人口总数占全国总人口的35.45%，国土面积不到全国的10%，却创造了57%的国内生产总值和66%的工业总产值；而在对外贸易方面更是占据全国85%以上的份额，外资的利用也接近全国利用外资的八成。在出口企业群体中，小型企业在数量上占据绝对优势；产值方面，大型企业和小型企业则相差无几。报告分析认为：“国有大型企业能够更好体现制造业规模化生产的优势，但上升空间有限；而小型企业中，新兴的民营制造企业代表制造业新生力量，近年发展迅速，是‘中国制造’崛起的主要推动力量，也是今后发展的主要动力。”

也是从这年开始，一个真实的笑话开始以各种版本流传起来：很多人出国旅游买回一大堆纪念品和时髦的商品，回到家里后扒开商标一看，都是“Made in China”（中国制造）。这种让人哭笑不得的笑话背后，却洋溢着一种特别的自豪。《中国经营报》在一篇述评中写道：“中国制造是2002年的某一夜冒出来的新名词，或者说它是一个老词，但在2002年被一下子激活，并赋予了新意：在世界经济发展萎靡不振的前提下，中国经济欣欣向荣，由于全球经济一体化和比较优势等多种原因，使世界越来越感到了中国的存在和力量。”该报继而用十分骄傲的口吻说：“正如大国的兴衰印证的是制造业的兴衰一样，从曾经的日不落帝国大不列颠到当今全球唯一的超级大国美利坚，从挑起两次世界大战的德国到创造东亚奇迹的日本，无一例外。即使是后来的东亚‘四小龙’，也莫不以制造业为发展的开路先锋。如今，世界经济一体化的浪潮，把制造业这个机会涌到了中国的门前。”①

这样的评论铿锵有力，不过却只观察到了事实的一半，中国公众及舆论对“中国制造”的深度认识还有待时日。事实上，从一开始，“中国制造”的全部优势就在于价格的低廉。广东格兰仕是全球最大的生产微波炉的专业工厂，它的厂区绵延3公里。到2002年，格兰仕的产量突破1 200万台，占到全球市场份额的1/3。主管营销的副总裁俞尧昌在媒体上撰文说：“我们的唯一秘诀就是将劳动力低廉的优势发挥到极致。”他讲述了一个打败国外企业的故事：微波炉重要的上游零部件是变压器，日本产品的价格是20多美元，欧美的企业是30多美元，在日货冲击面前，欧美企业痛苦不已。格兰仕就和美国企业谈判：把机器拿给我做，按美方现在的产量我一台给你8美元。美国人很痛快地就把生产线搬过来了。由于格兰仕员工工资很低，而且工人可以24小时“三班倒”，因此一周里，只有一至两天为美国人生产，其余时间几乎在享用免费的晚餐，所以，格兰仕横扫国内市场。在国际上，它的低价战略很快把变压器也逼成了日本人的鸡肋。格兰仕又去找日本人谈判：我每台给你5美元，你把生产线也租赁给我吧。就这样，多国的生产线汇集顺德，格兰仕因此奠定了“微波炉世界

① 刘海燕，《理解中国制造》，《中国经营报》，2002年12月30日。

工厂”的龙头地位。

如果说格兰仕的故事很生动地说明了“中国制造”在成本上的优势来源，那么芭比娃娃的故事则能显示中国商品在价值链上的地位。“芭比”是迪士尼公司最热销的儿童品牌玩具，每年在全球120个国家销售，其最主要的制造基地在中国。一个在北美市场零售价为20美元的芭比娃娃，中国工厂的离岸价为1美元，这1美元里包括了制造商和渠道商的成本、利润以及各项税收。

中国在外贸和内需两大市场的“双引擎”启动，让宏观经济展现出多年未见的繁荣景象，亚洲金融风暴的阴霾已经散去，加入WTO后的“中国产业崩溃论”也不攻自破，连一向对中国经济不甚看好的人士也不得不改变观点。日本管理学家大前研一曾经是“中国崩盘论”的提出者之一，在这年新出版的《中国冲击》（*China Impact*）一书中，他承认：“在飞临中国第50次以后，我现在成了中国经济繁荣论的最积极的鼓吹者。未来10年，世界最重要的课题就是如何与一个强大的中国相处。”日本前首相桥本龙太郎在这年访问中国时，对中央电视台记者说：“说实话，我特别羡慕你们，日本迟迟不能解决通货膨胀的经济问题，而中国经济却能够连续几年保持8%以上的增长，我除了羡慕，还是羡慕。”

任何人读了下面的数据都会像桥本龙太郎一样羡慕中国：2002年，3万家外商投资企业在中国落户，吸引外资500亿美元，比上年增长14%；全年的国内民间投资增长幅度达到18%，是上年增速的两倍，在浙江、广东等省份，民间投资占到全省社会投资总额的60%；外贸出口的增长超过20%。根据世界银行的统计，中国的人均国民生产总值已达到960美元，逼近1 000美元，这标志着“中国社会已经走过温饱阶段，初步实现了小康”。在这年，中国被越来越多的溢美之词包围，诺贝尔经济学奖得主斯蒂格利茨说：“中国可以被称为整个世界经济发展的一个模式或者范例。”《华尔街日报》的评论是：“中国正在成为亚洲最重要的政治力量。”《经济学人》杂志则用数据说话：“在1995—2002年的全球增长中，美国只贡献了 20%，而中国的比例是 25%。”

在宏观经济阳光明媚的同时，企业界却发生了一连串令人惊心动魄的公司风波——李经纬被赶出健力宝，顾雏军得手科龙，仰融出走华晨，春兰改制搁浅。这些发生在 2002 年的事件看上去情节各有曲折，内幕云缠雾绕，而其实质都与实施了 4 年多的产权清晰化运动有关。

以产权变革为主要手段的“国退民进”战略进入了最后的“收官期”，最重要的原因是第二年年初将进行中央及省市各级政府的换届，而国有企业的扭亏比例显然是最重要的考核指标之一。因此，尽快将陷入亏损困境的国有及集体企业出售成为一个具有政治和经济双重意义的改革任务。到年底，工作的成效是显著的，江苏的苏南及浙江的绍兴和宁波，原本是东南沿海最著名的集体经济地带，如今，民营企业的比重都已超过了 90%，数以十万的集体经济经营者一夜之间变身为千万乃至亿万富豪。然而，就在这股进退浪潮中，一些地方政府与企业家对企业产权的处置发生了分歧，政商博弈直接导致了致命的危机。

1 月 9 日，健力宝的李经纬与三水市市长冷冷地相向而坐。自 1998 年以来，他们已经因健力宝产权的分歧而势同水火。上年 7 月，市政府为健力宝召开了转制工作联席会议，市委、市政府领导全数到齐，与会的官员依次表态，结果 90% 的人主张卖掉健力宝，并且不能卖给李经纬团队。

在一开始，新加坡第一食品公司险些成为健力宝的新主人。在那次关键性的联席会议后的第三个月，李经纬被通知去参加一个晚宴。就在宴席上，一个名叫魏成辉的新加坡商人被介绍给了李经纬，市长开宗明义地说，政府已选中魏先生的公司来购买健力宝。李经纬闻言，如惊雷轰顶，愤懑之情可以想见。第二天，在内部的工作餐上，他突然失去控制地说出了粗话：“他妈的，市里要卖股，我一点都不知道，就只通知我一起吃个饭。”更让他不堪的是，政府拒绝以 4.5 亿元的价格将健力宝卖给他的团队，却接受了新加坡人 3.8 亿元的开价，而在草签的协议中，号称“中国第一饮料品牌”的健力宝商标的评估价值居然为零。

李经纬无法理解为什么政府宁可把企业卖给素不相识的外国公司，也不卖给一手将企业创建起来、为此呕心沥血了一辈子而且还愿意出更高价格的自己。在他的幕后策动下，国内媒体闻风而动，一时间“健力宝被无情贱卖”“中国第一民族品牌旗帜被砍”等舆论铺天盖地，其间夹杂的激动情绪显然让三水政府难以招架，而健力宝则一方面向外宣称，愿以4.5亿元的价格“赎身”健力宝。李经纬的对抗姿态和汹涌而来的舆论攻势，把本来就缺少公关应对能力的三水政府逼到了一个万分尴尬的墙角。一位官员后来大为光火地说：“媒体的提前介入打乱了我们的计划，使我们完全陷入被动的地步。”新加坡方案很快就流产了，而三水政府也找不到合适的“国内买家”。就这样，市长与李经纬再次开会对话。在社会舆论上颇占上风的李经纬以指斥的口吻问市长：“为什么完全抛开健力宝创业团队，一意要将健力宝对外出售，为什么不让我们买回来?!”市长当即表态：“要买可以，我给你们一个星期的时间。”

眼看着峰回路转，谁也没有想到就在这一周里，冒出来一个28岁的资本庄家张海。他提出按李经纬的出价收购，而出面的公司将是一家名叫浙江国际投资信托公司（浙江国投）的国有企业。正憋着一肚子气的三水官员如遇旷世知音，1月14日，就在承诺“一周内筹足钱就卖给经营团队”的第六天，正在四处筹措资金的李经纬突然被紧急召到市政府。他的屁股还没有坐到椅子上，市长就开口通知他：“这事已经定了，我们现在决定把健力宝卖给浙江国投。”第二天，在三水的健力宝山庄，一场仓促筹备的签约仪式在众目睽睽下举行了。三水市政府向浙江国投转让健力宝75%的股份，作价3.38亿元。在仪式上，功败垂成的李经纬如一匹被弃的老马，默默地坐在会场的一角，一脸难掩的落寞神情。第二天，他“含泪仰天，不发一语”的照片被刊登在国内所有的新闻网站和财经媒体上，观者无不为之动容。此照堪称30年企业史上最悲情的一张企业家照片。

李经纬的噩运还没有到头。在签约仪式后的第九天，他在家中突发

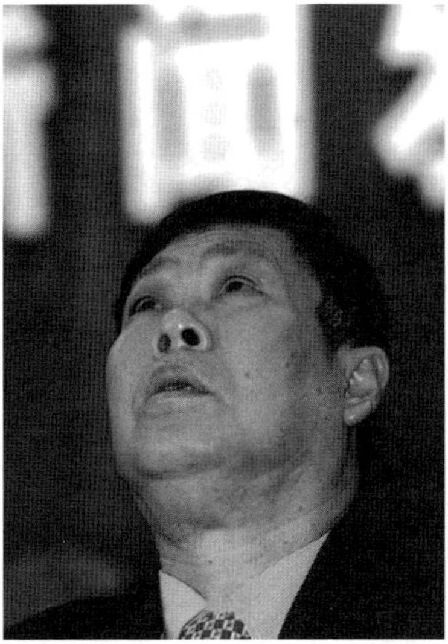

▲李经纬

脑溢血，亲属急拨120送广州空军医院急救，医生立即为李经纬施行脑内血肿碎吸排空术，把脑内的积血全部抽出。自此，他再没有离开过病房。举国之内，对他的同情之声四起。10月中旬，病榻上的李经纬收到一纸通知，广东省第九届人大常委会第三十七次会议通过决定，以涉嫌贪污为罪名罢免了他的全国人民代表大会代表职务。检察院的立案案由是："身为受国家机关委托管理、经营国有财产的人员，无视国家法律，伙同他人利用职务之便，以购买人寿保险的形式，侵吞国有财产331.88万元。"李经纬团队中的4位副总裁中的三人相继被双规、拘捕，一人"出逃"国外。

至此，扑朔迷离、一波三折的健力宝产权交易事件，以李经纬的涉嫌犯罪而尘埃落定。无论如何，没有人愿意去同情一个贪污犯。健力宝自此元气大伤,2004年，张海因经营不善被免职，企业一度濒临停产。2007年，健力宝再度易主给台湾统一集团，当年的"中国第一饮料企业"此时已沦为二流公司。让人难解的是，李经纬一直以戴罪之身被"限制居住"在医院中，检察院从未对其正式提起诉讼。

客观而言，在健力宝风波中，地方政府并没有搞垮企业的意图，官员们放弃李经纬团队，选择"宁与外客，不与家人"的策略，主要有两个原因：一是担心经营层上下其手，难以控制；二是为了避嫌，害怕承担国有资产流失的责任。"国退民进"在各地实施过程中，始终只有战略而没有具体的法规依据，确实存在私相授受的现象，有很多企业通过暗箱操作的方式实现了产权的私有化。因此，有些政府官员害怕承担相关责任，出于避嫌考虑，宁可把企业卖给人际关系较为单纯的外来者。正是在这种“制度缺陷”的前提下，对现有经营者的强势排除，与对外来力量的盲目信托，形成了鲜明的对比，实业家们被无情地阻挡在他们开创的事业殿堂之外，所谓的资本掮客则得以轻易地从小门从容进出。在与这些娴熟的“门外的野蛮人”的过招中，地方政府表现出了易于轻信和不善博弈的稚嫩。我们看到了中国公司改革最令人哭笑不得的景象。

如果说，地方官员在健力宝风波中展现了猜疑和意气用事的一面，那么同样发生在华南的科龙事件则透露出另外的一种介入思路。这年1月，一个叫顾雏军的人突然成为科龙的新主人。

自从1998年年底，创办人潘宁以“莫须有”的理由突然“辞职”之后，这家中国家电业最具高科技特质、效益最好的企业从此陷入了神秘的动荡之中。潘宁离去后，接替他的是多年助手王国端。王国端就任一年半后又宣布“辞职”，容桂镇镇长徐铁峰拍马上阵，亲自出任科龙总裁。在开放之风颇盛的华南地区，由镇政府正职官员转任辖内最大企业总裁，此前并无先例。此人事更迭激起一片惊呼，或许也是从这种非同寻常的举动中，媒体嗅出了科龙事件的戏剧性。2000年，科龙报亏6.78亿元。对于这家已经8年稳居中国冰箱行业老大的明星公司而言，巨额亏损无疑是向市场投掷了一颗大炸弹，市场对此的反应几乎可以用“骇人听闻”来形容。

根据公开的解释，科龙亏损是经营不善所造成的。可是，从1997年开始，科龙的赢利能力每年都保持在6亿元以上。1999年，净利润为6.3亿元，冰箱产量达到创纪录的265万台，实现销售总额58亿元。但是，这样的科龙怎么会在来年掉头亏掉将近7亿元，一来一去将近14亿元的反差如何说得清楚？从财务的角度分析，科龙亏损有三种可能性。

第一种可能是，市场突发重大恶性事件，销售急剧萎缩，因运营成本过大，造成巨额亏空。事实上，这种状况在当时并没有发生。第二种可能是，应收款过大，巨大的呆坏账，形成财务黑洞。曾全面主管科龙营销的屈云波披露说："2000年我上任时，科龙拖欠广告费2亿多元。我来之前，科龙的最高应收账款是12个亿，我刚上任时是七八个亿。而到我2001年年底离去时，广告费只剩下几千万了，账面上还有2个亿的应收账款，应在正常范围之内。"如果是这样，也就是说，尽管在2000年前后公司的应收款项惊人，最终却并没有形成坏账。

最后一种可能就是，大股东有转移资产的嫌疑。在潘宁创建科龙品牌之后，其上级一直存在着一个"容声集团"，它是科龙电器的大股东，受政府委托管理集体资产。尽管科龙先后在香港和深圳上市，成为一家公众公司，但是真正握有资产权的容声集团始终隐身其后。科龙与大股东之间的资产状况究竟如何，外界尽管存在种种猜测，但是从来没有得到过清晰的交代。有专家大胆地推测：国有股东在否决了潘宁的改制方案后，采取了"转移资产"的方式从科龙电器退出，在短短三年的时间里，科龙电器被彻底"掏空"和"消耗而空"。①

2001年10月31日，全国各大媒体的财经记者在毫无预兆的情形下得到一条消息：一家名不见经传的格林柯尔公司成为制冷家电龙头企业科龙的第一大股东。格林柯尔以5.6亿元收购科龙电器20.6%的股权（后来这个金额降至3.48亿元）。

顾雏军是一个经历很可疑的企业家。他30岁时曾经"发明"了一套以自己名字命名的"顾氏"热力循环理论，号称能够生产节能型空调，潘宁还曾专门派人探询此技术的可行性。1991年，他在惠州办了一家空调工

① 营销专家屈云波曾于2000—2001年期间担任科龙集团营销副总裁，他在离开后对所了解的科龙实情一直三缄其口，一直到2005年8月，在接受《经济观察报》记者采访时，他才言辞闪烁地说："由头一年赚7个亿（实际上是6.3亿元）到第二年亏7个亿（实际是6.78亿元），这引起大家很大的关注，一来一回可是14个亿啊。除非是特殊情况，要不就是在专门制造亏损。"他还说："我可以把亏损这种事变成好事，把领导层的不断更换这种坏事变成好事，但我没有能力把偷钱这种坏事变成好事。"

厂，广告自称是“目前世界上耗电最省的家用空调器”，后来被技术监督局认定质量不合格，硬是把厂子给查封了。然后他接着在天津新建了一家无氟制冷剂工厂，名字是“格林柯尔”。2000 年，格林柯尔在香港创业板上市。上市第一年，格林柯尔就宣布实现利润 2.69 亿元，营业收入在过去三年里增长了 3 300 倍，名列香港创业板赢利第一。在 2001 年的年报中，公司宣布实现营业收入 5.16 亿元，毛利 4.1 亿元，净利润 3.4 亿元，以严谨的财务分析著称的《财经》杂志宣称，“其收入简直是一个无法达到的数字”。《21 世纪经济报道》则爆料，格林柯尔的所谓业绩来自大量的虚假合同，“它的故事的核心就是到处签虚假订单，假订单多得可以用麻袋装”。就是这么一个环绕着众多灰色光环的企业家走进了大雾中的科龙。据《顾雏军调查》[①] 作者陈磊引用一位曾任科龙电器董事会秘书的知情人的话，顾雏军与政府谈判的重要筹码，正是科龙电器与母公司容声集团之间藏于账面之下的大量关联交易，“顾雏军向政府表示，如果让他收购，容声集团欠科龙的钱，就可以不用还了”。

顾雏军后来也详细地回忆了收购科龙前后的情形：“2001 年 9 月 27 日签约的时候，我们只知道可能亏损 1 个亿，到 11 月底，告诉我们亏损可能超过 6 亿元。当时我们大吃一惊，而签的协议已经公告，这种情况下，我们回去开了一个会，最后得出的结论，科龙的成本控制是有大问题的，如果做得很严格，赢利是有可能的。我 2002 年 1 月进入科龙，3 月份的时候审计报告出来，科龙竟亏损 15 亿元，开始报告是 18 亿元，我们担心那么大的亏损会让债权银行失去信心，就决定通过购并收回了 3 个亿。大概有半年到 8 个月的时间，银行对科龙都是只收不贷。”

在顾雏军接手后的 2002 年 4 月，科龙电器按惯例公布年报，尽管市场对其业绩表现不抱幻想，可是听到的数据还是让人从凳子上跳了起来：在上年度亏损 6 亿多元的基础上，公司年度继续报亏 15.55 亿元，两年连

---

① 陈磊著，《顾雏军调查》，广州：广东人民出版社，2006 年版。

续亏掉22亿元，创下中国家电上市公司之最。由这些数据和回忆，可以得出一个结论：顾雏军得到的科龙是一具已经被掏空的虚弱躯体。在顾雏军入主之后，科龙出现过短暂的复兴，但很快，随着顾雏军展开疯狂的购并风暴，科龙资金再度被大量挪用。2005年，科龙出现36.93亿元的巨额亏损，一举刷新了当年度内地上市公司亏损纪录；牵涉93宗诉讼官司，数目之多也创下近年来内地上市公司涉案之最，公司的净资产则为-10.90亿元。一家曾经最被看好的家电企业在隐晦的产权游戏中成了牺牲品。与潘宁有过交往的北京大学周其仁教授发表评论认为："不是科龙改制才给了格林柯尔机会，而恰恰是因为它没有及时改制。科龙的主要教训就是潘宁时代没有及时发起并完成产权改革，否则顾雏军就没有入主的机会。"他在一篇题为《可惜了，科龙》的专栏文章中写道："读科龙的报道，被一个问题折磨：要是还由创业老总潘宁那一代人领导，科龙至于落到今天这步田地吗？知道历史不容假设，可忍不住就要那样想……科龙的结局似乎是时也，运也，命也。欲哭无泪。"①

这些产权丑闻在各地此起彼伏地引爆，在当时让人看得眼花缭乱。一个值得记取的事实是，在大面积的产权改制过程中，出现了"小企业易改，大企业难改，无名企业易改，知名企业难改，亏损企业易改，赢利企业难改"的景象，于是，一些赢利能力强的知名大企业的产权变革便成了难中之难。年初，一度高调操作的"春兰改制"正式宣告搁浅。

春兰改制有很强的标本意义。春兰的前身是江苏泰州一家濒临破产的县办集体企业——泰州冷气设备厂，1985年，其资产为280万元，负债550万元，净资产值为负。在陶建幸的经营下，春兰在空调市场上异军突起，到1994年，春兰成为中国最大空调生产基地、世界空调七强之一。2000年，春兰的资产规模达到120亿元，净资产80亿元，成为中国家电

① 周其仁，《可惜了，科龙》，《商界（中国商业评论）》，2006年第01期。

业的翘楚。陶建幸因此与四川长虹的倪润峰一起当选中共十五届中央候补委员，他同时还进入党政机关，出任中共泰州市委常委。

2000 年 10 月，在产权改革声浪渐起、“苏南模式”开始大规模转型的背景下，春兰董事会发出公告，宣布在不涉及国有资产的前提下，春兰集团公司从近 50 亿元的集体资产中切割 25%，用现金按 1∶1 的比例向经营层和万余名员工进行量化配股。陶建幸认为，春兰改制符合中央政策，因此高调推行，引来舆论广泛而热烈的关注。他看上去已经考虑到了种种可能存在的隐患，比如，改制方案明确规定，公司不得以包括担保、资助、借款等在内的任何形式帮助任何人购买公司股份。为了解决技术性问题，工商银行、建设银行江苏省分行和春兰方面达成协议，两家银行以股票质押方式向春兰全体员工提供 90% 的贷款。为了“避嫌”，陶建幸还拒绝接受其他人提出的管理层控大股的建议，而是实行“普惠制”，这也意味着他主动放弃了价值超过数亿元的股份。他对《三联生活周刊》的记者说：“有关部门考虑过给我春兰集团的 10% 股份，但我拒绝了。在春兰拼死拼活干，真的不是为多赚钱。给我 7 个亿，我干什么花呀？在我心里，春兰似乎是自己的。金钱对我的驱动力为零。”①

▲陶建幸

陶建幸的自信和高调，意外地让自己成了舆论讨论的焦点。有人计算说，春兰改制将一夜之间造就上千个

① 余勇，《春兰改制分家产其中奥妙知多少》，《三联生活周刊》，2000 年第 24 期。

百万富翁、上百个千万富翁以及数个亿万富翁，陶建幸本人的财富自然成了最大的聚焦。改制前，他的月薪为 3 500 元，而根据改制方案，他估算可得 5 000 万元（股）左右。于是，种种质疑追踪而来，第一个质疑是，“春兰到底姓啥？”有人设问道：“春兰的国有股份所占比重为 75%，按照春兰的方案，在员工购买股份时还将以 1∶1 的比例配给职工分红权（干股），那么这部分分红权从何而来？是否意味着国有股东放弃其分红权利而让出了一块？这是否存在着国有资产流失的问题？”第二个质疑是，“陶建幸凭什么？”一个大型国有企业的经营者、一个享受显赫政治地位的改革人物，一夜之间“摇身”变成亿万富翁，跟传统的价值判断实在存在很大的认知落差。最后一个更大的质疑是，“春兰效应将带来什么？”有人评论说：“当前中国贫富差距正在拉大，其中最主要的表现之一，是一些经营者在国有企业的产权改制过程中，实现了财富的迅速膨胀。如果转制成功，陶建幸便可能成为中国国有企业改革的先锋和财富的标兵。春兰集团的举动向世人显示：干国有企业照样可以成为富翁。春兰改制完成之后，中国可能出现一波国有企业大规模的产权制度改革。像青岛海尔的张瑞敏、青岛海信的周厚健、四川长虹的倪润锋都可能成为中国 21 世纪历史上的第一批资本家。”

这都是一些很难正面回答的质疑，在某种意义上，它几乎触及了企业改革中一直被隐晦回避的制度和道德底线。陶建幸的高调让春兰改制意外地陷入了一场十分敏感的大争论中。有的人把春兰改制视为“国内大型国有企业中，数量级最高的一次突破性变革”，《21 世纪经济报道》的记者写道：“春兰改制，全中国都凝神屏气地关注着这件事。”而另外的意见则直指“陶建幸用几十天时间就把春兰给‘分’了”。有媒体采访江苏省主管工业的副省长陈必亭，陈必亭很有技巧地回答称：“我个人对此表示支持。”而中央有关部门官员则称，国家并未制定可以这样做的相应政策。一个叫张涌的经济观察者评论说：“春兰改制尽管从经济理论上讲，似乎并无不妥之处，但所影响到的人数之多、钱数之多前所未见，这样的量化，实在吓人一跳。”

“吓人一跳”的结果是，春兰改制“见光而夭”。事实上，在春兰改制新闻公之于世的时候，其员工持股计划已基本完成。但是，在巨大的舆论压力下，改制戛然而止，春兰方案被递交到中央政府讨论，要对其进行否决几乎不需要太多理由。2001年年初，陶建幸被告知“这个方案还存在着法律上的障碍，需要进行更科学、更严密、更合理的论证和计算，需要经济学家和法学家的集体会诊”。到2002年，此方案无疾而终。自以为好局抵定的陶建幸用力过度，棋落盘碎，空余一地叹息。

春兰改制的叫停，在产权清晰化运动中是一个标志性的事件。此后，那些与它情况非常类似的大型企业，如海尔、长虹及海信等的改制方案都被一一搁置。

在这场产权运动中，“可惜了”的显然不只李经纬、潘宁和陶建幸。由于没有制度上的保障和规范，几乎所有企业的产权变革都变成了一场巨大的冒险，是与非、合法与非法往往没有清晰的界线，企业家的命运突然变得无比的凶险和莫测起来。就在这年，中国乳业的两个传奇人物都在自己创办的企业中展开了产权上的探索，而其命运的差异让人在多年后仍然唏嘘不已。

10月8日的《人民日报》刊登了一篇改革人物特写《郑俊怀：造民族品牌》。文章评价这位刚刚当选党的十六大代表的企业家说：“从郑俊怀初到伊利至今，近20年过去了，现已52岁的郑俊怀把最好的年华贡献给了一个企业，用心血和胆识打造出了‘伊利’这一中国乳业的品牌。”1983年，伊利只是呼和浩特市政府属下一个年利税仅4.7万元的回民食品厂。在郑俊怀的经营下，伊利抓住了中国纯奶市场的发展机遇，建成了当时国内最大的乳制品企业。1996年，伊利成为内蒙古最早上市的企业之一，2002年，销售收入达到了40亿元。早在1999年，郑俊怀就试图进行产权改革，在直接谋求产权清晰化不可能的前提下，他跟当时的很多人一样选择了曲线MBO的道路。他和伊利的20多名主管出资成立了一家“华世商贸公司”，相继收购了一些国有企业所持的伊利法人股。由于郑俊怀团队并没有太多的现金，因此在收购中便采取了灰色的做法。有一次，郑俊怀将伊利公司的150万元资金辗转至华世公司，用这笔钱去购买伊利法人股，不久后，又将这笔钱悄悄归还。还有一次，为了一笔1 500万元的伊利股份，他授意一家与伊利有密切业务往来的牛奶场向银行贷款，供华世购买伊利的股票，然后，华世又以所购法人股做质押，从银行获得贷款归还给牛奶场，随后牛奶场将此款归还银行。这种“空手套白狼”的做法几乎在当年是一种被普遍使用的“MBO方式”。郑俊怀的做法看上去非常顺利，并似乎得到了地方政府的默许。到这年，呼和浩特市国有资产管理局将所持有的国家股全部划拨到市财政局名下，并将其中的500万股有偿转让给郑俊怀团队投资的公司——此时，华世商贸已经改名为启元投资，后者一跃成为伊利股份的第二大股东。

就当郑俊怀试图曲线获取伊利的同时，他的一个老部下牛根生则选择了另外一种方式。比郑俊怀小4岁的牛根生曾跟郑俊怀一起打拼天下，他是一个苦孩子，出生一个月就被贫困之极的父母以50元的价钱卖给了别人，他从小随养父在大草原上放牛，后来进回民食品厂当了一名洗瓶工，靠苦干升到车间主任，1992年得到郑俊怀赏识，担任主管经营的副总经理。牛根生做市场有特别的狠劲，而且很会体恤人心。此人读书不多，却天生懂得“财散人聚，财聚人散”的道理。有一年，郑俊怀发奖金让他购买一辆高档轿车，他一转身就把这笔钱分拆成几辆低档车分给了部下。由于他分管伊利的市场营销与广告宣传，因此在媒体上表现得十分活跃，外界一度“只知老牛不识郑”。1998年，郑、牛关系急速恶化，后者突然被免职，理由是“莫须有”。第二年，牛根生就带着几个旧部筹集1 000万元资金创办蒙牛。他后来回忆说：“当时在呼和浩特的一个居民区里租了一间小平房作为办公室，一共只有53平方米，月租金二百多元。蒙牛成立的时候，没有奶源，没有厂房，没有市场，可以说是一无所有。在全国乳制品企业中的排名是第 1 116 位。”牛根生有的是多年来在市场经营中积累下来的人脉和经验。当时，全球最大的软包装供应商利乐公司在中国推广“利乐枕”（那时候，国内牛奶包装主要采用“利乐砖”和“巴氏奶”），并愿意免费向牛奶工厂提供生产设备，伊利等大企业都不愿冒险，唯有没钱买生产线的牛根生敢于一试，不料想竟大获成功。到 2001 年年底，蒙牛销售收入已突破 7.24 亿元，成为国内第四大乳制品企业。

2002 年，几乎跟郑俊怀搞曲线 MBO 同一时间，牛根生也进行了股权上的创新。6 月，摩根士丹利、鼎晖投资、英联投资三家国际机构宣布投资 6 000 万美元入股蒙牛。三家投资商在投资的同时，还提出一个苛刻的“对赌协议”：未来三年，如果蒙牛每年每股盈利复合增长率低于 50%，以牛根生为首的管理层要向三家外资股东赔上 7 830 万股股票，或者以等值现金代价支付；如果管理层可以完成上述指标，三家外资股东会将 7 800 万股股票赠予牛根生团队。牛根生“求钱若渴”，再度冒险签字。[①]

郑、牛两人的命运在此处走上了不同方向。2004 年 6 月，郑俊怀被举报“侵吞国有资产”，曲线 MBO 的做法原本就游走在法律的灰色地带，郑俊怀有口难辩。在法庭之上，郑俊怀称，“所为一切均是为了解决管理层持股的来源问题，至今不明白我的行为已经犯法”。而审判此案的包头市中级人民法院副院长对媒体说：“其实，华世商贸公司的股东如果是伊利整个管理层，如果他们挪用的资金，经过了伊利董事会集体研究同意批准就没有问题。”记者问：“多大的范围是整个管理层？如果董事会集体通

---

① “对赌协议”，准确地说是《股东协议》中的 Valuation Adjustment Mechanism（估值调整机制）条款，该条款的最大风险在于，如果达不到约定目标，管理层将失去对蒙牛的控股权。由于蒙牛的业绩表现“超出预期”，2005 年 4 月 6 日，三家外资投资者提前终止该条款，代价是向蒙牛管理层支付 598.7644 万美元的可换股票据。牛根生有惊无险地保住了控股权。

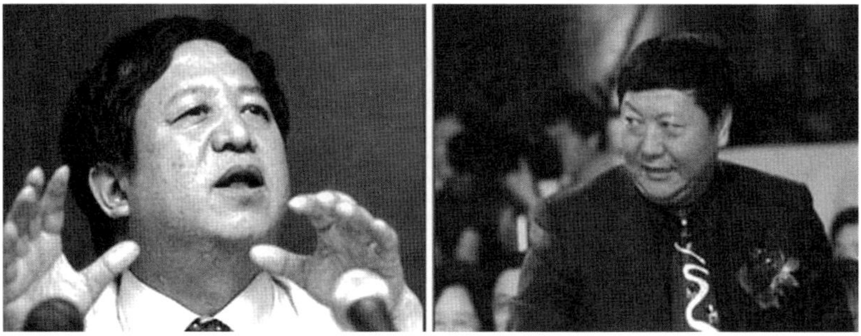

▲郑俊怀和牛根生

过，就能挪用资金了吗？”法院人士莫衷一是。最终，郑俊怀以挪用公款罪被判有期徒刑 6 年。

牛根生则成了一个幸运儿。又是一个时间上的巧合，2004 年 6 月 10 日，就在郑俊怀被举报的同一个月，蒙牛在香港联交所挂牌上市，共募集资金 13.74 亿港元，牛根生以 1.35 亿美元的身价进入当年的《福布斯》“中国富豪榜”。

在未来相当长时期内，对于企业产权改革的讨论将成为中国公众社会及政商学界观点分歧最严重的经济话题。其中有两个重要的争议焦点，一是如何看待“国有和集体资产的严重流失”，二是如何看待国有或集体企业的经营者“赎买”。这场关于流失的争论从 1998 年就隐约开始了，将在 2004 年出现十分火爆的激辩场面。

以香港教授郎咸平为代表的观点认为，“国退民进”是一场分食国有资产的盛宴，其间出现了“掌勺者私分大锅饭”的现象，改革的策略出现了严重的过失与扭曲。而北京大学的张维迎教授和同样来自香港的张五常教授则不以为然，他们认为，尽管改制中存在种种灰色行为，但是改革总体的方向和积极效应是不容怀疑的。张五常的观点更为直接，他辩论道：“不可能完全没有这种事情，可是总是要慢慢改良的。你想把那么多人全部杀掉，你杀不了那么多人的。改革过程中，有些事情是无可避免的，是需要改进，但你不要因为有这种事情就说这个国家不行。怎么可以避免呢？这个国企我把它买过来，我拿过来的手段未必很正确，但是我把赔钱的国企变成赚钱的企业，这对中国的经济整体来说不是一件坏事。”比张教授更为激进的观点是所谓的“冰棒理论”。一些专家认为国有资产就像太阳下的冰棒，如果不把它“吃掉”，那么它也会完全融化掉、浪费掉。这样的论调显然很难拿到阳光下来讨论，郑俊怀是做冰棒起家的，他就栽倒在“冰棒理论”上。

这年，在中国人的政治生活中，最重要的新闻是中国共产党第十六次代表大会的召开。在11月15日举行的一中全会上，胡锦涛当选为中央委员会总书记。很多外电评论说，十六大清除了经济改革中最后的意识形态障碍。昔日的争论，如今都变成了常识，国内的主要问题已经变得越来越细微和复杂，这些问题无关乎哲学和意识形态的基本冲突，却关系到实现共同目标的途径和手段。

12月3日，在摩纳哥蒙特卡洛举行的国际展览局第132次代表大会上，中国上海在与其他4个申办城市的激烈角逐中一路领先，最终以54票的大比数赢得了2010年世博会的主办权。这是中国继北京成功申办奥运会之后，另一个重大的国际性胜利。世博会将在上海举办半年，预计吸引6 000万人观展。无疑，这成为继北京奥运会之后，中国经济将在未来数年内持续成长的又一个醒目的指标。

这一年，中国出口国外的最大“单宗商品”，是一个叫姚明的篮球运动员。这位身高2.26米的亚洲小巨人以选秀冠军的身份到美国职业篮球联盟（NBA）打球。有人替他算账，如果他在NBA打球打到38岁，可以有2.7亿~2.9亿美元的收入，这还不包括他获得的场外赞助、广告等巨额收入。仅这一价值按当时的国际商品价值来换算，就相当于中国出口了102万吨大米或46万吨钢材，或239万台电视机，或630万辆自行车，或98万吨原油，或6 489万米丝绸。

在上海，最时尚而热闹的地方是“新天地”。它位于闹市中心的淮海中路附近。过去的几年里，一个叫罗康瑞的香港商人将两千多户老居民迁走，却把他们的老宅留下来，改造成形形色色的西餐馆、咖啡馆、酒吧、时装店和画廊。这是一个被掏空了的、半世笙箫的老上海。最具时尚气质的画家陈逸飞在这里开出了他的“逸飞之家”，将他刚刚完成的雕塑作品《上海少女》摆在了这里。这是一件两米多高的青铜雕塑，一个身材细高、扭身顾盼的盘发少女，穿着无袖旗袍，坡跟尖头拖凉鞋，右手执扇，左手手指钩着一个鸟笼。少女的眼神中有上海少女特有的娇嗲、时尚和空虚。夜幕降临，各种肤色的青年男女沿着灰砖路面行走在狭窄的弄堂，两边是百年斑驳的石库门旧屋，举目全是英文招牌的弄堂、民国时代的美人月历牌和缠绵悱恻的周璇歌声，擦肩而过的半是碧眼金发的西洋男女。在新天地的东南角有一幢两层老宅，在五光十色的夜景中它显得无比沉静和庄重。80 年前，13 个年轻人在这里集会，宣布了中国共产党的成立。“中老年人感到它很怀旧，年轻人感到它很时尚，外国人感到它很‘中国’，中国人感到它很洋气。”媒体用这种充满了错觉感的文字介绍此地。

就在罗康瑞的“新天地”一夜喧腾的同时，在北京，一个叫洪晃的女文化人看中了京城东北角一片灰暗的大厂房。那是一家创办于 20 世纪 50 年代初的老国营工厂——华北无线电器材联合厂，因为是军工厂，所以还有一个神秘的番号——798。[①] 当年在这里工作的工人都十分自豪，“谁要是问我在哪儿工作，我都说是军工厂，其他一概保密”。从 20 世纪 90 年代初开始，798 跟所有的国有企业一样日薄西山，这个红极一时的大院企业陷于半停产状态，工厂一半以上的工人下岗分流，大多数生产车间停止运行，在职人员从近两万人递减到不足 4 000 人，工厂实在没活干，

---

① 华北无线电联合器材厂，下属 706 厂、707 厂、718 厂、797 厂、798 厂及 751 厂等，798 是其中的一个工厂。

只好靠出租闲置厂房和卖地皮来赚钱。

2002年，洪晃突然瞄上了它。洪晃是民国政治家章士钊的外孙女、共和国前外交部部长乔冠华的女儿，一向有“红门痞女”之称。她看中798独特的国营工厂气息——衰败、僵硬、与商业气质格格不入，于是在这里以极便宜的价格租了一个车间，当作自己的艺术工作室。跟她一起看中798的，还有做艺术网站的美国人罗伯特，他租下了120平方米的回民食堂，改造成前店后公司的模样。在洪晃和罗伯特的鼓吹与示范下，一些前卫艺术家也先后喜欢上了这里宽敞的空间和低廉的租金，纷纷租下一些厂房作为工作室或展示空间，798艺术家群体的“雪球”就这样滚了起来。美国《时代周刊》将这里评为最有文化标志性的22个城市艺术中心之一，《纽约时报》甚至将之与纽约当代艺术家聚集区SOHO并论，就这样，一个濒临死亡的国营工厂突然摇身变成了北京城最具时尚气质的地方。798厂区内的所有车间、厂房甚至斑驳的机床、生产线等都被保留了下来，它们像一堆被摘去灵魂的躯体，艺术家们用各自的表现手法将之彻底地“波普化”。曾经萦绕在此40多年的劳动热情、革命纪律和政治崇拜突然被凝固，并呈现出一种很夸张和怪异的神情。到2004年，这里已经聚集了二百多家、来自十几个国家的文化机构和个人工作室，北京市政府决定将这里列为“优秀近现代建筑”进行保留。很多年后，当全中国的老牌国营工厂都已经被拆迁一空之后，798作为仅有的幸

▲上海新天地和北京798

存者被留存下来。当然，这是一种谁也没有预料到的方式。

这年，国内最火的电影是冯小刚导演的《大腕》，这是一部尽情嘲笑新兴暴富阶层的贺岁喜剧片。戏中角色一本正经地说："什么叫成功人士你知道吗？成功人士就是买什么东西，都买最贵的，不买最好的，所以，我们做房地产的口号就是：不求最好，但求最贵。"每当演到这里，影厅里必然会爆发出阵阵发泄式的笑声。9月23日的美国《时代周刊》刊登了一篇题为《可怜的过剩》的中国特稿，作者哈拿·比奇（Hannah Beech）指名道姓地描述了几位中国富豪的生活，其文字之戏谑竟跟《大腕》有异曲同工之妙："这些人建造奢华俗气的仿白宫办公室、仿洛可可式别墅；在郊区建造别墅却不敢打开豪华吊灯（因为害怕导致穷困的邻居家里跳闸）；他们的妻子忍受着丈夫的无数情人，备感孤独，只能以养昂贵的宠物、上庙烧香和多生孩子打发生命；他们往最昂贵的葡萄酒里倒雪碧，像喝水一样地咕嘟嘟往下灌，吃的是煎鳗鱼、焖海藻和炖蚝……充分享受着穷奢极欲的每一分钟。"这幅栩栩如生的、可怜的中国暴发户的素描迅速在网上传播，给被采访者带来了无尽的烦恼。它似乎印证了美国商业作家康尼夫在《大狗：富人的物种起源》中写过的那句话："超乎想象的财富是任何人都难以适应的。财富是违反自然的，有钱人的行为往往表现出彻底的适应不良。"[1] 很显然，日渐扩大的贫富差距正在诱发一个很危险的社会病，中国人民大学的一次民意调查显示，60%的被调查者认为，富人是通过不合法手段发财的。评论家们由此提及法国作家巴尔扎克的那句格言，"每一笔巨大财富的背后都存在犯罪"。还有人将《福布斯》评选出的中国前50个富豪与国家税务局公布的"私营企业纳税50强"名单进行了一个比较，结果发现重合的名字只有4个。于是，关于"富人逃税"的话题被讨论了很长一段时间。

① [美]理查德·康尼夫著，王小飞、李娜译，《大狗：富人的物种起源》，北京：新世界出版社，2004年版。

富有戏剧性的是，被当作“过街老鼠”抓出来的不是《福布斯》富豪榜上的衮衮诸公，而是娱乐界的一个“大姐大”。这年夏天，自称“亿万富姐”的著名影星刘晓庆因涉嫌偷漏税而被拘捕。刘晓庆是20世纪80年代中国知名度最高的女演员，她以个性泼辣和敢为敢言而闻名，流传最广的刘氏名言是“做人难，做女人更难，做名女人难上加难”。在一本题为《我的自白录》的书中，刘晓庆说：“其实，我已拥有26家甚至还要多的企业，这些企业投资总需求量已超过50个亿。我通过各种方法融资，从海外引入资金，与国内外有经验、有实力的集团合作，在银行借，同时，投入自己拥有的钱。”[①]如此招摇显富，自然引来很大的关注。当“富人逃税”的舆论日渐汹涌之际，她便成了最“适当”的靶子。据税务机构调查，她创办的晓庆文化艺术有限责任公司自1996年以来采取不列或少列收入、多列支出、虚假申报等多种手段，偷漏税款1 458.3万元。“刘晓庆税案”成为2002年度兼具娱乐和商业丑闻两大特性的爆炸性新闻。年底，由国家税务总局办公厅、《中国税务报》和搜狐网联手评选出的“2002年十大税务新闻”中，此案名列第一。不过，后来发生的事实则比电影的情节还幽默。2004年4月，北京市朝阳区人民法院对此案做出判决，刘晓庆的妹夫靖军以偷税罪被判刑三年，而刘晓庆本人未被起诉，她已在半年前被取保出狱，并拍摄了一部很搞笑的古装电视连续剧《永乐英雄儿女》。

---

① 刘晓庆著，《我的自白录：从电影明星到亿万富姐儿》，上海：上海文艺出版社，1995年版。

2002年5月，中国汽车业的传奇人物仰融赴美不归。他的出走是众多政商博弈破局中很典型的一例。

10年前，通过长袖善舞的资本组合，仰融成功策划沈阳金杯在美国纽约证券交易所上市，成为中国企业海外上市第一例（相关内容见本书上部1991年部分）。华晨上市让仰融一战成名，他很快意识到，无意中踏入的汽车行业也许是中国最具成长性的领域。从1995年起，仰融以大股东的身份接管了金杯客车的管理权，把精力逐渐转移到经营工作上。当时的汽车行业因多年的垄断经营，各大汽车厂家均裹足不前，无心战斗，业内“行规”重重，暮气十足。当仰融真正进入之后，这位大局观十分清晰和敏锐的战略家很快成了一个让人头痛的“颠覆者”。

金杯公司的主打产品是海狮牌小客车。在这个市场中，长春一汽的解放牌面包车是当之无愧的“小霸王”，风头正劲。仰融把全公司最精干的研发人员全部召集起来，专门针对“小解放”开发出一款低成本的海狮新车型。在这期间发生过一段可见仰融性情的逸事：仰融曾去长春拜访一汽董事长耿昭杰，耿昭杰傲慢待之，仰不忿。海狮新车型设计出来后，仰融卷着图纸再找耿昭杰，说：“我这个车一卖，你的小解放肯定就不行了。但是我开发这个车呢，也肯定要亏本。我一个月生产500台，一年打个折就是5 000台，你每台车给我1万元，总共5 000万元，我把这个型号的许可证卖给你。这个情况，我是通报给你了，如果你不同意，

▲仰融

我就按我的方式干了。”耿昭杰从来没有见过这种人，以为他一定疯了。新海狮进入市场之后，因其造型新颖、价格低廉、营销手段灵活而深受中小城镇用户的欢迎。仅一年后，一汽的小解放就由盈利转入亏损，又两年，被迫退出了竞争。

从1997年年底起，仰融就开始筹划引进德国技术和设备，打造一条年产10万辆的国产轿车生产线。他提出，“要制造拥有百分之百知识产权的中国轿车”。此言一出，业内领袖纷纷摇头。

仰融造轿车，并不像别的企业家那样，按部就班，拾阶而上。他是中国首屈一指的资本运营大师，其胸怀、格局当然非常人可比。他在自主品牌的打造上实行的是双轨并行的战略，一方面，通过委托设计、自身滚动积累的方式培育核心研发能力。华晨出资1亿元，与清华大学联合成立了清华大学汽车工程开发研究院，仰融出任理事长。另一方面，打破常规的合作模式，在中国加入WTO的大氛围中，与世界级别的汽车公司寻求不同形式和内容的合作。他先后与宝马、通用、丰田等5家国际大汽车公司开展了广泛的合作，仰融得意地称之为“五朵金花”。

在“金花”们的簇拥下，自主产权的轿车研发便不再是闭门造车。除了围绕汽车构筑产业和资本平台之外，仰融还频频出手，涉足其他领域。在他的强势运作下，华晨如大章鱼般地伸展出众多的触角。到2001年前后，仰融打造出一个市值高达246亿元之巨的华晨系，旗下有5家上市公司，系内各种关联公司158家，其中控股138家。华晨拥有8条汽车生产线，十多家汽车整车和部件工厂，在中国汽车行业形成了一个前所未有的“金融—实业”交融结合的体系。2000年12月，第一代中华轿车在沈阳下线。在隆重的下线仪式上，仰融兴奋地手举一幅“中华第一车”的书法向到场的嘉宾和记者展示自己的梦想，他宣称，“到2006年，中国汽车业滩头阵地上唯一敢和外国企业叫板的，是我华晨”。这一刻的仰融，俨然一个民族汽车拯救者。

2001年3月，沈阳政界发生大地震，市长慕绥新、常务副市长马向东因贪腐而被拘，案情涉及广泛，全市的重要涉案官员达122名，是为“慕马大案”。作为沈阳市最知名的大企业，华晨与政府有十分密切的互动，现任首脑的落马自然会影响到仰融的战略思考。正是在这个敏感时刻，他开始与英国著名汽车公司罗孚商谈，规划南下新建汽车基地。

罗孚是一家拥有一百多年历史的老厂，由于成长缓慢，近年来亏损连连，正急切地在全球范围内寻找买家。仰融提出的合作方式包括：合资后罗孚的所有产品都搬到中国生产；保持罗孚英国研发中心和欧洲销售体系的存在，每年在中国生产的产品中，出口欧洲的用罗孚品牌，在中国和亚太区销售的打中华品牌；罗孚帮助华晨完成发动机的升级换代，并在发动机上打上“中华”商标。

这是一个让人充满憧憬的大型合资项目，它是中国企业家第一次以整合者和拯救者的角色出现在国际主流商业舞台上。进入21世纪之后，崛起的中国开始在全球经济竞争中展现出更为强势的力量，一些快速成长中的大公司都在试图通过购并与合作的方式进行跨国发展和实现产业升级。华晨与罗孚的合资应该是最早和最让人期待的项目之一，与日后的联想并购IBM的PC（个人计算机）事业部、TCL收购汤姆逊彩电等相比，仰融所表现出的魄力和雄心似乎更大。如果此次合资成功，中国汽车行业的版图将全部改写，甚至连成长航线都可能赫然改道。其意义之大，绝不亚于10年前的华晨美国上市。在相关协议都签署确定之后，仰融做出了一个让他懊悔终生的决定。这位优秀的战略构架师的算计招招精准，环环紧扣，所有的要素都已齐备。可惜，他偏偏漏算了一个似乎很不重要的一点：东北方面的心态。

在辽宁省和沈阳市政府看来，仰融这次是想“乘乱溜走”了。一位投资银行的分析师认为，“站在辽宁省、沈阳市的角度看，仰融的做法如同掏空金杯汽车，让金杯汽车为他在外省的项目输血”。

政府与仰融的谈判细节从来没有公开，不过其沟通的结果众所周知。政府方面希望仰融把罗孚项目放在辽宁的大连或沈阳，仰融则坚持在宁波建厂。显然，这是无法让政府满意的答复，就这样，矛盾突然在2001年的秋天激化了。

矛盾的焦点聚集在华晨的产权归属上。在仰融看来，从金杯到华晨，企业之壮大多是他的功劳。10年前为了上市戴“红帽子”，现在是摘掉的时候了。他说：“企业不能长期这样股权结构混乱不清，历史问题要有所了结，要奠定这个企业未来竞争力的基础。而且这帮管理层跟了我10年，我应该对他们有所交代。我天天为股民考虑，为什么我不能为我的管理者、我的班组长考虑？”为此，他设计并构筑了一个“资本的迷宫”。华晨系的一百多家企业资产关系盘根错节、互为关联，其复杂程度让人叹为观止，全天下真正弄得清楚的就他一人。而政府认为，华晨绝对不是仰融的华晨。根据10年前的股权设计，中国金融教育发展基金会才是公司的真正所有者，而基金会无疑是国有资产的代表者。在过去那么长的时间里，无论是政府还是仰融，都小心翼翼地回避谈论基金会的资产性质，但是它就好像一个大厦的基石，默默地埋伏在那里，一旦动摇，天崩地裂。

拉锯式的谈判在2002年春节后破裂。3月，辽宁省委派工作小组进驻沈阳华晨，全面清查、核查、接收华晨资产。双方撕破脸皮，决裂无可挽回。5月，仰融飞到山西五台山拜佛祈福，随后以旅游护照悄然赴美不归。

仰融与政府的恩怨官司差点打到了国际法庭上。10月14日，仰融以侵占资产和行政侵权为由，向北京市高级人民法院起诉中国金融教育发展基金会和财政部，其直接诉讼争议标的达20亿元，成为新中国成立以来涉案金额最大的产权纠纷案。4天后，辽宁省检察院当即以涉嫌经济犯罪发出全国通缉令，正式批捕仰融。11月，北京法院认定仰融的起诉“无可诉性”，暂不受理。仰融转而在百慕大起诉华晨中国汽车，在美国联邦哥伦比亚地区法院起诉辽宁省政府，最后均因“不在管辖权内”而告败。

至此，“拯救者”仰融完败谢幕。仰融离去后，罗孚并购案随即流产，曾经豪情万丈的华晨日渐衰落。[①]跟政府的直接对抗，造成企业的被伤害与自己的出局，仰融本人也对当年的那段公案有新的反思。2005年8月，仰融接受媒体越洋采访时说："我真没有想到，把项目放在宁波会惹出这么多事……要是放在大连，可能什么事都没有。"

① 2005年，上海的上汽集团和江苏南京的南汽集团最终"分割并购"罗孚，其中，上汽买到了代表罗孚核心知识产权的罗孚25型、75型轿车的知识产权；南汽以5 300万英镑收购罗孚的实物资产，其中包括MG和Austin品牌、位于长桥的生产线、发动机业务及相关资产。

第五部

2003—2008

大国梦想成真

2003

重型化运动

中国真牛。

——北京王府井百货大楼店员标语，2003年

2003 年 3 月 5 日，朱镕基在第十届全国人民代表大会第一次会议上做完政府工作报告，在经久不息的掌声中，宣布从此退出政坛。接替他的是时年 61 岁的中央政治局常委、国务院副总理温家宝。

自 1991 年临危受命赴京出任主管经济的副总理，到 1998 年正式接任总理，朱镕基用专业和强势的方式全面改造了中国经济，在他的任内，宏观经济一直安全地行走在“三八线”内，即通货膨胀不超过 3%，国内生产总值增长始终高于 8%。正是这种持续的高速成长让中国在动荡的世纪交替年代保持了“风景这边独好”的繁荣景象。他通过“分灶吃饭”，彻底改变了中央与地方的财政收入格局，进一步加强了中央集权的能力。他在国有企业的改造上更是取得了出人意料的成效，在“抓大放小”和

“国退民进”战略的坚决推行中，一向萎靡的国有资本集团获得了近乎脱胎换骨般的改观。1998 年，当他宣布将在任内完成对大中型国有企业的改造任务时，国内外舆论一片质疑，而最终的事实却证明他用自己的方式兑现了承诺。就在出任总理的第一次新闻发布会上，他曾在回答凤凰卫视记者吴小莉的提问时，有过“不管前面是地雷阵还是万丈深渊，我都将一往无前，义无反顾，鞠躬尽瘁，死而后已”的慷慨之言，感动全国。人们均以为总理是针对改革推进之艰难而言的，如今思之，却恍然有新的感悟，其实，彼时的决策人也对改革的前途充满了巨大的莫测感。在 30 年的企业变革史上，朱镕基是继邓小平之后最具影响力的政治人物之一，如果说邓小平以开放的胸襟决定了中国变革的方向，那么，朱镕基则完成了路径的选择。在今后 10 年乃至更长的时期，中国企业一直行走在他设定好的变革逻辑中。

就在他做完政府工作报告的第二天，《南方周末》以整整 24 版的篇幅出版了朱镕基专辑，向人们描述了一个尽职、强势、充满忧患意识、有时还略显悲情无奈的中国总理。朱镕基在任内巡视各地时，一向秉持“不题词、不剪彩、不受礼”的“三不”原则，实在推托不过，就只写“朱镕基”三字而已。他仅有的几次“破戒”，均可见其内心的忧虑。

1998 年 10 月 7 日，出任总理不久的朱镕基去中央电视台视察，在当时国内批评之声最尖锐和最具影响力的《焦点访谈》栏目组，他题字“舆论监督，群众喉舌，政府镜鉴，改革尖兵”，并称“我也接受你们的监督”。他说：“这四句话不是临时想出来的，是昨天想了一个晚上的，以至于血压都升高了。”

2001 年 4 月 16 日，朱镕基视察上海国家会计学院时，为该校题写校训：“不做假账”。同年 10 月 29 日，视察北京国家会计学院再题字：“诚信为本，操守为重，遵循准则，不做假账”。他要求学院去做一个调查：“我最关心的是这些学员做不做假账，你可以对学员做一个不记名的调查，发一个卷子，让他打钩：一个是严重做假账的，一个是稍微做点儿假账的，一个是不做假账的。你做一个调查看看，得出一个百分比。调查要确实不记名。”

2002年5月，朱镕基在杭州参观新修复的清末“红顶商人”胡雪岩故居，一路行走，一路感慨。出乎地方官员意外，他主动要求题字曰：“胡雪岩故居，见雕梁砖刻，重楼叠嶂。极江南园林之妙，尽吴越文化之巧。富埒王侯，财倾半壁。古云，富不过三代，以红顶商人之老谋深算，竟不过十载。骄奢淫靡，忘乎所以，有以致之，可不戒乎”。

就在朱镕基卸任之际，中国社会和宏观经济突然遭到一场十分意外的严峻考验。

3月6日，也就是朱镕基做政府工作报告的第二天，北京市接报第一例非典病例，一个叫SARS的“幽灵”侵入中国。这是一种传染性很强、可能导致猝然死亡的严重急性肺炎，更可怕的是，它的病原尚未确定，所以被称为“非典型肺炎”。[1]它飞速蔓延，从广东到香港再到北京、上海，几乎每天都有死亡的病例出现。到4月28日，仅北京市就确诊病例1 199人，疑似病例1 275人，死亡59人，卫生部部长张文康

▲抗击“非典”

① 世界卫生组织当时称其为严重急性呼吸综合征（Severe Acute Respiratory Syndrome），简称“SARS”。2002年11月16日，广东佛山发现第一起非典病例。2003年2月3日至14日广东发病进入高峰。

和北京市委副书记孟学农因防治不力被免职。一时间，抗击非典成为举国上下的头等大事。因为这种病毒的传染性非常强，所以一旦发现一个疑似病例，当即就要进行大面积的整体隔离。2003 年的上半年，全中国正常的生活和商业活动被全部打乱，每一家企业都在惊恐中度过一个又一个难熬的日子。与非典的作战一直到 6 月 24 日才总算告一段落，这一天，世界卫生组织宣布解除对北京的旅游警告。在王府井百货大楼门前，一位售货员高兴地贴出一张庆祝标语，上面只有 4 个字："中国真牛"。

真正"牛"的事情还正在发生中。让世界非常吃惊的是，尽管遭遇如此猝不及防的灾难，2003 年度的中国经济增长竟然没有受到太大的影响。从数据上看，前两个季度的经济受疫情冲击，增长速度下滑到 6.7%，而到第三季度很快就实现了强劲的反弹，到年底，国内生产总值的增长率达到 9.1%，不仅高于前一年，甚至是"1997 年以来增长最快的年份"。旅游、航空、餐饮及文化娱乐等服务业受到了一定的影响，药品、食品、纺织、电信等产业则得到了意外的商机。这年，国内生产总值迈上了 11 万亿元的台阶，人均国内生产总值超过了 1 000 美元，财政收入突破 2 万亿元，中国仍然是世界上经济增长最快的国家之一。英国《金融时报》的首席经济评论员马丁 · 沃尔夫对中国的这种强大后劲表达了颇为吃惊的敬意，他在年终的专栏中引用了拿破仑那句 200 年前的名言："中国是一只沉睡的雄狮，一旦它醒来，整个世界都会为之颤抖。"紧接着他写道："不久前，世界还是轻轻松松，不在意拿破仑的上述警告。但现在，中国正在震撼世界。"①

沃尔夫惊讶的是，中国经济不可遏制的成长态势到底是靠什么支撑的？答案来自两个方面：一是"中国制造"的外贸强劲拉动，二是以房地产为龙头的内需市场的旺盛。

---

① 马丁 · 沃尔夫著，江洁译，《世界应心平气和地对待醒来的中国》，英国《金融时报》，2003 年 11 月 13 日。

中国的外向型企业继续扮演成长的主力角色。国务院发展研究中心的专家发现，全国的进出口总额占国内生产总值总量的比重已经超过 50%，这说明外需在经济增长中起到了举足轻重的作用。[①] 根据美国科尔尼企业咨询公司的统计，“中国制造”正在世界大行其道，从 LG 到三菱，从通用电气到东芝，从西门子到伊莱克斯，从飞利浦到惠而浦，从诺基亚到摩托罗拉，从戴尔到 IBM，从迪士尼到 Mattel（美泰），从耐克到 GAP（盖璞）……当今世界几乎所有的名牌都有在中国生产的产品。科尔尼的数据显示，“中国制造”已在集装箱、家电、电子玩具等领域的上百个产品市场以第一的份额傲视全球，其中，集装箱为 90%，DVD 播放机为 80%，玩具为 75%，礼品为 70%，体育用品为 65%，自行车为 60%，微波炉为 50%，彩电和冰箱都为 30%。它因而断定说，“中国制造”将迅速取代“日美制造”、“欧洲制造”而成为新世纪制造业的代名词。

在外贸无比热闹的同时，国内市场的房地产热浪则成为拉动内需的第一动力。自 1998 年房产政策解冻之后，市场回暖渐成必然之势，首先升温的是私人资本最为雄厚的浙江及珠三角地区，继而蔓延到上海。房产成为投资的新热点，这年，一个很古怪的名词突然爆热媒体——“温州炒房团”。从年初开始，沿海一些城市的新开发楼盘里，出现了一群又一群的温州人，他们举着“温州购房团”的小木牌，像买菜一样地买进中意的房

---

① 美国杜克大学高柏教授对中国与日本的外向型经济模式进行了对比，他发现，在与国际市场接轨方面，日本模式坚决发展本国的品牌，而中国模式则完全是为全球价值链服务；在技术创新方面，中国更多地依靠引进外资带来的生产技术，日本注重的则是以独立的知识产权为主的研发发明；在国内生产总值对贸易的依赖程度上，日本在最高的时候也没有超过 30%，而中国在 2004 年就已经超过了 65%；在能源利用方面，日本一直是全球的节能楷模，而中国在 2004 年却使用了当年世界 1/3 的钢铁与水泥，创造了大约相当于 6% 的世界国内生产总值。他因此认为，中国模式在外部条件发生重大变化时的生存能力肯定要比日本弱。高柏没有考虑到的一个要素是，跟日本相比，中国有庞大的内需潜在市场，它可能成为危机爆发时，中国产品的一个巨大的缓冲地带。

▲炒房团

子。9月22日，上海的《东方早报》刊文《温州千亿民资全国炒楼 30亿资金流入上海》，记者称，“10万温州人在全国各地炒楼，动用民间资金约1 000亿元。温州约有8万多人在全国购置房产，其中至少90%以上是炒楼。保守估计，炒楼群体在7万人以上，以企业白领、政府官员家属及公司负责人为主……温州全民在炒房。按照回报率15%计算，1 000亿元投资可净产出150亿元，这比任何一个产业都要赚钱，可谓‘温州第一产业’”。据称，炒房团还把全国房产市场分成四级：一级市场是北京、上海、深圳、杭州等，房价5 500元/平方米以上；二级市场为东部沿海地区，如大连、烟台、南京、苏州、福州等，房价4 000~5 500元/平方米；三级市场为东西部结合地带的省城，或西部经济发达城市，如呼和浩特、武汉、长沙、合肥、南昌、乌鲁木齐等，房价2 500~4 000元/平方米；四级市场为位置比较特殊的省会周边城市，如广西桂林、安徽黄山等一些地级城市，房价1 000~2 500元/平方米。在温州的炒房大军中，除了握有游资的小商人外，也不乏成名人物，因“胆大包天”而闻名的王均瑶是第一个转战地产的企业家。2002年年初，他出手3.5亿元买进上海商业繁华地段徐家汇一带的一幢总面积为8万平方米的“烂尾楼”，稍事装修后在2003年转手出售，竟进账10.5亿元，地产暴利让人咂舌。上海“烂尾楼”形成于1997年前后。20世纪90年代初，浦东开发启动后，引发了一轮房产投资热，然而到1997年亚洲金融风暴后，沪上房市迅速低迷，形成了一批建而未成的“烂尾楼”。到2003年，上海尚有烂尾楼130多处，项目总规模近500万平方米，它们大多成为先觉的浙江商人及香港商人的囊中之物。“炒房团”现象被曝光后，国内舆论褒贬不一。温州人对商业变幻的敏感与快速反应实在令人赞叹，同时，也有人炮轰“炒房团”是各地房价日涨的“罪魁祸首”。

对“炒房团”的挞伐，事实上预示着中国房地产的暴涨时代已经来临。跟20世纪70年代的日本及中国香港和台湾一样，在经济高速成长的通道里，最具景气特质的地产业必定会成为成长最快也最暴利的集中之地，房地产将成为孕育中国新生代富豪最肥沃的土壤，也是30年里最为放纵和充满罪恶感的行业。在2003年的《福布斯》“中国内地百名富豪榜”上，人们十分惊愕地看到，以房地产为业务（或涉及房地产）的富豪多达40人。前十大富豪中，房地产商（或涉及房地产的）占了6人。相比较，当年度《福布斯》“全球百名富豪榜”中，以房地产为资产来源（或涉及房地产）的为7人，前10位中无一人靠房地产起家。北京师范大学金融研究中心教授钟伟如此分析地产业当时的状况：在供地方面，政府在20世纪90年代改革了供地政策，政府通过出让国有土地收取土地出让金；在征地方面，各级政府仍然沿用计划经济的办法低价甚至强行征地。左手通过权力低价征地，右手仍然是通过权力在以“市场化”的方法出让土地，其实质就是“卖你的地，挣我的钱；征得越狠，挣得越多”。粗略估计，在2002—2004年的3年中，全国土地出让金收入累计达9 100多亿元，征地卖地已成为地方政府最为重要的“财政支柱”，它们也成为房价逐高的最主要的推手。被征土地的收益分配，依次是房地产开发企业、地方政府、村级组织和农民。

“中国制造”与地产热，直接营造出一个内外俱旺、无比繁荣的经济景象。与此伴生出现的，便是对上游能源的空前饥渴。2003年以来，各种原材料及能源因紧缺而价格一路飞涨。

最突出的表现是电荒。这年夏季之后，全国各省市爆发缺电危机，

▲限电通知

上海、广东、江苏、浙江等用电大省，甚至包括煤炭资源丰富的山西省，均不断出现拉闸限电的尴尬。据国家电监会提供的数字，这年全国电力需求增长14%，为25年来用电增幅最快的一年。由于钢铁、化肥、水泥等重点耗煤行业持续发展，致使煤炭消耗量快速增长，带动全国用电负荷和用电量攀升。“电荒”出现的原因有两个：一是经济的快速成长，二是煤电两大垄断行业的多年扯皮。一直以来，煤电实行的是计划调拨式的供应方式，每年年初，由国家有关部门组织煤炭、铁路和电力部门专门举行一个煤炭订货会，签订一年的电煤购销合同，然后按“计划”实施。在这种政策安排下，有“电老虎”之称的电力部门一直高高在上，向来是效益最好的垄断企业之一，而煤炭企业则颇感不平，因为每年的计划购销价都低于市场价。于是，发生在计划体制年代的那些故事一再上演，煤炭企业与电力部门年年吵架，同时，把大量煤炭出售给计划外的民营企业。而电力部门为了“保证”自己的效益，宁可少要煤，也不肯提价。这种扯皮直接导致电力建设投资占全国基建投资比例逐步下滑，由“八五”时期（1991—1995年）的12.09%降到“九五”时期（1996—2000年）的10.4%，到2002年仅为7.17%，已落后于国内生产总值的增长幅度。在2003年年初的全国煤炭订货会上，国家有关部门为了保护煤炭公司利益，宣布取消电煤指导价，希望通过市场化的手段平抑两大部门之间的利益不平衡。不料此举引起电力部门的强烈反弹，各省电力公司串联抵制，拒绝购煤，订货会上居然无法确定本年度的电煤价格。正是在这样的情形下，“电荒”出现了。

为了应对危机，各地纷纷频出奇招：除了错峰、避峰、拉闸限电等计划用电方案外，各省市均对高耗能产业限制用电或部分停电。广东省政府决定，一旦出现紧急情况将高价进口煤炭，缓解供需紧张压力。四川省规定，从12月至次年4月，实施煤电价格联动机制，即电煤、烟煤每吨涨5元，无烟煤每吨上浮10元，电价每千瓦时涨2.9厘。中小企业众多的浙江、江苏省被迫对企业实行“开二停一”、“开五停二”甚至“开三停四”的用电计划。这是1978年之后从未出现过的局面，很多工厂叫苦不迭，一些县市的商场到了晚上只能点起蜡烛接待顾客。“电荒”甚至已影响到民生，8月，素有“不夜城”美誉的上海外滩关闭了大部分景观灯光，为了节约用电，市政府号召市民将空调温度调高一度。从11月开始，湖南全省开始拉闸限电。省会长沙过去几乎无人问津的蜡烛和应急灯出现脱销。12月，华中电网供应给浙江的电量从原先的每天70万千瓦降低到15万千瓦，杭州被迫于12月1日拉电，38条线路断电，殃及几十万城区居民。同一日，广东省宣布对月用电量超过300千瓦的居民增收费用。

受“电荒”带动，原本就已供应紧张的各种原材料更是乘势上涨，水泥、钢铁价格到了“一月三价”的地步。在长江三角洲一带甚至流传着一种新“五个一”的说法：“生产一吨钢只需投资一千万元，一百万吨的产量只需一年建成，一年就可收回投资。”这种疯狂的投入产出效率，听起来近乎传奇。利益驱动投资，便是在种种主客观因素的推动下，2003年的中国经济和产业结构发生了一个十分重大的转型——从轻型化向重型化的跃迁。

北京大学教授、以竭力推动股份制改革而有“厉股份”之称的厉以宁教授是最早观察到这一现象的经济学家之一。他在年初撰文认为，自20世纪90年代中期以来，在经历了轻工业的高速发展之后，中国的“二次重工化”初露端倪。这里面既有“由轻到重”的客观规律起作用，又体现了产业发展本身对设备更新改造的巨大需求，因此，“从政府到企业，都应该在战略布局和技术创新等方面顺应这一趋势”。为厉教授的观察提供支持的最好佐证，是大量聚集在上游资源型领域里的国有垄断企业的全面复苏。在能源紧缺的大背景下，几家欢喜几家愁，愁的是下游的众多民营制造工厂，欢喜的自然是上游的垄断企业。这年，大型国有垄断企业利润大涨。2002 年，国有企业实现利润 3 786 亿元，这在几年前是一个不可想象的成绩单。要知道，在 1998 年，国企盈利仅为 213 亿元,4 年增长 18 倍，增速实在骇人。而且，这样的景象才刚刚开头。到 2003 年，利润数据进而冲到了 4 769 亿元。在未来的几年里，国企利润仍将每年以超过 30% 的惊人速度递增。有人做了一个统计，在 2003 年，仅中石油、中石化、中海油、宝钢集团、中国移动、中国联通、中国电信这 7 家公司实现的利润，就占到了全部中央企业利润的 70%，其中 6 家是国家垄断的石油石化和电信行业，仅 3 家石油企业通过涨价就凭空得到了 300 多亿元的利润。

效益大涨、活力复苏为国有企业的整合营造了前所未有的大好氛围。3 月，国务院做出重大决策，宣布成立国有资产管理委员会，集合了原中央企业工委、财政部、国家经贸委、国家计委等部委对国有企业的管理职能，接手管理总量 17.84 万亿元的国有资产、15.9 万家国有及国有工商控股企业，其中，国资委直接管理的中央直属企业为 196 家，是为“中央军”，且绝大多数为“国退民进”后的垄断型企业。国资委主任李荣融宣称，国资委的目标是到 2010 年，将“中央军”调整和重组到 80~100 家，其中 30~50 家具有国际竞争力。国资委是一个权力高度集中、兼有多种行政及市场管理职能的机构，之前还从未有一个部门被赋予过如此众多的权力，其中包括：任命和撤销或提名国有企业负责人，制订国有企业重组计划，国有资产的分割、合并或撤销，帮助国有企业发债融资，决定国有股的转让，执行国有企业整体的报酬分配指导原则，并负责国有资产的保值和增值。国资委成立的第二个月，就实施了第一次央企重组，中国药材集团被成建制地并入中国医药集团，由此组成了中国最大的医药集团。7 月

10日，国资委召开成立以来的第一次“家庭会议”。在本次会议上，五对中央大企业的合并案集体浮出水面：中煤建设集团公司被并入中国中煤能源集团公司，中国科学器材进出口总公司被并入中国生物技术集团，中国食品发酵工业研究院被并入中国轻工集团公司，中国药材集团公司被并入中国医药集团总公司，中国华轻实业公司被并入中国工艺美术（集团）公司。李荣融与一百多位企业老总一一签订了业绩考核合同。国资委对这些大企业的管理显然参照了杰克·韦尔奇的“第一第二”战略。李荣融说：“国家给三年时间，必须成为各行业的前三名，自己找对象，达不到的就要调整，不是你调就是我调。”国资委的强势出现，表明中央政府对国有资产的新型管理制度终于成型，自1978年以来的“机制放活、体制创新”两大改革主题宣告完成。一个不太为人关注的相关新闻是，就在国资委成立的3月份，在中国企业改革史上发挥过重要作用的国务院体改办被撤销，其人员并入国家发展和改革委员会。[①]

国资委的成立及相关政策的出台，表明在决策人士心目中已经形成了一个“理想”中的企业格局：靠“轻小集加”起家的民营企业在产业下游的完全竞争领域获得生存和发展的空间，而大型国有企业则全盘控制上游的若干垄断型行业，如此“楚河汉界，泾渭分明”。然而，现实的世界却不可能这样“计划”。就在“第二次重工业化”成为共识的同时，在经济学界引发了一场争论，争论的焦点在于重型化的路径到底该如何选择。以厉以宁为代表的一派观点认为，在经济结构向重型化转化的过程中，政府应发挥调整主体的作用，因为其财政收入、政绩考核决定了政府必然要搞产值大、税收高的重型工业，同时，政府也有能力发展重型工业，因为它

① 体改部门的变迁：1982年5月，五届全国人大决定设立国家经济体制改革委员会，列入国务院部委序列，成为指导全国企业改革的最重要的政府部门。1998年3月，体改委降级为“国务院经济体制改革办公室”。同时，虚设一个国家体改委，由总理兼主任，有关部长任委员。2003年3月，随着国资委的成立，国务院体改办被正式撤销。

拥有土地和贷款权这两个最大资源。以吴敬琏为代表的学者则认为，产业结构调整应该发挥市场的力量，允许民营资本进入，现在政府在那里纷纷投资、纷纷参与是不对的。与学界的争论相呼应的是，2003 年的中国民营企业出现了一场如火如荼的“重型化运动”。

这年 3 月，41 岁的戴国芳站在长江南岸的长堤上，用带着浓重苏南口音的普通话对前来采访的记者说：“铁本要在三年内超过宝钢，五年内追上浦项。”他说这话的时候，兴奋得像一个已经把奖杯抢到怀里的大孩子。宝钢、浦项分别是中国和韩国最大的两家钢铁厂，分列全球第五和第三。只有小学文化水平的戴国芳计划在长江边上建造一个年产 840 万吨的大钢铁厂。

▲戴国芳

这是一个从蒿草丛里长出来的苦孩子，他出生在江苏省常州市一个叫渎南村的小村庄里。12 岁那年，因家里实在太贫穷，只好辍学去谋生，第一份工作就是捡废铜烂铁。他在商业上似乎有特别的天赋，在稍稍积攒了一点钱后，他就去买了一台压块的机器，将收来的碎铁压成铁块，可以卖出更高的价钱。1996 年，戴国芳注册成立江苏铁本铸钢有限公司，注册资本 200 万元。“铁本”之意，以铁起家，不离本业。到 2000 年前后，铁本的厂区面积扩大到了 270 亩，拥有 1 000 多名工人，在当年度的《新财富》“中国 400 富人榜”上，他名列第 376 位，估算身家为 2.2 亿元。

近年来，随着宏观经济的持续高速增长，钢铁价格普遍持续上涨。铁本厂的门口，来自全国各地的大卡车每天排成长龙，等候提货，这样的景象天天出现。按戴国芳的估算，中国的这股钢铁热起码还可以延续 5~6

年，他决定新建一个更大的钢铁厂。铁本的新建计划得到了常州市政府的热情支持。常州与苏州、无锡并称“苏锡常”，但大型企业却是一条短腿。谁都知道，钢铁是一个大投入、大产出的产业，铁本的梦想一下子变成了常州的梦想。在常州的很多官员看来，戴国芳是一个值得信赖和托付的人。他面容消瘦，沉默寡言，平生没有任何爱好，只是整天窝在工厂里，和技术人员共同切磋。他是当地出了名的“五不”老板，不坐高级轿车，不进娱乐场所，不大吃大喝，不赌博，甚至不住高级宾馆，平日生活十分俭朴，家中所有积蓄都投到了工厂里，父亲和继母一直在乡下种菜为农。他的一家住在钢铁厂里一栋简陋的小房子里，房屋的一面墙被大卡车撞了一个口子，他也没有在意。他常年开的车子是一辆抵债来的桑塔纳2000，即使成了富人榜上的亿万富翁，他也不改节俭本色。

起初，戴国芳的设想并没有后来那样宏大。他提出的规划是建一个比现有产能大一倍多一点的新厂，然而，在官方人士的热情推动下，铁本项目一改再改，日渐膨胀。在短短的6个月里，项目规模从一开始的200多万吨级，最后被定在840万吨，规模占地从2 000亩攀升到9 379亩，工程概算为天文数字般的106亿元。在那个时候，铁本的固定资产为12亿元，净资产6.7亿元。以这样的资本规模要启动一个超百亿元的项目，无疑是“小马拉大车”。戴国芳对下属说：“地方上这么支持，上哪儿找这么好的机遇？”也正是确认了政府支持的信息后，当地银行对铁本大胆放贷，铁本于是一下子获得了43.99亿元的银行授信。

一家民营企业要启动一个投资上百亿元、占地近万亩的钢铁项目，是很难得到中央有关部门的批准的。中国经济改革，向来有“闯关”的传统，即所谓“看见绿灯快快行，看见红灯绕开行”。很多改革便是在这种闯关中得以成功实施，在日后流传为美谈，也有不少在这个过程中黯然落马，成为违法的典型。这种改革发展与制度设计的落差，成为贯穿中国企业史的一个灰色现象。常州人在铁本项目上，也尝试了“闯关”手段，铁本的840万吨项目被拆分成7个子项目和1个码头项目分别上报，铁本相应成立了7家徒有其名的“中外合资公司”。在建设用地的权证审批上，用地被“化整为零”，切分成14个土地报批申请。项目所在的常州高新区经济发展局在一天内，就火速批准了所有的基建项目。戴国芳日后在看守所里对前来采访的记者说：“当时的所有手续都是政府去搞的，我们也没有去过问这些事……当政府说可以动了，我们就开工了。”①

跟几乎所有的领域一样，民营钢铁企业一直有成本上的优势，民企炼铁成本比国企要低60~90元/吨，炼钢成本低60~150元/吨，成品低100~300元/吨。因而，戴国芳说：“就像家里造房子一样，你去买一套现成的房子，它贵得很，我们自己去买材料建，它就能便宜50%吧。我们搞一个高炉只要3亿多元，而人家要7个亿乃至8个亿。”②为了形成长远的成本优势，戴国芳还与澳大利亚的一家公司达成了长期的铁矿石供应协议，比市场价格便宜很多。

在2003年，戴国芳显然不是唯一一个进入钢铁业的民营企业家。当他在长江边做钢铁大梦的时候，上海复星的郭广昌也正谋划在浙江宁波建一个钢铁厂。1967年出生的郭广昌毕业于复旦大学哲学系，是国内民营企业中的少壮派。他于1992年创办复星，最初的业务只是为上海的一家房地产公司做销售和市场推广代理，两年后复星推出了自己开发的房地产项目，在上海房产的高温时代获得爆发性增长。其后，复星相继进入医药、金融、零售等领域，并在证券市场上翻云覆雨，构筑了中国股市上赫赫有名的“复星系”。在2002年的《福布斯》中国富豪榜上，郭广昌名列第九，更让人瞩目的是，他的头上顶着一大串“光环”：第九届全国政协委员、第十届全国人大代表、全国工商联常委，“上海市十大杰出青年”、上海市浙商商会会长。复星进入钢铁业的时间是2001年。该年7月，复星

①② 杨国民、李雅萍，《“铁本”项目是这样上马的》，《经济日报》，2004年5月9日。

初试身手，出资3.5亿元收购唐山建龙30%的股份，两年后，又与老牌的民营钢铁企业南京钢铁集团联合组建南京钢铁联合有限公司，复星系实际控股60%，并同时控股上市公司南钢股份，这一年，南钢股份实现净利润4.89亿元。正是在获利不凡的诱因下，郭广昌下注宁波，投资12亿美元，建一个年产600万吨的钢铁工厂。

7月，两度当选“中国首富”的四川刘氏家族的刘永行在包头宣布，东方希望集团将在这里投资100亿元建设百万吨级的铝电一体化项目。刘永行说，他为进入重工业已经准备了8年。

刘家兄弟在饲料行业称王之后，就对垄断行业表现出浓厚兴趣。老四刘永好通过参股民生银行顺利地进入了门阀森严的金融业，老二刘永行则对重工业情有独钟。他的判断很简单，“目前中国重工业的主要力量是国企和外资，一般的民营企业因资本门槛进不去，如果东方希望介入重工业，可以发挥经营管理中既有的‘快、省、好’特点，很快建立起低成本、高效率的竞争优势”。从1998年起，刘永行一直在寻找一个合适的项目，他对台湾石化大王、台塑集团创始人王永庆很是崇拜，甚至冒出过一个有点疯魔和可笑的想法：“我要去跨国公司，特别是华人的重工业企业里去打工！我不要工资，义务服务三年，全心全意地为它做事。如果我为王永庆当三年助手的话，我一定可以做自己的大产业。”[①]听者暗自发笑，而刘永行不觉得自己在开玩笑，他还真的通过一些中介人士，请他们帮助联系过王永庆。

到2002年时，刘永行逐渐形成了铝电一体化的想法，他是这样盘算的：因为铝是高耗能的，只有把铝和电力结合起来做，才能争取到更大的产业空间，而中国的电力供应系统是众所周知的低效率，如果自己做电，

① 李岷、牛文文、刘亚洲，《刘永行：为了一个“重”字头的诞生》，《中国企业家》，2004年04期。

不但能供应铝生产，还能卖出去。让刘永行兴奋的是，铝电产业链甚至可以和饲料业嫁接：电不能直接支撑饲料，但是发电产生的大量蒸汽可以二次利用，如果做热电联产，正好可以支撑饲料的原材料——赖氨酸的生产，发电的剩余蒸汽甚至还可以将生产赖氨酸产生的废水全部浓缩掉，成为微量元素添加剂，将之注入牛羊饲料里，既达到环保目的，又降低了饲料成本。就这样，刘永行形成了“铝电复合—电热联产—赖氨酸—饲料”生产的庞大产业链。就在包头项目开工前，他已经在山东聊城投资 7.5 亿元生产铝锭和铝业深加工，同时还在河南省三门峡启动了投资总额为 45 亿元的年产 105 万吨的氧化铝工程。这一系列组合式投资表明这位“饲料大王”成为中国“铝业大王”的雄心。在包头项目开工后不久，刘永行又利用他在民营企业中的号召力，在北京召集国内知名的 13 家民营企业开会，提议合组一家投资公司，目的是出国探矿，去海外投资氧化铝厂，万向集团的鲁冠球亦派出代表北上与会。刘永行用自己的行动证明重工业的前景，他说：“我做饲料 20 多年，如今才不过 30 多亿元的产值。我的两个铝厂到 2008 年就应该达到 115 万吨产量，如果按现在 1.6 万元的价格，就是接近 200 亿的产值。”两相对比，与会者都兴奋地感觉到了何谓“重工业”。

事实上，就在刘永行一脚踏进铝业的时候，国内电解铝产能大幅扩张，对氧化铝的需求水涨船高。在 2003 年，全国对氧化铝的需求超过 1 100 万吨，国产氧化铝产量只能满足一半需求，半数以上都是通过中铝集团和中国五矿集团进口，而且前者还控制了国内 100% 的氧化铝生产。这样一种供需状况，使得国内氧化铝价格由上年年中的 1 300 元 / 吨快速升至 3 700 元 / 吨。据刘永行的计算，每吨氧化铝的成本为 1 000 多元，高度垄断使中铝集团的暴利超过了 300%。就在很多人祝贺刘永行冲进了一个“好行业”的时候，他却担忧起来，因为，“太赚钱的行业，往往不是我们的行业”。果然，东方希望的突进很快引来垄断者中铝集团的不悦，中铝董事长郭声锟明确表示：“一不反对，二不评论，但是我们表示遗憾。”刘永行后来对媒体承认：“在中铝的示意下，沈阳和贵阳两个铝镁设计院相继停止了对三门峡项目的设计工作。”

向来思维缜密的刘永行不可能没有全盘考虑所有的风险和胜算。55岁的他显然深知这次选择的分量，“一旦失误的话，几十年的积累就前功尽弃，所以必须一步成功”。因此，他从一开始就表现得非常谨慎和低调，东方希望的20多亿元启动资金没有一分钱是从银行贷款的，包头工程的开工仪式非常简单，除了一位与刘永行私交甚好的《南风窗》记者外，没有其他媒体被邀请到场。

在民营经济最为活跃的浙江省，则出现了一场轰轰烈烈的“民企造车运动”。浙江向来是汽车配件制造的基地，受同乡李书福获得“准生证”的新闻刺激，一大群与李书福类似的企业家纷纷燃起了制造整车的冲动。这一年，造车新闻层出不穷：浙江中誉集团联手东风注册成立武汉中誉汽车有限公司；浙江铁牛实业有限公司出手重组汽配类上市公司ST金马；宁波华翔集团通过受让股份，持60%的股份收购了河北中兴汽车制造公司；制造空调的奥克斯集团收购沈阳双马汽车95%的股权，并宣布在5年内将斥资80亿元进军汽车产业；金华青年集团与贵州航空工业（集团）有限公司签订合作协议，入主贵州云雀；连靠传呼机和手机起家的宁波波导集团也宣布将投资40亿元建设轿车基地。

到9月底，发改委先后收到了浙江40余家民营企业要求取得整车生产目录的申请。据当时浙江省工商联的调查统计：浙江已经进入汽车整车制造业的企业有28家，范围涉及轿车、皮卡、商务车和客车，其中汽车生产厂5家，占全国的4%，生产改装车的企业14家，占全国的2.7%。浙江民企“造车如同赶集”的现象引起了中央的关注。10月，国家发改委、国家税务总局等五部委赴浙江多个城市进行汽车产业调研，最后得出的结论是，“浙江民企造车并没有过热，没有太严重的问题”。

在全国范围内，造车的热浪也颇为壮观。在广东，全国最大的小家电制造商美的集团受让湖南三湘客车集团有限公司的股权；全球最大的镍电池制造商比亚迪集团收购西安秦川汽车有限责任公司77%的股权；在重庆，生产摩托车的力帆集团先后收购重庆客车厂和重庆特种汽车公司，重组成立重庆力帆重客商用汽车制造有限公司；另一家摩托车企业重庆隆鑫则收购成都山鹿汽车有限公司，进入客运车市场；在河北，保定的长城汽车集团于这年12月在香港主板正式挂牌，发行1.14亿股H股，募集资金15.16亿港元，成为首家在港上市的民营汽车企业；在江苏，已经得手科龙的顾雏军宣布收购扬州亚星集团所持有的60.67%国家股，从而成为亚星客车第一大股东……

即使是在国有资本最为强势的石油领域，也出现了民营资本的试水者。这年，一家叫天发石油的民营企业获得商务部颁发的全国成品油和原油进口牌照，成为唯一同时拥有两个牌照的民营石油企业。天发的创办人龚家龙很早就涉足石油行业，他先是在海南和湖北等地倒卖石油，1988年左右，收购了两个石油液化气库，随后，成立了海南龙海石油液化气公司荆州储运站。1996年，天发石油在深交所上市，募集3亿元资金，当时天发石油拥有一座加油站和三个液化气站。接下来的几年，中石化与中石油强势崛起，垄断气息日浓，民营业者空间渐窄，龚家龙再无作为。一直到2002年之后，随着油价的不断上升，石油已经越来越成为一个公众话题。每一次原油价格上升或者国内成品油价格调整都会引发大众媒体持续的关注和报道。舆论不断要求放开市场和打破石油垄断。精明的龚家龙趁势而上，在争取到商务部的两张牌照后，他进一步大胆地提出了筹建民营石油行业协会的建议。他试图仿效民生银行的成功先例，依靠全国工商联的背景，在石油领域打开一条通道。在他的四处游说下，全国工商联同意组建石油商会，共有50多家企业成为首批会员，龚家龙则成为首任会长。他因此被称为“民营石油第一人”，有的媒体甚至给他贴上了“挑战垄断的石油斗士”的标签。龚家龙对外高调宣布要成立一个“石油产业基金”，希望能够集聚百亿元资金，到海外寻找油源。在接受记者采访时，龚家龙宣称，由于没有油源，民营企业拥有的加油站通常是从中石油、中石化手中以更高的价格买油，在油荒的时候，甚至根本就拿不到油，这使民营油企的生存倍加艰难。他说："我们最想做的第一件事情是把中国将近4万多个分散的加油站联合起来。"

从钢铁到铝业、从汽车到石化，民营企业在2003年发动的这场"重型化运动"，在很多年后仍然让人津津乐道，市场的车轮似乎正在碾向坚硬的垄断地带。在过去的30年里，中国民营资本力量在1987年和1996年先后有过两次突破所有制藩篱的努力而未能成功，那么，2003年的这次"重型化运动"则是第三次，也是实力最为强大的集体冲锋。针对这一活跃景象，《中国企业家》杂志在年底的一篇评论中不无感慨地写道："当民企的升级和中国的新型工业化正在适时对接，民营'企业家精神'和民营资本一并注入中国的重工业中时，人们不再怀疑，耕耘在重工业领域的民营企业在未来数年内将刷新中国民营企业的最强阵营；这轮以市场化力量为主要发动机的新工业运动将托生出中国第一批不是官员出身、不被政府任免、只以市场论功过的重工业巨头。"这段评论在日后读来，恍若前世梦语。

与发生在商业界的这场运动相呼应的是，经济思想界也正在进行着深刻的反思。当年那个因写作《中国往何处去》而坐牢的"红卫兵"杨曦光如今已成为著名的经济学家杨小凯，他提出的"后发劣势"理论引起了广泛的讨论。他认为，落后国家由于发展比较迟，所以有很多东西可以模仿发达国家。模仿有两种形式：一种是模仿制度，另一种是模仿技术和工业化模式。由于模仿的空间很大，所以可以在制度不够完善的条件下，通过对技术和管理模式的模仿，取得发达国家必须在一定制度下才能取得的成就。特别是，模仿技术比较容易，模仿制度比较困难，因为要改革制度会触犯一些既得利益，因此落后国家会倾向于技术模仿。杨小凯进而警告说："但是，落后国家虽然可以在短期内取得非常好的发展，但是会给长期的发展留下许多隐患，甚至长期发展可能失败。这种短期的成功，可能又是‘对后起者的诅咒’，它用技术模仿代替制度改革将产生很高的长期代价。譬如，政府垄断银行业、保险业、汽车制造业、电信业，并用模仿新技术和资本主义的管理方法来代替制度改革，这是中国的后发劣势。这种后发劣势的最重要弊病并不是国有企业效率低，而是将国家机会主义制度化，政府既当裁判，又当球员。在这种制度下，国有企业效率越高，越不利于长期经济发展。”在解决方案方面，杨小凯并不主张立即就搞国有企业私有化。他认为：“这个东西不能搞得太快、太早，我主张吸取台湾的经验，搞自由化，就是对私人企业不歧视。我们中国大陆现在包括银行、证券在内的30多个行业不准私人经营，还有20多个行业限制私人经营，这些都与WTO的原则不相符合，迟早要去掉的。所以只需搞自由化而不必搞私有化。台湾自由化搞得差不多了，才搞大企业的私有化，这是成功的。私有化涉及产权的大的变动，短期内一般会使效率下降，所以应该慎重，而且应该掌握时机。但是自由化是可以提早搞的。这里讲的自由化不是指自由价格，而是实行自动注册制，让私人经营所有行业。”杨小凯的这些分析和主张与吴敬琏11年前就已经提出的“制度大于技术”的改革观念如出一辙，无非杨小凯的论调在此时显出更紧要的迫切性。

在对“后发劣势”进行反思的同时，还有人提出要警惕“拉美化”。在12月的“2003中国企业领袖年会”上，一些经济学家和民营企业家讨论了这个话题。他们认为：“在欢迎巨大外资的同时，中国所有的民营企业家应该有一丝悲哀，因为捆住了私人企业的手脚才使得外资大规模进入。”华裔经济学家、美国麻省理工学院黄亚生教授的观点最为鲜明，他说：“我们看中国经济主体的时候，发现真正主导中国经济主体的不是中国的企业。中国对外资的依赖正在造成‘拉美化’。”由全国并购研究中心出版的《中国产业地图》似乎印证了他的观点，中国每个已开放产业的前5名都由外资公司控制。[①] 在中国28个主要产业的三资企业中，外资在21个产业中拥有多数资产控制权。一个叫张文中的民营企业家在一篇题为《对拉美化说不》的文章中写道："从巴西乃至整个拉美的发展经验可以看出，通过引进外资虽然可以获得短时间的经济繁荣，但无限制的、过度的开放给国家发展带来的危害却是根本的、长久的。事实上，我国的外资渗透程度已然十分严重，如再不警醒，恐难避免重蹈拉美化的覆辙。我国外资存量所占国内生产总值的比重已大大高于其他亚洲国家，甚至多出日本30多倍。我国的外来直接投资（FDI）占社会固定资产投资总额的比例已然是世界主要经济体中最高的之一。"[②]

这些声音，既有对中国企业前景的理性思考，当然也掺杂了一些利益集团的诉求。它们十分清晰地呈现出这样的事实：在经历了20多年的蓬勃发展后，巨大利益包裹着的那层意识形态的"外衣"已经悄然不见，三大资本集团—国有资本、跨国资本与民营资本之间的激烈博弈已经成了中国公司成长最重要而显著的特征。

就跟过去的那些年一样，互联网在中国经济中仍然是一个"另类"，这里没有管制，没有禁区，没有秩序，当然对国内生产总值的贡献也是微不足道。不过在这年，它却以一种十分戏剧化的方式引起了普通国人的热切关注，因为在这个领域中，突然冒出了一个年轻的"中国首富"。

当上"首富"的是前两年还有点意兴阑珊的网易丁磊，这个自称"跌倒了也要抓一把沙子在手里"的宁波青年终于熬出了头。从2002年第二季度起，网易首次实现净盈利，网易股票开始领涨纳斯达克。2002年，网易成为纳斯达克3 600多家上市公司中表现最优异的股票，全球著名的财经通讯社彭博社评论说，"其成长性可以称为纳斯达克第一股"。2003年

① 全国并购研究中心，《中国产业地图》，北京：中国经济出版社，2007年版。

② 张文中，《对拉美化说不》，《中国企业家》，2004年06期。

10月10日，网易股价升至每股70.27美元的历史高点，比年初股价攀升了617%，比2001年9月1日的历史低点攀升了108倍。丁磊的纸面财富也超过了50亿元人民币，他成为第一个靠互联网做成“中国第一富豪”的创业者，这个事实第一次让互联网的财富价值以数字的方式被清晰而准确地呈现出来。这是一种与上一代财富人物截然不同的创富方式，当时商业界最耀眼的明星企业家们，如柳传志、张瑞敏等都已经创业将近20年，然而论到财富积累，都无法与年轻的丁磊同日而语，即使是具有红色资本背景的荣智健也用十余年的时间才完成了这一财富聚集的过程，而丁磊从50万元初创网易到攀上首富宝座不过短短6年。很显然，这是一个具有标志意义的事件，它宣告年轻的互联网创业者们成为名副其实的商业主流力量，财富积累的“利基”真的已经陡然转移。

网易名列三大门户网站之一，不过要提及的是，它的盈利增长竟与门户没有一点关系。事实上，靠广告收入为盈利来源的门户网站在2003年前后已经走向中衰，网易的成功正在于丁磊的率先反叛。他找到了两个新的业务：一是短信业务，二是网络游戏。短信业务靠的是通信垄断企业的“施舍”，随着手机的普及，移动短信业务突然爆炸，靠用户增加就已经赚到手软的中国移动和中国联通两大公司尚无暇开发这个业务，于是网易就成了短信内容的重要提供商。根据当时的协议，用户通过网易发送一条收费为1元的短信，移动公司分走0.2元，网易可得0.8元。在2002年，中国移动发送的短信约为750亿条，其中，网易等服务商代理的短信比例约占到20%，显然，这是一块让人垂涎的大蛋糕。除此之外，丁磊还把重点放在网络游戏上，他推出了一款《大话西游》的大型网络角色扮演游戏，它迅速为网易带来了滚滚财源。丁磊大难不死，在而立之年经历了一次职业上的大磨难，后来他在一所大学演讲时说道：“在30岁之前，我最大的收获并不是赚到了两三个亿，而是有过一段亏掉了两三个亿的经历。”

以网易的咸鱼翻身为标志，互联网经济在经历了两年多的沉寂之后，又重回到了井喷的时代，新浪、搜狐相继实现盈利。一些在日后将主宰中国网络经济的重要力量也在这年雏形乍现。

在电子商务领域，马云的阿里巴巴呈现出一骑绝尘的态势。年初的非典事件让这家企业经历了一次奇异的考验，阿里巴巴一位参加广交会的女员工被发现有感染非典的嫌疑，全公司五百多名员工立刻被宣布“居家隔离”，公司的正常运作被全部打断，大家只能在家里上网工作。4 年后，马云仍然心有余悸地认为，“我觉得非典期间是我们最大的挑战”。不过，出乎他意料的是，非典竟是中国电子商务猛然觉醒的转折点，由于正常的商务往来和会展交易被彻底打断，很多企业只能靠互联网来维持联系和寻找商机，阿里巴巴的流量大增。上年，马云设想出了一个有偿服务的“诚信通”业务，推出之后一直没有起色，业务部门使出了吃奶的力气，一周也只能签回几单合同。非典之后，情况顿时大为改观，在亏损黑暗中苦苦摸索的阿里巴巴突然看到了黑暗中的光明。

在搜索引擎领域，全球霸主谷歌搜索遭到一个中国天才青年的狙击。这年，一家叫百度的中国公司在第三方评测中首次超越谷歌搜索，成为中国网民首选的搜索引擎。三年前，1968 年出生的山西青年李彦宏放弃博士学位从硅谷回到北京中关村，创建百度，公司名称源自南宋词人辛弃疾的那句凄美的千古绝唱：“众里寻他千百度，蓦然回首，那人却在灯火阑珊处。”而百度的战略也绝对是中国式的，它不断推出富有特色的中文类别搜索服务，看上去像一棵从黄土地里长出来的苗木，相比较，高高在上的谷歌搜索则更像是从美国移植过来的一个盆景。2001 年 10 月，李彦宏推出了全新的搜索服务“搜索引擎竞价排名”，把赢利来源直接对准了广大中小企业，它们只要付出几百元的推广预付金，就能让自己的网页更容易被搜索到，这种界乎于点击广告与电子商务之间的服务让百度一下子撞开了盈利的大门。

跟丁磊、马云或李彦宏的创业故事相比，曾经是校园诗人的江南春则更有传奇色彩。1973 年出生的江南春在大学三年级的时候，就跟人合伙办起了一家广告公司，这是一个精力极其旺盛、喜欢当推销员又爱好写点分

▲李彦宏

▲江南春和他的楼宇广告

段抒情文字的年轻人，他平时只睡 4 个小时，每天穿梭在上海的各个写字楼里寻找客户。这年 1 月，他一脸倦怠地挤在一个写字楼的电梯厅里傻等，身边是同样无聊而表情麻木的上班白领，就在这个时刻，灵感突然如天使一般从半空降下，击中江南春。他盯着两部电梯之间的白墙忽然想到，“是不是可以在这里装一台播广告的电视机呢？”5 月，分众传媒成立，江南春在两年时间里，把 2 万台电视播放器挂进了全国 45 个大中城市的电梯厅，而成熟的 IT 技术让他解决了即时更新广告内容的难题。

互联网就是这样一个造就传奇的地方，这里好比是一个激情四射的大窑，烈火之中，偶然必然每每天人交战，绝美陶瓷时时惊艳出世。

当孙大午已经成为千万富翁之后，有一次，他带着一群客人在企业园区里参观。不远处，一个衣衫朴素的八旬老人很吃力地背着一个大竹篓在捡废旧物品，而在一间简易的平房里，一个白发苍苍的老婆婆烧着捡来的柴火，在一口大铁锅里做着农家饭。孙大午不动声色地介绍说："他们是我的爹和娘，"闻者均大惊失色。这是一个很另类的企业家。2003年，他因非法集资被捕，引起舆论很大的讨论，是为轰动一时的"孙大午事件"。

孙大午出生在河北省徐水县，一个普普通通的华北县城，在20世纪50年代末这个小县城因首先在全国刮起"浮夸风"而闻名一时。孙大午的家境极为贫寒，父母以捡破烂为生。他小时候上学买不起学习用品，父亲在茅厕里捡来别人用过的厕纸，裁下干净的边角做成练习簿，供他习字。孙大午16岁参军，复员后做过县农行的人事股股长。1985年开始，孙大午的妻子承包了老家村西北边的一片坟地，开始尝试养殖业。三年后他辞职下海，逐渐从养殖发展到开饲料厂，到2000年前后，大午农牧集团已经拥有16个厂和一所学校，其最辉煌时候年产值过亿元。自幼贫寒的孙大午对贫穷者有天然的感情，他是一个坚定的"人民公社"信仰者，大午集团与其说是一个企业，倒不如说是一个"乌托邦"的试验区，这里有工厂、公园、学校、医院，承载着1 600名职工的全部生活。他将这种模式称为"互为劳动"：饲料可以养鸡、养猪，鸡粪、猪粪又可以制造沼气，沼气可以用来孵化；工人可以带动商店、饭店

▲孙大午

等第三产业的发展，医院、学校不但满足了工人和附近村民的需求，同时还创造了新的劳动空间。在大午医院里，职工和村民每月只用1元，就能享受合作医疗，做一次包括B超、验血等在内的全套检查，只要10元钱。孙大午在大午集团的门口贴了一副自拟的对联：“安得淳风化淋雨，遍沐人间共和年”。他这样谈论自己的公司梦想：“我有一个梦，就是建一个大午城，一座世外桃源，人们很祥和地生活在一起，这个愿望正在实现。”从这些表述与实践中，可以非常生动地看到当年人民公社的某种影子。身为千万富翁，孙大午自己却过着犬儒主义者式的生活。他没有专车，住在矮小的平房内，甚至没有几件像样的衣服，他的父母依旧靠捡破烂为生。他在日常生活中很“抠门”，人称“孙大抠”。

孙大午办企业，最头痛的事情是无处贷款。他尽管曾在银行工作过，但是求贷仍然很难。他后来透露说：“好企业根本贷不出款来，怎么贷呢？大约要10%~15%的回扣。”满脑子理想主义的孙大午也曾经为了贷款弯过一次腰。有一年，大午集团要投资1 000亩的葡萄园，需要贷款600万。当时，有人即劝孙大午走走后门，孙大午被说服了，给当地信用社的领导送去了1万元。但是，1万元没办成事，孙大午很气愤，非要将这1万元要回来，最后要回了6 000元。从此之后，他与信用社彻底绝缘。为了自救，从1995年开始，孙大午从亲戚那里筹钱，由大午集团出具借据，承诺给以一定的利息。这种模式后来拷贝给了大午的员工，在大午1 300名员工中，共有900余名员工把钱借给，或者说存给了大午集团。这些员工的亲戚又带来了1 000家储户，然后户户相传，储户逐渐扩大到了附近的几个村庄，最终逐渐形成了4 600户的规模。孙大午给这种融资模式起了个新名字，叫作“金融互助社”。有媒体记者描述互助社的运作情况是这样的：大午集团设有专门的业务人员，他们在附近的村庄销售大午公司的产品，同时身兼“吸储”任务，哪家有钱要存了，可以直接找到他们。当地政府因此质疑这些人为大午集团设置了10余个“吸储点”。大午集团留给储户的凭证，是统一的借据。存款分为两类，活期的没有利息，定期的给予3.3%的年利息，不扣除利息税，这近乎当时存款基准利率的2倍。而且不论存钱多少，他们都接受，最多的一单存款达到了40余万元，最少的不到千元。在大午集团所在的郎五庄，几乎家家都把钱存在大午集团，这些钱可以随时取出来，有的人家半夜生病急需用钱都可以在半夜取得到。从1996年到2003年的8年中，储户和大午集团没有发生过信用纠纷。2003年5月27日，孙大午被捕，罪名是"非法吸收公众存款"。

一个需要交代的全国性背景是，2000年之后，国有银行进行商业化改造，一向被认为运营成本甚高、营利性较差的乡镇市场被大面积地放弃。在过去的很多年里，农业银行和工商银行承担着扶贫贷款和小额担保贷款等服务业务，具有一定的社会性和"公共性"。然而，随着银行分理点的收缩，广大乡村成了金融的盲点。2002年3月，《京华时报》在一篇题为《商业银行丢下穷包袱》的报道中透露，从1999年起，四大国有商业银行开始进行大规模的机构撤并工作，共撤并了三万多家网点和分支机构。退出欠发达地区、集中优势资源进占大中城市和经济发达地区，成为四大银行整合资源的一致行动。[①] 中央金融工委研究室研究员钱小安博士认为，"四大银行撤并机构的举措符合银行改革方向，符合效率原则，有利于金融服务的集中化"。在孙大午被捕的2003年，全国非国有企业体系，包括乡镇企业、个体私营企业和"三资"企业的短期贷款只占银行全部贷款的14.4%；中小企业股票、公司债券发行等直接融资只占全部直接融资的1.3%；全国三百多万户私营企业获得银行信贷支持的仅占10%。融资渠道窄、贷款困难已严重制约了民营企业的发展壮大。便是在这样的背景下，民间性的"地下钱庄"再度复活，孙大午事件正凸显出了现实的严酷与尴尬。

关于民间融资的合法性争议，从20世纪80年代的温州"地下钱庄"

---

① 王胜忠、熊昌发、李利明，《商业银行丢下穷包袱》，《京华时报》，2002年3月6日第15版。

开始就一直争论不休，到孙大午案仍然是众说纷纭。有律师认为：“大午集团的集资没有非法占有，没有挥霍浪费，而是主要把钱用来建设了大午中学，造福乡里。而且这种借款行为是限于与公司有相互信赖关系的工人和乡亲，具有特定的范围，而不是不特定的一般社会大众。因此，应该是合法的民间借贷行为。”清华大学的商法研究者施天涛教授则认定，孙大午的这种行为“应该属于违法”，因为“不论是否造成什么危害，这都是不可以做的事情”。老资格的经济学家茅于轼为孙大午案四处奔波，他将之称为“没有受害人的非法集资”。他撰文说，孙大午表面上违反了我国金融管制的规定，但实际上，非但没有使任何人受损，倒是有许多人得益，这样的社会行为如果算是犯罪，就要质疑制度本身是不是有修订的必要。

在媒体的广泛报道下，孙大午案成为2003年度最轰动的商业事件之一。10月31日，联想集团的柳传志看了中央电视台的专题节目后，以个人名义发去了一份带有慰问意味的传真，他写道：“希望你在这个时刻一定要稳住阵脚，不要因此乱了方寸。我在当年创业时也遇到了许多的困难，但是都挺过来了。只要你保持你的这种奋斗精神，就一定能渡过难关。”作为一个具有公众影响力的商业领袖，柳传志做了他自认为应该做的事情。11月，在孙大午被羁押近半年后，徐水地方法院以“非法吸收公众存款罪”罪名成立，判处孙大午有期徒刑3年，缓刑4年。释放当日，中央电视台派记者前往跟踪采访。在家门口，85岁的老娘抱着49岁的儿子老泪纵横，孙大午笑言安慰。转身，有部下告知，入狱期间，他收养的两个孤儿，因交不起学费差点被赶出校园。闻听这事，孙大午顿时眼圈一红，对着电视镜头，掏纸抹泪。

2004 表面的胜利

做得好，一步登天；做不好，打入地狱！

——柳传志，2004年

宏观调控的警笛是在2003年12月鸣响的，大闸则在第二年的4月正式拉下。

从20世纪80年代初以来，中国历次宏观调控都有相同的“规律”，那就是：经济过热造成能源的紧缺，引发激烈的争夺，于是中央政府通过行政手段对不同所有制企业进行调控和再分配。而在这种调控和再分配中，国有企业、跨国企业以及民营企业获得的政策待遇“等级”不同。这种现象几乎每隔三到五年就会出现一次，形成了30年来的经济周期。2004年的宏观调控显然也没有偏离这样的政策逻辑。中央政府进行宏观调控的依据是，宏观经济出现了令人担忧的过热景象，特别是在重化工业领域，投资增长速度到了非控制不可的地步。资料显示，2002年，全国钢铁行业的投资总额为710亿元，比上年增长45.9%，2003年，这个数字达到了1 329亿元，投资增长96%。与钢铁行业类似，电解铝的投资增长了92.9%，水泥投资增长了121.9%。宏观投资过热，渐成决策层的共识。2003年年底，警笛终于鸣响。12月23日，国务院办公厅下发［2003］103号文，即《国务院办公厅转发发展改革委等部门关于制止钢铁电解铝水泥行业盲目投资若干意见的通知》，要求各地运用多种手段，迅速遏制盲目投资、低水平重复建设的势头。第二年的1月，国办再发文件，《国务院办公厅关于开展贯彻落实中央经济工作会议精神情况专项检查的通知》。2月4日，国务院专门举行关于严格控制部分行业过度投资的电视电话会议，明确要求对钢铁、电解铝、水泥三大行业进行清理检查。国务院随即组织来自审计署、发改委、财政部、国土资源部、建设部、农业部、商务部、人民银行等部门的人员，组成8个督查组分赴各地清查。清查重点便是那些进入三大行业、盲目投资的民营企业。

首先受到冲击的是刘永行的电解铝项目。在2003年11月底，就传出消息称，东方集团的包头项目和三门峡项目都已被勒令中止。国家发改委工业司冶金处的官员对记者说："它们很多审批手续不齐全，违反了国家有关法律，国家相关部门已叫停了东方希望在包头的电解铝项目，三门峡氧化铝工程是为包头提供上游产品的项目，目前也已停工接受审查。"

跟历次宏观调控一样，总有一些人会成为倒霉的"祭旗者"，我们已经记录过"傻子瓜子"年广久、"温州八大王"、郑乐芬等，现在这份名单上又要增加一个名字，他就是正在长江边大干快上的戴国芳。富有戏剧性的是，戴国芳进入"暴风眼"是一起意外事件。

这年2月初，几个新华社记者在江苏搞调研。他们的调研题目是各地兴建高尔夫球场和大学城的占地问题。在南京的采访中，一位专家无意中说了一句，"常州有个企业在长江边建钢厂"。言者无心，听者有意，记者们直觉地认为，建钢厂肯定需要大量土地，或许也有非法占地的问题。他们电询国土资源部，得到的回复是该部并不清楚这个项目。于是，记者们转头到了常州，一路沿江寻找到了钢厂工地。2月9日，一篇题为《三千亩土地未征先用，环保评审未批先行》的内参材料递到了中央高层。不久后，国家发改委、国土资源部和环保总局派出调查组赶赴常州。

在宏观调控的背景下，铁本的问题很快从毁田占地变成了违规建设。处在事件旋涡中的戴国芳开始变得焦躁不安，他自己也不清楚，事情怎么会变得越来越糟糕。那些日子他整天在工地上奔波，根据他的预算，到5月底，钢厂的第一座高炉就可建成，马上可以投入生产，到那时“生米就煮成熟饭”了。他对手下人说：“这么大的项目，建成就建成了，最多是罚款，不可能拆掉。”然而，事态远比他想象中的要严重得多。自上年12月的国务院通知下发后，各地的重化工业项目投资并没有降温的趋势。根据国家统计局的数据，全国第一季度的固定资产投资仍然同比增长了43%，创下20世纪90年代中期以来的最高增长率，其中钢铁行业的投资增幅更是高达骇人的107%。此时，有非法占地、违规建设等多项重大嫌疑的铁本项目浮出水面，成了一个最合适，也是最典型的惩戒对象。

面对声势浩大的调查，从来没有应付过大场面的戴国芳方寸大乱。他和他的谋士们“天真”地认为，铁本的问题也许花钱能够摆平。于是，他向上级呈递了一份“自查报告”，内称，“我公司在接受国家有关部门调查违规投资、违规用地事项时，进行了自我财务检查，发现了经营过程中的违法问题——自2000年公司设立开始，我公司从常州物资回收公司及武进物资再生有限公司收购废旧钢铁价值十几亿元，其中有虚开发票近2亿元，抵扣税额近2 000万元……法定代表人戴国芳疏于管理应承担相关的责任。”这份为了“花钱消灾”的自查报告，是戴国芳为挽救铁本而做的最后努力，他将抵扣税款迅速补交至当地的国税局。出乎他预料的是，正是这份自查报告在两年后成了检察院最有力的指控证据。

3月20日，遭到巨大压力的常州市组成了铁本项目清理工作领导小组，紧急下达了停工令。月底，国务院领导抵达苏州，常州市委书记、市长被召去汇报铁本项目及其所引发的问题。4月初，一个由九部委组成的专项检查组赶赴常州，对铁本项目进行全面检查。这是自1991年的温州“柳市事件”后，中央部委第二次针对一个地方项目进行空前的联手行动。19日，戴国芳和他的妻子、岳父等10人被警方带走，原因是“涉嫌偷税漏税，且数目可能很巨大”。

4月28日，九部委在国务院常务会议上汇报查处情况，将其定性为：“这是一起典型的地方政府及有关部门严重失职违规、企业涉嫌违法犯罪的重大案件。”第二天，新华社向全国播发通稿，列举了联合调查组认定的铁本五大问题：当地政府及有关部门严重违反国家有关法律法规，越权分22次将投资高达105.9亿元的项目分拆审批；违规审批征用土地6 541亩，违规组织实施征地拆迁；铁本公司通过提供虚假财务报表骗取银行信用和贷款，挪用银行流动资金贷款20多亿元用于固定资产投资；有关金融机构严重违反国家固定资产贷款审贷和现金管理规定；铁本公司大量偷税漏税。

针对铁本事件的行政处理亦史无前例，8名政府领导和银行官员受到严厉的惩处。其中，常州市委书记范燕青被处以党内严重警告；常州市人大常委会副主任顾黑郎被罢免，并给予留党察看处分；扬中市委书记宦祥保被撤职；江苏省国土资源厅副厅长王明详、省发改委副主任秦雁江、中国银行常州分行行长王建国等被撤职或责令辞职。戴国芳的家产8万元被查封。

铁本公司被高调处理，是2004年度宏观调控的一个标志性事件。《人民日报》在题为《坚决维护宏观调控政令畅通》的社论中，以强硬的口吻写道：“国务院责成江苏省和有关部门对这一案件涉及的有关责任人做出严肃处理，是严格依法行政，维护宏观调控政令畅通的重要举措。”社论同时要求：“各地方各部门不折不扣地贯彻落实中央确定的宏观调控措施，当前特别要把住信贷投放和土地供给两个闸门，有效控制投资规模。认真清理在建项目，严格控制新上项目，坚决克服相互攀比、盲目追求速度的倾向。”这篇社论，将铁本在此次宏观调控中的角色表露无遗。铁本事件被认为是本轮调控的分水岭，此后，众多民营企业在钢铁、电解铝及水泥等行业的投资项目纷纷搁浅。[①]

雷霆万钧的宏观调控，同时还向房地产开刀。地产热直接拉动生产资料价格的大幅上扬，而不断上涨的房价，已造成大量普通居民买不起房，民怨已渐成沸腾之势。3月到5月之间，国务院推出了一系列严厉的调控措施，包括：控制货币发行量和贷款规模；严格土地管理，坚决制止乱占耕地；认真清理和整顿在建和新建的项目；在全国范围内开展节约资源的活动。其一系列文件和举措如一道道“金牌”接踵而出：3月25日，推出再贷款浮息制度；4月25日，央行提高银行存款准备金率0.5个百分点；4月27日，央行以十分罕见的电话通知的方式要求各商业银行暂停“突击放款”；4月29日，国务院办公厅颁发“严格土地管理”通知；4月30日，温家宝总理发表“推进银行改革是整个金融改革的当务之急”的讲话；5月1日，银监会宣布“进一步加强贷款风险管理”的7项措施。与此同时，国内各大报刊纷纷发表言论，对房地产的过热进行反思甚至情绪性的猛烈声讨……

这一连串紧缩政策的组合拳出击和强大的舆论营造，不仅改变了投资者的收益预期和消费者购房的价格预期，而且改变了政府对房地产发展的支持理念和支持方式，从而直接导致了购买力的迅速下降和楼市成交量的急速萎缩。房地产的冬天突然降临。

随着宏观经济的骤然趋冷，一个几乎没有悬念的伴生事实就是股票市

---

① 2006年3月28日，在戴国芳被羁押两年之后，铁本案在常州市中级法院开庭。戴国芳被控罪名为“虚开抵扣税款发票罪”，检察院的指控证据均来自那份自查报告，当初板上钉钉的“五宗罪”无一被指控。

场的雪崩。4 月 3 日，就在风雨飘摇之中，号称“中国最大民营企业”的德隆集团召开最后一次高管会议，总裁唐万新感到“末日”真的要降临了。这一天正是他 40 岁的生日。

在过去的几年里，德隆一直是中国商业界里最高调，也是最神秘的民营企业。为了维持德隆系的高价股形象，唐万新选择了冒险而激进的扩张策略。他提出了一个又一个规模惊人的投资项目，其中包括投资 100 亿元的农村超市集团、投资 60 亿 ~100 亿元的中国最大重型汽车集团、投资 55 亿元的畜牧业和旅游项目，这些重量级的项目如一颗颗能量惊人的照明弹，让人们眼前大亮，不敢逼视。2002 年 11 月，唐家兄弟的老大唐万里当选中华全国工商业联合会副主席。他对媒体宣布，“德隆将在三年内，进入‘世界 500 强’”。此时的德隆看上去处在辉煌的巅峰，它宣称控制了 1 200 亿元的资产，拥有 500 多家企业和 30 万名员工，涉足 20 多个领域，俨然中国民营企业中的“航空母舰”。外界对德隆的实际状况一直不甚了解，一直到 2004 年 1 月，在胡润公布的“2003 年资本控制 50 强”中，德隆唐氏仍以控制 217 亿元的上市公司市值赫然位列诸强之首。

而事实上，德隆早已病入膏肓。后来，唐万新承认，早在“2001 年之后，我每天的工作就是在处理危机”。为了不让德隆系的股价高台跳水，他陷入苦战。资金的调度成为德隆生存的头等大事，公司形成了一个“头寸会”制度，每天下午 3 点准时召开，风雨无阻。唐万新是“头寸会”的总调度人，他每天亲自主持会议，旗下各金融机构把当天的危机程度和数据以及“头寸”写在黑板上，然后唐万新根据风险程

▲上海德隆大厦

度逐笔拍板，决定哪一笔头寸解决哪一笔危机，精确至每 1 元钱。唐万新拍板的过程一般 10 分钟就结束，然后把当天“头寸会”的统计报表用碎纸机碎掉，防止流失到外面及留下记录。

唐万新做的最后一次挣扎是试图直接进入地方城市的商业银行。德隆从大型商业银行中获得贷款的可能性已经越来越小，而国内城市商业银行则有百余家之多，资产总额 5 500 亿元，存款 4 500 亿元。如果能够进入，德隆将真正形成实业投资与金融紧密结合的财团模式，并有可能彻底地将自己洗白。2002 年 6 月，德隆通过 6 家影子公司控股昆明市商业银行，成为总计持股近 30% 的大股东。9 月，它又通过湘火炬出资，购得株洲市商业银行增扩后总股本的 11.73%，同时，它还染指长沙市商业银行和南昌市商业银行。在不到一年的时间里，德隆先后与至少 6 个城市的商业银行达成了控股或参股的协议。在民营企业高歌猛进的 2003 年，德隆对金融业的渗透被认为是民营资本进入垄断领域的尝试。对唐万新来说，他的目的其实就是三个。其一，进入银行董事会后，可以用各种项目及关联公司之名，从中获取资金。后来的事实也正是如此，德隆从山东一个城市商业银行获得的贷款量就达到了 40 亿元之巨。其二，在股市上炒作参股金融的概念，支撑及刺激已显疲态的德隆系股票。其三，如果参股成功，甚至城市商业银行获准上市，那么，德隆的“产融结合”战略将毕其功于一役。

然而到 2004 年年初，德隆的资金困境仍然没有得到改善，唐万新将德隆系内几块质量较好的资产都相继质押给了银行却仍旧无法缓解积重难返的断血之虞。正是在这样的时刻，宏观调控大闸陡然落下，与此同时，德隆试图进入城市商业银行的报告被银监会驳回。局势终于恶化到无法自控的地步。4 月 3 日，德隆史上最后一次全体高层会议在沉闷的气氛中召开，会议决定了最后的一次“自救行动”，发动德隆机构的所有员工都去购买“老三股”，部门经理 10 000 股，普通员工 1 000 股。站在“不惑之年”门槛上的唐万新伤感地说：“这道坎过去了，德隆还会有更美好的未来；若过不去，大家再也没有机会坐在一起开会了。”

真正意义上的灾难在10天后正式开始了。先是合金投资率先跌停，接着“老三股”全线下挫，数周之内，股市就将德隆过去5年所创造的奇迹和纸上财富全数抹去，流通市值从最高峰时的206.8亿元下降到2004年5月25日的50.06亿元，旦夕间蒸发将近160亿元之巨。[①]

德隆系如同一只跛脚的巨兽，它的可怕崩塌，很快连累噤若寒蝉的股市。年初，沪深两市曾经开出过一个小阳春，沪市股指从2003年11月的1 307点升到这年4月7日的1 783点，然而，随着宏观调控的来临，股市应声下挫。在德隆系的狂跌效应下，市场哀鸿遍野，股指屡屡破位下行，轻破1 300点等历史关口和心理关口，到年末，上证综合指数和深证综合指数分别收于1 266.5点和315.81点，比年初分别下降15.4%和16.6%。创下2000年以来的新低点。

在30年企业史上，2004年是继1997年之后的第二个“崩溃之年”，昂然进军上游垄断行业的民营企业几乎全军覆没，而那些对宏观风险缺乏防范经验的企业也付出了惨重的学费。除了铁本和德隆之外，相继爆发重大危机的大型民营企业还有IT业的托普、房地产业的顺驰，以及顾雏军接手的科龙和张海收购的健力宝等。[②]

在本轮宏观调控中，行政手段的威严出乎绝大多数观察者的预料。在1月份的一次年会上，吴敬琏认为“中国经济将处在一个重要的关口上”，面对过热的投资，必须实施调控手段，不过，“应该主要采取市场经济的办法，而不是依靠政府对微观经济的直接干预。因为政府对微观经济进行干预，采用行政手段配置资源，常常是劳而无功，甚至会对经济效益造成

---

① 这年7月，中央政府决定由华融资产管理公司全权托管德隆的所有债权债务事宜，德隆被肢解出售。12月，武汉市检察院以“涉嫌非法吸收公众存款”为由逮捕唐万新。2006年4月，唐万新因“非法吸收公众存款罪”及“操纵证券交易价格罪”两项罪名，被判处有期徒刑8年和40万元罚款。

② 相关案例见《大败局2》，浙江大学出版社，2013年修订版。

很大的损害”。

8月份的《商务周刊》在一篇评论中颇为矛盾地写道：这是一个难以判断的市场。一方面，国务院就投资体制改革发出号召，“加快建立和完善社会主义市场经济体制，充分发挥市场配置资源的基础性作用，实行政企分开，减少行政干预，合理界定政府职能”；另一方面，中央政府在此次暴风骤雨般的宏观调控中，却饱受市场各界和多位经济学家“行政干预”的指责。

然而，对于中央政府来说，采用如此强硬的直接干预手段似乎也是别无选择。种种迹象表明，在一开始，决策层曾试图采用较温和的金融杠杆的方式，但是，企业和地方政府对此置若罔闻。就在中央政府数次明令缓行“投资拉动”之际，这年一季度全社会固定资产投资增长仍然创下新纪录。国家统计局的判断是：相当一部分原因就是当国家紧缩投资的信号发出后，地方政府出于本地区利益的考虑，抓紧时间上项目、抢进度，要赶在中央关门之前挤进门去。国务院调查组的一位官员曾经对媒体透露过一个细节：他们上午刚踏上回京的归程，下午当地主要领导就在会议上公开指示下属，该咋干咋干，“还能因为盖几个电厂、钢厂就把我的帽子撸喽？”4月25日，中国人民银行副行长吴晓灵在参加海南博鳌亚洲论坛时公开喊话：“各界不要与央行博弈。不要因为央行现在出手还比较温和，就想趁这个机会赶快‘干一把’……希望各有关部门自觉控制，以免矛盾激化，导致央行采取大家不愿看到的更强硬措施，对大家都不好。”经济学家赵晓对吴晓灵这种做法的成效表示怀疑：“宏观调控从来都是一种利益分配。当前宏观调控反映出来的深层矛盾是中央与地方利益之间的博弈：一方面，中央害怕地方、企业和银行联合起来骗中央，害怕物价全面上涨，害怕承担可能过热的后果；另一方面，地方和民间却希望搭上本轮经济增长的快车，特别是要赶在中央关门之前挤进门去，这大大加剧了目前的投资扩张态势，至于投资过后所导致的过剩与经济下滑的威胁，并不在地方和企业考虑之内。”显然，在这样一种博弈格局下，中央不搞宏观调控，则最终的呆坏账要由中央银行来买单，中央搞调控，所带来的损失和成本则几乎完全由地方来承担。在利益关系错综复杂的博弈过程中，中国经济发展的深层次矛盾一览无余，庞大的国有资本集团以及相关联的地方政府利益已经形成了一股惊人的“挟持力量”。中央政府终于在犹豫一段时间后重拳出击。

发生在春夏之交的这场猛烈的宏观调控风暴，让国际观察者也有点不知所措。就在紧缩政策接连出台的5月初，《纽约时报》发表专栏作家托马斯·弗里德曼的文章，称“这些日子，美国、欧盟、日本和亚洲主要国家领导人在睡前都要对中国经济祈祷，世界逐渐被中国借助廉价劳动力、原材料需求以及外资投资而确保的巨大的资本力量套牢了，一旦中国泡沫破裂，世界上的所有泡沫就会一齐爆裂”。5月27日、28日，韩国政府连续召开紧急会议，分析中国计划对过热经济踩“刹车”可能对韩国造成的影响。韩国学者判断，中国占据了韩国总出口额的18%和贸易收支顺差的88%，如果中国政府为避免过热情况采取严厉措施，预计韩国的出口将锐减。就连一向出言谨慎的美联储主席格林斯潘也公开表示担忧，他在联邦参议院的演讲中说：“如果中国出现问题，对于东南亚经济体和日本，间接地对于我们，都会造成很大影响。”

然而，中国经济的走势再次让全球的学者跌破眼镜。这年三季度，亚洲开发银行曾预测全年中国国内生产总值增长将下降为8.3%，而中国商务部的数据更保守为7.5%。可是，最终国家统计局的数据显示，2004年的国内生产总值增长仍然高达10.1%，为1996年之后增长最快的年份，全社会固定资产投资7万亿元，比上年增长25.8%，全国进出口贸易总额超过了1万亿美元。[①]这表明，中国经济仍然处在一个高速发展的通道里。

---

① 2004年的国内生产总值增长率一开始公布为9.5%，与2003年持平。2006年1月，国家统计局根据新的经济普查数据对国内生产总值历史数据进行了修订，2003年和2004年的数据分别修订为10%和10.1%。

在中央电视台的《中国经济年度报告》节目中，清华大学中国国情研究中心主任胡鞍钢教授对此的解读是，“中国作为一个快速的列车，它的行驶不是急刹车，是点刹车”。谁被点住，谁没有被点住，一目了然。

发生在钢铁领域中的故事就很有寓意。就当民营资本被严令叫停的时候，国有及国际资本则纷纷大踏步挺进。在铁本事件发生的同时，宝钢与当时世界最大的钢铁公司阿塞勒、第二大公司新日本制铁三方合资，开建1 800毫米冷轧工程。此外，宝钢还与澳大利亚哈默斯利公司签署了每年购买700万吨铁矿石的长期订购协议。总裁兼董事长谢企华宣布，宝钢打算在2010年前斥资500亿~600亿元，将产量从2 000万吨扩大到3 000万吨，增加50%的产能。这一新闻震惊全球钢铁界。随即，中国第四大钢铁企业武汉钢铁集团表示，武钢的几个大规模项目，已经通过国家发改委审批，总投资将超过200亿元。其他的国有大型钢铁企业也纷纷启动新项目：本溪钢铁集团与浦项合作，启动了冷轧板项目；鞍山钢铁集团与欧洲第二大钢铁公司德国蒂森克虏伯共同投资1.8亿美元，建设年产40万吨的热镀锌板项目；唐山钢铁集团、马鞍山钢铁集团则与世界最大的矿产资源企业必何必拓公司分别签署了300万吨铁矿石的订购协议。

跨国钢铁公司在中国的投资步伐似乎也没有停滞。这年4月22日，就在戴国芳被拘押的三天后，在距常州仅105公里的苏州工业园区，澳大利亚博思格钢铁公司投资2.8亿澳元（约17亿元人民币）的钢铁项目举办了热热闹闹的奠基仪式。公司总裁毛思民说：“一切顺利得出乎意料，不到一个月我们就拿到了营业执照。”苏州工业园区则透露，博思格的项目从递交申请材料到颁发营业执照，前后只用了7个工作日。有媒体评论说，一个17亿元的项目，7天之内就搞定营业执照，这对于国内绝大多数地区的投资者来说简直是天方夜谭。因为按照国家现行规定，投资在5 000万元到2亿元的项目须由国家发改委审批，2亿元以上的项目报国务院审批，整个程序烦琐，没有一年半载不可能批得下来——这也是铁本被查处的原因之一。况且，钢铁投资正是整顿调控的重中之重，铁本事件又近在眼前，博思格项目的神速实在让人惊叹。新华社记者徐寿松在《铁本调查》一书中十分感慨地写道："同一产业，同一时间，同一省份，铁本和博思格，一土、一洋两家钢铁公司的命运何以相隔生死两重门 ?! 有人在门里轻歌曼舞，有人在门外长歌当哭。"[①]

从全年度的行业数据来说，人们也能看到真实的一面。在铁本被严处之后的几个月里，全国的钢铁产量似乎得到了短暂的控制，可是从 6 月份起就逐月加速回升，7 月份开始日产水平连创历史纪录，至 10 月份更是突破日产 80 万吨，达到 80.44 万吨。前 10 个月，全国累计生产钢材 2.72 亿吨，比上年同期增产 24.12%。2005 年，产量继续在高速增长的轨道上前行，全国生产钢材 3.71 亿吨，同比增长又达到 24.1%。更引人注意的是，在 2004 年，全国只有两家钢铁厂的钢材产量超过 1 000 万吨，而到 2005 年一下子猛增到了 8 家，其中除了沙钢，均为国有大型企业。

即使被调控的民企，其命运也各不相同。与铁本同时被勒令停产的宁波建龙就有另一番生死情景。2004 年 2 月，国家发改委、银监会等组成联合调查组进驻建龙。5 月，在铁本事件后的一个月，中央电视台曝光建龙事件，其违规行为主要有三项：一是违规审批，将本应由国务院主管部门批准的项目变成了地方审批；二是未获环保部门批准，擅自开工；三是短贷长投，将银行 7 亿元流动资金贷款转成固定资产投资。从这些情况看，建龙违规性质与铁本非常相似，因此，被称为"铁本第二"。建龙被叫停的时候，其建设进度也与铁本差不多，炼铁高炉、热轧车间、码头等都基本建成，实际投入资金已达 48 亿元。项目停建消息传出后，复星的股价应声下挫。当时，唐万新的"德隆系"刚刚开始崩塌，同样为民营资本运作高手的郭广昌颇受关注。7 月，有媒体披露"复星系"被有关银行列为

---

① 徐寿松著，《铁本调查：一个民间钢铁王国的死亡报告》，南方日报出版社，2005 年 7 月版。

“慎贷”黑名单，资金链随时面临断裂风险，复星一时间黑云压城。

与铁本不同的是，在事件发生后，尽管宁波市计委、国土资源局等6名干部受到了处分，但是建龙和宁波方面均没有人员被拘押，项目的实际控制人郭广昌更是没有受到限制，他仍有自救空间。郭广昌首先想要撇清建龙的民资成分。在被查处后的第一时间，复星股份发布公告称，公司和宁波建龙及股东没有任何关联。9月，郭广昌在杭州的一次长三角论坛上又突然暗示，建龙还隐藏着一家“影子股东”，那就是著名民营企业家、全国工商联副主席刘永好的新希望集团。郭广昌的撇清与暗示，都无非为了不断测试上层对建龙事件的处理底线。从后来的事态发展看，真正让建龙项目峰回路转的是浙江一家大型国有钢铁企业的参与。

就在建龙项目开建的同时，杭州钢铁公司在宁波大榭岛也开始筹建一个占地5 400亩的钢铁项目。由于在拆迁等问题上的纠缠和效率低下，当建龙工程已经建设过半的时候，杭钢的大榭项目还没有正式动工。建龙搁浅后，浙江省政府当即提出了整合建龙和杭钢的意向。对此，处于有利位置的杭钢董事长童云芳放言，“要么控股，要么不参与”。郭广昌当然也不甘心被吃掉，他在杭州的那次论坛上便明确表示，政府综合考虑杭钢与建龙的发展是对的，但整合必须要以改革的方式，而不是以老套套，必须以最优化、最有竞争力的市场方式来解决以谁为核心的问题。他对记者说：“国企参股可以，控股得让民企来。不要借宏观调控之名，让国有企业来控制民营企业。”《财经》在关于此事的评论中问道：“在这场民营企业与国有企业和政府的谈判中，已被判定违规的前者显然居于弱势地位。但问题是，是否一定要让国有企业控股才可以放行？”

郭广昌的挣扎和传媒的质疑被证明是无效的。2004年8月，一个消息已经传遍财经圈：杭钢与建龙初步达成重组协议，杭钢持股51%，郭广昌方面持股49%。关于建龙事件的处理意见也如期下达，国务院将宁波建龙钢铁违规项目的处理权限下放到浙江省政府，这意味着重组后的建龙项目将获得“合法准生”。2006年年初，国家发改委以“发改工业[2006]434

号”文核准了宁波建龙钢铁项目。根据批文，国家发改委同意杭州钢铁集团公司结合自身结构调整，对宁波建龙钢铁有限公司进行重组，由杭钢集团作为控股大股东，联合其他股东，将其重组为“宁波钢铁有限公司”。郭广昌以牺牲控股权为代价，死里逃生。

在本轮宏观调控中陷落的大型民营企业项目，日后大多被国有企业和跨国公司所猎获，铁本项目在三年后被南京钢铁集团和法国安赛乐公司共同重组，分崩离析后的德隆系被瓜分：中粮集团购得新疆屯河，辽宁机械集团入主合金投资，湘火炬遭到一汽、上海德国大众等20多家汽车公司的争抢，最后山东的潍柴动力得手。唯一侥幸独存的是东方希望集团的电解铝项目，由于刘永行十分谨慎，其投资均为自有资金，所以避开了金融上的制裁。此后三年，一向开朗的刘永行变得极度低调，几乎不在公开场合露面。他后来透露说，中铝集团曾经多次试图控股该项目，均被婉拒。

民营资本的惨败，令人印象深刻。其后两三年中，反思不断，全国政协副主席、全国工商联主席黄孟复用“玻璃门”来形容民营企业所面临的尴尬局面。他描述说：“一些行业和领域在准入政策上虽无公开限制，但实际进入条件限制颇多，主要是对进入资格设置过高门槛。人们将这种‘名义开放、实际限制’现象称为‘玻璃门’，看着是敞开的，实际是进不去的，一进就碰壁。”西安海星集团董事长荣海的反省则更为直接，他说：“宏观调控的教训再一次证明，民营企业家一定要低估自己的能力。”

宏观调控对中国公司格局的影响十分深远，在相当长时期内甚至有“定局”的效果。

经济政策的莫测变幻，同样反射在商业思潮的波动与反复上。

在1月份，由河北的一份文件引发出一场关于民营企业家“原罪豁免”的大争论。这份由中共河北省委以“一号文件”批转的河北省政法委《关于政法机关为完善社会主义市场经济体制创造良好环境的决定》称，对民营企业经营者创业初期的犯罪行为，已超过追诉时效的，不得启动刑事追诉程序；在追诉期内的，要综合考虑犯罪性质、情节、后果、悔罪表现和所在企业当前的经营状况及其趋势，依法减轻、免除处罚或判处缓刑。这一“豁免文件”跟改革史上的很多事件与宣告一样，尽管在法律操作上尚有空白和可商榷处，却是一个很强的政策信号弹。然而，随着宏观调控的开始，“豁免话题”很快被抛弃，舆论180度地大回身，转而开始对产权改革中的种种现象进行“绝不宽恕”的“原罪清算”。

在这次清算运动中，担当主角的是一位来自香港的金融学教授。1956年出生于台湾桃园的郎咸平毕业于美国沃顿商学院，该院以金融和财务教学闻名世界。郎咸平长着一张老成的明星脸，一头刚硬的灰发，能言善辩，自称“是一个喜欢生活在闪光灯下的学者”。2000年之后，受聘为香港中文大学和北京长江商学院教授的他常年在中国内地游学演讲。在这期间，他运用金融学工具对中国公司的财务治理进行了系统的研究。就在2004年夏天，他连续发布论文和演讲，对一些著名企业的产权改革方案提出了强烈的质疑。

▲郎咸平

6月17日，他公开质疑TCL，认定其股改方案实际是国有股权被稀释的过程，是“以股权激励为招牌，以证券市场为渠道，使国有资产逐步流向个人的过程”。根据他的计算，李东生持有5.59%的TCL股权，按最高市值达12亿元，因此他“成为TCL改革的最大受益者”。

8月2日，他发表《海尔变形记——一次曲折而巧妙的MBO》，矛头直指中国知名度最高的家电企业海尔。他分析张瑞敏对海尔的产权进行了三次“变形”。“第一次变形”是在1997年。这一年正是大规模产权改革的肇始之年，海尔成立内部职工持股会。2000年，由持股会为主体成立海尔投资，后者拥有海尔零部件采购和商标所有权，这两项内部交易获利高达34个亿。郎咸平认为，海尔商标不归海尔集团，反而归海尔投资所有，这是典型的“股东、保姆、职工”角色不分。“第二次变形”是在2001年。青岛海尔利用增发募集资金和部分自有资金共计20亿元，向海尔投资溢价收购青岛海尔空调器有限公司74.45%股份，产生的股权投资差额20亿元一次性转让给海尔投资。海尔投资手中有了运作的“第一桶金”。此后，海尔的金融资产扩张几乎都是以海尔投资的名义来进行，如控股长江证券、设立海尔纽约人寿。加上非金融资产扩张，海尔投资旗下的公司可查证的就已经达到12家，总资产（包括海尔品牌）已经超过650亿元。郎咸平认为，“大部分经营活动由海尔集团转移到海尔投资，职工持股会几乎已经控制了所有的海尔”。“第三次变形”则发生在2004年前后，海尔投资正进行一系列资本运作，计划将海尔集团的全部白色家电业务注入一家在香港借壳上市的海尔中建，然后将海尔中建更名为海尔电器集团。如果运作成功，海尔投资将最终成为海尔中建最大控股股东，“到了这里，由张瑞敏等管理高层控制的海尔持股会曲线MBO取得成功”。①

就在《海尔变形记》发表的一周后，郎咸平掷出第三颗“震撼弹”。他在上海复旦大学发表题为《格林柯尔：在“国退民进”盛宴中狂欢》的演讲，直指顾雏军使用多种伎俩，“利用一些地方政府急于加快国企退出的思路，将收购与改制打包在一起，玩了一把双方互惠互利的双赢游戏”。②

---

① 郎咸平，《海尔变形记——漫长曲线MBO全解析》，《财经时报》，2004年8月2日。

② 顾雏军得手科龙后，又用同样手法入主另一家冰箱企业安徽美菱。后来的事实表明，当时的美菱电器与其母公司美菱集团有大量的债务关联，其现状十分类似科龙电器与容声集团，顾雏军承诺进入后将一切都“既往不咎”。为了让这起交易显得更有说服力，顾雏军宣称投资24.9亿元在合肥建设格林柯尔——美菱工业园，它成为当年度安徽省最大的招商引资项目。

郎咸平的三次讨伐在企业界、舆论界和经济理论界平地掀起了一场轩然大波。在整个秋天，甚至转移了人们对宏观调控的关注。某种意义上，这位来自香港的、敢于放言的金融学教授对开始于1998年的产权清晰化运动进行了一次“总清算”。他的结论是：“我不反对国企改革，但是目前有些国企通过‘国退民进’，将国有资产以贱卖的方式（包括MBO）转成私人资产以提高效率的做法是我所反对的。当前这种利用法制不健全的空当，合法地侵吞国有财产的现象，和当初俄罗斯私有化运动极为类似。”语锋犀利的郎教授还打了一个很生动的“保姆”比喻——“我的家又脏又乱又差，找来一个保姆，帮我把家收拾干净了，她算是有功劳，可是这个家突然就变成保姆的了。这是一件很荒谬的事情。”据此，郎咸平提出三个观点：必须暂停产权交易、必须禁止MBO、民营企业与国有企业争利问题不是当前经济改革的重点。

在郎咸平的炮轰中，三大企业表现各异。海尔仅仅发表了一个简短的声明称，“郎先生发表的文章是以海尔是国有企业为前提的，众所周知，海尔不是国有企业，海尔没有任何违规、违法行为，不予评价”。TCL也如出一辙地“不予评价”，李东生甚至在一次媒体追问下反问说：“郎咸平是谁？”中国企业在产权改革中的法制空缺尴尬终于暴露无遗。在过去的几年里，几乎所有的产权改制方案都是“见光死”，没有几家企业经得起法律及财务意义上的公开审查。郎咸平显然不是第一个提出质疑的人。如果所有被质疑的企业都顾左右而言他，三颗“震撼弹”将有去无回。富有戏剧性的是，其中一个中弹的人居然起而反击。

▲顾雏军

反击的是性情自负而暴烈的顾雏军。在郎咸平复旦演讲后的第四天，顾雏军发出严厉的律师函，声称其演讲造成了诽谤，要求郎咸平发表更正并道歉，否则将“采取一切必要的手段以保护他的名声”。正愁没有对手的郎咸平当然不会示弱，三天后，他在北京长江商学院的办公室里召开媒体见面会，公布了顾雏军的律师函，声明“绝不会更改或道歉”，并控诉“强权不能践踏学术”。第二天，顾雏军当即向香港高等法院递交了起诉状，以涉嫌诽谤罪起诉郎咸平。

郎顾之争很快升温、升级。郎咸平提出的质疑，涉及中国企业改革的路径抉择与道德倾向性，所以让一大批经济学者都卷入其中，一时间观点针锋相对，护顾卫郎之争，十分热闹。一些学者认为郎论偏颇，对中国企业变革的大方向有误读，不够宽容。复旦大学张军教授认为郎咸平的案例研究“攻其一点，不及其余，有失偏颇”。北京大学张维迎教授还发表演讲，呼吁舆论环境要“善待企业家，不要把他们妖魔化”。同时，也有一些以“新左派”自居的学者为郎咸平大声叫好，中国社科院研究员左大培等十多人联名发表声明“声援郎咸平”。这场大论战顿时掀起惊天骇浪，中国经济界几乎所有重量级的学者都发表了自己的观点，立场鲜明对立，构成近20年来经济理论界规模最大、火药味最浓的一次大论战。

在学者们的隔空交战中，贸然出头的顾雏军成了唯一的“炮灰”。格林柯尔在产权并购上的手段原本就游走在法律边缘地带，“只能做，不能说，一说全是错”，怎么经得起放在舆论的“显微镜”下考验。顾雏军为了证明“清白”，还十分高调地邀请国务院发展研究中心企业经济研究所协办，举办了“科龙20年发展与中国企业改革路径”的研讨会，会上，企业经济研究所罕见地为科龙出具了一份验明正身、全面肯定改革经验的报告书。第二天，这份报告书的摘要以广告的方式被刊登在各大财经媒体的版面上，顾雏军颇为得意地说：“外面很多评论让我恍若隔世，仿佛回到‘文革’年代……现在又是一夜之间，许多经济学家认为我没有问题。”从事后的效果看，这次研讨会、报告书及软文广告起到了负面的效应，顾雏军好像越描越黑，在公众印象中，他已经显然成了侵吞国有资产的符号化人物。在新浪网进行的网民调查中，超过90%的网民认为“顾雏军肯定有问题”。就在研讨会召开的同时，国家审计署悄然进驻科龙电器，展开调查。11月，深交所与香港联交所一起进驻科龙总部，对其财务问题进行集中核查。2005年1月，香港联交所以关联交易为名对顾雏军进行公开谴责。科龙股价应声下挫。顾雏军为自己和科龙引来烧身大火。[①]

郎咸平发动的这场“讨伐”，让他如愿以偿地成了一个明星级经济学家。不过，郎顾之争最后的结局其实已超出了这位公司财务专家的初衷。他本人也在这样的论战中走向极端，提出了“大政府主义和威权政府”的概念，还以中国电信等垄断公司的经营业绩来证明“中国国有企业从来不比民企差”。在很多人看来，郎咸平好像是安徒生童话《皇帝的新装》里的那个小男孩，他大胆地喊出了真相，不过却说错了真相背后的答案。美国《洛杉矶时报》在评论中认为，“郎咸平对中国经济改革的某些批评并不是孤单的声音，他代表着一个被称为‘新左派’的日益有着影响力的团体，他们对国有企业民营化和中国经济的试验进行抨击”。北京大学教授周其仁在一篇《我为什么要回应郎咸平》的文章中说：“我是想破脑袋也想不出来，到底怎样郎咸平才觉得对。”周其仁的观点是：“产权改革不是什么好事之徒策划出来的。就是把主张产权改革的经济学家全部枪毙，只要走市场经济之路，公有制企业还是要搞产权改革。问题是公有制企业的改革实在前无古人，困难自成一家。当初没有清楚的约定，倒回去厘清产权份额谈何容易！正是在这个意义上，我一直认为实践具有第一位重要的品格。”[②]

---

① 2005年7月29日，顾雏军被佛山市公安人员拘捕。9月，他在看守所里将科龙股份转让给青岛海信集团。美菱、亚星等股权相继被收购或转让。2006年8月，科龙电器公布前一年的年报，宣布巨额亏损36.93亿元，刷新内地上市公司亏损纪录，涉及93宗诉讼官司，公司的净资产为–10.90亿元。

② 文钊，程明霞，《周其仁：我为什么要回应郎咸平》，《经济观察报》，2004年9月11日。

从宏观调控到“郎咸平风暴”，2004 年的中国企业界可谓大戏不断、惊心动魄。一直到秋天，人们才突然记起，2004 年是很多著名公司创业 20 周年的“庆典之年”。

1984 年被称为“中国现代公司的元年”，海尔、联想、万科、四通、科龙、健力宝和牟其中的南德均创建于 1984 年。对于商业研究者来说，20 年是一个具有指标意义的年份。1982 年，年轻的麦肯锡顾问汤姆·彼得斯与罗伯特·沃特曼出版了改变当代管理潮流的《追求卓越》，其研究方法便是以 20 年间成长性最好的 43 家美国企业作为基本分析样本，从而归结出了卓越公司的八大属性。不过，当人们把目光投注到这些名声显赫的“中国 20 年公司”的时候，看到的事实却是，它们都无一例外地身陷于成长的突围期，成长路径的惯性让这些一度十分成功而自负的公司开始陷入集体徘徊。

当年出名最早的南德集团早在 5 年前就已灰飞烟灭，曾经的“资本经营大师”牟其中现年已经 64 岁。在武汉的监狱中，他每天跑步 4 000 米，冬天坚持用冷水洗澡，同时不断地为自己喊冤。这年，他读到了德隆崩盘的新闻，对唐万新这位也被关押到武汉的万县小老乡很是关注，还专门写了一段自己的评论：“我在狱中看到的有关德隆的资料非常有限。这让我想起了成都‘武侯祠’的一副楹联：‘能攻心则反侧自消，自古知兵非好战；不审势即宽严皆误，后来治蜀要深思’。在我看来，德隆今天的命运跌宕，是在国内宏观环境，即法制条件、金融条件、道德条件尚未具备时，又不采取特殊的防范措施，以为自己处于成熟的市场经济环境中，孤军深入，身陷计划经济重围的结果，结果只能是被人聚而降之。”其言辞感怀，颇似“借他人之酒杯，浇自家之块垒”。①

四通曾是中关村高科技企业的一面旗帜，而此时的它已经找不到“主营业务”。过去几年里，它最成功的一件事情是“碰巧”拥有一个叫王志

① 相关案例见《大败局 2》，浙江大学出版社，2013 年修订版。

东的天才员工，并投资创建了新浪网。在2003年2月至2004年2月的一年时间里，作为新浪大股东的四通电子先后15次在纳斯达克套现，共获得1.47亿美元，这成为四通最重要的赢利点。2003年12月，总裁段永基出人意料地宣布四通出资11.7亿港币收购史玉柱的脑白金业务，今后四通发展的两大产业是网络文化和保健品。

广东的科龙和健力宝，无疑是过去20年里中国最优秀的家电和饮料公司，可是现在它们正身陷乱世。创业者潘宁和李经纬都已经先后离职，前者出洋做了寓公，后者躺在广州医院里戴罪“双规”。通过暧昧手段得手这两家企业的顾雏军和张海显然无法掌控这两艘大船。就在这年，顾雏军突然遭遇“郎顾之争”，身陷其中不能自拔。年轻的张海则一改李经纬主攻城镇市场的策略，转而主打北京、上海等中心城市，健力宝陷入无比凶险的营销困境。在今后的一年里，顾、张将相继黯然出局，科龙、健力宝最终落得被廉价出售的悲惨下场。

跟上述企业相比，深圳的万科集团和王石则要显得顺利得多。自从专心于地产后，万科此去几无险途。1998年前后，王石突然被查出患上了一种很奇怪的心血管疾病，医生断言，最长一年，他一定会坐上轮椅。突如其来的疾病彻底地改变了王石，这位身上流淌着强悍的军人（父亲）和游牧民族锡伯族（母亲）血液的男人开始重新思考生命与商业的意义。他在自己的“王石 online”网页上引用捷克前总统兼思想家哈维尔的一句名言：“病人比健康人更懂得什么是健康，承认人生有许多虚假意义的人，更能寻找人生的信念。”便也是从这时起，“病人王石”疯狂地喜欢上了有利于心脏和血管扩张的登山运动。他发誓要登遍全球各大洲的最高峰。2002年2月，王石登上非洲最高峰乞力马扎罗峰，5月，登上北美最高峰麦金利峰。2003年5月，52周岁的他成功登顶珠穆朗玛峰，成为登顶珠峰年龄最大的中国人。他在登山日记中写道：“登山是一个后悔的运动，一进山后，马上就会出现头晕、恶心等高山反应，感到后悔。身下就是深渊，令人不寒而栗！因为难度大，上攀的队员挤压在这里，有的费一个小时才能通过，见到这种情景，瞬间产生恐惧感……那个时候在顶峰上，一方面是因为太疲惫，另一方面是因为缺氧，人有点麻木，所以没什么崇高激动的情绪。”①

不断的攀登，让王石很快成了企业家群体中的“异数”，他的名字有时候会出现在报纸的时尚版和体育新闻版。他还成为中国移动通信、摩托罗拉手机和大众汽车的广告代言人，在他之前还从来没有出现过这样的事情。人们开始拿他与有“欧洲顽主”雅号的英国维珍集团 CEO 理查德·布兰森和喜欢作秀的美国地产大亨唐纳德·特朗普相提并论。万科的具体事务都交给了比王石小 14 岁的郁亮打理，这是一位毕业于北京大学国际经济系、有着干练的财务与管理才能，同时又颇有理想的年轻人。一个奇妙的现象发生了，王石离万科越远，他对万科的影响力和品牌贡献越大，对高度的追求和无所畏惧的浪漫气质竟让万科跟王石一样成了中国公司中的一个“另类榜样”。

9 月，万科迎来创业 20 周年的纪念日。当记者请王石谈感想时，这位“不务正业”的企业家竟表现得有点焦虑。他说到了两个例子。2003 年 10 月，王石去云南弥勒参加中国企业家论坛，探讨企业的伦理道德问题。王石发言称，万科多年诚信守法，从来没有行贿。与会主持人问在座的各位企业家：“谁敢说你们没行过贿？没有行贿的请举手。”在座的数百个老总就开始你看我、我看你。过了一会儿开始有人举手了，举手

▲王石登山

① 陆新之著，《王石是怎样炼成的》，杭州：浙江人民出版社，2004 年版。

的姿势很缓慢，像做贼心虚似的，最后有五六位举手。不久后，王石又去一家大学的 MBA 班讲演，谈到这次论坛上的感受，主持人又做了个现场调查，“不相信万科没行贿的同学请举手”。结果举手的超过半数。王石感慨：“大家似乎都默认，在多数新兴企业中，一定存在行贿，不行贿才是不正常的。”王石问：“我们是不是已经病得很重了？”

在 20 年公司中，青岛的海尔与北京的联想无疑是最令人瞩目的两家，张瑞敏和柳传志是过去 20 年里成就最大、公众知名度最高的两位企业领袖。在很多时候，这两家企业的前途被视为中国公司成长的风向标。让人吃惊的是，在创业 20 年的光荣时刻到来的时候，它们好像都处在一个艰难的抉择关口。

海尔的现状不容乐观。这家企业的命运转折其实是在 1997 年前后，在此前的民族企业振兴浪潮中，海尔被寄予厚望。它被国家有关部门列为冲刺“世界 500 强”的 6 名“国家级种子选手”之一，张瑞敏也颇以此自许。然而，随着亚洲金融风暴的爆发，原定的扶强战略突然转向，家电产业不再成为国家政策倾斜的重点领域，海尔的财团化扩张道路中断，“500 强梦想”陡然变得艰难起来——事实上，联想、长虹等公司日后的成长路径的演变均与此相似。一向激情四射的张瑞敏变得沉默起来。在过去的六七年里，他一直坚定地做着两大工作：一是海尔产权的清晰化改造，二是海尔的国际化战略。前一项只做不说，后一项鸣鼓而进。张瑞敏认为，“在加入 WTO 以后，对中国企业来讲，走出去，实现国际化是一个必然的选择”。从海尔公布的数据看，它确实是最为积极地实施海外投资的中国家电企业。到 2002 年年底，海尔在菲律宾、伊朗和美国等地建立了 13 个工厂，海外营业额达 10 亿美元。在国际信息公司欧睿（Euromonitor）发布的全球家电排行榜上，海尔在白色家电制造商中跃居全球第五，海尔冰箱的市场占有率跃居全球第一。不过，它的国际化战略及实际成效，还是受到了舆论的质疑。2002 年 3 月，美国《商业周刊》刊文《质疑海尔》。

该文称："海尔的一些海外投资并不明智，得不偿失，并且因为公司广泛进入如金融、个人电脑等产业而分散了主业注意力。此外，据说海尔因为大肆扩张而负债累累。但由于其董事会守口如瓶，从不谈及债务问题，所以具体负债情况如何，不得而知。那么赢利情况如何呢？公司说所有的部门（分公司）都是赢利的，但没有透露细节。北京的一位美国零售顾问说：海尔是个谜。"

这篇报道被发行量很大的《南方周末》转载。7月，国内另一份很有影响力的政经杂志《南风窗》刊长篇报道《六问海尔》[1]，对海尔全球营业额的真实性、公司治理结构的合法性、产能扩张战略的风险以及海尔的企业文化等都提出了尖锐的质疑，这是光环绕体的海尔自创建以来所受到的最严厉的舆论攻击。此后，几乎国内重要的财经媒体都刊发了对海尔颇为不利的报道，甚至还出现了以曝光海尔为主题的财经图书。

对这些迎面袭来的批评风暴，出人预料的是，善思敏辩的张瑞敏无一进行辩护，保持了难堪的沉默，唯有与他相熟的《中国企业家》杂志社社长刘东华在一篇随笔中为他缓颊，刘东华用一种不无解嘲的口吻说："难道张瑞敏会比我们傻？"2004年，刚刚从质疑迷雾中走出来的张瑞敏再遭负面新闻包围，一直以来低调运作的海尔产权改革又被郎咸平劈头盖脸地一阵痛批。张瑞敏再一次视而不见，表现出强大的隐忍力。

12月26日，是海尔创业20周年的纪念日，公司文化部门原本拟定的构想恢宏的庆典盛会被悄然取消，取而代之的是一个规模不大的研讨会。在发言中，张瑞敏第一次对几年来的质疑给出了回应。他说："如果没有来自方方面面对海尔的质疑甚至个别的恶意中伤，就没有今天思考更加冷静、思维更加缜密、心理承受能力更强、可以更加有能力驾驭复杂局面的海尔，我认为这是好事。这些质疑不管对错，对海尔都是一种提醒，我们会更好地思索这些问题。'生于忧患，死于安乐'，一片赞扬声中企业

① 苏东，《六问海尔》，《南风窗》，2004年7月。

不可能很好地生存。”

会后，心潮难平的张瑞敏决定送给自己一个礼物。自1998年起，他的办公室里一直悬挂着一幅书法，那是他讲过的那句流传甚广的名言：“战战兢兢，如履薄冰”。他日日端视，如同面壁。今天，他又让人买来一艘泰坦尼克号的沉船模型，摆放在办公桌的正前方。他说：“我要一抬头就看到它。”①

“做得好，一步登天；做不好，打入地狱！”就在海尔召开研讨会的半个多月前，12月8日凌晨，在位于北京海淀区创业路上的联想大厦三楼圆形会议室里，整夜未眠的柳传志忧心忡忡地迸出这句话。几个小时后，联想集团在五洲大酒店发布新闻：用12.5亿美元收购IBM的PC业务。全球IT业震惊。②

在过去的几年里，联想经历了分拆交棒、进军互联网以及回归PC的曲折历程。比海尔、科龙等“同期生”幸运的是，柳传志很有远见地早早解决了联想的产权问题，所以，他不必像张瑞敏那样两线作战。更幸运的是，柳传志还找到了自己的接班人。2000年5月，在联想的新财年誓师大会上，柳传志亲手将绣有“联想电脑公司”和“联想神州数码公司”的两面大旗交到了杨元庆和郭为手中。这两人是他培育了10多年的爱将。杨元庆是销售奇才，联想电脑在中国市场击败众多国内外同业的战役均由他发动指挥，这是一位敏捷而又内敛，有时候还略带腼腆的年轻人。郭为则一直是联想集团的行政人才，那句著名的广告词“人类没有联想，世界将

① 这一年前后的张瑞敏一直表现出深重的危机感。2005年11月，他接受《经济观察报》记者采访，在评价未来的家电业动向时，他脱口而出说：“看结果就行了，真正能够在中国站住脚的是外国企业。中国所有的企业连小学都没有毕业。”他还叹息地说：“随着海尔的国际化发展，我们现在在国外有了30多个生产基地，但我的感觉是越来越不会做企业了，原来很多成功的发展模式现在都不好用了。”

② 联想与IBM的此次并购交易价格最终确定为17.5亿美元。

会怎样”便出自他的创意。在柳传志的主导下，联想一分为二，杨元庆分得联想的名号和最重要的PC业务，其中包括90%的财产、80%的员工和业务收入，郭为的神州数码则分走IT服务业务。2001年4月20日，在又一次的誓师大会上，杨元庆从柳传志手中接过了一块刻着4个镏金大字“联想未来”的牌匾，正式就任联想集团总裁一职。

少帅登台，自然万象更新。在上任的第一天，杨元庆就在胸前别了一个小牌子“请叫我元庆”，清新之风吹拂联想。他迅速确定了未来三年的发展目标，提出“高科技的联想、服务的联想、国际化的联想”三大战略转型。联想将实现营业额50%的递增，到2003年达到600亿元人民币，10年后，20%~30%的收入将来自国际市场。杨元庆宣布全面进军互联网产业，相继以3亿元收购财经网站赢时通40%的股份，出资5 000万元创办新东方教育在线，创建大型门户网站FM365，此外还与美国在线—时代华纳成立合资公司，与有“小超人”之称的香港李嘉诚之子李泽楷的盈科数码动力合作开发宽带电脑。杨元庆豪气干云地宣告，“联想将全面转型为一家互联网公司”。然而，这个看上去前途远大的战略很快陷入泥潭。就在FM365创办的时候，纳斯达克指数开始狂跌，杨元庆赶上了一个凄冷的寒冬。其后几年，网络泡沫破裂，联想在互联网产业的数亿元投入全数打了水漂。投资上亿元的FM365和新东方教育在线都被迫关闭，花3亿元买回的赢时通股值缩水90%，与美国在线—时代华纳和李泽楷合作的项目均不了了之。2004年3月，联想互联网部门实施大面积裁员，一篇由联想员工

▲联想未来

根据自己亲身经历写成的日记体网文《联想不是我的家》被广泛传播。这篇日记写道：“今天就是面谈日。在B座一层的两个小会议室。进去的人，领导首先肯定他过去的成绩，然后解释战略裁员的意思，然后告知支付的补偿金数额，然后递上所有已经办好的材料，然后让他在解除劳动关系合同上签字。平均每个人20分钟。被裁的员工事先都完全不知情。在面谈之前，他们的一切手续公司都已经办完，等他们被叫到会议室的同时，邮箱、人力地图、IC卡全部被注销，当他们知道消息以后，两个小时之内必须离开公司。”“裁员风波”几乎把柳传志苦心经营多年的联想神话一击而碎，8月，杨元庆自降薪金一半以示自责。

从未尝过败绩的少帅一掌大印就蒙羞惨败，这让联想的发展战略和接班人计划广受诟病，有的人甚至又将冷却多年的“柳倪之争”拿出来再做评点。在敏感的动荡时刻，柳传志顶住压力，力挺爱将，认为“杨元庆的失败是可以接受的”。杨元庆亦表现得十分坚强，他对记者说：“一个冬天的洗礼，让自己除掉这样的浮躁，使自己的心态更加健康。我觉得，这是一个很好的收获。”柳、杨反思，决定“痛做减法，全面淡出IT服务、网络、软件领域，重新聚集力量于个人电脑”。此刻，联想PC业务也处在滑坡的危地，其国内市场占有率从2001年的30%下滑到24%。重回个人电脑，联想必须寻找到新的出击点。这时候，IBM突然找到联想，声称愿意出售它的PC业务。过去几年，在传奇CEO郭士纳的领导下，IBM从生产硬件转为提供服务，以制造为赢利来源的PC业务成了“鸡肋”。① 2003

① IBM公司长期以来被视为美国科技实力的象征和国家竞争力的堡垒，《经济学人》杂志甚至认为，“IBM的失败总是被视为美国的失败”。1993年，IBM亏损高达160亿美元，面临被拆分的危险，非IT业出身的郭士纳空降出任CEO。他保持了IBM这头企业巨象的完整，同时成功地让IBM实现向服务商的转型。9年间这家公司持续赢利，股价上涨了10倍，一跃成为全球最赚钱的公司之一。郭士纳成为继韦尔奇之后全美最成功的职业经理人。2003年，他写作的《谁说大象不能跳舞？》被引入中国，成为该年度最畅销的商业书之一（该书中文版由中信出版社于2003年出版）。

年，PC 事业部亏损 2.5 亿美元。而对联想来说，并购可以一下子从全球第九大个人电脑厂商跃升到第三位，仅次于戴尔和惠普，年收入规模由 30 亿美元膨胀到 120 亿美元，从而进入“世界 500 强”企业。

不过，并购的风险无疑是巨大的。此时的联想握有 4 亿美元的现金，用柳传志的话说，“稍有不慎就都打干净了，而且还欠了投资人的债，这是不堪设想的”。就当他为“登天”还是“下地狱”无尽踌躇的时候，杨元庆一直坚定地跟在其左右。这是两个年龄刚好相差 20 岁、性格迥异的企业家。20 年前，40 岁的柳传志一无所有，刚刚开始激情创业，而此刻，40 岁的杨元庆坐拥数十亿元资产，却面临人生和事业最严峻的挑战。

尽管遭到所有股东的全票反对（这是柳传志在 2007 年 9 月才对外透露的），柳、杨最终决定不放过这次机会。联想与 IBM 达成的购并协议是这样的：IBM 出售全球范围的笔记本、台式机业务和 Think 系列品牌，联想支付的交易价格为 17.5 亿美元，其中含 6.5 亿美元现金、6 亿股票以及 5 亿美元的债务。在新闻发布会上，柳传志说：“不冒险怎么办，不冒险在中国窝在这个地方也是不行的，不突破慢慢就只有萎缩。”

联想的购并成为本年度最后一条，也是最重大的公司新闻。国内外舆论一时沸腾，表现得十分两面化。一方面，很多人振奋于联想的国际化雄心，IT 观察家姜奇平评论：“联想做了一件人们期待已久的正确的事情。以市场换品牌，成为联想走向世界的中国道路。”《华尔街日报》亦认为，“收购案将使 IBM 成为联想的忠实客户”。另一方面，忧虑之声也不绝于耳。购并新闻公布当日，在香港联交所上市的联想股票先涨后跌。香港《信报》的分析认为，“主要因为券商普遍看淡联想收购 IBM 全球 PC 业务的消息”。国内媒体的报道也很谨慎，《财经》杂志的标题是《联想豪赌》，《财经时报》的标题是《联想大跃进：游走于成功和成仁之间》。

站在创业 20 周年门槛上的柳传志此时内心也同样忐忑不安。有一次，他去北京大学的 MBA 总裁班授课。他做课堂测试，问：“有多少人看好这次并购？”全班 93 个总裁同学只有 3 人举手，其中两位还是来自联想集团的经理人。两年后，柳传志回想说："我当时心里真是一凉。"不过，对于这位经历过无数风浪的企业家来说，他也许更愿意用历史的眼光来直面今日的风险。在并购新闻公布一周后的12月15日，联想举办20周年纪念大会。柳传志在登台演讲的一开始就把历史拉在了一起："1985年年初，我第一次参加IBM的个人电脑代理商会议，端坐在最后一排，怀着科技人员刚刚下海的心情，紧张而兴奋，这是一个新事业的开始。20年后，2004年年底，我代表联想集团，在收购IBM全球PC业务的文件上签字，感受到全中国乃至世界目光的注视，同样让我感到紧张和兴奋。这是联想两代人梦想的实现，同时又是一个新的事业的开始。"

在很多人听来，还有什么语言比这段表述更能证明中国公司的进步和力量？

2004年9月，《中国企业家》杂志的封面人物是陈久霖。在《买来个石油帝国》[①]的豪气大标题下，编辑特意把下面的这个悬念也刊印在封面上：“陈久霖能否靠海外收购把中航油打造成中国第四家石油巨头？”这家杂志社不会料到的是，仅仅4个月后，它不得不做了另一个长篇的封面文章：《谁搞垮了中国航油？》[②]。

陈久霖被认为是一个商业奇才。1997年，36岁的他受中国航油集团公司委派，前往新加坡接手管理中国航油（新加坡）股份有限公司。这家公司成立于1993年，最初两年亏损，之后又休眠两年，近乎一个空壳。陈久霖到新加坡的时候，只有一人来接机，而他也是陈久霖唯一的下属。上级给陈久霖的创业资本是21.9万美元，7年之后，他交出的成绩单是：中国航油（新加坡）净资产增长890倍，达1.5亿美元，经营业务从单一的进口航油采购逐步扩展至国际石油贸易，公司于2001年在新加坡交易所主板挂牌上市，成为出了名的热门股。它成为中国国有企业在海外创业的标本，公司的经营业绩和管理机制被列为新加坡国立大学课程教学案例。它还曾获颁新加坡上市公司“最具透明度企业”称号，并被美国应用贸易系统（ATS）机构评选为亚太地区“最具独特性、成长最快和最有效率”的石油公司。陈久霖本人被推选为新加坡中资企业协会第四任会长，2003年10月，被达沃斯的世界经济论坛评选为“亚洲经济新领袖”。陈久霖的年薪为2 350万元人民币，不仅创造了中国国有企业之最，也高居新加坡上市公司管理者之首，被誉为“中国打工皇帝”。

后来披露的事实表明，陈久霖的成就其实又是一个垄断者的神话。中国航油集团公司几乎占据了中国内地航油供应的全部市场，同时享有独家

---

① 房毅，《买来个石油帝国》，《中国企业家》，2004年09期。

② 牛文文、程苓峰，《谁搞垮了中国航油？》，《中国企业家》，2005年02期。

进口权。这直接导致中国航油价格一直处于相对较高的位置，比日本高出60%，是新加坡航油价格的2.5倍，有时，内地航油价格比国际均价高出一倍有余。可悲的是，尽管拥有这种垄断性经营优势，体制僵化的中国航油居然多年来仍然获利乏术。陈久霖是那个让垄断产生了效益的人。他初到新加坡时，这家分公司只负责集团内的航油运输业务。为了能获得集团进口航油的采购权，陈久霖逐一拜会各位总公司领导。为了说服某位领导，他曾冒着漫天大雪一直在人家门口等到晚上11点。就这样，集团终于拗不过陈久霖的坚韧，答应给予新加坡公司几万吨进口航油额度试试。但陈久霖仍然面临资金紧张的困难，当时采购一船航油需要600万~1 000万美元，没有任何资信的陈久霖居然说服法国巴黎国民银行试探性地给予他1 000万美元的融资额度。借此，他做成了第一笔生意，并赢利30万美元。从此，陈久霖成功闯入垄断者的游戏。为了从总公司拿到更多的订单，陈久霖通过批量运输、比较采购等途径成功地压低了油品的价格，很显然，跟集团公司内的其他经营者相比，他是一个更懂得商业谋略的人。由于他的努力，中国航油集团进口油的成本不断降低，由此获得的利润也相应大幅增加，新加坡公司也获得了越来越多的采购权，并肩负为集团公司平抑油价、降低采购成本的重任。1998年，中国航油（新加坡）就从总公司的26船货中拿到了21船的订单，通过它采购的油品，在中国航油全部进口航油中所占比例一下子攀升到92%。2000年3月，中国航油总公司正式下文，要求包括参股公司在内的所有下属公司在今后几年必须通过中国航油（新加坡）在海外采购航油。就这样，陈久霖让一个账面资金不过20多万美元的空壳公司，变

▲陈久霖

成了年营业额高达9.15亿美元的大型贸易企业。从2002年开始，陈久霖进军投资实业和收购，试图从一个贸易公司转型为集石油实业投资、国际石油贸易和进口航油采购为一体的工贸结合型的实体企业。当年4月，中国航油（新加坡）通过投标方式，成功地获得西班牙最大的石油设施公司CLH公司5%的股权，代价是6 000万欧元。7月，它又收购了上海浦东国际机场航空油料有限责任公司33%的股权，成为该公司第二大股东。2003年，它收购新加坡国家石油公司（SPC）20.6%的股权，这家公司是新加坡唯一由国家控股的上市公司，经营石油天然气的开采、提炼以及原油和成品油的销售。业务遍及东南亚地区。经此数役，陈久霖声名大噪。

陡得大名的陈久霖不仅成了中国航油集团的一面旗帜，更被当作中国国企"走出去"的过河尖兵。不过在评价标准颇为奇异的国有体制内部，他又是一个颇有争议的另类。有一次接受媒体采访，陈久霖十分率直地说："危机时刻伴随着我，我最担心的就是'乌纱帽'有一天被拿掉。"为了用更大的成功来证明和巩固自己，他开始涉足石油衍生产品的期货业务，以卖空期权的方式进行投机。陈久霖自信地认为，中国航油握有垄断而稳定的航油进口业务，以此身份从事期货，自然赢多输少，罕有失手者。他因此自许说："中国人在世界上也可以成就索罗斯那样的投机家。"不过也有期货专家提醒他："中国航油做期货，是一种极其冒险和不聪明的做法。即使中国航油赌赢了，赚的也只是卖期权得到的少量权力金，而一旦赌输，赔进去的数额将是巨量的。这是一场风险和收益极不对等的游戏。"陈久霖不以为然。后来事实证明这成了一场悲剧。

2003年，美国攻打伊拉克，稳定多时的全球油价猛然上涨，卖空的陈久霖陷入困局。2004年3月28日，陈久霖首次得知期权投机出现580万美元的账面亏损。此时，摆在陈久霖面前有三种选择：一是斩仓，把亏损额限制在当前水平，纸面亏损由此转为实际亏损；二是让期权合同自动到期，账面亏损逐步转为实际亏损，但亏损额可能大于也可能小于当前水平；三是展期，如果油价下滑到中国航油期权卖出价格，则不至于亏损并因此赚取权力金，反之，则可能产生更大的亏损。为了掩盖亏损，陈久霖决意铤而走险选择第三方案。他注入资金，继续赌博。到10月3日，亏损陡然扩大到8 000万美元，这相当于上市公司2003年利润总额的2.5倍，而5 200万桶的交易量也已经是航油集团每年实际用油的数倍。陈久霖被迫向北京求救，集团公司决定出手救助，陈久霖再筹得1.07亿美元暗中用于补仓。然而，油市走向依然朝恶化的方向演进，陈久霖补进去的钱被一口一口地吃掉。到11月29日，中国航油终于信心崩塌，在高价位时全部斩仓，5.5亿美元的实际亏损成为事实，第二天，中国航油（新加坡）向当地法院寻求债务重组。由英雄而成罪人，陈久霖仅用了8个月的时间。

陈久霖败局后，国内传媒从企业家身份的角度对其做过一个对比性的猜测：如果陈久霖是个私营企业主，他经营的中国航油属于自己，他会怎么选择？毕竟，当时斩仓，580万美元或者更多一些亏损，对于一个年利润4 000万美元的公司来说，还不是什么“塌天灾难”，而继续豪赌，对事关自己金钱和命运的企业主来说，则是不能承受之重。但陈久霖是个国企领导人，经营中的任何失误也可能演变成导致他下台的理由，毕竟，国有企业和其领导人的关联度很脆弱。报告亏损，可能成为“多米诺骨牌”，让他下台；再赌下去，最多也是个下台，干吗不再冒把险？陈久霖的选择，其实可能是众多国企负责人的共同思维。

经济观察家王巍更是用一个新的名词——“江湖企业家”来形容陈久霖式的国有企业经营者。这类企业家“高度迎合市场需求，积极勾兑政府资源；巧妙地利用多种身份获益，刻意地回避所有规则；既无视公司治理规则，也回避政府的组织制约；成则安身立命实现个人抱负，败则振振有词地推诿于传统体制的束缚”。王巍认为：“江湖企业家”正是无视公司治理规则也规避政府管制的特殊群体，他们非常善于用市场动作来绑架政府决策，用政府行为来掠夺市场利益。一方面，娴熟地把玩着政治技巧，利用政府的身份来高屋建瓴地控制资源和割据市场，挥霍着市场上无法抗衡的霸气；另一方面，又鼓噪市场观念，利用企业的体制来设置无数江湖规则以屏蔽政府的干预，表现出体制内难以容忍的匪气。中航油这一类具有垄断特权的企业应当从陈久霖的背后走上前台，接受市场的质疑。与无数在市场上艰难竞争的中小企业群体相比，正是中航油这样的垄断企业群体才可能成为威胁市场秩序、颠覆政府规则的主力，才是构成“江湖企业家”最深厚的土壤。

陈久霖事件还有一个很让人唏嘘的情节是，当5.5亿美元的巨亏曝光后，他不仅是罪魁祸首，而且是唯一的责任人，所有的上级和同僚都消失了。新加坡检察机构曾将中国航油董事长及董事等5人一起告上法庭，最终只有陈久霖一人获罪，其他人都在国资委的担保下回国继续工作。所有的机构及个人都快速地与陈久霖撇清干系，他失去了工作，工作签证随之被取消，只能凭旅游签证停留在新加坡，银行存款被冻结，信用卡被注销。他曾向上级申请给予部分生活费、子女抚养费，但没有任何回音。每次上法庭，陪同他的人只有一个律师和一个私人朋友，在审判庭上他曾戴着手铐向有关方面写求援信，观者颇为动容。不久前，他还是显赫的国有企业领导者，代表着一个庞大的国有利益集团，现在突然成了一个没有任何组织的“孤儿”。羁留新加坡期间，其老母数度病危，陈久霖两次申请回国探望而未得批准，直至母亲去世13天后，才被允许回国奔丧。陈久霖在乡下土坟前恸哭不起。2006年3月，新加坡初等法院以隐瞒公司巨额亏损且涉入内线交易等罪名，判处陈久霖服刑四年零三个月，同时罚款27.7万美元。历史往往出奇的巧合，10年前的1995年，也是在新加坡，英国巴林银行驻新加坡首席交易员尼克·里森在投机性外汇交易中损失12亿美元，导致有223年历史的巴林银行倒闭。陈久霖坐牢时，尼克·里森已经出狱，在爱尔兰的一家小足球俱乐部当财务主管。

2005 深水区

拿了我的给我送回来，吃了我的给我吐出来，

闪闪红星里面的记载，变成此时对白。

——花儿乐队：《嘻唰唰》，2005年

无论是海尔的海外建厂还是联想的跨国并购，都呈现出两个事实：第一是中国公司非凡的全球化进击，第二则是创新不足及在核心技术上的缺陷已经演变成一个漫长的“报应”。

2005 年，是 48 岁的 TCL 集团董事长李东生的本命年。从 1 月份开始，他就一直获奖不断。先是被美国《时代周刊》和 CNN（美国有限电视新闻网）评为“2004 年全球最具影响力的 25 名商界领袖”，接着被中央电视台评为 2004 年的“CCTV 中国经济年度人物”，紧接着，中国企业联合会和中国企业家协会又在北京人民大会堂举行隆重的典礼，授予他年度“最受关注企业家”的称号。谁也不会想到，两年后，他的名字会出现在《福布斯》杂志评选的

“年度最差中国企业家”榜单上。

李东生之所以如此受热捧，是因为这位当年民族品牌振兴运动中的“敢死队长”在国际化并购中再次充当了急先锋的角色。如果说柳传志在2004年年底放了一颗大“卫星”，那么李东生在近年的进取则显得更为立体。TCL很早就开始了跨国经营的尝试。1999年TCL彩电进入越南市场，历经18个月实现赢利，并成为当地销量第二的彩电品牌。从2003年，李东生启动跨国并购的“龙虎计划”，他先是收购了美国一家生产DVD播放机和录像机的公司Go-Video（高威达），继而买下德国一家濒临破产的彩电公司施耐德。2004年1月29日，李东生与全球电子消费产品巨子法国汤姆逊集团CEO达哈利在法国总理府签订成立TCL—汤姆逊电子有限公司的合同，新的合资公司年销彩电1 800万台，成为全球最大的彩电供应商。仅仅半年后的8月31日，TCL又宣布与阿尔卡特共同组建的排名世界第七、中国第一的TCL—阿尔卡特手机公司成立了。在这两起合作案中，TCL均以并购者的角色出现，李东生在如此短的时间内，将集团两大主营业务均进行了国际化改造，自然引起很大的轰动。其中，最为人津津乐道的是收购汤姆逊彩电，因为在10多年前，有“全球第一CEO”之称的杰克·韦尔奇曾出手收购这家公司，最终因重振乏术而被迫放弃。

就在TCL并购汤姆逊彩电后的4月份，杰克·韦尔奇来到中国。在主办机构的安排下，李东生与韦尔奇同台论道，这是一个很有戏剧性的场面。韦尔奇显然对李东生颇有了解，因此一开场就半恭维半幽默地说：“我们的企业成了一个具有讽刺意义的现象，李先生他们购买的彩电业务，是我14年前卖给汤姆逊的。让汤姆逊扭亏为盈，通用电气没有做到，今天李先生要帮助汤姆逊扭亏为盈，和三星、索尼进行竞争，李先生现在是肩负起了一个具有全球意义的重大挑战。”这番话被翻译成汉语，当即引来满场的掌声，李东生惶恐而得意，韦尔奇不动声色。

此次论坛后的两个月，肩负挑战责任的李东生发誓将在18个月内让TCL的欧洲业务实现赢利。在新闻发布会上，他甚至不惜以个人信誉担保，他说："我可以很负责任地说，18个月后TCL—汤姆逊能赢利。18个月后大家可以来检查，我个人的信誉一向还算比较好，事实上，我觉得我们不到18个月就能赢利。"

▲李东生对话韦尔奇

李东生的自信后来让他陷入了尴尬。事实上，跟柳传志一样，李东生的"欧洲攻击"也是被形势所逼迫出来的。在过去的20多年里，李东生一直鸿运高照，与他同期创业的那两个著名的同班同学在近几年都陷入了困境。2001年，康佳在彩电大战中落败，董事长陈伟荣递交辞呈，离开一手做大的康佳。2005年，创维的黄宏生则卷入了一场意外的丑闻，香港廉政公署怀疑他涉嫌通过贪污手法进行诈骗及挪用公司资金，并因此组织了一个名为"虎山行"的行动进行秘密侦察。11月30日，该署宣布拘捕黄宏生。[①] 相比较，只有李东生一直履惊险如平地。他和TCL是中国家电业数轮价格大战后的幸存者之一，TCL是家电业仅有的完成了产权改造的大型企业，他在中国企业家群体中的公众声誉已经逼近柳传志、张瑞敏和任正非。然而，正如我们在以前的章节中已经描述过的，由于多年来对核心技术开发的漠视，中国所有的家电企业均靠规模和成本优势来打价格战，任何一个产品，几轮厮

① 2006年7月，香港区域法院宣布创维数码控股有限公司前主席黄宏生及其胞弟、创维前执行董事黄培升因串谋盗窃及串谋诈骗创维系5 000多万港元等4项罪名成立，分别判处有期徒刑6年。法院认定，黄宏生兄弟从2000年11月1日至2004年10月31日期间，串谋其母亲罗玉英及另外一名人士王鹏，盗窃创维数码控股有限公司4 800多万港元及创维网络有限公司一笔超过220万港元的款项。

杀下来颗粒无收，均无利润。TCL 赖以起家的彩电业从此没有走出价格竞争的泥潭。2002 年前后，平板电视在中国进入了高速增长期，国内企业再次大打价格战，一年时间就把零售价拉下 50%。据中欧国际工商学院肖知兴教授的计算，“平板电视的面板占到成本的 60%~70%，机芯占到成本的 10%，占整机成本 80% 左右的核心元器件都需要从日本、韩国和中国台湾公司购买。这才是中国平板电视不赚钱的根本原因，对于具有民族情感的产业界来说是难以接受的。而对于视价格战为法宝的企业家更多了一分无奈：中国企业的价格战只能在 20% 的空间内进行，已经没有多少余地”。

跟其他老牌家电企业相比，李东生在彩电业无利可图的时候抓住了手机市场这块新蛋糕。自 2000 年之后，中国移动通信市场空前繁荣，李东生及时切入。他聘用一位叫万明坚的营销怪才专攻手机业务，在没有任何核心技术优势的情况下，万明坚出人意料地推出了一款“宝石手机”，也就是在手机翻盖上镶嵌一颗价值几元钱的东南亚玉石。这款被专家讥讽为“乡长太太的手机”的新款产品居然在全国城镇市场大受欢迎，获得了令人匪夷所思的成功。2001 年，TCL 手机一路闯入全国销量的前三强，为集团贡献 3.2 亿元利润，2002 年，更是实现惊人的 12 亿元利润，成为 TCL 集团的第一支柱。在“宝石手机”效应的刺激下，国产手机蜂拥而上，手机业再度重现当年发生在彩电、空调等行业中的景象，跨国品牌一时间被杀得落花流水，国产手机的市场占有率迅速冲过 60%。可是，好景仅仅只有两三年，没有任何技术开发能力的国产手机很快又陷入价格和概念大战中。就在国产手机最兴盛的时候，专家已经预见了它们难以逃脱的宿命。全国 90% 的手机制造商的机型和核心模块都是从韩国和日本引进的，80% 的厂家选择了最快捷的直接贴牌。跟跨国品牌相比，国产手机的平均返修率要高一倍，为 6%，有的品牌甚至高达 40%。到 2004 年，除了庞大的产能和花哨的广告噱头别无任何竞争优势的国产手机终成强弩之末，TCL 手机的销量和利润以年均 50% 的速度下滑，李东生被迫撤掉了昔日功臣万明坚。在其后的两年里，手机业务成为集团最大的亏损黑洞，之前所得的 10

多亿元利润全数吐出。

除了技术上的致命弱点外，过去几年里，在家电业发生的另一个重大行业变局是，出现了专业而强势的卖场渠道商，最具代表性的是潮汕商人黄光裕创办的国美和江苏商人张近东创办的苏宁。黄光裕从17岁起离开家乡汕头北上创业。1987年，他在北京珠市口开出一家面积不足100平方米的电器店，靠薄利多销的经营秘诀，到1993年渐渐在京城闯出了一点小名气。1999年，黄光裕开始全国连锁，他坚持开店面积不得小于1 000平方米，并以轰炸式的广告和坚决的低价策略迅速占领了市场。几乎当国美在北方大获成功的同时，南京的张近东也放弃了原来的批发业务而专攻连锁零售，苏宁在长江以南快速扩张。随着国美和苏宁的崛起，家电业“渠道为王”的年代到来了，制造商的“喉管”被牢牢地卡住，它们的市场主动权彻底丧失，利润空间越来越小。2004年7月，国美电器和苏宁电器分别在香港和深圳上市，在2004年的胡润“中国百富榜”上，黄光裕以105亿元资产晋级“中国首富”。① 即使聪慧如李东生，也无法抵抗“渠道为王”的大势。正是在这样的背景下，李东生铤而走险，披甲远征欧洲，其战略目的十分清晰，那就是从“中国红海”，或者说“中国苦海”中摆脱出来，把规模和成本优势向外输出，通过收购的方式达到两大效果：一是实现品牌上的联盟，二是直接切入欧美的主流销售渠道。这看上去是当时唯一可选择的积极战略，用李东生自己的话说，“全球化这条路一定要走，今天不走，明天也要走”。

这种全景式的俯瞰，在2005年年初还没有引起人们的关注。联想和TCL的并购新闻如此炫目，在中国宏观经济持续走强的形势下，人们更愿意把它们与中国公司的崛起联系在一起，这种壮观景象还很容易让人联想

---

① 随着国美、苏宁的做大，中国家电产业大舞台的主角开始更迭。2006年年底，国美并购上海的另一家连锁家电公司永乐。黄光裕说，“我已经能够控制家电业的零售价”。此言一出，制造业领袖们全部噤声。多年价格战的相互残杀在这里找到了自己的宿命。

▲黄光裕与张近东

起 20 多年前日本公司大量并购欧美企业的往事。人们宁愿相信，奇迹有时候会自我实现。[①]

兴起于 1998 年的“中国制造”，在近年终于爆发出令世界难以抵挡的竞争优势。加入 WTO 的 2001 年，中国外贸规模为 5 000 亿美元，到 2004 年就突破万亿美元大关，一举超过了日本，2005 年的数字将达到 1.4 万亿美元。随着中国商品如潮水般涌出国门，欧美消费者发现“Made in

---

① 这年，与联想、TCL 的并购新闻相辉映的，还有台湾的 IT 明星企业明基宣布收购德国西门子公司的手机业务。2005 年 6 月 8 日，明基－西门子并购案曝光。这是一桩看上去“很合算的生意”，西门子承担手机部门的 5 亿欧元亏损，转移给明基的是没有负债的手机资产，同时，西门子向明基提供价值 2.5 亿欧元的现金“嫁妆”，并以 5 000 万欧元购入明基股份。合并后，明基手机产销量超过 5 000 万只，成为全球第四大手机品牌。到 2006 年 9 月，全力投入而振兴乏力的台湾明基宣布放弃明基德国手机公司，并向当地法院申请破产保护。合并期间，明基为手机项目注入了 8.4 亿欧元资金，账面亏损累积达到 6 亿欧元，明基的股价则从最高时的 35.10 元（台币），跌至 18.20 元，市值蒸发超过 300 亿元。明基－西门子并购案的完败，凸显了跨国并购的巨大风险。

China”已经像空气一样，成了生活中不可缺少的一部分。

2005年1月1日，住在美国路易斯安那州巴吞鲁日的经济新闻记者萨拉·邦焦尔尼做出了一个很“疯狂”的决定，她和家人将在一年内不使用“中国制造”。她说，这个念头是在前几天的圣诞节期间冒出来的，因为她突然发现家里的每一个角落，从电视到网球鞋，再到装饰圣诞节的灯泡、地板上的西方人偶，都是“中国制造”。让她没有想到的是，“这个决定竟然是大麻烦的开始。过去看起来很简单的事情都变成了令人痛苦的事情”。首先要换掉儿子的中国鞋子。为了购买价格低廉的产品，她来到了附近的欧洲产品打折鞋店，但是因为生意不好，店铺已经关门停业。结果，只有4岁的儿子只好穿从商品目录单中找到的价格68美元的意大利产运动鞋。另外，玩具商店、卖场里也摆满了中国商品，因此，儿子朋友的生日宴会使她的钱包越发变瘪，因为每次她都要给儿子买丹麦产乐高玩具作为礼物。家居用品即使出了故障也无法修理，因为表面上虽然是“美国制造”，但配件全都是中国产品。吸尘器里过滤灰尘的过滤器全都是中国产品，结果只能与“垃圾”为伴。从以往帮助住在郊区的一家人轻松抓住讨厌的老鼠的捕鼠器到照亮住宅外面的电灯、生日蜡烛、爆竹等，要想找到不是中国制造的产品简直难如登天。一年后，邦焦尔尼把自己的经历写成了一本名为《没有“中国制造”的一年》[①]（*A Year Without“Made in China”*）的书籍，她得到的结论是：“美国人完全无法摆脱‘中国制造’。”她在书的最后宣布：“原本想让中国在我的生活中消失，但后来才明白中国原来已经渗透到我的生活中，这令我非常吃惊。我和家人决定向现实妥协，否则为此忍受的生活不便和代价真是太大了。”在今后购物时，只要觉得中国产品比其他国家的产品“更加实用”，她就会购买并使用。

没有别的故事比邦焦尔尼的经历更能说明现实了，廉价，廉价，还是

① 该书2008年1月由机械工业出版社引进中文版，中文版书名为《离开中国制造的一年：一个美国家庭的生活历险》。

廉价，这是“中国制造”制胜的唯一武器，也是最令世界难以抵挡的竞争力。而事实的另一面便是，在中国商品的冲击下，各国的制造工业受到了致命的挑战，贸易摩擦随之而来。根据世界银行的数据，中国是 WTO 成员方中遭受反倾销最多的国家，全球 7 件反倾销和贸易救济案中就有 1 件是针对中国的，中国因此每年损失的贸易额达 500 亿美元。各种反倾销案层出不穷，成为近年来最引人注目的一个国际性政经问题。

在一开始，中国舆论把各国的反倾销视为一种“歧视”，有的人甚至用“八国联军”来形容各国对中国商品的围剿。在某种意义上，对反倾销的反抗，成为爱国主义的一种表现。在这时候，一直以制造低廉商品而闻名的温州商人再度成为国家英雄。

2002 年 6 月底，欧盟宣布对中国温州地区的打火机进行反倾销调查，这被认为是中国加入 WTO 后的“反倾销第一案”。当时，温州几百家打火机企业生产了世界上 90% 的金属外壳打火机，其制造成本只有日本打火机的 1/10。温州烟具行业协会组织骨干企业应诉欧盟，该协会提供的调查显示，“中国价格”的低廉主要来自劳动力成本，温州工人的年收入比欧洲工人低了 20 倍。结论是“中国企业没有做亏本买卖”。此项诉讼最终以欧盟撤诉告终，国内舆论一时相当自豪，在应诉中最活跃的温州商人黄发静当选 2003 年度的“CCTV 中国经济年度人物”，颁奖词为：“他以民间的力量推动公正的世界贸易秩序；最关键的是，他——赢了。”

▲中国鞋遭没收

“打火机保卫战”的胜利，并没有阻挡反倾销浪潮的汹涌而至。在整个 2003 年，全球发起的反倾销案中共有 540 多起是针对中国产品的，其产品从节能灯、彩电、洗衣机、木制家具到钢材、纺织品等。2003 年的圣诞节前后，62 岁的温州鞋匠林达夫随同老板到西班牙的东部小城埃尔切去考察市场。在欧盟，西班牙是仅次于意大利的第二大鞋类出产国，埃尔切则是该国制鞋工业的摇篮。林达夫看到，温州鞋在那边的势头很好，已经占领了 80% 以上的市场，同样档次的皮鞋，中国鞋的价格比当地的要低 30%~50%，例如一双女式长靴中国企业卖 9.8 欧元，西班牙企业至少要卖 20 欧元。林达夫的老板很开心，打电话给温州的媒体记者，宣称，“温州鞋靠质量和价格优势，全面击败欧洲鞋，为国争光，扬眉吐气”。林达夫却不这么认为，他看到埃尔切的制鞋工厂有六成都倒闭了，工人失业率增长了 30%，所到之处，当地人都用怨恨的眼光盯着忙碌而得意的中国商人。在归国的飞机上，这位老鞋匠对老板说，“我预感迟早要出事”。几个月后，果然出事了。2004 年 9 月 16 日，埃尔切爆发火烧温州鞋的暴力事件，数百名西班牙鞋匠冲进运货码头，将价值 100 万美元的 16 个装满了温州皮鞋的集装箱付之一炬，此外还捣毁了一个皮鞋仓库。一周后，埃尔切再次爆发排斥华商的示威游行，只有 20 万人口的小城有数千人上街。中央电视台在《新闻联播》中报道此事，举国哗然。对温州鞋表示抗议的还有意大利鞋匠。据意大利鞋业联合会统计，过去两年里，有超过 2.5 亿双中国鞋进入意大利，其市场占有率猛增 700%，该国鞋进口量首次超过了出口量。对于这个一向以制鞋业为骄傲的国家来说，这无异于致命打击。意大利舆论将一切不景气都归罪于中国鞋，认为中国鞋导致了意大利本土制鞋业的崩溃，令近 8 000 名鞋业工人丢掉饭碗。到 2005 年，这种针对中国商品的对立情绪开始在欧洲各国蔓延，欧盟为了安抚当地制造商，甚至设计了一个“非中国制造”的标签。

中国的专家及官员则试图从自己的立场来化解这种令人尴尬的局面。2005 年 5 月 3 日，商务部派官员赴法国巴黎参加“中法中小企业合作洽谈会”。就在那几天，7 000 多万件纺织品滞留在欧洲各大港口，无法进入欧盟市场，欧盟委员会决定对中国进口的 9 类纺织品进行调查并实施制裁，当地主流媒体都呈现一边倒的倾向。当被问及中国政府对此的态度时，商务部官员举例说明中国纺织品的低薄利润："各位也许没有计算过，中国只有卖出8亿件衬衫，才能进口一架空客380。"一个相关的数据是，在过去的两年里，中国购买了30架空中客车飞机，其中5架是昂贵的空客380。

贸易摩擦战此起彼伏。就在商务部为了衬衫与欧洲人交涉的同时，韩国又因为泡菜向中国企业发难。9月，韩国的国会议员认定产自中国的泡菜有低价倾销和质量不佳的嫌疑，要求实施反倾销。中国商务部出面与韩国贸易部门官员谈判，然而，就在谈判桌上，中方却得到了一个不知道该怎么应对的事实——中国90%的泡菜企业都与韩国有关，要么是韩国商人投资的，要么是他们参股或控股的。商务部问："他们到底要跟谁过不去？"

《21世纪经济报道》记者的调查是这样的：在过去的几年里，大量韩国企业把生产基地搬到了原料和劳动力成本更低的中国，在青岛、沈阳和成都等地形成了大规模的泡菜生产出口基地。数据显示，2001年中国出口韩国的泡菜只有393吨，而2004年，达到了7.26万吨，4年足足增长了185倍，而这个势头还在上升。廉价泡菜的大量涌入，不但让那些没有搬到中国来的韩国泡菜公司大呼吃不消，就连相关农副产品价格也跟着大幅下滑，首当其冲的自然是泡菜的主要用料白菜和萝卜。于是，一些代表农民利益的国会议员便发起了这场针对中国泡菜的贸易战争，而其对手事实上是在中国办企业的另一群韩国人。让人更加意外的是，这场泡菜风波在两个月后突然偃旗息鼓，因为那些发起事端的韩国公司发现，对"中国产韩国泡菜"的质量质疑已经严重地影响到了泡菜在国际市场上的动销，在欧美的超市里，韩国和中国的泡菜同时遭到撤柜。

跨国界的贸易战打到这个份儿上，已经让人有点哭笑不得了。

中国商品如何应对问题百出的反倾销风波，成为中国经济学家需要解答的难题。这年9月，长江商学院院长项兵教授提出了一个让人吃惊的大胆建议——“我们为什么不去买下沃尔玛？”据他的推算，全球最大的零售商沃尔玛的第一大股东持股才3.51%，前五大加起来市值不过240亿美元。项兵说：“花240亿美元做一间世界顶级公司的最大股东，让别人为你打工，多好的主意啊。”这一奇思的最大想象空间在于，变成了中国公司的沃尔玛理所当然会成为中国商品最好的贩卖渠道，所谓的反倾销自然迎刃而解，用项兵教授的话说，“虽然我们不能绝对要求沃尔玛采购中国商品，但作为董事会的股东，我们至少可以影响沃尔玛的采购策略，使更多的中国主流产品进入欧美主流市场”。一个能支撑项兵观点的事实是，自2002年起，沃尔玛中国采购商品出口总额持续大幅提升，到2005年已经接近180亿美元。在沃尔玛的6 000家全球供货商中，中国企业就占了80%！项兵的这项建议可能是本年度最大胆、最富创意，也最具争议的一个商业构想，它甚至引起了《纽约时报》的注意。该报记者在评论中说，“这也许是一个几乎没有全球品牌但产品数量巨大的国家，向价值链上方攀登的好主意”。令人遗憾的是，当项兵在各种论坛和场合鼓吹这一建议时，所有的官员均微笑颔首而不置可否，这个“好主意”看上去缺乏一个可操作的“好方法”。[①]

就当中国商品在海外遭遇反倾销烦恼的时候，那些显赫的跨国品牌在中国的日子也不好过，这实在是一个十分有趣的映照。2005年以来，宝洁、索尼、雀巢、戴尔等一向被视为学习典范的国际公司均在中国连连遭遇公关危机，有人因此将2005年称为跨国公司的在华“问题年”。

3月7日，江西南昌消费者吕萍状告全球最大日化公司宝洁出品的高级化妆品SK–II宣传不实。宝洁在一份产品使用手册上宣称：“SK–II是当今最有效击退细纹及皮肤粗糙松弛的科技……使用后10分钟出现奇迹，两星期明显击退细纹及皱纹，连续使用28天，细纹及皱纹明显减少47%，

---

① 项兵，《投资沃尔玛》，《中国企业家》，2005年09期。

肌肤年轻 12 年。”这些用词被认为违反了《广告法》。状告事件很快引起国内媒体的广泛报道，宝洁公司在应对时表现出令人难以置信的高傲，它一方面大量举证 SK–II 确有“年轻 12 岁”的功效，另一方面对消费者的诉讼要求置若罔闻，并暗示其“恶意炒作”“动机不纯”，对媒体则采取了拒而远之的姿态，仅肯承认是“定义不够清晰”“描述不够全面”。这种处理方式招致众多媒体的不满和炮轰，进而有记者曝光 SK–II 在日本市场上被查出含有腐蚀性成分，要求国家有关部门对之查处。9 月 14 日，国家质检总局发布消息称，来自日本的 SK–II 品牌多项化妆品中被查出含有禁用物质铬和钕。宝洁陷入前所未有的信誉危机。第二天，宝洁公司发表声明，坚称无错，不过“有需要的消费者可以在 SK–II 的授权专柜办理相关产品的退货手续”。同时，它要求消费者必须符合 4 个条件：“所退产品在此次被检查的 9 种产品范围之内；消费者有过敏史，并同时出具医院的相关证明；持有购物小票或电子票根，同时不能跨专柜退货；所退产品的剩余量不少于该产品总量的 1/3。”在退货的时候，消费者还需要填写一份名为《非健康相关非产品质量问题投诉快速退货处理简易协议书》。协议书中写道：“尽管产品本身为合格产品，不存在质量问题，但本着对消费者负责的态度，我们决定为您做退货处理，经双方协议同意退款 ×× 元。此处理方案为本案例一次性终结处理。”这种态度和条件如同火上浇油，把宝洁与消费者、舆论推得越来越远，讨伐和唾弃之声不绝于耳。9 月 22 日，上海质检局宣布再次查出三种 SK–II 产品含违禁物，至此，宝洁不得不宣布“SK–II 全面撤柜，暂时退

▲ SK–II 风波现场

出中国市场，所有消费者均可以无条件退货”。一位叫张晓晖的新闻观察员在《中华工商时报》撰文评论说：“表面看，这次危机公关是宝洁公司公关体系的幼稚，实质上，体现出来的却是一个大型跨国公司在处理消费者与公众知情权问题上的傲慢与偏见。”[①]

就当宝洁在SK–II风波中焦头烂额之际，全球著名食品公司亨氏和肯德基也身陷一个更为凶险的重大危机中。这年2月，英国食品标准局紧急责令各大超市和商店下架召回亨氏、联合利华在内的359个品牌食品，它们被怀疑含有致癌色素苏丹红一号。中国的国家质检总局随即发出紧急通知，要求各地质检部门加强对含有苏丹红一号食品的检验监管，严防进入中国市场，广东亨氏美味源（广州）食品有限公司的产品被查出含有苏丹红，30万瓶产品被当众销毁。3月16日，媒体曝光，肯德基的调料中也被发现含有苏丹红成分，国内所有肯德基餐厅停止售卖。肯德基是中国市场上最为成功的跨国快餐企业，自1987年进入中国后，已先后在各城市开出1 100家连锁店，其最忠实的消费者为幼儿和青少年。因此，肯德基调料中发现致癌成分，当即引起惊恐与轰动。“苏丹红事件”一时成为举国关注的话题，引起了公众对食品安全的重视，同时也使人们对一向膜拜的跨国品牌产生了疑虑。3月31日，一向慎言的《人民日报》在一篇评论中质问说：“耐人寻味的是，为什么肯德基只在中国有苏丹红，难道憨态可掬的山姆大叔认为我们这里是苏丹红的‘安全岛’？”[②]

除了宝洁、肯德基和亨氏之外，另外几家著名的日用消费品企业也先后陷入危机。4月17日，国内多家媒体均在显著位置报道称，据美国科学家的最新研究显示，高露洁牙膏中含有致癌的化学物质，此新闻一出，市场反应强烈，各地的高露洁牙膏纷纷下架。在新浪网开展的一个调查中，

---

① 张晓晖，《SK–II产品信任危机　尽显宝洁的傲慢与偏见》，《中华工商时报》，2005年3月17日。

② 石国本，《为什么肯德基只在中国有苏丹红》，《人民日报》，2005年3月31日第15版。

88.4% 的网民表示过去信任高露洁品牌，但是现在愿意使用该品牌牙膏的网民仅占 9.84%。事后表明，这条新闻有误译的嫌疑，但是，高露洁的品牌还是遭遇很大的冲击。

5 月 25 日，浙江省工商局称全球著名食品企业雀巢公司生产的“雀巢”金牌成长 3+ 奶粉碘超标。两天后，雀巢对问题产品撤柜，但拒绝透露生产数量及销往哪些市场。随后北京、昆明等地也发现有类似问题。雀巢方面一直没有给出关于召回或者退货的进一步答复，导致大部分消费者退货无门。6 月 5 日，雀巢中国高层才就其奶粉碘超标一事向消费者道歉。6 月 8 日，国家标准委公开表态：“碘不符合标准要求的婴儿配方奶粉应禁止生产和销售。”

6 月 16 日，深圳市质量技术监督局罗湖分局接到举报，称一家地下加工厂在生产著名的哈根达斯冰激凌蛋糕。执法人员迅速前往，本以为要端掉的是个冒牌窝点，没想到在现场的发现让人大吃一惊，这个无牌无证、卫生环境一塌糊涂的地下作坊，竟然就是哈根达斯深圳品牌经营店的正宗“加工厂”，且一个作坊供应着深圳哈根达斯全部 5 家品牌经营店的货源。第二天，哈根达斯大中华区总经理赶到深圳处理此事，承认有关部门的查处及新闻报道“基本属实”。

跨国企业的丑闻并不仅仅出现在日用消费品领域。这年 4 月，一向声誉颇好的全球最大个人电脑制造商戴尔公司陷入“邮件门风波”，事件缘由是戴尔美国一位销售经理与其所公关的目标客户之间的一封信件被曝光。该销售经理在信中写道：“我只是从 IBM 未来的前景来看，并不是攻击竞争对手。大家都知道，联想是一家中国政府控制的企业，最近刚刚收购 IBM 的台式机和笔记本电脑业务。尽管美国政府已经批准了联想与 IBM 的交易，但大家必须明白一点，人们为 IBM 产品所花的每一美元，都将直接支持或资助中国政府。您好好考虑一下吧。”这封邮件被媒体曝光后，引起轩然大波。国内舆论大多认为，戴尔员工在与联想争夺客户中的诋毁言论严重违反公平竞争原则。柳传志亦在一个公开场合表示不满说：“一个严肃的企业不应该做违反道德的事情，要做严肃的事情。”

7 月 27 日，东芝大连有限公司 500 多名员工罢工，起因是大连劳动监察部门发现东芝公司有员工每月加班超过《劳动法》规定的 36 个小时的现象，于是给该公司下达了“整改通知”。但东芝为了不降低产能，提高了生产线的速度，将每一个工作流程由 20 秒压缩为 14 秒。劳动时间虽然缩短，但劳动强度随之增强。而且“取消”加班后，员工薪水降低。27 日，一些员工以罢工抗议，日方管理人员当即宣布解雇参与者。此举激怒所有中方工人，3 小时后全厂停工。罢工惊动当地政府，最后，日方妥协，同意每月增加工资 150 元，厂庆时每位员工奖励 1 000 元，工人复工。

10 月，由日本富士胶卷株式会社和美国施乐公司共同投资的富士施乐实业发展（上海）有限公司被举报存在重大走私嫌疑。海关调查发现，一台带有复印功能的 DT6135 高速黑白印刷系统，按照规定应作为复印机或印刷机申报，但富士施乐却将其报关为零关税的激光打印机，一台机器至少逃税近 4.5 万元人民币，在过去一年多里，富士施乐进口了上百台这种机器。其他的彩色印刷机，富士施乐也依此法进行报关。此外，富士施乐还被发现有倾销二手设备的恶劣行为，它把日本市场上的旧机器翻新后转卖给中国企业。

12 月，被认为在中国市场表现最好的日本家电公司索尼连续爆发三桩丑闻。月初，浙江省工商局通报，索尼的 6 个型号、30 个批次的数码相机均存在成像均匀度、自动曝光不合格等问题，被国家照相机质量监督检验中心综合判定为不合格。索尼（中国）公司先是声明否认，数日后才承认结果并对公众道歉，答应受理消费者的退货要求。月中，索尼新面市的 5 款液晶电视被发现存在软件缺陷，公司被迫对在中国市场上已出售的 1.7 万台问题电视进行软件升级。月底，北京市统计局通报经济普查数据，并曝光部分违规企业，索尼位列其中，该公司被查出“商品销售总额”指标瞒报 18 亿元。

这真是一个“丑闻的季节”。在 2005 年之前，尽管也有“奔驰车被砸”等事件，[①] 但是，如此众多的跨国公司陷入公众丑闻危机却是前所未有。它既体现出消费者、各级政府及传媒的日渐成熟，也显示出另外一个现实，那就是国际公司已经渗透和参与到了中国市场的各个层面，成为万马奔腾、尘土飞扬的中国经济的一部分。日本三菱电池中国区域前任市场总监文少波这样描述他的老东家：“跨国企业早就对中国的国情和商业潜规则熟稔于胸，‘灰色交易’对它们来说也是一种合理的腐败行为。而且，它们进入中国时一般都制定了应对东窗事发的措施。在业绩突出的表象下，跨国企业都心安理得。”[②]

6 月 6 日，中国股市跌至冰点。上证指数无比冷酷地停在 998.22 点，8 年来首次失守千点，曾经被人们批驳或视为笑谈的“千点论”，终于在欲哭无泪的投资者眼前应验。不过，这 30 年的中国改革历程一再证明过那句中国古话“否极泰来”，所有的苦难都是一段新高潮的起点，两年后，人们将顿悟到这个规律。正是在跌无可跌的低潮期，一场霹雳改革迎来了最好的启动时刻。

这场呼唤了多年的改革就是股权分置。中国股市自创建以来，由于制度设计上的缺陷，存在很古怪的流通股和非流通股两种股权，而且非流通股股东持股比例较高，约为 2/3，并且通常处于控股地位。其结果是，同股不同权，上市公司治理结构存在严重缺陷，极易产生“一股独大”甚至“一股独霸”现象。它不但使流通股股东特别是中小股东的合法权益遭受损害，还非常容易滋生丑恶的庄家现象，吕梁、唐万新、宋如华等人便是

---

① 2000 年 12 月，武汉森林野生动物园有限公司购买一辆奔驰 SLK230 轿车，不足三月接连出现方向机漏油、动力明显不足和警示灯闪亮等问题。该车前后修理 5 次均改善不大，消费者要求退车，奔驰公司拒绝。2001 年 12 月 26 日，武汉森林公园在热闹的武汉广场举行“砸车仪式”，5 名工人挥舞木棒、铁锤把奔驰车砸得面目全非。该事件轰动一时。

② 《跨国公司行贿手法大起底》，《南京晨报》，2004 年 7 月 24 日。

通过控制非流通的法人股而肆意操纵股价的。10余年来，这一现象一直遭到专家的猛烈诟病，然而由于既得利益集团的强大，改革方案屡提屡废。2001年6月13日，证监会曾经郑重宣布国有股减持办法即将出台，市场预期向好，第二天沪指就创出2 245点的历史最高点，然而，减持方案迟迟不得出台，到一年后的2002年6月，国务院发文停止执行在股票市场减持国有股，改革流产。2004年之后，宏观调控突降，沪深两市全面崩盘，所有的大小庄家均自食恶果。随着股市昏迷不醒，阻力陡然瓦解，改革竟成顺势可为之事。2005年4月29日，证监会发布《关于上市公司股权分置改革试点有关问题的通知》，标志着股权分置改革试点工作正式启动，它被定义为“中国股市的第二次革命”。

第一家改革试点企业是湖南的三一重工，这是一家由民营资本控制的上市公司。根据董事会的决议，该公司以4月29日总股本2.4亿股为基数，流通股股东每持有10股流通股将取得3股股票和8元现金的股改对价，非流通股股东所持有的原非流通股将获得“上市流通权”。三一重工的股改被认为是一次“破冰之旅”。由于是在低潮期启动，股权分置改革之顺利出乎所有人的预料。证监会主席尚福林日后回忆说：“我们做好了最坏的准备，股市实际比预想的跌得要少。”在启动之初，股市曾经出现了持续下跌的景象，甚至在6月份跌破了千点大关，但是随着一批又一批的改革试点公司接踵出现，股市很快企稳。用复旦大学经济学教授华生的话说：“这是中国经济体制改革以来，时间最短、进展最顺利、对改革成效争论与分歧最小的重大制度变革。”到一年多后的2006年9月，已有1 151家上市公司进入或者完成了股改程序，公司股改市值占股市总市值比重达到92%。新华社在当月的评论中宣称，中国股市目前可谓已步入“股权分置改革后”的时代，股市中面临的最大瓶颈问题已基本得到妥善解决。也就是从那时起，中国股市从熊市中猛然苏醒。

股权分置改革的历程颇似20世纪80年代后期的物价闯关及20世纪90年代后期的企业产权变革，它体现了中国这场改革运动的“不争论特征”：每当某一重大改革被激烈争辩和强行推进的时候，往往成效甚微、陷于流产，甚至可能造成社会的动荡和舆论的紊乱，而当所有争论者都已经精疲力竭的时候，改革却会在最不经意的时刻取得突破。其演进的路径选择往往小于人们之前的猜想。

股改不但解决了资本市场的陈年顽疾，也带来了众多企业经营者的财富暴涨。以三一重工的董事长梁稳根为例。他持有三一重工 39% 的股权，随着非流通股份的上市及其后的股价上扬，他的资产水涨船高，在 2005 年的胡润“中国百富榜”上，梁稳根的个人财富为 22 亿元，到 2007 年已经暴增到 202 亿元，位居全国富豪第 24 位。与梁稳根相比，王石是另外一种财富受益者。作为中国最著名的地产企业创办人，王石从一开始就放弃了资本权的争取，他只持有 60 多万股的万科股份。在 2003 年，他对记者透露：“我的年薪目前大约 60 万元人民币，有价证券不到 200 万元，我只甘愿作为中产阶层。”在本次股改中，很多上市公司纷纷推出了针对管理层的股权激励方案。根据万科公司 2006 年度的激励方案，王石将获得从二级市场购得的 2 491 万股万科股票中的 10%，即 249 万股，他持有的万科股票由 62.8 万股，上升至 311.9 万股。以当时市值计算，王石财富增加 5 000 万元左右。媒体评论：“王石之所得，与他对万科的贡献不成比例，跟其他地产业者相比更是有天壤之别，不过，股改至少让他得到了一次公平补偿的机会。”

除了财富的重组外，股权分置改革还给中国的商业社会带来了一些“意外”而陌生的气象。被释放的资本力量天然地具有趋优的市场选择力，它自由而民本，一开始就显得无比强劲而清新，它的诞生具有更为深远和值得记录的价值。

在股改过程中，一直任人宰割的小股东第一次展现了自己的力量。10 月下旬，以地产为主业的金丰投资启动了股权分置改革，提出非流通股东向流通股东 10 送 3.2 股，以获取全流通资格。此方案遭到流通股股东抵制，一个叫周梅森的著名作家连续发表了三封公开信：《我愤怒——致全国流通股股东的一封公开信》《恺撒的归恺撒，人民的归人民——致非流通大股东的公开信》《谁对“人民资产”负责？——致管理层并证券决策部门的公开信》。周梅森是江苏省作协副主席，文笔之犀利自然非同寻常。他写道：“毫无疑问，我们正作为牺牲者在亲历历史。这也许是中国证券史上最残酷的一页历史。将来的证券市场研究者们也许会这样记录：2005 年 5 月，中国股市先天不足造成的历史原罪无法追赎，新的剥夺再次发生。上市公司等相关利益集团以其天然强势挟持了股改，中国股市已到了最危险的时候。全国七千万股民在亏损累累的情况下，继续在股改中血流成河。已参加股改的上市公司大部贴权，非流通大股东‘赏赐’的那点可怜的对价已变成泡沫，随着指数的下滑化为乌有……面对资本强权，我们是弱者，所幸的是政府和管理层给了我们否决权。股民朋友，千万珍惜您手上的否决权，不论它是金丰投资还是银丰投资，当他们的股改严重不公，再次侵害您的利益时，您一定要行使好您宝贵的否决权，一定要去投票！哪怕只有一百股，您也要大声地告诉资本强权：我愤怒了，不能再容忍了，我的一百股反对！”[①] 周梅森的口吻宛若草根资本在开口呐喊，三封公开信惊起千重波澜，舆论反响热烈。在一个月后的方案表决中，参与投票的流通股股东中约 41% 投了反对票，从而使该股改方案被否决，也使得金丰投资成为第一家因中小股东维权而遭方案否决的上市公司。

股改的另一个“意外”成果是，它拯救了一些面临深渊的市场型企业家。这年前后，出生于 1945 年的珠海格力电器总裁朱江洪正踏在一条命运叵测的生死线上。年初，刚好 60 周岁的他对国资主管领导说：“我已经随时做好了写退休申请的各种准备。”

朱江洪是格力的创办人，是一个看上去很内向、实则气血方刚的南方人。从 1991 年起，他出任珠海一家濒临倒闭的电扇小厂厂长，很快在刚

---

① 周梅森，《我愤怒——致全国流通股股东的一封公开信》，《大众证券》，2005 年 11 月 6 日。

刚趋热的空调行业站稳脚跟。1996年，格力电器上市，格力空调则从这一年起连续11年产销量和市场占有率均居行业第一。也是在这之后，朱江洪与上级主管发生了矛盾。格力电器在资产上隶属于珠海特区经济发展总公司，这是一家带有强烈行政特色的国有企业集团（与之类似，万科集团当年亦隶属于深圳特区经济发展总公司，王石与深特发之间的争执是万科创业初期最重要的矛盾点）。随着格力空调的壮大，珠特发重组更名为格力集团，成为凌驾于上市公司格力电器之上的“婆婆”。它拥有格力的品牌、重大决策及人事任免权，其治理架构与科龙完全一样，朱江洪为集团的副董事长和上市公司的董事长。随着华南地区的潘宁、李经纬等创业家的相继离职、陨落，朱江洪深感体制之困，多次要求重新梳理集团与上市公司的资产和管理关系，他与上级的关系也随之紧张。到2003年，格力的体制矛盾公开化，朱江洪和集团董事长水火不容，并被媒体迅速热炒成“父子之争”。在其后的三年里，格力集团连换三任董事长，每个都与朱江洪神貌两离，控制权的争夺空前激烈。2003年12月，《粤港信息日报》刊发了一篇署名仲大军的文章《格力再现褚时健式人物》，矛头直指朱江洪有侵吞国有资产之嫌。朱江洪认为此文是对他的严重诽谤，因而将作者告上法庭，并最终打赢了官司。一个有意思的细节是，仲大军是当时格力集团董事长的同学。到2004年，格力电器又因营销矛盾与国内最大的家电零售连锁企业国美电器一刀两断，市场营销出现重大变局，而朱江洪本人也逼近60岁的退休大限之日。据他后来披露，珠海市有关领导已经找他谈话，暗示他随时做好退任的准备。对这场格力风波持续关注的财经媒体均对朱江洪的前途颇为悲观，大多预测他将成为“潘宁第二”。

“神奇大逆转”发生在股改期间。这年9月，就当朱江洪身处去留岔口的时候，格力电器启动股改方案，珠海市政府组织一个班子专门到深圳、北京和上海等地考察并拜访持股的证券公司，每到一地，基金经理提出的第一个问题都是：“朱江洪还能留任吗？”有人甚至直言：“格力股改的具体条件我们不太感兴趣，我们最感兴趣的是朱江洪能不能不走。”来自资本市场的压力让政府意识到了企业家的分量，就这样，市场资本第一次开口说话就救了一个陷入乱局的企业和它的创业者。最终，在格力集团递交的股改方案中专门明确了一条，“支持朱江洪继续担任格力电器的董事长”。到2006年8月，朱江洪被任命为格力集团的董事长、法定代表、总裁和党委书记，历时数年的“父子之争”以十分意外和戏剧化的方式终结。

朱江洪的这段经历可谓惊险、偶然而不无悲哀，在一个体制转型的时期，很多理性的结局都充满了非理性的色彩。

如果没有互联网，这部企业史也许会失掉一半的激荡。这个从实验室里窜出来的精灵，一开始是如此的虚幻，渐渐地它披上了资本的金翅膀，染上了商业的气息，渗透到社会生活的每一个毛孔。跟几年前相比，这个世界再一次改天换地，网络游戏、博客、视频、互动社区，新概念一个接一个地耀眼爆炸。以新闻为主要人气元素的门户网站被新兴的浪潮超越，它甚至遭到了后起者的资本狙击。在过去的两年里，中国网民人数超过1亿，盛大、前程无忧、腾讯、携程、TOM在线、e龙、空中网、金融界、灵通和九城等十多家互联网公司接连在海外上市，中国互联网公司股票市场价值总和达到了100亿美元，这是一个带有“元年”意义的时代。

▲陈天桥

这年最得意的互联网英雄是盛大游戏的陈天桥。这个靠50万元起家的神奇小子在2004年8月10日名满天下，盛大游戏在纳斯达克上市，31岁的陈天桥所持股票市值达到了11.1亿美元，身家超过比他长两岁的浙江同乡、网易创办人丁磊，成为《福布斯》版本的新晋中国首富。在短短5年的创业时间里，他的财富飙升了1.8万倍。人们突然发现，在年轻的陈天桥之前，上海已经很久没有出"企业家"了，对于中国最大的商业城市，这也许是一件带有讽刺意味的事情。2月19日，陈天桥又做出一件让互联网世界闹翻天的大动作。这一天，盛大宣布在纳斯达克的公开市场上购得19.5%的新浪网股份，一跃成为这家中国最大新闻网站的第一大股东。有报道称，当身处巴黎的陈天桥打电话向新浪CEO汪延告知这一消息的时候，后者对此一无所知，而有意思的是，汪延此时也在巴黎。新浪在第二天发表强硬声明，对盛大的恶意收购表达不满，一场争夺控制权的舆论大战一触即发。为了阻止盛大的进入，新浪甚至启动了所谓的"毒丸计划"，也就是所有新浪股东都将获得一份购股权，如果盛大继续增持新浪股票致使比例超过20%，股东（当然除盛大之外）就可以凭着手中的购股权以半价购买新浪增发的股票。很显然，"毒丸计划"一旦启动，结果将近乎玉石俱焚。这起并购大战的结果是，盛大停止增购股份，而新浪也只有默请陈天桥进入董事会。此役内幕重重，众说纷纭。在操作手法上，这是一种标准的华尔街收购方式，被著名国际投资银行摩根士丹利认为是"首例遵循美国法律进行并购的中国案例"。在中国互联网史上，经此一战，原本由新浪、网易和搜狐把持的"门户时代"宣告终结。

如果说，陈天桥让人们对网络新势力刮目相看的话，那么在这年夏天，李彦宏和他创办的百度则让世界又一次震惊。8月5日，号称全球最大中文搜索引擎公司的百度在纳斯达克上市，首日挂牌股价高达120美元，以破天荒的高达354%的涨幅创造了美国股市213年以来外国公司首日涨幅的最高纪录。在接受《华尔街日报》采访时，李彦宏说："当今纳斯达克最热的两个名词，一是'中国'，二是'搜索'，百度凑巧都搭上了边儿。"他说这段话的时候轻描淡写，背后却好像有一个历史的巨轮隆隆地飞滚过来。耶鲁大学经济学教授陈志武甚至认为，"在对科技进步的激发作用上，我认为‘神舟六号’的作用还不如百度上市来得大”。[1]他在接受《南风窗》记者采访时说：“这几年，很多中国IT公司到纳斯达克上市，就是利用全球化的机会，把许多年轻人的创造力在短期内变成了财富。百度上市，李彦宏一夜之间成了拥有9亿美元的富翁。不仅如此，百度员工中身家达到1亿美元的有7个，1 000万美元的有100多个，而这些人中，很多都是三四年前才大学毕业的年轻人。媒体对这些事情的广泛报道，会激发很多年轻人对科技的兴趣，让他们每个人都意识到通过创新自己也可以是下一个李彦宏，创建下一个百度。互联网和资本市场对实现财富速度的加快，其能力真是令人激动。”[2]

如同所有进入青春狂飙期的产业一样，与热情激越相伴随的往往是百无禁忌的野性，特别是在狂热资本的炙烧下，种种没有道德底线的行为开始侵蚀互联网经济的单纯性，这样的景象其实在当年的保健品、家电等行业中都一一上演过。在某种意义上，创业家的草莽色彩一直贯穿整个30年。在这一年，流氓软件和血腥暴力的网络游戏成了公害。

一位叫连岳的专栏作家讲述了一个故事：我有个朋友装了某地中国电信的ADSL，奇妙的事情就发生了，每当他往浏览器的地址栏输入Google（谷歌）的地址时，就会跳出个网页，上有两点“温馨提示”，一是声称此网站不存在，二是断定“你可能是要找3721”。3721是一家网络搜索引擎公司，创办人周鸿祎研制出一种插件软件，它随时可能在电脑上弹出，让电脑用户无比烦恼。连岳写道：“在网络时代声称Google不存在，就像说太阳只是虚构的，需要多么大的撒谎勇气。”

---

① “神舟六号”是中国第一艘执行“多人多天”任务的载人飞船，于2005年10月12日成功发射。“神六升天”是当年年度最重大的中国新闻之一。

② 这年，在纳斯达克上市的重要公司还有中国最大的户外视频广告运营商分众传媒，7月13日，上市市值为6.8亿美元，创始人江南春的身家为2.72亿美元。由于占据中国楼宇视频广告市场98%的份额，分众传媒被华尔街看好，到2007年11月，市值已达46亿美元。

9月10日，第五届“西湖论剑”在杭州举办。论坛期间，一位愤怒的中年妇女突然站起来，控诉暴力、血腥的网络游戏让她的儿子沉迷其中、不能自拔。她指着台上的丁磊说：“要是我在外面看见你，我非杀了你。我儿子就是玩网络游戏上瘾了。”丁磊喃喃地问她儿子玩的是什么游戏，妇人说，“是《传奇》”。满脸通红的丁磊忙说，“那是陈天桥的东西”。

发生在2005年的所有经济事件和公司新闻，都像硬币的两面一样，互相依存而对立矛盾，彼此的坚硬和光泽正映衬出世事的荒诞。[①] 开始于2004年春天的宏观调控，再一次将中国经济增长和制度变革的深层矛盾以最激烈和戏剧性的方式呈现出来。在3月初的全国两会上，经济学家、全国政协委员吴敬琏谈及，“中国变革已进入‘深水区’，每前进一步都会触及一些人和一些部门的既得利益，遭到现有利益格局的反对，因而必然遇到阻力，延缓改革的进展”。他的发言引起共鸣。在很多人听来，“深水区”的比喻有多层含义，它既指改革向更为艰难而未知的深处推进，也意味着利益冲突的复杂性与多元化——有人甚至改用法国大革命时期罗兰夫人的那句名言感叹，“改革，改革，多少利益假汝之名以行之”。此外，“深水区”的比喻也表明我们正在进入一个纵深广阔、十分陌生的商业时代。对于很多中国人来说，过去已经是另外一个国家。即使在海外的观察家看来，中国变革的丰富性也让人难以给出一个确定的评价。英国《金融时报》的首席评论员马丁·沃尔夫在一篇评论中写道，“也许今天我们每一个人所议论的中国，都是另外一个国家”。6月27日出版的美国《时代周刊》在过去80年里第六次以已故的中国政治家毛泽东主席为封面，毛主席的服装上耐人寻味地印上了著名服饰品牌LV（路易·威登）的标识，周刊的主文标题

---

① 关于“荒诞”，美国荒诞新闻学的教父亨利·汤普森有一段名言：“我们很难看清楚历史，因为那都是一些过期的垃圾，但是即使不了解历史，我们也绝对有理由相信，一个时代的能量会在一阵耀眼的闪光之后趋于成熟，为何如此，当时没有人了解，事后回顾，也没有办法解释清楚。”汤普森于2005年2月20日在家中饮弹自尽。

是《静静的革命》(*The Quiet Revolution*)。跟过去很多年来的观察文章一样，它再一次宣称物质化的时代已经降临中国。

11 月 11 日，在美国旧金山附近的小城克莱蒙特，当世最伟大的管理学大师彼得·德鲁克在酣睡中悄然去世，终年 95 岁。此刻，与他同时代的那些伟大思想家正聚集在天堂的门口一起等待这位最后的迟到者，马尔库塞已经等了 26 年，萨特等了 25 年，福柯等了 20 年，连长寿的卡尔·波普和哈耶克也分别等了 10 年和 13 年，至此，“二战”之后出现的思想巨人都已成历史。在过去的 10 年里，这位以“旁观者”自居的管理学家与通用电气的前 CEO 杰克·韦尔奇是最受中国企业家追捧的商业智慧人物，人们从他那里学到了创新、科学管理、知识工人等新名词，但是大家到底听懂了多少他讲的话却是另一回事。他的去世让商业界的观察家们很是沮丧了一阵：“德鲁克死了，接下来轮到谁来替我们思考管理？”德鲁克在晚年开始关注遥远的、他未曾到达过的中国。在去世前的一个月，他还写下了“欢迎加入彼得·德鲁克研究会西安企业家联谊会”的祝词，那时，他的身体已经极度衰弱，每天昏睡超过 18 个小时。

客观地说，没有一个人的去世会让世界停止哪怕一秒的进步。就在人们为德鲁克悲伤的时候，新闻记者出身的《纽约时报》专栏作家托马斯·弗里德曼适时地转移了话题，他在这年出版了《世界是平的》一书。它迅速成为全美最畅销的商业图书，微软的比尔·盖茨十分罕见地成为该书的忠实拥趸，他认定这是所有决策者和企业员工的一本必读书。弗里德曼的观点很简单：柏林墙的倒塌、互联网的崛起和开放源代码运动共同创建了一个“平坦”的全球政治、经济和文化景观，使过去与权力和财富中心无缘的人得以直接参与赚钱和制造舆论的活动——只要他们有能耐、有胆识、有宽带连接就行。很显然，这种无比乐观的“全球化宣言”让人心生愉悦，面对这样的判断，美国人与中国人会读出不同的感受，前者觉得自己将征服这个“平的世界”，后者则信心十足地认为自己将从边缘迈向“已经被碾平的世界的中心”。

2006 资本的盛宴

故事在城外，浓雾散不开，看不清对白；
你听不出来，风声不存在，是我在感慨；
梦醒来，是谁在窗台，把结局打开。

——周杰伦：《千里之外》，2006年

这年早春，20 世纪 70 年代出生的商业专栏作家许知远怀揣一本美国人杰里·邓尔麟写的《钱穆与七房桥世界》[①]，坐车前往国学大师钱穆的故乡江苏无锡，那里是长三角地区经济最发达的城市之一。邓尔麟的书上印着十几幅钱穆家乡无锡七房桥的黑白照片，那是 1980 年前后的江南，水乡气息与中国古建筑的上翘房檐，令人亲切。许知远到无锡时已是夜晚，“小雨仍未停。霓虹灯与汽车烦躁的鸣笛声，打破了我的遐想。那些丑陋的、千篇一律的建筑又

① [美] 邓尔麟著，蓝桦译，《钱穆与七房桥世界》，北京：社会科学文献出版社，1998 年版。

出现了，几层的小楼，白色瓷砖墙，深蓝色玻璃，中国所有的市镇，不管是南方还是北方，西部还是东部，总是惊人地雷同。在这座盛产文人风雅的城市，同样到处都是房地产的广告，园林风格早已被遗弃，人们最热心的是‘剑桥风格’‘北美别墅’。毫无例外，市中心被太平洋百货这样的购物中心占据着，在路边散步时就像走在缩小一号的上海淮海路上”。[①]

在9月的第63届威尼斯电影节上，36岁的中国导演贾樟柯拍摄的《三峡好人》获得最高奖项“金狮奖”，这是一部写实而略显沉迷的电影，两对平凡夫妻在长江边寻找、争吵，然后分手。电影的拍摄地点是有2 000年历史的重庆奉节县。贾樟柯发现，5个月的电影拍摄竟跟不上场景的变化。一开始，他能看到一座旧楼在远处，等他短暂回到北京再回到现场后，楼房消失了，紧接着，另一片建筑又倒塌了，即使摄影机镜头保持静止，里面的空间也早已面目全非。“古城到处都在拆迁，”贾樟柯感慨地说，“我的镜头跟不上这种节奏。”

也许，没有一个国家像今天的中国那样让人恍若隔世。对于很多人来讲，他们生长的地方都已经不复存在。唐宋诗人笔下的江南早已面目全非，那些“小小的寂寞的城”（台湾诗人郑愁予在《江南》中的诗句）如今都已成了全世界最重要的制造工业基地。昔日蜿蜒的街道被拉直拓宽，街道上的青石被撬掉扔弃，在它的上面建起了呆板高大的楼房和商铺，雨廊、飞檐、河埠头都成了记忆中的画面。过去20年中，约有4亿中国人摆脱了极度贫困，这一成就主要归功于迅速而广泛的城镇化进程。根据专家的预测，城镇化运动还将持续下去，今后20年内，预计还将有4亿人迁入城市。这使得这个国家到处像一个建设中的工地。《参考消息》援引外电说，中国每天新建房屋面积占到全球总量的50%左右，一年的房屋总量相当于俄罗斯全国现有的房屋面积。重庆10天的建筑成果，相当于15个纽

---

① 许知远，《消逝的七房桥世界》，2006年3月26日，http://blog.sina.com.cn/xuzhiyuan.

约曼哈顿的克莱斯勒大厦。

▲拆迁

中国经济不可遏制的发展冲动，让所有的观察家都惊诧不已。也是从这年开始，我们将很少看到关于“中国经济即将崩塌”的预言，因为它实在是落空了太多次。相反，一些颂扬中国变革的图书开始畅销，詹姆斯·金奇的新书《中国震撼世界》进入全美的畅销书排行榜，并一举获得这一年英国《金融时报》的年度最佳图书奖。法国资深记者埃里克·伊兹拉莱维奇在2月出版的《当中国改变世界》[1]也迅速成为欧洲的一本热销书。9月，在《福布斯》杂志的“全美风险投资家排名”中列第一名的美国红杉资本合伙人迈克尔·莫瑞茨造访中国，他因投资了雅虎、谷歌及PayPal（贝宝）而名扬天下。红杉资本此前的投资半径据说“不超出硅谷40英里”，而现在它也迫不及待地来到了中国，莫瑞茨对记者说，如果过了50年、100年以后再回过头来看，中国的伟大公司或许还没有诞生。

莫瑞茨的话含有太多恭维的成分，不过他也许说对了事实：一个伟大的时代，并不保证一定能够诞生哪怕一家——伟大的公司。1月5日，时任中石油集团总经理的蒋洁敏在中央企业负责人会议上说：“中石油是亚洲最赢利的公司，不是之一，是第一。”人们可以想象他在说出这番话时

① 《当中国改变世界》中文版已由中信出版社于2005年出版。——编者注

的激动和骄傲，不过很少有人觉得最会赚钱的中石油已经是一家伟大的甚至一家值得尊敬的企业。

▲蒋洁敏

在高速成长的通道里，大型国有公司的光芒最为耀眼。自2004年春夏的宏观调控之后，它们在资源型领域中的垄断地位得到了空前的巩固。如果说中国经济发展是一棵结满了苹果的大果树，那么，它们无疑是最大的、在有些繁茂枝条上是唯一的收获者。同时，随着现代企业制度的推广，这些企业的资本市场化和竞争力也得到了加强。国资委成立三年以来，中央直属企业的主营业务收入增长78.8%，年均递增21.4%；利润增长140%，年均递增33.8%；上缴税金增长96.5%，年均递增25.2%；净资产收益率达到10%，提高了5个百分点；国有资产保值增值率达到144.4%。现在，它们看上去是一支不可能被击败的“无敌舰队”。

在过去的两年里，全球能源空前紧张，国际原油价格从每桶25美元上涨到每桶70多美元，在这种背景下，处于垄断地位的中国三大石油公司——中石油、中石化和中海油的赢利能力暴增。2004年，中石化净利润比上年疯狂增长了70%，2005年在此基础上又增长42%，到2006年，再增28.08%。中石油更是捷报频传，2005年实现营业额5 522.3亿元，较上年度增长了39%，公司以1 333.6亿元的净利润成为亚洲最赚钱的机器，一举超过了港交所多年的蓝筹老大汇丰控股和此前亚洲最赚钱的企业日本丰田汽车。《南方周末》记者陈涛在《中石油：老大是怎样当上的》一文中算了一笔账：“主要的原因在于价格，中国的石油价格随着国际价格走。而国际油价不断走高，开采成本却相对固定。现在国际油价已经跑到每桶

90 美元上方，而开采成本呢，以中石油旗下重镇大庆油田为例，每桶的开采成本仅为 6.86 美元。可见，中石油赚的主要是石油资源的钱。而石油资源，在理论上，它是属于全体中国人所共有的。中石油拥有的石油探明储量为 116.2 亿桶，以每桶 90 美元计算，则其总值大约为 7.8 万亿元人民币。”① 令人惊愕的是，在如此暴利的前提下，石油公司还突破国家限价向民营油站售油。中央电视台记者在采访海南一家民营加油站的老板时得悉，2006 年 4 月 23 日，他从两大石油巨头的进货价是每吨 5 300 元，而当时国家的最高限价是每吨 4 744 元，也就是比国家限价高出 556 元。中石化的内部刊物也在 10 月 18 日报道称，在国际原油价格 57.65 美元一桶的时候，美国的汽油价格相当于人民币 4 118 元一吨，而当时国内的批发价是 6 585 元一吨，比美国高出 2 467 元，幅度达 59.9%。耐人寻味的是，1 月，财政部仍决定拿出 100 亿元补贴给两大石油企业。国资委的解释是："中石化和中石油等大型企业，不惜以牺牲自己的利益来换取国民经济的稳定发展，很多时候中央大企业为大局而做出了牺牲，知道的人并不多。"据 11 月 14 日的中国新闻社报道，在美国《财富》杂志公布的"2006 企业社会责任评估"排名中，中石油排名第 63，在榜单中位居倒数第二，最后一名也是中国的垄断企业——国家电网公司。

8 月 10 日，在纽约证券交易所上市的中国移动以每股 33.42 美元收盘，市值达到 1 325.8 亿美元，首次超过英国电信公司沃达丰，成为全球市值最高的电信运营公司，这年它的营业收入为 2 853 亿元，税前盈利 968 亿元。这家企业的高盈利能力当然也与垄断格局有关。而有意思的是，在过去的几年里，电信领域的三大寡头——中国移动、中国联通和中国电信曾经发生过激烈的价格战，特别是前两家之间，在用户争夺和价格方面针锋

---

① 2006 年 7 月 14 日，纽约商品交易所原油期货价格达到每桶 78.4 美元的历史最高点，之后继续盘整上攻。陈涛的文章发表于 2007 年 11 月 1 日，当时，油价已经攀升到 96.2 美元，向 100 美元冲刺。

相对，有些地方甚至发生了恶性群殴事件。据信息产业部的数据显示，自1998年以来的5年内，上报该部的互联互通恶性案件达540起，也就是说每4天发生一起，至少影响到1亿人次用户使用。

2004年11月1日，一个十分戏剧性的换岗新闻轰动全球商业界。在国资委的主持下，三大电信企业的领导者换岗任职；原中国联通董事长兼总裁王建宙调任中国移动总经理；原中国移动副总经理王晓初调任中国电信总经理；原中国电信集团副总经理常小兵赴任中国联通董事长；原中国移动总经理张立贵和原中国电信总经理周德强于即日起退休。国资委对此的解释是，闪电换位是为了“抑制过去几年电信运营商之间愈演愈烈的恶性竞争，从而引导电信运营商之间进行理性竞争，提升国有电信运营商的投入回报”。

消息一经公布即引起外界的轩然大波，受到了资本市场及电信分析师们普遍质疑及谨慎关注。投行分析师们认为动用行政手段跨越资本市场制约、破坏上市公司治理结构的做法是对资本市场的一次粗暴损害，这是自1994年电信改革后电信业的一次倒退。有“最危险女人”之称的《财经》杂志主编胡舒立在《电信高层“闪电换位”弊大于利》的评论中直言：“三大电信海外上市，我们都听到一种说法——缺的不是钱，而是机制，上市是为了换回好机制。对内对外，几乎千篇一律。那么，这种机制的核心到底是什么呢？当然是资本市场所认可的公司治理结构。然而，此次中国国有大股东对三大电信商强行操作高层互换，整个决策过程并不透明，更谈不上事先在上市公司董事会与股东大会酝酿相商；其手法，显示所有者仍将企业管理者当成可以随意调动的政府官员，对市场通行的‘竞业禁止’规定和‘利益冲突’概念全无认知，更暴露出上市公司的管理层激励机制形同虚设，未有生效。如此无所顾忌地‘跨越资本市场制约’，所伤害的正是上市公司治理结构之本。这是一种致命伤，不仅伤害了三大上市公司本身，还会对诸多处于转制过程中的国有企业带来不良示范效应。”[①]尽管受到如此激烈的批评，这种换岗的威慑力却是显见的。自换岗之后，三大电信企业迅速形成新的“寡头默契”，原本硝烟四起的价格战偃旗息鼓，“行业秩序”一时井然，各家的盈利也当然大大增加。

近年来，对电信垄断的诟病从来没有停止过。4月，《经济参考报》刊文质疑电话“月租费”，电信专家巩胜利认为，这是计划经济下“行政批权”的产物，根本没有经任何国家法律程序。可是，它在没有“法律规则”和“监督程序”的环境下，世袭近30个年头岿然不动。2004年年底，中国固定电话和移动电话总数突破5亿多用户，电信企业仅“月租费”一项，一年就轻松获利超过2 000亿元，其中，中国移动近10年的“月租费”一项，收入总额超过1万亿元。而多年以来的固话、移动电话“月租费”相加之和，应有5万亿元之巨。北京邮电大学教授阚凯力则炮轰手机“漫游费”。据他披露，手机漫游的成本实际上几乎为零。在2005年，中国移动漫游费收入大约为490亿元，占了其利润的一半以上。相比较，美国电信业实行全网同价，不但没有漫游费，连国内长途费都没有。从美国打越洋电话到中国，每分钟只要1.67美分，约合0.13元人民币，而从中国打过去则需每分钟8元人民币，相差60多倍。阚凯力还指责，暴利的垄断格局使得电信企业拒绝新技术。譬如，已在欧美全面应用和普及的网络电话和无线宽带覆盖技术将大大降低电信的使用成本，甚至实现免费服务，然而，它们都毫无悬念地被打入冷宫。露骨的电信垄断让人们最真切地看到了一条经济学原理，“垄断没有好或者坏，只有坏或者更坏”。

10月27日，中国工商银行在上海和香港两市同时上市，其股票发行规模合计达191亿美元，刷新了全球首次公开募股的最高纪录。工商银行董事长姜建清在港交所大厅激动地对记者说：“我非常非常的满意，今天的上市非常非常的成功。”在2005年10月，中国建设银行也在香港成功

---

① 胡舒立，《电信高层“闪电换位”弊大于利》，《财经》，2004年第22期。

上市，当时曾创下多项纪录，其中包括：香港股市有史以来集资规模最大的首次公开募股、2001 年以来全球集资金额最大的首次公开募股、中资企业“全流通”上市第一股等。不过，与工行上市相比，建行的这些纪录顿时相形见绌。到 2007 年 7 月，随着中国股市的狂飙直升，工行股价一路上涨，市场资本总额达到了惊人的 2 540 亿美元，从而超过美国花旗银行的 2 510 亿美元，成为世界第一大银行。

全亚洲最赚钱的企业、全球最大电信企业、全球第一大银行，当这些黄金桂冠一一落到中国企业头上的时候，再也没有人敢于质疑中国经济的强势以及垄断的力量。9 月，国家统计局最新调查结果显示，国有企业集团总资产近 20 万亿元向垄断领域集中。在娱乐业、计算机服务业和建筑装饰业等行业中，没有国有及国有控股企业集团。在一些市场化程度较高、竞争激烈的行业，国有及国有控股企业集团所占比重相对较低，如木材加工、服装和建筑安装等行业低于 10%，纺织业、农副产品加工业、塑料制品业、化学纤维制造业比重不到 1/3。而在石油和天然气开采业、电信和其他信息传输服务业、煤炭开采和洗选业，几乎全为国有及国有控股企业集团所占据。电力、热力的生产和供应业，运输业，交通运输设备制造业等关系国家经济命脉的关键行业或领域中，国有及国有控股企业集团所占比重也在 90% 以上。从 1998 年到 2005 年，国有企业利润节节攀高，实现利润从 213.7 亿元提高到 9 047 亿元，短短 7 年增长了 42.3 倍，累计利润超过 4 万亿元。以此视之，国有企业效益困局不但豁然全解，而且呈现出前所未有的强盛。

7 月 12 日，美国《财富》杂志公布了 2006 年度“世界 500 强”公司名单，共有 22 家中国企业入选，中石化由 31 位升至 23 位，位居中国企业之首；国家电网公司，从 40 位升至 32 位；中石油从 46 位升至 39 位。《中国青年报》在题为《入选“世界 500 强”的内地企业让人汗颜》的评论中认为：“一个企业发展到何种程度，就可以称为强？在我看来，‘强企’至少要具备以下几种因素：持续且上乘的盈利能力、通过竞争取得行业领先地位、核心竞争优势、精简而高素质的人才队伍、强大的创新能力、健全的规章制度、抗风险能力、国际化水平、品牌知名度高。按照这些标准，我们几乎可以不假思索地判断：这 22 家上榜 500 强的中国企业，能够称得上‘强’的寥寥无几。”①

▲李荣融

不过对于这一景象，也有不同的观察结论。国资委主任李荣融认为，“石油、电信、电力等行业中几乎没有垄断”。2005 年 12 月 22 日，在国务院新闻办公室举办的记者会上，他说：“这么好的一个局面中间有很重要的一条原因就是竞争，也可以说我们这些行业当中几乎没有哪一家垄断的。实际上石油、电信、电力已经形成了一个基本竞争的格局，而且这些企业的主要资产都在上市公司。准确地说，它们的股权已经多元化、社会化。”

当姜建清在港交所激动地说“非常非常的满意，非常非常的成功”的时候，他的身后站着一群笑容满面的美国基金经理。《华尔街日报》在一篇评论中颇有点羡慕地写道：“打开这两年的业务利润报表，最赚钱的华尔街经理人，有一半与中国有关。一个不争的事实是，这些投资银行家在中国不是赚了很多钱，而是赚走了几乎所有的钱。”

如果说在 2001 年之前，国际资本在中国的超国民待遇主要体现在税

① 邓璟，《入选“世界 500 强”的内地企业让人汗颜》，《中国青年报》，2006 年 7 月 18 日。

收优惠、行业优先进入等方面，那么，在此之后，它们的最大收获是优先参与了国有垄断企业的资本市场化运作。我们已经在2002年描述过能源行业的合资景象，而近年来，更大规模的资本获利发生在金融领域。

中国对国有银行的市场化再造开始于20世纪末。1998年。财政部发行2 700亿元特别国债向中国银行、建设银行、工商银行和交通银行这四大国有商业银行注入资本金，1999年，四大银行被允许剥离1.4万亿元不良资产。然而，第一次“注血”与剥离并没有让这些银行的经营和资本状况得到根本改善。一直到2002年，后来成为全球最大银行的工商银行仍然在年报中承认，资本充足率只有5.54%，不良资产合计有7 598亿元，所有者权益数却只有1 782亿元。根据WTO的协议约定，中国将在2006年全面开放人民币业务，所以在此之前完成银行的改革已进入倒计时。于是，在2003年12月，国务院决定动用450亿美元的外汇储备为中国银行和建设银行注入资本金，2005年又动用150亿美元的国家外汇储备为工商银行注资。正是在这种强有力的国家资源的巨量输入下，四大银行一下子变得靓丽无比，其一级资本充足率均达到或超过8%，不良贷款率大幅下降至5%以下，历史包袱基本甩光，资产负债表质量显著改善。接下来，变成“靓女”的四大银行纷纷出境“路演”，寻找国际战略投资人，在进行了资产重组后，再谋求上市。2006年和其后的2007年，是“银行上市年”，几乎所有重要的银行都在这期间纷纷上市。那些捷足先登的国际金融机构从中渔利惊人，构成一个百世不现、无以复制的“花样年华”。

▲外资进入中国

5月，交通银行在香港上市，英国汇丰银行出资144.61亿元购买91.15亿股，拥有19.9%的股权，每股为1.86元。到2007年中期，交行市价接近每股10港元，汇丰净赚800多亿元，2007年，交行A股发行上市，汇丰又赚100多亿元，合计将近900多亿元，获得6倍多回报。另外值得一提的是，该股国内发行价每股7.9元，是外资购买价的4.25倍。6月，中国第二大银行——中国银行在香港上市，苏格兰皇家银行、新加坡淡马锡控股、瑞银集团和亚洲开发银行以51.75亿美元购得近20%的股份，购买价格每股1.22元。上市后，按照2007年9月7日盘中价格计算，市值最高达到2 335亿元，4家外资公司净赚1 932亿元人民币，投资收益4.8倍。中行国内发行价每股3.08元，是外资购买价的2.52倍。10月上市的中国工商银行亦呈现相同景象，美国高盛集团、德国安联集团及美国运通公司出资37.8亿美元入股工商银行，收购工行约10%的股份，每股价格1.16元。当年上市后，按照2007年8月15日盘中价格计算，市值最高达到2 313亿元，三家外资公司净赚2 018亿元人民币，不到一年时间投资收益6.84倍。该股国内发行价每股3.12元，是对外资发行价的2.69倍。于2005年10月在香港上市的中国建设银行，在上市前向美洲银行和新加坡淡马锡公司定向发行39.66亿美元的股票，占总股本的14.1%，每股定价约0.94港元。建行上市的发行价格为每股2.35元港币。2007年9月，建行回归国内A股上市，两大外资公司的股权市值达到2 932亿元人民币，共赚2 600多亿元。

除了上述四大国有银行之外，中型银行的资本重组也如出一辙。也是在这年，兴业银行宣布向香港恒生银行、新加坡新政泰达和国际金融公司定向出售27亿元股份，每股售价为2.7元。2007年2月，兴业银行在上海证券交易所上市，当日股价就达62.8元，三家外资公司净赚约600亿。该银行国内发行价格每股15.98元，是外资购买价的5.92倍。2006年4月，德意志银行和萨尔·奥彭海姆银行出资26亿元人民币，购入华夏银行约5.872亿股份，占华夏银行总股数的14%，每股价格4.5元，按2007年9

月的市值计算，净赚112亿多人民币。而且，两家跨国机构拥有的股份超过首钢成为华夏银行的第一大股东，这也是第一家被外资实际控股的中国银行。

中国政府对庞大的国有商业银行体系进行的重大改革，被认为“采取了从未尝试过的全新的改革方式和途径”，与之前的所有变革行为一样，它也引起了观点截然对立的争论。一些专家表示了强烈的质疑，认为这种银行再造模式有“用国民财富为商业银行洗澡”“国有银行被贱卖”“引进战略投资人拒绝内资进入”等诸多嫌疑。不过，所有引进了国际金融资本的银行，都异口同声地认为，“成功地引入国际战略投资者后，治理结构得到极大的加强，使其真正成为具有国际竞争力的现代化商业银行”。年底，美国高盛集团董事总经理、经济学家胡祖六亲自下场参与论战。他在《经济观察报》上撰文认为，“国际战略投资者为中国的银行带来了明显的短期利益，和中长期的潜在‘增值’效应，所以战略投资者通过较低的进入价格以分享部分未来‘溢价’，是合情合理的‘公平买卖’，并无所谓国有资产‘贱卖’问题”。针对“不对民营资本开放”的疑问，胡祖六的回应更是直接：“中国有汇丰、花旗或高盛这样的有国际经验和口碑的民间投资家？”所以，“这些机构有显而易见的优势，它们可以直接带来商业银行的产品技术和管理经验，也符合中国传统文化‘门当户对’的观念”。他还用一种很轻松的口吻写道：“其实，只要双方互相满意、合作愉快，最终能够增添公司价值，又何必对投资人的选择评头品足、横加干涉？”[①]

胡祖六的立论基础是“用股权换经验”，这颇似当年“用市场换技术”的论调，后者之落空已被证明，前者之成效有待未来的观察。在过去的20多年里，每当改革行进到十字路口的时候，潜伏在中国经济变革逻辑深处的那只“所有制怪兽”总会不可避免地如幽灵般出现，人们一次次地摇

---

① 胡祖六，《银行系统改革最困难　需要不需要国际战略投资？》，《经济观察报》，2005年12月3日。

摆在效率与公平、突围与代价、创造与分配的辩驳中。

与国有资本高歌猛进、跨国资本如鱼得水的表现相比，门偏户弱的民营资本则显得要弱势得多。

2006年以来，《中国企业家》主编牛文文发现，在近来的企业界聚会上，听到最多的一句话是："最近又有谁在准备卖企业啊？"11月，他在自己的专栏中写道："这样的私下打听，差不多成了标准的'见面问候语'。过去这一年多时间里，卖掉自己企业大部分股份的企业家越来越多，交易的节奏在加快，规模在放大。掰着指头数，差不多每个月都有一两起并购新闻。经营有困难的卖，跑得正欢的也有不少买家盯着；这个月还在论坛会议上见过面，几个月不见，说不定就有谁把企业卖掉了！这些卖掉的企业，什么行业什么地域多大规模都有，但买主几乎全是跨国公司或跨国资本。"牛文文这篇专栏的标题是《为什么要卖掉企业》。为了解开这个疑问，他派记者调查了一起并购案。

9月22日，中国最大的私营润滑油制造商统一石化公司把75%的股份卖给了壳牌，后者因此成为仅次于中石油、中石化的第三大企业。统一总经理李嘉对记者说：我们是一个民营企业，没有强大的资源背景（基础油供应），无法支撑下去了。统一润滑油一直受中石油和中石化的原材料垄断所困。在中国，润滑油产业的最下游零售终端已经高度市场化，产业的最上游原料基础油却被中石油、中石化控制，去海外采购则可能使成本增加20%左右。加入壳牌无疑可以成功突破国内两巨头的这种垄断，并且可以规避原材料价格波动带来的风险。牛文文据此评论说："'没办法''独自撑不下去了''扛不住了'，许多人卖企业，都是'不得已而为之'。这几年，国内企业经营环境发生了很大变化，建立在原来宽松环境基础上的竞争策略和生存能力受到致命打击，不少企业已经撑不下去了，即便苦撑下去，也几乎看不到隧道尽头处的光亮。在这种情况下，尽快找到一个'真正能够拿出现金'来支撑住企业运作的'大佬'，成了大家共同的选择。那么，为什么要卖给跨国资本？因为，在这个调控时刻，‘真正能够拿出现金’来的买主，会是什么人呢？答案不言自明：不受国内金融环境影响（有钱）、在人民币升值大趋势下非常想进入中国（有意愿）的跨国资本、跨国公司……卖掉企业，卖给跨国公司，应该是企业家在特定环境下的一种理性选择。”①

就在牛文文发表这番评论的一个月后，有“民营石油第一人”之称的天发石油董事长、全国工商联石油商会会长龚家龙因“扰乱金融秩序、伪造金融票据罪”卷入刑事风波。龚家龙在2003年的民营重型化运动中十分活跃。2005年6月，他发起成立中国长城联合石油公司，注册资本8.7亿元人民币，业务涵盖石油天然气的勘探、开采、炼制与销售等。龚家龙提出将打造一个“中国的民营石油航母”，成为中石化、中石油之外的“第三极”。长联石油尽管拿到了工商执照，但是，石油业经营的四大通行证，即成品油批发许可证、成品油零售许可证、成品油进口许可证以及国内矿产勘探开发许可证“四证”均无法获得。年末，龚家龙被爆财务丑闻，据称采用非法手段套取29亿元的银行贷款。龚家龙后被警方逮捕，业界随即传出中石化即将入主“重组”天发石油。已经濒临瓦解的全国工商联石油商会发表了一个微弱的声明称，“我们坚决反对非民营的垄断石油企业借此机会染指民营石油企业资产，从而影响构建中国石油市场和谐发展的改革努力”。龚家龙失踪后，原本就拼凑而成的民营石油企业结盟瞬间瓦解。2006年12月底，遵照加入世界贸易组织的协议，我国开放了国内原油、成品油批发经营权，然而根据出台的《成品油经营企业指引手册》规定，企业要想申请成品油批发经营资格，申请人提交的材料必须包括“全资或50%以上（不含50%）控股拥有1万立方米以上成品油油库的法律证明文件”。这一条款对国内的垄断巨头和跨国石油集团是重大利好消息，却让势单力薄的民营企业叫苦不迭。于是，禁令开放之日，就是

---

① 牛文文，《为什么要卖掉企业》，《中国企业家》，2006年20期。

弱者出局之时。北京的《京华时报》报道，到2007年6月，全国90家民营油企正与9家跨国巨头谈判，其中15家已与外企签署收购意向协议。这些民营油企之所以出售，根本原因是一直没有固定油源，生存困难。

民营资本在重大行业重组的“资本盛宴”中，被彻底边缘化的命运已无可逆转。在这年公布的“中国企业500强”排行榜中，国有资本总量占有绝对性的98.36%的份额，入选的私营公司数目为74家，其资产加在一起还不到中国工商银行的1/10。如果将中国500强与《财富》杂志评出的“世界500强”进行一次比较，我们可以发现，世界范围内赢利能力好的行业主要集中在汽车、食品、电子电器、建材、工农业设备、零售、贸易、银行、保险、制药等竞争性行业，而中国则主要集中在电信、钢铁、石油、天然气开采、石化、电力等传统垄断性行业。造成此种局面的主要原因是，这些行业至今仍然基本由政府掌控。一个十分显而易见的事实是，中国民间公司的成长一直处在一个强势资本集群的俯瞰之下。政府作为一个资本拥有者，一方面掌握着政策和游戏规则，另一方面则以捍卫自己的资本利益为最高价值取向。根据WTO的市场开放进程表，我国的金融、保险、通信乃至传播等产业次第开放，但在执行的过程中，出现了对“外”开放优先、对内开放滞后的现象，一些跨国大公司获得了优先的进入权。在新一轮即将决定未来中国产业格局的大整合中，民营公司落在一个被边缘化，甚至被遗忘的劣势地位上。

一种悲观的情绪已经在民营资本集团中蔓延开来。当年在海南淘金的“万通六兄弟”之一、万通集团董事长冯仑在年终写了一篇题为《跨越历史的河流》的文章。这位法学博士、平时嬉笑游戏喜欢说半荤段子的企业家这时候却表现出令人惊奇的洞察力，他写道：“民营资本从来都是国有资本的附属或补充，因此，最好的自保之道是要么远离国有资本的垄断领域，偏安一隅，做点小买卖，积极行善，修路架桥；要么与国有资本合作或合资，形成混合经济的格局，以自身的专业能力与严格管理在为国有资本保值增值的同时，使民营资本获得社会主流价值观的认可，创造一个相对安全的发展环境。今后，随着和谐社会的建立和发展，民营资本将以数量多、规模小、就业广、人数多为特征，其生存空间将被局限在与国有资本绝无冲突或者国有资本主动让出的领域。面对国有资本，民营资本只有始终坚持合作而不竞争、补充而不替代、附属而不僭越的立场，才能进退裕如，持续发展。”①

这年夏天，一个专业性很强的并购案突然激起了一场空前的“口水大战”。最富戏剧性的是，它的挑起者是并购企业的竞争对手，而且是用写博客的“草根方式”发动的。

6 月 22 日，湖南三一重工的执行总裁向文波在自己的博客里写了一篇《谨防徐工收购案抢点过关》。连他自己也没有想到，它在几天内迅速成为全国点击率最高的商业博客。江苏徐州市的徐工机械是中国工程机械行业最大的国有大型企业，2004 年之后，受宏观调控和行业竞争激烈的双重压力，徐工陷入亏损。2004 年 5 月，徐州市政府向全球投资者公开出让徐工股份，10 月，美国投资机构凯雷集团击败全球机械制造业龙头卡特彼勒中标。根据协议，凯雷注资 3.75 亿美元，获得徐工机械 85% 的股份。2006 年 1 月，并购方案通过了江苏省国资委审批，商务部和证监会的最终批复通过也指日可待。就在这时，横空杀出一个向文波。他在

▲徐工和三一

① 冯仑，《跨越历史的河流》，《中国企业家》，2007 年 02 期。

短短的三个多月里，先后写了46篇博客。

向文波认为，装备制造业是国家战略产业，由外资控制危及国家安全，是必须被坚决抵制的。他每天在自己的博客里对这起并购案提出种种质疑，他还曝光另一家美国投资机构摩根大通的收购价比凯雷高了10亿元，因此徐工有贱卖国有资产的嫌疑。向文波毫不讳言，已经于上年率先完成股改的三一重工也是徐工出售的竞标者之一，不过，“徐工某些人拒绝三一的真正理由只有一个：就是不卖给三一”。在他看来，徐工与三一才是“天作之合”，“徐工是工程机械行业规模最大的国有企业，是计划经济的最大成就；三一是工程机械行业规模最大的民营企业，是中国改革开放的最大成就，体制上具有极强的互补性”。他甚至在博客中提出，三一打算以高出凯雷30%的价格并购徐工。向文波的讨伐在网络上引起了空前的呼应，也有专家据此提出了国家产业安全的命题，认为“中国应该在经济全球化背景下建立起有效的经济和产业安全管理机制”。对此不以为然的学者也大有人在，复旦大学的经济学家张军便认为：“徐工所处不是战略性行业，中国现在不是外资多的问题。凯雷并购徐工，肯定跟安全扯不上边。”

但是，向文波的狙击见到了成效。10月16日，凯雷同意将入股比例改为50%。2007年3月，这个比例进一步下降到了45%，原定的控股意向被放弃。就在徐工并购事件风生水起的时候，另外一些并购案也遭到了类似的命运。8月14日，国内最大的炊具制造企业浙江苏泊尔公司宣布向法国SEB集团出售61%的股份。两周后，爱仕达、双喜、顺发等6家炊具企业紧急聚首北京，联合对外发布了集体反对苏泊尔并购案的紧急声明，理由是，“SEB控股苏泊尔后，必然垄断中国相关产品市场，给国内企业带来生存危机”。12月17日，国内第二大低压电器企业温州德力西宣布与法国施耐德公司合资组建德力西电气有限公司，各拥有50%股份。消息发布后，与德力西同处温州柳市的行业最大企业正泰集团当即起而反对，认定“这样一起看上去十分常见的合资，其实是施耐德垄断并购的第一步”。

日后的事实是，除了徐工并购案被改变了控股意向外，苏泊尔和德力西两案最终均获得了商务部的通过。这些专业性很强的并购案，之所以会引起公众如此热烈的关注，成为“被诅咒的婚姻”，在某种程度上是社会心态的情绪性折射。人们对跨国资本在中国市场的超国民待遇原本就有不满，再加上民营企业这些年被边缘化的现状，强烈反差自然会酝酿出非理性的、十分激越的公众情绪。在这些事件上，这种情绪得到了极大的宣泄。《每日经济新闻》的财经评论员叶檀在专栏中写道：“在事实上，这些企业真正应该呼吁的是公平的并购环境，比如，给予内外资、国企民企一视同仁的税收与贷款政策，比如，提供一个开放而透明的并购平台、一个完善的游戏规则，让并购的结果符合市场合理性与法治的公平性。”[①]

2006 年的中国企业界还发生过什么让人印象深刻的大新闻吗？很多年后，人们可能想不起来。除了喧腾一时的徐工案，好像还有一个富士康索赔事件。6 月 15 日，《第一财经日报》发表《富士康员工：机器罚你站 12 小时》一文，揭露台湾首富郭台铭旗下的深圳富士康公司存在员工超时加班的现象。7 月 10 日，富士康向写稿记者王佑和编委翁宝索赔 3 000 万元，这是中国记者遭到的最大金额索赔。更过分的是，富士康还申请冻结了两个记者的银行账号。这一事件当即引起全国媒体的声讨，《第一财经日报》总编辑秦朔发誓绝不屈服于商业强权的恐吓，富士康一时成“舆论公敌”。8 月 30 日，富士康把赔偿额降到象征性的 1 元钱，又过 3 日，富士康宣布与《第一财经日报》“和解”。

---

① 很多年后，如果人们再追忆徐工并购案，恐怕不是它的内容，而是形式。向文波用博客发动舆论战，展现了草根和互联网的传播力量。他说：“如果不是利用博客这种方式，我的意见不知被扔到哪个垃圾箱了。博客把这个行业里的事变成了公共事件。如果我写信反对，说不定在政府机关的收发室就变成了垃圾，还有可能被一些领导的秘书转给了徐工……博客让决策者听到了不同的声音，这些讨论为国家政策调整提供了一个好的氛围，我觉得我们社会需要这样的机制。”

到2006年年底，一些敏感的人们已经嗅出了景气变动的气息。开始于2004年春夏的宏观调控似乎已经结束了。在过去将近30年的改革历程中，宏观调控——在20世纪90年代之前被称为治理整顿——已成为一个具有鲜明中国特色的名词。它几乎每隔3~5年就会出现一次，而且从1981年开始，历次的宏观调控从来只宣布开始，而不通知结束。

宏观调控结束的最重要原因是，它启动的目标已经达到。通过强有力的行政干预，国有企业在垄断性行业的地位进一步得到巩固。在很多人看来，2004年前后的经济过热正是民营企业的“重型化运动”所酿成的。2006年以来，除了国有银行的大规模上市之外，企业并购活动明显加快，一些重大的建设项目也相继宣布完成。5月20日，历时12年建设的三峡大坝全部完工，这个人类历史上规模庞大的水利工程投资总额高达240亿美元，年均发电量将达847亿千瓦时，取代巴西伊泰普水电站成为世界最大的发电和防洪综合工程。7月1日，全长1 956公里的青藏铁路全线建成通车，该项目总投资逾330亿元。青藏铁路有960多公里都在海拔4 000米以上，是世界上海拔最高、线路最长、气候条件最恶劣的高原铁路。

6月6日，国务院发布《推进天津滨海新区开发开放有关问题的意见》。天津滨海新区规划面积2 270平方公里，比深圳还大300多平方公里，是香港的两倍、浦东的三倍，它将成为北方中国新崛起的金融开放中心。人们将它与20世纪80年代的深圳、90年代的浦东相提并论。新华社在评论中认为，“在新一轮改革的版图之上，上海浦东新区、深圳市和天津滨海新区正在成为我国综合改革的‘三驾马车’”。

这些重大投资项目的建设与开工，意味着固定资产的投资性拉动仍然是经济增长的主要模式，它让人们对未来充满了预期。而最具景气意义的标志是，已经沉寂了两年多的股市和楼市双双出现快速回暖迹象。

11月20日，上证指数在6年后重返2 000点。人们应该还记得2005年的6月6日，它曾经令人绝望地跌到过998.22点。从2006年1月以来的短短10个月，指数已经悄悄上涨了近800点，涨幅超过70%。随着股权

▲售房广告

分置改革的完成，资本市场的复苏非常明显，人们开始把钱从银行中取出投入股市。10月，银行储蓄5年来首次出现下降。很多股评家都开始计算，股市将在什么时候突破2001年6月创下的历史最高点2242.42点。也是在11月，中国外汇储备突破1万亿美元，占到全球外汇储备总额的1/5，并首超日本成为世界第一外汇储备大国。《华尔街日报》在评论中警告中国经济可能过热。它说："外汇储备的过快增长将创造过多的流动性，可能引发高通膨、资产价格泡沫和商业银行的放款冲动。"它的这些提醒都将在半年后被一一证实。

楼市的回升也是明显的。自宏观调控后，全国地产沉寂多时，从年初开始，北京、上海等中心城市率先领涨。5月，国务院出台6项新政策，试图遏制迅猛的房价上涨势头。其中最有特色的一条，是规定"自2006年6月1日起，凡新审批、新开工的商品住房建设，套型建筑面积90平方米以下住房（含经济适用住房）面积所占比重，必须达到开发建设总面积的70%以上"。很显然，这几乎是一条无法被认真执行的法令，而事实上，它也从来没有被执行过。在下半年，中央政府持续出招，银行升息、限制外资炒房、有些房价增长过快的城市的相关领导被惩戒，可是尽管如此，房价上涨丝毫没有停下来的迹象。

股市、楼市的稳步双涨，是最为典型的景气信号。一个非理性繁荣的周期又开始了。

11月13日，中央电视台经济频道开始播出一部12集的电视系列专题片，它讲述的是500年来世界历史上9个大国的兴盛过程和原因。这9个大国并不包括中国，它在开播的时候，没有做任何宣传，也不是在最黄金的时间播出。然而，它很快在知识界和互联网上变成一个十分火爆的话题，专题片的解说词成为这年冬天最畅销的图书之一，盗版光碟在第一时间充斥各大城市。这部专题片有一个激动人心的片名：《大国崛起》。

企业史人物 | 首富部落 |

谁是当今中国内地最富有的人？这一直以来都是一个问题。当有人因此提问的时候，你可以理解他是在设问、是在逼问，或是在疑问。从1995年以来的13年间，共有11人被不同的媒体和评测机构选为“中国首富”，这种你方唱罢我登场的热闹可谓举世无双。

1995年2月，美国《福布斯》首次发表中国内地亿万富豪榜，上榜的共有19人，首富是四川的刘永好四兄弟，他们靠养鹌鹑起家，后来成为饲料大王，其资产估算为6亿元。也是在这一年，一家国内小杂志把牟其中评为中国首富，一本题为《牟其中——大陆首富发迹史》[①]的畅销书，把这位以资本经营大师自居的四川万县人推上了声誉的顶峰。

接下来，富豪榜停了4年。到1999年底，英国青年胡润重新捡起这个游戏。在后来的两年里，先后当选首富的是刘氏兄弟和有“红色资本家”之称的荣智健，他们在几张榜单上轮流坐庄，财富都在10亿美元左右。2003年之后，胡润被《福布斯》抛弃，他当即推出胡润百富榜。此后，深圳的《新财富》杂志也加入评榜的行列。也是在这一年，30岁出头的网易创办人丁磊突然冒了出来，他持有网易公司58.5%的股份，市值约合人民币76亿元。这是第一次以市值来计算财富，之前，刘氏兄弟和荣智健的资产都是评榜者的估算而已。

自丁磊始，首富榜开始被新势力颠覆。2004年，盛大游戏的陈天桥以88亿元身家被胡润推到榜首，时年仅31岁。跟荣智健相比，陈天桥只用5年创业时间就攀上了巅峰，前者则用了22年。2005年，从事家电连锁业的黄光裕当上胡润榜单上的首富，他的资产是105亿元。

到2006年，先后出现了两个首富。1月，在美国纽约证券交易所上市的无锡尚德太阳能电力控股有限公司的每股股价达到34.02美元，董事

---

① 袁光厚著，《牟其中——大陆首富发迹史》，北京：作家出版社，1996年版。

长施正荣身家达到186亿元，而在一个月前，中国主流财经媒体几乎没有出现过这个名字。不过到年底，出现在胡润百富榜第一名的却不是施正荣，而是另一个同样陌生的名字张茵。1985年，27岁的张茵仅带了3万元钱从内地到香港闯荡，她创办的玖龙纸业在香港联交所上市，2006年总市值达到375亿元，而她拥有72%的股份，约合270亿元，张茵是第一个成为首富的女性，她从事的产业是很偏门的废纸回收再生产。

2007年10月，胡润与《福布斯》先后公布本年度的中国首富。与往年不一样，这次没有争议，一个叫杨惠妍的26岁广东姑娘成了新一任首富。她是广东碧桂园创始人杨国强的女儿，个人净资产高达160亿美元，约合人民币1 300亿元，她是第一个资产过千亿元的中国富豪。杨家尽管富甲天下，却一直十分低调，在此之前，人们几乎没有看到过杨惠妍的容貌，因此有网站发动网友征集她的图片，最终，一个娱乐频道获得了一组她举办婚礼的照片，这才终于揭开她的“庐山真面目”。

事实上，除了上述人士之外，还有两个人曾被传说为“首富”。一个是平安保险的董事长马明哲，他曾经在2003年被《新财富》评为“中国首富”，资产为100亿元。由于他本人竭力否认，因而成了一个“罗生门事件”。而2005年10月，又有媒体报道，一位并不太出名的、因故意杀人罪被判处死刑的京城富豪袁宝宣布将他在海外银行中的股权和现金转让给他当舞蹈演员的妻子，据称他的这些财产价值495亿元，这个数字超过了当时的任何一位首富。

根据英国《金融时报》的计算，中国亿万富翁的人数仅次于美国。

即便在2007年，杨惠妍“没有争议”地成了所有榜单的共选首富，也还是有媒体一口认定在暴利的地产业还有比她更富有的“隐形首富”。从来没有一个国家的首富，像中国这样如走马灯般变幻，到底谁是当今中国的“首富”，实在还没有确定性的答案。这是我们这个财富超速聚集和充满灰色气息的时代所特有的事件。

2007

大国崛起

全世界都在学中国话，孔夫子的话，越来越国际化，全世界都在讲中国话，我们说的话，让世界都认真听话。

——台湾少女组合S. H. E：《中国话》，2007年

《大国崛起》热议的背后，无疑洋溢着一股喷薄欲出的“大国情结”。很多人也许没有看过这部专题片，不过仅仅这4个字就足以让人热血沸腾。在年初，很多经济学家就已经预言，到年底，中国的国内生产总值将不出意外地超过德国，成为美国、日本之后的全球第三大经济体。《新闻周刊》国际版总编辑法瑞克·扎卡利亚在《未来属于中国吗？》中用肯定的语气说：“中国的崛起不再是一个预言，它已经是一个事实。”便是在这样的热烈氛围中，中国人开始变得自信起来，传统文化成了新的时尚。一档讲述中国传统文化的电视节目《百家讲坛》成为最受欢迎的深夜节目，主讲“三国”和《论语》的易

▲《大国崛起》

中天、于丹迅速蹿红，成为全国知名度最高的大学教授，他们的图书是书店里最热销的畅销书，他们每到一地都受到明星般的追逐。连台湾的一个少女组合 S. H. E 也用一首《中国话》来作为年度新碟的主打曲，她们唱道，“全世界都在讲中国话，我们说的话，让世界都认真听话”。

一个让世界都认真聆听的国家，应该保持怎样的“大国心态”和展现怎样的“大国责任”，这还是我们需要学习的。接下来发生的这条新闻便很让人思考。就在中央台的《大国崛起》成为热点的同时，这家电视台的一位主持人却引发了另外一场争论。1 月 12 日，中央台英语主播芮成钢在自己的博客上发出呼吁：“请星巴克把在中国故宫里的店撤掉。”这条博客在两天内被点击超过 50 万次。星巴克的这家咖啡店是 2000 年开张的，“隐身”在故宫古色古香的大殿一角，历史上这里是“九卿朝房”。它是星巴克在中国面积最小的连锁店之一，经营面积仅十几平方米，狭小的空间里总共只有一张靠窗的条桌、五把椅子。芮成钢认为，星巴克是不登大雅之堂的饮食文化的代表符号，故宫里的星巴克是对中国传统文化的糟蹋，并“已经在西方上层社会传为笑柄”。为此，精通英语的芮成钢还以个人名义向星巴克总裁吉姆·唐纳德发出抗议书。

芮主播的抗议很快得到了热烈响应。在 3 月份的全国两会上，一些人大代表以“玷污了中国传统文化”为由，联名提议关闭这家咖啡店。路透社记者引用黑龙江省人大代表、中泰合资黑龙江正大实业有限公司董事长姜鸿斌的话说：“星巴克应该立刻从故宫里搬出去，不能让它继续玷污中国传统文化了。只要它在故宫里多待一天，就对我们的文化多一分挑战。”7 月 13 日，故宫星巴克店停业撤离。由芮成钢发动的这场传统文化保卫战大获全胜。不过，“保卫者”们没有办法解决的问题是，在星巴克撤出后，如果游客，特别是每年人数高达 160 万的外国游客要喝一杯咖啡，那该怎么办呢？于是，最让人啼笑皆非的事情发生在星巴克撤出后的两个月。9 月 21 日，一家名为“Forbidden City Cafe”(紫禁城咖啡店）的咖啡店又在“九卿朝房”悄悄开张了。

▲故宫里的星巴克

在 2007 年，除了要把星巴克赶出故宫的中央台主播芮成钢之外，还有一个人差点成为“民族产业保卫者”，他就是娃哈哈集团的宗庆后。

4 月 2 日，《经济参考报》以《宗庆后后悔了》为题，披露宗庆后对 11 年前签署的合资合同追悔莫及。他表示，“由于当时对商标、品牌的意义认识不清，使得娃哈哈的发展陷入了达能精心设下的圈套”。他同时指责达能集团有垄断中国饮料业的事实企图，并为此呼吁社会公众“保卫民族产业安全”。4 天后，宗庆后在新浪网接受在线访谈，九成以上的网民赞同与达能解约，宗庆后大受鼓舞。法国达能方面则迅即做出反应，指责宗庆后在过去几年里一直在搞“体外活动”，先后设立了 61 家游离于合资母体之外的非合资企业，这些由宗氏家族掌控的“体外”项目规模及经营业绩甚至超过了合资企业。达能中国区总裁范易谋颇为动气地说，要让宗庆后在诉讼中度过余生。

双方火药味十足，很快到了难以调和的地步。宗庆后宣布辞去董事长职务，娃哈哈员工和经销商相继发表了几份义和团式的公开信，甚至还有员工在召开董事会的五星级酒店门口拉横幅抗议。而达能则向瑞典斯德哥尔摩法庭提起国际诉讼。

如果从娃哈哈的产权演变来透视，这场“离婚官司”的时代逻辑清晰可见。20 年前，宗庆后用自己卖练习簿和棒冰积攒的钱办起了一家工厂，然而受体制所困，他不得不戴上一顶集体经济的“红帽子”，在后来的岁月中，他所做的事情就是把这家企业再“洗”回成自己的。1996 年，他通过与达能的合资先是完成了第一次产权重组，后者出资 4 500 万美元收购娃哈哈 51% 的股份。继而在 1999 年的产权清晰化运动中，宗庆后设法让政府同意把国有资产的 54% 转让给他和他的团队，其中他个人拥有 29.4% 的股份。在此之后，宗庆后开始大规模地设立“体外公司”，这些企业的产品使用的都是合资公司所拥有的娃哈哈品牌。2006 年年底，达能对他的这种行为提出抗议，并提出要终止使用娃哈哈品牌，要么把“体外公司”卖给达能。宗庆后不从，随即以“保护民族产业安全”为名敲响了对抗的战鼓。

娃哈哈与达能的舆论大战是这年上半年最热闹的财经新闻。这场眼看将被点燃的“娃哈哈保卫战”没有得到主流财经媒体的呼应。很多财经人士认为，饮料行业已是一个完全开放的竞争性领域，国家保护已无必要，宗庆后试图悔约，缺乏必要的契约精神，而他企图挟民族主义狂热达到自己商业的目的，则更不应该支持。更有记者在细致的调查中发现，宗庆后及其妻女早在数年前就持有外国护照。从 1998 年开始，宗庆后及其家族在境外悄然设立 11 家海外离岸公司，并以它们为主体发展了数十家非达能合资企业。也就是说，如果宗庆后能够把娃哈哈品牌从达能手中夺回，就“资本血缘”而言，也与民族

▲宗庆后和范易谋

产业无关。

一直到年底，宗庆后与达能的这场“离婚官司”仍然尘埃未定，充满种种的变数。它让人们看到了中国式商业的种种变通与曲折，也展现出不同利益所有者对政策与环境的利用与角斗。

对于崛起中的大国来说，需要调整的除了心态，还有责任。

这年“五一”黄金周到太湖旅游的游客发现，不少区域的水面漂着一层绿膜，最厚的地方像覆盖了一层绿油漆，有的地方漂浮着大片死鱼。专家解释，这是蓝藻暴发。蓝藻是一种原始而古老的藻类原核生物，常于夏季大量繁殖，腐败死亡后在水面形成一层蓝绿色而有腥臭味的浮沫。到5月29日，受蓝藻暴发影响，江苏省无锡市大批城区居民家中自来水水质骤然恶化，气味难闻，无法正常饮用，超市中纯净水被抢购一空。蓝藻事件震惊全国。蓝藻泛滥，完全是工业污染所致。太湖沿岸化工企业林立，污水排放没有监控，造成太湖水呈现严重的富营养化，平均氮、磷含量均高于标准10倍以上。近两年，太湖流域工业和生活污水年排放量达53亿

▲村民打捞太湖蓝藻

吨，而污水处理率仅为30%左右，污染物总量已远远超过流域水环境承载能力。《中国青年报》记者在江苏省宜兴市周铁镇采访时看到，这个总面积仅有73.2平方公里的小镇，最多时有三百多家化工企业。记者在太湖边看到的景象是：湖边大约一二百平方米的范围内，都被蓝、绿、黑、灰等颜色覆盖，湖面散发着一股恶臭，有些地方看不到水面，都已经凝固成块，如同粪坑一般，上面停留着不少苍蝇。3艘渔船停靠在岸边，但很显然早已派不上用场。湖边倒也有不少芦苇，但芦苇的茎部已经被蓝绿色的污染物染上颜色。偶尔有几只水鸟从湖面飞过，却始终找不到落脚点，不得不飞向远处。

太湖之祸仅仅是中国水体污染的一个缩影。7月，环保总局副局长潘岳沉痛地透露：目前水污染已经逼近危险临界点，全国七大江河除了干流因水量大水质尚可之外，大小支流几乎全部坏死。国家花费10年时间、巨额投资的努力和成果已被后来流域内的重新污染所抵消。潘岳说："如果不有效地治理水污染，我们恐怕在工业化和城市化完成之前，就将面临严重的社会和谐问题。"

再放大了看，水体污染又是环境恶化的一个缩影。在持续高速发展的同时，高污染与高能耗成为大国崛起中两个令人尴尬的伴生物。世界银行的一份报告称，在全球20个污染最严重的城市中，中国占16个。伴随着经济的成功，环境污染的严重程度已经到了让人难以忍受的地步。这家国际组织直言不讳地说："没有哪个国家曾在垃圾制造方面经历过如此大规模、高速度的增长。"上年，英国《独立报》记者查尔斯·沃克在一篇题为《醒来吧，闻一下碳化物的味道》的报道中称，中国一年排放的二氧化碳比整个欧洲排放的还要多。如果从太空中看，北京和上海的位置是大片的含硫云层。在华南地区，广东省的工业污染已经影响到了香港。在过去三年里，香港的能见度下降的天数多了两倍，由于这个因素，40%的企业难招募外籍人士。美国《新闻周刊》则登出了一篇题为《中国输出污染》的文章。记者写道："多年来，北京的空气像一碗浑浊的蛋花汤……在西方，

‘中国制造’是廉价货物的同义词，但是现在这个国家正在输出更为昂贵的产品：环境恶化。酸雨和其他污染物正在毒害中国近1/4的耕地，甚至日本和韩国部分地区的农作物也因受到中国酸雨的侵袭而枯萎。过度伐木和草场退化造成的沙尘暴在北方肆虐，甚至吹到了美国西海岸，如今27%的中国国土正在沙漠化。美国排放的温室气体量位居世界第一，而中国紧随其后，已经是全球第二大污染源。”这一年，随着奥运会赛期逼近，北京的空气污染再成国际关注话题。11月，《凤凰周刊》披露，美国奥委会正在考虑是否要为美国运动员配备活性炭空气过滤面罩。文章说：“尽管佩戴面罩参赛的主意将使东道主北京丧失‘面子’，并非好客人的作为，但美国奥委会专家从保护运动员健康的角度出发，没有放弃这个方案的可行性试验。”

高能耗的经济增长模式也面临极限挑战。根据专家计算，我国的国内生产总值占全世界国内生产总值的5.5%，但为此消耗的资源量却十分惊人，我们消耗了全球石油总消费量的8%、原煤的40%、粗钢的32%、氧化铝的25%、水泥的48%、玻璃的33%、化肥的30%。由于资源消耗增长过快，我国主要矿产资源的对外依存度已由1990年的5%上升到2007年的50%以上，并且这种趋势还在发展。中国的高能耗成了全球能源紧张的重要因素之一，甚至出现了“中国买啥啥贵，卖啥啥便宜”的怪现象。与高能耗并存的则是能源利用效率的低下，中国火电供电煤耗每千瓦时为379克标准煤，比国际先进水平高67克；大中型企业吨钢可比能耗为705千克标准煤，比国际先进水平高95千克；电解铝交流电耗为每吨15 080千瓦时，比国际先进水平高980千瓦时；单位建筑面积采暖能耗相当于气候相近发达国家的2~3倍；载货汽车百吨公里油耗比国际先进水平高出1倍以上；我国现有各类电动机总功率约4.2亿千瓦，运行效率比国际先进水平低10个百分点以上，相当于每年多消耗电能约1 500亿千瓦时。

很显然，这是一种难以为继的增长模式。这年秋天，国家发改委安排了5.4亿元国债资金支持98个重点节能项目，国务院还与地方及中央重点企业签订了45份节能目标责任书，同时，新的《节能法》即将出台。英国首相丘吉尔曾言，“伟大以负有责任为代价”，作为一个正在和平崛起中的大国，中国必须认真直面挑战。

这年的中国股市，只可以用4个字形容——“全民狂欢”。这是自1999年之后资本市场的又一场无度盛宴。自上年上证股指突破2 000点之后，股市的复苏已成事实，曾经在2月底出现过一次有预谋的大洗盘，紧接着便是一路高歌。在4~9月的半年时间里，股指连连上攻，热点频繁转换，市场价值呈几何级膨胀，市盈率高达五六十倍，甚至成百上千倍的股票相当之多。在这段时间里，新开户股民每天多达30万人，涌进来的这些人不仅有城市白领、理财老手，还有大学生、农民、小商贩、邻居的大妈们。各地的典当行生意兴隆，很多人抵车、抵房、向银行贷款，冲进仍在不断上涨的市场，他们或许连市盈率都不懂是什么意思。一首由杭州女股民创作的网络歌曲《死了都不卖》成为很多人的手机铃声。这首歌是这样唱的：“死了都不卖，不给我翻倍不痛快，我们散户只有这样才不被打败，死了都不卖，不涨到心慌不痛快，投资中国心永在。”到5月25日，沪深两市的开户总数突破1亿户。

8月9日，沪深两市上市公司股票总市值达到21.147万亿元，超过上年21.087万亿元的国内生产总值总量，这意味着我国A股上市公司股票总市值首次超过国内生产总值。如果把香港上市的内地公司市值计算在内，中国股市总市值已经超过日本，成为全球第二。8月23日上午，在万众期盼中，上证指数一跃突破5 000点大关，从而实现了中国股市的历史性跨越。在很多交易日，中国股市的成交额甚至超过亚洲其他市场的交易总和。

随着资本市场进入历史最繁荣的时期，中国公司的市值达到了前所未有的高度。到8月份，中国铝业的市值已经超过全球最大的两家铝业公司市值的总和，深圳万科的市值竟比美国最大的4家房地产公司市值之和还要高出40%。10月16日，全球最大的金融信息提供商彭博社公布数据显示，在全球市值最高的十大上市公司中，中国公司已和美国公司平分秋色，各占4席。其中中国石油排名第二，中国移动、工商银行和中国石化排名依次为第四、第五和第八。这条新闻发布后的20天，中国公司再一次震惊世界商业界。11月5日，中国石油在上海证券交易所上市，股价高开，市值达到1.1万亿美元，不仅一举摘下“全球市值规模第一”的桂冠，还将历史纪录整整扩大了一倍，高于紧随其后的埃克森美孚石油和通用电气的市值总和。更令人瞠目的是，以该日收盘价计算，中国石油A股加H股的市值大致相当于巴西或俄罗斯全年的经济规模，远远超出石油输出国组织（OPEC）5个创始成员国的经济产出总和。[①]对于这种高市值现象，国内业界表现出极其复杂的心情。中国石油的表现进一步证明垄断的力量以及股市的巨大泡沫。有人将之与埃克森美孚比较发现，后者的营业收入是中国石油的4倍，而利润率只有中国石油的一半，显然，很难将中国石油的这种赢利优势归结为其竞争力的体现。中国内地股市规模现已超过日本，但中国的国内生产总值只有日本的60%。这是与中国经济的发展阶段不相称的。透过股市的狂欢，人们看到的是中国经济上升期所伴随的资本躁动，以及非理性的市场繁荣。

便是在这场股市狂欢中，人们仍然绝望地看到，那条灰色的操纵和投机色彩不但没有消失，而且有越来越浓烈的迹象。据中国人民大学金融与证券研究所所长吴晓求的观察，2007年的资本市场进入历史上违规违法行为最严重的时期。他提出了三种值得警觉的行为。一是日益猖獗的内幕交易，他认为当前的市场内幕交易是17年来最猖狂的阶段：“过去内幕交易还是小范围的，现在是全面做这个事情，这将严重损害中国资本市场持续成长的基础和道德底线，要引起足够警觉。内幕交易将会使中国市场慢慢丧失其信心。”二是目无法纪的操纵市场行为非常令人忧

① 进入全球十大市值公司的其他公司为：埃克森美孚（1）、通用电气（3）、微软（6）、AT&T（美国电话电报公司）（10）以及荷兰壳牌石油（7）、俄罗斯天然气公司（9）。

虑。三是部分上市公司愈演愈烈的虚假信息披露和大规模增发行为。

吴晓求的这些警告其实一点也不新鲜，人们在 2000 年就早已听得厌烦了，不过，现在已经很少有人记得。年初，*ST 宝硕的表演就很能为这种担忧提供最生动的佐证。这是一只神奇的股票，它从 2 月份起接连走出 10 多个涨停，每股股价从 2.30 元升到将近 20 元，而它被炒热的原因是“这是中国股市中最垃圾的垃圾股”。*ST 宝硕是河北保定市一家生产塑料制品、管材的专业工厂，在 2006 年的年报中，这家企业亏损 16.62 亿元，并存在逾期贷款、巨额违规担保、大股东巨额占款等问题，2007 年的第一季度又报亏 7 000 万元，每股净资产为 –4.17 元，公司进入破产程序，而且由于股权交易复杂，始终找不到“买家”。就是这么一家公司，因为“它面临破产，而且神秘买家未定，存在重大的想象空间”，因此引起炒家们的追捧。从 4 月到 5 月，*ST 宝硕连续发布了三份破产风险提示公告，但与之相呼应的却是公司股票一连 14 个涨停板，股价持续上涨，让人莫名咂舌。

如果说股市的狂热已到了癫狂的地步，那么发生在楼市里的财富传奇则令人无言。

这一年，全国房价延续上一年的上涨态势全面飘红，很多城市都涨了一倍，甚至两到三倍。年初，北京市中心城区的二手房交易价格为每平方米 0.7 万 ~1 万元，到 10 月份，已经上涨到每平方米 1.6 万 ~3 万元。4 月，中央电视台《新闻调查》披露了上海某楼盘房价高扬的真相：真实成本约 0.6 万元 / 平方米，开发商最终向消费者发售时房价已抬高到了 1.8 万元 / 平方米。开盘当日，消费者漏夜排队领号。8 月，杭州市区的一块土地被高价拍卖，楼面地价达到了 1.57 万元 / 平方米。消息发布后的第二天，该地块边的一个售价为 1.5 万元 / 平方米的楼盘当即跳空提价 6 000 元。房价如此疯狂，连赚到手软的开发商都有点“不好意思”了。年初，深圳一家地产业推出 160 多套别墅，600 多户闻讯抢购，近千万元一套的豪宅每两三分钟成交一套。开发商对《南方周末》记者说：“现在楼盘的利润率已经高到让我们不好意思的程度了。”

10 月 1 日，美国《福布斯》亚洲版公布 2007 年“中国富豪榜”，一个陌生而年轻的 26 岁女子成了新一任的中国首富。这个叫杨惠妍的广东姑娘是广东碧桂园创始人杨国强的女儿，她个人净资产高达 160 亿美元，因此创造了三项纪录：中国第一个资产过千亿元的富豪，第一个不到 30 岁就成为全国首富、全亚洲最富有的女人。人们还记得，2005 年的首富是盛大游戏的陈天桥，其身家为 90 亿元，不过两年，首富标杆提高十多倍，地产的造富魔力让所有从事制造业、流通业甚至互联网产业的企业家们都黯然失色。

在这张榜单上，前四位均为大地产商，分别是杨惠妍（碧桂园）、许荣茂（世茂集团）、郭广昌（复星国际）和张力（富力集团），前 100 名中有 39 人从事地产业。而在早前发布的《福布斯》美国 400 富豪榜中，排名前十的有 6 位是来自 IT、互联网行业，相比较，这是一张颇有嘲讽意味的榜单。新华社记者在题为《福布斯榜单揭示房地产暴利》的评论中写道：“中国民营经济的发展繁荣并非起步于房地产开发，而是始于加工制造业。为什么制造业出不了多少富豪？显然还是一个行业利润率的问题。”

碧桂园的创办人是 1955 年出生的广州市顺德区北镇人杨国强，他自幼家贫，据称 17 岁前未穿过鞋，早年曾放牛种田、做泥水匠及建筑包工头。他平时十分低调，几乎与媒体绝缘，出现在公开场合时亦沉默寡言，穿的西装永远像大一个码。还有媒体记录，他在开会时，喜欢脱鞋、盘腿而坐。他是第一批涉足地产业的私营企业者，1992 年就开发顺德碧桂园楼盘，此后多年在珠三角一带发展。碧桂园是一个典型的家族企业，在公司 9 个执行董事中，8 个均为杨氏家族人士，唯一非血缘成员是公司总裁崔健波。此人曾任杨国强老家、顺德区北镇镇长数年，据称“对杨国强的事业发展进行了坚定的扶持和帮助”。2005 年，杨国强将所持股份转给 1981 年出生的二女儿杨惠妍。2007 年 4 月 20 日，碧桂园在香港联交所上市，按所持股份的市值，杨惠妍一跃成中国新首富。

碧桂园上市后，成为中国市值最高的房地产公司，而在此前的地产界，碧桂园在开发规模及知名度等方面均不是最突出的，而且其财务压力也非常巨大。公司的财务总监曾表示，到2006年年底，企业负债40亿，净负债与股本比为160.1%。然而，尽管如此，它的上市还是受到热烈的追捧，其中最重要的原因是，它是全国最大的“地主”。据《中国经营报》报道，到8月中旬，碧桂园土地储备达到5 400万平方米，相当于一个中等城市的规模。碧桂园一向最引以为豪的是土地价格低廉，它在上市招股书中便宣称：“我们是中国拥有最庞大和低成本土地储备的房地产开发商之一，此等储备为我们未来的增长和赢利能力提供了强有力的支持。”碧桂园的上市保荐人瑞银也在报告中提到，碧桂园所得土地的最低成本，以每平方米计，只有25元。有媒体披露，它在广州增城的项目凤凰城一期土地地价低廉到每亩3万元，而华南碧桂园的地价则是每亩6.8万元。公司招股书表明，在过去三年间碧桂园每年营业额的复合增长为56.5%，而纯利增长则为惊人的141.1%。

地产业的暴利怪状，还有一个重要的因素是，这个产业存在一条罪恶的“灰色产业链”。6月25日，《人民日报》旗下的《市场报》刊登报道称，“四成利润被职能部门吃了”。据一位姓蒋的房地产开发商透露，“我从1992年就开始从事商品房建筑行业。当年每平方米的建筑成本价不过350~400元，房价不过1 000~1 500元/平方米，建筑成本占房价的1/4，加上土地出让金，房地产成本价格也不过是房价的1/3~1/2。如今建筑成本比原来只涨了100~200元，房价却比原来翻了好几倍，房屋成本只占房价不到20%。”

几乎所有的房地产商均向外宣称“价格上扬”的最大原因是土地价格、开发成本上升。而据这位开发商透露，实际上，土地“招拍挂”没有增加房屋成本，而“暗箱操作”成为房地产商降低成本的主要渠道。“招拍挂”的项目一般分为3种情况。一种是规模较小的项目。在招投标过程中开发商可以通过“内部渠道”了解政府方面的土地价格“底线”“上限”，与有可能参与的同行形成“价格同盟”。由一家公司竞拍下来后，其他公司共同建设，但楼盘销售价格参照周边楼盘价格抬高销售。一种是规模涉及几百亩土地的项目。土地连片开发就需要通过集体“围标”的方式来实现对土地的掌控，开发商往往事先做好评估部门、招投标审委会的“工作”，通过招投标“评估”方式，排挤一些外来的竞争者，通过打压对手、减少竞争压力来降低潜在的成本风险。还有一种是获得规划部门的“风声”，在未来的黄金地段抢先“圈地”的做法。如政府搬迁、城市发展规划等出台前夕，地方政府决策层尤其是“一把手”对城市发展的目标指向，成为开发商趋之若鹜的消息，一有风吹草动，房地产开发商就会连夜“跑马圈地”，因为这时候土地价格最低廉。要获得这些消息、“搞定”这些职能部门，就必须“有酒大家喝”，从楼盘开发中拿出一部分利润，让包括评估、规划、拍卖、土地、政府等部门“分享”。这位开发商对记者说：“我认真算过这样一笔账：一栋楼盘开发下来，成本只占房屋价格的20%，开发商拿到的利润占房屋价格40%，还有40%就是被各种‘灰色开销’吞噬了。”[①]

房地产的放纵和暴富现象，已成为中国社会病态的一个重要体现。新华社出版的《半月谈》杂志发表评论称：“在构建和谐社会的进程中，地产商扮演了增加不和谐因素的角色。”研究华人商业变迁的香港大学亚洲研究中心主任黄绍伦对《东方企业家》的记者说：“地产商的暴富对整个社会的工作伦理是一个很大的冲击。在过去，你管理一个大工厂，怎么融资、找市场、管理工人，都觉得这是了不起和辛苦的事情，回报和付出是有一定的关系。但地产商似乎不同，究竟他们的成功与付出有一定联系吗？如果没有，我们的工作态度还能维持吗？所以，投机成了影响社会最大的价值观。我们都在困惑着。”

---

① 何丰伦，《房产商曝灰色产业链：职能部门吃掉房地产四成利润》，《经济观察报》，2007年5月11日。

9月，由最高人民检察院主办的“惩治与预防职务犯罪展览”在北京揭幕。据统计，自党的十六大（2002年）以来，中央累计查处严重腐败的省部级以上官员16人，有10人是被不法地产开发商拉下水，而走上不归途导致身败名裂的。[①]

股市与楼市的空前繁荣，意味着在“高速公路”上持续前行了20多年的中国经济又驶入了一个加速度的周期，它带来了多重的社会景象：国家及个人财富的重新分配，中产阶层的空前扩容与活跃，全民投机心态的扭曲，中国公司的市值膨胀，宏观经济的泡沫化加剧等。在过去的30年里，2007年是社会资本最为活跃、财富分化现象最为显著的一年。

股市与楼市的狂暴热浪，几乎吸引了所有的目光。不过，我们还是要留一部分笔墨给实业界的企业家们。在经历了20多年的成长后，他们都走在“缺氧的高原区”，所有的对手都是异国的面孔，而自己的那些经验却好像已经过时。

TCL的李东生正陷入苦战，他在2005年信誓旦旦地要在18个月内实现并购盈利，而事实却是，每一项重组计划都不幸搁浅。在过去的几年里，他几乎使尽了所有的招数，甚至又像10多年前一样，披着一条彩带出现在商场的柜台前亲自向消费者促销。这个十分注重外形的南方人有时候会胡子拉碴、神色倦怠，不过谁都看得出来，他一直试图保持自己的尊严。2006年6月，他写了一篇《鹰的重生》。他写道：“鹰是世界上寿命最

---

① 中国地产业的巨富现象很特别。美国加州大学伯克利分校的经济系教授J. B·德龙在《攫财大亨》中记录：1900年，美国共有亿万富翁22位。其中靠修建铁路或为修建铁路融资发财的14位，而靠房地产业致富的仅1位。1957年，美国最富的16位亿万富翁中，地产商仍是1位。1996年，超过10亿美元的富翁为132位，电子、软件、金融等成为诞生富豪的领头产业，地产商有4位。很显然，100年间，美国因房地产业一夜暴富者在同时代富豪中的比例从未超过5%，而这100年的前50年，正是美国房地产业的鼎盛期。

别人的资产比我还多，但我是唯一的。”这句话，鲁冠球、柳传志和张瑞敏等人也应该有资格说，因为他们所经历的转型大时代是唯一的。他们起身最早，活得最久，事业做得生龙活虎。然而，商业又是一个用结果来检验过程的冒险游戏，他们必须更长久地活下去。“那些没有消灭你的东西，会使你变得更强壮。”德国哲学家尼采的名言应该可以成为这些企业家共同的生存格言。

8 月 11 日下午 3 时许，佛山市利达玩具有限公司副董事长、港商张树鸿在自己工厂的三楼仓库内上吊自杀，尸体旁边堆着 10 多包形态可爱的芝麻街布娃娃玩偶。自杀前，张树鸿在厂区内巡视一圈，并将工人工资悉数结清。他从 1993 年起自香港到佛山办厂，被员工描述为一个厚道人，个子很高，接近一米八的样子，也很壮实，但皮肤很黑，穿衣服很不讲究，平时总穿一身很旧的休闲服。他对员工很体贴，曾自己贴钱给员工供楼，许多人因此跟着他一干就是十几年。这个玩具商的意外死亡，让“中国制造”的话题再度跳上国内外重要财经媒体的头版。

张树鸿之死起因于 9 天前。8 月 2 日，美国最大玩具商美泰公司向美国消费品安全委员会提出召回佛山利达生产的 96.7 万件塑胶玩具，理由是“回收的这批玩具表漆含铅量超标，对儿童的脑部发展会造成很大影响，美国环保组织塞拉俱乐部认为危及儿童安全”。事发前，佛山利达的产量已居佛山玩具制造业第二。一夜之间，这家拥有十多年良好生产记录的合资企业成为众矢之的。在美国舆论的不断声讨下，玩具厂商及其上下游供应、检验链上的疏忽被一一曝光和放大。最终，佛山利达被出入境检验检疫部门要求整改，国家质量监督管理总局宣布暂停其产品出口。利达被迫停产，2 500 名工人几乎无事可做，张树鸿承受巨大压力，最终一死了之。张树鸿死后三日，美泰第二次宣布，召回的中国产玩具数量增加到 1 820 万件。

在利达事件发生前后，“中国制造”正遭遇到一场酝酿已久的信任危机。3 月 18 日，总部位于加拿大的宠物食品公司 Menu Foods 发布“召回声明”，因其原料涉嫌污染，导致猫狗宠物死亡，该公司将对旗下 80 多个品牌的宠物食品进行紧急召回。所有这些食品都是罐头包装或者锡箔纸袋包装，数量约为 6 000 万，美国食品与药品管理局的调查认为，涉嫌污染的产品使用了从中国进口的小麦蛋白粉和大米蛋白粉，其中含有三聚氰胺和三聚氰酸。5 月初，巴拿马和多米尼加共和国宣布在中国产牙膏中查出含有二甘醇，因而决定停售中国产牙膏，随后美国、新加坡和日本等国家相继做出停用、停售中国产牙膏决定。6 月 11 日，美国一家轮胎经销公司 FTS 宣布召回 45 万条由中国橡胶公司生产的一批轻卡汽车轮胎。据美国国家公路交通安全管理局（NHTSA）的调查，上年 8 月，一辆载有 4 名乘客的货车在宾夕法尼亚州失控撞毁，其中两名乘客丧生，事故原因是该车使用的中国产轮胎胎面脱层。同月，美国食品与药品管理局对来自中国的 5 种水产品实行自动扣留，并拒绝其入境，称其含有未经批准的兽药残留。美国消费品安全委员会宣布在全球范围内收回 150 万台中国生产的玩具火车，称其油漆中含有可导致儿童中毒的金属铅。

这些层出不穷的安全事件让中国商品信誉遭到重大挫伤。一些针对“中国制造”的攻击性言论和行动甚嚣尘上，两年前那个宣布“一年内不使用中国商品”的美国路易斯安那州新闻记者萨拉·邦焦尔尼在这时候出版了《没有“中国制造”的一年》一书。英国《金融时报》评论员乔纳森·伯查尔写道：“书中有大量表达不满的潜台词，这意味着在中国崛起的问题上，本书可能成为表明公众忧虑的又一个指标。”对“中国制造”的谴责成为某些政治人物随手拈来的“工具”，美国佛罗里达州棕榈湾市市长马齐奥梯甚至发布命令，该市政府不得购买价值 50 美元以上的中国商品，或一半以上部件为中国制造的商品。这个有 10.7 万名居民的小城市成为全美第一个禁止某一国家货物的城市。正是在这种汹涌的抵制风潮中，玩具商之死把矛盾推到了顶点。对中国商品的谩骂或侮辱式的指责似乎已经不需要理由，这是当今商业世界最诡异的事件之一：谁也离不开“中国制造”，可是每个人都在表达着对它的不满。《金融时报》驻京首席记者雷蒙德·马利德描述了西方世界的矛盾心态：“一方面，西方消费者获得巨大好处；另一方面，西方人大声抱怨廉价中国商品正在让当地人失去工作，让中国得到不容置疑的好处。”

张树鸿死后，玩具召回事件在质量责任人的确定上居然出现了戏剧性的反复。在一开始，美泰公司俨然一副受害者的姿态，公司首席执行官罗伯特·埃克尔特在向美国参议院作证时认定，事故责任完全在于中国承包商。他说：“有人对不起我们，造成我们对不起你们。”然而，中国商务部却在调查中发现，美方宣布召回的玩具绝大部分不是因为制造质量的问题，而是美方标准的突然改变以及经销商的风险转嫁。商务部副部长高虎城介绍，美国玩具公司大规模召回涉及的2 100万件玩具当中分为两类情况：一类是属于所用的涂料和油漆含铅超标的问题，这一类大概有300万件，占整体召回数量的14%。造成铅含量超标的原因，既有中方厂家在生产管理中的漏洞，也有品牌经销商在验收环节中的缺陷。第二种情况则是，美方经销商的风险转嫁。2007年5月，美国材料测试协会公布了一项针对玩具材料使用的新标准，中方制造商生产的1 820万件玩具是根据之前的出口标准生产的，美方经销商以不符合新标准为理由召回玩具，全部风险及损失则由中方承担。

这一调查结果的出现，让国内舆论再度哗然，中国制造在全球产业链中的被动和被欺压现状毕现无遗。9月21日，在巨大的舆论压力下，美泰公司为玩具召回事件向中方致歉，并表示所召回的玩具绝大部分是由于美方设计缺陷所致，而不是中国制造商的问题。美泰在声明中表示：“愿意承担这些召回事件的全部责任，并亲自向中国人民和所有收到我们玩具的顾客道歉。”

玩具风波的一波三折及发生在这一年的众多事件表明，发力于1998年前后的“中国制造”在历经10年的黄金成长期后，已经走到一个十分敏感的十字路口。至少有两个事实让未来的中国制造充满变数。

一是中国制造商已不堪国际渠道商的压榨。在过去很多年里，低廉的中国商品为全球商品的物价平抑提供了巨大支撑，而流通大公司成为其中最大的得益者，它们与中国制造工厂的利益战愈演愈烈。在绍兴、温州等地的工厂，人们看到这样的景象，在一条生产线上悬挂着不同的商标，有些是显赫的国际品牌，有些是国内制造商的品牌，尽管它们都从同样的生产线上被制造出来，但是贴上不同的商标后，身价就会有一倍甚至数倍的差别。品牌的力量在这些车间里展现得残酷而让人感慨，而制造工厂却很少从这种差异中获得利益。一位温州皮鞋工厂的总裁诉苦说："中国皮鞋的出口目前完全受制于欧美几家大的渠道商，它们对付我们的唯一办法是压价、压价和不断地压价。一双皮鞋，它们只肯给 5 美元的价格，我们如果要求再高 1 美分，它们马上就转身到别的工厂去了。那么，制造 5 美元一双的皮鞋，我们会用怎样的皮料？进行怎样的节约？不就是可以想象的事情了吗？你能够指望用 5 美元做出来的皮鞋会是质量一等的吗？况且，随着人民币的持续升值，中国皮鞋厂家的出口生意已经成了一块鸡肋业务。"7 月，中国最大的袜业制造企业浪莎集团宣布，月底交完最后一批货后，不再接受沃尔玛的订单。这家企业每年向沃尔玛提供 500 万美元的商品，然而因利润太薄，最终选择了放弃。①

二是由于人民币升值及国内通货膨胀的压力，"中国制造"的价格优势第一次出现递减迹象。7 月，中国的消费价格指数比上年同期增长了 5.6%，这是 10 多年来最急剧的增长。食品价格猛涨 15.4%，由于农业区家畜爆发疫情以及严重的洪水，单是肉类和禽类价格就上涨了 45%。而且通胀不仅仅是国内问题，由于中国是世界上很多产品的供应国，中国的

① 由国际品牌商和渠道商控制的舆论，似乎一直在强化对中国制造的矮化和诋毁。2007 年 4 月，《环球奢侈品报告》中文版宣称，它通过调查发现，有 86% 的中国消费者因为奢侈品标有"Made in China"字样而不愿意继续购买，对于信仰顶级奢侈品的消费者来说，"中国制造"已成为炫耀式消费的障碍之一。这份报告说："目前的状况是谁承认在中国设厂生产，谁就会被踢出奢侈品这个圈子。"

成本提高会体现在全世界沃尔玛及其他大零售商的货架上。美国商务部表示，在 2007 年的上半年，来自中国的进口商品价格上涨了 4.1%。这是自美国在 2003 年开始追踪中国进口商品价格以来增长最快的，而且远高于美国 2% 的通胀率。上半年，中国出口彩电 2 255 万台，比上年同期下降 48%，其原因除了人民币升值、上游原材料成本上涨等因素外，还受到国外专利费上调的制约——由于中国企业欠缺核心专利技术，每出口一台电视机，需缴纳 10 美元左右的专利费。《时代周刊》在 10 月底的报道中分析说："一些人在警告，低价中国产品帮助全世界维持异乎寻常稳定的物价的时代已经结束了。"美联储前主席格林斯潘也在接受访问时认为："中国出口商品价格已经开始上涨，这将促进全球通胀的复苏。"苏格兰皇家银行的中国战略家本·辛芬德费尔则说得很简洁："在过去 10 年，中国是通缩势力；在未来 10 年，它将是通胀势力。"

就这样，关于"中国制造"的话题还将持续。一只亚马孙河流域热带雨林中的蝴蝶，偶尔扇动几下翅膀，两周后，可能在美国得克萨斯州引起一场龙卷风。这样的"蝴蝶效应"正发生在中国与世界之间，而张树鸿就是一个无辜而悲情的受害者。

到 2007 年，连美国硅谷都已经诞生 50 周年了。还有几个人记得半个世纪前那家发明了集成电路的仙童公司创建了伟大的英特尔公司的诺伊斯已经去世多年，发明了摩尔定律的戈登·摩尔年近八旬，甚至连永远穿牛仔裤的乔布斯也都肚腩微现，人们崇拜的是更年轻的布林与佩奇，他们创办的 Google 如日中天。在硅谷创业的华人中，曾经跻身全美十大富豪的王安早被遗忘，年过 40 的杨致远也好像过气了，最受欢迎的是 1978 年出生的台湾青年陈士骏。2005 年 2 月，这位计算机天才跟硅谷的其他前辈一样在一个车库里创办了视频网站 YouTube，20 个月后，Google 以 16.5 亿美元收购了他的公司。

这一年，互联网的光芒明显被狂热的股市和楼市所掩盖，那些动辄上千亿元的市值以及上百亿元的财富身家，让 IT 精英们有点失落。他们甚至开始有点后悔为什么非要在纳斯达克上市，搜狐的张朝阳便在年初说，他有点后悔到美国上市，“到美国上市是中国互联网的整体悲哀！为了收入、报表，我们整天忙短信、忙无线，整天忙，把网民给忘了”。不过，起得晚却赶上一个好集市的人也有，他就是阿里巴巴的马云，他的公司11月在香港上市，成为市值最高的中国互联网公司。

作为全球最大的电子商务公司，阿里巴巴为600万中小企业提供外贸交易的平台，它让无数不懂外语、没有出过国，甚至不知道任何国际贸易知识的中小商人找到了国际买家。在某种意义上，它是“中国制造”最重要的推动者之一。2004年，马云创办从事C2C（电子商务中消费者对消费者的交易方式）业务的淘宝网，在两年时间内战胜全球最大的同业公司eBay易趣，取得了75%的市场份额。2005年，阿里巴巴成为陷入困境的雅虎中国的实际控制人，使得自己从一个技术应用型公司变成了掌握一流技术的公司。为了解决网络支付的信用难题，马云还创造性地发明了一种叫作“支付宝”的第三方支付工具。它以阿里巴巴为交易的担保中介，从而解决了资金欺诈的问题，也让自己间接地进入了金融服务领域。2007年的阿里巴巴看上去是一个体系庞大而面目不清的帝国，马云决定把已经实现盈利的电子商务项目拿出来，在香港联交所上市。马云显然选中了公司上市最为合算的时候。股市的结构性泡沫意味着公司股价的普遍高估，而阿里巴巴同时具有中国和互联网两大概念，在此时筹资，无疑会占到相当大的便宜。

尽管如此，阿里巴巴上市的火爆景象还是让人吃惊。对于投资者来说，它最大的魅力是无穷的想象空间，阿里巴巴的股票遭到“哄抢”，中国台湾最大企业鸿海的郭台铭、美国思科的钱伯斯等都成为第一批投资人。在国际配售部分，阿里巴巴获得了1 800亿美元的认购，相当于186倍的超额认购。在散户公开认购部分，冻结资金4 500亿港元，超额认购逾259倍，打破了港股发行的历史纪录。其疯狂景象连《经济学人》杂志都开始提问：“阿里巴巴是否是中国.com的泡沫？”在10月底的一则报道中，这家英国杂志认为：“该公司最大的财富也许是他的创始人马云，马云在公众眼中是个有魅力、善言辞并懂得利用媒体的人。他拥有大胆的想法，怀有巨大的市场目标，以及对商业的敏感，这都使他吸引了人们众多的眼球。”根据它的计算，如果阿里巴巴的融资目标实现，其市值将达到 90 亿美元，相当于其每年利润的 100 倍。而出乎《经济学人》预料的是，狂热比它想象的还要大得多。11 月 6 日，阿里巴巴挂牌上市，当日收盘较发行价上涨 192%，创港股当年新股首日涨幅之最，市值达 1 996 亿港元，竟相当于三大门户网站、盛大和携程五者市值之和，一跃成为中国互联网业首家市值超过 200 亿美元的公司。公司的市盈率达到惊人的 300 倍，如果以 2006 年的业绩来比较，市盈率则近 1 000 倍。① 马云是一个语不惊人死不休的领导者，他在上市当日的高管会议上宣布，三年内，阿里巴巴要做市值 1 000 亿美元的公司，成为全球前三大互联网公司。一位参会的高管说：“我当时就蒙了。”不过，回忆 8 年前他在杭州城郊那间漏水的住宅里的宣示，谁敢说这位小个子的前英语教师不会在未来创造新的神话？

阿里巴巴在香港的高调上市，为 2007 年的中国互联网世界涂上一道最浓烈的色彩，似乎宣告了一个新的“应用之年”的到来。在过去的 15 年里，互联网在中国从无到有、肆意成长，终于自成一体，并渗透到了经济生活的每一个细胞。尤其值得骄傲的是，在这个世界里，本土企业几乎在所有的领域都击败了各自的国际对手，这在其他行业是从来没有出现过的完胜场面，甚至连 Google 这样的公司都无法幸免，它在中国的市场占有率还不到竞争对手百度的一半。另外一个很奇异的事实是，凡是被国际公司收购的企业都前景堪忧，搜索领域的 3721 被雅虎收购后不复存在，B2C 领域的卓越被亚马逊收购后一度陷入低迷，C2C 领域的易趣则在被

① 阿里巴巴的市盈率之高超出所有专家的预测，同期市盈率比较，Google 为 43 倍，eBay 为 23 倍，百度为 104 倍，腾讯为 74 倍，新浪为 33 倍，网易为 15 倍。在全球互联网公司中，阿里巴巴的市值排在 Google、eBay、雅虎、亚马逊之后，位列第五，前四者的市值依次为 2 220 亿、474 亿、418 亿和 357 亿美元。

eBay 收购后遭到淘宝的重击。

更令人充满期待的是，在 60 年代出生的马云、张朝阳、李彦宏和 70 年代出生的丁磊、马化腾之后，“80 后一代”已经鸣鼓而起——康盛世纪的戴志康（1981 年）、PCPOP 公司的李想（1981 年）、MaJoy 的茅侃侃（1983 年）、畅网科技的陈曦（1981 年）、海川传媒的高燃（1981 年）、163888 翻唱网的郑立（1982 年）——那些括号里的出生年份仿佛是一个骄傲的宣告。当这个国家开始改革开放的时候，他们还没有来到人世，现在却已经开始颠覆所有貌似强大的东西，这是天生的全球化的一代，是生来就与互联网“无缝对接”的一代。他们成长在一个开放的家庭和社会，没有经受过意识形态的煎熬，没有传统的羁绊与包袱，更没有产权制度的困扰，他们比所有的前辈商人都要幸运，他们看上去一个个前程远大。不过，他们即将面临的挑战和灾难也是前所未有的。他们的时代是最好的，也是最坏的。意大利思想家马基雅维利在五百多年前就告诫说：“追求梦想的人们啊，已经付出就要准备付出更多。”所有的商业故事其实都符合一条规律——就如同发生在这部企业史中的每一个悲喜故事那样——伟大都是熬出来的。

可以预见的是，在未来的岁月中，如果中国要诞生世界级的伟大公司、出现取得世界性声誉的中国企业家，互联网也许是仅有的领域之一。

9 月，担任 18 年美联储主席、上一年刚刚退任的格林斯潘出版了他的回忆录《动荡时代：新世界中的冒险》①。这位 81 岁高龄的“金钱老人”将全球重要的大国进行了一一的评说。他称老牌的欧洲强国英国“应该会发展得好”，拥有雄厚能源储备的俄罗斯“应该彻底恢复法制以进一步发展”，在重工业及 IT 服务业表现抢眼的印度有“巨大潜力”，自 1991 年之

---

① 《格林斯潘回忆录——动荡时代：新世界中的冒险》一书中文版由译林出版社于 2009 年出版。

后宏观持续低迷的日本则仍然保持着“强大的力量”。此外，他一改说话模棱两可的习惯，对美国和中国经济进行了一次清晰的对比，他对前者的未来表达了担忧，同时预言后者将在2030年成为美国最主要的竞争者。他说：“中国如何进一步拥抱全球市场将决定全球经济的命运。”

格林斯潘的观点代表了西方的主流声音。的确在很多方面，与崛起的中国相比，美国的前途更为莫测。在国际事务上，它不但在伊拉克战争的泥潭中难以拔足，还与另一个中东大国伊朗的关系变得异常紧张。在国内，即将到来的2008年总统选举转移了所有人的注意力，一切政策都成为选举的工具。这年春天，一场金融危机突然降临。3月，全美第二大次级抵押贷款机构新世纪金融公司宣布濒临破产，从而引爆了空前的次级债危机[①]，众多金融机构损失惨重。受其拖累，全球重要股市纷纷狂跌，在8月份的两周里，市值蒸发超过2万亿美元。汇市亦波动剧烈，欧盟、日本政府相继出手救援，华尔街的五大投资银行全数损失惨重，其中，美林证券董事长、花旗银行董事长、贝尔斯登银行总裁相继引咎辞职。到年底，全美有三成贷款户因无法还贷而陷入家庭危机。在新技术的创新上，以硅谷为代表的创新力量似乎已经走到了尽头，有专家预言，几乎所有重要的互联网技术都已经发明殆尽，随着应用时代的到来，美国经济的火车头效应将持续下降。

即使是在财富的累积效应上，美国人似乎也遭到了挑战。自1995年以129亿美元登顶《福布斯》富豪榜之后，比尔·盖茨一直没有跌落过。在过去的12年里，只有软银孙正义的资产在1999年的网络泡沫期短暂地超过了他，不过只有10来天的时间。可是在2007年，比尔·盖茨连续两次被人超越，8月期的美国《财富》杂志报道，墨西哥电信巨头卡洛斯·斯

---

① 次级债危机，指银行针对信用记录较差、正常情况下很难得到贷款的客户发放的利率较高的房贷。前几年，美国楼市火热，很多按揭公司或银行为扩张业务，纷纷介入次级房贷业务。2006年之后，美国楼市低迷，利率不断升高，次级房贷借款人不能按时还款，次级房贷大比例地转化为坏账，因此诱发美国次级房贷危机。

利姆的个人财富已达到590亿美元，这个数字超过了比尔·盖茨的580亿美元。斯利姆是墨西哥的电信垄断者，他的公司价值占到墨西哥股市市值的1/3，其家族财产等于墨西哥国民生产总值的5%左右。[①]到了11月，据英国《独立报》报道，由于近来印度股票市场火爆，该国工业大亨穆克什·安巴尼的财富涨至632亿美元，已超过比尔·盖茨和斯利姆，成为新的世界首富。穆克什的信实工业公司涉足石油、纺织和生化等诸多行业，掌管着全球第三大炼油厂。随着这些新首富的出现，人们开始猜测，他们都出现在人口众多的发展中国家，从事的均为政府管理行业或能源产业，这是一种时代的倒退还是商业演变的必然？而这种特点，又会不会在具备了同样财富特质的中国重现？在拥有全球最高市值公司之后，中国有可能诞生下一任“全球首富”吗？

股市之狂热、楼市之飙升、人民币之升值、通货膨胀之隐患、贸易摩擦之激烈以及大国情结之高昂，每每让人想起那句名言，“历史往往是重复的，只是经常以另一种方式呈现出来罢了”。人们不由自主地将今日之中国与20世纪中后期的日本相提并论。

从时间表来看，日本复兴的象征性事件发生于1970年3月。当时，世界博览会在大阪举办，全球77个国家蜂拥而至。西方世界承认，“日本已经进入世界经济强国的行列，21世纪将是日本的世纪”。在其后的15年里，日本的国民生产总值增长了450%，日元持续升值，日本楼市与股市空前狂热，1989年，索尼公司买下哥伦比亚影业公司，《新闻周刊》设计了一个

① 斯利姆当上世界首富后，墨西哥人视之为“国耻”，因为他的暴富靠的正是对电信业的垄断。该国舆论认为：“斯利姆是墨西哥贫富悬殊、缺乏竞争机制的社会矛盾的典型体现，他是一个将帝国建立在与墨西哥政客牢靠关系之上的贪婪的垄断者。”为了平抑舆论，斯利姆宣布把财富的20%用于慈善，墨西哥舆论仍然不依不饶地认为，“斯利姆做的一点点善事只是摆摆样子而已，他把电信资费价格降一些，比做什么善事都管用”。

著名的封面——“穿上了日本和服的自由女神”，也是在这一年的秋天，日本政治家和企业家合著出版了《日本可以说不》。[1] 1990年5月灾难突然降临，东京股市崩盘，楼市泡沫破裂，日本经济从此陷入长达17年的漫长低迷。

▲“穿上了日本和服的自由女神”

在那段令人炫目的“日本时代”发生的一切可以让今日的中国人看清楚很多事情，比如，为什么美国人老是逼着人民币升值，比如，中国公司开展跨国并购将发生怎样的状况，再比如，中国的股市与楼市到底会呈现怎样的动荡曲线。5月，英国的《经济学人》杂志刊出一个很醒目的封面，它用的是好莱坞电影《金刚》爬上帝国大厦的场景，不过把那只大猩猩换成了大熊猫。这样的创意很自然地让人联想起18年前《新闻周刊》那个著名的封面。这样的对比，充满了太明显的轮回的气息，历史也许不会一板一眼地重复，但是其戏剧性的相似还是令人心惊。今日中国与当年日本，当然不会走一条完全重合的道路，不过正如保罗·肯尼迪在《大国的兴衰》[2]中所论证的，自1500年以来，任何一个大国的崛起，在根本的规律上都是如此的相似。

▲《经济学人》的熊猫封面

① [日]盛田昭夫，石原慎太郎著，军事科学院外国军事研究部译，《日本可以说不》，北京：军事科学出版社，1990年版。

② [美]保罗·肯尼迪著，陈景彪等译，《大国的兴衰——1500—2000年的经济变迁与军事冲突》，北京：国际文化出版公司，2006年版。

2008 正在展开的未来

这是一部没有主角的“草民史”。

这或许是混沌的所在，或许也是历史的真相所在。

——本书作者，2008年

2008 年，是一个需要想象力的年份。一出长达百年的复兴大戏将在这一年达到前所未有的高潮。

历史如同罗马神话里的那个“双面神”雅努斯(Janus)，它有两副面孔，一副回望过去，一副注视未来。回望过去的起点，那是一个月光暗淡的午夜。1869 年 7 月 7 日，同治八年农历五月二十八日，深夜，在保定府直隶总督衙门的后花园里，清帝国声望最隆、权势熏天的汉人大臣曾国藩困坐愁城。他对幕僚赵烈文说，当今之世已是“民穷财尽，恐有异变”“吾日夜望死，忧见宗之陨”。三年后，曾国藩“如愿以偿”地去世了。不过，在生命的最后几年里，这位才智超群的湖南人极力推动洋务运动，这成为中国近代企业的启灶，他和李鸿章、张之洞等人创办的轮船招商局、江南造船厂、开滦矿务局至今余脉尚存。

100 多年后的 1974 年 10 月，中国正陷入“文化大革命”的浩劫。当时中国最重要的思想家顾准正处于生命的最后时刻。那时，深爱他的妻子已在绝望中自杀了，亲密的朋友们相继背叛消沉，连他最心疼的子女也同他划清了阶级界限，而“文革”浩劫似乎还没有任何终结的迹象。就在这样的秋风萧瑟中，医生在顾准的痰液培养结果中发现了癌细胞。顾准把 44 岁的“干校棚友”吴敬琏叫到病房，冷静地说：“我将不久于人世，而且过不了多久就会因为气管堵塞说不出话来，所以要趁说得出话的时候跟你做一次长谈，以后你就不用来了。”在这次长谈中，顾准认为中国的“神武景气”① 一定会到来，但是什么时候到来不知道，所以，他送给吴敬琏四个字——“待机守时”。两个月后，顾准去世，吴敬琏亲手把他推进了阴冷的太平间。这位日后中国最有影响力的经济学家回忆说：“我在回家的路上就是觉得特别特别冷，觉得那是一个冰冷的世界，顾准就像是一点点温暖的光亮，但是他走了，然而我想，他还是给我们留下了光亮……”过了 4 年，顾准预言成真，中国告别意识形态的禁锢，开始了改革开放的伟大试验。

那是一个已经虚弱至极的国家，从领导者到匹夫百姓，一开始都显得茫然无助，外援无望，内资困乏，僵硬的体制捆住了所有人的手脚。那些在日后改变时代和自己命运的人们出身卑微，几乎没有受过任何商业教育。星火从穷乡僻壤燃起，自东南沿海而兴，跌跌撞撞，时隐时现，倔强寸进，终成燎原大势。30 年后，他们创造了一个商业无比活跃、经济持续增长时间最久的国家，他们自己也成了全世界最不容易被打败的商人。

从保定府直隶总督后花园的那个暗淡夜晚，到即将来临的 2008 年

① “神武景气”：神武天皇是日本传说中的第一代天皇。传说他在 2 600 多年前由神变为人，受上天的旨意来统治日本。第二次世界大战后，日本经济高速增长，人们将 1955—1957 年的经济增长称为“神武景气”。

8 月 8 日烟花满天的北京之夜，历史完成了一段曲折跌宕的、神话般的宏大叙述。便是在这样一个长达 130 年的时空纵深中，我们一起来体验刚刚经历的“激荡 30 年”，自当有一份别样的感慨。

30 年来的中国商业界，已面目全非。1979 年，8 家大型国营工厂被选为全国首批企业改革试点，如今 6 家不复存在，两家难言辉煌，它们都没有成为成功的涉水者。在 20 世纪 80 年代，曾经叱咤一时的改革风云人物，如年广久、步鑫生、张兴让、马胜利等，都成了沉寂的“历史人物”。而在 20 世纪 90 年代涌现的众多商界英豪，如牟其中、褚时健、潘宁、李经纬等，或沉或浮，俱成过眼云烟。一些曾经是改革标杆的地方和名词，如“温州模式”、“苏南模式”及“蛇口经验”等，也已失去光彩逼人的先发效应。30 年来，人们曾经激烈争辩的“姓社姓资”问题，如今早已达成共识，很多冒险者为之付出代价甚至失去生命的“禁区”，在今天看来，都已是寻常之事。历经数轮成长周期的洗礼，经济变革的主题及公司成长的路径，几度转轨变型，往往超出人们的预想。中国企业跋涉在一条十分独特的市场化道路上，它们在一系列看似偶发的历史事件和社会变革过程中（譬如“特区”的开设、乡镇企业的意外崛起、亚洲金融风暴的发生、互联网经济的诞生以及十分特殊的资本市场等）不断适应、顺势前行。在这场精彩而多变的历史进程中，根本观察不到经济学家津津乐道的“客观规律”。

如果说这个历史进程有什么共同点，那么，最显著的有两点。第一点是全体国民及政府的求富渴望、对贫穷现状的坚决告别和对现代化的强烈追求，成为所有人从未动摇过的价值追求，人们可以“摸着石头过河”，也不管你是白猫黑猫，只要能够抓住老鼠就是好猫，道理有千条万条，发展是最硬的一条。正是在这种整体共识下，任何曲折与反复最终都被一一克服。在某种意义上，30 年的中国经济奇迹，是一种无比务实的经验主义价值观的胜利。

第二点就是各个利益集团围绕财富、权力和成长空间进行的博弈、妥协与交融。从变革的第一天起，三大资本集团的竞争格局就已经出现。国有企业力图提高效率，摆脱体制束缚。它背靠雄厚的国家政策和资源支撑，处在得天独厚的竞争高位上，最终靠强势的垄断战略实现了脱胎换骨般的成就。跨国资本一直受到青睐，有人甚至认为中国患上了“外资依赖症”。它先是在税收、用工和土地政策上享受了优惠，继而在行业准入上优先，然后又在垄断领域的资本开放中猎取了惊人的利益，现在已经成为中国经济不可或缺的力量，也是一种特别意义上的“中国企业”。

相对国有和跨国资本，对中国变革贡献最大的民营资本一直命运多舛。它们从草莽崛起，几乎没有任何资源扶持，成长受到多重局限，并每每在宏观调控时刻成为整顿和限制的对象，不过，它们却是变革最重要也是最坚决的推动力量。就像詹姆斯·金奇在《中国震撼世界》中所说的那样：“从一开始，中国改革就是一个被自下而上的力量和需求推动的过程，只不过以从上至下的政策改革的方式呈现。”这一特征带来了一个贯穿30年的景象，发生于民间的资本力量总是承担着改革的政策风险。在它们的行为被政策认同之前，失败随时都会降临。它们既是计划体制的突破者，又是现行制度的违规者，不得不游离在合法与非法的灰色地带。所谓的“原罪”由此而生，无数企业悲剧便是在这里层出不穷地上演。有的时候，你不得不感慨，有些企业家能够成功不是靠了政策的帮助，而是因为他们无视政策的存在。这种公司演进，也许不是什么必然的产物。它的形成过程以及运动走向不可能以一些常见的经济学概念来加以

▲中国与印度的崛起

规范，也不能以最宽泛且最具有代表性的公司运作机制或经济模型来加以对比。其渐进的路径和速度至今仍然充满多变性。这个过程在整个国家和地方的不同层次中分散地、各自独立地逐步进行，然后在一个时点上汇成一股合流。

“中国已经走出改革初期的浅滩阶段，正站在大河中央，选择彼岸的到岸位置。”诺贝尔经济学奖得主斯蒂格利茨用这样的语言描述中国。站在 2008 年的金色船楫上，我们常常会凭风畅想。我们期盼并不遥远的将来，在世界商业史上，中国企业将与美国公司、日本公司一样成为某一企业模型的特定概念。而这显然不是一个可以轻易达到的目标。

在过去的 30 年里，一直存在着两个中国：经济强劲成长的中国、体制消耗严重的中国，后者正是所有制问题导致的结果。

在本部企业史中，我们曾经一再思考一个问题，为什么在这场伟大的商业崛起运动中，始终没有诞生一家伟大的世界级公司？中国企业第一次进入全球商业评价体系是在 1989 年，在这一年的《财富》上，中国银行首次进入全球 500 强排行榜。而从 1996 年起，打造中国的世界级公司成了一个被高调宣扬的梦想，至少有超过 200 家公司将自己的目标定位于此。今天，当中国崛起已经成为一个不争事实的时候，“什么时候我们才可能拥有一家世界级的公司？”这已经成了中国商业界必须面对的一个十分尴尬的挑战。

世界级的企业应该诞生于一种先进的商业制度之中。垄断当然能够产生效益，就好像集权能够带来效率一样，但垄断和集权并不能与市场化的、公平的商业制度并存。让人遗憾的正是，进入“世界 500 强”的中国企业中没有一家是在完全竞争领域中诞生的，偏执的制度安排带来了资源的聚集，它算不上是一个伟大者的诞生。世界级的企业应该经历过伟大的冒险和征服。当今被我们冠以世界级企业的那些名字，从可口可乐、通用、大众到索尼、三星，没有一家不经历了全球化的洗礼，没有一个不是在激情的竞争中征服万千，冲杀而出。在这份名单中也有失败者，如韩国的大宇、美国的AT&T，但是，它们的倒下也是一次值得尊敬而富有价值的体验。世界级的企业还应该有伟大的管理思想和伟大的企业家。一个让人惭愧的事实也许是，中国已经诞生了全球市值最高的企业、全亚洲最赚钱的公司——而且将诞生越来越多的“市值第一”和“最赚钱的公司”，但是它们可能贡献的却是让人乏味甚至反感的管理思想，在它们的背后有一群不称职的经理人和一只巨大的垄断手掌。在很多人看来，这是让人担忧的事实。

在相关观察中，另一种反应则是对中国企业家的讨伐。譬如海尔、联想，已经成长20余年，与它们同时诞生的戴尔、思科，都已成就世界级的声誉，可是我们的公司为什么没有达到那样的高度？

这种谴责得到很多人的认同，但这并不是事实的全部。它们也许真的在某些关键时刻丧失了巨大的机遇。在20世纪90年代后期，它们曾有机会通过核心技术能力的提高来获得稳固的市场地位，结果却不争气地陷入了价格战的纠缠。在当今的中国制造业，那些著名的大公司几乎都没有完整的核心技术，这成为阻碍它们参与全球竞争的最大困难，也是它们最终无法成为世界级大公司的根本原因。

除此之外，我们还必须看到，这些企业的成长至少受到了两个方面的致命限制。在产权所有上，它们天然地具有模糊性，这消耗了企业家大量的智慧并直接导致决策的迂回。中国大企业在产权上受到的困扰是“举世罕见”的，很难想象一家所有权不清晰的企业能够全心全意地投入精密而激烈的商业大运作。在规模扩张上，它们没有得到应有的金融支持，无法在最合适的时候完成伟大的跨越。由于受到亚洲金融风暴的刺激，中国最终放弃发展财团式企业的设想，这让那些通过制造业而成功的企业无法获得金融上的全力支持，一些试图突围的民间企业，如德隆、格林柯尔、华晨等，则因操作的灰色和冒险而倾辙。

在过去的很多年里，所有在完全竞争领域成长起来的中国新型企业无一不受到其中之一的困扰。在这个意义上，产权制度的畸形和体制的落后是造成中国企业无法完成世界级跨越的重要根源。

已故管理大师彼得·德鲁克曾经用以下4个特征来描述他心目中的“企业家经济”：在充分市场竞争的政策环境中，量大面广的中型公司成为国民经济的支柱力量；职业经理人成为一个独立的群体；管理作为一门技术被应用于广泛的经济和非经济领域；企业家行为成为社会创新和新秩序建设的关键。在德鲁克提出“企业家经济”的20世纪80年代，美国经济正走出零增长的衰退困境，而在这次复兴中，以软件产业为代表的新兴企业第一次取代政府成为解决就业和摆脱经济危机的领导力量。富有创新的企业家精神深刻地影响了社会的各个领域，并重新塑造了一代美国青年。

德鲁克的描述是那么生动，令每一个读到这里的人都会将之与改革开放后的中国类比。的确，我们看到了很多相似的地方，但是，改革动机的多重性以及因之而来的制度设计，似乎使我们已经与“企业家经济”渐行渐远。如香港经济学家张五常所言：“20多年来中国的改革，简言之，是从等级特权转向以资产界定权利。这是困难程度极高的改革，而不管怎样批评，中国的经验是史无前例的成功案例。”今后，我们需要观察的是，等级特权是否在已经界定清楚的资产竞争中依然发酵，或者说，某种身份的资产是否拥有优先获得资源和发展机会的特权。

垄断的大量存在是国家之耻。世界百年商业文明的历程证明，一个现代商业国家的演进过程，就是国有资本日渐自我瓦解的过程。在当今中国，无论是国有企业还是民营公司，都在实行一系列美国化的公司改造，不出意料的话，到2010年之前，中国将出现亚洲地区最具美国公司特征的公司群体。而在另一方面，与美国自由经济制度并不相同的理念仍然深刻地影响着中国经济的成长。在公司治理结构上逐渐完成改造的国有公司以前所未有的强悍姿态重新掌控了经济发展的节奏，这中间的矛盾冲突将以何种方式爆发及化解，是一个很让人好奇的课题。

2007年5月，已经78岁的吴敬琏出版了《呼唤法治的市场经济》一

▲鸟巢前的婚礼

书。在序言中，他充满忧患地写道："中国的改革并不是一路凯歌，经济改革所采取的从非国有部门入手、由易而难的策略，一方面减少了改革的阻力，增加了改革的助力，另一方面又使以双轨制为特征的寻租环境得以广泛存在，以权谋私的腐败行为得以四处蔓延。"他进而说："改革的两种前途严峻地摆在我们的面前，一条是政治文明下法治的市场经济道路，一条是权贵资本主义的道路。在这两条道路的交战中，后者的来势咄咄逼人。我们必须清醒地认识这种潮流对于我们民族前途和未来的威胁。在我看来，克服这种危险的唯一途径，在于朝野上下共同努力，切实推进改革，建设公正法治的市场经济……经济和政治改革的迟滞，造成了两方面的严重后果：第一，中国经济继续沿着依靠资本和其他资源投入驱动的粗放增长方式一路狂奔，引发了一系列社会和经济问题；第二，设租和寻租活动，以及随之而来的贪污腐败、贫富差距扩大和社会失范愈演愈烈，这些，都引起社会各界人士的强烈不满。"这位当代史上最具人文气质和道德勇气的经济学家写道，从这个意义上可以讲，我们这里的季节，既是"希望的春天”，也是“失望的冬天”，“我们前途无量，同时也感到希望渺茫”，“我们一起奔向天堂，也可能全都走向另一个方向。”①

从1991年前后，吴敬琏率先提出“制度大于技术”，到2003年杨小凯警告“后发劣势”，再到2007年吴敬琏、江平等人对法治市场经济的再度呼唤，在30年中国改革的后半程，中国的学者一直保持着对制度滞后的警惕与批判。如何建设一个健康、和谐、公平的商业国家，这将是2008年之后中国商业变革的最大命题。我们已经找到迷宫的出口了吗？

印度圣雄甘地有一句名言：“如果要改变世界，先要改变我自己。”这对成长中的中国人来说，也许有特别的意义。

从宏观经济和企业发展角度来看，2008年奥运会是展示国力和刺激内需的一个绝好机会，国民消费的信心和冲动将得到极大的提升，而在之后的两年里，中国还将迎来建国60周年大庆以及2010年上海世界博览会，这是一条充满了无尽想象空间的繁华路径。现在还没有任何迹象表明，它可能被打断。

不过，在这样的商业隆起中，我们做好了承受巨大财富爆炸的心理和道德准备了吗？我们会不会陷入诺贝尔文学奖得主、印度学者奈保尔所描述过的“自我崇拜的热焰”呢？我们学会扮演一个大国的角色了吗？世界性的光荣与同样庞大的危机，似乎一对孪生兄弟般潜伏在中国企业家前行的远方。对一个辽阔而莫测的未来世界，临事而惧，保持必要的敬畏，不是一种怯弱，而恰恰是一种成熟的修养。

时光对每一个人、每一个时代而言，都具有同样的意义。昨日的叛逆，会渐渐演变成今日的正统，继而又“供养”成明日经典。所不同的是，点燃的光芒将渐渐烧成灰烬，人们则越来越少追究光芒被点燃的起

① 吴敬琏著，《呼唤法治的市场经济》，北京：生活·读书·新知三联书店，2007年版。

源。R. G · 柯林武德在《历史的观念》中写道："时间把世界放置在一头大象的背上，但它希望人们不再追问支撑大象的东西是什么。"他又说："我们可能走得太远了，以至忘记了当初之所以出发的目的。"[①] 我们也许真的应该在 30 年的门槛上重温当年出发的目的：这个国家要实现复兴，这个民族要摆脱贫困，这块土地要重回全球化的怀抱，这里的每一个人要享受平等、民主的普世权利。

所谓的沧海桑田，仅仅 30 年，就让这一代中国人都看到了。

青春已经大江东去。对于这个时代，我们有种与生俱来的眷恋，在这里深埋着很多人的过去，当我们一步步地远离它的时候，才越来越清楚地感受到它的存在。对于共同经历的这段历史，我们其实所知无多，很多事

▲奔向未来

① [英] R. G · 柯林武德著，何兆武，张文杰译，《历史的观念》，北京：商务印书馆，1997 年版。

情还需要在事实和理性层面上抽丝剥茧，有些则仍在剧烈的演变当中。商业界是一个充满偶然性的领域，事实与结论之间并非是唯一对应的关系，也许今天我们陈述的细节，会在未来的某一时刻出现新的甚至截然相反的诠释，而过了若干年后，再度产生有趣而陌生的新意。

也许在很多年后回望，人们会说，这激荡的30年是一个多么世俗的年代，人人以物质追求为目标，道德底线被轻易穿越，心灵焦虑无处不在，身份认同时时颠覆。所有的财富故事都暧昧不明，很多企业家前途叵测。

不过，更多的人也许会辩护说，我们最宝贵的财富正是这一段携手走过的从前，这份经历包罗万象，有汗水泪水血水，有蜜汁苦水狼奶。它催生了一个时代的伟岸和壮观，也同样滋养了世故、丑陋和空虚。我们遭遇的是一个空前复杂而大半面目未清的时代。急速变化的世界，怅然若失的个人命运，传统与现代，个人与群体，不同利益集团的冲撞和考问，这是30年的成长底色；“一年改变不如想象，五年改变难以想象，十年改变不敢想象”，这是30年的演变惊叹。在这段创世纪般的大历史里，我们每一个人从来都不是观光客，伟大的梦想将继续从茫茫无边的草根中轰然诞生，那种追求世俗的本身，也具有了一种难以言说的浪漫主义诗意。

在通往未来的道路上，这个正在生成的崭新的世界，一定还藏着我们尚未知晓的答案，也许最好的尚未来临，也许繁荣生成的时候，腐烂已经开始。

尽管有着种种抱怨、失落和焦虑，但是，过了很多年后，我们也许仍然要说，那是一个好的时代。因为，它允许新的可能性发生。

致 谢

英国思想家罗素曾经说："提到过去，每个时代都承认它是事实。提到当前，每个时代都否认它是事实。"而天才的法国政治家托克维尔则在《论美国的民主》一书中写道："当各政党只为明天而忙碌时，我已驰想于未来。"

即将呈现在你面前的这部《激荡三十年》，正伫立在过去和当下之间，我的工作是尽一切可能进行一次清晰而可持续的描述，而很多结论则有待于后来者自己给出。

我在这里要感谢的是，这段历史的创造者、记录者和研究者们。因为是当代史，所以我有机会接触到本书中论及的不少人，企业家如柳传志、张瑞敏、鲁冠球、王石、宗庆后、牟其中、年广久、李东生、刘永行、何伯权、黄鸿年等，其他的企业人物和事件，我则从一些观察者那里获得了第一手的资讯。我之前的同事童宝根是步鑫生的最早报道人，胡宏伟和新望分别是温州模式和苏南模式的研究权威，我的大学同学秦朔以及新华社前同事、策划人王志纲是珠江三角洲最优秀的观察家，王安、童牧野对中国股市的描述给我很多的素材和启发。此外，与我同为蓝狮子发起人之一的刘韧对中关村的追踪、胡泳对海尔的研究让我受益匪浅，我的朋友何力、蒋耀波、许知远、覃里雯、赵晓对中国的考察总令我耳目一新。凌志军著述的《交锋》《沉浮》一直是我写作的重要参考书。此外，陈惠湘、迟宇宙、唐立久、王云帆、何志毛、陆新之、程东升、袁卫东对联想、德隆、科龙、万科、华为及柯达公司的长期跟踪和著述，都给了我很大的帮助。我曾有机会向已经过世的费孝通先生求教关于中国乡村建设的问题，他的谦和与风范让人难忘。

正如我在前言中所提及的，本书的创作动议是我在哈佛大学当访问学者时萌生的，我要感谢肯尼迪政府学院对我的邀请，感谢燕京学社社长杜维明教授接受我的访问。我还要感谢张五常教授以及未曾谋面的傅高义（Ezra F. Vogel）教授和黄亚生教授（2014 年年初，我与 84 岁高龄的傅教授结识于北京，彼时他出版了《邓小平时代》，而与黄教授的接触则早在 2009 年，我主持的蓝狮子财经出版中心还有幸出版了他的著作《“中国模式”到底有多独特》），他们对中国问题的深入研究给予我启迪。张五常教授接受我的恳请，题写了本书书名，他在西湖边的一个茶楼里，铺纸研墨，一口气连写了十多遍，那个认真劲儿令人难以忘怀。我要感谢本书两位最主要的直接参与者，郑作时和朱琳。在过去的几年里，我们每两周碰面一次，讨论相关的主题，然后又分散到各自的工作中。每次会面前，我总是坐在书桌前，双手轻抚键盘，眼望远方，像一个磨刀霍霍的战士等待另外两个战士的到来。为本书的创作，我们尽可能多地查阅了重要的国内外报刊和相关书籍，我要感谢所有报道的写作者。

我要感谢大学同学胡劲军，他让我确信，结交在青春时的友情，是这个世界上最美好的情感之一。最后，我当然要感谢我的家人，妻子邵冰冰和女儿吴舒然。邵冰冰是书稿每个章节的第一阅读者，她和女儿的支持是我度过每一个寂寞而枯燥的创作之夜的动力。

本书是我计划中的“中国企业史”中之一卷。在未来几年内，我还将完成“19世纪70年代至20世纪70年代”卷（我后来兑现了这个承诺，在2009年到2013年间，先后完成了《跌荡一百年》上下卷、《浩荡两千年》和《历代经济变革得失》）。我要感谢中信出版社和浙江人民出版社对这部书稿的青睐，中信出版社的王斌社长、臧永清副社长（已离任）、潘岳总编辑、责任编辑蒋蕾、沈家乐、黄维益以及浙江人民出版社的楼贤俊社长（已退休）、杨林海副总编辑（已离任）等都对本书的出版投注了让我感动的热情。感谢我的助理王留全、陶英琪、程娟，协助我完成本书的再版修订。本书已被翻译成繁体字版和英、德、法、日、韩、西班牙、意大利和阿拉伯等国语言出版，感谢所有的翻译者，感谢九州出版社和台湾远流出版社。我希望我的创作不至于辱没了“中国崛起”这个当代最伟大的神话。罗马史的研究者尼克尔·马基雅维利曾经说，“改革是没有先例可循的”。改革如此，创作亦如此。

吴晓波

2006年秋冬之际于杭州

2014年6月修订于三亚

人物索引

声　明

由于本书所用图片涉及范围广，部分图片的版权所有者无法一一取得联系，请相关版权所有者看到图书后，与蓝狮子财经出版中心联系，以便敬付稿酬。

来信请寄：杭州市下城区西文街琥珀中心 12 楼

邮编：311106

电话：0571–86535601